W0237659

E-Book inside.

Mit folgendem persönlichen Code können Sie die E-Book-Ausgabe dieses Buches downloaden:

80187-jkz6p-56r2n-q00us

Registrieren Sie sich unter

www.hanser-fachbuch.de/ebookinside

und nutzen Sie das E-Book auf Ihrem Rechner*, Tablet-PC und E-Book-Reader.

Der Download dieses Buches als E-Book unterliegt gesetzlichen Bestimmungen bzw. steuerrechtlichen Regelungen, die Sie unter **www.hanser-fachbuch.de/ebookinside** nachlesen können.

* Systemvoraussetzungen: Internet-Verbindung und Adobe® Reader®

Fröhlich

PostgreSQL

Ihr Plus – digitale Zusatzinhalte!

Auf unserem Download-Portal finden Sie zu diesem Titel kostenloses Zusatzmaterial. Geben Sie auf **plus.hanser-fachbuch.de** einfach diesen Code ein:

plus-92Fgh-ci4R7

Bleiben Sie auf dem Laufenden!

Unser **Computerbuch-Newsletter** informiert Sie monatlich über neue Bücher und Termine. Profitieren Sie auch von Gewinnspielen und exklusiven Leseproben. Gleich anmelden unter:

www.hanser-fachbuch.de/newsletter

Update inside.

Mit unserem kostenlosen Update-Service zum Buch erhalten Sie aktuelle Infos zu den neuen Versionen von PostgreSQL.

Und so funktioniert es:

1. Registrieren Sie sich unter: **www.hanser-fachbuch.de/postgresql-update**

2. Geben Sie diesen Code ein:

2WHK-SeoTr-bF5x

Der Update-Service läuft bis Mai 2024.
Als registrierter Nutzer werden Sie in diesem Zeitraum persönlich per E-Mail informiert, sobald ein neues Buch-Update zum Download verfügbar ist.

Wenn Sie Fragen haben, wenden Sie sich gerne mit dem Betreff „PostgreSQL“ an:
update-inside@hanser.de

Lutz Fröhlich

PostgreSQL

Praxisbuch für Administratoren und Entwickler

HANSER

Der Autor:

Lutz Fröhlich
lutz@lutzfroehlich.de

Alle in diesem Buch enthaltenen Informationen, Verfahren und Darstellungen wurden nach bestem Wissen zusammengestellt und mit Sorgfalt getestet. Dennoch sind Fehler nicht ganz auszuschließen. Aus diesem Grund sind die im vorliegenden Buch enthaltenen Informationen mit keiner Verpflichtung oder Garantie irgendeiner Art verbunden. Autor und Verlag übernehmen infolgedessen keine juristische Verantwortung und werden keine daraus folgende oder sonstige Haftung übernehmen, die auf irgendeine Art aus der Benutzung dieser Informationen – oder Teilen davon – entsteht.

Ebenso übernehmen Autor und Verlag keine Gewähr dafür, dass beschriebene Verfahren usw. frei von Schutzrechten Dritter sind. Die Wiedergabe von Gebrauchsnamen, Handelsnamen, Warenbezeichnungen usw. in diesem Buch berechtigt deshalb auch ohne besondere Kennzeichnung nicht zu der Annahme, dass solche Namen im Sinne der Warenzeichen- und Markenschutz-Gesetzgebung als frei zu betrachten wären und daher von jedermann benutzt werden dürften.

Bibliografische Information der Deutschen Nationalbibliothek:

Die Deutsche Nationalbibliothek verzeichnet diese Publikation in der Deutschen Nationalbibliografie; detaillierte bibliografische Daten sind im Internet über http://dnb.d-nb.de abrufbar.

Dieses Werk ist urheberrechtlich geschützt.
Alle Rechte, auch die der Übersetzung, des Nachdruckes und der Vervielfältigung des Buches, oder Teilen daraus, vorbehalten. Kein Teil des Werkes darf ohne schriftliche Genehmigung des Verlages in irgendeiner Form (Fotokopie, Mikrofilm oder ein anderes Verfahren) – auch nicht für Zwecke der Unterrichtsgestaltung – reproduziert oder unter Verwendung elektronischer Systeme verarbeitet, vervielfältigt oder verbreitet werden.

© 2022 Carl Hanser Verlag München, www.hanser-fachbuch.de
Lektorat: Sylvia Hasselbach
Copy editing: Petra Kienle, Fürstenfeldbruck
Umschlagdesign: Marc Müller-Bremer, München, www.rebranding.de
Umschlagrealisation: Max Kostopoulos
Titelmotiv: © shutterstock.com/yosart
Gesamtherstellung: Eberl & Koesel, Altusried-Krugzell
Ausstattung patentrechtlich geschützt. Kösel FD 351, Patent-Nr. 0748702
Printed in Germany

Print-ISBN 978-3-446-46929-7
E-Book-ISBN 978-3-446-47315-7
E-Pub-ISBN: 978-3-446-47510-6

Inhalt

1 Einführung und Geschichte

Seit dem Erscheinen des Buchs „PostgreSQL 10 – Praxisbuch für Administratoren und Entwickler" sind fast vier Jahre vergangen. In dieser Zeit hat sich bezüglich der Weiterentwicklung und des Einsatzes von PostgreSQL-Datenbanken viel getan. Ein guter Grund, die neue Version mit ihren neuen Features und Verbesserungen zu präsentieren.

So wie bei anderen Herstellern von Datenbanksystemen ist man dazu übergegangen, anstelle von großen Major-Release-Paketen neue Features kontinuierlicher zur Verfügung zu stellen. Das hat zur Folge, dass die Versionen schneller hochgezählt werden als in der Vergangenheit. Das Buch bezieht sich auf die Version 14. Es ist keine einfache Überarbeitung des Vorgängers, sondern wurde inhaltlich neu strukturiert und erweitert. Das Buch präsentiert sich weiterhin im bekannten Stil des Autors mit vielen Beispielen und Skripten.

Für die Themenwahl wurde auch die allgemeine Entwicklung im IT-Sektor berücksichtigt. Für die Installation gibt es nun auch eine Anleitung für macOS. Macbook-Besitzer können nun direkt einsteigen und wahlweise aus Paketen oder dem Quellcode installieren.

In Kapitel 4 finden Sie wiederum eine ausführliche Einführung in die Architektur, um das Verständnis für interne Prozesse und Abläufe zu fördern. Das Thema „Sicherheit und Überwachung" wurde um interne Details zur Authentifizierung und Hacker-Abwehr erweitert.

PostgreSQL tummelt sich zunehmend im Bereich der großen Datenbanken. Die Themen „Performance- und SQL-Optimierung" sowie der Umgang mit großen Datenbanken bilden deshalb einen Schwerpunkt. Dazu wurde das Kapitel 11 „Indexe effizient einsetzen" neu aufgenommen. Es zeigt die Überlegenheit von PostgreSQL in diesem Umfeld gegenüber manch anderem Datenbanksystem. Für den Einsatz von großen Datenbanken zeigen die Möglichkeiten der Parallelisierung, wie PostgreSQL-Datenbanken und SQL-Anweisungen gegen rapides Wachstum skalieren können.

Ein weiterer Schwerpunkt ist der Bereich „Data Science und maschinelles Lernen". Es werden die Möglichkeiten und Vorteile für den Einsatz von PostgreSQL als Datenbasis, aber auch der vorhandenen Features für Analyse und Auswertungen von Daten dargestellt. Hierbei spielt die Textverarbeitung, der ein eigenes Kapitel gewidmet wurde, eine wichtige Rolle. Die Datenbankprogrammierung mit Python, client- und serverseitig, wurde ebenfalls neu aufgenommen und ergänzt die Darstellung und Beispiele der anderen Programmiersprachen. Das Buch wird damit Administratoren und Entwicklern gleichermaßen gerecht.

Am Thema „Cloud" führt längst kein Weg mehr vorbei. Die Cloud-Angebote haben sich vervielfacht. Aber auch die Einsatzmöglichkeiten und Features haben sich erweitert. Aktuelle Trends wie die Hybrid Cloud machen auch vor PostgreSQL nicht halt.

Das Buch ist als Einstieg und Nachschlagewerk für IT-Profis geschrieben und setzt Basiskenntnisse von relationalen Datenbanken voraus. Auf eine Erläuterung von gängigen Begriffen wird deshalb bewusst verzichtet, auch um den Umfang des Buchs überschaubar zu halten. Dennoch finden Sie viele Beispiele und Praxistipps, die auch Einsteigern die Möglichkeit bieten, sich in das Produkt einzuarbeiten.

PostgreSQL hat in den vergangenen Jahren an Verbreitung und Popularität erheblich zugenommen. Dazu haben in erheblichem Maß die permanente Erweiterung mit neuen Features und die Anpassung an die Belange der Anwender beigetragen. PostgreSQL ist der lebende Beweis, dass Open-Source-Software nicht nur mit kommerziellen Produkten mithalten kann, sondern in einigen Bereichen sogar überlegen ist. Der kommerzielle Druck steht nicht im Vordergrund und lässt die Entwickler-Community frei arbeiten und Innovationen umsetzen.

Neben einem robusten Transaktionskern sowie einer hohen Zuverlässigkeit bietet PostgreSQL viele Features eines modernen Datenbankbetriebssystems und kann problemlos in eine vorhandene IT-Infrastruktur integriert werden. Durch den hohen Kompatibilitätsgrad zu Oracle ist der Migrationsaufwand überschaubar und ein Mischbetrieb gut umzusetzen.

PostgreSQL kann auf allen populären Plattformen wie Linux, macOS, Solaris oder Windows eingesetzt werden. Obwohl es sich um ein Open-Source-Produkt handelt, kann kommerzieller Support zu einem vernünftigen Preis hinzugekauft werden. Einem professionellen Einsatz steht damit nichts im Wege.

Freuen Sie sich auf einen PostgreSQL-Server 14 mit spannenden neuen Features!

1.1 Die Geschichte von PostgreSQL

PostgreSQL geht zurück auf das POSTGRES-Projekt, das an der University of California at Berkeley in den 1980er-Jahren angesiedelt war. Die erste vorzeigbare Version erschien im Jahre 1987 als Postgres-Version 1. Als Reaktion auf die ersten Kritiken wurde das noch heute in PostgreSQL vorhandene Rule-System entwickelt. Version 3 erschien im Jahre 1991 mit einer Weiterentwicklung der Abfrageeinheit. 1993 beendete die University of California das Projekt mit der Version 4.2, um die rasant wachsenden Supportanforderungen nicht mehr tragen zu müssen.

Nach Hinzufügen eines SQL-Abfrageinterpreters im Jahr 1995 wurde die Software unter dem Begriff Postgres95 ins Web gestellt, mit dem Quellcode des originalen Berkeley-Postgres. Das Produkt war zu dieser Zeit komplett in ANSI C geschrieben. Durch Verbesserungen in den Bereichen Wartbarkeit und Performance lief es schließlich bis zu 50% schneller als das originale Berkeley-Postgres.

Die Entscheidung, die Jahreszahl aus dem Produktnamen zu entfernen, fiel im Jahre 1996. Damit wurde Postgres95 zu PostgreSQL und es begann die ständige Weiterentwicklung von PostgreSQL als Open-Source-Produkt. Obwohl es über viele Jahre ein Schattendasein im Licht der großen kommerziellen Datenbanken, aber auch der durch den Internet-Boom schnell verbreiteten Open-Source-Datenbank MySQL führte, erfolgte seine konsequente Weiterentwicklung durch die Community.

Heute präsentiert sich PostgreSQL als ausgereift und stabil und erfüllt alle Anforderungen an ein modernes relationales Datenbanksystem. Für viele überraschend: Die Performance ist vergleichbar mit so manchem kommerziellen Produkt.

1.2 Verwendete Versionen

Das Buch bezieht sich auf die während der Manuskripterstellung vorliegende aktuelle Version 14. Schauen Sie regelmäßig nach weiteren Veröffentlichungen, insbesondere für neuere Features und Versionen, auf der Webseite des Verlags und der Autoren-Webseite vorbei. Alles rund um die PostgreSQL-Community finden Sie auf der Webseite *http://www.postgresql.org*.

1.3 Konventionen

Begriffe in spitzen Klammern bezeichnen eine zu ersetzende Variable (so ist zum Beispiel der Ausdruck <VERSION> in der Regel durch die aktuelle Version 14.1 zu ersetzen). Die meisten Darstellungen beziehen sich gleichermaßen auf UNIX- und Windows-Betriebssysteme. Die Darstellung der Umgebungsvariablen erfolgt im Wesentlichen im UNIX-Format, das heißt z. B. $BIN statt %BIN% für Windows. Sie können das Format einfach nach Windows übertragen. Das Gleiche gilt für das Trennzeichen der Pfade: „/“ unter Unix sowie „\“ unter Windows.

1.4 Software und Skripte

Sie können die aktuelle Version von PostgreSQL aus dem Internet herunterladen und installieren. Es wird die Installation aus dem Quellcode empfohlen, um alle Beispiele nachvollziehen zu können. Ideal ist es, wenn Sie auf einem Linux-, macOS- oder Windows-Betriebssystem arbeiten.

Alle nummerierten Listings im Buch können als Datei von der Webseite des Verlags sowie von der Autoren-Webseite *https://www.lutzfroehlich.de* heruntergeladen werden: .

Geben Sie auf

https://plus.hanser-fachbuch.de

diesen Code ein:

`plus-92Fgh-ci4R7`

1.5 Update inside

PostgreSQL stellt jährlich neue Major-Release-Versionen mit neuen Features und Erweiterungen zur Verfügung. Davon sind alle Bereiche vom Kernsystem bis hin zur Applikationsentwicklung betroffen.

Damit Sie möglichst lange mit diesem Buch arbeiten können, haben Sie die Möglichkeit, sich für den kostenlosen Update inside-Service zu registrieren: Geben Sie unter

www.hanser-fachbuch.de/postgresql-update

diesen Code ein:

`2WHK-SeoTr-bF5x`

Dann erhalten Sie bis Mai 2024 Aktualisierungen in Form zusätzlicher Kapitel als PDF. Darin stelle ich Ihnen wichtige Neuerungen vor und gehe auf Änderungen ein, die die Inhalte dieses Buches betreffen.

Putbus und Oasis del Sol, im April 2022

Lutz Fröhlich

lutz@lutzfroehlich.de

2 Installation mit Paketen und aus dem Quellcode

Die Installation kann sowohl von vorgefertigten Paketen als auch aus dem Quellcode erfolgen. Wenn Sie eine schnelle Installation bevorzugen, ist die einfachere Paketinstallation zu empfehlen. Allerdings müssen Sie dann mit dem Setup leben, das das Paket zur Verfügung stellt. Mit der Installation aus dem Quellcode sind Anpassungen und Erweiterungen möglich. Für den produktiven Einsatz ist zu beachten, dass Supportleistungen von Anbietern sich ausschließlich auf die entsprechenden Pakete beziehen. Diese Pakete sind bis zu einem gewissen Grad getestet. Beachten Sie, dass damit eine Abhängigkeit vom Release-Zyklus des Drittanbieters besteht. Ein wichtiger Vorteil der Paketinstallation ist, dass einheitliche Installationsstände ausgerollt werden können.

In diesem Kapitel werden beide Varianten vorgestellt. Um alle in diesem Buch vorgestellten Features und Optionen nachvollziehen zu können, wird eine Installation aus dem Quellcode empfohlen.

2.1 Paketinstallation

Alle erforderlichen Informationen für die Installation befinden sich auf der Seite *https://postgresql.org/download* unter dem Abschnitt *Binary Packages*. Wir führen zuerst Paketinstallationen für Linux und danach für Windows und macOS durch.

2.1.1 Paketinstallation unter Linux

Pakete für Linux stehen für die gebräuchlichsten Derivate zur Verfügung. Wir führen eine Installation unter Oracle Linux 7 durch. Das Vorgehen ist identisch mit einer Installation unter Red Hat Linux und CentOS. Danach erfolgt die Installation unter Ubuntu.

2.1.1.1 Paketinstallation unter Oracle Linux, Red Hat oder CentOS

Am einfachsten ist die Installation mit Hilfe des yum-Repository. Die folgenden Schritte beschreiben die Installation:

1. Installieren Sie das RPM-Paket im Repository.

```
# yum install -y https://download.postgresql.org/pub/repos/yum/reporpms/EL-7-x86_64/
pgdg-redhat-repo-latest.noarch.rpm
```

2. Die Installation des Pakets erfolgt mit dem yum-Utility.

```
# yum install -y postgresql14-server
```

3. Zum Schluss wird die Datenbank initialisiert und für den automatischen Start konfiguriert.

```
# /usr/pgsql-13/bin/postgresql-14-setup initdb
# systemctl enable postgresql-14
# systemctl start postgresql-14
```

Falls keine Verbindung vom Datenbankserver zum Internet besteht, muss das Paket manuell heruntergeladen und übertragen werden. Gehen Sie dazu auf die Seite *https://yum.postgresql.org* und wählen Sie das passende Paket aus. Die Installation kann mit dem yum- oder dem rpm-Utility erfolgen.

2.1.1.2 Paketinstallation unter Ubuntu

Ubuntu ist ein weit verbreitetes Linux-Derivat und wird häufig als Betriebssystem für Desktops und Laptops verwendet. Mit den folgenden Schritten erfolgt die Installation der neuesten verfügbaren Version.

1. Erstellen Sie die Konfiguration für das Repository.

```
$ sudo sh -c 'echo "deb http://apt.postgresql.org/pub/repos/apt $(lsb_release -cs)-
pgdg main" > /etc/apt/sources.list.d/pgdg.list'
```

2. Importieren Sie den Key für das Repository und führen Sie das Upgrade für die Paketliste durch.

```
$  wget --quiet -O – https://www.postgresql.org/media/keys/ACCC4CF8.asc | sudo apt-
key add –
$ sudo apt-get update
```

3. Installieren Sie die letzte verfügbare Version von PostgreSQL.

```
$ sudo apt-get -y install postgresql
. . .
Success. You can now start the database server using:
    pg_ctlcluster 14 main start
```

Die Paketinstallation ist damit abgeschlossen.

2.1.2 Paketinstallation unter Windows

Für die Paketinstallation unter Windows erfolgt eine Weiterleitung von der Seite *https://postgresql.org/download* auf die Webseite von „EnterpriseDB“. Dort finden Sie das Paket für Windows in den letzten verfügbaren Versionen als Windows-Installer. EnterpriseDB ist ein Anbieter von vorgefertigten Paketen und Supportleistungen für diese Distributionen. Führen Sie die folgenden Schritte für die Paketinstallation aus:

1. Starten Sie den Windows-Installer.

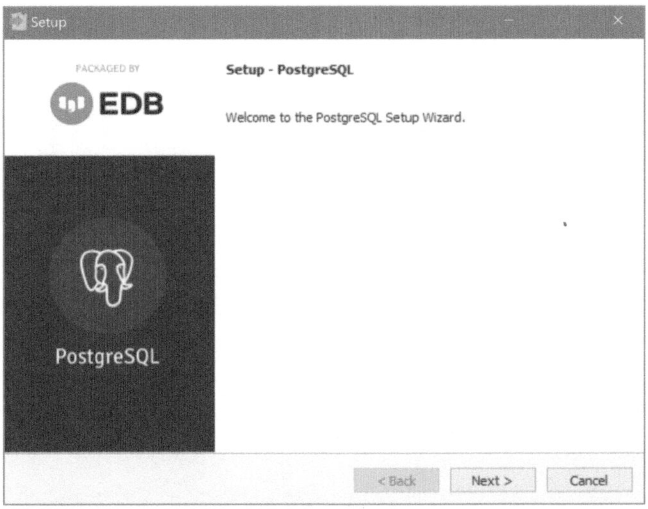

Bild 2.1 Die PostgreSQL-Paketinstallation für Windows starten

2. Wählen Sie das Installationsverzeichnis aus.

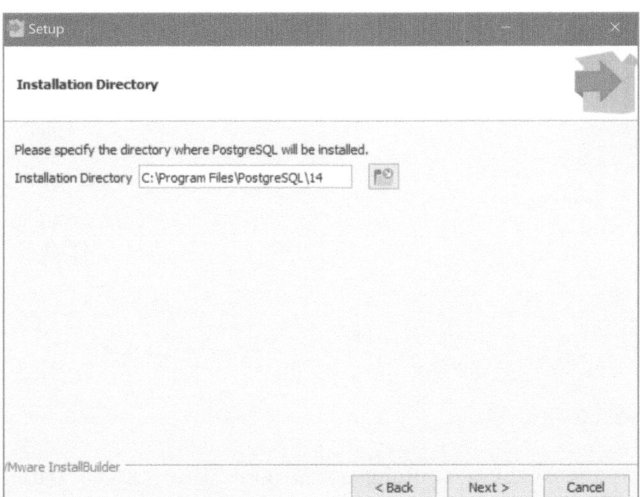

Bild 2.2 Das Installationsverzeichnis festlegen

3. Im nächsten Schritt können die Komponenten für die Installation ausgewählt werden.

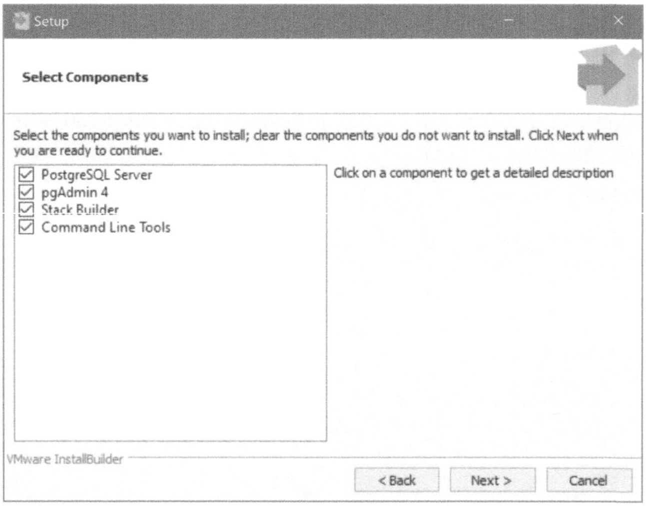

Bild 2.3 Auswahl der Komponenten für die Installation

4. Es erfolgt die Festlegung des Verzeichnisses für die Daten.
5. In den folgenden Schritten werden das Passwort für den Benutzer „postgres", der Port sowie die Locale festgelegt.
6. Starten Sie die Installation.

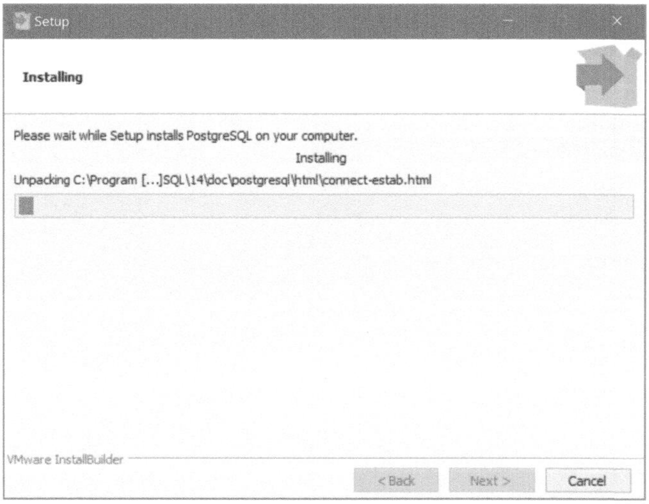

Bild 2.4 Die Paketinstallation ausführen

Der Installer legt einen Windows-Dienst zur Verwaltung des PostgreSQL-Servers an. Damit ist die Installation abgeschlossen.

2.1.3 Paketinstallation unter macOS

Vorgefertigte Pakete für macOS gibt es von verschiedenen Anbietern. An dieser Stelle verwenden wir ein Paket der Firma EnterpriseDB, analog zur Windows-Installation. Der Link zum Download lautet:

https://www.enterprisedb.com/downloads/postgres-postgresql-downloads

1. Öffnen Sie das Paket. Es erscheint das Startfenster des Setup Wizzard.

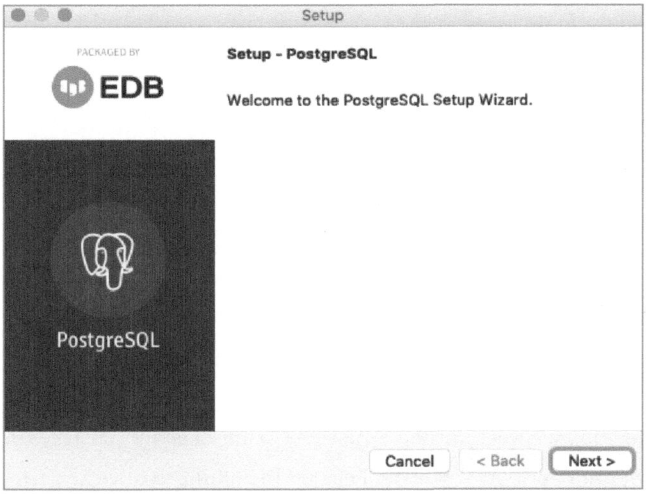

Bild 2.5 Der Setup Wizzard für macOS

2. Im nächsten Schritt kann das Installationsverzeichnis ausgewählt werden.

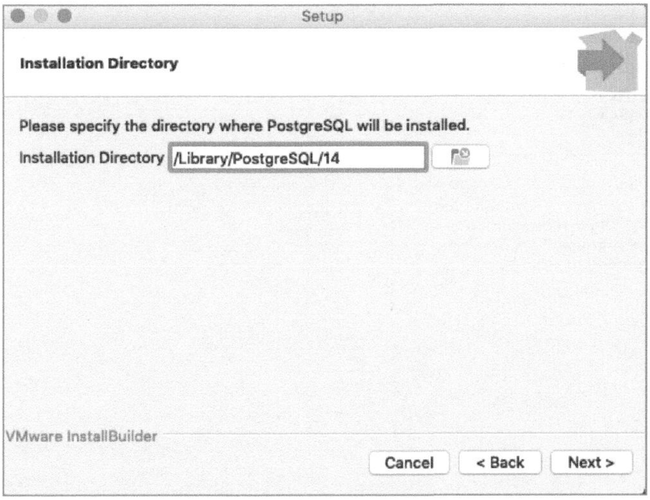

Bild 2.6 Das Installationsverzeichnis unter macOS auswählen

3. Es folgt die Auswahl der zu installierenden Komponenten. Neben dem PostgreSQL-Server können „pgAdmin", der Stack Builder sowie die Kommandozeilen-Werkzeuge mit installiert werden.

Bild 2.7 Auswahl der Komponenten für die Paket-Installation

4. Vergeben Sie Benutzername und Passwort für den Superuser (zum Beispiel „postgres").
5. In den nächsten Schritten werden der Port sowie die Locale-Einstellungen abgefragt.
6. Verifizieren Sie die Eingaben in der Zusammenfassung und starten Sie die Installation.

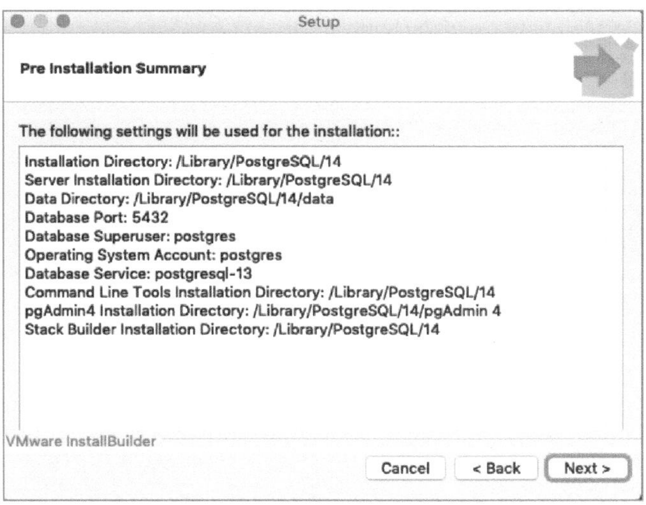

Bild 2.8 Zusammenfassung der Installation

Nach der Erfolgsmeldung ist die Installation abgeschlossen und der PostgreSQL-Server kann verwendet werden.

2.2 Installation aus dem Quellcode

Das Vorgehen bei der Installation aus dem Quellcode ist für alle Betriebssysteme ähnlich. Die Quellprogramme werden kompiliert, gelinkt und anschließend im Installationsverzeichnis bereitgestellt. In diesem Abschnitt werden die Schritte für Linux, Windows und macOS vorgestellt. Mit einer Installation aus dem Quellcode kann besser individualisiert und erweitert werden. Sie können sogar eigene Programmkomponenten einbinden.

2.2.1 Installation aus dem Quellcode unter Linux

Wir installieren an dieser Stelle zunächst den Standardumfang. Es wird im weiteren Verlauf des Buchs darauf hingewiesen, wenn zusätzliche Optionen eingebunden werden. Für PostgreSQL 14 bieten sich die Linux-Versionen 7 oder 8, zum Beispiel Red Hat, CentOS oder Oracle Linux an. Da die Programme komplett aus dem Quellcode übersetzt und mit den im Betriebssystem installierten Bibliotheken verbunden werden, sind wir an dieser Stelle sehr flexibel, was die Versionen und Derivate des Betriebssystems betrifft. Das folgende Vorgehen beschreibt die Installation:

1. Laden Sie den Quellcode von der Webseite *https://www.postgresql.org/ftp/source* herunter. Der Dateiname hat das Format *postgresql-<version>.tar.gz*.
2. Entpacken Sie den Quellcode und wechseln Sie in das Verzeichnis *postgresql-<version>*.

```
# tar -xvzf postgresql-14.1.tar.gz
# cd postgresql-14.1
```

3. Im ersten Schritt der Installation werden die Quellen für das Betriebssystem konfiguriert. Das Skript *configure* führt einige Tests aus, um die Werte einiger systemabhängiger Variablen zu bestimmen.

```
# ./configure
```

4. Starten Sie anschließend den Build-Prozess. Es werden die Libraries und Binaries erstellt. Verwenden Sie das GNU Make Utility und achten Sie auf die Erfolgsmeldung am Ende des Durchlaufs.

```
# make
. . .
All of PostgreSQL successfully made. Ready to install.
```

5. Im nächsten Schritt erfolgt die Installation der Binaries in die Zielverzeichnisse. Dieser Schritt muss ebenfalls unter dem Benutzer *root* ausgeführt werden, um die erforderlichen Berechtigungen zu erstellen. Standardmäßig erfolgt die Installation in das Verzeichnis */usr/local/pgsql*.

```
# make install
. . .
PostgreSQL installation complete.
```

6. Damit ist die Installation abgeschlossen. In der Nachbereitung sind folgende Schritte erforderlich:

   Einen Benutzer *postgres* als Eigentümer der Software und des Servers erstellen. Der Benutzername ist frei wählbar:

```
# adduser postgres
```

   Ein Verzeichnis zum Speichern der Datenbankdateien erstellen. Das Verzeichnis kann beliebig gewählt werden:

```
# mkdir /usr/local/pgsql/data
# chown postgres /usr/local/pgsql/data
```

   Den Datenbankserver initialisieren:

```
# su - postgres
$ /usr/local/pgsql/bin/initdb -D /usr/local/pgsql/data
. . .
initdb: warning: enabling "trust" authentication for local connections
You can change this by editing pg_hba.conf or using the option -A, or
--auth-local and --auth-host, the next time you run initdb.
Success. You can now start the database server using:
    /usr/local/pgsql/bin/pg_ctl -D /usr/local/pgsql/data -l logfile start
```

   Den Datenbankserver starten. Verifizieren Sie, dass die Prozesse laufen:

```
$ /usr/local/pgsql/bin/pg_ctl -D /usr/local/pgsql/data -l logfile start
waiting for server to start.... done
server started
[postgres@serv1 ~]$ ps -ef|grep postg
postgres 14543     1  0 10:40 ? 00:00:00 /usr/local/pgsql/bin/postgres -D /usr/local/
pgsql/data
postgres 14545 14543  0 10:40 ? 00:00:00 postgres: checkpointer
postgres 14546 14543  0 10:40 ? 00:00:00 postgres: background writer
postgres 14547 14543  0 10:40 ? 00:00:00 postgres: walwriter
postgres 14548 14543  0 10:40 ? 00:00:00 postgres: autovacuum launcher
postgres 14549 14543  0 10:40 ? 00:00:00 postgres: stats collector
postgres 14550 14543  0 10:40 ? 00:00:00 postgres: logical replication launcher
```

   Eine Testdatenbank mit dem Namen *hanser* anlegen:

```
$ /usr/local/pgsql/bin/createdb hanser
$ /usr/local/pgsql/bin/psql hanser
psql (14.1)
Type "help" for help.
hanser=# SELECT version();
                                  version
---------------------------------------------------------------------------
 PostgreSQL 14.1 on x86_64-pc-linux-gnu, compiled by gcc (GCC) 4.8.5 20150623 (Red
Hat 4.8.5-44.0.3), 64-bit
(1 row)
```

Damit ist die Installation aus dem Quellcode abgeschlossen und der PostgreSQL-Server ist einsatzbereit.

2.2.2 Installation aus dem Quellcode unter Windows

Die Installation aus dem Quellcode auf einem Windows-Betriebssystem umfasst dieselben Schritte wie unter Linux. Der Quellcode kann mit Hilfe des Visual C++-Compilers von Microsoft übersetzt und verbunden werden.

HINWEIS: Für das Erstellen der Software aus dem Quellcode wird mindestens das Microsoft Windows SDK benötigt. Alternativ kann Microsoft Visual Studio installiert werden, das ebenfalls die erforderlichen Programme für das Kompilieren und Linken der Quellen enthält.

In den folgenden Schritten erfolgt die Installation unter Windows 10 auf einer 64-Bit-Plattform.

1. Installieren Sie Microsoft Windows SDK oder Visual Studio.
2. Für die Installation ist ein Perl-Interpreter erforderlich. Installieren Sie im Bedarfsfall *ActiveState Perl*. Das Paket sowie die Installationsanleitung finden Sie auf der Webseite *https://www.activestate.com*.
3. Entpacken Sie den heruntergeladenen PostgreSQL-Quellcode. Auch wenn die Datei die Endung *.tar.gz* besitzt, kann sie mit den meisten Kompressionswerkzeugen direkt unter Windows ausgepackt werden. Im vorliegenden Beispiel werden die Quellen in das Verzeichnis *C:\PostgreSQL* gelegt. Beim Entpacken wird ein Unterverzeichnis im Format *postgresql-<version>* angelegt.
4. Öffnen Sie eine Windows-Eingabeaufforderung (DOS-Fenster) mit Administratorrechten und wechseln Sie in das Verzeichnis *C:\PostgreSQL\postgresql-<version>*.
5. Gegebenenfalls muss noch die Umgebung für das Windows SDK oder Visual Studio gesetzt werden. Compiler und Linker müssen sich im Pfad befinden und auf 64-Bit-Programme gestellt werden. Für das Visual Studio lautet der Aufruf:

```
C:\PostgreSQL\postgresql-14.1>"C:\Program Files (x86)\Microsoft Visual Studio\2019\
Community\VC\Auxiliary\Build\vcvars64.bat"
**********************************************************************
** Visual Studio 2019 Developer Command Prompt v16.8.4
** Copyright (c) 2020 Microsoft Corporation
**********************************************************************
[vcvarsall.bat] Environment initialized for: 'x64'
```

6. Wechseln Sie in das Unterverzeichnis *...\src\tools\msvc* und starten Sie Kompilierung und Verbinden des Quellcodes. Achten Sie auf die Erfolgsmeldung am Ende.

```
C:\PostgreSQL\postgresql-14.1>cd src\tools\msvc
C:\PostgreSQL\postgresql-14.1\src\tools\msvc>build
. . .
Der Buildvorgang wurde erfolgreich ausgeführt.
    0 Warnung(en)
    0 Fehler
Verstrichene Zeit 00:03:38.04
```

7. Im letzten Schritt erfolgt die Installation. Geben Sie das gewünschte Verzeichnis an, unter dem die Software installiert werden soll.

```
C:\PostgreSQL\postgresql-14.1\src\tools\msvc>install C:\PostgreSQL
Installing version 14 for release in C:\PostgreSQL
. . .
Installation complete.
```

8. Analog zu den Installationsschritten unter Linux lässt sich der Datenbankserver jetzt initialisieren. Das Verzeichnis für den Cluster kann frei gewählt werden. Legen Sie das Verzeichnis vorher an.

```
C:\PostgreSQL\bin>initdb -D C:\PostgreSQL\data
. . .
Success. You can now start the database server using:
    pg_ctl -D ^"C^:^\PostgreSQL^\data^" -l logfile start
```

9. Zum Schluss kann der Server gestartet und eine Datenbank mit dem Namen *hanser* angelegt werden.

```
C:\PostgreSQL\bin>pg_ctl -D C:\PostgreSQL\data -l logfile start
waiting for server to start.... done
server started
C:\PostgreSQL\bin>createdb hanser
```

10. Mit dem Kommandozeilen-Utility *psql* lässt sich die Verbindung zur Datenbank herstellen und SQL-Anweisungen können verarbeitet werden.

```
C:\PostgreSQL\bin>psql hanser
psql (14.1)
Type "help" for help.
hanser=# SELECT version();
                         version
-----------------------------------------------------------------
 PostgreSQL 14.1, compiled by Visual C++ build 1928, 64-bit
(1 row)
```

Damit ist die Installation abgeschlossen und der PostgreSQL-Server kann verwendet werden.

HINWEIS: Die Syntax sowie die meisten Beispiele im Buch beziehen sich auf ein Linux-System. Wenn Sie vorzugsweise unter Windows arbeiten, dann können Sie dennoch alles nachvollziehen, wenn Sie die betriebssystemspezifischen Abweichungen beachten. Das Verhalten von PostgreSQL ist plattformübergreifend analog.

Optional kann ein Windows-Dienst eingerichtet werden, der das automatische Starten und Stoppen bei Start und Shutdown des Betriebssystems übernimmt.

```
C:\PostgreSQL\bin>pg_ctl register -D C:\PostgreSQL\data -N PostgreSQL14 -U Lutz -P
xxxxxxx
```

Der Dienst ist nun in der Dienste-Verwaltung von Windows sichtbar.

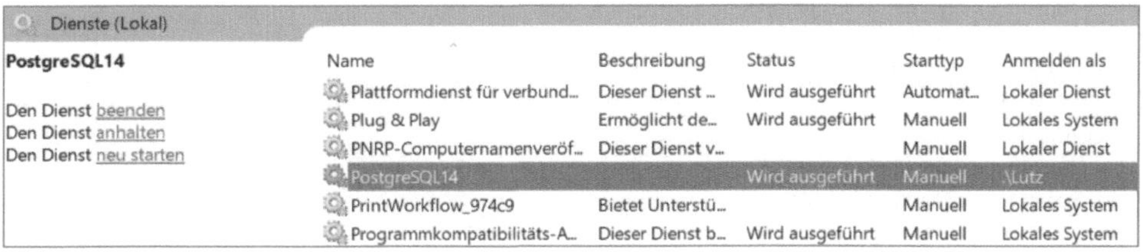

Bild 2.9 Einen Windows-Dienst für PostgreSQL anlegen

2.2.3 Installation aus dem Quellcode unter macOS

Die Installation verläuft ähnlich wie die Linux-Installation. Das folgende Beispiel beschreibt die Installation:

1. Laden Sie den Quellcode von der Webseite *https://www.postgresql.org/ftp/source* herunter. Der Dateiname hat das Format *postgresql-<version>.tar.gz.*
2. Entpacken Sie den Quellcode und wechseln Sie in das Verzeichnis *postgresql-<version>*.

```
$ tar -xvzf postgresql-14.1.tar.gz
$ cd postgresql-14.1
```

3. Für das Kompilieren und Linken des Quellcodes werden die Entwicklungstools für die Kommandozeile von Apple benötigt. Installieren Sie diese falls erforderlich.

```
$ xcode-select --install
```

4. Im ersten Schritt der Installation werden die Quellen für das Betriebssystem konfiguriert. Das Skript *configure* führt einige Tests aus, um die Werte einiger systemabhängiger Variablen zu bestimmen. Dafür wird der Pfad für „sysroot" benötigt. Der Pfad variiert je nach installierter Version des Betriebssystems. Sie finden den Pfad mit dem Kommando „xrun".

```
$ xrun –show-sdk-path
/Library/Developer/CommandLineTools/SDKs/MacOSX.sdk
$ ./configure PG_SYSROOT=/Library/Developer/CommandLineTools/SDKs/MacOSX.sdk
```

5. Starten Sie anschließend den Build-Prozess. Es werden die Libraries und Binaries erstellt. Verwenden Sie das GNU Make Utility und achten Sie auf die Erfolgsmeldung am Ende des Durchlaufs.

```
$ make PG_SYSROOT=/Library/Developer/CommandLineTools/SDKs/MacOSX.sdk all
. . .
All of PostgreSQL successfully made. Ready to install.
```

6. Im nächsten Schritt erfolgt die Installation der Binaries in die Zielverzeichnisse. Dieser Schritt muss ebenfalls unter dem Benutzer *root* ausgeführt werden, um die erforderlichen Berechtigungen zu erstellen. Standardmäßig erfolgt die Installation in das Verzeichnis */usr/local/pgsql.*

```
$ make install
. . .
PostgreSQL installation complete.
```

7. Damit ist die Installation abgeschlossen. In der Nachbereitung wird das Verzeichnis für den Server erzeugt.

```
$ mkdir /usr/local/pgsql/data
$ /usr/local/pgsql/bin/initdb -D /usr/local/pgsql/data
. . .
initdb: warning: enabling "trust" authentication for local connections
You can change this by editing pg_hba.conf or using the option -A, or
--auth-local and --auth-host, the next time you run initdb.
Success. You can now start the database server using:
    /usr/local/pgsql/bin/pg_ctl -D /usr/local/pgsql/data -l logfile start
```

8. Der Datenbankserver kann nun gestartet werden. Verifizieren Sie, ob alle Prozesse laufen.

```
$ /usr/local/pgsql/bin/pg_ctl -D /usr/local/pgsql/data -l logfile start
waiting for server to start.... done
server started
$ ps -ef|grep postg
501 14543     1  0 10:40 ? 00:00:00 /usr/local/pgsql/bin/postgres -D /usr/local/
pgsql/data
501 14545 14543  0 10:40 ? 00:00:00 postgres: checkpointer
501 14546 14543  0 10:40 ? 00:00:00 postgres: background writer
501 14547 14543  0 10:40 ? 00:00:00 postgres: walwriter
501 14548 14543  0 10:40 ? 00:00:00 postgres: autovacuum launcher
501 14549 14543  0 10:40 ? 00:00:00 postgres: stats collector
501 14550 14543  0 10:40 ? 00:00:00 postgres: logical replication launcher
```

9. Schließlich haben wir noch eine Testdatenbank mit dem Namen „hanser“ angelegt:

```
$ /usr/local/pgsql/bin/createdb hanser
$ /usr/local/pgsql/bin/psql hanser
psql (14.1)
Type "help" for help.
hanser=# SELECT version();
                                  version
-----------------------------------------------------------------------
 PostgreSQL 14.1 on x86_64-apple-darwin18.2.0, compiled by Apple LLVM version 10.0.1
(clang-1001.0.46.4), 64-bit
(1 row)
```

Damit ist die Installation aus dem Quellcode unter macOS abgeschlossen und der PostgreSQL-Server ist einsatzbereit.

2.3 Erste Schritte

Für ein bequemes Handling sollten mindestens die Umgebungsvariablen *PATH* und *PGDATA* gesetzt werden.

Listing 2.1 Den Ausführungspfad sowie die Variable PGDATA setzen

```
$ export PATH=/usr/local/pgsql/bin:$PATH
$ export PGDATA=/usr/local/pgsql/data
```

Das Starten und Stoppen des Servers erfolgt mit dem Utility pg_ctl.

Listing 2.2 Den PostgreSQL-Server starten und stoppen

```
$ pg_ctl start -l logfile
waiting for server to start.... done
server started
$ pg_ctl stop
waiting for server to shut down.... done
server stopped
```

Sobald der Server gestartet ist, können Verbindungen zur Datenbank hergestellt werden. Das Kommandozeilen-Utility *psql* ist Bestandteil der Installation und kann direkt auf dem Server aufgerufen werden.

Listing 2.3 Eine Verbindung zur Datenbank mit psql herstellen

```
$ psql hanser
psql (14.1)
Type "help" for help.
hanser=# SELECT current_database();
 current_database
------------------
 hanser
(1 row)
hanser=# SELECT version();
                                version
-----------------------------------------------------------------------
PostgreSQL 14.1 on x86_64-pc-linux-gnu, compiled by gcc (GCC) 4.8.5 20150623 (Red Hat
4.8.5-44.0.3),
64-bit
(1 row)
hanser=# \q
```

Die lokale Verbindung zum PostgreSQL-Server ist nach der Installation direkt freigeschaltet. Der Versuch, eine Verbindung von einem entfernten Client herzustellen, scheitert zunächst mit der folgenden Fehlermeldung:

```
C:\PostgreSQL\bin>psql -h 192.168.56.100 -p 5432 -U postgres -W
Password:
psql: error: connection to server at "192.168.56.100", port 5432 failed: Connection
refused (0x0000274D/10061)
        Is the server running on that host and accepting TCP/IP connections?
```

Nach der Installation hört der Listener des Servers standardmäßig nur auf *localhost*. Für Verbindungen von außen muss er jedoch auch auf das Netzwerk-Interface hören. Dies wird in der Konfigurationsdatei *postgresql.conf* konfiguriert. Sie befindet sich im Verzeichnis *$PGDATA*. Der Parameter lautet: *listen_addresses*. Ein anschließender Neustart des PostgreSQL-Servers ist erforderlich.

Listing 2.4 Den Listener für Verbindungen von außen aktivieren

```
listen_addresses = ,localhost,192.168.56.100'
```

HINWEIS: Wenn eine Firewall auf dem Linux-Server aktiviert ist, dann muss der Port 5432 freigeschaltet oder die Firewall deaktiviert werden, um den Zugriff auf den PostgreSQL-Server zu erlauben. ■

Ein erneuter Versuch, eine Verbindung vom Client zum PostgreSQL-Server aufzubauen, führt zu folgender Fehlermeldung:

```
C:\PostgreSQL\bin>psql -h 192.168.56.100 -p 5432 -U postgres -W
Password:
psql: error: connection to server at "192.168.56.100", port 5432 failed: FATAL:  no
pg_hba.conf entry for host "192.168.56.1", user "postgres", database "postgres", no
encryption
```

Der PostgreSQL-Listener verfügt selbst über eine Art Firewall. Diese wird über die Authentifizierungsdatei *pg_hba.conf* gesteuert, die sich im Verzeichnis *$PGDATA* befindet. Aus Sicherheitsgründen ist der Zugriff von einem entfernten Server oder Client nach der Installation abgeschaltet. Fügen Sie an dieser Stelle den Servernamen oder die IP-Adresse des Clients hinzu, von dem aus Sie zugreifen möchten. Nach der Änderung ist ein Neustart des PostgreSQL-Servers erforderlich. Weitere Informationen zu diesem Thema finden Sie in Kapitel 8 „Sicherheit und Überwachung“.

Listing 2.5 Einen Client in der Datei pg_hba.conf freischalten

```
# TYPE  DATABASE        USER            ADDRESS                 METHOD
host    all             all             192.168.56.1/32         trust
```

Nach der Änderung ist eine Verbindung vom Client zum PostgreSQL-Server möglich.

Umgebungsvariablen

Wie Sie sicherlich bemerkt haben, müssen dem psql-Utility für die Verbindung zu einem entfernten Server die Verbindungsinformationen mitgegeben werden. Alternativ können diese in folgenden Umgebungsvariablen des Betriebssystems hinterlegt werden:

PGHOST: Name oder IP-Adresse des Servers

PGPORT: TCP/IP-Port des PostgreSQL-Servers (Standard: 5432)

PGDATABASE: Name der Datenbank

PGUSER: Benutzername für die Verbindung ■

Für die Verwaltung von Server und Datenbanken gibt es eine Anwendung mit grafischer Oberfläche mit dem Name *pgAdmin*. Es ist ebenfalls ein Open-Source-Programm und kann von der Webseite *https://www.pgadmin.org/download* heruntergeladen werden. Erstellen Sie eine Serververbindung durch Eingabe der Verbindungsparameter. Da wir den Client bereits freigeschaltet haben, wird die Verbindung direkt funktionieren.

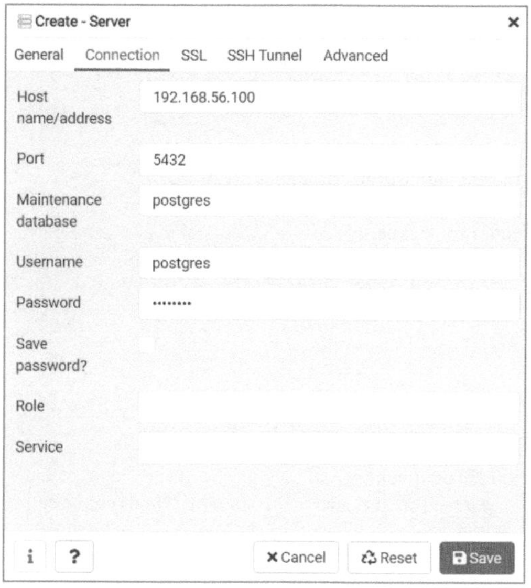

Bild 2.10
Einen Server im pgAdmin-Tool registrieren

Das Tool vereinfacht die Navigation durch Server und Datenbanken und verfügt über zusätzliche Funktionen im Vergleich zur Kommandozeile.

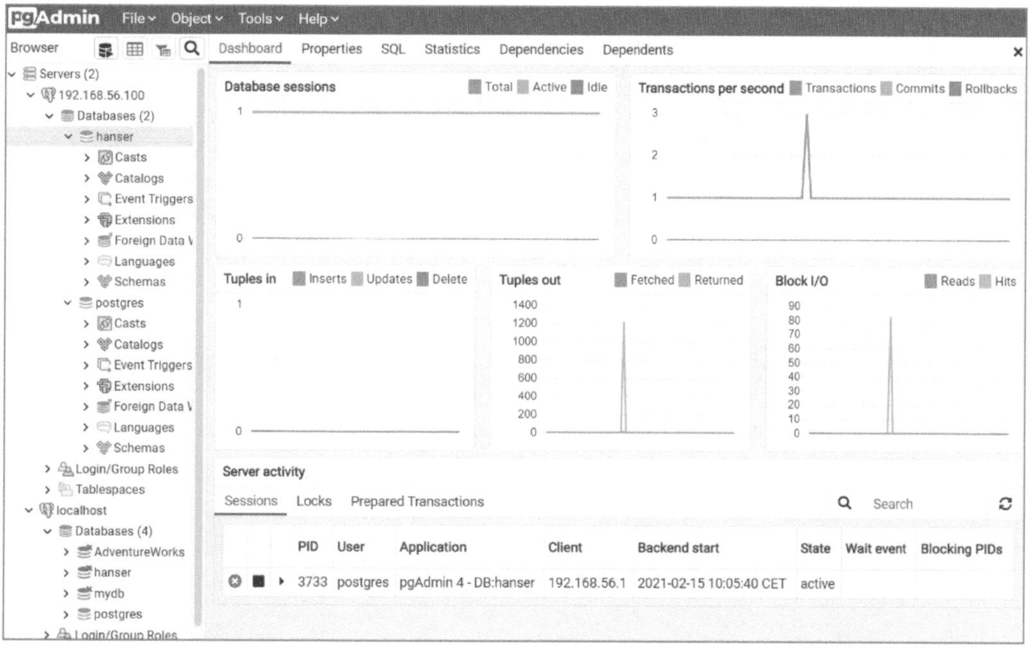

Bild 2.11 Das pgAdmin-Tool

Wie Sie vielleicht bemerkt haben, sendet der Server seine Nachrichten nach stdout, wenn er ohne die Logfile-Option gestartet wird. In der Standardkonfiguration ist das Schreiben von Nachrichten in Logdateien ausgeschaltet. Mit der folgenden Einstellung in der Konfigurationsdatei *postgresql.conf* wird ein minimales Schreiben von Fehlermeldungen und Servernachrichten eingeschaltet:

```
log_destination = 'stderr'     # Valid values are combinations of
                               # stderr, csvlog, syslog, and eventlog,
                               # depending on platform.  csvlog
                               # requires logging_collector to be on.
# This is used when logging to stderr:
logging_collector = on         # Enable capturing of stderr and csvlog
                               # into log files. Required to be on for
                               # csvlogs.
                               # (change requires restart)
# These are only used if logging_collector is on:
log_directory = 'log'          # directory where log files are written,
                               # can be absolute or relative to PGDATA
```

Mit dem Neustart erscheint die Meldung:

```
$ pg_ctl start
waiting for server to start....2021-02-15 17:23:17.925 CET [2494]
LOG:  redirecting log output to logging collector process
2021-02-15 17:23:17.925 CET [2494] HINT:  Future log output will appear in directory
"log".
 done
server started
```

Unter *$PGDATA* wurde das Verzeichnis *log* angelegt. Darin befindet sich die Logdatei des PostgreSQL-Servers:

```
$ cd $PGDATA/log
$ ls
postgresql-2021-02-15_172317.log
```

Wenn Sie den Server mit *pg_ctl stop* heruntergefahren haben, dann konnten Sie feststellen, dass der Server gestoppt wurde, obwohl noch Clients verbunden waren. Mit der Version 9.5 wurde der Standard der Shutdown-Optionen von *smart* auf *fast* geändert. Auch in der Version 14 ist der Standard *fast*, d. h., der Befehl ist identisch mit *pg_ctl stop -m fast*. Tabelle 2.1 beschreibt die Optionen.

Tabelle 2.1 Optionen zum Stoppen des PostgreSQL-Servers

Option	Aktion
smart	Stoppen, wenn sich alle Clients abgemeldet haben
fast	Verbindungen trennen, Server sauber herunterfahren
immediate	Prozesse sofort beenden, ohne den Server sauber herunterzufahren Erfordert ein Recovery beim nächsten Start

Wenn Sie mit den Stopp-Optionen von Oracle vertraut sind, werden Sie feststellen, dass bei PostgreSQL ähnliche Begriffe auftauchen, die allerdings anders interpretiert werden. Tabelle 2.2 vergleicht die Shutdown-Optionen zwischen Oracle und PostgreSQL.

Tabelle 2.2 Vergleich der Shutdown-Optionen zwischen PostgreSQL und Oracle

PostgreSQL	Oracle
smart	normal
nicht vorhanden	transactional
fast	immediate
immediate	abort

3 Upgrades und Versionen

Im Vergleich zu anderen Datenbanksystemen ist das Upgrade-Management von PostgreSQL einfach und gut zu beherrschen. Im Fall einer Paketinstallation besteht die Abhängigkeit von den durch den Support-Provider zur Verfügung gestellten Paketen und Release-Zyklen. Eine Installation aus dem Quellcode bietet die Möglichkeit, den Release-Zyklus selbst zu bestimmen.

Mit der Version 10 hat sich die Nummerierung der Releases geändert. Ein Major-Release-Wechsel bedeutet seitdem, dass sich die erste Nummer ändert, also zum Beispiel von 13 auf 14. Vorher wurde ein Major-Release-Wechsel durch die zweite Stelle gekennzeichnet. Demnach ist ein Upgrade von Version 9.5 auf 9.6 ebenfalls ein Major-Release-Wechsel.

Ein Minor-Release-Wechsel liegt vor, wenn sich maximal der zweite Teil der Versionsnummer ändert, zum Beispiel bei einem Upgrade von 13.2 auf 13.3. Grundsätzlich werden in diesem Fall nur Bug Fixes implementiert.

TIPP: Obwohl Upgrades immer ein Risiko mit sich bringen, sollten Sie regelmäßig auf das letzte Minor Release gehen. Zusätzlich zu allgemeinen Bug Fixes werden auch Sicherheitslücken geschlossen. Das Risiko, wenn Upgrades ausgelassen werden, wird als höher eingestuft.

Ein Upgrade Version 13 auf Version 14 ist ein Major-Release-Wechsel. Mit einem neuen Major Release ändert sich unter anderem das interne Format von Systemtabellen und Datenfiles. Diese Änderungen können komplexe Auswirkungen haben, sodass eine Rückwärtskompatibilität nicht gegeben ist.

Es gibt drei empfohlene Methoden für ein Major-Release-Upgrade:

- Entladen der Datenbanken mit *pg_dumpall* und Laden in die neue Version
- Upgrade mit *pg_upgrade*
- Upgrade mit logischer Replikation

Wir führen ein Upgrade von der Version 13.3 auf die Version 14.1, also ein Major-Release-Upgrade durch.

3.1 Upgrade mit pg_dumpall

Mit der Hilfe von *pg_dumpall* kann ein logisches Backup vom PostgreSQL-Cluster mit der niedrigeren Major-Release-Nummer erstellt und in das Cluster mit der höheren Release-Nummer geladen werden. Diese Vorgehensweise funktioniert rückwärts betrachtet bis zur Version 7.0.

Da es sich um ein Out-of-place-Upgrade handelt, müssen beide Versionen parallel installiert sein. Dies kann sowohl auf derselben als auch auf getrennter Hardware der Fall sein. Befinden sich beide Cluster auf demselben Server, dann können Sie zwischen beiden Umgebungen hin- und herschalten.

Es wird empfohlen, auch für den Export das Utility *pg_dumpall* der höheren Version zu verwenden. Es kann allerdings nicht einfach in die Binary-Installation der alten Version kopiert werden. Das heißt, wenn Sie auf einen anderen Server migrieren, benötigen Sie eine zweite PostgreSQL-Installation mit der höheren Version. Die folgenden Schritte beschreiben, wie eine zweite Version installiert werden kann:

1. Wir nehmen an, es existiert bereits eine Installation mit der Version 13.3 auf dem Server. Standardmäßig befindet sich die Distribution im Verzeichnis */usr/local/pgsql*.
2. Führen Sie die Installation aus dem Quellcode, so wie in Kapitel 2 beschrieben, durch. Im Standardverzeichnis befindet sich bereits die Installation der Version 13.3. Verwenden Sie für den Installationsbefehl die Option „prefix“, um die Distribution in ein anderes Verzeichnis zu lenken:

```
make prefix=/usr/local/pgsql.new install
```

3. Damit befinden sich zwei Binär-Installationen auf dem Server und Sie können hin- und herschalten.

Die folgenden Schritte zeigen eine logische Migration von der Version 13.3 auf die Migration 14.1:

1. Stellen Sie sicher, dass während des Exports keine Transaktionen auf der Datenbank stattfinden. Eine einfache, aber wirksame Methode ist die Anpassung der Datei *pg_hba.conf*, um neue Verbindungen zu vermeiden, und ein Neustart des Clusters.
2. Setzen Sie die Umgebung für die Daten auf die alte und die für die Binaries auf die neue Version.

```
$ export PGDATA=/usr/local/pgsql/data
$ export PATH=/usr/local/pgsql.new/bin:$PATH
$ which pg_dumpall
/usr/local/pgsql.new/bin/pg_dumpall
```

3. Führen Sie das Backup des Clusters durch.

```
$ pg_dumpall > backup_v133.sql
```

4. Das Backup ist eine Textdatei bestehend aus SQL-Befehlen zum Wiederherstellen der Komponenten des Clusters. Aus diesem Grund wird die Methode auch logische Migration genannt. Da keine Abhängigkeiten zur Binär-Installation bestehen, kann das Verfah-

ren auch zur Migration in ein anderes Betriebssystem, zum Beispiel Windows, eingesetzt werden.

5. Stoppen Sie das alte PostgreSQL-Cluster.

```
$ pg_ctl stop
waiting for server to shut down.... done
server stopped
```

6. Kopieren Sie, falls erforderlich, die Backup-Datei auf den neuen Server.
7. Starten Sie das Cluster mit der neuen Version und dem neuen Datenverzeichnis.

```
[postgres@serv2 ~]$ export PGDATA=/usr/local/pgsql.new/data
[postgres@serv2 ~]$ export PATH=/usr/local/pgsql.new/bin:$PATH
$ pg_ctl start
waiting for server to start.... done
server started
```

8. Laden Sie die Daten aus dem Backup.

```
$ psql -d postgres -f backup_v133.sql -o upgrade.log > errors.log 2>&1
```

9. Prüfen Sie die Logdatei und die Error-Datei auf Fehler.

Damit ist das Upgrade abgeschlossen.

TIPP: Die mit *pg_dumpall* erzeugte Datei ist eine Textdatei, die mit psql verarbeitet werden kann. Das Entladen und das Laden können mit Hilfe eines Pipes in einem Schritt ausgeführt werden. Dazu müssen beide Cluster parallel auf verschiedenen Ports laufen:

```
$ pg_dumpall -p 5432 | psql -d postgres -p 5433
```

Mit dieser Methode kann die Downtime reduziert werden. Es wird kein zusätzlicher Speicherplatz für das Backup benötigt.

3.2 Upgrade mit pg_upgrade

Mit *pg_upgrade* ist es möglich, ein vorhandenes Cluster im Falle eines Major-Version-Upgrades zu konvertieren. Dies ist nicht erforderlich, wenn es sich um ein Minor-Version-Upgrade handelt, also zum Beispiel von 13.2 auf 13.3. In diesem Fall ist es ausreichend, die neuen Binaries zu installieren.

Die minimale Version, von der mit *pg_upgrade* auf 14.1 migriert werden kann, ist 8.4. Auch bei diesem Vorgehen muss ein Cluster der neuen Version installiert werden. Alter und neuer Cluster müssen sich auf demselben Server befinden.

Ein Major-Release-Wechsel schließt ein, dass sich das Layout der Systemtabellen, also des Cluster- und Datenbankkatalogs, ändert. Diese Änderungen werden durch das Utility vorgenommen. Es wird jedoch angenommen, dass sich das Speicherformat der Dateien für die Tablespaces und Tabellen nicht ändert. Solche Änderungen werden durch *pg_upgrade* nicht erfasst. Im Fall eines Upgrades von der Version 13 auf die Version 14 ist das sichergestellt. Die Aussage vom Development-Team für künftige Release-Wechsel zu diesem Thema ist jedoch vage:

Falls ein zukünftiger Major-Release-Wechsel eine Veränderung des Speicherformats einschließt und die alten Daten nicht mehr lesbar sind, dann kann pg_upgrade nicht verwendet werden. Die Community versucht, solche Situationen zu vermeiden.

TIPP: Vergewissern Sie sich im Zweifelsfall durch Lesen der Release Notes oder Fragen an die Community, dass mit dem Major-Release-Wechsel keine Änderung des Speicherformats verbunden ist. In so einem Fall kann *pg_upgrade* nicht als Migrationswerkzeug eingesetzt werden. Für die Version 14 besteht diese Gefahr nicht.

Das Utility *pg_upgrade* führt eine Prüfung auf Binär-Kompatibilität durch, allerdings nicht für externe Module. Es führt weiterhin die Änderungen im Datenbankkatalog durch und kopiert die Dateien aus dem alten $PGDATA-Verzeichnis in das neue.

Die folgenden Schritte beschreiben die Verwendung von *pg_upgrade*:

1. Verschieben Sie den alten Cluster, wenn sich die Installation im Standardverzeichnis befindet.

```
# mv /usr/local/pgsql /usr/local/pgsql.old
```

2. Kompilieren Sie den Quellcode, installieren Sie die Binaries für die Version 14 und installieren Sie das Cluster Es ist nicht erforderlich, den neuen Server zu starten. Passen Sie die Konfigurationsdateien *pg_hba.conf* und *postgresql.conf* an.

```
# make
# make install
# su - postgres
$ /usr/local/pgsql/bin/initdb -D /usr/local/pgsql/data14
```

3. Installieren Sie an dieser Stelle die Shared Libraries von Extensions, die vom alten Cluster übernommen werden sollen. Eine Ausführung des Befehls „CREATE EXTENSION" ist nicht erforderlich. Das erledigt das pg_upgrade-Utility.
4. Passen Sie gegebenenfalls im neuen Cluster die Datei *pg_hba.conf* an, so dass *pg_upgrade* in der Lage ist, sich zum Server zu verbinden.
5. Stoppen Sie den alten Server. Beide Server müssen vor Ausführung des Utility gestoppt sein.
6. Führen Sie das Upgrade durch. Es erfolgt ein Upgrade des Datenbankkatalogs und die Dateien werden in das neue $PGDATA-Verzeichnis kopiert. Unter Windows muss die Shell mit Administratorrechten ausgeführt werden.

```
$ pg_upgrade --old-bindir /usr/local/pgsql.old/bin --new-bindir /usr/local/pgsql/bin
--old-datadir /usr/local/pgsql/data --new-datadir /usr/local/pgsql/data14
Performing Consistency Checks
-----------------------------
Checking cluster versions                                   ok
Checking database user is the install user                  ok
Checking database connection settings                       ok
Checking for prepared transactions                          ok
Checking for system-defined composite types in user tables  ok
Checking for reg* data types in user tables                 ok
Checking for contrib/isn with bigint-passing mismatch       ok
Checking for user-defined encoding conversions              ok
Checking for user-defined postfix operators                 ok
Creating dump of global objects                             ok
Creating dump of database schemas                           ok
Checking for presence of required libraries                 ok
Checking database user is the install user                  ok
Checking for prepared transactions                          ok
Checking for new cluster tablespace directories             ok

If pg_upgrade fails after this point, you must re-initdb the
new cluster before continuing.

Performing Upgrade
------------------
Analyzing all rows in the new cluster                       ok
Freezing all rows in the new cluster                        ok
Deleting files from new pg_xact                             ok
Copying old pg_xact to new server                           ok
Setting next transaction ID and epoch for new cluster       ok
Deleting files from new pg_multixact/offsets                ok
Copying old pg_multixact/offsets to new server              ok
Deleting files from new pg_multixact/members                ok
Copying old pg_multixact/members to new server              ok
Setting next multixact ID and offset for new cluster        ok
Resetting WAL archives                                      ok
Setting frozenxid and minmxid counters in new cluster       ok
Restoring global objects in the new cluster                 ok
Restoring database schemas in the new cluster               ok
Copying user relation files                                 ok
Setting next OID for new cluster                            ok
Sync data directory to disk                                 ok
Creating script to delete old cluster                       ok

Upgrade Complete
----------------
Optimizer statistics are not transferred by pg_upgrade.
Once you start the new server, consider running:
    /usr/local/pgsql/bin/vacuumdb --all --analyze-in-stages

Running this script will delete the old cluster's data files:
    ./delete_old_cluster.sh
```

7. Starten Sie das neue Cluster und führen Sie den VACUUM-Befehl aus.

```
$ pg_ctl start
$ /usr/local/pgsql/bin/vacuumdb --all --analyze-in-stages
```

Beide Methoden führen also ein sogenanntes Out-of-place-Upgrade durch. Es werden eine neue Version von Binaries sowie ein neues Datenverzeichnis installiert, während die alten erhalten bleiben. Ein Nachteil liegt darin, dass der doppelte Speicherbedarf für die Migration benötigt wird. Ein Vorteil ist, dass ein Rollback sehr einfach durchgeführt werden kann, indem man die alte Version wieder aktiviert.

Das Kopieren der Dateien in das neue $PGDATA-Verzeichnis kostet Zeit, die insbesondere bei großen Datenbanken einzuplanen ist. Das Kopieren der Dateien mit *pg_upgrade* bietet aber immer noch einen Zeitvorteil gegenüber der Methode mit *pg_dumpall*. Bei Verwendung von *pg_upgrade* müssen sich altes und neues Cluster auf derselben Hardware befinden. Die Methode mit *pg_dumpall* bietet darüber hinaus die Möglichkeit, im Rahmen der Migration zusätzlich einen Wechsel des Betriebssystems vorzunehmen.

3.3 Upgrade mit logischer Replikation

Für Datenbanken, die nur eine geringe Downtime erlauben, empfiehlt es sich, die logische Replikation als Methode für das Upgrade einzusetzen. Mit der logischen Replikation können Cluster unterschiedlicher Versionen und Betriebssysteme synchronisiert werden. Auch wenn der Upgrade-Prozess mit der Migration in ein anderes Betriebssystem oder die Cloud verbunden werden soll, ist die logische Replikation eine sehr gute Option. Das Umschalten vom alten Cluster in das neue, und damit die Downtime für die Migration, nimmt nur wenige Sekunden in Anspruch. Einzelheiten zum Thema „Logische Replikation" finden Sie in Kapitel 10.

Erstellen Sie ein PostgreSQL-Cluster mit der neuen Version und setzen Sie die zugehörigen Datenbanken als Standby-Datenbanken auf. Der Cluster kann sich auf demselben oder einem entfernten Server befinden. Ist die Synchronisation zwischen der alten und der neuen Version hergestellt, kann der Rollentausch vollzogen werden. Die neue Version wird zum Master und die alte zur Standby-Konfiguration. Die Standby-Datenbanken können noch für die Fallback-Strategie aktiviert bleiben, bis die „GO-Entscheidung" für die Migration gefallen ist.

HINWEIS: Nach dem Rollentausch kommt es vor, dass Clients versuchen, sich zum alten Cluster zu verbinden. Passen Sie die Datei *pg_hba.conf* so an, dass Zugriffe von außen verhindert und nur der Replikation eine Verbindung gestattet wird.

3.4 Migration nach Native Partitioning

Mit der Version 10 wurde das Native Partitioning eingeführt, das mit vielen Vorzügen und signifikant besserer Performance überzeugt. Es ist abzusehen, dass die Partitioning-Technologie mit der Table-Inheritance-Methode nicht weiterentwickelt wird. Sollten sich in der Datenbank noch Tabellen befinden, die mit Inheritance-Partitioning definiert sind, ist zu empfehlen, diese zu migrieren. Da für die Migration nach Native Partitioning die Daten neu geladen werden müssen, sollten sie am besten in die Migration der anderen Tabellen eingebunden werden. Das spart ein doppeltes Laden der Daten.

Die folgenden Schritte beschreiben die Migration:

1. Entladen der Tabellen mit Inheritance Partitioning aus der Quelldatenbank
2. Erstellen der Tabellen in der Zieldatenbank mit Native-Partitioning-Syntax
3. Laden der Daten in die Zieldatenbank mit der Option „Data Only“

Unabhängig davon, welche Werkzeuge Sie für die Migration benutzen, sind die Schritte dieselben. Im folgenden Beispiel wird die Tabelle „order_entry“ verwendet (siehe Listing 3.1).

Listing 3.1 Tabellenstruktur mit Inheritance-Partitioning

```
psql (13.3)
(postgres@[local]:5432)[postgres]> \d+ order_entry
                       Table "public.order_entry"
   Column    | Type    | Modifiers | Storage | Stats target | Description
-------------+---------+-----------+---------+--------------+-------------
 order_id    | integer |           | plain   |              |
 customer    | integer |           | plain   |              |
 article     | integer |           | plain   |              |
 amount      | integer |           | plain   |              |
 entry_date  | date    | not null  | plain   |              |
Child tables: order_entry_201901,
              order_entry_201902,
              order_entry_201903,
              order_entry_201904,
              order_entry_201905,
              order_entry_201906
```

Die Tabelle wird mit dem Utility *pg_dump* entladen:

```
pg_dump -d postgres -p 5432 -t order_entry > export_13.3.dmp
```

Jetzt wird die Tabelle in der Zieldatenbank nach der neuen Syntax für das Native Partitioning angelegt (siehe Listing 3.2). In diesem Fall kommt das Range Partitioning zum Einsatz.

Listing 3.2 Tabelle mit Native Partitioning anlegen

```
psql(14.1)
(postgres@[local]:5432)[postgres]> CREATE TABLE order_entry(
> order_id     INT,
> customer     INT,
> article      INT,
> amount       INT,
```

```
> entry_date  DATE NOT NULL)
> PARTITION BY RANGE(entry_date);
CREATE TABLE
postgres@[local]:5432)[postgres]> CREATE TABLE order_entry_201201
> PARTITION OF order_entry
> FOR VALUES FROM ('2019-01-01') TO ('2019-01-31');
CREATE TABLE
. . .
(postgres@[local]:5432)[postgres]> CREATE TABLE order_entry(
> order_id    INT,
> customer    INT,
> article     INT,
> amount      INT,
> entry_date  DATE NOT NULL)
> PARTITION BY RANGE(entry_date);
CREATE TABLE
(postgres@[local]:5432)[postgres]> CREATE TABLE order_entry_201201
> PARTITION OF order_entry
> FOR VALUES FROM ('2019-01-01') TO ('2019-01-31');
CREATE TABLE
. . .
postgres@[local]:5432)[postgres]> \d+ order_entry
                                  Table "public.order_entry"
   Column   |  Type   | Collation | Nullable | Default | Storage | Stats target |
------------+---------+-----------+----------+---------+---------+--------------+
 order_id   | integer |           |          |         | plain   |              |
 customer   | integer |           |          |         | plain   |              |
 article    | integer |           |          |         | plain   |              |
 amount     | integer |           |          |         | plain   |              |
 entry_date | date    |           | not null |         | plain   |              |
Partition key: RANGE (entry_date)
Partitions: order_entry_201201 FOR VALUES FROM ('2019-01-01') TO ('2019-01-31'),
            order_entry_201202 FOR VALUES FROM ('2019-02-01') TO ('2019-02-28'),
            order_entry_201203 FOR VALUES FROM ('2019-03-01') TO ('2019-03-31'),
            order_entry_201204 FOR VALUES FROM ('2019-04-01') TO ('2019-04-30'),
            order_entry_201205 FOR VALUES FROM ('2019-05-01') TO ('2019-05-31'),
            order_entry_201206 FOR VALUES FROM ('2019-06-01') TO ('2019-06-30')
```

Nachdem die leere Tabellenstruktur existiert, können die Daten geladen werden. Verwenden Sie die Option „Data only“ oder entfernen Sie den CREATE TABLE-Befehl, falls die Daten im Textformat entladen wurden:

```
psql (14.1)
(postgres@[local]:5432[postgres]> \i order_entry_13.3.dmp
```

Prüfen Sie, ob es zu Fehlern beim Laden gekommen ist. Es könnten Partitionen fehlen oder sie wurden möglicherweise falsch angelegt.

3.5 Regressionstests

Im Zusammenhang mit einem Major-Release-Wechsel sollten Regressionstests geplant werden. Der Hintergrund ist, kritische Fehler aufzudecken, die nach dem Upgrade auf eine neue Version zum Vorschein treten. Solche Fehler können sowohl funktionaler als auch technischer Natur sein. Deshalb führt man in der Regel einen funktionalen und einen technischen Regressionstest durch. Da diese Tests vor dem eigentlichen Upgrade-Termin stattfinden müssen, sollte genügend Zeit für eine eventuell erforderliche Problembeseitigung bereitgestellt werden.

Der funktionale Test setzt die Kenntnis der Applikation voraus. Es werden zumindest die Basisfunktionen getestet und die Ergebnisse analysiert. Mit dem technischen Test gilt es sicherzustellen, dass es nicht zu Fehlern im Applikationsablauf kommt, alle SQL-Anweisung sauber und ohne Performance-Einbußen durchlaufen sowie neue Features wie geplant funktionieren. Regressionstests sind besonders wichtig, wenn Sie einen Plattformwechsel oder Wechsel des Betriebssystems planen. Obwohl PostgreSQL verspricht, plattformunabhängig zu sein, kann es dennoch zu unterschiedlichem Verhalten kommen. Darüber hinaus gibt es Bugs, die nur auf einer bestimmten Plattform auftreten.

PostgreSQL unterstützt die Regressionstests mit dem Utility *pg_regress*. Obwohl es nicht Ihre speziellen Datenbanken untersucht, führt es Prüfungen auf einer separaten Instanz an. Dabei werden verschiedene SQL-Anweisungen ausgeführt und die Ergebnisse mit Erwartungen verglichen. Damit kann herausgefunden werden, ob das von Ihnen installierte Cluster möglicherweise Probleme in bestimmten Bereichen hat. Sie können die gefundenen Differenzen im Detail überprüfen. Möglicherweise sind bestimmte Fehler oder Abweichungen von der Erwartung für Ihre Datenbanken auch nicht relevant.

TIPP: Führen Sie bei einem Upgrade auf PostgreSQL 14 einen Regressionstest mit *pg_regress* durch. Bei einem Major-Release-Wechsel wird von den Programmierern der PostgreSQL-Software ein relativ großer Anteil des Quellcodes angefasst und geändert. Das hat natürlich zur Folge, dass die Anzahl von Problemen und Bugs in der neuen Version größer ist und erst mit dem Ausrollen der folgenden Minor-Release-Upgrades abnimmt.

Sie können die Tests gegen ein bestehendes Cluster laufen oder eine temporäre Instanz anlegen lassen. Die folgenden Schritte beschreiben, wie ein solcher applikationsunabhängiger Regressionstest mit einer temporären Instanz durchgeführt werden kann.

1. Installieren Sie die Software und initialisieren Sie das Cluster so wie in Kapitel 2 beschrieben.
2. Wechseln Sie in das Installationsverzeichnis als Benutzer *postgres*.
3. Führen Sie den Befehl *make check* aus.

```
$ make check
. . .
============== creating temporary instance          ==============
============== initializing database system         ==============
```

```
============== starting postmaster                        ==============
running on port 50848 with PID 24761
============== creating database "regression"             ==============
. . .
CREATE DATABASE
ALTER DATABASE
============== running regression test queries            ==============
. . .
============== shutting down postmaster                   ==============
============== removing temporary instance                ==============
=======================
 All 209 tests passed.
=======================
make[1]: Leaving directory '/tmp/postgresql-10/src/test/regress'
```

4. Die temporäre Instanz wurde durch das Utility am Ende gelöscht. Erhalten bleibt das Verzeichnis *.../srvTest/regress*. Darin finden Sie die Ergebnisse des Tests. Mit dem *diff*-Befehl können die Unterschiede herausgestellt werden.

Listing 3.3 Ergebnis des Regressionstests aufzeigen

```
$ cd src/test/regress
$ diff expected results
```

HINWEIS: Mit der Option „check“ werden nur die Kernkomponenten des PostgreSQL-Clusters geprüft. In der Distribution des Quellcodes befinden sich weitere Komponenten, wie zum Beispiel prozedurale Sprachen. Um alle verfügbaren Optionen zu testen, muss die Anweisung „make“ mit der Option „check-world“ ausgeführt werden.

4 Die Architektur von PostgreSQL

Die Kenntnis der Architektur ist nicht nur für den Administrator sehr wichtig. Egal, ob Sie als Architekt, Systemberater oder Entwickler arbeiten, das Eindringen in die Architektur ist der Schlüssel für eine erfolgreiche Arbeit mit dem System. Nur wer den Aufbau, die Zusammenhänge sowie die internen Prozessabläufe kennt, ist in der Lage, Architekturen zu planen und zu implementieren, die täglichen Supportanforderungen zu meistern und Troubleshooting zu betreiben.

Die Architektur des PostgreSQL-Clusters ist komplex und es ist längere praktische Erfahrung erforderlich, um sie in ihrer Gesamtheit kennenzulernen und zu beherrschen. Je länger und intensiver Sie sich mit diesem Thema beschäftigen, desto umfangreicher wird Ihr Wissen und desto plausibler werden die Zusammenhänge.

4.1 Überblick

Eine Sammlung von Datenbanken, die von einem PostgreSQL-Server verwaltet werden, wird als PostgreSQL-Cluster bezeichnet. Ein Server läuft auf einem Computer und verwaltet ein Datenbank-Cluster. In der Sprache von PostgreSQL bedeutet das Wort „Cluster" also nicht eine Gruppe von Datenbankservern.

Die Instanz eines Clusters besteht aus einer Reihe von Prozessen, die mehr oder weniger unabhängig voneinander arbeiten, sowie aus Memory-Strukturen. Auf der Disk befinden sich die Strukturen für Verwaltung und Speicherung von Datenbanken, Tablespaces sowie Tabellen und Indexe.

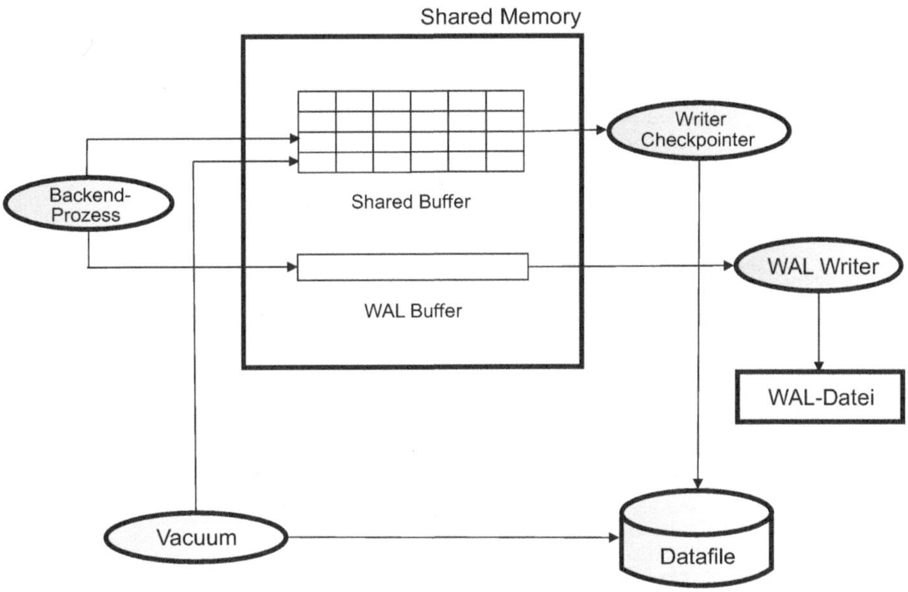

Bild 4.1 Die Architektur-Übersicht

Die wichtigsten Bereiche im Shared Memory sind der Shared Buffer und der WAL Buffer. Die Aufgabe des Shared Buffer ist es, die I/O-Operationen mit der Disk zu minimieren und möglichst viele Operationen im Memory durchzuführen. Der Writer-Prozess schreibt Datenblöcke aus dem Shared Buffer auf die Disk in die Tablespaces. Im Fall eines Checkpoints werden alle geänderten Blöcke auf die Disk geschrieben. Die Zustände des Shared Buffer und der Tablespaces werden damit synchronisiert.

Der WAL Buffer speichert temporär WAL-Sätze, bevor sie auf die Disk geschrieben werden. Er dient der Optimierung der Schreibvorgänge. Bei einem hohen Transaktionsaufkommen wird der WAL Buffer stark frequentiert.

4.2 Memory und Prozesse

Das Memory dient vorwiegend als Puffer, um einen Performancegewinn zu erzielen und die Zugriffe auf die Disk zu minimieren. Die Prozesse übernehmen die Verarbeitung von Daten und Aufgaben des Servers und der Datenbanken. Sie arbeiten unabhängig voneinander, kommunizieren jedoch miteinander und senden gegenseitig Anforderungen.

4.2.1 Hintergrundprozesse

Die Hintergrundprozesse eines PostgreSQL-Clusters arbeiten weitgehend unabhängig voneinander. Sie kommunizieren miteinander und triggern gegenseitig Abläufe oder Prozesse. Der Hauptprozess wird als Postmaster-Prozess bezeichnet.

Listing 4.1 Die Hintergrundprozesse des PostgreSQL-Servers

```
$ ps -ef|grep postgres
postgres 31755     1  0 16:56 pts/0  00:00:00 /usr/local/pgsql/bin/postgres -D /usr/
local/pgsql/data
postgres 31757 31755  0 16:56 ?      00:00:00 postgres: checkpointer process
postgres 31758 31755  0 16:56 ?      00:00:00 postgres: writer process
postgres 31759 31755  0 16:56 ?      00:00:00 postgres: wal writer process
postgres 31760 31755  0 16:56 ?      00:00:00 postgres: autovacuum launcher process
postgres 31761 31755  0 16:56 ?      00:00:00 postgres: stats collector process
postgres 31762 31755  0 16:56 ?      00:00:00 postgres: bgworker: logical replication
launcher
$ pstree -p 31755
postgres(31755) ┬─postgres(31757)
                ├─postgres(31758)
                ├─postgres(31759)
                ├─postgres(31760)
                ├─postgres(31761)
                └─postgres(31762)
```

Die Hintergrundprozesse haben bestimmte Aufgaben. Eine Zusammenfassung finden Sie in Tabelle 4.1.

Tabelle 4.1 Aufgaben der Hintergrundprozesse

Prozess	Aufgabe
checkpointer	Schreibt bei einem Checkpoint die „Dirty Buffer" auf die Disk.
writer	Schreibt periodisch „Dirty Buffer" auf die Disk.
wal writer	Schreibt Sätze aus dem WAL Buffer in die WAL-Datei.
autovacuum launcher	Startet Autovacuum-Arbeiterprozesse, wenn ein VACUUM im laufenden Betrieb notwendig ist.
archiver	Wird gestartet, wenn das Cluster im Archivelog-Modus arbeitet. Kopiert die WAL-Datei ins Archiv-Verzeichnis.
stats collector	Sammelt Statistiken, unter anderem über Sessions und Tabellenbenutzung.
bgworker	Verschiedene Arbeiterprozesse, die von Hintergrundprozessen gestartet werden.

HINWEIS: Unter Windows laufen die Hintergrundprozesse bedingt durch die Architektur des Betriebssystems als Threads unter dem Hauptprozess „postgres.exe". Die Threads können mit geeigneten Werkzeugen, zum Beispiel mit dem Windows Process Explorer, sichtbar gemacht werden.

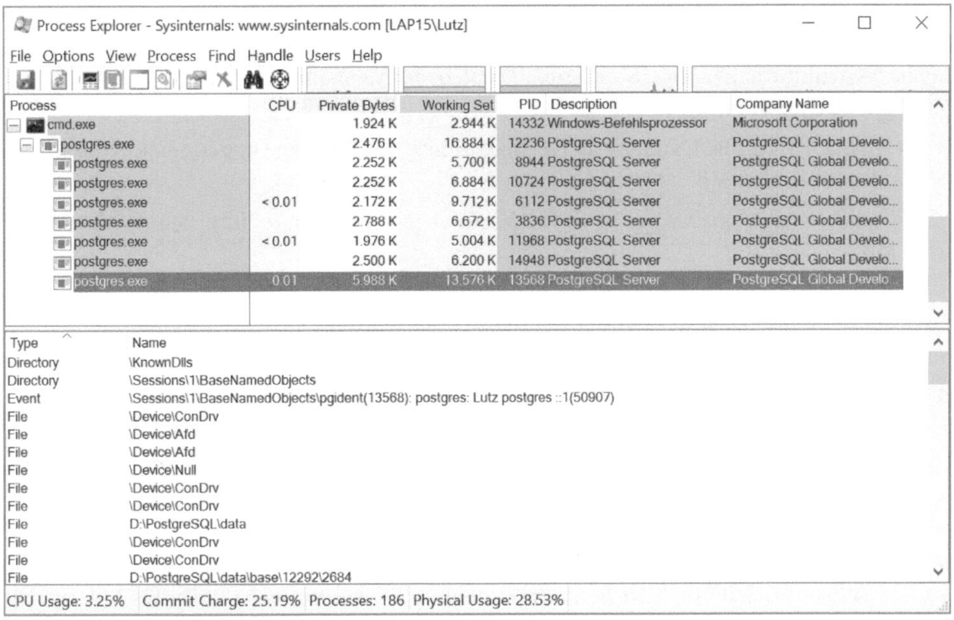

Bild 4.2 Hintergrundprozesse im Windows Process Explorer

Für jeden Client wird ein Backend-Prozess gestartet. Er führt die SQL-Anweisungen des Clients aus und gibt die Ergebnisse zurück. Der Client sendet eine Verbindungsanfrage an den Server, zum Beispiel über TCP/IP und Post 5432 an den Postmaster-Prozess des Servers. Der Postmaster nimmt die Verbindungsanfrage an und überprüft, ob der Client autorisiert ist, sich zum Cluster zu verbinden. Nach einer erfolgreichen Authentifizierung startet er mittels fork-Kommando den Backend-Prozess. Der Backend-Prozess stellt die Verbindung mit dem Client her.

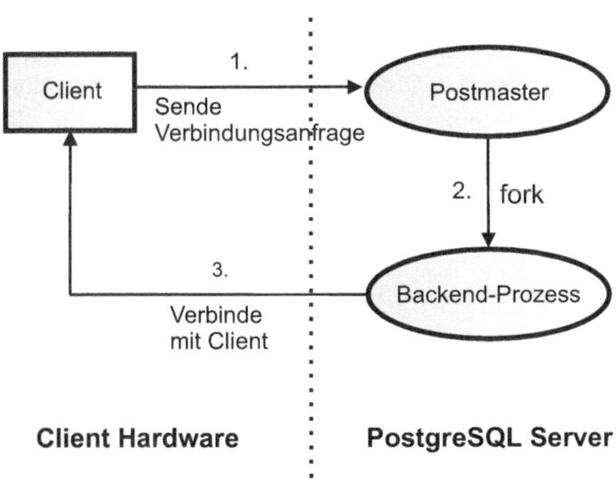

Bild 4.3 Verbindungsprozess des Clients

Die maximale Anzahl von Backend-Prozessen wird durch den Parameter *max_connections* begrenzt. Der Standardwert ist 100. Für die Ausführung von SQL-Anweisungen werden Memory-Strukturen benötigt. Sie werden *Local Memory* genannt und können mit folgenden Parametern eingestellt werden:

- *work_mem:* Wird für Sortiervorgänge, Hash Joins und Bitmap-Operationen benutzt. Der Standardwert ist 4 MB.
- *maintenance_work_mem:* Speicher für Vacuum und Indexerstellung. Standardgröße ist 64 MB.
- *temp_buffers:* Memory für temporäre Tabellen. Der Standardwert ist 8 MB.

4.2.2 Shared Memory

Im Normalfall passen nicht alle Daten und Indexe in den Shared Buffer. Es gibt solche Produkte, die als In-Memory-Datenbanken bezeichnet werden. Die Shared-Buffer-Architektur von PostgreSQL ist so designt, dass sich ein Teil der Datenbank im Memory befindet und bei Bedarf von der Disk gelesen werden kann. Die Verwaltung der Inhalte ist darauf ausgerichtet, die Zugriffe auf die Disk zu minimieren und möglichst vielen Clients einen optimalen Datenzugriff zur Verfügung zu stellen.

Während der Shared Buffer sowohl für lesende als auch für schreibende Operationen Vorteile bringt, ist der WAL Buffer eine Einbahnstraße. WAL steht für „Write Ahead Log" und ist das Transaktionslog des Clusters. Er puffert das Schreiben von WAL-Sätzen in die WAL-Dateien. WAL-Dateien sind die Grundlage für eine erfolgreiche Wiederherstellung des Clusters.

4.2.2.1 Shared Buffer

Die Hauptaufgabe des Shared Buffer ist, I/O-bezogene Datenbankaktionen zu optimieren und möglichst wenig I/O-Operationen zu erzeugen. I/O-Operationen sind sehr zeitintensiv. Dies gilt insbesondere für Single-Block-Operationen. Muss ein bestimmter Datensatz gelesen werden, dann muss der Schreib-/Lesekopf der Disk positioniert und die Operation durchgeführt werden. Auch wenn moderne I/O-Subsysteme schneller arbeiten, liegen die Antwortzeiten auch da im Bereich von 5 bis 20 Millisekunden oder darüber.

Antwortzeiten von Disk-Operationen sind darüber hinaus im Normalbetrieb selten optimal. Je mehr Operationen gleichzeitig angefordert werden, desto mehr wird die Disk beschäftigt und die Antwortzeiten steigen. Eine Leseoperation aus dem Shared Buffer benötigt dagegen deutlich weniger Zeit. Die Antwortzeit verlängert sich darüber hinaus kaum, wenn viele Anfragen parallel gestellt werden.

Für Schreiboperationen gelten ähnliche Voraussetzungen. Die Änderung eines Datenblocks im Memory geht wesentlich schneller vonstatten und reduziert den Auslastungsgrad der Disks.

Hinter der Verwaltung des Shared Buffer liegt ein intelligenter Prozess, der sogenannte *Clock-Sweep-Algorithmus*. Schließlich sollen Datenblöcke, die häufig angefragt werden, möglichst lange im Memory bleiben.

Der Shared Buffer besteht aus den folgenden vier Hauptkomponenten:

1. Hash-Tabelle
2. Hash-Elemente
3. Buffer Descriptor
4. Buffer Pool

Eine Hash-Tabelle verwaltet Buffer im Memory sowohl für lesende als auch schreibende Operationen sehr effektiv. Die Zugriffszeiten erhöhen sich allerdings, wenn sehr viele Hash-Elemente einen identischen Hash-Wert generieren und auf diese gleichzeitig zugegriffen wird. Dieses Problem wird Hash-Kollision genannt. PostgreSQL versucht, dieses Problem zu umgehen, indem die Hash-Tabelle in logische Segmente unterteilt wird. Ein Segment kann aus maximal 256 Buckets bestehen. Für die Verwaltung der Segmente wird ein sogenanntes Directory erstellt. Darin wird die Startposition eines jeden Segments hinterlegt.

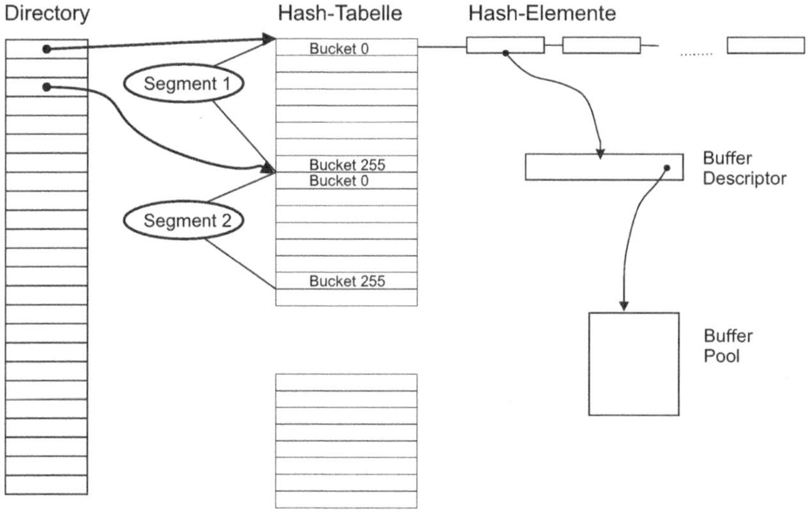

Bild 4.4 Struktur von Hash-Tabellen und Hash-Elementen

Das Hash-Element enthält drei Werte: den Hash-Wert für den aktuellen Eintrag, einen Link auf das nächste Element im selben Bucket sowie den Element-Schlüssel. Mithilfe des Schlüssels kann der zugehörige *Buffer Descriptor* gefunden werden.

Der Buffer Descriptor enthält den Index, um den Buffer im Buffer Pool zu finden. Will ein Prozess auf den Block zugreifen, dann muss er zuerst einen Sperrmechanismus bedienen, um zu verhindern, dass gleichzeitige Zugriffe auf den Buffer erfolgen. PostgreSQL regelt das über zwei Arten von Locks: *Spin-Lock* und *LW-Lock*.

Ein Spin-Lock wird für Operationen verwendet, die in sehr kurzer Zeit ausgeführt werden können. Damit ist die Wahrscheinlichkeit für wartende Prozesse, nach wenigen Sleeps den Lock zu erhalten, sehr groß. Spin-Locks verfügen ausschließlich über einen exklusiven Modus. LW-Locks werden verwendet, wenn auf eine Struktur zugegriffen werden soll. Sie können im exklusiven und im geteilten Modus vergeben werden.

HINWEIS: An dieser Stelle könnte die Frage aufkommen, ob sich dieser relativ komplexe Algorithmus, der dazu dient, einen Block im Memory zu finden und zu bearbeiten, auszahlt. Fakt ist, ein Block muss vor gleichzeitigen und unberechtigten Zugriffen geschützt werden. Dateisysteme verfügen über ähnliche Mechanismen. Alle Operationen, einschließlich des Findens eines Blocks sowie das Bilden des Hash-Werts laufen sehr schnell ab und sind wesentlich schneller als die Bearbeitung auf der Disk. Allerdings kann es auch im Memory zu Hotspots kommen, wenn einige Blöcke von mehreren Prozessen gleichzeitig stark frequentiert werden. In großen Shared-Memory-Einheiten können sich die Suchzeiten vergrößern, wenn ein Bucket zu viele Hash-Elemente enthält, da hier eine sequenzielle Suche stattfindet. Beides ist aber eine Aufgabe für das Performance-Tuning und stellt nicht die Algorithmen selbst in Frage. ■

Die folgenden Schritte beschreiben das Vorgehen, wenn ein Block im Shared Buffer gelesen wird:

1. Berechnung des Hash-Werts
2. Die Bucket-Nummer aus dem Hash-Wert ermitteln
3. LW-Lock im Modus „Shared" holen
4. Den Block „pinnen" und den „Usage Count" erhöhen
5. Den Datenblock lesen
6. Den LW-Lock freigeben

Wie Sie sehen, wird selbst beim Lesen eines Blocks aus dem Cache ein Lock gesetzt, wenngleich im Shared-Modus. Bei einer Vielzahl von Prozessen, die gleichzeitig versuchen, auf eine geringe Anzahl von Blöcken zuzugreifen, kann es zu einer sogenannten Shared Buffer Contention kommen.

Im Shared Buffer Pool kann in der Regel nur ein Teil der Datenblöcke untergebracht werden. Es werden leere Blöcke im Shared Buffer Pool benötigt, wenn neue Daten von der Disk gelesen werden. Sind keine leeren Blöcke verfügbar, dann müssen Daten auf die Disk geschrieben werden.

Populäre Blöcke, auf die häufig zugegriffen wird, sollen dabei möglichst lange im Memory verweilen. PostgreSQL benutzt dafür den *Clock-Sweep-Algorithmus*. Dabei werden die Buffer zuerst ausgelagert, die den geringsten „Usage Count" haben. Zur Erinnerung: Der Usage Count befindet sich im Buffer Descriptor.

HINWEIS: Einer der Vorzüge einer Open-Source-Datenbank ist, dass man in den Quellcode schauen kann. Er wurde von den Programmierern sehr gut kommentiert, so dass man viele technische Details daraus ableiten kann. ■

Schauen wir uns die Struktur des Buffer Descriptor an. Sie befindet sich in der Datei *buf_internals.h*.

Listing 4.2 Die Struktur des Buffer Descriptor im Quellcode

```
typedef struct BufferDesc
{
  BufferTag         tag;              /* ID of page contained in buffer */
  int               buf_id;           /* buffer's index number (from 0) */
  pg_atomic_uint32  state;            /* state of the tag, containing flags,
                                               refcount and usagecount */
  int               wait_backend_pid; /* backend PID of pin-count waiter */
  int               freeNext;         /* link in freelist chain */
  LWLock            content_lock;     /* to lock access to buffer contents */
} BufferDesc;
```

Der Usage Count ist also in der Variable „state" gespeichert. Weiterhin findet man den folgenden Kommentar zum Aufbau der Variable „state":

```
/*
 * Buffer state is a single 32-bit variable where following data is combined.
 * - 18 bits refcount
 * - 4 bits usage count
 * - 10 bits of flags
 * Combining these values allows to perform some operations without locking
 * the buffer header, by modifying them together with a CAS loop.
```

Es handelt sich um eine 32-Bit-Variable, bei der 4 Bit für den Usage Count vorgesehen sind. Veränderungen und Abfragen werden durch Bit-Operationen im C-Sprachcode realisiert und sind daher sehr schnell.

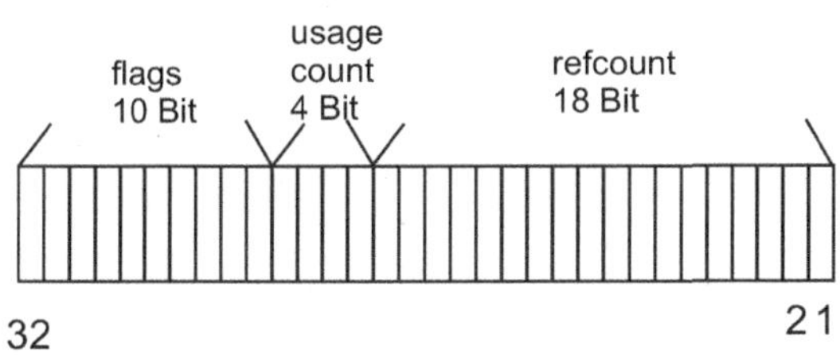

Bild 4.5 Aufbau der Variable „state"

Bei jedem Zugriff auf den Buffer erhöht sich der Usage Count um eins. Der Maximalwert wird durch BM_MAX_USAGE_COUNT begrenzt mit einem Standardwert von 5. Dies scheint auf den ersten Blick sehr niedrig. Der Wert ist ein Kompromiss zwischen Genauigkeit und Geschwindigkeit des Algorithmus. Schließlich sollte es nicht zu lange dauern, um die auszulagernden Blöcke festzulegen und neue freie Blöcke zur Verfügung zu stellen.

TIPP: Dies ist ein weiterer Vorteil von Open-Source-Datenbanken. Wenn Sie erfahren genug sind, dann können Sie auch solche Parameter oder Schwellwerte ändern und eine eigene Kompilation erstellen, die Ihren individuellen Bedürfnissen angepasst ist.

Die Konstante befindet sich ebenfalls in der Datei „buf_internals.h“:

```
#define BM_MAX_USAGE_COUNT 5
```

Der Clock Sweep-Algorithmus durchsucht die Buffer im Uhrzeigersinn nach Opfern. Dabei geht er so vor, dass der erste Buffer, der die Kriterien erfüllt, sofort zurückgemeldet wird. Danach steigt die Suche beim folgenden wieder ein und sucht den nächsten. Es muss also nicht gewartet werden, bis alle Buffer durchlaufen sind, und es können sofort und laufend freie Buffer zur Verfügung gestellt werden. Im Detail läuft der Algorithmus wie folgt ab:

1. Den Buffer Descriptor lesen.
2. Den Buffer Header sperren.
3. Falls „refcount“ einen Wert größer als null besitzt, wird die Sperre aufgehoben.
4. Falls „refcount“ den Wert null besitzt, wird der Usage Count gelesen.
5. Besitzt der Usage Count den Wert null, dann wird der Buffer zurückgemeldet, gespeichert und in die Freelist eingetragen.
6. Besitzt der Usage Count einen Wert größer als null, dann wird dieser um eins reduziert.

Es handelt sich um einen sehr einfachen, aber effektiven Algorithmus, um populäre Buffer im Memory zu behalten. Schließlich geht es auch darum, nicht zu viel Overhead zu erzeugen und schnell freie Buffer zur Verfügung zu stellen. Jetzt wird auch klarer, weshalb eine Erhöhung des Maximalwerts zu längeren Suchzeiten führt, auch wenn damit genauere Ergebnisse geliefert werden.

4.2.2.2 Der WAL Buffer

Ähnlich wie die Shared Buffer für die Datenblöcke dient der WAL Buffer zur Performancesteigerung für die WAL-Sätze. Das Write Ahead Log, allgemein auch Transaktionslog genannt, ist ein sehr wichtiger Bestandteil des Datenbank-Clusters. Es dient der Wiederherstellung der Datenbanken im Fall eines Crashs oder Systemabsturzes und der Lesekonsistenz und es spielt eine grundlegende Rolle für die Implementierung von Standby-Datenbanken.

Die Funktionsweise des WAL Buffer ist allerdings sehr unterschiedlich zum Shared Buffer. Hier geht es darum, die WAL-Sätze möglichst schnell auf die Disk zu schreiben, es ist eine Einbahnstraße. Erst wenn die Sätze auf der Disk angekommen sind, ist die Integrität der Datenbank gesichert und die Transaktion erfolgreich abgeschlossen.

Die WAL-Datei, auch WAL-Segment genannt, hat in der Version 14 eine Standardgröße von 16 MByte mit einer Standardblockgröße von 8 KByte.

HINWEIS: Eine Änderung der Blockgröße ist selten sinnvoll, da der WAL Writer sehr kleine WAL-Sätze sehr häufig schreibt. Hier ist eher eine kleine Latenz der Schreibprozesse auf das I/O-Subsystem von Vorteil. Eine Erhöhung der Segmentgröße ist sinnvoll für Datenbanken mit einer hohen Transaktionslast. Die Standardgrößen können beim Kompilieren der Software geändert werden. Geben Sie dazu im configure-Befehl die Optionen `--with-wal-blocksize` und `--with-wal-segsize` an.

Die WAL-Datei befindet sich im Verzeichnis *$PGDATA/pg_wal*. Der WAL-Dateiname ist eine 24-stellige Hexadezimalzahl, die nach der folgenden Formel gebildet wird:

Listing 4.3 Formel für den WAL-Dateinamen

```
timelineID + (uint32)((LSN - 1)/16M*256)) + (uint32)((LSN - 1)/16M))%256
```

Die *timelineID* ist eine Zahl (4 Byte unsigned integer), die den Zeitstrahl widerspiegelt, und Teil des Point-in-Time-Recovery-Konzepts. *LSN* ist die Log Sequence Number, eine laufende Nummer, die bei jedem WAL-Wechsel erhöht wird.

Der erste Name der WAL-Datei ist somit *000000010000000000000001*. Wenn die erste Datei mit WAL-Sätzen vollständig gefüllt ist, dann wird eine neue mit dem Dateinamen *000000010000000000000002* geschrieben und es erfolgt ein sogenannter WAL-Segment-Switch. Die LSN wird immer weitergezählt und der Dateiname entsprechend der Formel in Listing 4.3 gebildet.

Umfassende Werte der Konfiguration liefert das Utility *pg_controldata*. Ein Beispiel finden Sie in Listing 4.4. Hier wurden die Standardgrößen angepasst. Die Segmentgröße beträgt hier 32 MByte und die Blockgröße 16 KByte.

Listing 4.4 WAL-Informationen mit `pg_controldata` abfragen

```
$ pg_controldata
pg_control version number:            1400
Catalog version number:               202107181
Database system identifier:           7006289689799659249
Database cluster state:               in production
pg_control last modified:             Sat 09 Oct 2021 11:20:38 AM CEST
Latest checkpoint location:           0/5111F700
Latest checkpoint's REDO location:    0/5111F700
Latest checkpoint's REDO WAL file:    000000010000000000000051
Latest checkpoint's TimeLineID:       1
Latest checkpoint's PrevTimeLineID:   1
Latest checkpoint's full_page_writes: on
Latest checkpoint's NextXID:          0:7186
Latest checkpoint's NextOID:          16408
Latest checkpoint's NextMultiXactId:  1
Latest checkpoint's NextMultiOffset:  0
Latest checkpoint's oldestXID:        726
Latest checkpoint's oldestXID's DB:   1
Latest checkpoint's oldestActiveXID:  0
Latest checkpoint's oldestMultiXid:   1
Latest checkpoint's oldestMulti's DB: 1
Latest checkpoint's oldestCommitTsXid:0
Latest checkpoint's newestCommitTsXid:0
Time of latest checkpoint:            Fri 08 Oct 2021 05:33:57 PM CEST
Fake LSN counter for unlogged rels:   0/3E8
Minimum recovery ending location:     0/0
Min recovery ending loc's timeline:   0
Backup start location:                0/0
Backup end location:                  0/0
End-of-backup record required:        no
wal_level setting:                    replica
wal_log_hints setting:                off
max_connections setting:              100
max_worker_processes setting:         8
```

```
max_wal_senders setting:               10
max_prepared_xacts setting:            0
max_locks_per_xact setting:            64
track_commit_timestamp setting:        off
Maximum data alignment:                8
Database block size:                   8192
Blocks per segment of large relation: 131072
WAL block size:                        8192
Bytes per WAL segment:                 16777216
Maximum length of identifiers:         64
Maximum columns in an index:           32
Maximum size of a TOAST chunk:         1996
Size of a large-object chunk:          2048
Date/time type storage:                64-bit integers
Float8 argument passing:               by value
Data page checksum version:            0
Mock authentication nonce:
c421e56d68ab813c48d921bff45eb2ecd375a129a46784c88ffb651be58387ea
```

In Bild 4.6 ist die Struktur des WAL-Segments dargestellt. Ein WAL-Block, auch WAL Page genannt, besitzt eine feste Größe, die im Standardfall 8 KByte beträgt. In diesem Block befinden sich ein oder mehrere WAL Records, die eine variable Länge besitzen. Ein WAL Record besteht aus Kopf- und Datenteil.

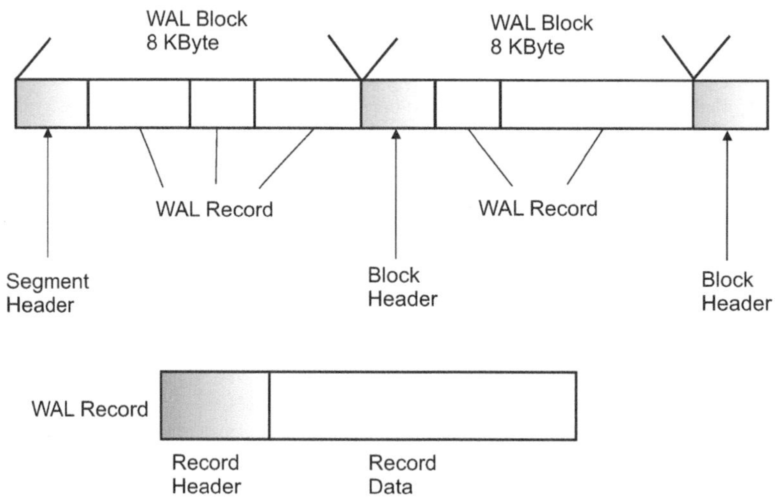

Bild 4.6 Struktur eines WAL-Segments

HINWEIS: WAL-Segmente lassen sich auslesen. Die internen Strukturen können aus dem Quellcode ermittelt werden. Sie finden diese in den Dateien *xlog_internal.h* und *xlogrecord.h*. Das Auslesen kann zum Beispiel für Replikationsmechanismen oder Transaktionsanalysen verwendet werden. Ein einfaches Auslesen ist mit dem Utility *pg_waldump* möglich. ■

WAL-Sätze, also INSERT-, UPDATE- oder DELETE-Anweisungen, werden zunächst in den WAL Buffer im Memory geschrieben. Sie werden permanent, aber spätestens bei einer COMMIT-Anweisung, in das WAL-Segment auf die Disk geschrieben. Das permanente Schreiben erfolgt durch den WAL-Writer-Prozess, der standardmäßig alle 200 Millisekunden prüft, ob WAL-Sätze geschrieben werden müssen. Die Frequenz wird durch den Parameter *wal_writer_delay* vorgegeben.

Die Log Sequence Number (LSN) repräsentiert den Speicherort in WAL-Segment. Sie ist die eindeutige ID für den WAL-Satz. Die eigentlichen Datenblöcke befinden sich nicht zwangsläufig auf der Disk, sondern teilweise im Shared Buffer Cache. Mit dem Schreiben der WAL-Sätze ist jedoch die Wiederherstellbarkeit der Transaktion gewährleistet.

Wie funktioniert der Recovery-Algorithmus? Wird zum Beispiel eine INSERT-Anweisung erzeugt, dann stellt PostgreSQL eine Page im Shared Buffer Pool bereit und die Daten werden in die Page im Memory geschrieben. Ein entsprechender Eintrag erfolgt als WAL-Satz im WAL Buffer. Mit dem Abschluss der Transaktion in Form einer COMMIT-Anweisung werden alle zur Transaktion gehörenden Sätze in das WAL-Segment geschrieben.

Für den Recovery-Prozess liest PostgreSQL den WAL-Satz aus dem WAL-Segment und stellt die Page der Tabelle im Shared Buffer Pool bereit. Es wird die LSN der Page mit der LSN des WAL-Satzes verglichen. Ist die LSN im WAL-Satz größer, dann wird die Änderung auf die Page im Buffer Pool angewandt. Dieser Vorgang wird so lange wiederholt, bis das Ende des WAL-Segments erreicht ist.

Der Checkpoint-Prozess schreibt alle geänderten Buffer aus dem Shared Buffer Pool auf die Disk und stellt damit einen konsistenten Systemzustand her. Ein Checkpoint wird in den folgenden Fällen ausgelöst:

1. Das Intervallende des Parameters *checkpoint_timeout* ist erreicht. Der Standardwert ist 5 Minuten.
2. Der Wert des Parameters *max_wal_size* wurde überschritten. Standard ist 1 GByte, also 64 WAL-Dateien.
3. Das PostgreSQL-Cluster wird mit der Option „smart“ oder „fast“ gestoppt.
4. Es wird ein Checkpoint-Kommando eingegeben.

Die folgenden Schritte werden bei einem Checkpoint ausgeführt:

1. Ein REDO-Punkt wird im Memory gespeichert. Er ist der Startpunkt für einen Recovery-Prozess.
2. Ein Checkpoint-Eintrag wird in das WAL-Segment geschrieben. Er enthält unter anderem Informationen des REDO-Punkts.
3. Alle geänderten Blöcke aus dem Shared Buffer Pool werden auf die Disk geschrieben.
4. Die Datei *pg_control* wird aktualisiert. In ihr befinden sich Basisinformationen, wie zum Beispiel der Speicherort des Checkpoint-Satzes.

Ein WAL-Segment-Switch wird ausgelöst, wenn eines der folgenden Ereignisse stattfindet:

1. Das aktuelle WAL-Segment ist voll.
2. Der Archive-Modus ist aktiviert und das Intervall „archive_timeout“ wird erreicht.
3. Ein manueller Switch wird ausgelöst durch die Funktion „pg_switch_wal“.

Ist der Archive-Modus aktiviert, dann können die WAL-Dateien archiviert werden. Produktive Datenbanken sollten grundsätzlich im Archive-Modus laufen. Die Archivierung liefert eine zusätzliche Kopie und bringt damit mehr Sicherheit in die Wiederherstellbarkeit des Clusters. Außerdem kann eine längere Historie behalten werden.

4.3 VACUUM

Jedes Datenbanksystem muss in der Lage sein, verschiedene Versionen von Sätzen zu verwalten. So wird ein geänderter Satz erst für andere Sessions sichtbar, wenn die Transaktion beendet, also die Änderung mit COMMIT abgeschlossen wurde. Andererseits muss die Möglichkeit bestehen, offene Transaktionen mit einem Rollback-Befehl zurückrollen zu können.

Die Verwaltung mehrerer Versionen wird auch als Multiversion Concurrency Control-Modell (MVCC) bezeichnet. Während einige Datenbanksysteme den Weg über spezielle UNDO-Strukturen gehen, verfolgt PostgreSQL einen anderen Ansatz. Verschiedene Versionen von Datensätzen werden in der Tabelle gespeichert und ältere Versionen gelöscht, wenn sie nicht mehr benötigt werden.

Damit entstehen natürlich permanent Lücken in den Tabellen. Aus diesem Grund wurde in PostgreSQL ein spezieller Prozess eingerichtet, der sich um diese Lücken kümmert. Der VACUUM-Prozess ist sehr wichtig, um eine starke Fragmentierung zu verhindern. Standardmäßig läuft ein Prozess mit dem Namen *autovacuum launcher process*, der sich im laufenden Betrieb um die Defragmentierung kümmert. VACUUM-Operationen können aber auch manuell angestoßen werden.

Der Launcher-Prozess startet für jede Datenbank einen VACUUM Worker-Prozess in dem Intervall, das der Parameter *autovacuum_naptime* vorgibt. Wenn Sie zum Beispiel fünf Datenbanken in einem Cluster betreiben und der Parameter auf 60 Sekunden eingestellt ist, dann startet der Launcher-Prozess alle zwölf Sekunden einen Worker-Prozess für genau eine Datenbank. Mit dem Parameter *autovacuum_max_workers* lässt sich begrenzen, wie viele Worker-Prozesse parallel laufen dürfen.

Ein Standard-VACUUM, so wie es durch das Auto-VACUUM durchgeführt wird, markiert nicht mehr benötigte Sätze (Dead Rows) als wiederverwendbar. Dieser Platz kann für zukünftige INSERT-Operationen verwendet werden. Der Speicherplatz wird allerdings nicht an das Betriebssystem zurückgegeben. Ist dies erforderlich, muss ein VACUUM FULL-Kommando ausgeführt werden. Ein VACUUM FULL ist sehr I/O-intensiv und sollte nur dann ausgeführt werden, wenn es unbedingt erforderlich ist. Neben dem Schrumpfen von Tabellen gibt es einen weiteren wichtigen Grund, weshalb ein VACUUM FULL ausgeführt werden sollte: das *XID Wraparound*.

Kommen wir noch einmal zum Thema Multiversion Concurrency Control zurück. Die Pflege mehrerer Versionen von Datensätzen ist nicht nur für das Transaktionsverhalten, also für COMMIT- und ROLLBACK-Operationen, erforderlich. PostgreSQL garantiert Lesekonsistenz, das bedeutet, die Daten werden für den Zeitpunkt angezeigt, zu dem die SQL-Abfrage gestartet wurde. Dafür wird das MVCC-Modell benötigt.

Nehmen wir an, eine SQL-Abfrage wird um 11:11 Uhr gestartet und benötigt aufgrund des großen Datenvolumens 20 Minuten für die Ausführung (siehe Bild 4.7).

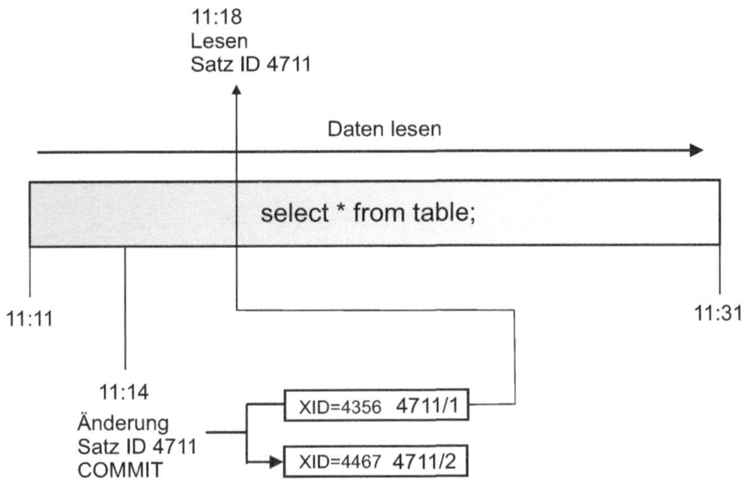

Bild 4.7 Lesekonsistenz mit dem MVCC-Modell

Um 11:14 Uhr wird der Satz mit der ID 4711 durch eine andere Session geändert und die Transaktion mit der XID 4467 mit COMMIT abgeschlossen. Es wird eine zweite Version des Satzes gespeichert. Er enthält die geänderten Daten und ist damit für alle anderen Sessions sichtbar. Um 11:18 kommt der Leseprozess an den Punkt, wo er den Satz mit der ID 4711 liest. Er benötigt allerdings nicht den geänderten Satz, sondern den Zustand von 11:14 Uhr und liest deshalb die ältere Version 4711/1.

PostgreSQL löst die Versionierung von Sätzen über die Transaktions-ID (XID). Diese ist in jedem Satz vermerkt und hat eine Größe von 32 Bit. Leider konnten sich die Programmierer auch in der Version 14 nicht dazu durchringen, eine Transaktions-ID von der Größe 64 Bit einzuführen. Allerdings sind die Auswirkungen nicht zu unterschätzen. Schließlich befindet sich die Transaktions-ID in den Spalten „xmin" und „xmax" in jedem Datensatz. Dies würde die Datenbanken signifikant aufblähen.

Listing 4.5 Definition der Transaktions-ID als 32-Bit-Wert

```
typedef uint32 TransactionId;
```

Mit dem 32-Bit-Wert ist die Anzahl von Transaktionen auf 4,3 Milliarden begrenzt und es kann auf großen Systemen zum gefürchteten *XID Wraparound* kommen. Wird die Grenze von 4,3 Milliarden erreicht, dann beginnt der Zähler wieder bei „null". Damit würden alle Transaktionen, die eigentlich der Vergangenheit angehören, plötzlich in der Zukunft liegen.

Das Problem wurde mithilfe der sogenannten „Frozen Transaction ID" adressiert. Sie wird bei der Initialisierung der Datenbank erstmalig festgelegt:

- Bootstrap XID: Wird von *initdb()* gesetzt, *Wert = 1.*
- Frozen XID: Wird auf *Wert = 2* gesetzt.
- Normale XID: Wird auf *Wert = 3* gesetzt.

Wie wir wissen, arbeitet das MVCC-Modell so, dass die Version eines Satzes abgefragt wird, in dem die XID kleiner oder gleich der XID ist, die dem Startzeitpunkt der SQL-Abfrage entspricht. Weiterhin wird angenommen, dass die Frozen XID immer kleiner ist als die aktuelle XID. Der VACUUM-Prozess markiert solche Sätze als „frozen". Für solche Sätze wird nicht der normale Vergleich der XID angesetzt. Dagegen wird zum aktuellen Wert der XID der Wert 2^{31} addiert und mit der Frozen XID verglichen. Die Werte lassen sich abfragen und nachvollziehen.

Listing 4.6 XID und Frozen XID abfragen

```
(postgres@[local]:5432)[postgres]> SELECT datname,datfrozenxid FROM pg_database;
  datname   | datfrozenxid
-----------+--------------
 postgres  |          547
 hanser    |          547
 template1 |          547
 template0 |          547
(postgres@[local]:5432)[postgres]> SELECT txid_current();
 txid_current
--------------
          563
(postgres@[local]:5432)[postgres]> select xmin,* from test;
 xmin | id |           text
------+----+--------------------------
  556 |  1 | XXXXXXXXXXXXAAAAAAAAAAAA
  557 |  2 | XXXXXXXXXXXXAAAAAAAAAAAA
```

Bis zur Version 9.3 wurde die Frozen ID in die Spalte „xmin" geschrieben und damit die normale XID ersetzt. In neueren Versionen einschließlich Version 14 wird nur ein „Frozen Flag" gesetzt und die Original-XID bleibt erhalten. Damit ist es möglich, forensische Untersuchungen zuverlässiger durchführen zu können.

Der Vergleich von normalen XID-Werten erfolgt mit einer 2^{32}-Modulo-Arithmetik. Damit erscheinen immer 2 Milliarden Werte in der Vergangenheit.

TIPP: Stellen Sie sicher, dass jede Tabelle nach höchstens 2 Milliarden Transaktionen im Cluster einen VACUUM-Prozess komplett durchlaufen hat. Damit werden ältere Zeilen als „frozen" markiert, das Wraparound-Problem kann mithilfe der Frozen ID gelöst werden und es kommt nicht zu fehlerhaften SQL-Abfragen oder Datenverlust. ■

In Listing 4.7 sehen Sie, wie der Zeitpunkt des letzten VACCUM-Laufs abgefragt werden kann.

Listing 4.7 Den Zeitpunkt des letzten VACUUM-Laufs abfragen

```
(postgres@[local]:5432)[postgres]> SELECT relname,last_vacuum, last_autovacuum
> FROM pg_stat_user_tables;
 relname |          last_vacuum           | last_autovacuum
---------+-------------------------------+-----------------
 test    | 2020-12-12 20:23:25.477454+00 |
```

4.4 Cluster, Datenbanken und Tabellen

Eine Installation von PostgreSQL wird als *Cluster* bezeichnet. Ein Cluster besteht aus mehreren Datenbanken. Wenn Sie *initdb* ausführen, dann werden automatisch die Datenbanken *postgres*, *template0* und *template1* angelegt.

Listing 4.8 Datenbanken und Templates anzeigen

```
(postgres@[local]:5432)[postgres]> SELECT oid, datname,
> datistemplate, datallowconn
> FROM pg_database;
  oid  |  datname  | datistemplate | datallowconn
-------+-----------+---------------+-------------
 13164 | postgres  | f             | t
 16384 | hanser    | f             | t
     1 | template1 | t             | t
 13163 | template0 | t             | f
```

Die Spalte *datistemplate* sagt aus, ob die Datenbank als Vorlage für das Erstellen von Benutzerdatenbanken verwendet werden kann. Dagegen legt *datallowconn* fest, ob eine Verbindung zur Datenbank gestattet wird. Damit wird sichergestellt, dass die Datenbank *template0* nicht verändert werden kann.

TIPP: Die Datenbank *postgres* wird aus der Vorlage *template1* erstellt. Sie ist die Standarddatenbank. Wird kein Datenbankname zum Verbindungszeitpunkt angegeben, dann erfolgt ein Verbindungsversuch zu *postgres*.

Die Datenbanken werden auf der Disk standardmäßig im Verzeichnis *$PGDATA/base* gespeichert. Die Verzeichnisse sind nach der Object-ID (OID) benannt.

Listing 4.9 Die Verzeichnisstruktur im Base-Verzeichnis

```
$ pwd
/usr/local/pgsql/data/base
$ ls -l
total 32
drwx------ 2 postgres postgres  4096 Mar 29 13:45 1
drwx------ 2 postgres postgres  4096 Mar 29 13:45 13163
drwx------ 2 postgres postgres 12288 Apr  2 19:07 13164
drwx------ 2 postgres postgres 12288 Apr  2 19:07 16384
```

Ein Tablespace ist ein separates Verzeichnis oder Dateisystem, das außerhalb des Base-Verzeichnisses von *$PGDATA* liegen kann. Diese Trennung ist von Vorteil, wenn man Daten aus Sicherheits- oder Performancegründen separieren will. Der Name des Verzeichnisses setzt sich aus der Major-Version- und der Catalog-Version-Nummer zusammen, so wie im Beispiel in Listing 4.10.

Listing 4.10 Einen Tablespace außerhalb von $PGDATA anlegen

```
(postgres@[local]:5432)[postgres]> CREATE TABLESPACE ts_secure
> LOCATION '/opt/postgre_ts';
CREATE TABLESPACE
$ ls -l /opt/postgre_ts
drwx------ 2 postgres postgres 4096 Apr  2 19:59 PG_10_201707211
```

Analog ist die Speicherung von Tabellen und Indexen organisiert. Jede Tabelle, die kleiner als 1 GByte ist, wird als einzelne Datei unter dem Verzeichnis der Datenbank gespeichert, zu dem sie gehört. Die interne Verarbeitung erfolgt über die Objekt-ID. Der Dateiname, unter dem eine Tabelle gespeichert wird, wird dagegen über die Variable *relfilenode* vergeben (siehe Listing 4.11). Beachten Sie, dass OID und relfilenode nicht zwangsläufig identisch sind.

Listing 4.11 Speicherort von Tabellen

```
(postgres@[local]:5432)[hanser]> SELECT relname, oid, relfilenode
> FROM pg_class
> WHERE relname = 'orders';
 relname |  oid  | relfilenode
---------+-------+-------------
 orders  | 16412 |       16412
$ cd $PGDATA/base/16384/
$ pwd
/usr/local/pgsql/data/base/16384
$ ls -l 16412
-rw------- 1 postgres postgres 819200 Mar 29 13:52 16412
```

Ist die Größe einer Tabelle oder eines Index größer als 1 GByte, werden weitere Dateien ebenfalls mit einer Maximalgröße von 1 GByte angelegt. Die neuen Dateinamen haben eine Sequenznummer hinter dem Punkt (siehe Listing 4.12).

Listing 4.12 Dateien für Tabellen größer als 1 GByte

```
$ ls -l 16501*
-rw------- 1 postgres postgres 1073741824 Apr  2 19:40 16501
-rw------- 1 postgres postgres  831381504 Apr  2 19:39 16501.1
-rw------- 1 postgres postgres     491520 Apr  2 19:39 16501_fsm
-rw------- 1 postgres postgres       8723 Apr  2 19:39 16501_vm
```

Zusätzlich werden Dateien mit dem Zusatz *_fsm* und *_vm* angelegt. Diese enthalten die Free Space Map (FSM) und die Visibility Map (VM). Die Free Space Map enthält Informationen über die freie Kapazität einer jeden Page. Die Visibility Map enthält Informationen über den Zustand einer jeden Page, insbesondere ob „Dead Rows" vorhanden sind. Sie wird durch den VACUUM-Prozess verwaltet.

Ein Datenblock (Page) besteht aus einem Page Header, mehreren Row Header sowie den eigentlichen Tuples, also den Datensätzen (siehe Bild 4.8). Der Page Header steht am Anfang eines jeden Blocks. Er enthält unter anderem die logische Sequenznummer (Log Sequence Number, kurz LSN), eine Checksumme sowie Zeiger auf Anfang und Ende des freien Platzes im Block. Die Pointer zeigen auf den eigentlichen Inhalt des Datensatzes.

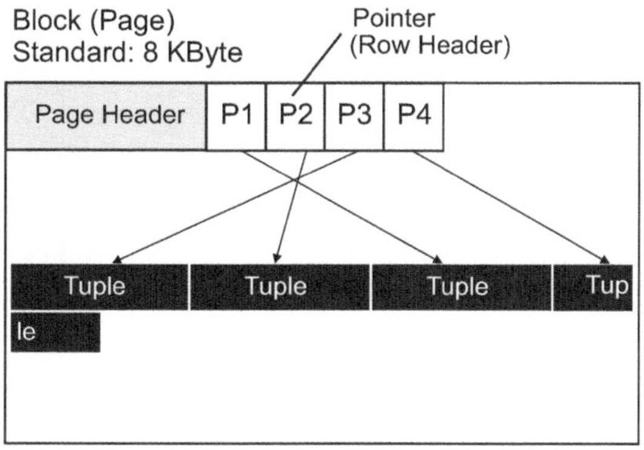

Bild 4.8 Aufbau eines Datenblocks (Page)

Für die Identifikation eines Datensatzes innerhalb einer Tabelle wird der Tuple Identifier (TID) verwendet. Er besteht aus zwei Werten. Der erste Wert ist die Blocknummer, der zweite ist der Offset des Pointers, der auf den Datensatz zeigt. Die Verwendung des TID ist der schnellste Weg, auf einen Datensatz zuzugreifen (siehe Listing 4.13).

Listing 4.13 Zugriff auf einen Datensatz über den Tuple Identifier

```
(postgres@[local]:5432)[hanser]> SELECT ctid,*
> FROM categories;
  ctid  | category | categoryname
--------+----------+-------------
 (0,1)  |        1 | Action
 (0,2)  |        2 | Animation
 (0,3)  |        3 | Children
 . . .
 (0,16) |       16 | Travel
(postgres@[local]:5432)[hanser]> SELECT *
FROM categories WHERE ctid = '(0,2)';
 category | categoryname
----------+-------------
        2 | Animation
Time: 0.266 ms
```

Die Extension *pageinspect* liefert eine Reihe von Funktionen, mit denen Details aus den Datenblöcken ermittelt werden können. *pageinspect* ist ein Contribution-Modul und muss zusätzlich installiert werden.

Listing 4.14 Die Extension *pagesinspect* installieren

```
# make
# make install
(postgres@[local]:5432)[hanser> CREATE EXTENSION pageinspect;
CREATE EXTENSION
```

Die Abfrage in Listing 4.15 gibt Informationen über den Page Header des einzigen Datenblocks der Tabelle *categories* aus. Der zweite Parameter ist die Page-Nummer, die Zählung beginnt mit „0“.

Listing 4.15 Den Page Header einer Tabelle auslesen

```
(postgres@[local]:5432)[hanser]> SELECT * FROM
> page_header(get_raw_page('categories', 0));
-[ RECORD 1 ]--------
lsn       | 0/16657E0
checksum  | 0
flags     | 0
lower     | 88
upper     | 7560
special   | 8192
pagesize  | 8192
version   | 4
prune_xid | 0
```

Die Funktion *get_raw_page* gibt den Inhalt eines Datenblocks im Byte-Format zurück. Im Beispiel in Listing 4.16 erfolgt eine Umwandlung der Zeichen in ein hexadezimales Format. So kann man sich Byte für Byte eines Datenblocks ansehen und auswerten.

Listing 4.16 Die Rohdaten eines Datenblocks auslesen

```
$ psql -d hanser -c "SELECT ENCODE(get_raw_page::bytea,'hex') FROM get_raw_
page('categories',0)"|xxd -p -r |od -A d -t x1
0000000 de 00 00 00 00 e0 57 66 01 00 00 00 00 58 00 88
0000016 1d 00 20 04 20 00 00 00 00 d8 9f 46 00 b0 9f 4c
0000032 00 88 9f 4a 00 60 9f 4a 00 38 9f 46 00 10 9f 50
0000048 00 e8 9e 44 00 c0 9e 46 00 98 9e 48 00 70 9e 44
0000064 00 48 9e 46 00 20 9e 44 00 00 9e 40 00 d8 9d 46
0000080 00 b0 9d 46 00 88 9d 46 00 00 00 00 00 00 00 00
0000096 00 00 00 00 00 00 00 00 00 00 00 00 00 00 00 00
*
0007552 00 00 00 00 00 00 00 00 00 39 02 00 00 00 00 00
0007568 00 00 00 00 00 00 00 00 00 10 00 02 00 02 09 18
0007584 00 10 00 00 00 0f 54 72 61 76 65 6c 00 00 00 00
0007600 00 39 02 00 00 00 00 00 00 00 00 00 00 00 00 00
0007616 00 0f 00 02 00 02 09 18 00 0f 00 00 00 0f 53 70
0007632 6f 72 74 73 00 00 00 00 00 39 02 00 00 00 00 00
0007648 00 00 00 00 00 00 00 00 00 0e 00 02 00 02 09 18
. . .
```

Mithilfe der Funktion *heap_page_items* können detaillierte Informationen der einzelnen Tuples bis hin zu den Rohdaten aufgelistet werden (siehe Listing 4.17). Die Spalte *lp_off* enthält die Verschiebung des Tuple gemessen vom Blockanfang. So lässt sich der Satz (0,16) im hexadezimalen Dump in Listing 4.16 wiederfinden (fett hervorgehoben). Der Satz hat den Offset 7560, bestehend aus Page Header und Page Data.

Listing 4.17 Informationen über die Rohdaten eines Datenblocks ausgeben

```
(postgres@[local]:5432)[hanser]> SELECT t_ctid, lp_off, t_data FROM
> heap_page_items(get_raw_page('categories', 0));
 t_ctid | lp_off |              t_data
--------+--------+------------------------------------
 (0,1)  |   8152 | \x010000000f416374696f6e
 (0,2)  |   8112 | \x0200000015416e696d6174696f6e
 (0,3)  |   8072 | \x03000000134368696c6472656e
 (0,4)  |   8032 | \x0400000013436c617373696373
 (0,5)  |   7992 | \x050000000f436f6d656479
```

```
 (0,6)  |   7952 | \x0600000019446f63756d656e74617279
 (0,7)  |   7912 | \x070000000d4472616d61
 (0,8)  |   7872 | \x080000000f46616d696c79
 (0,9)  |   7832 | \x0900000011466f726569676e
 (0,10) |   7792 | \x0a0000000d47616d6573
 (0,11) |   7752 | \x0b0000000f486f72726f72
 (0,12) |   7712 | \x0c0000000d4d75736963
 (0,13) |   7680 | \x0d000000094e6577
 (0,14) |   7640 | \x0e0000000f5363692d4669
 (0,15) |   7600 | \x0f0000000f53706f727473
 (0,16) |   7560 | \x100000000f54726176656c
```

Die Extension *pg_freespacemap* gestattet Einblicke in die Free Space Map (FSM). Sie ist nicht Bestandteil der Standarddistribution und muss separat installiert werden. In Listing 4.18 wird der freie Platz in Datenblöcken vor einem VACUUM-Lauf ausgegeben.

Listing 4.18 Free Space Map vor VACUUM

```
(postgres@[local]:5432)[hanser]> SELECT *, ROUND(100*avail/8192,2) AS ratio
> FROM pg_freespace('orders');
 blkno | avail | ratio
-------+-------+-------
     0 |    32 |  0.00
     1 |     0 |  0.00
     2 |     0 |  0.00
     3 |    32 |  0.00
     4 |     0 |  0.00
. . .
```

Mit dem VACUUM werden alte Row-Versionen gelöscht und es entsteht freier Platz in den zugehörigen Datenblöcken (siehe Listing 4.19).

Listing 4.19 Free Space Map nach VACUUM

```
(postgres@[local]:5432)[hanser]> SELECT *, ROUND(100*avail/8192,2) AS ratio
> FROM pg_freespace('orders');
 blkno | avail | ratio
-------+-------+-------
     0 |  7680 | 93.00
     1 |  7680 | 93.00
     2 |  7680 | 93.00
     3 |  7680 | 93.00
     4 |  7680 | 93.00
. . .
```

5 Server und Datenbanken administrieren

In diesem Kapitel sind die wichtigsten Einstellungen und Administrationsschritte zusammengefasst. Nach der erfolgreichen Installation der Software und des Clusters können Sie direkt in die Administration einsteigen. Die Beispiele beziehen sich auf ein Linux-Betriebssystem. Mit Ausnahme der Betriebssystemeinstellungen sind diese problemlos auf andere Betriebssysteme übertragbar.

5.1 Parametereinstellungen

Ein PostgreSQL-Cluster benutzt die Ressourcen, die das Betriebssystem zur Verfügung stellt. In produktiven Umgebungen laufen Datenbank-Cluster häufig exklusiv auf einer Hardware oder einem virtuellen Server, um Einflüsse durch andere Programme zu vermeiden. Für eine optimale Konfiguration ist es nicht nur notwendig, die Parameter des PostgreSQL-Clusters, sondern auch die Parameter des Betriebssystems für PostgreSQL anzupassen.

5.1.1 Einstellungen im Betriebssystem

Ein PostgreSQL-Cluster greift in Linux- und Unix-Umgebungen auf Shared-Memory-Segmente und Semaphoren zu und verwendet das Inter-Process-Communication-Protokoll (IPC). Das Betriebssystem gibt Grenzen für Systemressourcen vor, die individuell angepasst werden können. Werden die Grenzen erreicht, dann startet das Cluster nicht oder es kommt zu Fehlern im laufenden Betrieb.

Tabelle 5.1 Kernel-Parameter in Linux

Name	Beschreibung	Empfehlungen für PostgreSQL
SHMMAX	Maximale Größe eines Shared-Memory-Segments	Mindestens 1024, für mittlere und größere Systeme bis zu 4398046511104
SHMALL	Gesamtgröße des verfügbaren Shared Memory	Auf SHMMAX setzen. Für einen dedizierten Datenbankserver bis zu 80% des verfügbaren Memory.
SHMMIN	Kleinste Größe eines Shared-Memory-Segments	1
SHMSEG	Maximale Anzahl von Shared-Memory-Segmenten pro Prozess	Nur ein Segment wird benötigt. Die Standardeinstellung ist höher.
SEMMNI	Maximale Anzahl von Shared-Memory-Segmenten gesamt	Wie SHMSEG
SEMMNI	Maximale Anzahl von Semaphore-Identifiern	Mindestens: CEIL((max_connections + autovacuum_max_workers + max_worker_processes+5)/16)
SEMMNS	Maximale Anzahl von Semaphoren	CEIL((max_connections + autovacuum_max_workers + max_worker_processes+5)/16)* 17
SEMMSL	Maximale Anzahl von Semaphoren pro Set	Mindestens 17

In Red Hat oder Oracle Linux erfolgt die Einstellung in der Datei *sysctl.conf*. Mit dem Befehl `sysctl -p` werden diese persistiert.

Die Verwendung von *Huge Pages* reduziert den organisatorischen Overhead für die Memory-Verwaltung und ist für größere Implementationen zu empfehlen. Ein Gewinn an Performance wird sichtbar, wenn größere Bereiche für den Shared Buffer Pool angefordert werden. Schauen wir uns zunächst an, wie viel Shared Memory das Cluster in der Spitze verwendet hat (siehe Listing 5.1). Vergleichen Sie diesen Wert auch mit dem Parameter *shared_buffers*.

Listing 5.1 Den Memory-Verbrauch des postmaster-Prozesses bestimmen

```
$ head -1$PGDATA/postmaster.pid
1718
$ cat /proc/1718/status | grep VmPeak
VmPeak:   2271788 kB
```

Weiterhin wird die Größe einer Page benötigt, um die erforderliche Anzahl ermitteln zu können:

```
$ cat /proc/meminfo | grep Hugepagesize
Hugepagesize:       2048 kB
```

Der Peak-Wert geteilt durch 2048 ergibt 1109 Pages. Der Wert sollte nicht zu knapp bemessen sein. Unter Hinzunahme des Parameters *shared_buffers* setzen wir die Anzahl der Huge Pages auf 1500. Das erfolgt durch den folgenden Eintrag in die Datei *sysctl.conf*:

```
# cat /proc/meminfo | grep Huge
AnonHugePages:      75776 kB
HugePages_Total:         1500
HugePages_Free:          1500
HugePages_Rsvd:                 0
HugePages_Surp:          0
Hugepagesize:        2048 kB
```

Zum Schluss muss dem PostgreSQL-Server noch mitgeteilt werden, dass er Huge Pages verwenden soll. Dies erfolgt mithilfe des Parameters *huge_pages*. Setzen Sie diesen auf den Wert „try" oder „on". Für die Aktivierung ist ein Neustart erforderlich.

HINWEIS: Beachten Sie, dass der Server nicht startet, wenn der Parameter den Wert „on" besitzt. Mit dem Wert „try" versucht er, Huge Pages zu verwenden, startet aber mit normalen Pages, wenn nicht genügend Huge Pages vorhanden sind. Achten Sie in beiden Fällen darauf, dass genügend Shared Memory zur Verfügung steht.

5.1.2 Cluster-Einstellungen

Die Einstellungen für Cluster und Datenbank befinden sich in der Datei *postgresql.conf*. Die Standardwerte sind für einen niedrigen Ressourcenverbrauch und müssen in vielen Fällen an die Anforderungen der Datenbanken sowie an die zur Verfügung stehenden Hardwareressourcen angepasst werden. Weiterhin ist es notwendig, die Sicherheitseinstellungen an den konkreten Bedarf anzupassen.

Standardmäßig finden Sie die Datei *postgresql.conf* im Verzeichnis *$PGDATA*. Mit der folgenden Abfrage kann der Speicherort bestimmt werden:

```
(postgres@localhost:5432)[hanser]> show config_file;
              config_file
---------------------------------------
 /usr/local/pgsql/data/postgresql.conf
```

Der Aufbau der Datei ist einfach. Die meisten Parameter sind mit dem Zeichen # auskommentiert. In diesem Fall ist der Parameter nicht gesetzt und falls vorhanden, greifen die Standardwerte. Weitere Konfigurationsdateien können mit dem Schlüsselwort `include` eingebunden werden:

```
include '/usr/local/pgsql/wal_params.conf'
```

Alle Parameter und deren Werte sind auch über die View *pg_settings* im Datenbankkatalog erreichbar. Das Kommando `show` zeigt nur den aktuellen Wert an. Die Abfrage der View liefert zusätzliche Informationen, wie zum Beispiel den Standardwert laut Konfigurationsdatei (*reset_val*).

Listing 5.2 Parameter in psql abfragen

```
(potgres@localhost:5432)[hanser]> show shared_buffers;
 shared_buffers
----------------
 1 GB
(postgres@localhost:5432)[postgres]> SELECT name,setting,reset_val
> FROM pg_settings
> WHERE name = 'shared_buffers';
      name      | setting | reset_val
----------------+---------+----------
 shared_buffers | 16384   | 16384
```

Es gibt Parameter, die sich dynamisch, also ohne Neustart des Servers, ändern lassen. Welche Werte dynamisch änderbar sind, lässt sich durch die Spalte *context* in der View *pg_settings* abfragen. Dabei bedeutet:

- *user:* Jeder Benutzer darf den Wert für seine Session ändern.
- *superuser:* Nur der Administrator darf den Wert für den gesamten Server im laufenden Betrieb anpassen.
- *postmaster:* Die Werte müssen in der Datei *postgresql.conf* gespeichert oder beim Start des Servers mitgegeben werden. Änderungen werden nur durch den Neustart des Servers wirksam.
- *Internal:* Es handelt sich um interne Parameter. Änderungen bedingen ein Rebuild des Servers oder müssen mit *initdb* konfiguriert werden.

Änderungen dynamischer Parameter können mit dem Kommando SET vorgenommen werden. Das Zurücksetzen auf den Standardwert erfolgt durch RESET.

Listing 5.3 Dynamische Parameter setzen und zurücksetzen

```
(postgres@localhost:5432)[postgres]> SET work_mem TO 8192;
SET
(postgres@localhost:5432)[postgres]> select name,setting,reset_val,context
> from pg_settings
> where name='work_mem';
   name   | setting | reset_val | context
----------+---------+-----------+---------
 work_mem | 8192    | 4096      | user
(postgres@localhost:5432)[postgres]>  select name,setting,reset_val,context
> from pg_settings
> where name='work_mem';
   name   | setting | reset_val | context
----------+---------+-----------+---------
 work_mem | 8192    | 4096      | user
```

Alternativ kann der Parameter durch eine UPDATE-Anweisung auf die View *pg_settings* geändert werden:

```
(postgres@localhost:5432)[postgres]> UPDATE pg_settings SET setting = reset_val
> WHERE name='work_mem';
 set_config
------------
 4 MB
```

Die Datei *postgresql.conf* ist in mehrere Sektionen eigeteilt. Die wichtigsten Parameter jeder Sektion sind in den folgenden Abschnitten beschrieben.

5.1.2.1 Parameter für Systemressourcen

Im vorhergehenden Abschnitt wurden die Ressourcen des Betriebssystems diskutiert. Diese sind die Voraussetzung für die Parametereinstellungen des PostgreSQL-Clusters. Die Einstellungen der Ressourcen sind entscheidend für das Thema „Performance Tuning". Weitere Details finden Sie in Kapitel 13 „Performance Tuning".

Die Parameter für Systemressourcen befinden sich im Abschnitt „RESOURCE USAGE (except WAL)". Die wichtigsten Parameter sind:

- `shared_buffers`: Größe des Shared Memory Buffer des PostgreSQL-Clusters. Der Standardwert in der Version 14 ist 128 MByte. Ein empfohlener Startwert ist 25 % des verfügbaren Memory des Servers. Der Rest steht dann für das Betriebssystem, den Cache des Dateisystems sowie für Applikationen zur Verfügung. Handelt es sich um einen dedizierten Datenbankserver, dann kann der Wert auch höher gewählt werden, solange der Server nicht in das Paging verfällt.
- `huge_pages`: erlaubt oder verbietet die Verwendung von Huge Pages im Betriebssystem (nur für Linux-Betriebssystem). Der Standardwert ist „try". Mit den Werten „on" oder „off" können Huge Pages aktiviert oder deaktiviert werden.
- `temp_buffers`: setzt die Größe der temporären Buffer für jede Session fest. Der Standardwert ist 8 MByte. Die Buffer werden für den Zugriff auf temporäre Tabellen versendet.
- `work_mem`: bestimmt die maximale Größe des Memory, der für interne Sortieroperationen und Hash-Tabellen verwendet werden kann. Der Standardwert ist 4 MByte.
- `maintenance_work_mem`: maximales Memory, der für interne Verwaltungsoperationen verwendet werden kann. Verwaltungsoperationen sind zum Beispiel VACUUM, CREATE INDEX oder ADD FOREIGN KEY. Der Standardwert ist 64 MByte.
- `temp_file_limit`: bestimmt die maximale Größe von temporären Dateien, die ein Prozess verwenden darf. Der Standardwert „-1" bedeutet, dass es keine Beschränkung gibt.

5.1.2.2 Parameter für Verbindungen und Authentifizierung

Diese Parameter befinden sich in der Sektion „CONNECTIONS AND AUTHENTIFICATION". Sie legen die Optionen und Einschränkungen für die Verbindung von Clients sowie deren Form der Authentifizierung fest.

- `listen_address`: TCP/IP-Adressen, auf die der PostgreSQL-Server auf Client-Anfragen hört. Der Standardwert ist „localhost". Es können mehrere Werte, durch Komma getrennt, angegeben werden. Ein Server, der nur auf „localhost" hört, kann nicht von außen über ein Netzwerkinterface angesprochen werden. Der Wert sollte auf die Adresse des Standard-Interfaces, das in der Regel dem Hostnamen entspricht, gesetzt werden.
- `port`: TCP/IP-Port, auf den der Server hört. Alle Adressen müssen denselben Port verwenden. Es ist nicht möglich, mehrere Ports zu verwenden. Der Standardwert ist „5432".
- `max_connections`: bestimmt die maximale Anzahl von gleichzeitigen Verbindungen zum Cluster mit einem Standardwert von „100". Beachten Sie, dass jede Client/Server-Verbindung Shared Memory verbraucht und eine Begrenzung verhindert, sodass der Server in das Paging verfällt.

- authentication_timeout: maximal erlaubte Zeit, um die Authentifizierung eines Clients abzuschließen. Der Standardwert ist eine Minute.
- ssl: ermöglicht SSL-Verbindungen zwischen Client und Server. Der Standardwert ist „off".
- password_encryption: Verschlüsselungsmethode von Passwörtern. Der Standardwert ist „md5".
- db_user_namespace: legt fest, ob Benutzernamen pro Datenbank festgelegt werden können. Der Standardwert ist „off". Wird er eingeschaltet, dann müssen die Benutzernamen zusammen mit dem Datenbanknamen angesprochen werden. Das Format ist <user>@<database>.

HINWEIS: Weitere Details zu den Themen SSL-Verbindungen und Verschlüsselung finden Sie in Kapitel 8 „Überwachung und Sicherheit". ■

Die Authentifizierung von Clients wird über die Konfigurationsdatei *pg_hba.conf* kontrolliert, die sich standardmäßig im Verzeichnis *$PGDATA* befindet. Mit der Initialisierung des Servers wird eine Standarddatei erstellt. Jede Zeile repräsentiert einen Verbindungstyp, einen Bereich von IP-Adressen der Clients, die Datenbanknamen, die Benutzernamen sowie die Authentifizierungsmethode. Tabelle 5.2 beschreibt die Optionen für die erste Spalte, den Verbindungstyp.

Tabelle 5.2 Verbindungstypen für die Authentifizierung von Clients

Verbindungstyp	Bedeutung
local	Verbindungen über die Sockets der Unix-Domain. Ermöglicht eine lokale Verbindung auf dem Datenbankserver.
host	Für Verbindungsanfragen über TCP/IP. Die Verbindungen können vom Typ SSL oder nicht-SSL sein.
hostssl	Verbindungen über TCP/IP, jedoch nur mit SSL-Verschlüsselung
hostnonssl	Verbindungen über TCP/IP, die nicht mit SSL verschlüsselt sind

Die Datei *„pg_hba.conf"* ist so weit vorkonfiguriert, dass lokale Verbindungen für alle Datenbanken und alle Benutzer generell zugelassen werden. Dies bewirkt der folgende Eintrag:

```
# TYPE  DATABASE     USER         ADDRESS              METHOD
# IPv4 local connections:
host    all          all          127.0.0.1/32          trust
```

Ist der Eintrag nicht vorhanden oder auskommentiert, dann ist eine lokale Verbindung, zum Beispiel mit psql nicht mehr möglich und es erscheint der folgende Fehler:

```
psql: FATAL:  no pg_hba.conf entry for host "localhost", user "postgres", database
"postgres"
```

Die überwiegende Anzahl von Verbindungen erfolgt von entfernten Clients über TCP/IP. Für Testzwecke können mit dem folgenden Eintrag alle Verbindungen zugelassen werden:

```
# TYPE  DATABASE     USER         ADDRESS              METHOD
host    all          all          0.0.0.0/0             trust
```

In der Spalte „DATABASE" wird festgesetzt, für welche Datenbanken die Verbindung gelten soll. Analog können Benutzernamen in der Spalte „USER" angegeben werden. Für beide Parameter kann der Wert „all" verwendet werden. Damit werden alle Datenbanken oder Benutzer freigeschaltet.

Die Spalte „ADDRESS" legt den Bereich von IP-Adressen der Clients fest, für die Verbindungen zugelassen werden. Der Wert besteht aus zwei Teilen: einer gültigen IP-Adresse sowie der Anzahl durch „/" getrennter „High Order Bits". Der Eintrag „0.0.0.0/0" repräsentiert alle IP-Adressen.

Die letzte Spalte beschreibt die Authentifizierungsmethode. Die wichtigsten Optionen sind in Tabelle 5.3 zusammengefasst.

Die Datei *pg_hba.conf* ist so weit vorkonfiguriert, dass lokale Verbindungen für alle Datenbanken und alle Benutzer generell zugelassen werden. Dies bewirkt der folgende Eintrag:

```
# TYPE  DATABASE     USER         ADDRESS              METHOD
# IPv4 local connections:
host    all          all          127.0.0.1/32          trust
```

Ist der Eintrag nicht vorhanden oder auskommentiert, dann ist eine lokale Verbindung, zum Beispiel mit psql, nicht mehr möglich und es erscheint der folgende Fehler:

```
psql: FATAL:  no pg_hba.conf entry for host "localhost", user "postgres", database
"postgres"
```

Die überwiegende Anzahl von Verbindungen erfolgt von entfernten Clients über TCP/IP. Für Testzwecke können mit dem folgenden Eintrag alle Verbindungen zugelassen werden:


```
# TYPE  DATABASE     USER         ADDRESS              METHOD
host    all          all          0.0.0.0/0             trust
```

In der Spalte „DATABASE" wird festgesetzt, für welche Datenbanken die Verbindung gelten soll. Analog können Benutzernamen in der Spalte „USER" angegeben werden. Für beide Parameter kann der Wert „all" verwendet werden. Damit werden alle Datenbanken oder Benutzer freigeschaltet.

Die Spalte „ADDRESS" legt den Bereich von IP-Adressen der Clients fest, für die Verbindungen zugelassen werden. Der Wert besteht aus zwei Teilen: einer gültigen IP-Adresse sowie der Anzahl durch „/" getrennter „High Order Bits". Der Eintrag „0.0.0.0/0" repräsentiert alle IP-Adressen.

Die letzte Spalte beschreibt die Authentifizierungsmethode. Die wichtigsten Optionen sind in Tabelle 5.3 zusammengefasst.

Tabelle 5.3 Die wichtigsten Authentifizierungsmethoden

Option	Beschreibung
trust	Verbindungen werden ohne weitere Einschränkungen zugelassen. Es erfolgt keine Authentifizierung und es wird kein Passwort abgefragt.
reject	Verbindungsanfragen werden ohne weitere Prüfung abgewiesen.
scram-sha-256	Die Authentifizierung erfolgt mit SCRAM-SHA-256.
md5	Die Authentifizierung erfolgt mit MD5 oder SCRAM-SHA-256.
password	Es wird ein nicht verschlüsseltes Passwort verlangt.
Ident	Es erfolgt eine Abfrage des Benutzernamens im Betriebssystem des Clients. Verbindungen werden gestattet, wenn dieser mit dem Benutzernamen im PostgreSQL-Cluster identisch ist.
ldap	Die Authentifizierung erfolgt über einen LDAP-Server.
cert	Die Authentifizierung erfolgt mithilfe von SSL-Zertifikaten.

HINWEIS: Nach Änderungen in der Datei *pg_hba.conf* ist kein Neustart des PostgreSQL-Servers erforderlich.

Wenn Sie externe Authentifizierungsmethoden verwenden, muss der Benutzername im Betriebssystem nicht mit dem Benutzernamen im PostgreSQL-Server identisch sein. Diese Namen können über die Datei *pg_ident.conf* zugewiesen werden.

Die am häufigsten verwendete Methode ist die Authentifizierung über ein Passwort. Dafür stehen die Optionen „password“, „scram-sha-256“ und „md5“ zur Verfügung. Sie unterscheiden sich durch die Art und Weise, wie das Passwort im Server gespeichert und vom Client übertragen wird. Die Option „password“ steht für Klartext, die anderen für die entsprechende Verschlüsselung. Das Passwort wird in der Datenbank in der Tabelle *pg_authid* gespeichert.

Listing 5.4 Das mit SCRAM-SAH-256 verschlüsselte Passwort in der Datenbank

```
(postgres@localhost:5432)[postgres]> SELECT rolname, rolpassword
> FROM pg_authid;
      rolname          |              rolpassword
-----------------------+------------------------------------------------------------
hanser                 | SCRAM-SHA-256$4096:dpwIaF1JVo/
L8LZwQpClTA==$pAK3SyU6wWxhVJOWDZlBYQeMu58Z20bp+Cyxe8t9SNc=:ckAAtMKxwKON9kx7noCBrN2Oz
VDSuOMAFkXD1BMcpCg=
```

Beachten Sie, dass das verschlüsselte Passwort nur mit höheren Privilegien (Superuser) ausgelesen werden kann. Das Speichern des verschlüsselten Passworts stellt damit kein Sicherheitsrisiko dar.

TIPP: Die Methode „trust“ ist unsicher und sollte für produktive Datenbanken nicht verwendet werden. Jeder Benutzer erhält ohne weitere Authentifizierung Zugriff.

5.1.2.3 WAL-Parameter

Diese Parameter finden Sie in der Sektion „WRITE AHEAD LOG“:

- `wal_level`: legt fest, wie viele Informationen in die WAL-Sätze geschrieben werden. Der Standardwert ist „replica“. Damit werden hinreichend Informationen geschrieben, um die Archivierung sowie die Standardreplikation zu unterstützen. Andere Werte sind:
  - `minimal`: Es werden nur minimale Informationen gespeichert, um ein Crash Recovery zu garantieren.
  - `logical`: zusätzliche Informationen für das Logical Decoding werden gespeichert.
  - `archive/hot_standby`: Die Werte wurden in der Version 9.6 eingeführt und sind noch zulässig. Sie entsprechen dem Wert „replica“.

TIPP: Setzen Sie den Parameter immer auf das minimal notwendige Niveau, um das Risiko von Performanceproblemen zu minimieren.

- `fsync`: Der Standardwert ist „on“. PostgreSQL stellt sicher, dass WAL-Sätze physikalisch auf die Disk geschrieben werden. Das Setzen des Werts auf „off“ kann zu einer Verbesserung der Performance führen. Allerdings ist dann die Wiederherstellbarkeit im Fall eines Crashs nicht mehr garantiert.
- `synchronous_commit`: gibt vor, ob eine Operation wartet, bis alle WAL-Sätze der Transaktion auf die Disk geschrieben wurden, bevor dem Client die Erfolgsmeldung übertragen wird. Der Standardwert ist „on“. Mögliche weitere Werte sind „remote_apply“, „remote_write“, „local“ sowie „off“. Das Setzen des Werts auf „off“ ist nicht zu empfehlen. In diesem Fall wird die Erfolgsmeldung an den Client übermittelt, bevor alle Sätze in das WAL-Segment geschrieben werden. Im Fall eines Crashs kann die Transaktion, die als erfolgreich gespeichert an den Client gemeldet wurde, möglicherweise nicht wiederhergestellt werden.
- `wal_buffers`: Größe des Shared Memory, der als Cache für das Schreiben von WAL-Sätzen verwendet wird. Der Standard ist „-1“. Die Größe wird auf 1/32 des Shared Buffer gesetzt, jedoch mindestens auf 64 KByte.
- `archive_mode`: Mit diesem Parameter kann der Archiv-Modus eingeschaltet werden. Der Standardwert ist „off“. Ist der Archiv-Modus eingeschaltet, dann werden abgeschlossene WAL-Segmente in ein Archiv kopiert. Die Sicherung ist bedeutsam für Recovery-Operationen oder für forensische Zwecke. Ist der Wert auf „always“ gesetzt, dann erfolgt die Archivierung auch während einer Recovery-Operation und im Standby-Modus.
- `archive_command`: Das Kommando bestimmt, wie die Archivierung erfolgt. Der Befehl wird als Shell-Kommando des Betriebssystems ausgeführt.
- `archive_timeout`: Die Archivierung eines WAL-Segments erfolgt, wenn es voll ist. Für Cluster mit geringem Transaktionsvolumen kann das bedeuten, dass über einen längeren Zeitraum keine Archivierung erfolgt und damit keine Sicherung des Transaktionslogs existiert. Um dies zu verhindern, kann ein Timeout festgelegt werden, nachdem ein WAL-Segment geschlossen wird, auch wenn es nicht voll ist. Mit dem Standardwert „0“ ist das Feature ausgeschaltet.

5.1.2.4 Parameter für Client-Standards

Die Anmeldung eines Clients erfolgt über den PostgreSQL-Server, der die Authentifizierung vornimmt, an eine Datenbank. Damit stellt sich die Frage, auf welche Schemas sich die Anweisungen des Clients beziehen, wenn keine weiteren Angaben vorgenommen werden. Der Parameter *search_path* legt fest, in welcher Reihenfolge die Schemas für die Bezugnahme auf ein Objekt durchsucht werden sollen. Gibt es Objekte mit identischem Namen in verschiedenen Schemas, wird das zuerst gefundene referenziert.

Im Parameter können mehrere, durch Komma getrennte Werte angegeben werden. Der Standardwert ist *„$user“,public.* „$user“ ist der Benutzername, mit dem der Client am Server angemeldet ist. Er kann durch folgende Abfrage ermittelt werden:

```
(postgres@localhost:5432)[postgres]> SELECT session_user;
 session_user
--------------
 postgres
```

Das Schema mit dem Systemkatalog *pg_catalog* wird immer durchsucht, auch wenn es nicht im Parameter angegeben ist. Das Anlegen von Objekten erfolgt im ersten Schema des Parameters *search_path*. Da in unserem Fall kein Schema mit dem Namen „postgres“ existiert, werden die Objekte im Schema „public“ angelegt.

Der Parameter *default_tablespace* legt den Tablespace fest, in dem die Tabellen und Index angelegt werden, wenn beim Anlegen explizit kein Tablespace-Name angegeben wird. Der Standardwert ist ein leerer String. Ein leerer String bedeutet, dass der Default-Tablespace der Datenbank verwendet wird. Analog legt der Parameter *temp_tablespaces* den Standard für den temporären Tablespace fest.

Mit dem Parameter *statement_timeout* kann eine Obergrenze für die Laufzeit von SQL-Anweisungen in Millisekunden festgelegt werden. Alle SQL-Anweisungen, die länger laufen, werden abgebrochen. Mit dem Standardwert „0“ wird das Feature abgeschaltet.

5.1.2.5 Parameter für die Replikation

Parameter für die Replikation befinden sich in der Sektion „REPLICATION“. Sie lassen sich in folgende Kategorien unterteilen:

- Einstellungen für sendende Server
- Einstellungen für Master-Server
- Einstellungen für Standby-Server
- Parameter für Subscriber

5.1.2.5.1 Einstellungen für sendende Server

Die folgenden Parameter stehen für grundlegende Einstellungen für die Replikation und können auf allen Servern gesetzt werden, die Daten versenden. Ein Master-Server ist immer automatisch auch ein sendender Server.

Der Parameter *max_wal_senders* legt die maximale Anzahl von Verbindungen für die Replikation fest. Der Standardwert ist 10. Der Wert null bedeutet, dass die Replikation ausgeschaltet ist. Beachten Sie, dass dieser Wert als Verbindung zählt, die durch den Parameter *max_connections* begrenzt ist. Gegebenenfalls muss bei einer Vergrößerung dieser Parameter ebenfalls erhöht werden.

Mit dem Parameter *max_replication_slots* wird die Anzahl der maximal möglichen Replication Slots begrenzt. Der Standardwert ist 10. Mit *wal_keep_segments* wird vorgegeben, wie viele WAL-Segmente im Verzeichnis *pg_wal* aufbewahrt werden sollen, falls sie vom Standby-Server benötigt werden. Eine Aufbewahrung ist von Vorteil, wenn Standby-Server regelmäßig hinter die Verarbeitung des Masters zurückfallen. Ursache können eine eingeschränkte Netzwerk-Performance oder mangelhafte Ressourcen des Standby-Servers sein.

Der Parameter *wal_sender_timeout* bricht Replikationsverbindungen ab, die länger als der vorgegebene Timeout inaktiv sind. Das ist hilfreich für instabile Netzwerke, bei denen es regelmäßig zu Unterbrechungen kommt. Mit dem Wert „0" wird das Feature deaktiviert. Der Standardwert ist 60 Sekunden. Mit Aktivierung des Parameters *track_commit_timestamp* werden die Zeiten, die für COMMIT-Anweisungen, also das Abschließen von Transaktionen, benötigt werden, im Server-Log aufgezeichnet. Der Standard ist „off".

5.1.2.5.2 Einstellungen für Master-Server

Die folgenden Parameter sind für den Master-Server, der Daten an einen oder mehrere Standby-Server sendet.

Der Parameter *synchronous_standby_names* enthält eine Liste von Standby-Servern, die eine synchrone Replikation unterstützen. Eine mit COMMIT abgeschlossene Transaktion wird dann bestätigt, wenn die Standby-Server eine Bestätigung zurückgesendet haben. Weitere Details finden Sie in Kapitel 9 „Replikation zwischen Clustern".

Der Parameter *vacuum_defer_cleanup_age* spezifiziert die Anzahl von Transaktionen, um die eine Beseitigung von Dead-Row-Versionen verschoben wird. Der Standardwert ist „0". Damit ist das Feature ausgeschaltet. Eine Verschiebung der Bereinigung gibt dem Standby-Server mehr Zeit, SQL-Anweisungen zu beenden, ohne dass es zu Konflikten wegen zu früh gelöschter Versionen gibt.

5.1.2.5.3 Einstellungen für Standby-Server

Diese Parameter kontrollieren das Verhalten auf einem Standby-Server, der Replikationsdaten empfängt. Auf einem Master-Server werden sie ignoriert.

Der Parameter *hot_standby* bestimmt, ob eine Anmeldung und die Ausführung von SQL-Abfragen erlaubt ist. Der Standardwert ist „on". Ist die Standby-Datenbank als Hot Standby aktiviert, dann legt der Parameter *max_standby_archive_delay* fest, wie lange die Standby-Datenbank warten soll, bis eine SQL-Abfrage, die einen Konflikt ausweist, abgebrochen wird. Ein Konflikt entsteht, wenn gerade Daten aus dem WAL-Archiv eingearbeitet werden. Der Standard ist 30 Sekunden. Analog verzögert der Parameter *max_standby_streaming_delay* den Abbruch, wenn Daten über Streaming Replication eingepflegt werden.

Mit dem Parameter *wal_receiver_status_interval* wird das minimale Intervall (standardmäßig 10 Sekunden) festgelegt, mit dem der Standby-Server Informationen über den Fortschritt der Replikation an den Primärserver schickt. Ist der Parameter *hot_standby_feedback* aktiviert (Standard: „off"), dann sendet der Standby-Server Informationen an den Master-Server über SQL-Abfragen, die gerade ausgeführt werden.

Der Standby-Server bricht Replikationsverbindungen ab, die länger als die im Parameter *wal_receiver_timeout* festgelegte Zeit inaktiv sind. Der Standard ist 60 Sekunden. Der Parameter *wal_retrieve_retry_interval* legt die Zeit fest, die der Standby-Server wartet, bevor er nach einem Fehler wieder versucht, WAL-Daten zu holen. Der Standardwert ist 5 Sekunden.

5.1.2.5.4 Parameter für Subscriber

Die folgenden Parameter sind für Subscriber der logischen Replikation. Dabei kann es sich sowohl um eine Standardreplikation als auch um Logical Decoding handeln.

Der Parameter *max_logical_replication_workers* legt die maximale Anzahl von Replikationsprozessen fest. Standard ist „4".

Werden neue Tabellen zur Replikation hinzugefügt, werden alle Daten zum Standby-Server kopiert. Dieser Prozess kann sehr intensiv sein und benötigt mehr Ressourcen, als dies während der normalen Replikation der Fall ist. Der Parameter *max_sync_workers_per_subscription* legt den Parallelitätsgrad für das initiale Kopieren der Daten fest. Der Standardwert ist „2".

5.1.2.6 Parameter für Logging und Tracing

Die Parameter für Logging und Tracing befinden sich in der Sektion „ERROR REPORTING AND LOGGING". Sie lassen sich in folgende Kategorien unterteilen:

- Wo sollen die Dateien liegen?
- Wann soll eine Aufzeichnung stattfinden?
- Was soll aufgezeichnet werden?

5.1.2.6.1 Wo sollen die Logdateien liegen?

Der Parameter *log_destination* definiert den Ausgabeort für Nachrichten vom PostgreSQL-Cluster. Mögliche Werte sind „stderr", „csvlog", „syslog". In einem Windows-Betriebssystem kann zusätzlich der Wert „eventlog" für die Ausgabe in das Windows-Eventlog angegeben werden. Die Angabe mehrerer, durch Komma getrennte Werte ist möglich. Standardwert ist „stderr".

Wird der Parameter *logging_collector* auf „on" gesetzt, dann werden die nach „stderr" versandten Nachrichten in eine Logdatei umgeleitet. Standardmäßig wird die Datei in das Verzeichnis „$PGDATA/log" geschrieben. Diese Information wird beim Start des Clusters ausgegeben:

```
$ pg_ctl start
. . .
2018-01-27 19:06:26.247 CET [8236] LOG:  redirecting log output to logging collector
process
2018-01-27 19:06:26.247 CET [8236] HINT:  Future log output will appear in directory
"log".
```

Das Verzeichnis für das Logfile kann durch den Parameter *log_directory* festgelegt werden. Der Standardwert ist „log". Mit dem Parameter *log_filename* lässt sich das Format des Namens festlegen. Standardmäßig werden Datum und Uhrzeit in den Namen integriert. Der Wert ist „postgresql-%Y-%m-%d_%H%M%S.log". Mithilfe der Parameter *log_rotation_age* und *log_rotation_size* werden die maximale Lebenszeit und die maximale Größe der Logdatei festgelegt, bevor eine neue Datei geschrieben wird. Die Standardwerte sind ein Tag und 10 MByte.

5.1.2.6.2 Wann soll die Aufzeichnung stattfinden?

Logdateien können schnell wachsen und unübersichtlich werden. Deshalb ist es notwendig, die Meldungsflut einzuschränken. In bestimmten Situationen kann es notwendig sein, möglichst viele Details zu erfahren. PostgreSQL bietet die Möglichkeit, das Niveau des Loggens anzupassen.

Der Parameter *client_min_messages* bestimmt die Stufe der Nachrichtenübermittlung an den Client. Gültige Werte sind DEBUG5 bis DEBUG1, LOG, NOTICE, WARNING, ERROR, FATAL und PANIC. Das höchste Niveau ist DEBUG5. Damit werden die meisten Meldungen übertragen. Der Standardwert ist „NOTICE".

Die gleichen Werte gibt es für den Parameter *log_min_messages*. Er legt die Nachrichtenstufe für die Einträge in das Server-Log fest. Hier ist der Standardwert „WARNING".

Mit dem Parameter *log_min_duration_statement* wird die Laufzeit von SQL-Anweisungen festgesetzt, ab der diese in das Server-Log eingetragen werden. Damit können Langläufer identifiziert werden. Bei einem Wert von „0" werden alle Anweisungen eingetragen. Mit dem Standardwert „-1" ist das Logging ausgeschaltet.

5.1.2.6.3 Was soll aufgezeichnet werden?

Es gibt eine Reihe von Parametern, die festlegen, ob die entsprechende Komponente in das Logging eingebunden werden soll. In Tabelle 5.4 finden Sie eine Übersicht dieser Parameter.

Tabelle 5.4 Liste von Logging-Parametern

Parameter	Standard	Aufzeichnung von ...
log_checkpoints	off	... allen Checkpoints. Einige Statistiken des Checkpoints, wie zum Beispiel die Anzahl der Buffer und die Länge, werden mit ausgewiesen.
log_connetions	off	... Verbindungsversuchen zum PostgreSQL-Server. Es werden sowohl erfolgreiche als auch erfolglose Versuche registriert.
log_disconnections	off	... Abmeldungen von einer Session. Die Dauer der Verbindung wird mit ausgewiesen.
log_duration	off	... Ausführungszeiten einer jeden SQL-Anweisung.
log_hostname	off	... Hostnamen zusätzlich zur IP-Adresse.
log_lock_waits	off	... Informationen über Sessions, die länger als die im Parameter *deadlock_timeout* spezifizierte Zeit auf eine Sperre warten.

Der Parameter *log_statement* legt fest, welche SQL-Anweisungen aufgezeichnet werden sollen. Gültige Parameterwerte sind „none", „ddl", „mod" und „all". Beachten Sie, dass das Setzen bestimmter Werte ein intensives Schreiben in die Logdatei zur Folge haben kann.

5.1.2.7 Benutzerspezifische Parameter

Der Parameter *custom_variable_classes* für Klassennamen für benutzerdefinierte Parameter ist nicht mehr erforderlich. Benutzerdefinierte Parameter können einfach eingetragen werden. Im Beispiel in Listing 5.5 werden Parameter für das Modul „pg_stat_statements" gesetzt.

Listing 5.5 Benutzerdefinierte Parameter setzen

```
pg_stat_statements.max = 10000
pg_stat_statements.track = all
```

5.1.2.8 Parameter für Entwickler

PostgreSQL ist eine Open-Source-Datenbank und somit stark auf den Input der Entwicklergemeinschaft angewiesen. Deshalb wurden einige Parameter speziell für die Arbeit von Entwicklern vorgesehen. Sie sollten nicht für produktive Datenbanken eingesetzt werden.

Mit dem Setzen des Werts von *allow_system_table_mods* auf „on" kann die Struktur von Systemtabellen verändert werden. Die Verwendung des Parameters *post_auth_delay* gibt dem Entwickler die Möglichkeit, sich mit dem Debugger in einen Server-Prozess einzuklinken. Wenn Sie den Parameter *trace_notify* einschalten, werden Debug-Informationen der LISTEN- und NOTIFY-Kommandos in die Logdatei geschrieben. Analog können Informationen über das Logging-Verhalten mit dem Parameter *trace_locks* eingeschaltet werden. Der Parameter *wal_debug* schaltet die Aufzeichnung von Debug-Informationen für WAL-Operationen ein und aus. Voraussetzung ist, dass das Modul WAL_DEBUG in den Build-Prozess des PostgreSQL-Servers mit eingebunden wurde.

5.1.3 Gebietsschema und Zeichensatz

Ein Gebietsschema (Locale) zeichnet sich unter anderem durch lokale Besonderheiten für das Alphabet, das Datumsformat und die Sortierung aus. Mit dem Anlegen des Clusters mit `initdb` wird es automatisch mit den Werten aus der Umgebung initialisiert, in der das Anlegen erfolgt.

In einem Linux-Betriebssystem können die eingestellten Werte mit dem Befehl `locale` abgefragt werden.

Listing 5.6 Die Einstellungen des Betriebssystems abfragen

```
$ locale
LANG=en_US.UTF-8
LC_CTYPE="en_US.UTF-8"
LC_NUMERIC="en_US.UTF-8"
LC_TIME="en_US.UTF-8"
LC_COLLATE="en_US.UTF-8"
LC_MONETARY="en_US.UTF-8"
LC_MESSAGES="en_US.UTF-8"
LC_PAPER="en_US.UTF-8"
LC_NAME="en_US.UTF-8"
LC_ADDRESS="en_US.UTF-8"
LC_TELEPHONE="en_US.UTF-8"
```

```
LC_MEASUREMENT="en_US.UTF-8"
LC_IDENTIFICATION="en_US.UTF-8"
LC_ALL=
```

Falls Sie die Initialisierung mit einem anderen Gebietsschema und Zeichensatz vornehmen möchten, dann können Sie die Option `--locale` verwenden.

Listing 5.7 Cluster-Initialisierung mit Gebietsschema für Deutschland

```
$ initdb --locale de_DE.UTF8
```

Für Österreich ist der Name des Gebietsschemas „de_AT.UTF8" und für die Schweiz „de_CH.UTF8".

Neben der globalen Einstellung können im Detail Einstellungen vorgenommen werden, die vom globalen Standard abweichen. So kann zum Beispiel das deutsche Gebietsschema mit amerikanischem Zahlenformat eingestellt werden. Die Parameter für die Einstellungen des Gebietsschemas beginnen mit „lc_" und befinden sich in der Konfigurationsdatei *postgres.conf*.

Listing 5.8 Parameter für das Gebietsschema abfragen

```
(postgres@[local]:5432)[postgres]> SELECT name, setting
> FROM pg_settings WHERE name LIKE 'lc%';
    name     |   setting
-------------+-------------
 lc_collate  | en_US.UTF-8
 lc_ctype    | en_US.UTF-8
 lc_messages | en_US.UTF-8
 lc_monetary | en_US.UTF-8
 lc_numeric  | en_US.UTF-8
 lc_time     | en_US.UTF-8
```

Neben der Einstellung für den Zeichensatz auf dem Datenbankserver kann jeder Client eine eigene Einstellung verwenden. Der Parameter *client_encoding* legt fest, welche Codierung die Zeichen haben, die vom Client an den Server gesendet werden. Umgekehrt werden die Daten, die vom Server an den Client gesendet werden, auf den Zeichensatz des Clients konvertiert. Der Standardwert des Parameters *client_encoding* ist der Standardwert der Datenbank.

Tabelle 5.5 Parameter für das Gebietsschema

Parameter	Bedeutung
lc_collate	Legt die Sortierreihenfolge fest
lc_ctype	Klassifizierung von Zeichen, z. B. Verwendung von Großbuchstaben
lc_messages	Sprache der Meldungen des Servers
lc_monetary	Setzt die Einstellung bezüglich der Formatierung von Geldsymbolen
c_numeric	Formatierung von Zahlen, u. a. Dezimalzeichen und Tausendertrennung
lc_time	Formatierung von Datum und Uhrzeit

Für Windows-Betriebssysteme gibt es eine plattformspezifische Besonderheit. Hier lautet der Standardwert für Deutschland „German_Germany.1252“. Windows-1252 ist der typische westeuropäische Zeichensatz.

Das folgende Beispiel für die Zeichensatz-Konvertierung zeigt, wie deutsche Sonderzeichen auf einem Linux-Server gespeichert und auf einem Windows-Client korrekt angezeigt werden:

1. Auf einem Linux-Server, der mit der Locale „en_US.UTF-8“ konfiguriert ist, werden Umlaute eingefügt.

```
(postgres@[local]:5432)[postgres]> INSERT INTO test
VALUES ('ÄÖÜßäöü');
INSERT 0 1
(postgres@[local]:5432)[postgres]> SELECT * FROM test;
  text
---------
 ÄÖÜßäöü
```

2. Ein Windows-Client mit dem Gebietsschema „German_Germany.1252“ meldet sich am Server an und führt eine SELECT-Anweisung auf die Tabelle aus.

```
D:\PostgreSQL\bin>psql -h 192.168.178.26 -U postgres
psql (14.1)
WARNING: Console code page (850) differs from Windows code page (1252)
8-bit characters might not work correctly. See psql reference
page "Notes for Windows users" for details.
(postgres@192.168.178.26:5432)[postgres]> SELECT * FROM test;
  text
---------
 —Í▄□õ÷³
```

3. Die Zeichen werden nicht korrekt dargestellt. Beachten Sie die Warnung beim Starten von psql. Die Ursache liegt nicht in der Konvertierung durch den PostgreSQL-Client, sondern darin, dass das Fenster der Windows-Konsole einen anderen Zeichensatz verwendet. Eine Umstellung auf den Zeichensatz 1252 löst das Problem.

```
(postgres@localhost:5432)[postgres]> \encoding
WIN1252
D:\PostgreSQL\bin>cmd /c chcp 1252
Aktive Codepage: 1252.
D:\PostgreSQL\bin>psql -h 192.168.178.26 -U postgres
psql (14.1)
Type "help" for help.
(postgres@192.168.178.26:5432)[postgres]> SELECT * FROM test;
  text
---------
 ÄÖÜßäöü
```

TIPP: Es kann durchaus sinnvoll sein, einen PostgreSQL-Server, der unter Linux läuft, mit einem Windows-Zeichensatz zu initialisieren. Wenn die Mehrzahl der Clients mit dem Windows-Zeichensatz arbeitet, dann kann man auf die Zeichensatzkonvertierung verzichten. Dies führt zu Performancevorteilen. ■

5.2 Datenbanken verwalten

Die Architektur von PostgreSQL sieht vor, dass ein Cluster aus einer oder mehreren Datenbanken besteht. Die vorhandenen Datenbanken können im Katalog des PostgreSQL-Servers abgefragt werden. Die Abfrage kann mithilfe einer SQL-Anweisung oder dem Kurzbefehl \l in psql erfolgen.

Listing 5.9 Vorhandene Datenbanken im Cluster abfragen

```
(postgres@[local]:5432)[postgres]> SELECT
> datname, datcollate, datistemplate, dattablespace
> FROM pg_database;
  datname  | datcollate  | datistemplate | dattablespace
-----------+-------------+---------------+---------------
 postgres  | en_US.UTF-8 | f             |          1663
 template1 | en_US.UTF-8 | t             |          1663
 template0 | en_US.UTF-8 | t             |          1663
(postgres@[local]:5432)[postgres]> \l
                                  List of databases
   Name    |  Owner   | Encoding |   Collate   |    Ctype
-----------+----------+----------+-------------+-------------
 postgres  | postgres | UTF8     | en_US.UTF-8 | en_US.UTF-8
 template0 | postgres | UTF8     | en_US.UTF-8 | en_US.UTF-8
 template1 | postgres | UTF8     | en_US.UTF-8 | en_US.UTF-8
```

Das Anlegen einer Datenbank erfolgt mit dem Befehl CREATE DATABASE. Der die Datenbank anlegende Benutzer wird automatisch zum Eigentümer. Mit der Option OWNER können Sie eine Datenbank für einen anderen Benutzer anlegen. Dieser wird dann der Eigentümer und kann die Datenbank selbst konfigurieren und verwalten. Nach dem Anlegen kann der Datenbank ein anderer Eigentümer zugewiesen werden.

Listing 5.10 Eine Datenbank anlegen und den Eigentümer zuweisen

```
(postgres@[local]:5432)[postgres]> CREATE DATABASE hanser;
CREATE DATABASE
(postgres@[local]:5432)[postgres]> ALTER DATABASE hanser OWNER TO hanser;
ALTER DATABASE
(postgres@[local]:5432)[postgres]> CREATE DATABASE hanser2 OWNER hanser;
CREATE DATABASE
```

Wenn Sie den CREATE DATABASE-Befehl anwenden, wird eine existierende Datenbank kopiert. Standardmäßig wird die Datenbank *template1* als Quelle benutzt. Wenn alle zukünftigen Datenbanken nach einem bestimmten Standard aufgebaut werden sollen, können Sie die Template-Datenbank entsprechend anpassen. Die zweite Template-Datenbank *template0* enthält nach der Erstellung des Clusters alle Objekte von *template1*. Sie ist eine goldene Quelle, die nicht verändert werden sollte.

Das Programm *createdb* bietet die Möglichkeit, eine Datenbank von der Kommandozeile des Betriebssystems aus anzulegen:

```
[postgres@serv2 ~]$ createdb -O hanser hanser2
```

Das Löschen einer Datenbank erfolgt mit dem Befehl DROP DATABASE. Berechtigt zum Löschen sind die Superuser des Clusters sowie die Eigentümer der Datenbank. Mit dem Löschen der Datenbank werden alle zugehörigen Objekte gelöscht.

Listing 5.11 Eine Datenbank löschen

```
(postgres@[local]:5432)[postgres]> DROP DATABASE hanser2;
DROP DATABASE
```

HINWEIS: Sie können eine Datenbank, mit der Benutzer verbunden sind, nicht löschen, sondern erhalten die Fehlermeldung `ERROR: database "hanser2" is being accessed by other users`. Dies gilt auch, wenn Sie selbst in der aktuellen Session mit der Datenbank verbunden sind: `ERROR: cannot drop the currently open database`. Melden Sie sich für das Löschen bei einer anderen Datenbank, im Notfall auch bei einer Template-Datenbank, an.

Tabellen und Indexe werden in Tablespaces abgelegt. Eine kontrollierte Ablage in bestimmte Tablespaces bietet Vorteile sowohl bei der Speicherplatzkontrolle als auch bei der Optimierung der I/O-Performance. Bedenken Sie, dass alle Datenbanken die Ressource des Clusters teilen. Dies bedeutet auch, dass sich die Datenbanken gegenseitig Speicherplatz wegnehmen. Mit der Trennung in eigene Tablespaces oder Dateisysteme kann dies verhindert werden. Aus Performancesicht bringt eine Trennung von Daten und Indexen oder auch von einzelnen Tabellenpartitionen auf verschiedene Speicherorte oder Dateisysteme signifikante Vorteile.

Die Abfrage von vorhandenen Tablespaces erfolgt im Systemkatalog mithilfe von `pg_tablespace` oder mit dem Kurzbefehl `\db`. Die Tablespaces `pg_default` und `pg_global` werden standardmäßig beim Erstellen der Datenbank mit angelegt und verweisen auf das Verzeichnis „$PGDATA“. In der Tablespace *pg_global* befinden sich die Objekte des Systemkatalogs.

Listing 5.12 Vorhandene Tablespaces abfragen

```
(postgres@[local]:5432)[postgres]> SELECT * FROM pg_tablespace;
  spcname   | spcowner | spcacl | spcoptions
------------+----------+--------+------------
 pg_default |       10 |        |
 pg_global  |       10 |        |
(postgres@[local]:5432)[postgres]> \db
       List of tablespaces
    Name    |  Owner   | Location
------------+----------+----------
 pg_default | postgres |
 pg_global  | postgres |
```

Das Anlegen eines Tablespace erfolgt mit dem Befehl CREATE TABLESPACE. Der angegebene Pfad muss im Dateisystem sowohl vorhanden als auch leer sein. Der PostgreSQL-Server muss über Schreibrechte in das Verzeichnis verfügen. Um das Beschreiben durch andere Benutzer zu verhindern, sollten diese keinen Zugriff auf das Verzeichnis haben:

```
drwx------ 21 postgres root 4096 Jan 29 11:09 data
drwx------  2 postgres root 4096 Jan 29 12:01 data2
```

Beim Anlegen einer Tabelle kann der Tablespace explizit angegeben werden.

Listing 5.13 Einen Tablespace mit Tabelle anlegen

```
(postgres@[local]:5432)[hanser]> CREATE TABLESPACE ts_hanser
> LOCATION '/usr/local/pgsql/data2';
CREATE TABLESPACE
(postgres@[local]:5432)[hanser]> CREATE TABLE test(id INT) TABLESPACE ts_hanser;
CREATE TABLE
```

Wird im CREATE TABLE-Befehl kein Tablespace spezifiziert, dann wird das Objekt im Default-Tablespace angelegt. Der Default-Tablespace kann explizit gesetzt werden:

```
(postgres@[local]:5432)[hanser]> SET default_tablespace = ts_hanser;
SET
(postgres@[local]:5432)[hanser]> SHOW default_tablespace;
 default_tablespace
--------------------
 ts_hanser
```

Der Default-Tablespace einer Datenbank kann geändert werden. Beachten Sie, dass damit alle Objekte in den neuen Tablespace umgezogen werden. Die Aktion ist deshalb nur möglich, wenn die Datenbank nicht geöffnet ist.

Listing 5.14 Eine Datenbank in einen anderen Tablespace umziehen

```
(postgres@[local]:5432)[postgres]> ALTER DATABASE hanser
> SET TABLESPACE ts_hanser;
ALTER DATABASE
(postgres@[local]:5432)[postgres]> SELECT d.datname,
> pg_tablespace_location(t.oid), t.oid
> FROM pg_database d, pg_tablespace t
> WHERE t.oid = d.dattablespace;
  datname  | pg_tablespace_location |  oid
-----------+------------------------+-------
 postgres  |                        |  1663
 template1 |                        |  1663
 template0 |                        |  1663
 hanser    | /usr/local/pgsql/data2 | 49162
(postgres@[local]:5432)[postgres]> SELECT d.datname, r.rolname,
> pg_catalog.pg_encoding_to_char(d.encoding) as "Encoding",
> t.spcname
> FROM pg_catalog.pg_database d, pg_catalog.pg_roles r, pg_catalog.pg_tablespace t
> WHERE d.datdba = r.oid AND d.dattablespace = t.oid;
  datname  | rolname  | Encoding |  spcname
-----------+----------+----------+------------
 template0 | postgres | UTF8     | pg_default
 template1 | postgres | UTF8     | pg_default
 postgres  | postgres | UTF8     | pg_default
 hanser    | hanser   | UTF8     | ts_hanser
```

Die Organisation eines Tablespace im Betriebssystem ist recht einfach. Im Verzeichnis $PGDATA befindet sich das Unterverzeichnis „pg_tblspc“. Dor finden Sie einen logischen Link zum Verzeichnis des Tablespace. Der Name des Links ist identisch mit der Objekt-ID des Tablespace.

Listing 5.15 Organisation eines Tablespace im Betriebssystem

```
[postgres@serv2 pg_tblspc]$ cd $PGDATA/pg_tblspc
[postgres@serv2 pg_tblspc]$ pwd
/usr/local/pgsql/data/pg_tblspc
[postgres@serv2 pg_tblspc]$ ls -l
total 0
lrwxrwxrwx 1 postgres postgres 22 Jan 29 12:05 49162 -> /usr/local/pgsql/data2
```

Das gleiche Verfahren wird in einem Windows-Betriebssystem angewandt. Auch hier wird ein Link im Verzeichnis angelegt. Ein Beispiel finden Sie in Listing 5.17.

Listing 5.16 Einen Tablespace in Windows anlegen

```
(Lutz@localhost:5432)[postgres]> CREATE TABLESPACE ts_hanser
> LOCATION 'D:/PostgreSQL/data/hanser';
CREATE TABLESPACE
D:\PostgreSQL\data\pg_tblspc>dir
 Datenträger in Laufwerk D: ist DATA
 Volumeseriennummer: 5A30-C088
 Verzeichnis von D:\PostgreSQL\data\pg_tblspc
29.01.2021  12:35    <DIR>          .
29.01.2021  12:35    <DIR>          ..
29.01.2021  12:35    <JUNCTION>     32771 [\??\D:\PostgreSQL\data\hanser]
               0 Datei(en),              0 Bytes
               3 Verzeichnis(se), 997.505.720.320 Bytes frei
```

Ein leerer Tablespace kann mit dem Befehl DROP TABLESPACE gelöscht werden.

5.3 Konkurrenz

Ein Datenbanksystem muss in der Lage sein, mit dem konkurrierenden Zugriff mehrerer Clients zur gleichen Zeit auf dieselben Daten umgehen zu können. PostgreSQL verwendet dafür ein „Multiversion Concurrency Control"-Modell (MVCC-Modell). Das Verhalten der Transaktionen wird „Transaction Isolation" oder „Isolation Level" genannt. In PostgreSQL sind folgende Isolation Levels möglich:

- Read Committed (Standard)
- Serializable

Bei Isolation Level „Read Committed" sieht eine Session Änderungen von Daten durch andere Sessions nur, wenn die Transaktionen mit COMMIT abgeschlossen wurden. Eine weitere Eigenschaft ist die Lesekonsistenz. Wenn eine Session eine SELECT-Anweisung abschickt, liefert das Ergebnis den Zustand der Daten, wie er bei Beginn der Abfrage vorgelegen hat, unabhängig von Änderungen durch andere Sessions.

Wenn Sie das Verhalten von Oracles SQL*Plus kennen, werden Sie bereits Unterschiede im Verhalten zu psql festgestellt haben. In SQL*Plus eröffnet jeder Befehl implizit eine Transaktion, die mit ROLLBACK oder COMMIT abgeschlossen werden kann. In psql muss eine Transaktion explizit mit dem Befehl BEGIN; eröffnet werden. Der Abschluss erfolgt dann ebenfalls mit ROLLBACK oder COMMIT. Der Abschluss einer Transaktion mit END; ist identisch mit der COMMIT-Anweisung, wenn kein Fehler aufgetreten ist. Eine Änderung des Isolation Level erfolgt mit dem Befehl SET TRANSACTION (siehe Listing 5.18).

Listing 5.17 Isolation Level innerhalb einer Transaktion ändern

```
(postgres@localhost:5432)[hanser]> BEGIN;
BEGIN
(postgres@localhost:5432)[hanser]*> SET TRANSACTION
*> ISOLATION LEVEL SERIALIZABLE;
SET
(postgres@localhost:5432)[hanser]*> COMMIT;
COMMIT
```

HINWEIS: Wenn Sie einen Prompt in psql verwenden, so wie in Abschnitt 5.6.5 beschrieben, dann wird durch einen „*" angezeigt, ob man sich innerhalb einer Transaktion befindet.

Innerhalb einer Transaktion kann ein SAVEPOINT gesetzt werden. PostgreSQL merkt sich den Status und es kann zu diesem Punkt zurückgerollt werden.

Listing 5.18 Zu einem SAVEPOINT zurückrollen

```
(postgres@localhost:5432)[hanser]> BEGIN;
BEGIN
(postgres@localhost:5432)[hanser]*> INSERT INTO sp_test'
*> VALUES (1, 'BEFORE SAVEPOINT');
INSERT 0 1
(postgres@localhost:5432)[hanser]*> SAVEPOINT hanser;
SAVEPOINT
(postgres@localhost:5432)[hanser]*> INSERT INTO sp_test
*> VALUES(2, 'AFTER SAVEPOINT');
'INSERT 0 1
(poesgres@localhost:5432)[hanser]*> ROLLBACK TO hanser;
ROLLBACK
(postgres@localhost:5432)[hanser]*> COMMIT;
COMMIT
(postgres@localhost:5432)[hanser]> SELECT * FROM sp_test;
 id |       text
----+------------------
  1 | BEFORE SAVEPOINT
(1 row)
```

SELECT-Anweisungen setzen keine Sperren auf Sätze und Tabellen. Umgekehrt können SELECT-Anweisungen lesen, auch wenn die Daten durch andere Sessions gesperrt sind. Wird ein Satz gesperrt und eine andere Session versucht, diesen Satz zu ändern oder zu löschen, wartet die zweite Session, bis die erste den Satz durch Abschluss der Transaktion freigegeben hat. Eine Ausnahme besteht, wenn der SQL-Befehl mit der Option WITH NOWAIT abgesetzt wird. In diesem Fall bricht die zweite Session die Transaktion ab. Listing 5.20 liefert ein Beispiel.

Listing 5.19 Verhalten von Sessions bei Zugriff auf dieselbe Ressource

```
-- Session 1:
(postgres@localhost:5432)[hanser]> BEGIN;
BEGIN
(postgres@localhost:5432)[hanser]*> DELETE FROM sp_test
*> WHERE id=1;
DELETE 1
-- Session 2:
(postgres@localhost:5432)[hanser]> DELETE FROM sp_test
> WHERE id=1;
-- Session 2 wartet, bis Ressource durch Session 1 freigegeben wird
-- Session 2 NOWAIT:
(postgres@localhost:5432)[hanser]> SELECT * FROM sp_test
> FOR UPDATE NOWAIT;
ERROR:  could not obtain lock on row in relation "sp_test"
```

Ein Deadlock entsteht, wenn sich zwei Sessions durch Sperren auf Sätze gegenseitig blockieren. PostgreSQL löst Deadlocks automatisch auf, indem eine Transaktion abgebrochen wird.

Listing 5.20 Eine Deadlock-Situation

```
-- Session 1:
(postgres@localhost:5432)[hanser]> BEGIN;
BEGIN
(postgres@localhost:5432)[hanser]*> UPDATE sp_test
*> SET id = 11 WHERE id = 1;
UPDATE 1
-- Session 2:
(postgres@localhost:5432)[hanser]> BEGIN;
BEGIN
(postgres@localhost:5432)[hanser]*> UPDATE sp_test
*> SET id = 22 WHERE id = 2;
UPDATE 1
-- Session 1:
(postgres@localhost:5432)[hanser]*> UPDATE sp_test
*> SET id = 22 WHERE id = 2;
-- Session 2:
(postgres@localhost:5432)[hanser]*> UPDATE sp_test
*> SET id = 11 WHERE id = 1;
ERROR:  deadlock detected
DETAIL:  Process 3288 waits for ShareLock on transaction 610; blocked by process
8340.
Process 8340 waits for ShareLock on transaction 611; blocked by process 3288.
'HINT:  See server log for query details.
CONTEXT:  while updating tuple (0,5) in relation "sp_test"
```

Das Isolation Level „Serializable“ simuliert die Ausführung von Transaktionen, so als würden sie seriell nacheinander ablaufen. Auch hier gilt, dass eine Session Änderungen durch andere Sessions erst dann sieht, wenn diese ihre Transaktionen mit COMMIT abgeschlossen haben. Im Unterschied zu „Read Committed“ sieht eine zweite Session beim Absetzen einer SELECT-Anweisung den Zustand der Daten, wie er zu Beginn der Transaktion (nicht der Anweisung!) bestanden hat.

HINWEIS: An dieser Stelle ein Hinweis zum Transaktionsverhalten von pgsql. AUTOCOMMIT ist standardmäßig eingeschaltet. Die Option kann für die aktuelle Session ein- und ausgeschaltet werden:

```
(postgres@localhost:5432)[postgres]> \echo :AUTOCOMMIT
on
(postgres@localhost:5432)[postgres]> \set AUTOCOMMIT off
(postgres@localhost:5432)[postgres]> \echo :AUTOCOMMIT
off
```

Es besteht die Möglichkeit, eine Transaktion auf READ ONLY zu setzen. Innerhalb dieser Transaktion können keine Änderungen in der Datenbank vorgenommen werden.

Listing 5.21 Eine Transaktion auf READ ONLY setzen

```
(postgres@localhost:5432)[hanser]> BEGIN;
BEGIN
(postgres@localhost:5432)[hanser]*> SET TRANSACTION READ ONLY;
SET
(postgres@localhost:5432)[hanser]*> DELETE FROM sp_test;
2018-03-16 01:55:35.030 GMT [8340] ERROR:  cannot execute DELETE in a read-only
transaction
2018-03-16 01:55:35.030 GMT [8340] STATEMENT:  DELETE FROM sp_test;
ERROR:  cannot execute DELETE in a read-only transaction
(postgres@localhost:5432)[hanser]!>
```

5.4 Die WAL-Archivierung einschalten

Die Archivierung der WAL-Segmente (WAL-Archivierung) ist zwingende Voraussetzung, um ein Point-in-time-Recovery der Datenbanken zu garantieren. Die Art und Weise der Archivierung ist in PostgreSQL sehr flexibel. Im Parameter *archive_command* kann ein beliebiger Shell-Befehl konfiguriert werden. Auch der Aufruf eines vorgefertigten Shell-Skripts ist möglich. Die einfachste Form ist die Verwendung eines Kopierbefehls mit Sicherung in ein lokales Verzeichnis oder ein NFS-Dateisystem. Aber auch das Kopieren auf einen anderen Server mit einem SCP-Kommando ist ein gangbarer Weg. Als Archiv sollte ein externes Medium gewählt werden. Dann stehen die WAL-Segmente zur Verfügung, wenn der primäre Datenbankserver komplett ausfallen sollte.

TIPP: Stellen Sie sicher, dass bei einer Archivierung über das Netzwerk die erforderliche Netzwerk-Performance zur Verfügung steht. Andernfalls kann es bei einem hohen Transaktionsaufkommen zu einem Rückstau kommen.

Es gibt zwei Mindestanforderungen an das Verhalten des Befehls im Parameter *archive_command*:

- Vorhandene Dateien dürfen nicht überschrieben werden.
- Es muss der Status „0" zurückgeliefert werden, wenn die Datei erfolgreich kopiert wurde. Andernfalls wird ein Status ungleich „0" erwartet.

In Unix- oder Linux-Betriebssystemen ist die einfachste Version ein cp-Befehl mit der Option „-i". Damit erfolgt eine Abfrage vor dem Überschreiben einer Datei. Mit der automatischen Eingabe „</dev/null" wird diese Abfrage negativ beantwortet. Zur Vereinfachung stellt PostgreSQL die Platzhalter „%f" und „%p" zur Verfügung. „%f" wird durch den Dateinamen der zu archivierenden WAL-Datei und „%p" durch den kompletten Namen einschließlich Pfad ersetzt. Dabei handelt es sich um den relativen Pfad unter dem $PGDATA-Verzeichnis. Standardmäßig befinden sich die WAL-Dateien im Verzeichnis *pg_wal*. Ein einfacher Befehl zur Archivierung in das lokale Dateisystem würde dann so aussehen:

```
cp -i %p /usr/local/pgsql/data/archive </dev/null
```

Schlägt das Archivierungskommando fehl (Exit-Status ungleich „0"), dann führt PostgreSQL den Befehl erneut aus, bis ein erfolgreiches Kommando zurückkommt. Das Kommando wird durch den Benutzer ausgeführt, mit dem der PostgreSQL-Server gestartet wurde.

Führen Sie die folgenden Schritte durch, um die WAL-Archivierung zu aktivieren:

1. Tragen Sie den Befehl für die Archivierung in den Parameter *archive_command* ein.

```
archive_command='cp -i %p /usr/local/pgsql/data/archive </dev/null'
```

2. Setzen Sie den Parameter zum Einschalten der Archivierung.

```
archive_mode = on
```

3. Überprüfen Sie, ob der Parameter *wal_level* auf „replica" oder „logical" gesetzt ist und nicht auf „minimal". Im Fall von „minimal" werden nur die für ein Crash Recovery minimal notwendigen Informationen in die WAL-Segmente geschrieben. Ein Point-in-time-Recovery würde dann möglicherweise nicht funktionieren.
4. Führen Sie einen Neustart des Clusters durch, um die WAL-Archivierung zu aktivieren.

```
[postgres@serv2 ~]$ pg_ctl restart -l logfile
waiting for server to shut down.... done
server stopped
waiting for server to start.... done
server started
```

Damit ist der Archiv-Modus eingeschaltet und Sie sehen bereits das erste Segment im Archiv-Verzeichnis. An dieser Stelle noch ein Hinweis zum Parameter *archive_timeout*. Das Setzen des Timeouts bewirkt, dass spätestens nach Erreichen des Werts ein Switch des WAL-Segments und damit eine Archivierung erfolgt. Die archivierte Datei besitzt die volle Größe, auch wenn das WAL-Segment nur teilweise gefüllt ist.

TIPP: WAL-Dateien verfügen über eine sehr hohe Komprimierungsrate. Mit einer Komprimierung während der Archivierung lässt sich viel Platz sparen. Sie müssen allerdings dafür sorgen, dass genügend CPU-Ressourcen zur Verfügung stehen. ■

Setzen Sie den Parameter *archive_command* wie folgt, um die Archiv-Dateien zu komprimieren:

```
archive_command = 'test ! -f /usr/local/pgsql/data/archive/%f.gz && gzip -c %p >
/usr/local/pgsql/data/archive/%f.gz'
```

Die Größe der Dateien ist damit signifikant verkleinert:

```
-rw------- 1 16777216 Jan 23 19:42 000000010000000000000001
-rw------- 1 16777216 Jan 23 20:01 000000010000000000000002
-rw------- 1 16777216 Jan 23 20:15 000000010000000000000003
-rw------- 1    27121 Jan 23 20:20 000000010000000000000004.gz
-rw------- 1    27077 Jan 23 20:20 000000010000000000000005.gz
```

In einem Windows-Betriebssystem können die entsprechenden Befehle analog angewandt werden. Zu beachten sind die Einschränkungen und Besonderheiten der Windows-Shell.

Listing 5.22 Beispiel für einen Archivierungsbefehl unter Windows

```
archive_command = 'copy "%p" "D:\\PostgreSQL\\data\\archive\\%f'
```

5.5 Wartungsaufgaben

In jedem Datenbanksystem ist es notwendig, bestimmte Wartungsaufgaben durchzuführen. Die Hersteller versuchen, diese Aufgaben weitestgehend zu automatisieren, ohne dass der DBA eingreifen muss. In bestimmten Situationen ist es dennoch notwendig, dass manuell eingegriffen wird.

Zu den wichtigsten Wartungsaufgaben für einen PostgreSQL-Server gehören VACUUM und ANALYZE.

5.5.1 VACUUM

PostgreSQL speichert mehrere Versionen von Datensätzen zum Zwecke der Transaktionsabwicklung und der Lesekonsistenz. Ältere Versionen müssen gelöscht werden, wenn sie nicht mehr benötigt werden. Das Aufräumen dieser Sätze erledigt der VACUUM-Prozess. Werden neue Sätze eingefügt, füllt man zunächst die durch VACUUM entstandenen Lücken, bevor neue Datenblöcke hinzugenommen werden.

Es gibt zwei Varianten:

- VACUUM: Der Standard-VACUUM-Prozess kann während des normalen Datenbankbetriebs laufen. DML-Operationen (INSERT, UPDATE, DELETE, SELECT) können parallel laufen. Änderungen der Tabellenstruktur, wie zum Beispiel mit dem ALTER TABLE-Befehl, sind während dieser Zeit nicht möglich.
- VACUUM FULL: Erzeugt mehr freien Speicherplatz, läuft jedoch länger als der Standard-VACUUM-Prozess. Es wird eine exklusive Sperre auf die Tabelle gelegt, so dass parallel

keine DML-Operationen durchgeführt werden können. Der Befehl sollte deshalb nicht im normalen Datenbankbetrieb, sondern in einem Wartungsfenster ausgeführt werden.

Der automatische VACUUM-Prozess wird ausgeführt, wenn der Serverparameter *autovacuum* auf den Wert „on" gestellt ist (Standard).

Listing 5.23 Der automatische VACUUM-Prozess im Betriebssystem

```
$ ps -ef | grep postgres
postgres  4202  4198 0 18:00 ? postgres: writer process
postgres  4204  4198 0 18:00 ? postgres: autovacuum launcher process
. . .
```

HINWEIS: Ein VACUUM-Prozess führt zu einer zusätzlichen Beanspruchung der I/O-Ressourcen. Dies kann zu einer Verschlechterung der Performance führen. Er ist jedoch notwendig, um die Wartung der Tabellen durchzuführen.

Das Standard-VACUUM gibt ältere Satzversionen, die nicht mehr benötigt werden, frei, indem eine Markierung auf die Sätze gelegt wird. Der Speicherplatz wird in der Regel an das Betriebssystem noch nicht zurückgegeben. Im Gegensatz dazu komprimiert der VACUUM FULL-Prozess alle Sätze in einer Tabelle und gibt den frei gewordenen Speicherplatz an das Betriebssystem zurück.

Im folgenden Beispiel wird eine größere Anzahl von Sätzen in der Tabelle „big" gelöscht. Nach einem Standard-VACUUM besitzt die Datei immer noch dieselbe Größe. Erst der VACUUM FULL-Prozess bewirkt, dass die Dateigröße deutlich reduziert wird. Beachten Sie, dass die Tabelle nach VACUUM FULL einen neuen Dateinamen erhält.

```
(postgres@[local]:5432)[hanser]> SELECT relname, oid, relfilenode
> FROM pg_class
> WHERE relname = 'big';
 relname |  oid  | relfilenode
---------+-------+-------------
 big     | 16495 |       16495
$ ls -l /usr/local/pgsql/data/base/16384/16495
-rw------- 1 postgres postgres 952565760 Apr  4 21:47 /usr/local/pgsql/data/
base/16384/16495
(postgres@[local]:5432)[hanser]> DELETE FROM big
> WHERE id1 < 3000000;
DELETE 2999999
(postgres@[local]:5432)[hanser]> VACUUM big;
VACUUM
$ ls -l /usr/local/pgsql/data/base/16384/16495
-rw------- 1 postgres postgres 952565760 Apr  4 21:47 /usr/local/pgsql/data/
base/16384/16495
(postgres@[local]:5432)[hanser]>  SELECT relname, oid, relfilenode
> FROM pg_class
> WHERE relname = 'big';
 relname |  oid  | relfilenode
---------+-------+-------------
 big     | 16495 |       16568
[postgres@serv2 data]$ ls -l /usr/local/pgsql/data/base/16384/16568
-rw------- 1 postgres postgres 381026304 Apr  4 22:06 /usr/local/pgsql/data/
base/16384/16568
```

Der automatische VACUUM-Prozess führt niemals ein FULL VACUUM aus. Die Idee dahinter ist, dass die Applikationen im laufenden Betrieb nicht beeinflusst werden sollen.

Andererseits muss man auch hinterfragen, weshalb eine Tabelle physikalisch verkleinert werden soll. In der Regel wächst eine Tabelle weiter und die frei gewordenen Blöcke werden wieder verwendet.

Das automatische VACUUM ist ein zuverlässiges Mittel, um im laufenden Betrieb ständig und automatisch die notwendigen Wartungsarbeiten mit Tabellen durchzuführen. Es besteht aus Work-Prozessen, die durch den Prozess „autovacuum launcher" gestartet werden.

Der Launcher startet für jede Datenbank einen VACUUM Worker-Prozess, im Abstand, den der Parameter *autovacuum_naptime* vorgibt. Mit dem Parameter *autovacuum_max_workers* wird festgelegt, wie viele Worker-Prozesse parallel laufen dürfen. Damit lässt sich der Einfluss auf den Ressourcenverbrauch des Clusters begrenzen. Jeder Worker-Prozess überprüft alle Tabellen, ob ein VACUUM- oder ein ANALYZE-Lauf notwendig ist.

TIPP: Verwenden Sie für Tabellen, die komplett geleert werden sollen, den TRUNCATE-Befehl anstelle des DELETE-Befehls. Damit wird die zugehörige Datei auf die Größe „0" gesetzt.

Die Abfrage in Listing 5.25 liefert den Zeitpunkt des letzten VACUUM-Laufs pro Tabelle.

Listing 5.24 Zeitpunkt des letzten VACUUM-Laufs abfragen

```
(postgres@[local]:5432)[postgres]> SELECT relname,
> last_vacuum, last_autovacuum
> FROM pg_stat_all_tables;
    relname      |          last_vacuum          |        last_autovacuum
-----------------+-------------------------------+-------------------------------
big              | 2021-04-02 19:51:46.691953+02 | 2021-04-05 09:14:09.888251+02
. . .
```

5.5.2 ANALYZE

Um einen möglichst optimalen Ausführungsplan generieren zu können, benötigt der PostgreSQL-Query-Planer aktuelle und zuverlässige Statistiken über Tabellen und Indexe. Das Sammeln von Statistiken kann mit dem ANALYZE-Befehl manuell angestoßen werden.

Mit der Ausführung des automatischen VACUUM werden automatisch Statistiken gesammelt. Statistiken können auf Tabellen- und Spaltenebene aktualisiert werden. Damit ist es möglich, kritische Objekte häufiger zu analysieren als andere. Standardmäßig erstellt PostgreSQL die Statistiken mit einer relativ kleinen Stichprobe, die nach dem Zufallsverfahren ausgewählt wird.

In Listing 5.26 wird ein ANALYZE-Befehl auf eine Tabelle mit 8 Millionen Sätzen ausgeführt. Es wurden 30 000 von 186 047 Blöcken gelesen. Das sind ungefähr 16 Prozent der Daten.

Listing 5.25 Query-Planer-Statistiken auf einer Tabelle sammeln

```
(postgres@[local]:5432)[postgres]> ANALYZE VERBOSE big;
INFO:  analyzing "public.big"
INFO:  "big": scanned 30000 of 186047 pages, containing 1290000 live rows and 0 dead
rows; 30000 rows in sample, 7825483 estimated total rows
ANALYZE
Time: 214.646 ms
```

Mit der Abfrage in Listing 5.27 kann der letzte ANALYZE-Lauf einer Tabelle ermittelt werden.

Listing 5.26 Zeitpunkt der letzten Statistiksammlung anzeigen

```
(postgres@[local]:5432)[postgres]> SELECT relname,
> last_analyze, last_autoanalyze
> FROM pg_stat_all_tables;
   relname              last_analyze            |        last_autoanalyze
--------------+-------------------------------+--------------------------------
big           | 2021-04-05 09:33:57.974273+02 | 2021-04-05 09:11:33.891324+02
. . .
```

HINWEIS: Wird ein Index neu angelegt oder geändert, erfolgt automatisch ein ANALYZE-Lauf für den Index.

5.6 Nützliche Skripte und Hinweise

Nach den, zugegeben, etwas trockenen (aber notwendigen) Beschreibungen von Parametern in diesem Kapitel stellt dieser Abschnitt eine Reihe von nützlichen Skripten und Hinweisen zur Verfügung. Sie können die Skripte direkt für die praktische Arbeit einsetzen.

5.6.1 Eine Passwortdatei verwenden

Für Batch-Verarbeitung muss das Passwort für die Verbindung zu PostgreSQL in geeigneter Form auf dem Server hinterlegt werden. Auch wenn es unverschlüsselt in einer Passwortdatei steht, kann der Zugriff darauf beschränkt werden. Damit ist das Auslesen des Passworts nur durch den Benutzer „root" möglich. PostgreSQL sucht die Passwortdatei im in der Umgebungsvariablen PGPASSFILE spezifizierten Pfad oder im Home-Verzeichnis des Benutzers. Der Name der Datei ist *.pgpass* mit folgendem Inhalt:

```
<host>:<port>:<database>:<username>:<password>
```

Schützen Sie den Zugriff auf die Passwortdatei:

```
$ chmod 600 .pgpass
```

5.6.2 Welche Parameter sind Nicht-Standard?

Listing 5.27 Nicht-Standard-Parameter anzeigen

```
(postgres@[local]:5432)[postgres]> SELECT name, setting
> FROM pg_settings
> WHERE source <> 'default' AND  source <> 'override';
          name              |     setting
----------------------------+---------------------------------------------
 application_name           | psql
 archive_command            | test ! -f /usr/local/pgsql/data/archive/%f.gz
                            | && gzip -c %p > /usr/local/pgsql/data/archive/%f.gz
 archive_mode               | on
 client_encoding            | UTF8
 DateStyle                  | ISO, MDY
 default_text_search_config | pg_catalog.english
 dynamic_shared_memory_type | posix
 lc_messages                | en_US.UTF-8
 lc_monetary                | en_US.UTF-8
 lc_numeric                 | en_US.UTF-8
 lc_time                    | en_US.UTF-8
 listen_addresses           | 192.168.178.26
 log_timezone               | Europe/Berlin
 logging_collector          | on
 max_connections            | 100
 max_stack_depth            | 2048
 port                       | 5432
 shared_buffers             | 16384
 TimeZone                   | Europe/Berlin
 wal_level                  | logical
```

5.6.3 Eine Session killen

In einigen Situationen ist es erforderlich, eine bestimmte Session in der Datenbank zu killen, um auf Probleme zu reagieren. Dies kann zum Beispiel der Fall sein, wenn eine Session einen sehr großen Hauptspeicherverbrauch aufweist. Mit einer Abfrage der Tabelle „pg_stat_activity“ kann die Prozess-ID der Session ermittelt werden:

```
(postgres@[local]:5432)[postgres]> SELECT pid, datname,
> usename, client_addr, client_port
> FROM pg_stat_activity;
  pid  | datname  | usename  |  client_addr   | client_port
-------+----------+----------+----------------+-------------
 10534 |          | postgres |                |
 23353 | postgres | postgres |                |          -1
 27237 | postgres | postgres | 192.168.178.35 |       49911
 29022 | hanser   | postgres | 192.168.178.35 |       51196
```

Mit der Funktion *pg_cancel_backend()* wird die Ausführung des aktuellen SQL abgebrochen. Ein Beenden der Session erfolgt mit *pg_terminate_backend()*. Ist dies nicht möglich, muss sie auf Betriebssystemebene mit dem Kill-Befehl beendet werden.

Listing 5.28 Eine Session killen

```
(postgres@[local]:5432)[postgres]> SELECT pg_terminate_backend(pid)
> FROM pg_stat_activity
> WHERE pid = 32107;
 pg_terminate_backend
----------------------
 t
```

5.6.4 Eine Tabelle nach Excel kopieren

Das Kopieren einer Tabelle nach Excel ermöglicht eine einfache Aufbereitung und Darstellung als Grafik. Dies ist in PostgreSQL mit dem COPY-Befehl möglich.

Listing 5.29 Eine Tabelle in eine CSV-Datei kopieren

```
(postgres@localhost:5432)[postgres]> SELECT * FROM umsatz;
   monat    | umsatz
------------+--------
 2017-08-01 |  78374
 2017-08-02 |  63783
 2017-08-03 |  75542
 2017-08-04 |  86354
 2017-08-05 |  56837
 2017-08-06 |  75684
(postgres@localhost:5432)[postgres]> COPY umsatz TO ‚D:\Temp\umsatz.txt';
COPY 6
```

Die mit dem COPY-Befehl erstellte CSV-Datei lässt sich in Excel einlesen (siehe Bild 5.1).

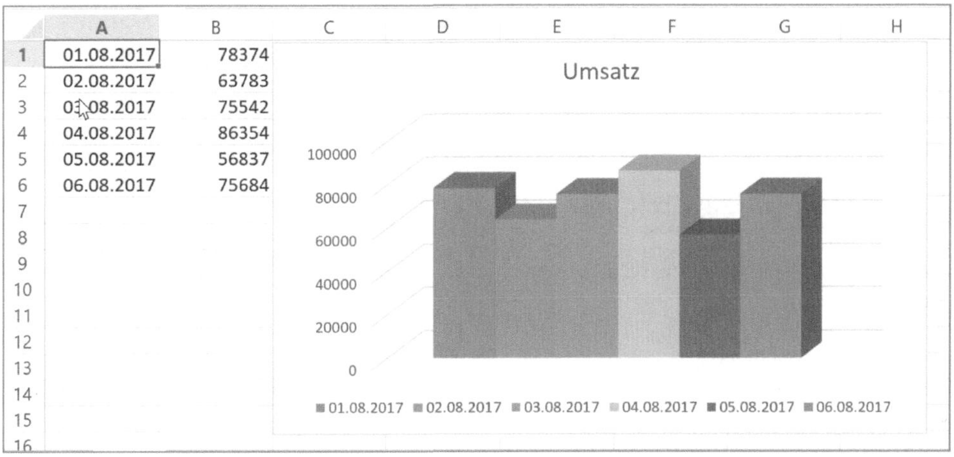

Bild 5.1 Ergebnisse in Excel verarbeiten

5.6.5 Die Datei .psqlrc

Für Einstellungen im Kommandozeilen-Utility psql dient die Datei *~/.psqlrc*. Sie wird beim Start von psql gelesen. Im Beispiel in Listing 5.31 wird ein Prompt für psql definiert, der den aktuellen Benutzernamen und die gewählte Datenbank enthält.

Listing 5.30 Einstellungen für psql in der Datei .psqlrc vornehmen

```
$ vi ~/.psqlrc
\set PROMPT1 '(%n@%M:%>)[%/]%x> '
\set PROMPT2 '%x> '
$ psql
psql (14.0)
Type "help" for help.
(postgres@[local]:5432)[postgres]>
```

Der so definierte Prompt zeigt zusätzlich an, ob man sich innerhalb einer Transaktion befindet. Innerhalb einer Transaktion erscheint zusätzlich ein „*“.

Listing 5.31 Den Status der Transaktion im Prompt anzeigen

```
(postgres@[local]:5432)[postgres]> BEGIN;
BEGIN
(postgres@[local]:5432)[postgres]*> COMMIT;
COMMIT
(postgres@[local]:5432)[postgres]> COMMIT;
WARNING:  there is no transaction in progress
COMMIT
```

Plattformspezifischer Unterschied

Unter Windows heißt die Konfigurationsdatei *psqlrc.conf* und befindet sich im Verzeichnis „%APPDATA%\postgresql“.

5.6.6 Einen WAL-Switch manuell auslösen

Der Switch zu einem neuen WAL-Segment kann mit der Funktion *pg_switch_wal* manuell ausgelöst werden.

Listing 5.32 Einen WAL-Switch manuell auslösen

```
(postgres@[local]:5432)[postgres]> SELECT pg_switch_wal();
 pg_switch_wal
---------------
 0/A039EC8
```

Beachten Sie, dass kein Switch ausgelöst wird, wenn keine Transaktion seit dem letzten Switch stattgefunden hat.

5.6.7 Die PostgreSQL-Server-Logdatei in eine Tabelle laden

Für Auswertungszwecke oder den Anschluss von anderen Werkzeugen ist es sinnvoll, die Meldungen des Server-Logs in eine Tabelle zu laden. Damit erhält man eine strukturierte Form, die wesentlich besser als eine Textdatei verarbeitet werden kann.

Spezifizieren Sie zusätzlich den Wert „csvlog“ im Parameter log_destination, damit der Server eine Logdatei im CSV-Format schreibt. Dieses Format kann in die Tabelle „postgres_log“ (siehe Listing 5.33) geladen werden.

Listing 5.33 Eine Tabelle zum Laden der Logdatei anlegen

```
(postgres@localhost:5432)[postgres]> CREATE TABLE postgres_log(
> log_time timestamp(3) with time zone,
> user_name text,
> database_name text,
> process_id integer,
> connection_from text,
> session_id text,
> session_line_num bigint,
> command_tag text,
> session_start_time timestamp with time zone,
> virtual_transaction_id text,
> transaction_id bigint,
> error_severity text,
> sql_state_code text,
> message text,
> detail text,
> hint text,
> internal_query text,
> internal_query_pos integer,
> context text,
> query text,
> query_pos integer,
> location text,
> application_name text,
> PRIMARY KEY (session_id, session_line_num));
CREATE TABLE
```

Das Laden der Tabelle kann einfach mit dem COPY-Befehl erfolgen:

```
COPY postgresql_log FROM '/usr/local/pgsql/data/logfile.csv;
```

Um den Ladeprozess automatisch durchzuführen und praktikabel zu machen, sollten Sie folgende Hinweise beachten:

- Setzen Sie den Wert für „log_rotation_size“ auf „0“, um den Namen der Logdatei besser definieren zu können.
- Verwenden Sie kein Muster für den Namen der Logdatei. Auch das erleichtert die Bestimmung des Dateinamens.

5.6.8 Automatisches Rotieren von Logdateien

Obwohl PostgreSQL im Vergleich zu anderen Datenbanksystemen bereits von Haus aus eine sehr gute Unterstützung für die Rotation von Logdateien bietet, ist das Stoppen des Servers immer eine lästige Aktion und verringert die Verfügbarkeit der Datenbanken. Andererseits kann das Server-Log schnell anwachsen und sollte nicht zu groß werden. Eine gute Lösung ist die Verwendung eines externen Programms für die Rotation.

Das Programm *rotatelogs* ist Bestandteil der Apache-Distribution. Sie finden es als Binärdatei im Verzeichnis „bin" und können es auf den PostgreSQL-Server kopieren. Die Rotation kann wahlweise an der Dateigröße oder der Zeit festgemacht werden.

Listing 5.34 Ein externes Programm für die Rotation der Logdateien verwenden

```
$ pg_ctl start|/usr/local/apache/bin/rotatelogs $PGDATA/pg_log/pgsql_log 1M
```

5.6.9 Nicht verwendete Indexe identifizieren

Indexe, die von den Applikationen nicht verwendet werden, verursachen zusätzlichen Ressourcenverbrauch, ohne dass ein Nutzen daraus entsteht. Die SQL-Anweisung in Listing 5.35 gibt alle Indexe aus, die weniger als zehnmal benutzt wurden.

Listing 5.35 Nicht verwendete Indexe identifizieren

```
(postgres@[local]:5432)[postgres]> SELECT si.relname, si.indexrelname, si.idx_scan
> FROM pg_stat_user_indexes si, pg_indexes i, pg_stat_user_tables st
> WHERE si.indexrelname = i.indexname
> AND si.relname = st.relname
> AND si.idx_scan < 10
> AND i.indexdef !~* 'unique'
> ORDER BY 1,2;
 relname | indexrelname | idx_scan
---------+--------------+----------
 test    | i_test       |        0
```

5.6.10 Microsoft Excel als Datenbank-Client

Microsoft Excel ermöglicht es, eine Verbindung zur PostgreSQL-Datenbank herzustellen und SQL-Abfragen abzusetzen. Über das Menü *Daten, Externe Daten abrufen, Aus anderen Quellen* und *Aus Microsoft Query* (siehe Bild 5.2) können Sie die ODBC-Verbindung herstellen.

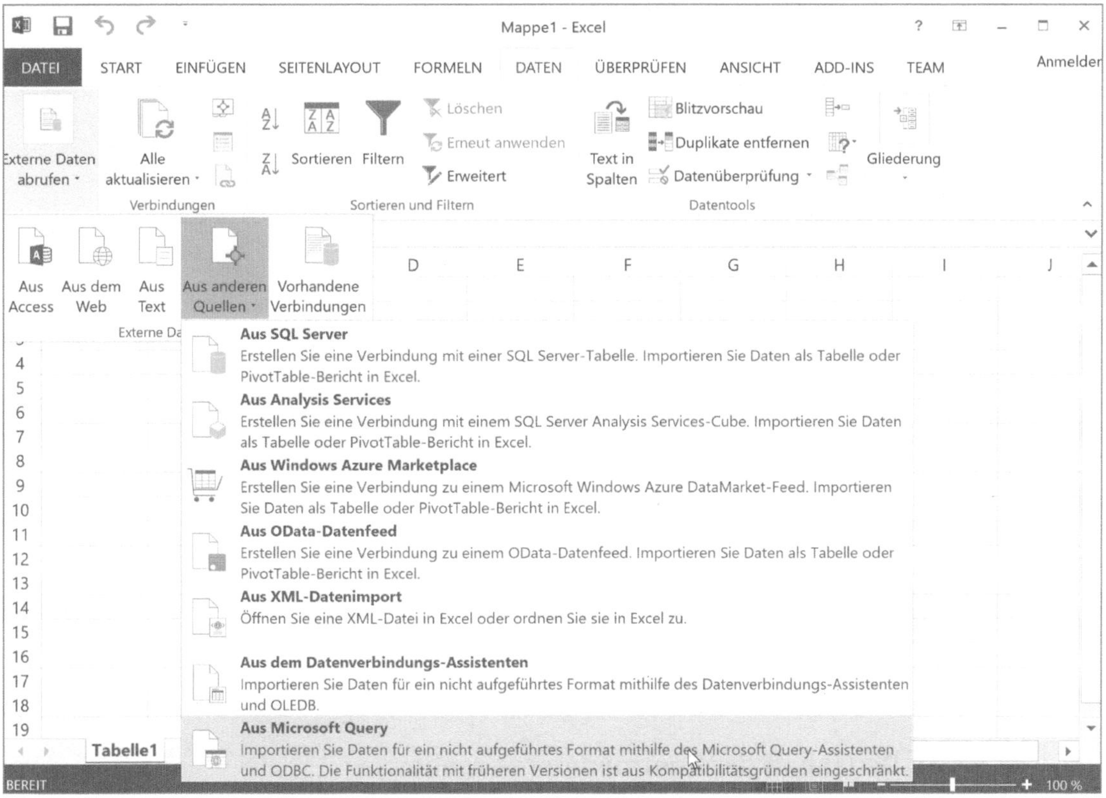

Bild 5.2 Menüauswahl für eine ODBC-Verbindung

Voraussetzung ist ein installierter PostgreSQL-ODBC-Treiber. Es erscheint der SQL-Abfrage-Assistent. Er bietet an, das Ergebnis direkt in der Excel-Tabelle zu speichern (siehe Bild 5.3).

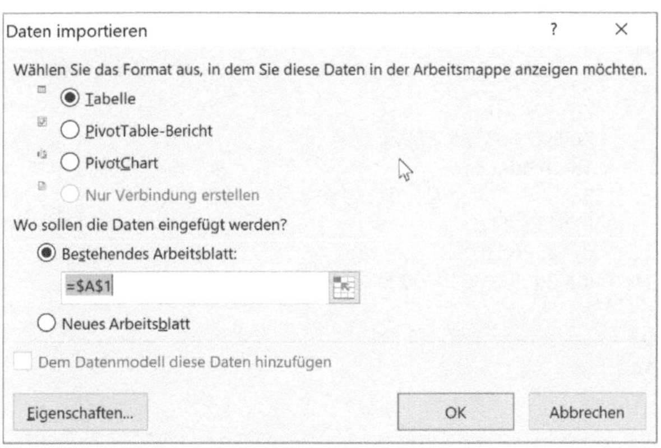

Bild 5.3 Abfrageergebnis direkt in Excel speichern

Die gespeicherten Daten können nach Belieben in Excel aufbereitet werden (siehe Bild 5.4). Die Arbeit mit der Datenbank wird direkt mit der Arbeit an einer Tabellenkalkulation verknüpft.

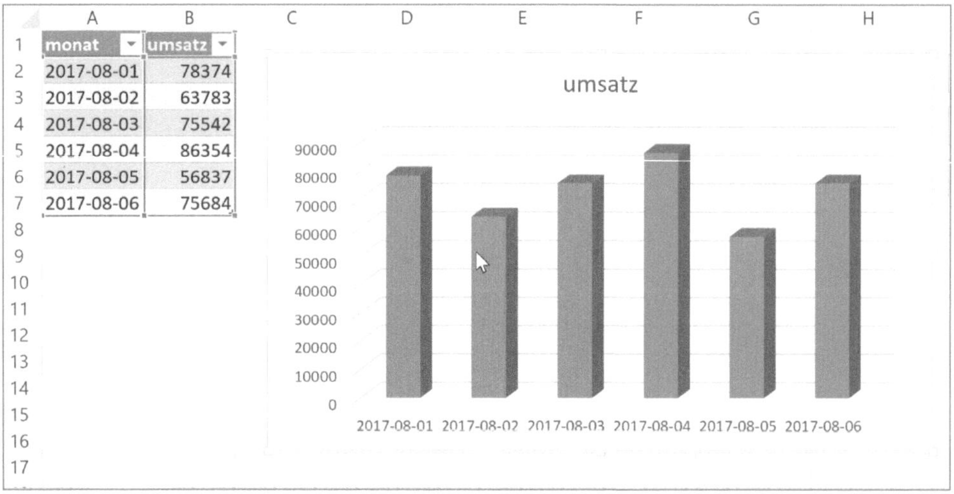

Bild 5.4 Eine Tabelle direkt in Excel verarbeiten

5.6.11 Den Inhalt der Kontrolldatei ausgeben

Wie die meisten Datenbanksysteme besitzt auch PostgreSQL eine Kontrolldatei, in der sich zentrale Informationen über Server und Datenbanken befinden. Das Programm *pg_controldata* listet den Inhalt der Kontrolldatei auf.

Listing 5.36 Den Inhalt der Kontrolldatei ausgeben

```
$ pg_controldata
pg_control version number:            1400
Catalog version number:               202107181
Database system identifier:           7006289689799659249
Database cluster state:               in production
pg_control last modified:             Sat 09 Oct 2021 01:56:09 PM CEST
Latest checkpoint location:           0/511205B8
Latest checkpoint's REDO location:    0/51120580
Latest checkpoint's REDO WAL file:    000000010000000000000051
Latest checkpoint's TimeLineID:       1
Latest checkpoint's PrevTimeLineID:   1
Latest checkpoint's full_page_writes: on
Latest checkpoint's NextXID:          0:7187
Latest checkpoint's NextOID:          24600
Latest checkpoint's NextMultiXactId:  1
Latest checkpoint's NextMultiOffset:  0
Latest checkpoint's oldestXID:        726
Latest checkpoint's oldestXID's DB:   1
Latest checkpoint's oldestActiveXID:  7187
Latest checkpoint's oldestMultiXid:   1
```

```
Latest checkpoint's oldestMulti's DB: 1
Latest checkpoint's oldestCommitTsXid:0
Latest checkpoint's newestCommitTsXid:0
Time of latest checkpoint:            Sat 09 Oct 2021 01:56:09 PM CEST
Fake LSN counter for unlogged rels:   0/3E8
Minimum recovery ending location:     0/0
Min recovery ending loc's timeline:   0
Backup start location:                0/0
Backup end location:                  0/0
End-of-backup record required:        no
wal_level setting:                    replica
wal_log_hints setting:                off
max_connections setting:              100
max_worker_processes setting:         8
max_wal_senders setting:              10
max_prepared_xacts setting:           0
max_locks_per_xact setting:           64
track_commit_timestamp setting:       off
Maximum data alignment:               8
Database block size:                  8192
Blocks per segment of large relation: 131072
WAL block size:                       8192
Bytes per WAL segment:                16777216
Maximum length of identifiers:        64
Maximum columns in an index:          32
Maximum size of a TOAST chunk:        1996
Size of a large-object chunk:         2048
Date/time type storage:               64-bit integers
Float8 argument passing:              by value
Data page checksum version:           0
Mock authentication nonce:
c421e56d68ab813c48d921bff45eb2ecd375a129a46784c88ffb651be58387ea
```

5.6.12 Platzverbrauch von Tabellen

In der Praxis gibt es immer wieder Anforderungen, wie zum Beispiel die Größe einer Tabelle zu ermitteln oder die größten Tabellen zu ermitteln. Abfragen von Views und Funktionen aus dem Datenbankkatalog liefern das Ergebnis.

Listing 5.37 Die Größe einer Tabelle abfragen

```
(postgres@[local]:5432)[hanser]> SELECT pg_relation_size('orders');
 pg_relation_size
------------------
         76562432
```

Die SQL-Anweisung in Listing 5.38 ermittelt die zehn größten Tabellen, absteigend sortiert.

Listing 5.38 Die größten Tabellen ermitteln

```
(postgres@[local]:5432)[hanser]> SELECT
> table_name, pg_relation_size(table_name)/1024/1024 AS "MB"
> FROM information_schema.tables
> WHERE table_schema NOT IN ('pg_catalog', 'information_schema')
> ORDER BY "MB" DESC LIMIT 10;
```

```
 table_name   | MB
-------------+----
 orders       | 73
 order_lines | 49
. . .
```

5.6.13 Die Anzahl von Verbindungen begrenzen

Die maximale Anzahl von Verbindungen auf einem Cluster wird durch den Parameter *max_connections* begrenzt.

```
(postgres@[local]:5432)[hanser]> SELECT name, setting
FROM pg_settings WHERE name = 'max_connections';
      name       | setting
-----------------+---------
 max_connections | 100
```

In der Regel wählt man den Parameter groß genug, damit alle Clients Platz finden. In bestimmten Datenbanken ist es notwendig, die Anzahl von Sessions zu begrenzen, um eine Überlastung zu vermeiden. Es wäre jedoch fatal, wenn wichtige Sessions, wie zum Beispiel Ladejobs, wegen des Limits fehlschlagen würden.

In PostgreSQL gibt es die Möglichkeit, die Anzahl von Verbindungen pro Benutzer (Rolle) zu begrenzen. Damit lassen sich zum Beispiel individuelle Accounts in einem Data Warehouse auf eine oder wenige Sessions begrenzen, um zu verhindern, dass zu viele Abfragen parallel abgesetzt werden.

```
(postgres@[local]:5432)[hanser]> ALTER USER asia_group CONNECTION LIMIT 10;
ALTER ROLE
(postgres@[local]:5432)[hanser]> \c hanser asia_group
FATAL: too many connections for role "asia_group"
```

5.6.14 Tabellen und Indexe in einen anderen Tablespace legen

Das Anlegen und Verteilen von Tablespaces hat nicht nur organisatorische Hintergründe, sondern kann auch der Verbesserung von Performance und Ausfallsicherheit dienen. Das Anlegen eines Tablespace erfolgt mit dem CREATE TABLESPACE-Befehl:

```
(postgres@[local]:5432)[hanser]> CREATE TABLESPACE app_data
OWNER postgres LOCATION '/usr/local/pgsql/app_data';
CREATE TABLESPACE
(postgres@[local]:5432)[hanser]> CREATE TABLESPACE app_index
OWNER postgres LOCATION '/usr/local/pgsql/app_index';
CREATE TABLESPACE
```

Beim Verschieben von Tabellen und Indexen in einen anderen Tablespace wird Block für Block sequenziell kopiert. Je größer die Objekte, desto länger dauert die Operation. Deshalb empfiehlt sich das Verschieben von großen Objekten in transaktionsarmen Zeiten oder in einem Wartungsfenster. Das Abschalten der WAL-Archivierung würde zwar eine Performanceverbesserung bringen, es komprimiert jedoch die Garantie des Point-in-time-Recovery.

Im Beispiel in Listing 5.39 werden eine Tabelle und ein Index mit 30 Millionen Sätzen in einen anderen Tablespace verschoben.

Listing 5.39 Tabelle und Index in einen anderen Tablespace verschieben

```
(postgres@[local]:5432)[hanser]> BEGIN WORK;
BEGIN
Time: 0.217 ms
(postgres@[local]:5432)[hanser]*> ALTER TABLE orders SET TABLESPACE app_data;
ALTER TABLE
Time: 41612.933 ms (00:41.613)
(postgres@[local]:5432)[hanser]*> ALTER INDEX orders_pkey SET TABLESPACE app_index;
ALTER INDEX
Time: 18164.780 ms (00:18.165)
(postgres@[local]:5432)[hanser]*> COMMIT;
COMMIT
```

5.6.15 Temporäre Dateien verwalten

PostgreSQL verwendet temporäre Dateien zum Speichern von Interimsdaten, wenn diese nicht komplett in den Hauptspeicher passen. Die Größe des Hauptspeichers für temporäre Daten wird durch den Parameter *temp_buffers* festgesetzt.

Der Speicherort der temporären Tablespaces wird mithilfe des Parameters *temp_tablespaces* festgelegt. Ist der Parameter leer, werden die temporären Dateien im Standarddatenverzeichnis $PGDATA gespeichert. Dies ist der Standard, wenn ein PostgreSQL-Cluster angelegt wird. Die folgenden Schritte beschreiben, wie ein temporärer Tablespace in einem separaten Verzeichnis angelegt werden kann:

1. Erstellen Sie einen Tablespace in einem neuen Verzeichnis.

```
(postgres@localhost:5432)[hanser]> CREATE TABLESPACE temp01
> LOCATION 'D:\PostgreSQL\data\temp';
CREATE TABLESPACE
```

2. Setzen Sie den Parameter *temp_tablespaces* auf den Namen des Tablespace.

```
(postgres@localhost:5432)[hanser]> show temp_tablespaces;
 temp_tablespaces
------------------
 temp01
```

TIPP: Normalerweise werden temporäre Dateien nach Beendigung der Transaktion oder mit dem Shutdown des Clusters gelöscht. Im Falle eines Crashs können die Dateien liegen bleiben. Sie können gelöscht werden, sobald das Cluster gestoppt ist.

5.6.16 Lang laufende SQL-Anweisungen

Lang laufende SQL-Anweisungen stellen häufig eine erhebliche Belastung für den Datenbankserver dar. Es gehört zu den Aufgaben des Datenbankadministrators, diese zu finden und entsprechende Maßnahmen einzuleiten. Mithilfe der SQL-Abfrage in Listing 5.40 können solche Langläufer identifiziert werden.

Listing 5.40 Lang laufende SQL-Anweisungen ermitteln

```
(postgres@localhost:5432)[hanser]> SELECT usename, client_addr,
> query, now()-query_start AS time
> FROM pg_stat_activity
> WHERE query NOT LIKE '%pg_stat_activity%'
> ORDER BY 4;
 usename | client_addr     |           query            |       time
---------+-----------------+----------------------------+------------------
postgres| 192.168.178.117| SELECT * FROM orderlines; | 00:02:52.366576
```

5.7 Beispielschemata

Neben eigenen Schemadefinitionen wird im Buch das Beispielschema „Dell DVD Store“ verwendet. Die zugehörige SQL-Datei finden Sie unter dem Link *https://www.postgresql.org/ftp/projects/pgFoundry/dbsamples/dellstore2/dellstore2-normal-1.0.*

Laden Sie die Beispieldaten in die Datenbank *hanser* in das Schema *public*. Legen Sie eine neue Datenbank mit dem Namen „hanser“ an, falls diese nicht vorhanden ist.

Listing 5.41 Das Beispielschema „Dell DVD Store“ anlegen

```
$ createdb hanser
$ psql -d hanser -f dellstore2-normal-1.0.sql
SET
SET
SET
CREATE FUNCTION
SET
SET
CREATE TABLE
. . .
```

Nach dem Laden sollten die folgenden Objekte sichtbar sein:

```
(hanser@[local]:5432)[hanser]> \dt+
                          List of relations
 Schema |    Name    | Type  |  Owner   |    Size    | Description
--------+------------+-------+----------+------------+-------------
 public | categories | table | postgres | 8192 bytes |
 public | cust_hist  | table | postgres | 2640 kB    |
 public | customers  | table | postgres | 3936 kB    |
 public | inventory  | table | postgres | 464 kB     |
 public | orderlines | table | postgres | 3104 kB    |
```

```
 public | orders      | table | postgres | 824 kB     |
 public | products    | table | postgres | 832 kB     |
 public | reorder     | table | postgres | 0 bytes    |
(8 rows)
(hanser@[local]:5432)[hanser]> \ds+
                         List of relations
Schema |           Name            |   Type   |  Owner
--------+--------------------------+----------+----------
 public | categories_category_seq  | sequence | postgres
 public | customers_customerid_seq | sequence | postgres
 public | orders_orderid_seq       | sequence | postgres
 public | products_prod_id_seq     | sequence | postgres
(4 rows)
```

6 Neue Features

Die Version 14 hält eine Reihe neuer Features breit, die mit Spannung erwartet wurden. Der Fokus wurde dabei auf Bereiche gelegt, die von einem modernen Datenbanksystem erwartet werden. Wie immer konzentriert sich das Entwicklerteam auf den Datenbankkern. Damit schaffen sie es immer wieder, mit begrenzten Entwicklungskapazitäten mit den kommerziellen Datenbanksystemen Schritt zu halten. Wer PostgreSQL wählt, bekommt ein modernes und offenes System, an das sich andere Open-Source-Produkte andocken.

Für die Version 14 wurde hauptsächlich an neuen Features und Verbesserungen in den Bereichen Heavy Workloads, SQL-Performance, Replication, Administration und JSON-Integration gearbeitet.

Der Durchsatz für Workloads, die eine große Anzahl von Verbindungen repräsentieren, hat sich signifikant, bis zu 100 %, verbessert.

Das Aufblähen von B-Tree-Indexen, die häufigen Veränderungen unterliegen, wurde deutlich verringert. Das steigert die Effizienz der Indexe und macht SQL-Abfragen schneller.

Neu in der Version 14 sind „Pipeline Queries“. Damit kann die Performance für Workloads mit einer hohen Anzahl von kleinen Transaktionen, die einer hohen Netzwerklatenz unterliegen, entscheidend verbessert werden. Dies ist besonders für Anwendungen, die in die Cloud migrieren, interessant. Dabei handelt es sich um ein reines Client-Feature der Version 14. Darüber hinaus können Foreign Data Wrappers jetzt SQL-Ausführungen parallelisieren.

Im Bereich der logischen Replikation ist es jetzt möglich, Transaktionen zu übertragen, während sie laufen und noch nicht abgeschlossen sind. Lang laufende Transaktionen können so zeitnäher übertragen und implementiert werden, ohne dass auf das COMMIT gewartet werden muss.

Die Verarbeitung von JSON-Daten wurde vereinfacht und komfortabler gestaltet. Dies betrifft insbesondere Subscripts für den Zugriff auf JSON-Daten in der Datenbank.

Die Verwaltung von speziellen Rollen für den Datenzugriff wurde vereinfacht. So gibt es zum Beispiel eine vordefinierte Rolle für den Read-Only-Zugriff auf alle Daten. Zusätzlich wird das Standardpasswortmanagement verändert. SCRAM-SHA-256“ ist der Standard für Passwortverschlüsselung und Authentifizierung.

Es gibt aber wie immer auch viele kleine Verbesserungen und Erweiterungen, von denen einige hier vorgestellt werden.

6.1 JSONB Subscripting

PostgreSQL unterstützt das Format JSON bereits seit vielen Versionen. Den Datentyp „JSONB“ gibt es seit der Version 9.4. Aktuell werden sowohl JSON als auch JSONB als Datentyp unterstützt. Während im Typ JSON die Daten als Text gespeichert werden, erfolgt mit dem Typ JSONB eine Komprimierung der Daten, Whitespaces gehen verloren.

Im Beispiel in Listing 6.1 ist das Feld „b“ ein Subobjekt von Feld „a“.

Listing 6.1 Tabelle mit JSONB-Spalte

```
(postgres@localhost:5432)[hanser]> CREATE TABLE jsonb_demo(
>id     BIGSERIAL,
>jdata  JSONB
> );
CREATE TABLE
(postgres@localhost:5432)[hanser]> INSERT INTO jsonb_demo (jdata)
> VALUES
> ('{"a": {"b": ["vorname", "name"]}}'),
> ('{"a": {"b": ["Frank", "Miller"]}}'),
> ('{"a": {"b": ["Jason", "Bourne"]}}');
INSERT 0 3
```

Das Auslesen von Subobjekten wird häufig mit Mitteln der Programmiersprache im Client praktiziert, zum Beispiel mit JSON-Klassen in Java. Der Nachteil in dieser Vorgehensweise liegt in einer schlechten Performance, insbesondere wenn eine größere Datenmenge verarbeitet wird.

Mit PostgreSQL 14 ist es nun möglich, Subobjekte direkt auszulesen. Damit erfolgt die Verarbeitung direkt auf dem Datenbank-Server. In Listing 6.2 finden Sie ein Beispiel für die Syntax. Es wird der Vorname als Subobjekt ausgelesen.

Listing 6.2 JSONB Subscripting in der Version 14

```
(postgres@localhost:5432)[hanser]> SELECT jdata['a']['b'][0]
> FROM jsonb_demo;
   jdata
-----------
 „vorname"
 „Frank"
 „Jason"
```

Dieselbe Syntax kann für die WHERE-Klausel verwendet werden. Dies war in früheren Versionen nicht möglich. Es musste die gesamte Tabelle ausgelesen und danach die validen Sätze im Client-Programm herausgefiltert werden. Die Syntax kann auch in Zusammenhang mit einem BRIN-Index verwendet werden.

Listing 6.3 JSONB Subscripting in der WHERE-Klausel

```
(postgres@localhost:5432)[hanser]> SELECT *
> FROM jsonb_demo
> WHERE jdata['a']['b'][1] = '"Miller"';
 id |              jdata
----+-----------------------------------
  2 | {"a": {"b": ["Frank", "Miller"]}}
```

Subscripting kann auch, so wie in Listing 6.4, für DML-Anweisungen verwendet werden. Die Alternative wäre das komplette Auslesen, Parsing und erneute Speichern jedes einzelnen Satzes.

Listing 6.4 Subscripting für DML-Operationen

```
(postgres@localhost:5432)[hanser]> UPDATE jsonb_demo
> SET jdata['a']['b'][0] = '"anonymisiert"';
UPDATE 3
(Postgres@localhost:5432)[hanser]> SELECT * FROM jsonb_demo;
 id |                 jdata
----+------------------------------------------
  1 | {"a": {"b": ["anonymisiert", "name"]}}
  2 | {"a": {"b": ["anonymisiert", "Miller"]}}
  3 | {"a": {"b": ["anonymisiert", "Bournce"]}}
```

6.2 B-Tree Bottom-up Deletion

B-Tree-Indexe wissen per Design nichts über Multi Version Control. Diese Information wird in der Tabelle in Form von mehreren Versionen pro Datensatz gespeichert. Allerdings hat jede Version eines Datensatzes einen eigenen Indexeintrag. Diese zusätzlichen Einträge können die Performance von SQL-Abfragen beeinflussen und blähen den Index auf, von dem insbesondere Workloads betroffen sind, auf denen viele UPDATE-Anweisungen stattfinden.

Nach Abschluss einer Transaktion werden die zusätzlichen Tupel-Versionen nicht mehr benötigt. Für B-Tree-Index erfolgt das Löschen solcher Einträge hauptsächlich mit einem *Bottom-up Index Deletion Process*. In diesem Prozess werden Indexeinträge, die Kandidaten für das versionsbedingte Ausscheiden sind, in einen Block (Leaf Page am unteren Ende des Index) eingetragen. Das erleichtert das zeitnahe Löschen und ist, insbesondere für Indexe mit starkem Update-Verhalten, eine sehr effektive Methode der Bereinigung. Zusätzlich wird der Ressourcenverbrauch von CPU und I/O-Aktivitäten im Vergleich zur herkömmlichen Top-down-Methode deutlich reduziert.

Der *Top Down Deletion Process*, der vom VACCUM-Prozess angestoßen wird, funktioniert unverändert weiter und sorgt für eine Bereinigung, auch der Einträge, die durch den Bottom-up-Prozess nicht bedient wurden. Er ist für Tabellen mit wenigen Änderungen der Standardprozess und ausreichend wirksam. Man kann den Bottom-up-Prozess als zusätzliche, aber sehr wirksame und notwendige Unterstützung für Tabellen mit starkem Änderungsverhalten verstehen.

6.3 Pipeline Queries

PostgreSQL hat in vielen Projekten nachgewiesen, dass es sehr gut für große Datenbanken und Workloads mit vielen Sessions geeignet ist. Das Feature *Pipeline Queries* ist seit der Version 14 verfügbar. Damit ist es möglich, die Performance über Netzwerke mit hoher Latenz und Workloads mit vielen kleinen Schreiboperationen signifikant zu verbessern. Es ist ein Client-Feature und funktioniert mit PostgreSQL-Datenbanken älterer Versionen, solange der Client die Version 14 besitzt.

Im Pipeline-Modus kann die Applikation weitere SQL-Statements an den Server schicken, ohne dass die Antwort auf das vorhergehende Statement empfangen wurde. Die Wartezeiten werden auf dem Server deutlich reduziert.

HINWEIS: Details zur Programmierung mit „libpq" finden Sie in Kapitel 22.

Der Performance-Overhead für Pipeline Queries ist zu vernachlässigen. Allerdings erkauft man sich den Performance-Vorteil mit erhöhtem Memory-Verbrauch.

Die größten Effekte werden erzielt, wenn der PostgreSQL-Server weit entfernt und die Netzwerklatenz sehr groß ist. Bedenken Sie, dass schon ein Roundtrip von 100 Millisekunden für 1000 SQL-Anweisungen zu einer Ausführungszeit von über einer Minute führt.

Der Einsatz des Features ist überall da möglich, wo die folgende SQL-Anweisung nicht vom Erfolg (oder Misserfolg) der vorhergehenden abhängt. Eingeschlossen sind DML-Anweisungen. Programme, die bereits Batch-Processing ausführen, wie zum Beispiel der COPY-Befehl, sollten nicht durch den Pipeline-Modus ersetzt werden. Hier sind keine Performance-Vorteile zu erwarten.

In der Version 14 stehen die folgenden neuen Funktionen für den Pipeline-Modus zur Verfügung:

- *PQenterPipelineMode:* Eine Verbindung wird in den Pipeline-Modus versetzt.
- *PQexitPipelineMode:* Der Pipeline-Modus wird beendet.
- *PQpipelineSync:* Es wird eine Synchronisationsnachricht gesendet und der Buffer wird geleert.
- *PQpipelineStatus:* liefert den aktuellen Pipeline-Modus.
- *PQsendFlushRequest:* Der Server leert den Ausgabe-Puffer und leitet die Synchronisation zwischen Client und Server ein.

Beachten Sie, dass im Pipeline-Modus nur asynchrone Operationen erlaubt sind.

6.4 Große Transaktionen für logische Replikation

Für die logische Replikation kommt das Feature *Logical Decoding* zum Einsatz. Standardmäßig werden die Callback-Funktionen zur Übertragung aktiviert, wenn eine COMMIT-Anweisung auf dem Quellsystem ausgeführt wird.

Für lang laufende Transaktionen verzögert sich die Übertragung und mit Abschluss der Transaktion müssen plötzlich sehr viele Daten übertragen werden. Nicht zu vergessen ist die Zeit, die im Anschluss der Übertragung für die Einarbeitung in die Zieldatenbank benötigt wird.

Wird eine lang laufende Transaktion gestartet, dann werden die Callback-Funktionen *stream_start_cb* und *stream_stop_cb* aktiviert. Mit Abschluss der Transaktion wird die Funktion *stream_commit_cb* aufgerufen.

Auch wenn mehrere solche In-Progress-Transaktionen gestartet sind, wird garantiert, dass die Transaktionsreihenfolge eingehalten wird. Der Zeitpunkt der COMMIT-Anweisung ist entscheidend.

Um die Übertragung von In-Progress-Transkationen zu aktivieren, muss der Parameter *streaming=on* beim Erstellen der Subscription angegeben werden.

Listing 6.5 Aktivierung einer Subscription für In-Progress-Transaktionen

```
CREATE SUBSCRIPTION test_sub CONNECTION '. . . test_pub WITH (streaming = on);
```

Der Parameter *logical_decoding_work_mem* kontrolliert die Größe des Memory, der dem Prozess *wal_sender* zur Verfügung gestellt wird. Ist das Memory gefüllt, startet der Prozess mit dem Streaming, beginnend mit der größten Transaktion.

TIPP: Testen Sie das Streaming der lang laufenden Transaktionen. Nicht in jedem Fall führt das Feature zu einem Vorteil. Die Anpassung des Parameters *logical_decoding_work_mem* spielt dabei eine wichtige Rolle.

6.5 Query-ID für SQL-Anweisungen

Die Query-ID ist ein eindeutiger Identifier für SQL-Anweisungen. Sie taucht in verschiedenen Views und im Logfile auf und liefert eine sehr gute Unterstützung für die SQL-Optimierung und die Bearbeitung von SQL-Problemen.

Für eine umfangreiche Aktivierung muss der Parameter *compute_query_id* auf „on" gesetzt werden. Der Standardwert ist „auto". Damit ist es den einzelnen Programmen überlassen, ob eine Verarbeitung erfolgt.

Ist die Verarbeitung aktiviert, wird der Identifier wie in Listing 6.6 im Ausführungsplan mit angezeigt.

Listing 6.6 Query-ID im Ausführungsplan

```
                                  QUERY PLAN
--------------------------------------------------------------------------------
 Seq Scan on public.orders  (cost=0.00..220.00 rows=12000 width=30) (actual
time=0.015..1.121 rows=12000 loops=1)
   Output: orderid, orderdate, customerid, netamount, tax, totalamount
 Query Identifier: -8399553690776204583
 Planning Time: 0.113 ms
 Execution Time: 1.724 ms
```

Ist die Query-ID bekannt, können die zugehörigen Daten in weiteren Views dediziert abgefragt werden. In Listing 6.7 werden Ausführungsstatistiken für eine SQL-Anweisung abgefragt.

Listing 6.7 Abfrage von SQL-Ausführungsstatistiken nach SQL-ID

```
(postgres@localhost:5432)[hanser]> SELECT queryid, SUBSTR(query, 1, 16),
> total_exec_time, max_exec_time
> FROM pg_stat_statements
> WHERE queryid = 1822128789231211424;
       queryid        |      substr      | total_exec_time | max_exec_time
---------------------+------------------+-----------------+---------------
 1822128789231211424 | INSERT INTO part |      10692.1798 |    10692.1798
```

SQL-Identifier sind auch im Server-Logfile sichtbar. Damit schließt sich der Kreis, den SQL-Identifier als Mittel zur durchgängigen Identifizierung von SQL-Anweisungen einzusetzen.

Listing 6.8 SQL-Identifier im Server-Log

```
2021-11-23 19:23:29 CET [12464]: user=Lutz,database=tpch,application=DBeaver 21.2.5
- SQLEditor <xx.sql>,client=127.0.0.1,query_id=-2108910376244566385 LOG:  duration:
764.842 ms
2021-11-23 19:23:30 CET [12464]: user=Lutz,database=tpch,application=DBeaver 21.2.5
- SQLEditor <xx.sql>,client=127.0.0.1,query_id=6195812032303827112 LOG:  duration:
0.144 ms
2021-11-23 19:23:30 CET [12464]: user=Lutz,database=tpch,application=DBeaver 21.2.5
- SQLEditor <xx.sql>,client=127.0.0.1,query_id=6195812032303827112 LOG:  duration:
0.229 ms
```

6.6 Sonstige Verbesserungen und Erweiterungen

Für VACUUM gibt es nun einen Notfallmodus. Entdeckt das System eine hohe Wahrscheinlichkeit für einen Wraparound der Transaktions-ID, dann wird der Notfallmodus aktiviert und VACCUM startet die Prozesse aggressiv. Dies hat zur Folge, dass mehr Systemressourcen verbraucht und vom normalen Workload weggenommen werden. Damit wird sichergestellt, dass es nicht zu Wartezuständen wegen des Wraparound oder zum Wraparound-Fehler kommt.

Das Feature wird durch die folgenden Parameter gesteuert:

- *vacuum_failsafe_age*: gibt das maximale Alter einer Tabelle an (in Transaktionen), bevor VACUUM im Notfallmodus arbeitet. Der Standardwert ist „1600000000".
- *vacuum_multixact_failsafe_age*: gibt das maximale Alter einer Tabelle an (in „multixacts"), bevor VACUUM im Notfallmodus arbeitet. Der Standardwert ist „1600000000".

Details zum Thema „Wraparound der Transaktions-ID" finden Sie in Kapitel 4.

Window-Funktionen verwenden nun inkrementelle Sortierung und tragen damit zur Performance-Verbesserung bei.

Parallelisierung von SQL-Anweisungen ist in der Version 14 auch für Foreign Data Wrappers und RETURN-QUERY-Anweisungen möglich.

7 Sicherung und Wiederherstellung

Die Anforderungen an die Wiederherstellung einer Datenbank oder von Objekten in einer Datenbank sind in den letzten Jahren gestiegen. So wird die Option, eine produktive Datenbank zu einem beliebigen Zeitpunkt wiederherzustellen, inzwischen als Industriestandard angesehen. Gleichzeitig steht die Forderung nach einer möglichst hohen Verfügbarkeit der Datenbanken. Das Durchführen einer Offline-Sicherung, die das Herunterfahren des PostgreSQL-Servers einschließt, ist deshalb für die meisten produktiven Datenbanken keine Option.

Obwohl Standby-Datenbanken nicht zu den klassischen Sicherungsmethoden gehören, müssen sie in diesem Zusammenhang mit erwähnt werden. Ein Failover zu einer Standby-Datenbank ist wesentlich schneller als jede andere Wiederherstellungsmethode. Insbesondere für größere Cluster kann damit die Zeit für die Wiederherstellung wesentlich verkürzt werden. Detaillierte Informationen zu diesem Thema finden Sie in Kapitel 10 „Replikation und Streaming“.

Die Auswahl der Sicherungsmethoden sowie des zugehörigen Schedule hängt von den Anforderungen an die Wiederherstellung und die Wiederherstellungszeiten ab. Aus diesem Grund wird man die Sicherung für Entwicklungsdatenbanken anders planen als die für unternehmenskritische Produktionsdatenbanken. Für IT-Dienstleister sind diese Anforderungen häufig durch Service Level Agreements (SLA) geregelt.

PostgreSQL bietet die folgenden Verfahren zur vollständigen oder teilweisen Sicherung von Datenbanken:

- Online-Sicherung mit der Option für Point-in-time-Recovery (PITR)
- Offline-Sicherung auf Dateisystemebene
- Exportieren mit „SQL Dump“

7.1 Online-Sicherung mit Point-in-time-Recovery

Die Online-Sicherung bietet gegenüber den anderen Methoden zwei wichtige Vorteile:

- Der Cluster kann für jeden beliebigen Zeitpunkt wiederhergestellt werden.
- Der Cluster muss für das Durchführen der Sicherung nicht heruntergefahren werden.

Die dahinterliegende Technologie macht es sich zunutze, dass im laufenden Betrieb permanent Transaktionen in das WAL-Segment geschrieben werden. Diese werden zur Wiederherstellung herangezogen. Die Methode setzt voraus, dass die WAL-Archivierung eingeschaltet ist. Eine Anleitung zum Einschalten der WAL-Archivierung finden Sie in Kapitel 5.

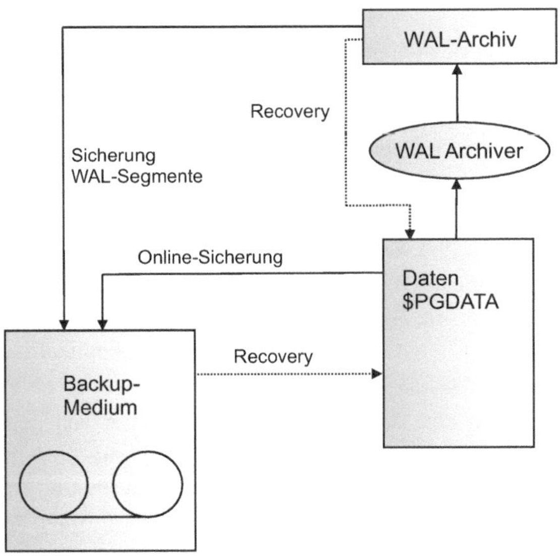

Bild 7.1 Online-Sicherung für Point-in-time-Recovery

HINWEIS: Es ist zu beachten, dass die Wiederherstellung aus einer Online-Sicherung nur für den gesamten Cluster möglich ist. Der Cluster kann auf einem anderen Server wiederhergestellt werden und die einzelnen Datenbanken oder Objekte lassen sich exportieren.

Für eine erfolgreiche Wiederherstellung werden ein sogenanntes *Base Backup* sowie die aufgelaufenen WAL-Segmente benötigt. Die Erstellung des Base Backup kann mit dem Tool *pg_basebackup* oder mit Funktionen der Low Level API erfolgen.

Low Level Backups werden unterschieden nach „exclusive" und „non-exclusive" Backups. Bis zur Version 9.6 waren nur exclusive Backups möglich. Diese erlauben keine konkurrierenden Backup-Operationen. In der Version 14 sollten non-exclusive Backups verwendet werden.

Die folgenden Schritte beschreiben das Verfahren. Um nachzuweisen, dass keine Daten verloren gehen, wird eine Tabelle *backup_test* angelegt und während des Prozesses werden Daten eingetragen.

Listing 7.1 Eine Test-Tabelle anlegen

```
(postgres@[local]:5432)[hanser]> CREATE TABLE backup_test(
> zeit    DATE,
> text    VARCHAR(200));
CREATE TABLE
(postgres@[local]:5432)[hanser]> INSERT INTO backup_test
> VALUES (current_date, 'Before Backup');
INSERT 0 1
```

1. Führen Sie das folgende Kommando als Superuser aus. Ein nicht privilegierter Benutzer benötigt das EXECUTE-Recht für die Funktion *pg_start_backup*. Es ist unerheblich, mit welcher Datenbank der Superuser verbunden ist. Der dritte Parameter bestimmt, dass es sich um ein non-exclusive Backup handelt. Mit dem Aufruf der Funktion führt der Server einen Checkpoint aus.

```
(postgres@[local]:5432)[postgres]> SELECT pg_start_backup
('Daily Backup', false, false);
 pg_start_backup
-----------------
 0/1E000028
```

2. Sichern Sie das Verzeichnis $PGDATA mit Betriebssystemmitteln. Fügen Sie anschließend einen Satz in die Testtabelle ein. Die Sicherung muss alle Dateien einschließlich der Unterverzeichnisse enthalten.

```
$ tar -cvf online_backup.tar $PGDATA
(postgres@[local]:5432)[hanser]> INSERT INTO backup_test
VALUES(current_date, 'Backup Mode');
INSERT 0 1
```

3. Beenden Sie den Backup-Modus und fügen Sie einen weiteren Satz in die Tabelle ein. Es erfolgt ein Wechsel zum nächsten WAL-Segment. Damit wird das aktuelle archiviert. Mit Beendigung des Backup-Modus werden die Änderungen aus den WAL-Segmenten in die Datenbanken nachgepflegt.

```
(postgres@[local]:5432)[hanser]> SELECT * FROM
pg_stop_backup(false, false);
    lsn     |                        labelfile
------------+-----------------------------------------------
 0/1E000298 | START WAL LOCATION: 0/1E000028 (file 00000001000000000000001E)+|
            | CHECKPOINT LOCATION: 0/1E000060                +|
            | BACKUP METHOD: streamed                        +|
            | BACKUP FROM: master                            +|
            | START TIME: 2021-02-07 17:35:00 CET            +|
            | LABEL: Daily Backup                            +|
```

Damit ist die Online-Sicherung abgeschlossen. PostgreSQL hat eine zusätzliche Datei mit der Erweiterung „.backup“ in das Verzeichnis *$PGDATA/pg_wal* geschrieben. Dabei handelt es sich um eine Textdatei mit Informationen über die Sicherung (siehe Listing 7.2).

Listing 7.2 Listing 7.2 Backup-Datei im WAL-Verzeichnis

```
$ cat $PGDATA/pg_wal/00000001000000000000001E.00000028.backup
START WAL LOCATION: 0/1E000028 (file 00000001000000000000001E)
STOP WAL LOCATION: 0/1E000298 (file 00000001000000000000001E)
CHECKPOINT LOCATION: 0/1E000060
BACKUP METHOD: streamed
BACKUP FROM: master
START TIME: 2021-02-07 17:35:00 CET
LABEL: Daily Backup
STOP TIME: 2021-02-07 17:36:42 CET
```

Wenn Sie an dieser Stelle in das Archive-Verzeichnis schauen, dann werden Sie feststellen, dass alle WAL-Dateien bis zum Ende der Sicherung archiviert wurden.

Es folgt ein Test, um nachzuweisen, dass das Point-in-time-Recovery funktioniert. In die Tabelle „backup_test“ wird ein Satz eingefügt, danach ein manueller WAL-Switch erzwungen und damit das WAL-Segment archiviert. Wir halten die Zeit als Wiederherstellungszeitpunkt fest. Ein Crash des PostgreSQL-Servers kann am besten durch das Herunterfahren mit der Option „immediate“ simuliert werden. Anschließend werden die Dateien im Verzeichnis $PGDATA gelöscht.

Listing 7.3 Einen Server-Crash simulieren

```
(postgres@[local]:5432)[hanser]> INSERT INTO backup_test
> VALUES (current_date, 'Before Crash');
INSERT 0 1
(postgres@[local]:5432)[hanser]> SELECT pg_switch_wal();
 pg_switch_wal
---------------
 0/1F0003D8
[postgres@serv2 data]$ pg_ctl stop -m immediate
waiting for server to shut down.... done
server stopped
$ cd $PGDATA
$ rm -Rf *
```

Damit wurde eine Situation hergestellt, die einem Server-Crash mit Totalverlust der Datenbanken entspricht. Die folgenden Schritte beschreiben den Prozess zur Wiederherstellung des Clusters:

1. Speichern Sie das Verzeichnis *$PGDATA* aus der Sicherung zurück.

```
$ tar -xvf online_backup.tar
```

2. Löschen Sie, falls mit gesichert, alle Dateien im Verzeichnis *$PGDATA/pg_wal*. Damit werden alle WAL-Segmente entfernt.
3. Legen Sie im Verzeichnis $PGDATA die Konfigurationsdatei *recovery.conf* an. Sie sollte mindestens den Befehl aus Punkt a) enthalten:

Es wird ein Befehl zur Rückspeicherung der archivierten WAL-Dateien benötigt. Dieser Befehl ist abhängig vom Speicherort sowie dem Verfahren der Archivierung:

```
restore_command = 'cp /usr/local/pgsql/data/archive/%f %p'
```

Setzen Sie die Werte für den Wiederherstellungszeitpunkt als Transaktions-ID oder Datum und Uhrzeit. Dies ist für das Point-in-time-Recovery erforderlich. Für ein Recovery zur letzten verfügbaren Transaktion kann diese Information weggelassen werden:

```
#recovery_target_time = '2021-02-07 17:40:00 CET'
#recovery_target_xid = ''
```

4. Starten Sie den PostgreSQL-Server. Er geht in den Recovery-Modus und wendet die archivierten WAL-Segmente an, bis der Recovery-Zeitpunkt erreicht ist oder alle WAL-Sätze verarbeitet wurden. Schauen Sie in die Logdatei, sie sollte ähnliche Einträge aufweisen:

```
2021-02-07 19:06:57.642 CET [12316] LOG:  database system was interrupted; last known
up at 2021-02-07 19:02:02 CET
2021-02-07 19:06:58.330 CET [12316] LOG:  starting archive recovery
cp: cannot stat `/opt/archive/00000002.history': No such file or directory
2021-02-07 19:06:58.336 CET [12316] LOG:  database system was not properly shut down;
automatic recovery in progress
2021-02-07 19:06:58.365 CET [12316] LOG:  redo starts at 0/25000028
2021-02-07 19:06:58.365 CET [12316] LOG:  invalid record length at 0/25000108: wanted
24, got 0
2021-02-07 19:06:58.389 CET [12316] LOG:  consistent recovery state reached at
0/25000108
2021-02-07 19:06:58.390 CET [12313] LOG:  database system is ready to accept read
only connections
2021-02-07 19:06:58.403 CET [12316] LOG:  restored log file "000000020000000000000025"
from archive
2021-02-07 19:06:58.661 CET [12316] LOG:  restored log file "000000020000000000000026"
from archive
2021-02-07 19:06:58.949 CET [12316] LOG:  restored log file "000000020000000000000027"
from archive
2021-02-07 19:06:59.851 CET [12316] LOG:  archive recovery complete
2021-02-07 19:07:00.237 CET [12313] LOG:  database system is ready to accept
connections
```

Damit ist die Wiederherstellung abgeschlossen und die Datenbanken können den Anwendern wieder zur Verfügung gestellt werden. Die Wiederherstellung ist bis zum letzten verfügbaren WAL-Satz erfolgt. Das bestätigen die Einträge in der Tabelle „*backup_test*“:

```
(postgres@[local]:5432)[hanser]> SELECT * FROM backup_test;
    zeit    |     text
------------+--------------
 2021-02-07 | Vor Backup
 2021-02-07 | Backup Mode
 2021-02-07 | Before Crash
```

Nach erfolgreicher Wiederherstellung wird die Datei *recovery.conf* in *recovery.done* umbenannt.

Die Wiederherstellung aus einer PITR-Sicherung kann in besonderen Situationen die Kenntnis des WAL-Status erfordern. PostgreSQL stellt einige Funktionen zur Verfügung, um den Status abzufragen. Die Funktion *pg_walfile_name* liefert das aktuelle WAL-Segment:

```
(postgres@[local]:5432)[hanser]> SELECT pg_current_wal_lsn();
 pg_current_wal_lsn
--------------------
 0/280000D0
(postgres@[local]:5432)[hanser]> SELECT pg_walfile_name('0/280000D0');
     pg_walfile_name
--------------------------
 000000030000000000000028
```

Die Funktion *pg_is_in_backup* gibt darüber Auskunft, ob gerade ein Backup läuft:

```
(postgres@[local]:5432)[hanser]> SELECT pg_is_in_backup();
 pg_is_in_backup
-----------------
 f
```

TIPP: Eine Sicherung kann nur als solche angesehen werden, wenn sie auf ein externes Medium übertragen wird. Im Extremfall geht der gesamte Datenbankserver verloren und damit alle lokalen Sicherungen. Sorgen Sie dafür, dass die Archivierung der WAL-Dateien in regelmäßigen Abständen auf ein externes Medium (NFS Share, Tape, entfernter Server) erfolgt. Letztendlich ist die Wiederherstellbarkeit nach dem Point-in-time-Recovery-Prinzip nur bis zur letzten archivierten WAL-Datei möglich.

Als Resümee für die Online-Sicherung mit Point-in-time-Recovery lassen sich die folgenden Vor- und Nachteile auflisten:

Vorteile der PITR-Sicherung

- Zusammen mit den WAL-Segmenten erfolgt eine konsistente Sicherung des gesamten Datenbank-Clusters.
- Die Sicherung erfolgt im laufenden Betrieb und trägt damit zu einer erhöhten Verfügbarkeit bei.
- Die Wiederherstellung der Datenbanken kann für einen beliebigen Zeitpunkt erfolgen.

Nachteile der PITR-Sicherung

- Einzelne Objekte können nur über den Umweg, den Server in einer anderen Umgebung zurückzuspeichern, wiederhergestellt werden.
- Eine Wiederherstellung ist nur auf derselben Plattform möglich.

Nach Abwägung der Vor- und Nachteile wird deutlich, dass diese Methode die erste Wahl für die Sicherung produktiver Datenbanken ist. Regelmäßige SQL Dumps, auch ohne Daten, stellen eine sinnvolle Ergänzung dar und entschärfen den Nachteil der aufwendigen Wiederherstellbarkeit einzelner Objekte.

7.2 Offline-Sicherung auf Dateisystemebene

Der Ansatz für die zweite Sicherungsmethode ist, alle Dateien des Clusters mit Mitteln des Betriebssystems zu kopieren, während der PostgreSQL-Server gestoppt ist. Damit lässt sich ein konsistenter Zustand der Datenbanken sichern. Allerdings ist die Einschränkung, dass der Cluster heruntergefahren werden muss, nicht für alle Systeme optimal. Die Verfügbarkeit der Datenbank würde damit reduziert.

Das Verfahren ist allerdings sehr einfach und sicher. Das Cluster wird mit der Option „fast" gestoppt. Damit befinden sich die Datenbanken in einem konsistenten Zustand. Listing 7.4 beschreibt die notwendigen Schritte für eine Offline-Sicherung.

Listing 7.4 Eine Offline-Sicherung durchführen

```
$ pg_ctl stop -m fast
waiting for server to shut down.... done
server stopped
$ tar -cvf /opt/postgres/backup/backup_20180213.tar $PGDATA
$ pg_ctl start
```

Die Wiederherstellung erfolgt durch Rückspeichern aus der *.tar*-Datei.

Betrachten wir auch hier die Vor- und Nachteile:

Vorteile der Offline-Sicherung

- Es erfolgt eine konsistente Sicherung des gesamten Clusters.
- Die Methode ist einfach und zuverlässig.

Nachteile der Offline-Sicherung

- Es ist kein Point-in-time-Recovery möglich. Die Sicherung ist ein Snapshot zu einem bestimmten Zeitpunkt.
- Einzelne Objekte können nur über den Umweg, den Server in einer anderen Umgebung zu starten, wiederhergestellt werden.
- Eine Wiederherstellung ist nur auf derselben Plattform möglich.
- Der PostgreSQL-Server muss für die Sicherung gestoppt werden und ist für die Anwendungen nicht verfügbar.

Die Methode besitzt eine Reihe von Nachteilen. Sie ist eine gute Option, wenn Point-in-time-Recovery nicht gefordert ist und die Downtime während der Sicherung kein Problem darstellt. Für die meisten produktiven Systeme ist sie nicht geeignet.

7.3 SQL Dump

SQL Dump erstellt eine Textdatei mit SQL-Befehlen. Mit diesen Befehlen kann eine Datenbank teilweise oder komplett wiederhergestellt werden. Das Werkzeug heißt *pg_dump*. Es ist Bestandteil der PostgreSQL-Core-Programme und muss nicht zusätzlich installiert werden. Das Programm befindet sich im Verzeichnis „bin" der PostgreSQL-Installation. Es verfügt über eine Reihe von Optionen, die mit `pg_dump --help` angezeigt werden.

TIPP: Verwenden Sie *pg_dump* mit der Option „-o". Damit werden die Objekt-Identifier (OID) mit ausgegeben. Diese sind wichtig für die Wiederherstellung, zum Beispiel wenn Foreign Key-Constraints definiert sind. Beachten Sie auch, dass Large Objects nicht automatisch mit ausgegeben werden. Setzen Sie dafür die Option „-b". Da man im „Worst Case" davon ausgeht, dass die komplette Datenbank wiederhergestellt werden muss, sollte die Option „-C" immer mit ausgewählt werden. Mit dieser Option wird ein Befehl zum Erstellen der Datenbank eingefügt. ■

Im folgenden Beispiel erfolgt eine Sicherung der Datenbank *hanser* auf einem Linux-Cluster und sie wird auf einem Windows-Server eingespielt.

Listing 7.5 Einen SQL Dump erstellen

```
$ pg_dump -o -b -C -f dump_hanser_20180213.sql -d hanser
```

Beim Versuch, die Datenbank *hanser* auf dem Zielsystem vor der Wiederherstellung zu löschen, kann es passieren, dass der DROP DATABASE-Befehl scheitert, da noch Clients zur Datenbank verbunden sind:

```
(localhost@localhost:5432)[postgres]> DROP DATABASE hanser;
ERROR:  database "hanser" is being accessed by other users
DETAIL:  There is 1 other session using the database.
```

In dieser Situation ermitteln wir die Prozess-ID des Clients im Betriebssystem und killen den Prozess. Danach kann die Datenbank gelöscht werden.

Listing 7.6 Verbundene Sessions ermitteln

```
(localhost@localhost:5432)[postgres]> SELECT pid, usename,
> application_name, client_addr
> FROM pg_stat_activity
> WHERE datname = 'hanser';
  pid  | usename |   application_name    | client_addr
-------+---------+-----------------------+-------------
 17792 | Lutz    | pgAdmin 4 - DB:hanser | 127.0.0.1
```

Auf einem Linux-Betriebssystem kann der Prozess mit dem Befehl `kill` gelöscht werden. Unter Windows kann das mit dem Prozess-Explorer oder mit dem Task-Manager erfolgen (siehe Bild 7.2).

Der erste Befehl im SQL Dump legt die Datenbank *hanser* neu an:

```
SET client_encoding = 'UTF8';
. . .
CREATE DATABASE hanser WITH TEMPLATE = template0 ENCODING = 'UTF8' LC_COLLATE = 'en_
US.UTF-8' LC_CTYPE = 'en_US.UTF-8';
ALTER DATABASE hanser OWNER TO postgres;
\connect hanser
```

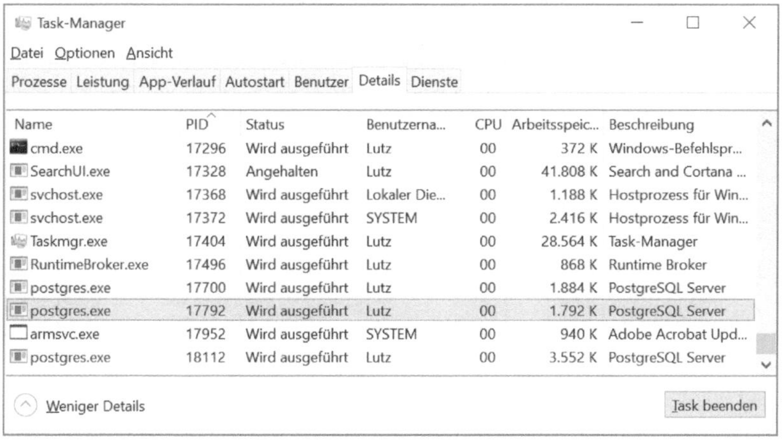

Bild 7.2 Einen Client-Prozess mit dem Task Manager killen

Beachten Sie die Einstellung für das Encoding. Sie entspricht der Umgebung des Linux-Servers. Der Client wird entsprechend gesetzt. Auf einem Windows-System muss der CREATE DATABASE-Befehl entsprechend angepasst werden:

```
CREATE DATABASE hanser WITH TEMPLATE = template0 ENCODING = 'WIN1252' LC_COLLATE =
'German_Germany.1252' LC_CTYPE = 'German_Germany.1252';
```

Die Datei sollte im Binär-Modus auf den Windows-Server kopiert werden, so dass keine Zeichensatzkonvertierung stattfindet.

Listing 7.7 Eine Datenbank aus einem SQL Dump wiederherstellen

```
D:\PostgreSQL>psql < dump_hanser_20210213.sql
SET
SET
SET
SET
SET
SET
SET
SET
CREATE DATABASE
ALTER DATABASE
You are now connected to database "hanser" as user "postgres".
. . .
```

Damit wurde die Datenbank *hanser* mit einer einfachen und sicheren Methode komplett wiederhergestellt. Die Vor- und Nachteile betrachten wir am Ende des Abschnitts. Zunächst einige weitere Optionen für *pg_dump*. Im Idealfall läuft das Skript beim Import ohne Fehler durch. Doch was ist, wenn ein Fehler auftritt? In der Regel will man nicht, dass das Skript weiterlaufen soll, sondern dass es abgebrochen wird. Dafür können Sie sich eine Option von psql zunutze machen, die im Fall eines Fehlers abbricht:

```
D:\PostgreSQL>psql --set ON_ERROR_STOP=on < dump_hanser_20180213.sql
. . .
ERROR:  database "hanser" already exists
D:\PostgreSQL>
```

TIPP: Das Utility *pg_dump* besitzt die Fähigkeit, von Pipes zu lesen und nach Pipes zu schreiben. Damit kann eine Datenbank direkt von Server zu Server kopiert werden. Mit dieser Methode wird kein zusätzlicher Platz auf der Disk benötigt.

Listing 7.8 Eine Datenbank direkt von Cluster zu Cluster kopieren

```
[postgres@serv2 data]$ pg_dump -C hanser | psql -h 192.168.178.28 -p 5433
SET
. . .
CREATE DATABASE
ALTER DATABASE
You are now connected to database "hanser" as user "postgres".
. . .
```

Für Entwicklungsdatenbanken ist der Dateninhalt unter Umständen uninteressant. Entwickler wollen nur ihre Objekte ohne Inhalt sichern. Für diesen Zweck kann die Option „-s" (schema only) verwendet werden. Das so erstellte Dumpfile ist entsprechend klein.

pg_dump ist aber auch dazu geeignet, um Daten einer Tabelle zu sichern oder zu übertragen. Im Dumpfile sieht man einen COPY-Befehl. Das ist eine effektive Methode zum Laden von Massendaten. Alle Daten werden als sogenannter „Bulk Load" in einem Befehl geladen anstelle von einzelnen INSERT-Anweisungen.

Listing 7.9 Daten einer Tabelle exportieren

```
$ pg_dump -d hanser -t orders -a -f export_orders.sql
```

Die Daten im COPY-Befehl des Dumpfile sind durch ein Tabulatorzeichen (dargestellt als „->") getrennt:

```
COPY orders (id, customer, description) FROM stdin;
1->   1->   Order from customer via internet
2->   2->   Order from customer via internet
3->   3->   Order from customer via internet
. . .
```

Die Datei kann so perfekt nach Excel geladen und als Tabelle gespeichert werden.

Es existiert ein weiteres Werkzeug mit dem Namen *pg_dumpall*. Damit werden alle Datenbanken eines Clusters sowie serverbezogene Daten wie Rollen und Tablespace-Definitionen mitgesichert. Somit ist die Wiederherstellung des gesamten Clusters möglich.

Für große Datenbanken gibt es eine Reihe von Optionen, um das Entladen und das Laden performant zu gestalten und Speicherplatz zu sparen:

- Komprimierte SQL Dumps erstellen
- Ausgabedateien splitten
- Dateien parallel entladen und laden

Die Komprimierung des Dumpfile kann mit einem beliebigen Programm erfolgen. Das Utility *gzip* ist normalerweise auf Linux-Systemen zu finden.

Listing 7.10 Einen komprimierten SQL Dump erstellen

```
$ pg_dump hanser | gzip > backup_hanser.gz
```

Unter Umständen gibt es Beschränkungen der maximalen Dateigröße im Betriebssystem. Mit dem Befehl `split` kann die Ausgabe von SQL Dump in mehrere kleinere Dateien aufgeteilt werden.

Listing 7.11 Eine Ausgabedatei von SQL Dump teilen

```
$ pg_dump hanser | split -b 10 m – backup_hanser
$ ls -l
-rw-rw-r-- 1 postgres postgres  10485760 Feb 14 13:45 backup_hanseraa
-rw-rw-r-- 1 postgres postgres  10485760 Feb 14 13:45 backup_hanserab
-rw-rw-r-- 1 postgres postgres  10485760 Feb 14 13:45 backup_hanserac
-rw-rw-r-- 1 postgres postgres  10485760 Feb 14 13:45 backup_hanserad
-rw-rw-r-- 1 postgres postgres  10485760 Feb 14 13:45 backup_hanserae
-rw-rw-r-- 1 postgres postgres  10485760 Feb 14 13:45 backup_hanseraf
-rw-rw-r-- 1 postgres postgres  10485760 Feb 14 13:45 backup_hanserag
-rw-rw-r-- 1 postgres postgres   2047780 Feb 14 13:45 backup_hanserah
```

Das Einspielen der Dateien erfolgt mit `cat backup_hanser*|psql hanser`.

Das Utility *pg_dump* kann im parallelen Modus verwendet werden. Damit werden mehrere Tabellen zur selben Zeit entladen. Es muss das Directory-Format verwendet werden. Die Option „-j" gibt den Grad der Parallelität an. Für das Zurückspeichern muss *pg_restore* verwendet werden.

Listing 7.12 SQL Dump im parallelen Modus verwenden

```
pg_dump -j 4 -F d -f backup.dir hanser
```

Die Vor- und Nachteile von SQL Dump sind nachfolgend zusammengefasst:

Vorteile von SQL Dump

- Es können einzelne Objekte und Datenbanken gesichert und wiederhergestellt werden.
- Objekte, Datenbanken oder ganze Cluster können zwischen verschiedenen Plattformen, sogar zwischen 32- und 64-Bit-Systemen, kopiert werden. Analog kann eine Übertragung zwischen Clustern mit unterschiedlichen PostgreSQL-Versionen erfolgen.
- Datenbanken können direkt von Server zu Server ohne den Umweg über eine Disk kopiert werden.

Nachteile von SQL Dump

- Ein Point-in-time-Recovery ist nicht möglich. Die gesicherten Daten sind ein zeitlicher Snapshot.
- Insbesondere für größere Datenbanken ist es nicht möglich, bei Online-Sicherungen einen konsistenten Zustand der Datenbank zu erstellen.

8 Sicherheit und Überwachung

Sicherheit und Überwachung sind wichtige Aufgaben für den Einsatz von Datenbanken im betrieblichen Umfeld. Datenbanken enthalten viele vertrauliche und betriebskritische Informationen. Für die Datenbanksicherheit existieren betriebliche Vorgaben. In großen Konzernen werden globale Sicherheits-Policies zentral vergeben. Aber auch Richtlinien und Gesetze für bestimmte Branchen oder Produkte gilt es umzusetzen.

Neben den betrieblichen Vorgaben, die häufig aus internen Erfahrungen und Überlegungen entspringen, gibt es Vorgaben von weltweit tätigen Sicherheitsunternehmen oder beratenden Organisationen, die angewandt werden. Eine breite Akzeptanz haben im Datenbankumfeld die folgenden gefunden:

- Health Insurance Portability and Accountability Act (HIPAA)
- Richtlinien des Bundesamts für Sicherheit in der Informationstechnik (BSI)
- Sarbanes-Oxley Compliance Model (SOX)

HIPAA war einer der ersten Sicherheitsstandards, der in den USA in einem Industriezweig konsequent umgesetzt wurde. Auch wenn er etwas in die Jahre gekommen ist, liefern die Richtlinien eine gute Basis (auch für andere Industriezweige).

Die BSI-Richtlinien sind mehr auf Deutschland ausgerichtet und werden eher von der öffentlichen Hand verwendet. Auch sie liefern einen guten Standard, auf den sich aufbauen lässt.

Das SOX Compliance Model enthält im Vergleich zu den anderen Richtlinien verschärfte Sicherheitsauflagen und wird von Unternehmen häufig zur Risikominimierung für sensible und unternehmenskritische Datenbanken eingesetzt. Während man die BSI-Richtlinien in einigen Bereichen sehr detailliert beschrieben vorfindet (manchmal auch zu detailliert), sind die Regularien im SOX-Modell eher allgemein gehalten, was nicht weniger restriktiv ist oder weniger Sicherheit bedeutet.

TIPP: Wenn in Ihrem Unternehmen keine Richtlinien für Sicherheit und insbesondere für Datenbanksicherheit vorhanden sind, empfiehlt es sich, mit einem Standard zu beginnen und diesen systematisch zu erweitern. Auch die hier genannten Modelle sollten nicht eins zu eins übertragen werden, sondern kritisch betrachtet und angepasst und erweitert werden.

Eine wichtige Voraussetzung für die Umsetzung von Sicherheitsrichtlinien ist ein hoher Standardisierungsgrad der Datenbanken und Cluster. Je höher der Standardisierungsgrad, desto geringer der Aufwand für die Umsetzung und Bewahrung von Richtlinien.

Ein weiterer Sicherheitsaspekt ist die Überwachung (das Monitoring) der Datenbanken. Eine konsequente Überwachung dient nicht nur der Bewältigung von Sicherheitsaufgaben, sondern trägt entscheidend zur Erhöhung der Verfügbarkeit bei. Monitoring ist das zweite große Thema, mit dem wir uns in diesem Kapitel beschäftigen.

8.1 Sicherheit

PostgreSQL verfügt über einen hohen Standard sowie viele Optionen für einen sicheren Datenbankbetrieb. Mit den wichtigsten Komponenten werden wir uns in diesem Kapitel beschäftigen. Die letzte Entscheidung, welche Sicherheitseinstellungen und Features sinnvoll sind, liegt im Ermessen der Verantwortlichen und ist abhängig von den Vorgaben und Richtlinien.

TIPP: Häufig ist es sinnvoll, eine Abstufung der eingesetzten Datenbanken vorzunehmen. Nicht alle Datenbanken benötigen denselben Sicherheitsstandard. Die Anforderungen an eine Datenbank, die den Speiseplan der Kantine enthält, sind nicht vergleichbar mit den Anforderungen an eine Datenbank, die zur Produktionssteuerung eingesetzt wird. Auch wenn für PostgreSQL keine Zusatzkosten für Lizenzen anfallen, verursacht eine verschärfte Sicherheit zusätzliche organisatorische und IT-technische Maßnahmen.

8.1.1 Rollen und Privilegien

PostgreSQL verwendet ein Rollenkonzept. Eine Rolle kann ein Benutzer oder eine Gruppe von Benutzern sein. Rollen können Objekte in Datenbanken oder Privilegien an Objekten zugeordnet werden. Im Vergleich mit anderen Datenbanksystemen ist der Unterschied in der Terminologie zu beachten. PostgreSQL bezeichnet sowohl einzelne Benutzer als auch Gruppen von Benutzern als „Rollen".

HINWEIS: PostgreSQL-Rollen sind unabhängig von Accounts im Betriebssystem, auch wenn die Benutzernamen identisch sein können (zum Beispiel „postgres"). Die Benutzerverwaltung von PostgreSQL kann damit von der des Betriebssystems entkoppelt werden. Rollen werden auf Cluster-Ebene angelegt.

Das Anlegen einer Rolle erfolgt mit dem folgenden Befehl:

```
(postgres@[local]:5432)[hanser]> CREATE ROLE hanser;
CREATE ROLE
```

Die Rolle hat noch keine Rechte, nicht einmal zur Anmeldung an das Cluster. Ein Verbindungsversuch schlägt deshalb fehl:

```
$ psql -U hanser
psql: error: connection to server on socket "/tmp/.s.PGSQL.5432" failed: FATAL:  role
"hanser" is not permitted to log in
```

Nachdem die Rolle das Privileg LOGIN erhalten hat, kann sie sich am Cluster anmelden:

```
(postgres@[local]:5432)[postgres]> ALTER ROLE hanser LOGIN;
ALTER ROLE
```

In Tabelle 8.1 finden Sie eine Übersicht aller Privilegien (Attribute), die an Rollen vergeben werden können.

Tabelle 8.1 Privilegien von Rollen

Privileg	Beschreibung
LOGIN	Die Rolle kann sich am Cluster anmelden.
SUPERUSER	Es werden alle Prüfungen auf Zugriffsrechte umgangen. Die Rolle hat Zugriff auf alle Objekte und Datenbanken.
CREATEDB	Die Rolle hat das Privileg, eine Datenbank anzulegen.
CREATEROLE	Der Benutzer darf weitere Rollen anlegen, ändern oder löschen. Er hat keine Rechte zur Bearbeitung von Rollen mit dem Attribut „Superuser“.
INERIT	Attribute von Gruppenrollen werden automatisch vererbt.
PASSWORD	Der Rolle wird ein Passwort zugewiesen.
REPLICATION	Die Rolle kann einen Streaming-Replication-Prozess anstoßen.

Um Benutzer oder Rollen anlegen zu können, muss man selbst das Superuser-Privileg oder das Privileg CREATE ROLE besitzen. Beim Anlegen des Datenbankservers (initdb) wird die vordefinierte Rolle „postgres“ als Superuser angelegt. Diese Rolle kann benutzt werden, um weitere Rollen anzulegen.

HINWEIS: Der Befehl CREATE USER existiert aus Kompatibilitätsgründen und ist nahezu identisch mit dem Befehl CREATE ROLE. Ein Unterschied besteht darin, dass bei Verwendung von CREATE USER das Privileg LOGIN automatisch zugewiesen wird.

Wird ein Objekt erstellt, dann gehört es dem Benutzer, der es angelegt hat. Damit andere Rollen Zugriff erhalten, müssen diesen explizit Rechte zugewiesen werden. Eine Ausnahme bilden Superuser, die automatisch Zugriff auf alle Objekte haben. In Listing 8.1 finden Sie einige Beispiele zur Rechteverarbeitung.

Listing 8.1 Objektrechte zuweisen und entziehen

```
(postgres@[local]:5432)[hanser]> GRANT SELECT ON orderlines TO PUBLIC;
GRANT
(postgres@[local]:5432)[hanser]> GRANT UPDATE ON orders TO hanser;
GRANT
(postgres@[local]:5432)[hanser]> REVOKE SELECT ON orderlines FROM PUBLIC;
REVOKE
```

```
(postgres@[local]:5432)[hanser]> REVOKE ALL ON orders FROM PUBLIC;
REVOKE
```

Wie bereits erwähnt, können Rollen auch als Gruppen fungieren – einfach über die Zuweisung von Rollen zu Rollen. So kann man zum Beispiel eine Read-Only-Rolle erstellen, die SELECT-Privilegien auf Tabellen enthält und anderen Rollen (Benutzern) zugewiesen wird. Die Rolle benötigt kein LOGIN-Privileg und auch kein Passwort. In Listing 8.2 finden Sie ein Beispiel.

Listing 8.2 Eine Rolle mit Gruppenfunktion anlegen

```
(postgres@localhost:5432)[hanser]> CREATE ROLE read_only;
CREATE ROLE
(postgres@localhost:5432)[hanser]> GRANT SELECT ON orders TO read_only;
GRANT
(postgres@localhost:5432)[hanser]> GRANT SELECT ON orderlines TO read_only;
GRANT
(postgres@localhost:5432)[hanser]> GRANT read_only TO hanser;
GRANT ROLE
(postgres@localhost:5432)[hanser]> GRANT read_only TO guest;
GRANT ROLE
```

Mit der Zuweisung der Rolle „read_only" erhält der User „hanser" SELECT-Rechte auf die Tabellen. Die Abfrage in Listing 8.3 bestätigt die Zuweisung.

Listing 8.3 Gruppenrollen testen

```
(postgres@localhost:5432)[hanser]> \c hanser
You are now connected to database "hanser" as user "hanser".
(hanser@localhost:5432)[hanser]> \conninfo
You are connected to database "hanser" as user "hanser" on host "localhost" at port
"5432".
(hanser@localhost:5432)[hanser]> SELECT * FROM orders LIMIT 3;
 orderid | orderdate  | customerid | netamount |  tax  | totalamount
---------+------------+------------+-----------+-------+-------------
       1 | 2021-01-27 |       7888 |    313.24 | 25.84 |      339.08
       2 | 2021-01-01 |       4858 |     54.90 |  4.53 |       59.43
       3 | 2021-01-17 |      15399 |    160.10 | 13.21 |      173.31
(3 rows)
(hanser@localhost:5432)[hanser]> UPDATE orders SET totalamount=439.08
> WHERE orderid = 1;
ERROR:  permission denied for relation orders
```

Rollen können in psql mit dem Kurzbefehl du angezeigt werden. Zusätzliche Informationen liefert die Dictionary-View *pg_roles*".

Listing 8.4 Vorhandene Rollen abfragen

```
(postgres@localhost:5432)[hanser]> \du
                                 List of roles
 Role name |                         Attributes                         | Member of
-----------+------------------------------------------------------------+------------
 postgres  | Superuser, Create role, Create DB, Replication             | {}
 guest     |                                                            | {read_only}
 hanser    |                                                            | {read_only}
 read_only | Cannot login                                               | {}
(postgres@localhost:5432)[hanser]> SELECT rolname,
```

```
> rolsuper, rolcanlogin, rolpassword
> FROM pg_roles;
       rolname        | rolsuper | rolcanlogin | rolpassword
----------------------+----------+-------------+-------------
 postgres             | t        | t           | ********
 pg_monitor           | f        | f           | ********
 pg_read_all_settings | f        | f           | ********
 pg_read_all_stats    | f        | f           | ********
 pg_stat_scan_tables  | f        | f           | ********
 pg_signal_backend    | f        | f           | ********
 hanser               | f        | t           | ********
 read_only            | f        | f           | ********
 guest                | f        | t           | ********
```

HINWEIS: Die Views *pg_user* und *pg_shadow* sind aus Kompatibilitätsgründen noch vorhanden, sollten aber möglichst nicht mehr verwendet werden.

Wie Sie sehen, liefert die View *pg_roles* Sterne in der Passwortspalte, unabhängig davon, ob ein Passwort vergeben wurde oder nicht. Das verschlüsselte Passwort befindet sich in der View *pg_authid*.

Listing 8.5 Das verschlüsselte Passwort abfragen

```
(postgres@localhost:5432)[hanser]> SELECT rolname, rolpassword
> FROM pg_authid;
       rolname        |             rolpassword
----------------------+-------------------------------------
 postgres             |
 pg_monitor           |
 pg_read_all_settings |
 pg_read_all_stats    |
 pg_stat_scan_tables  |
 pg_signal_backend    |
 read_only            |
 guest                |
 hanser               | md582fee51651ce30a62e87715d60c3f93e
```

Wie bereits erwähnt, können Rollen anderen Rollen zugewiesen werden. Halten Sie sich vor Augen, dass es in der Version 14 praktisch keinen Unterschied mehr zwischen Rollen und Benutzern sowie zwischen Gruppenrollen und Nicht-Gruppenrollen gibt. Dabei kann die Mitgliedschaft einer Gruppenrolle auf zwei verschiedene Arten genutzt werden:

1. Der Benutzer verwendet das Kommando `SET ROLE <Rollenname>` und erhält damit exakt die Rechte der Gruppenrolle und verliert die zugewiesenen Rechte des angemeldeten Benutzers. Auch für Datenbankobjekte, die in dieser Konstellation angelegt werden, wird die Gruppenrolle als Besitzer eingetragen. Der Benutzer kann seine zugewiesenen Rechte mit dem Befehl SET ROLE wiederherstellen.
2. Mitglieder einer Gruppenrolle, die über das Attribut „INHERIT“ verfügen, besitzen automatisch die Rechte der Gruppenrolle sowie alle Rechte, die an die Gruppenrolle vererbt wurden. In Listing 8.6 finden Sie ein Beispiel, wie ein solches Konstrukt angelegt werden kann. In diesem Fall erhält der Benutzer „mitglied“ automatisch die Leserechte auf die Tabelle „orders“.

Listing 8.6 Automatische Weitergabe von Rechten

```
(postgres@localhost:5432)[hanser]> CREATE ROLE mitglied LOGIN INHERIT;
CREATE ROLE
(postgres@localhost:5432)[hanser]> CREATE ROLE gruppen_rolle;
CREATE ROLE
(postgres@localhost:5432)[hanser]> GRANT SELECT ON orders TO gruppen_rolle;
GRANT
(postgres@localhost:5432)[hanser]> GRANT gruppen_rolle TO mitglied;
GRANT ROLE
(postgres@localhost:5432)[hanser]> \c - mitglied - -
You are now connected to database "hanser" as user "mitglied".
(mitglied@localhost:5432)[hanser]> SELECT * FROM orders LIMIT 3;
 orderid | orderdate  | customerid | netamount |  tax  | totalamount
---------+------------+------------+-----------+-------+-------------
       2 | 2021-01-01 |       4858 |     54.90 |  4.53 |       59.43
       3 | 2021-01-17 |      15399 |    160.10 | 13.21 |      173.31
       4 | 2021-01-28 |      17019 |    106.67 |  8.80 |      115.47
```

TIPP: Schwache Passwörter stellen ein signifikantes Sicherheitsrisiko dar. Deshalb sollte man vermeiden, solche Passwörter zuzulassen.

Um das Anlegen schwacher Passwörter zu vermeiden, liefert PostgreSQL ein Beispielprogramm in Form einer Distribution. Die folgenden Schritte beschreiben, wie eine Passwortprüfung in den PostgreSQL-Server eingebunden werden kann:

1. Wechseln Sie als Benutzer „root“ in das Standardverzeichnis des Quellcodes und weiter in das Unterverzeichnis *contrib/passwordcheck*. Dort befindet sich das C-Programm *passwordcheck.c*. Kompilieren Sie das Programm mit dem make-Utility.

```
[root@serv2 passwordcheck]# make
. . .
```

2. Kopieren Sie die erstellte Shared Library *passwordcheck.so* in das Lib-Verzeichnis der PostgreSQL-Distribution.

```
# cp passwordcheck.so /usr/local/pgsql/lib/
```

3. Passen Sie den Parameter *shared_preload_libraries* in der Konfigurationsdatei des Clusters an:

```
shared_preload_libraries = ,passwordcheck'
```

4. Führen Sie einen Neustart des Servers durch.

Mit diesem Setup wird verhindert, dass Benutzer mit schwachen Passwörtern angelegt werden können.

Listing 8.7 Ablehnung eines schwachen Passworts

```
(postgres@[local]:5432)[postgres]> CREATE ROLE test
> PASSWORD 'test9999';
ERROR:  password must not contain user name
```

HINWEIS: Das Programm *passwordcheck.c* ist als Beispiel zu verstehen. In der Regel ist eine Anpassung an die Passwortrichtlinie des Unternehmens erforderlich.

Häufig wird gefordert, dass ein Passwort nach einem vorgegebenen Zeitraum abläuft und erneuert werden muss. Passwörter von personalisierten Benutzern sollten immer ablaufen. Dagegen ist ein automatisches Ablaufen für technische Accounts aus Gründen der Produktionsstabilität nicht zu empfehlen.

Listing 8.8 Gültigkeit eines Passworts festlegen

```
(postgres@localhost:5432)[hanser]> ALTER ROLE hanser
> VALID UNTIL '2018-04-20';
ALTER ROLE
postgres@localhost:5432)[hanser]> SELECT rolname, rolvaliduntil
> FROM pg_authid;
       rolname        |      rolvaliduntil
----------------------+------------------------
hanser                | 2018-04-20 00:00:00+02
```

In einem Produktionscluster will man verhindern, dass Strukturänderungen am Datenbankschema außerhalb des Change-Request-Verfahrens erfolgen. Andererseits ist das Passwort für den Zugriff teilweise bekannt und muss zumindest auf dem Applikationsserver hinterlegt werden. Aus diesem Grund wird die folgende Konfiguration empfohlen, die ein erhöhtes Maß an Sicherheit bietet:

- Der Eigentümer der Objekte *app_owner* wird für den Normalbetrieb gesperrt.
- Der Zugriff der Applikation erfolgt über einen zusätzlichen User *app_user*, der Rechte für die Bearbeitung der Daten über die Rolle *app_rw* erhält. Damit ist die normale Funktion der Applikation gesichert. Der Benutzer kann keine Änderungen an den Strukturen der Objekte vornehmen oder zum Beispiel Indexe anlegen oder löschen.
- Für ein Deployment wird der Account *app_owner* geöffnet und es wird ein neues Passwort vergeben.
- Nach dem Deployment wird der Account *app_owner* wieder gesperrt.

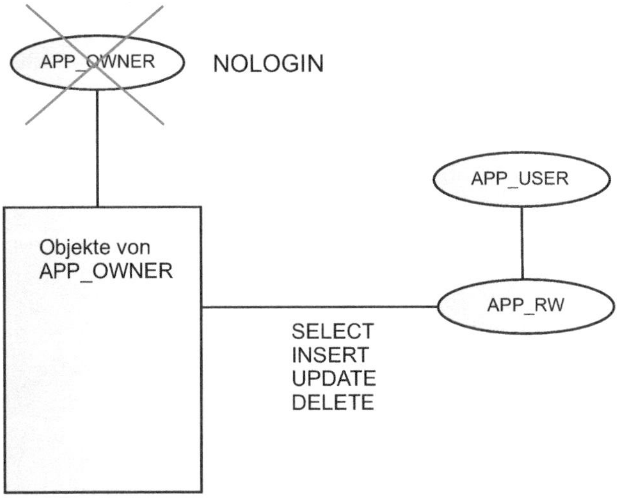

Bild 8.1 Rollenarchitektur für ein Produktionscluster

In Listing 8.9 finden Sie ein Beispiel für eine solche Konfiguration. Neben den Benutzern wird ein Schema mit dem Namen *app_owner* angelegt.

Listing 8.9 Anlegen von Owner- und User-Account

```
(postgres@localhost:5432)[hanser]> CREATE ROLE app_owner
> NOLOGIN PASSWORD 'start1234';
CREATE ROLE
(postgres@localhost:5432)[hanser]> CREATE SCHEMA
> AUTHORIZATION app_owner;
CREATE SCHEMA
(postgres@localhost:5432)[hanser]> CREATE ROLE app_user
> LOGIN PASSWORD 'start9876';
CREATE ROLE
(postgres@localhost:5432)[hanser]> CREATE TABLE app_owner.version (
> text   CHAR(40));
CREATE TABLE
```

HINWEIS: Seit der Version 9.0 ist es möglich, die Rechte aller Objekte eines Benutzers zuzuweisen. Eine Aktualisierung ist nicht erforderlich, wenn neue Objekte hinzukommen.

Mit der Zuweisung der Rechte ist der Benutzer *app_user* in der Lage, alle Tabellen im Schema *app_owner* zu bearbeiten. Änderungen an der Tabellenstruktur sind nicht möglich (Listing 8.10).

Listing 8.10 Zuweisung von Rechten für alle Tabellen eines Benutzers

```
(postgres@localhost:5432)[hanser]> GRANT SELECT, INSERT, UPDATE, DELETE
> ON ALL TABLES IN SCHEMA app_owner TO app_user;
GRANT
(postgres@localhost:5432)[hanser]> ALTER DEFAULT PRIVILEGES
> FOR ROLE app_owner
> GRANT SELECT, INSERT, UPDATE, DELETE ON TABLES TO app_user;
ALTER DEFAULT PRIVILEGES
(postgres@localhost:5432)[hanser]> GRANT USAGE ON SCHEMA app_owner TO app_user;
GRANT
(postgres@localhost:5432)[hanser]> \c - app_user
You are now connected to database "hanser" as user "app_user".
(app_user@localhost:5432)[hanser]> INSERT INTO app_owner.version
> VALUES('10.3');
INSERT 0 1
(app_user@localhost:5432)[hanser]> SELECT * FROM app_owner.version;
                  text
------------------------------------------
 10.3
(app_user@localhost:5432)[hanser]> ALTER TABLE app_owner.version
> ADD COLUMN datum date;
ERROR:  must be owner of relation version
(app_user@localhost:5432)[hanser]> ALTER TABLE app_owner.version
> ADD COLUMN datum date;
ERROR:  must be owner of relation version
```

8.1.2 Authentifizierung und Zugangskontrolle

Sendet ein Client eine Verbindungsanfrage an einen Datenbankserver, wird anhand des Benutzernamens entschieden, ob eine Verbindung aufgebaut wird. Ist der Benutzer angemeldet, kann er sich entsprechend der ihm zugewiesenen Rechte auf dem Datenbankserver bewegen.

Mit der Anmeldung findet der Authentifizierungsprozess statt. Dabei wird die Identität des Clients ermittelt und geprüft, ob der Client berechtigt ist, sich am Server anzumelden. Die Art und Weise, wie der Authentifizierungsprozess stattfindet, ist konfigurierbar. Die Konfiguration ist in der Datei *pg_hba.conf* gespeichert. Die Standarddatei finden Sie in Listing 8.11

Listing 8.11 Out-of-the-box-Standard der Konfigurationsdatei *pg_hba.conf*

```
# TYPE  DATABASE        USER      ADDRESS       METHOD
# "local" is for Unix domain socket connections only
local   all             all                     trust
# IPv4 local connections:
host    all             all       127.0.0.1/32 trust
# IPv6 local connections:
host    all             all       ::1/128       trust
# Allow replication connections from localhost, by a user with the
# replication privilege.
local   replication     all                     trust
host    replication     all       127.0.0.1/32 trust
host    replication     all       ::1/128       trust
```

Die Datei besteht aus fünf Spalten. Bei mehrfachen Einträgen wird der erste passende verwendet. Die erste Spalte steht für den Verbindungstyp. Die wichtigsten Werte sind:

- *local:* lokale Verbindung über Unix-Domain-Socket
- *host:* Verbindung über TCP/IP-Sockets
- *hostssl:* SSL-Verbindung über TCP/IP-Sockets
- *hostnossl:* Nicht-SSL-Verbindung über TCP/IP-Sockets

In der Spalte „DATABASE“ kann die Datenbank spezifiziert werden, für die der Eintrag gültig ist. Der Wert „all“ bedeutet, dass der Eintrag für alle Datenbanken des Clusters gilt, „replication“, dass es sich um einen Administrator der Replikation handelt. Analog ist die Spalte „USER“ für den Login-Namen zu betrachten.

Die Spalte „ADDRESS“ spezifiziert den Hostnamen, die IP-Adresse oder einen Bereich von IP-Adressen, für den der Eintrag gültig ist. Durch einen Schrägstrich kann neben der IP-Adresse die CIDR-Maske angegeben werden. Ein typisches Beispiel für einen einzigen Host wäre:

```
192.168.178.100/32
```

Der Eintrag „0.0.0.0/0“ steht für alle IPv4-Adressen. Damit wird der Eintrag für alle Server als valide angesehen. Weitere gültige Werte sind:

- *all*: steht für alle IP-Adressen und hat dieselbe Wirkung wie „0.0.0.0/0“
- *samehost*: steht für die IP-Adresse des lokalen Servers
- *Samenet*: alle IP-Adressen im Subnetz des Servers

Alle sonstigen Namen werden als Hostnamen interpretiert und PostgreSQL versucht, diese über einen DNS-Eintrag aufzulösen. Die Auflösung erfolgt nicht case-sensitiv.

Der Eintrag in der Spalte „METHOD" legt die Authentifizierungsmethode fest. Die wichtigsten zulässigen Einträge sind:

- *trust*: Verbindungen werden ohne weitere Überprüfung zugelassen.
- *reject*: Verbindungsversuche werden ohne weitere Überprüfung abgewiesen. Damit können bestimmte Clients generell ausgeschlossen werden.
- *md5*: Der Client muss ein gültiges Passwort liefern. Das Passwort wird mit dem MD5-Verfahren auf dem Client verschlüsselt und verschlüsselt übertragen.
- *scram-sha-256*: Es wird SCRAM-SHA-256 als Authentifizierungsmethode verwendet.
- *password*: Der Client muss sich mit einem Passwort authentifizieren. Das Passwort wird im Klartext über das Netzwerk übertragen.
- *cert*: Die Authentifizierung erfolgt mit Hilfe von SSL-Zertifikaten.
- *ldap*: Authentifizierung über einen LDAP-Server
- *ident*: Authentifizierung über einen Ident-Server

HINWEIS: Das gewählte Verfahren legt fest, welche Authentifizierungsmethode verwendet werden soll, nicht die Art und Weise der Speicherung des Passworts in der Datenbank. Für die Speicherung des Passworts in der Datenbank ist der Parameter *password_encryption* in der Datei *postgresql.conf* zuständig.

Die Methode *trust* sollte nur für lokale Verbindungen verwendet werden. Damit erhalten die Benutzer, die sich auf dem Datenbankserver anmelden, automatisch Zugang zur Datenbank.

Zugriffe über das Netzwerk von anderen Clients und Servern sollten generell mit einem Passwort erfolgen. Die am häufigsten verwendeten Methoden sind: *password*, *md5* und *scram-sha-256*. Diese schauen wir uns gleich etwas genauer an. Die Authentifizierung mit Hilfe von Zertifikaten wird immer populärer und kommt insbesondere für Cloud-Datenbanken zum Einsatz.

Die Methode *password* stellt zwar sicher, dass sich die Benutzer mit einem Passwort authentifizieren müssen, allerdings wird das Passwort im Klartext über das Netzwerk übertragen. Gelingt es einem Angreifer, den Netzwerkverkehr zu beobachten, kann er das Passwort direkt sehen. Dies lässt sich nachvollziehen, indem dem Benutzer „hanser" ein Passwort zugewiesen und die Authentifizierungsmethode *password* gesetzt wird:

```
(postgres@[local]:5432)[postgres]> ALTER USER hanser PASSWORD ‚geheim';
ALTER ROLE
```

Auf dem Client wird eine Verbindung mit psql hergestellt:

```
C:\Postgresql\bin>psql -U hanser -h 192.168.56.100
Password for user hanser:
psql (14.1)
(hanser@192.168.56.100:5432)[hanser]>
```

Im Netzwerkverkehr findet man zum einen die Verbindungsanfrage des Clients mit dem Benutzernamen:

Listing 8.12 Verbindungsanfrage des Clients an den Server

```
Protocol: TCP 192.168.56.1 -> 192.168.56.100
000000: 45 00 00 7B 31 3C 40 00 80 06 D7 8 A C0 A8 38 01 E..{1<@…×.À¨8.
000010: C0 A8 38 64 E6 60 15 38 FA E2 5F 45 76 60 4E E0 À¨8dæ`.8úâ_Ev`Nà
000020: 50 18 20 14 E7 B0 00 00 00 00 00 53 00 03 00 00 P. .ç°.....S....
000030: 75 73 65 72 00 68 61 6E 73 65 72 00 64 61 74 61 user.hanser.data
000040: 62 61 73 65 00 68 61 6E 73 65 72 00 61 70 70 6C base.hanser.appl
000050: 69 63 61 74 69 6F 6E 5F 6E 61 6D 65 00 70 73 71 ication_name.psq
000060: 6C 00 63 6C 69 65 6E 74 5F 65 6E 63 6F 64 69 6E l.client_encodin
000070: 67 00 57 49 4E 31 32 35 32 00 00 00 00 00 00 00 g.WIN1252.......
```

Auf die Anfrage des Servers, das Passwort zu senden, antwortet der Client mit dem folgenden TCP-Paket:

Listing 8.13 Übertragung des Passworts an den Server mit Methode *password*

```
Protocol: TCP 192.168.56.1 -> 192.168.56.100
000000: 45 00 00 34 31 C9 40 00 80 06 D7 44 C0 A8 38 01 E..41É@…×DÀ¨8.
000010: C0 A8 38 64 E6 8E 15 38 19 CF EC BF 15 ED CE 46 À¨8dæ..8.Ïì¿.íÎF
000020: 50 18 20 14 04 33 00 00 70 00 00 00 0B 67 65 68 P. ..3..p....geh
000030: 65 69 6D 00 00 00 00 00 00 00 00 00 00 00 00 00 eim.............
```

Das Passwort ist im Klartext sichtbar und kann vom Angreifer direkt verwendet werden. Diese Methode sollte deshalb nicht mehr verwendet werden.

Mit der Methode *md5* wird das folgende Verfahren ausgelöst:

1. Der Client sendet die Verbindungsanfrage mit dem Benutzernamen, so wie in Listing 8.12 dargestellt, an den Server.
2. Der Server antwortet und schickt einen vierstelligen Salt an den Client.
3. Der Client erstellt zunächst den MD5-Hash, so wie er in der Datenbank gespeichert ist. Dieser Hashcode geht zusammen mit dem Salt in eine weitere Hash-Generierung mit dem MD5-Verfahren ein. Der so erzeugte Hashcode wird an den Server gesendet.
4. Der Server generiert diesen Code mit demselben Verfahren und vergleicht das Ergebnis mit dem, was der Client über das Netzwerk geschickt hat. Stimmt das Ergebnis überein, ist der Client authentifiziert.

Die Methode *md5* galt für viele Jahre als relativ sicher. Aus heutigem Blickwinkel ist sie jedoch nicht mehr zu empfehlen. Mit gestiegenen Rechenkapazitäten kann das Verfahren für einen Hackerangriff genutzt und das Passwort geknackt werden. Die wesentlichen Nachteile des Verfahrens sind:

- Die Generierung eines MD5-Hashcodes ist mit relativ wenigen CPU-Zyklen und damit in kurzer Zeit möglich. Der Schlüssel ist damit ein Kandidat für eine Brute-Force-Attacke.
- Die Länge des Salt beträgt nur vier Stellen. Die Generierung des Hashcodes umfasst damit nur wenige Permutationen und somit können die Hashcodes mit einer Brute-Force-Methode in sehr kurzer Zeit ermittelt werden.
- Der Salt wird unverschlüsselt über das Netzwerk übertragen.
- Der Benutzername wird zur Ermittlung des gespeicherten Hashcodes herangezogen.

TIPP: Verwenden Sie möglichst die Authentifizierungsmethode *md5* nicht mehr. Sie gilt nicht mehr als sicher. In Abschnitt 8.1.7 finden Sie ein Beispiel für eine Brute-Force-Attacke. SCRAM-SHA-256 ist aus vieler Hinsicht wesentlich sicherer und garantiert bei hinreichender Passwortlänge und -komplexität eine sehr hohe Sicherheit.

Die empfohlene Methode sowohl für die Speicherung des Passworts als auch für die Authentifizierung ist SCRAM-SHA-256, die seit der Version 10 zur Verfügung steht. Mit ihr kann ein hohes Maß an Sicherheit erzielt werden. Das Authentifizierungsverfahren besteht aus den folgenden Schritten:

1. Der Client sendet eine Verbindungsanfrage mit dem Benutzernamen an den Server.
2. Der Server antwortet mit dem Hinweis, dass die SASL-Authentifizierungsmethode verwendet wird, und gibt dem Client eine Liste mit verfügbaren Verfahren. Aktuell ist SCRAM-SHA-256 das einzige Verfahren, das PostgreSQL anbietet.
3. Der Client antwortet und teilt dem Server mit, dass SCRAM-SHA-256 gewählt wurde, und sendet zusätzlich einen mit dem Zufallsgenerator erzeugten String.
4. Der Server sendet die ersten Daten für die SASL-Authentifizierung. Im Feld „r“ befinden sich die vom Client erzeugten Zufallsdaten mit Zufallsdaten, die vom Server angehängt wurden.
5. Der Client antwortet mit SASL-Daten. Der Hashcode wurde mit dem Salt und der Iterationszahl, die vom Server gesendet wurde, gebildet.
6. Der Server generiert das Passwort und vergleicht es mit dem in der Datenbank gespeicherten Wert. Im Erfolgsfall sendet der Server den Verifier zurück.
7. Der Client prüft den Verifier. Ist dieser korrekt, wird die Session gestartet.

Das Verfahren ist zwar offiziell nicht offengelegt, kann jedoch, da es sich um Open-Source-Programme handelt, leicht nachgebildet werden. Es bietet dennoch eine hohe Sicherheit. Für eine Brute-Force-Attacke muss man eine PBKDF2-Verschlüsselung mit 4096 Iterationen durchführen. Dies benötigt vergleichsweise viel Rechenkapazität und Zeit, so dass das Passwort mit normalen Mitteln, ein hinreichend langes und komplexes Passwort vorausgesetzt, nicht in hinreichender Zeit geknackt werden kann. Bei Bedarf kann die Anzahl der Iterationen erhöht werden.

HINWEIS: Die Authentifizierungsmethode SCRAM-SHA-256 und die damit zusammenhängende Passwortverschlüsselung wurden mit der Version 10 eingeführt. Es kann durchaus sein, dass die Passwörter noch mit „md5“ verschlüsselt sind, wenn der Server aus einer früheren Version stammt.

8.1.3 Passwortmigration

Vor der Version 10 war die einzig verfügbare Verschlüsselungsmethode für Passwörter „md5“. Bei einer Migration des Servers auf höhere Versionen wird die Verschlüsselung nicht automatisch geändert. Die Passwörter sind immer noch in der Form `md5||md5(Passwort + Benutzername)` gespeichert. Benutzer, die noch eine md5-Verschlüsselung haben, können mit der Abfrage aus Listing 8.14 ermittelt werden.

Listing 8.14 Benutzer mit Passwortverschlüsselung im Format „md5“ abfragen

```
(postgres@localhost:5432)[postgres]> SELECT rolname, rolpassword
> FROM pg_authid WHERE rolpassword like 'md5%';
 rolname |             rolpassword
---------+-------------------------------------
 hanser  | md539580c3dfcef8d1138730c9cccf80fb7
```

Die Neuvergabe des Passworts muss organisatorisch gelöst werden. Mit dem folgenden Befehl wird ein Passwort im Format SCRAM-SHA-256 erstellt:

```
(postgres@localhost:5432)[postgres]> ALTER USER hanser password ,geheim';
ALTER ROLE
```

Die Speicherung des Passworts erfolgt in einem speziellen Format.

Listing 8.15 Gespeichertes Passwort im Format SRAM-SHA-256

```
SCRAM-SHA-256$4096:MdJhmAEBtYwjNY4uU/yMQQ==$tIOv2GZjYWXVH1uJ1PmHr4H1aIcIaQAo28rMEtDAi
2M=:Ppulr7eNoKgpNfKtIL6WOhTXONIrEAuMtHJAfkMRbDQ=
```

Das gespeicherte Passwort besteht aus den folgenden Bestandteilen, die für die Authentifizierung verwendet werden:

```
SCRAM-SHA-256$<iterations>:<encrypted_salt>$<stored_key>:<server_key>
```

Die Bedeutung der Bestandteile ist detailliert im Abschnitt 8.1.7.1 erläutert.

Nach der Migration ist eine hohe Passwortsicherheit gegeben. Da keine automatische Migration mit dem Upgrade erfolgt, sollte sich der Datenbankadministrator gezielt darum kümmern.

8.1.4 Rechteverwaltung

Der Zugriff auf Datenbankobjekte wird durch das Rechtesystem kontrolliert. Damit soll in erster Linie ein unberechtigter Zugriff auf die Objekte verhindert werden.

Der Eigentümer eines Objekts ist derjenige, der es erstellt hat oder dem es nachträglich zugewiesen wurde. Er hat automatisch das Recht, Änderungen am Objekt vorzunehmen, ohne dass zusätzliche Privilegien vergeben werden müssen. Er kann auch Änderungen im Inhalt einer Tabelle vornehmen, also sogenannte DML-Operationen durchführen. Rechte wie das Löschen, Umbenennen oder Hinzufügen einer Spalte sind erst mal nur dem Eigentümer vorbehalten. Eine Ausnahme bilden Benutzer mit Superuser-Rechten.

Der Eigentümer eines Objekts kann nachträglich geändert werden. In Listing 8.16 wird der Eigentümer einer Tabelle auf den Benutzer „app_owner“ geändert.

Listing 8.16 Den Eigentümer einer Tabelle ändern

```
(postgres@localhost:5432)[hanser]> SELECT schemaname, tableowner, tablename
> FROM pg_tables;
     schemaname     | tableowner |        tablename
--------------------+------------+-------------------------
app_owner           | hanser     | version
(postgres@localhost:5432)[hanser]> ALTER TABLE app_owner.version
> OWNER TO app_owner;
ALTER TABLE
(postgres@localhost:5432)[hanser]> SELECT schemaname, tableowner, tablename
> FROM pg_tables;
     schemaname     | tableowner |        tablename
--------------------+------------+-------------------------
app_owner           | app_owner  | version
```

PostgreSQL hält eine Reihe von Privilegien bereit. Neben granularen Privilegien, wie zum Beispiel das Lesen einer Tabelle, gibt es zusätzlich das Privileg „ALL“, das abhängig vom Objekttyp alle granularen Rechte enthält.

Listing 8.17 Alle Privilegien zuweisen

```
(postgres@localhost:5432)[hanser]> CREATE ROLE dba;
CREATE ROLE
(postgres@localhost:5432)[hanser]> GRANT ALL PRIVILEGES
> ON DATABASE hanser TO dba;
GRANT
```

Wie bereits erwähnt, sind Privilegien abhängig vom Objekttyp. In Tabelle 8.2 finden Sie die Privilegien für Tabellen und Views.

Tabelle 8.2 Privilegien für Tabellen und Views

Privileg	Erklärung
SELECT	Erlaubt das Lesen einer Tabelle mit SELECT oder COPY FROM
INSERT	Recht zum Einfügen mit INSERT oder COPY TO
UPDATE	Erlaubt UPDATE, SELECT FOR UPDATE, SELECT FOR SHARE
DELETE	Löschen mit DELETE (nicht mit TRUNCATE)
TRIGGER	Recht zum Anlegen eines Triggers an der Tabelle
REFERENCES	Recht, einen Fremdschlüssel zu definieren. Wird an beiden beteiligten Tabellen benötigt.

HINWEIS: Hat ein UPDATE- oder ein DELETE-Befehl eine Suchbedingung, dann wird zusätzlich das SELECT-Privileg benötigt. SELECT FOR UPDATE und SELECT FOR SHARE benötigen ebenfalls zusätzlich das SELECT-Privileg.

Für Funktionen gibt es genau ein Privileg, das EXECUTE-Recht. Dieses Recht wird bei neu angelegten Funktionen automatisch auf PUBLIC gesetzt. Die Privilegtypen für Sequenzen finden Sie in Tabelle 8.3.

Tabelle 8.3 Privilegien für Sequenzen

Privileg	Erklärung
SELECT	Die Funktion „curval" darf verwendet werden.
UPDATE	Erlaubt die Verwendung der Funktionen „nextval" und „setval".
USAGE	Die Funktionen „curval" und „nextval" dürfen verwendet werden. Das ist das Standardprivileg für die Verwendung von Sequenzen.

Die bisher betrachteten Privilegien galten für einzelne Objekte. PostgreSQL hält aber auch Rechte bereit, die für ein ganzes Schema oder eine ganze Datenbank gelten (Tabelle 8.4, Tabelle 8.5).

Tabelle 8.4 Privilegien für Schemas

Privileg	Erklärung
CREATE	Berechtigt zum Erzeugen neuer Objekte im Schema. Ist der Benutzer gleichzeitig Eigentümer des Objekts, schließt das Privileg das Recht ein, das Objekt umzubenennen.
USAGE	Erlaubt die Verwendung der Objekte in einem Schema

Tabelle 8.5 Privilegien für Datenbanken

Privileg	Erklärung
CONNECT	Berechtigt zur Verbindung mit der Datenbank. Dieses Recht wird zusätzlich zu den Einträgen in der Datei *pg_hba.conf* sowie dem LOGIN-Attribut von Rollen geprüft. Es wird bei neuen Datenbanken automatisch auf PUBLIC gesetzt.
CREATE	Gestattet das Anlegen neuer Schemas in der Datenbank
TEMP	Mit diesem Privileg können temporäre Tabellen in der Datenbank angelegt werden. Es wird bei neuen Datenbanken standardmäßig auf PUBLIC gesetzt.

Schließlich gibt es noch das Privileg CREATE für Tablespaces. Dieses berechtigt zum Anlegen von Datenbanken mit einer Tablespace als Default-Tablespace.

Objektprivilegien kann im Ursprung nur der Eigentümer oder der Superadmin vergeben. Das Recht zur Weitergabe von Privilegien lässt sich mit der Option „WITH GRANT OPTION" vergeben. Im Beispiel in Listing 8.18 hat die Rolle „app_user" das Recht, das SELECT-Privileg an der Tabelle an andere Benutzer zu vergeben.

Listing 8.18 Die Rechte an einem Objekt weiterreichen

```
(postgres@localhost:5432)[hanser]> GRANT SELECT ON TABLE app_owner.version
> TO app_user WITH GRANT OPTION;
GRANT
(postgres@localhost:5432)[hanser]> \c - app_user
You are now connected to database "hanser" as user "app_user".
(app_user@localhost:5432)[hanser]> GRANT SELECT ON TABLE app_owner.version
> TO app_mon;
GRANT
```

Für das Anzeigen von Privilegien auf Tabellen hält das Utility psql das Kürzel „\z“ bereit. Ein Beispiel finden Sie in Listing 8.19. Das Ausgabeformat ist:

```
GRANTEE=PRIVILEG/GRANTOR
```

Dabei ist GRANTEE der Empfänger der Privilegien und GRANTOR derjenige, der sie erteilt hat. Die Privilegien selbst sind mit folgenden Buchstaben verschlüsselt:

- a: APPEND (für INSERT-Befehle)
- w: WRITE (für UPDATE-Befehle)
- d: DELETE
- r: READ (für SELECT-Anweisungen)
- x: REFERENCES
- t: TRIGGER

Ein „*“ hinter dem Buchstaben bedeutet, dass das Privileg mit der GRANT-Option erteilt wurde. Die Rolle hat also das Recht, das Privileg weiterzugeben.

Listing 8.19 Tabellenprivilegien anzeigen

```
(app_owner@localhost:5432)[hanser]> \z
                                  Access privileges
  Schema   |           Name            |   Type   |       Access privileges
-----------+---------------------------+----------+-----------------------------
 app_owner | version                   | table    | app_owner=arwdDxt/app_owner+
           |                           |          | app_rw=r/app_owner         +
           |                           |          | test=aw/app_owner          +
           |                           |          | app_user=r*/app_owner      +
           |                           |          | test=r/app_user
```

Basis dieser Anzeige ist die View *pg_class*. Die Abfrage ist auch mithilfe einer SELECT-Anweisung möglich (Listing 8.20).

Listing 8.20 Privilegien über *pg_class* abfragen

```
(postgres@localhost:5432)[hanser]> SELECT relname, relacl
> FROM pg_class WHERE relname = 'version';
 relname |                                    relacl
---------+-----------------------------------------------------------------------
 version | {app_owner=arwdDxt/app_owner,app_rw=r/app_owner,test=aw/app_owner,
           app_user=r*/app_owner,test=r/app_user}
```

Eine weitere Quelle zum Abfragen von Privilegien ist das „Information-Schema“, eine Sammlung von Tabellen und Views, so wie sie im ANSI-SQL vorgeschrieben sind. Die View *table_privileges* liefert Informationen über Tabellenprivilegien in einer etwas übersichtlicheren Form.

Listing 8.21 Objektprivilegien über das Information-Schema abfragen

```
(postgres@localhost:5432)[hanser]> SELECT *
> FROM information_schema.table_privileges
> WHERE table_name = 'version';
  grantor   |  grantee   | table_  | table_     | table_  | privi-    | is_    | with_
            |            | catalog | schema     | name    | lege_     | grant- | hier-
            |            |         |            |         | type      | able   | archy
```

```
-----------+-----------+--------+-----------+---------+-----------+-------+-------
 app_owner | app_owner | hanser | app_owner | version | INSERT    | YES   | NO
 app_owner | app_owner | hanser | app_owner | version | SELECT    | YES   | YES
 app_owner | app_owner | hanser | app_owner | version | UPDATE    | YES   | NO
 app_owner | app_owner | hanser | app_owner | version | DELETE    | YES   | NO
 app_owner | app_owner | hanser | app_owner | version | TRUNCATE  | YES   | NO
 app_owner | app_owner | hanser | app_owner | version | REFERENCES| YES   | NO
 app_owner | app_owner | hanser | app_owner | version | TRIGGER   | YES   | NO
 app_owner | app_rw    | hanser | app_owner | version | SELECT    | NO    | YES
 app_owner | test      | hanser | app_owner | version | INSERT    | NO    | NO
 app_owner | test      | hanser | app_owner | version | UPDATE    | NO    | NO
 app_owner | app_user  | hanser | app_owner | version | SELECT    | YES   | YES
 app_user  | test      | hanser | app_owner | version | SELECT    | NO    | YES
```

Anzeigen und Bearbeiten von Privilegien ist natürlich auch mit dem grafischen Admin-Tool pgAdmin 4 möglich. Wählen Sie aus dem Kontextmenü der Tabelle (rechte Maustaste) den Punkt *Eigenschaften* aus. Im Register *Sicherheit* können die Rechte auf die Tabelle angezeigt und verändert werden.

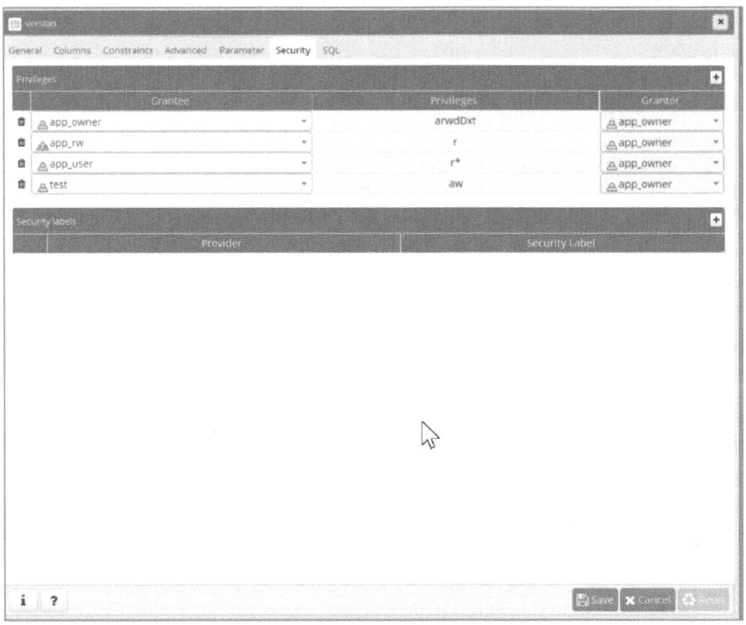

Bild 8.2 Tabellenprivilegien mit pgAdmin 4 bearbeiten

Privilegien können mit dem REVOKE-Befehl oder alternativ mit pgAdmin 4 entzogen werden. Weitergehende Rechte müssen mit der Option CASCADE gelöscht werden.

Listing 8.22 Ein Objektprivileg entziehen

```
(postgres@localhost:5432)[hanser]> REVOKE SELECT ON TABLE
> app_owner.version FROM app_user CASCADE;
REVOKE
```

8.1.5 Sichere Verbindungen

Für ein hohes Maß an Sicherheit kann eine verschlüsselte Übertragung der Daten zwischen Client und Datenbankserver oder auch bei Verwendung eines Datenbanklinks zwischen Datenbankclustern gefordert werden. Dies ist besonders wichtig, wenn öffentliche oder gemeinsam benutzte Netzwerkverbindungen verwendet werden. PostgreSQL bietet für eine verschlüsselte Übertragung die folgenden Optionen, die mit geringem Aufwand realisiert werden können:

1. SSL-Verschlüsselung unter Verwendung von OpenSSL
2. Aufbau eines SSH-Tunnels
3. GSSAPI-Verschlüsselung

8.1.5.1 Sichere Verbindungen mit SSL

PostgreSQL bietet integrierte Unterstützung für SSL-Verbindungen und somit einen erhöhten Sicherheitsstandard in Form einer verschlüsselten Übertragung von Daten zwischen Client und Datenbankserver. Dabei setzt PostgreSQL auf das Open-Source-Produkt *OpenSSL*. Voraussetzung ist, dass OpenSSL sowohl auf der Server- als auch auf der Client-Seite installiert ist. Weiterhin muss die OpenSSL-Option in der PostgreSQL-Distribution enthalten sein. Fordern Sie bei einer Paketinstallation von Ihrem Provider ein Server-Paket an, das OpenSSL enthält, oder führen Sie die Installation aus dem Quellcode durch. Die folgende Anleitung beschreibt alle notwendigen Schritte:

1. Laden Sie den Quellcode der aktuellen Version von der Webseite *http://openssl.org* herunter. Installieren Sie die Software unter dem Benutzer *root* nach der folgenden Installationsanleitung:

```
# ./config
# make
# make test
# make install
```

2. Installieren Sie, falls noch nicht geschehen, die PostgreSQL-Software mit der Option *openssl*. Sie können eine bestehende Distribution überschreiben und das Datenverzeichnis behalten.

```
# ./configure
# make
# make install
```

3. Um den PostgreSQL-Server im SSL-Modus starten zu können, werden ein Server-Zertifikat und ein privater Schlüssel (Private Key) benötigt. Die folgenden Schritte beschreiben, wie man ein Zertifikat vom Typ „self-signed“ mit OpenSSL erstellt.

a) Im ersten Schritt wird der private Schlüssel erstellt und in der Datei *server.key* gespeichert:

```
$ openssl
OpenSSL> genrsa -des3 -out server.key 1024
Generating RSA private key, 1024 bit long modulus
....++++++
```

```
..........++++++
e is 65537 (0x10001)
Enter pass phrase for server.key:
Verifying - Enter pass phrase for server.key:
```

b) Mit Hilfe des privaten Schlüssels kann nun ein Certificate Signing Request (CSR) erstellt werden. Dieser muss von einer berechtigten Firma zertifiziert werden. Für Testsysteme besteht die Option, ein Zertifikat selbst zu erstellen (self-signed). Zunächst wird eine CSR-Datei erstellt:

```
OpenSSL> req -new -key server.key -out server.csr
Enter pass phrase for server.key:
You are about to be asked to enter information that will be incorporated
into your certificate request.
What you are about to enter is what is called a Distinguished Name or a DN.
There are quite a few fields but you can leave some blank
For some fields there will be a default value,
If you enter '.', the field will be left blank.
-----
Country Name (2 letter code) [XX]:GE
State or Province Name (full name) []:Ruegen
Locality Name (eg, city) [Default City]:Putbus
Organization Name (eg, company) [Default Company Ltd]:Hanser
Organizational Unit Name (eg, section) []:Fachbuch
Common Name (eg, your name or your server's hostname) []:serv2
Email Address []:cert@hanser.com

Please enter the following 'extra' attributes
to be sent with your certificate request
A challenge password []:hanser
An optional company name []:hanser
```

c) Jetzt kann das Zertifikat generiert werden:

```
$ cp server.key server.key.ori
$ openssl rsa -in server.key.ori -out server.key
Enter pass phrase for server.key.ori:
writing RSA key
$ openssl x509 -req -days 365 -in server.csr -signkey server.key -out server.crt
Signature ok
subject=/C=GE/ST=Ruegen/L=Putbus/O=Hanser/OU=Fachbuch/CN=serv2/emailAddress=cert@
hanser.com
Getting Private key
```

1. Da wir mit selbsterstellten Zertifikaten arbeiten, kann das root-Zertifikat einfach von der Datei *server.crt* kopiert werden.

```
$ cp server.crt root.crt
```

2. In diesem Schritt wurden zwei Dateien erzeugt. Die Datei *server.crt* enthält das Server-Zertifikat und die Datei *server.key* den privaten Schlüssel. Kopieren Sie diese Dateien in das Verzeichnis $PGDATA und ändern Sie die Zugriffsrechte, sodass nur der Eigentümer (postgres) Zugriff hat.

```
$ chmod 600 server.key server.crt root.crt
```

3. Aktivieren Sie nun die SSL-Option im PostgreSQL-Server, damit er SSL-Verbindungen akzeptiert. Setzen Sie in der Datei *postgresql.conf* den Parameter *ssl* auf den Wert „on“. Zusätzlich können Sie die Parameter *ssl_cert_file* und *ssl_key_file* ändern, falls Sie andere Dateinamen und Speicherorte gewählt haben. Nach der Änderung ist ein Neustart des Servers erforderlich.

Der PostgreSQL-Server ist nun bereit, SSL-Verbindungen zu akzeptieren. Er kann so konfiguriert werden, dass er sowohl SSL- als auch Nicht-SSL-Verbindungen auf demselben Port akzeptiert. Für einen Test der Verbindung erlauben wir dem Client, sich mit SSL zu verbinden. Dazu wird der folgende Eintrag in der Datei *pg_hba.conf* erstellt:

```
hostssl   all   all   192.168.178.28/32   scram-sha-256
```

An dieser Stelle testen wir eine SSL-Verbindung von einem Client-Computer mit dem Programm pgsql (siehe Listing 8.23).

Listing 8.23 Eine verschlüsselte SSL-Verbindung herstellen

```
psql -h 192.168.178.32 -U hanser
psql (14.1)
SSL connection (protocol: TLSv1.2, cipher: ECDHE-RSA-AES256-GCM-SHA384, bits: 256,
compression: off)
Type "help" for help.
(postgres@192.168.178.26:5432)[postgres]>
```

Um festzustellen, ob eine verschlüsselte Verbindung vorliegt, kann das Modul *sslinfo* verwendet werden. Es ist Bestandteil des PostgreSQL-Contribution-Pakets. Das Programm muss wie im Folgenden beschrieben zusätzlich installiert werden.

1. Erstellen Sie die Library *sslinfo.so* im Verzeichnis *postgresql-14.1/contrib/sslinfo.*

```
# make
```

2. Kopieren Sie die Datei in das Verzeichnis */usr/local/psql/lib.*
3. Erstellen Sie eine Funktion, die von Client-Programmen verwendet werden kann:

```
(postgres@[local]:5432)[postgres]> CREATE FUNCTION ssl_is_used()
> RETURNS boolean
> LANGUAGE c STRICT
> AS '$libdir/sslinfo', 'ssl_is_used';
CREATE FUNCTION
```

4. Mit dieser Funktion kann überprüft werden, ob eine SSL-Verbindung besteht.

```
(postgres@localhost:5432)[postgres]> SELECT ssl_is_used();
ssl_is_used
-------------
t
```

Zusätzlich können Details zu SSL-Verbindungen mit der View *pg_stat_ssl* abgefragt werden.

Listing 8.24 Details zu SSL-Verbindungen abfragen

```
(postgres@localhost:5432)[postgres]> SELECT * FROM pg_stat_ssl;
pid    | ssl | version | cipher                        | bits
------+-----+---------+-----------------------------+------
```

```
5626  | t    | TLSv1.2 | ECDHE-RSA-AES256-GCM-SHA384 | 256
(postgres@localhost:5432)[postgres]> SELECT datname, usename,
client_addr, ssl, cipher
> FROM pg_stat_activity a, pg_stat_ssl b
> WHERE a.pid = b.pid;
datname   | usename  | client_addr   | ssl | cipher
----------+----------+---------------+-----+-----------------------------
          | postgres |               | f   |
postgres  | postgres |192.168.178.35| t   |CDHE-RSA-AES256-GCM-SHA384
```

In Bild 8.3 sehen Sie einen Mitschnitt der Datenübertragung durch Wireshark. Darin ist zu erkennen, dass das Protokoll TLSv1.2 (also SSL) verwendet wird und damit eine verschlüsselte Datenübertragung stattfindet. Es erfolgt ein Schlüsseltausch beim SSL-Handshake.

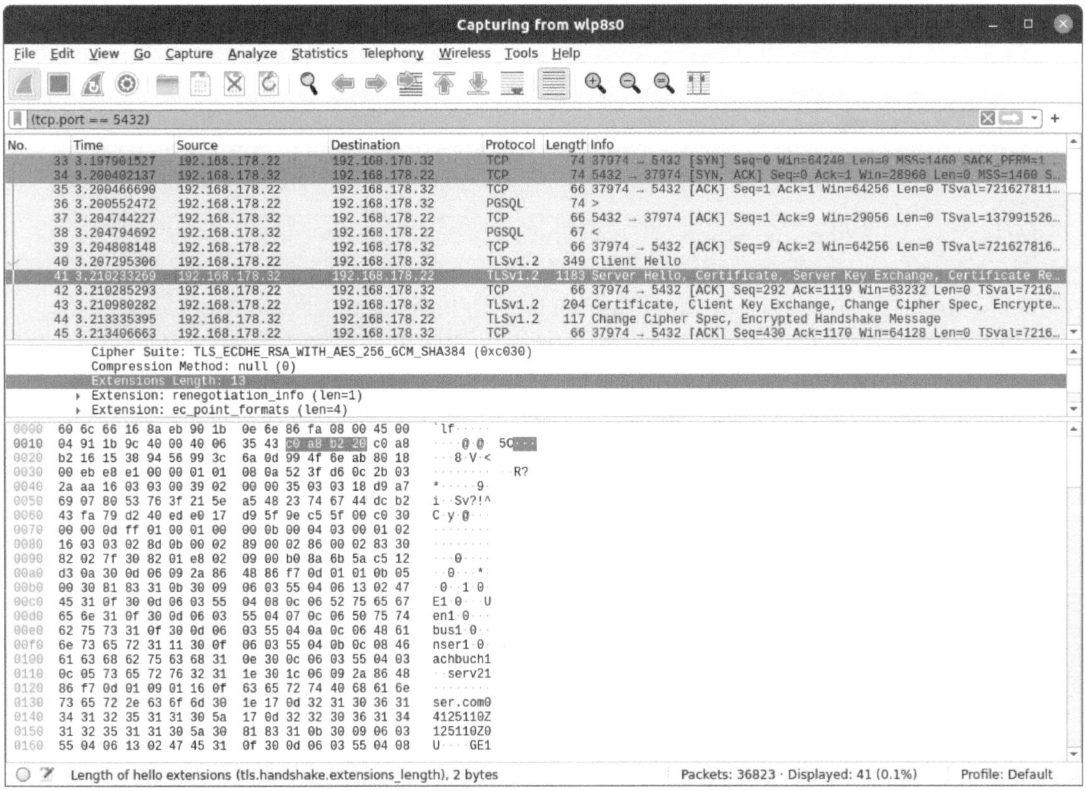

Bild 8.3 Netzwerküberwachung mit Wireshark

Die Übertragung erfolgt also verschlüsselt und die Authentifizierung mit Passwort. Eine Authentifizierung mit Zertifikat ist möglich. Dazu muss der Eintrag in der Datei *pg_hba.conf* ergänzt werden:

```
hostssl   all   all   192.168.178.28/32   scram-sha-256   clientcert=verify-ca
```

Auf dem Client müssen entsprechende Dateien *root.crt*, *client.key* und *client.crt* als vertrauenswürdige Zertifikate hinterlegt werden. Diese müssen sich im Verzeichnis *~/.postgresql* (UNIX) oder *%APPDATA%\postgresql* (Windows) befinden.

Aktuell werden verschiedene Modi durch PostgreSQL unterstützt. Sie verhalten sich unterschiedlich bezüglich Schutz vor Lauschangriff und „Man in the middle-Angriff". Die Daten sind in Tabelle 8.6 zusammengefasst.

Tabelle 8.6 Modi für SSL-Verbindungen

Modus	Eaves-dropping	MITM-Schutz	Bemerkung
disable	nein	nein	Keine verschlüsselte Übertragung
allow	möglich	nein	Client versucht unverschlüsselte Übertragung, kann aber vom Server überstimmt werden.
prefer	ja	nein	Client versucht verschlüsselte Übertragung, kann aber vom Server überstimmt werden.
require	ja	nein	Client fordert verschlüsselte Übertragung vom Server.
verify-ca	ja	möglich	Übertragung erfolgt verschlüsselt. Authentifizierung erfolgt über Zertifikat.
verify-full	ja	ja	Höchste Sicherheitsstufe. Verschlüsselte Übertragung. Der Client muss ein gültiges SSL-Zertifikat vorlegen (Multifaktor-Authentifizierung).

8.1.5.2 Verbindungen mit SSH-Tunnel

SSH-Tunnel stellen eine Alternative für eine sichere Übertragung dar. Voraussetzung ist, dass auf dem Datenbankserver ein SSH-Server läuft. Ein Tunnel kann mit dem folgenden Kommando eingerichtet werden:

Listing 8.25 Einen SSH-Tunnel einrichten

```
$ ssh -L 65432:localhost:5432 postgres@192.168.178.32
```

Dabei ist 65432 eine frei wählbare, nicht benutzte Portnummer, die das Ende des Tunnels repräsentiert. Neben dem Servernamen muss die Portnummer, auf die der PostgreSQL-Server hört, eingetragen werden. In diesem Fall ist es der Standardport 5432 – das andere Ende des Tunnels.

HINWEIS: Die Portnummern 49152 bis 65535 sind für eine benutzerdefinierte Verwendung reserviert und werden nicht von Standardprogrammen verwendet. ■

Die Verbindung zum PostgreSQL-Server wird dann über „localhost", also den Eingang des Tunnels, hergestellt:

```
$ psql -h localhost -p 65432 postgres
```

Das Ende des Tunnels befindet sich auf dem Datenbankserver. In der Verbindungsinformation sieht man nur eine Verbindung, die vom Datenbankserver und nicht vom Client kommt (siehe Listing 8.26).

Listing 8.26 Eine Verbindung über SSH-Tunnel anzeigen

```
(postgres@localhost:65432)[postgres]> SELECT application_name, client_addr,
> usename FROM pg_stat_activity;
application_name  | client_addr | usename
------------------+-------------+----------
psql              | 127.0.0.1 |   postgres
```

8.1.6 Out-of-the-box-Sicherheit

Wichtig für den Einsatz von Datenbanksystemen im professionellen Umfeld ist, dass der Datenbankserver nach einer Standardinstallation bereits ein hohes Maß an Sicherheit gewährleistet. Nach einer Installation sollten deshalb einige grundlegende Anpassungen vorgenommen werden.

Verantwortlich für die Zugriffskontrolle ist die Datei *pg_hba.conf*. Den ausgelieferten Standard sehen Sie in Listing 8.27. Danach werden nur lokale Zugriffe oder Zugriffe über den lokalen Host erlaubt, d. h. die User *postgres* und *root* haben Zugriff ohne Passwortkontrolle. Alle anderen Zugriffe, insbesondere über entfernte Clients, sind nicht zugelassen und müssen durch den Administrator explizit freigeschaltet werden. Damit ist nach der Installation eine transparente Zugriffsbeschränkung gegeben.

Listing 8.27 Standardauslieferung der Datei *pg_hba.conf*

```
TYPE    DATABASE       USER           ADDRESS                METHOD
# "local" is for Unix domain socket connections only
local   all            all                                   trust
# IPv4 local connections:
host    all            all            127.0.0.1/32           trust
# IPv6 local connections:
host    all            all            ::1/128                trust
# Allow replication connections from localhost, by a user with the
# replication privilege.
local   replication    all                                   trust
host    replication    all            127.0.0.1/32           trust
host    replication    all            ::1/128                trust
```

Schauen wir auf den Server. Der Parameter „listen_address“ in der Datei *postgresql.conf* ist verantwortlich dafür, auf welchem Netzwerkinterface der PostgreSQL-Server hört, um Verbindungsanfragen abzuwickeln. Der Standardwert ist „localhost“. Damit sind generell erst mal nur Verbindungen vom lokalen Host zugelassen. Der Administrator wird hier die IP-Adresse oder den Hostnamen des Netzwerkinterfaces eintragen, über das Verbindungen von außen akzeptiert werden. Auch von dieser Stelle drohen keine Gefahren.

TIPP: Der Standardport ist „5432“. Dieser ist natürlich bei Angreifern bekannt und sollte deshalb nach der Installation auf einen anderen Wert geändert werden. Je weniger der Angreifer über die Konfiguration des Servers weiß, desto länger braucht er, um eventuell in das System einzudringen.

Standardmäßig führt PostgreSQL keine Kontrolle zur Passwortkomplexität durch. Schwache Passwörter bieten eine optimale Angriffsfläche und sollten deshalb verhindert werden. Installieren und konfigurieren Sie deshalb die Passwortkontrolle mit dem Modul *passwordcheck*, bevor die ersten Benutzer angelegt werden. Die Abfrage in Listing 8.28 lässt erkennen, welche Benutzer ein Passwort besitzen.

Listing 8.28 Verschlüsseltes Passwort abfragen

```
(postgres@localhost:5432)[hanser]> SELECT rolname, rolpassword
> FROM pg_authid;
      rolname        |              rolpassword
---------------------+-------------------------------------
app_rw               |
app_user             | md5c6a28a618af03b899ea2491ebb4eecec
hanser               | md582fee51651ce30a62e87715d60c3f93e
app_owner            | md5c38d4b178fe96fecc4415a95a3a293b4
dba                  |
postgres             |
```

HINWEIS: In der Version 14 sind die Werte „off“ oder „plain“ für den Parameter *password_encryption* nicht mehr gestattet. Auch die Option UNENCRYPTED im CREATE USER-Befehl ist nicht mehr gültig. Unverschlüsselte Passwörter aus älteren Versionen werden mit dem Standard SCRAM-SHA-256 verschlüsselt.

Eine Schwachstelle des PostgreSQL-Servers ist, dass keine maximale Anzahl von fehlerhaften Login-Versuchen, nach denen der Account gesperrt wird, vorgegeben werden kann. Eine Brute-Force-Attacke kann also gestartet werden. Es bedarf zusätzlicher Maßnahmen, um solche Attacken abzuwehren.

Mit dem initialen Erstellen des Servers wird genau eine Rolle, standardmäßig mit dem Namen „postgres“, angelegt. Diese Rolle erhält das Privileg „Superuser“ und damit weitreichende Rechte an Datenbankserver und Datenbanken. Da keine weiteren Rollen automatisch angelegt werden, ist ein hohes Maß an Out-of-the-box-Sicherheit gegeben. Dennoch gilt die Empfehlung, den Benutzernamen umzubenennen, um es Angreifern zu erschweren, in das System einzudringen. Das gilt insbesondere in Zusammenhang mit den soeben erwähnten Brute-Force-Attacken.

Als Fazit lässt sich festhalten, dass PostgreSQL über ein hohes Maß an Out-of-the-box-Sicherheit verfügt. Auch wenn für ein Höchstmaß an Sicherheit weitere Maßnahmen erforderlich sind, ist der Standard für die meisten Datenbanken ausreichend.

Im folgenden Abschnitt beschäftigen wir uns mit der Abwehr möglicher Hacker-Attacken.

8.1.7 Hacker-Attacken abwehren

Für Datenbanken mit hochsensiblem Inhalt sind Out-of-the-box-Sicherheit oder auch die Vorgaben von HIPAA, BSI oder SOX in der Regel nicht ausreichend. Für ein Höchstmaß an realer Datenbanksicherheit ist es notwendig, die Vorgehensweise von Hackern zu kennen und entsprechende Gegenmaßnahmen einzuleiten. In diesem Abschnitt lernen Sie einige dieser Methoden kennen und wir zeigen, wie diese in PostgreSQL erkannt und verhindert werden können. Das Ziel ist dabei stets, so auszubauen, dass ein Angriff nicht zum Erfolg führt. Im gegebenen Fall sollte man zeitnah erkennen, dass ein Angriff stattfindet oder stattgefunden hat, um weitere Maßnahmen einzuleiten. Eine der am häufigsten verwendeten Methoden ist die Brute-Force-Attacke.

8.1.7.1 Brute-Force-Attacken

Insbesondere die Erhöhung der Netzwerk- und Prozessorgeschwindigkeiten in den vergangenen Jahren haben Brute-Force-Attacken attraktiv gemacht. Es werden entweder alle möglichen Kombinationen aus zugelassenen Buchstaben, Zahlen und Sonderzeichen durchprobiert oder es wird eine Liste der am häufigsten verwendeten Passwörter verwendet. Dabei werden zwei Methoden angewandt:

1. Direkte Anmeldeversuche am Datenbankserver
2. Diebstahl des verschlüsselten Passworts oder von Teilen des Netzwerkverkehrs und Offline-Attacke ohne Verbindung zum Datenbankserver

Direkte Anmeldeversuche am Datenbankserver haben für den Angreifer den Nachteil, dass solche Attacken häufig nicht unbemerkt bleiben und über sognannte Host-Intrusion-Detection-Systeme (HIDS) erkannt werden. Ein weiterer Nachteil ist, dass die relativ große Latenzzeit des Anmeldeprozesses über das Netzwerk die Anzahl der möglichen Versuche pro Zeiteinheit reduziert. Das begrenzt die Anzahl der möglichen Versuche deutlich, was insbesondere ein Problem für das Knacken längerer Passwörter darstellt. Aus diesem Grund wird häufiger mit Passwortlisten gearbeitet, statt alle möglichen Kombinationen durchzutesten.

Auch die Authentifizierungssoftware der Datenbanksysteme ist intelligenter geworden. So wird die maximale Anzahl erfolgloser Anmeldeversuche begrenzt oder die Ausführungszeit für die Authentifizierung künstlich verzögert.

TIPP: Da PostgreSQL nicht über ein integriertes System verfügt, um die Anzahl nichterfolgreicher Anmeldeversuche zu begrenzen, müssen zusätzliche Maßnahmen ergriffen werden. Eine einfache Lösung bietet das folgende Verfahren.

Mithilfe einer einfachen Überwachung können direkte Brute-Force-Attacken verhindert werden. Durch Setzen des Parameters *log_connection* auf „on“ werden erfolgreiche und erfolglose Anmeldeversuche in die Logdatei des Servers geschrieben. Der Eintrag hat die folgende Form:

```
2021-03-14 14:31:49.077 CET [15192] FATAL:  password authentication failed for user
"hanser"
2021-03-14 14:31:49.077 CET [15192] DETAIL:  Password does not match for user
"testmd5".
```

Diese Einträge können herausgefiltert und Brute-Force-Attacken erkannt werden. Als Folgeaktion kann der Account gesperrt werden.

Listing 8.29 Einen Account im Datenbankserver sperren

```
(postgres@localhost:5432)[postgres]> ALTER USER hanser NOLOGIN;
ALTER ROLE
```

In Abschnitt 8.1.2 haben wir die Nachteile der Authentifizierungsmethode „md5" diskutiert. Schauen wir uns an dieser Stelle an, wie eine Brute-Force-Attacke in der Praxis erfolgt.

Das Passwort eines Benutzers wird verschlüsselt in der Datenbank gespeichert, in diesem Fall in Form eines md5-Hashcodes. Es befindet sich in der Spalte „rolpassword" der View *pg_authid*.

Listing 8.30 Das verschlüsselte Passwort auslesen

```
(postgres@localhost:5432)[postgres]> SELECT rolname, rolpassword
> FROM pg_authid;
        rolname             |              rolpassword
----------------------------+-------------------------------------
 testmd5                    | md5d1c9e42049cb29e8416bb44bac8a6f0f
```

TIPP: Das verschlüsselte Passwort sollte besonders geschützt werden. Standardmäßig kann es jeder Superuser und jeder Benutzer mit Zugriff auf die View auslesen. Wie problemlos es ist, das Passwort mit Hilfe des Hashcodes zu ermitteln, zeigen die folgenden Attacken. ■

Im Folgenden betrachten wir zwei erfolgversprechende Ansätze für einen Hackerangriff:

1. Brute-Force-Attacke mit Hilfe des gespeicherten Passworts
2. Brute-Force-Attacke mit Hilfe eines Netzwerk-Sniffers

Im ersten Angriffsszenario gehen wir davon aus, dass das gespeicherte Passwort ausgelesen wurde (siehe Listing 8.30). Es wird mit einem Standard-md5-Algorithmus aus der verbundenen Zeichenkette von Passwort und Benutzernamen gebildet, im Beispiel „geheim" + „testmd5". Am Ende wird die Zeichenkette „md5" vorangestellt. Der Benutzername ist bekannt. In den Brute-Force-Algorithmus muss dann das Passwort mit Wildcards gefüllt werden. Man kann ein eigenes Programm oder ein vorhandenes Werkzeug verwenden.

Weit verbreitet ist das Tool *hashcat*, offiziell als Passwort-Wiederherstellungswerkzeug bezeichnet. In diesem Fall, mit einem sechsstelligen Passwort, dauert die Ermittlung nur wenige Sekunden.

Listing 8.31 Ein Passwort mit hashcat wiederherstellen

```
hashcat -m 12 -a 3 PostgreSQL.hash
d1c9e42049cb29e8416bb44bac8a6f0f:testmd5:geheim
Session..........: hashcat
Status...........: Cracked
Hash.Name........: PostgreSQL
Hash.Target......: d1c9e42049cb29e8416bb44bac8a6f0f:testmd5
Time.Started.....: Mon Mar 15 13:09:50 2021 (0 secs)
Time.Estimated …: Mon Mar 15 13:09:50 2021 (0 secs)
Guess.Mask.......: ?1?2?2?2?2?2 [6]
Guess.Charset....: -1 ?l?d?u, -2 ?l?d, -3 ?l?d*!$@_, -4 Undefined
```

```
Guess.Queue......: 6/15 (40.00%)
Speed.#1.........:  2256.2 MH/s (10.23ms) @ Accel:32 Loops:128 Thr:1024 Vec:1
Recovered........: 1/1 (100.00%) Digests
Progress.........: 927989760/3748902912 (24.75%)
Rejected.........: 0/927989760 (0.00%)
Restore.Point....: 393216/1679616 (23.41%)
Restore.Sub.#1 …: Salt:0 Amplifier:128-256 Iteration:0-128
Candidates.#1....: br4r16 -> prqq9c
Hardware.Mon.#1..: Temp: 54c Util: 97% Core:1695MHz Mem:3504MHz Bus:16
Started: Mon Mar 15 13:09:45 2021
Stopped: Mon Mar 15 13:09:51 2021
```

Je länger und komplexer das Passwort ist, desto länger dauert es, das Passwort zu ermitteln. Dennoch lassen sich mit genügend Rechenpower auch längere Passwörter in endlicher Zeit knacken. So benötigt das Tool für ein achtstelliges Passwort gerade mal eine Minute. Ein achtstelliges Passwort ist häufig noch die Mindestanforderung in vielen Unternehmen.

Natürlich steigt die Ausführungszeit der Brute-Force-Attacke mit zunehmender Passwortlänge nicht linear. Aber auch für lange Passwörter gibt es Lösungen. So werden große Datenbanken erstellt, die Passwort-Hashcodes vorberechnen und in der Datenbank speichern. Dann muss man nur noch über einen Index nach dem Hashcode suchen und kann das Passwort direkt auslesen.

Mit dem zweiten Szenario erfolgt der Angriff auf die Authentifizierungsmethode „MD5" von PostgreSQL. Dabei ist es nicht erforderlich, das gespeicherte Passwort auszulesen. Für die Attacke wird ein Netzwerk-Sniffer benötigt. Es kann ein professionelles Tool wie „Wireshark" oder ein eigenes Programm verwendet werden.

Schauen wir uns den Authentifizierungsprozess etwas genauer an. Nach der Verbindungsanfrage sendet der Server einen vierstelligen Salt an den Client.

Listing 8.32 TCP-Paket des Servers an den Client mit Salt

```
TCP header details:
(5432, 55215, 1845924792, 1967068318, 80, 24, 10233, 12927, 0)
000000: 45 00 00 35 9C D1 40 00 80 06 00 00 C0 A8 B2 1C E..5.Ñ@.....À¨².
000010: C0 A8 B2 1C 15 38 D7 AF 6E 06 93 B8 75 3F 14 9E À¨²..8×¯n..¸u?..
000020: 50 18 27 F9 32 7F 00 00 52 00 00 00 0C 00 00 00 P.'ù2…R.......
000030: 05 39 7 A FF 19 00 00 00 00 00 00 00 00 00 00 .9zÿ...........
```

Die Antwort des Servers beginnt mit 0x05. Damit wird dem Client mitgeteilt, dass es sich um eine MD5-Authentifizierung handelt. Die nächsten vier Bytes sind der Salt. In unserem Beispiel ist das der Byte-Code `0x39, 0x7A, 0xFF, 0x19`.

Der Client verschlüsselt das Passwort nach der folgenden Methode:

1. Ermittlung des gespeicherten Passworts: md5(<passwort> + <benutername>). Im Beispiel: md5(„geheimmd5test").
2. Auf den in Punkt 1 ermittelten Hashwert wird erneut die MD5-Methode angewandt. Dabei wird der Salt eingebunden: md5(md5(<passwort> + <benutzername>) + <salt>). Im Beispiel: md5(md5(„geheimmd5test") + String(0x39,0x7A,0xFF,0x19)).
3. Der so ermittelte Hashwert wird an den Server gesendet.

Listing 8.33 Antwort des Client mit MD5-Hash

```
TCP header details:
(55215, 5432, 1967068318, 1845924805, 80, 24, 10233, 50704, 0)
000000: 45 00 00 51 9C D3 40 00 80 06 00 00 C0 A8 B2 1C E..Q.Ó@.....À¨².
000010: C0 A8 B2 1C D7 AF 15 38 75 3F 14 9E 6E 06 93 C5 À¨².×¯.8u?..n..Å
000020: 50 18 27 F9 C6 10 00 00 70 00 00 00 28 6D 64 35 P.'ùÆ…p …(md5
000030: 61 66 62 63 65 34 63 63 30 66 35 38 61 64 37 38 afbce4cc0f58ad78
000040: 35 63 36 35 37 64 31 36 39 36 38 36 30 66 66 39 5c657d1696860ff9
000050: 00 00 00 00 00 00 00 00 00 00 00 00 00 00 00 00 ................
```

4. Der Server berechnet den Hashwert aus dem in der Datenbank gespeicherten Passworthash und vergleicht das Ergebnis.

Über das Netzwerk haben wir wertvolle Informationen bekommen. Im Brute-Force-Algorithmus geht das Passwort als Variable ein. Damit erfolgt zunächst die Berechnung des „normalen“ Passwort-Hash. Dies geht in den zweiten Berechnungsschritt ein, der den MD5-Hashwert mit Hilfe des Salt ermittelt. Das Ergebnis wird mit dem aus dem Netzwerk-Sniffer gelesenen Wert verglichen.

Der Nachteil dieser Methode gegenüber der ersten Attacke ist, dass pro Passwortvariable zwei MD5-Hashwerte gebildet werden müssen. Man benötigt also die doppelte Zeit. Der Vorteil der Methode liegt darin, dass der gespeicherte Passwort-Hash nicht benötigt wird. Es gehen ausschließlich die mit Hilfe des Netzwerk-Sniffer ermittelten Werte ein.

Schauen wir uns den Authentifizierungsprozess mit SCRAM-SHA-256 etwas genauer an, um zu bewerten, wie Hacker vorgehen würden. Wie bereits in Abschnitt 8.1.3 dargestellt, wird das Passwort im folgenden Format gespeichert:

```
SCRAM-SHA-256$<iterations>:<encrypted_salt>$<stored_key>:<server_key>
```

Listing 8.34 zeigt ein Beispiel für ein gespeichertes Passwort.

Listing 8.34 Beispiel für ein gespeichertes Passwort mit der Methode SCRAM-SHA-256

```
SCRAM-SHA-256$4096:QkC090AXxD3YCpZxhyGD9Q==$08XBc9xknUj+Cbn9bamsr9kPBAsT3wyZLsJyD/S2N
No=:YKoOpRqfBQhREUpHuSuqOZhXvSMRVSt40NsJAfxvfBY=
```

In Bild 8.4 ist das Verfahren für das Erstellen des Server Key dargestellt. Der Salt wird einmalig per Zufallsgenerator beim Speichern des Passworts erstellt und verschlüsselt gespeichert.

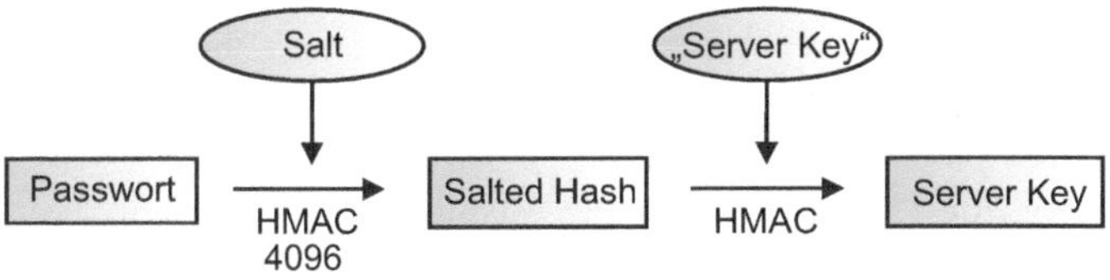

Bild 8.4 Verfahren zum Erstellen des Server Key

Das Verfahren zur Erstellung des Client Key ist identisch. Dabei wird der Text „Client Key“ herangezogen. Mit Hilfe des Client Key wird der Stored Key gebildet (siehe Bild 8.5). Er wird als letzte Komponente in das gespeicherte Passwort geschrieben.

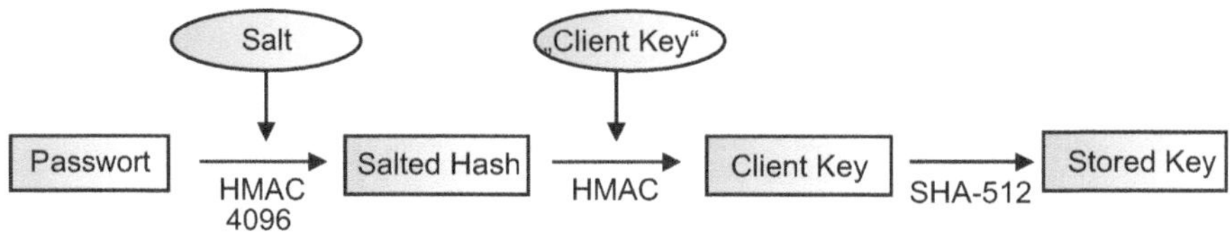

Bild 8.5 Verfahren zum Erstellen des Stored Key

Im Gegensatz zu MD5 geht der Username nicht in den Erstellungsprozess ein. Über den zufällig gebildeten Salt wird dennoch garantiert, dass gleiche Passwörter nicht denselben Hashwert besitzen.

Auch für die Methode SCRAM-SHA-256 gibt es zwei erfolgversprechende Angriffsmethoden:

1. Brute-Force-Attacke mit Hilfe des gespeicherten Passworts
2. Brute-Force-Attacke mit Hilfe eines Netzwerk-Sniffer

Die erste Methode setzt voraus, dass der Angreifer Zugriff auf die Tabelle *pg_authid* besitzt und das gespeicherte Passwort auslesen kann. Mit einem Bruteforce-Programm, das durch eine Liste häufiger Passwörter geht oder Passwörter generiert, kann das gespeicherte Passwort gebildet und verglichen werden. In Listing 8.35 finden Sie ein Python-Skript, das diese Aktion ausführt. Es wird der Server Key gebildet und mit dem im gespeicherten Passwort verglichen.

Listing 8.35 Den Stored Key mit einem Python-Skript erstellen

```
# Create stored password PostgreSQL SCRAM-SHA-256
import hmac
import hashlib
import base64
def bytes_xor(a, b):
  """XOR two bytestrings together"""
  return bytes(a_i ^ b_i for a_i, b_i in zip(a, b))
password = „geheim".encode(‚utf-8')
salt = b'QkC09OAXxD3YCpZxhyGD9Q=='
dec_salt = base64.b64decode(salt)
ui = hmac.new(password, dec_salt + b'\x00\x00\x00\x01', hashlib.sha256)
u = ui.digest()
for x in range(4096 - 1):
    ui = hmac.new(password, ui.digest(), hashlib.sha256)
    u = bytes_xor(u, ui.digest())
server_key = hmac.HMAC(u, b"Server Key", hashlib.sha256)
print (base64.b64encode(server_key.digest()))
Output: b'YKoOpRqfBQhREUpHuSuqOZhXvSMRVSt4ONsJAfxvfBY='
```

Python ist nicht für Brute-Force-Attacken geeignet, da die Ausführungszeiten zu anderen Programmiersprachen relativ hoch sind. Die Verschlüsselung lässt sich mit Python einfach programmieren und das Programm soll hier das Vorgehen verdeutlichen.

Für das Erstellen des Keys muss eine Schleife 4096-mal durchlaufen werden. Damit ist wesentlich mehr Rechenkapazität erforderlich als bei der MD5-Verschlüsselung. Ein hinreichend langes und komplexes Passwort schafft damit eine hohe Sicherheit gegen Brute-Force-Attacken. Gefährlich sind aber auch hier häufig genutzte Passwörter, da man in kurzer Zeit einen „Lucky Punch" erzielen kann.

Hat der Angreifer keinen Zugriff auf die Tabelle *pg_authid*, muss er einen Netzwerk-Sniffer verwenden. Damit wird die Attacke etwas aufwendiger, da das gespeicherte Passwort im Authentifizierungsprozess nicht übertragen wird. Schauen wir uns die Authentifizierung im Detail an:

1. Der Client sendet wie üblich eine Verbindungsanfrage mit dem Benutzernamen an den Server.

```
000030: 75 73 65 72 00 68 61 6E 73 65 72 00 64 61 74 61 user.hanser.data
000040: 62 61 73 65 00 70 6F 73 74 67 72 65 73 00 61 70 base.postgres.ap
000050: 70 6C 69 63 61 74 69 6F 6E 5F 6E 61 6D 65 00 70 plication_name.p
000060: 73 71 6C 00 63 6C 69 65 6E 74 5F 65 6E 63 6F 64 sql.client_encod
000070: 69 6E 67 00 57 49 4E 31 32 35 32 00 00 00 00 00 ing.WIN1252.....
```

2. Der Server antwortet mit dem Hinweis, dass die SASL-Authentifizierungsmethode verwendet wird, und gibt dem Client eine Liste mit den verfügbaren Verfahren. Aktuell ist SCRAM-SHA-256 das einzige Verfahren, das der PostgreSQL-Server anbietet.

```
000020: 50 18 27 F9 EB 1 A 00 00 52 00 00 00 17 00 00 00 P.'ûë…R.......
000030: 0 A 53 43 52 41 4D 2D 53 48 41 2D 32 35 36 00 00 .SCRAM-SHA-256..
```

3. Der Client antwortet und teilt dem Server mit, dass er SCRAM-SHA-256 gewählt hat, und sendet zusätzlich einen mit dem Zufallsgenerator erzeugten String (Feld „r"):

```
000020: 50 18 27 F9 63 EC 00 00 70 00 00 00 36 53 43 52 P.'ûcì..p…6SCR
000030: 41 4D 2D 53 48 41 2D 32 35 36 00 00 00 00 20 6E AM-SHA-256.... n
000040: 2C 2C 6E 3D 2C 72 3D 74 43 53 59 65 72 71 51 73 ,,n=,r=tCSYerqQs
000050: 72 6F 39 34 49 64 62 6C 65 78 4C 79 4F 35 76 00 ro94IdblexLyO5v.
```

4. Der Server sendet nun die ersten Daten für die SASL-Authentifizierung. Im Feld „r" befinden sich die vom Client erzeugten Zufallsdaten mit Zufallsdaten, die vom Server angehängt wurden. Das Feld „s" enthält den Salt und „i" die Anzahl der Iterationen. Standardmäßig ist der Wert „4096".

```
000020: 50 18 27 F9 20 96 00 00 52 00 00 00 5C 00 00 00 P.'ù …R …\…
000030: 0B 72 3D 74 43 53 59 65 72 71 51 73 72 6F 39 34 .r=tCSYerqQsro94
000040: 49 64 62 6C 65 78 4C 79 4F 35 76 63 54 67 2F 6F IdblexLyO5vcTg/o
000050: 57 43 6B 43 55 51 58 77 41 62 45 4B 74 70 37 4 A WCkCUQXwAbEKtp7J
000060: 41 79 49 2C 73 3D 51 6B 43 4F 39 30 41 58 78 44 AyI,s=QkCO90AXxD
000070: 33 59 43 70 5 A 78 68 79 47 44 39 51 3D 3D 2C 69 3YCpZxhyGD9Q==,i
000080: 3D 34 30 39 36 00 00 00 00 00 00 00 00 00 00 00 =4096...........
```

5. Der Client antwortet mit SASL-Daten. Das Feld „r" ist identisch mit den Daten, die der Server zuvor gesendet hat. Im Feld „p" befindet sich das Passwort, das der Benutzer auf dem Client eingegeben hat. Der Hashcode wurde mit dem Salt und der Iterationszahl, die vom Server gesendet wurden, gebildet.

```
000020: 50 18 27 F9 66 3C 00 00 70 00 00 00 6C 63 3D 62 P.'ûf<..p…lc=b
000030: 69 77 73 2C 72 3D 74 43 53 59 65 72 71 51 73 72 iws,r=tCSYerqQsr
000040: 6F 39 34 49 64 62 6C 65 78 4C 79 4F 35 76 63 54 o94IdblexLyO5vcT
000050: 67 2F 6F 57 43 6B 43 55 51 58 77 41 62 45 4B 74 g/oWCkCUQXwAbEKt
000060: 70 37 4 A 41 79 49 2C 70 3D 32 55 6E 67 58 46 36 p7JAyI,p=2UngXF6
000070: 77 63 6D 44 4E 4 A 78 77 34 66 66 68 33 50 73 58 wcmDNJxw4ffh3PsX
000080: 67 58 75 66 75 74 47 42 47 75 43 79 31 71 74 59 gXufutGBGuCy1qtY
000090: 41 65 31 30 3D 00 00 00 00 00 00 00 00 00 00 00 Ae10=...........
```

6. Der Server benutzt den Wert aus dem Feld „p“, um das Passwort zu generieren, und vergleicht es mit dem Passwort, das in der Datenbank gespeichert ist. Im Erfolgsfall sendet der Server den Verifier im Feld „v“ zurück.

```
000020: 50 18 27 F8 CB 78 00 00 52 00 00 00 36 00 00 00 P.'øËx..R...6 ...
000030: 0C 76 3D 6D 55 53 38 51 43 38 78 54 32 37 34 49 .v=mUS8QC8xT274I
000040: 72 6C 48 61 2B 6D 6B 70 58 38 63 66 38 62 62 61 rlHa+mkpX8cf8bba
000050: 64 50 4D 76 36 4E 6D 35 55 69 66 75 75 67 3D 52 dPMv6Nm5Uifuug=R
```

7. Der Client prüft den Verifier. Ist dieser korrekt, sendet der Client eine Bestätigung und die Session wird gestartet.

Da das gespeicherte Passwort nicht im Authentifizierungsprozess übertragen wird, muss der Angreifer im Vergleich zur ersten Methode ein anderes Verfahren wählen. Mit den folgenden Schritten kann er zum Erfolg kommen:

1. Mit Hilfe des Salt, das der Server im Authentifizierungsprozess an den Client sendet, wird aus dem zu testenden Klartextpasswort der Client Key gebildet.
2. Aus dem Client Key wird der Server Key erzeugt.
3. Im weiteren Verfahren werden die Client Signature und daraus der Client Proof gebildet.
4. Der so berechnete Client Proof kann mit dem, der aus dem Netzwerkverkehr ermittelt wurde, verglichen werden (Schritt 5 im Authentifizierungsprozess). Gibt es eine Übereinstimmung, ist das Klartextpasswort gefunden.

Auch die zweite Methode ist sehr rechenintensiv. Ein komplexes und langes Passwort bietet einen sehr guten Schutz, um einen „Lucky Punch“ zu vermeiden. Eine einhundertprozentige Sicherheit gibt es aber auch hier nicht.

8.1.7.2 Network Spoofing

Eine weitere Angriffsmethode ist das Network Spoofing, so wie in Bild 8.6 dargestellt. Dabei schaltet der Angreifer einen gefälschten PostgreSQL-Server zwischen den Client und den PostgreSQL-Server und kontrolliert somit den Authentifizierungsprozess. Ein solches Setup erreicht man durch „Verbiegen“ der Namensauflösung (DNS Server). Der gefälschte PostgreSQL-Server hört auf demselben Port und kann die Kommunikation steuern.

Als erste Maßnahme im Authentifizierungsprozess sendet der Client eine Verbindungsanfrage (1). Der gefälschte Server verlangt das unverschlüsselte Passwort (2), das er im nächsten Schritt vom Client erhält. Durch eine geschickte Steuerung merkt der Client nicht, dass gerade eine Attacke stattfindet.

Ein solcher Angriff lässt sich verhindern, wenn Server und Client mit Authentifizierungszertifikaten arbeiten. Weil der gefälschte PostgreSQL-Server nicht über das Zertifikat verfügt, kann er den Authentifizierungsprozess nicht mehr steuern und es kommt zum Abbruch.

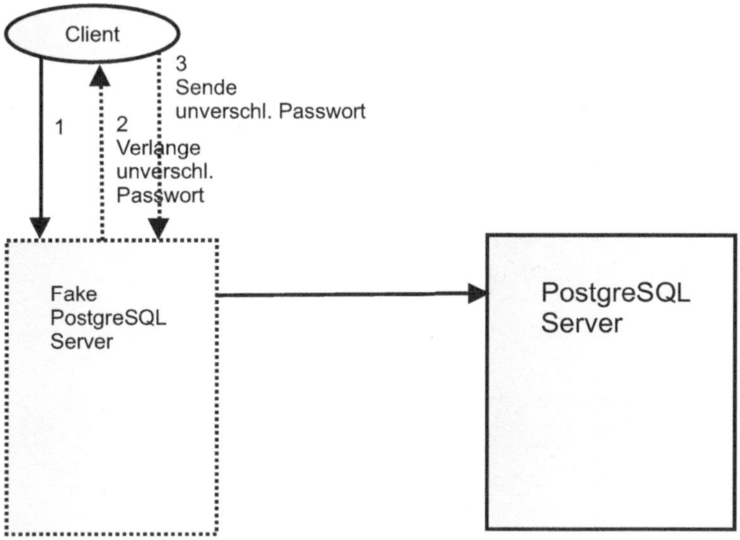

Bild 8.6 Hacker-Attacke mit Network Spoofing

8.1.7.3 SQL Injection

SQL Injection ist eine Gefährdung in Zusammenhang mit gespeicherten Funktionen im PostgreSQL-Server. Die Gefährdung tritt häufig in Zusammenhang mit dynamischem SQL auf. Betrachten Sie den SQL-Code in Listing 8.36. Die Funktion macht einen Eintrag in die Tabelle *log_table*. Dabei wird dynamisches SQL verwendet. Die Syntax verlangt, dass die SQL-Anweisung in zwei Hochkommas eingeschlossen ist.

Listing 8.36 Eine SQL-Funktion mit Gefährdung für SQL Injection

```
(postgres@localhost:5432)[hanser]> CREATE TABLE log_table (
> message   VARCHAR);
CREATE TABLE
(postgres@localhost:5432)[hanser]> CREATE OR REPLACE FUNCTION
> log_func(VARCHAR)
> RETURNS VARCHAR SECURITY DEFINER AS '
> BEGIN
> EXECUTE ''INSERT INTO log_table VALUES(''''''|| $1 ||'''''');'';
> RETURN ''Funktion komplett.'';
> END ' LANGUAGE 'plpgsql';
CREATE FUNCTION
```

Um einen Eintrag in der Tabelle vorzunehmen, wird die Funktion aufgerufen:

```
(postgres@localhost:5432)[hanser]> SELECT log_func(‚Log-Eintrag');
      log_func
--------------------
 Funktion komplett.
(postgres@localhost:5432)[hanser]> SELECT * FROM log_table;
   message
------------
 Log-Eintrag
```

Beachten Sie, dass die Funktion durch den Superuser „postgres“ eingerichtet und mit Definer-Rechten versehen wurde. Die Ausführungsrechte sind dem Benutzer „public“ zugewiesen, d. h., jeder darf die Funktion ausführen. Ein nicht privilegierter Benutzer kann sich damit weitreichende Rechte verschaffen. Durch einen Trick wird der Befehl ALTER ROLE untergejubelt und die Funktion mit den Rechten des Benutzers „postgres“ ausgeführt (siehe Listing 8.37).

Listing 8.37 Eine Funktion für SQL Injection benutzen

```
(hanser@localhost:5432)[hanser]> SELECT log_func('TEST''); ALTER ROLE hanser
SUPERUSER;--');
      log_func
--------------------
 Funktion komplett.
(hanser@localhost:5432)[hanser]> SELECT rolname, rolsuper
> FROM pg_roles;
       rolname        | rolsuper
----------------------+----------
app_user              | f
app_owner             | f
postgres              | t
hanser                | t
```

Die Anfälligkeit für SQL Injection wurde bei den mitgelieferten Funktionen weitgehend eliminiert. Die Hauptgefahr kommt von Funktionen, die für die Applikationen entwickelt werden. Deshalb sollte der PL/pgSQL-Code nach solchen Gefährdungen durchsucht werden. Deshalb ist es wichtig, jedem Benutzer nur die minimalen Rechte zuzuweisen, die er unbedingt benötigt, also das „Principle of minimal rights“ anzuwenden. Wenn der Definer einer Funktion das Privileg „ALTER ROLE“ nicht besitzt, kann die Funktion dafür nicht missbraucht werden.

8.2 Überwachung

Zur Überwachung des Datenbankservers gehören sowohl das Auditing unter dem Sicherheitsaspekt als auch das allgemeine Monitoring. Auditing wird implementiert, um auch im Nachhinein nachvollziehen zu können, welche Aktionen oder Zugriffe von Benutzern und Clients durchgeführt wurden. Das Monitoring dient der proaktiven Überwachung der Datenbanken, um Incidents zu vermeiden und die Verfügbarkeit zu gewährleisten.

8.2.1 Auditing

PostgreSQL besitzt kein spezielles Produkt für das Datenbank-Auditing. Allerdings lässt sich dies mit vorhandenen Features und relativ geringem Aufwand einrichten.

Eine Überwachung von DDL-Anweisungen kann mithilfe des Serverparameters *log_statement* aktiviert werden. Der Standardwert des Parameters ist „none“. Setzen Sie den Wert auf „ddl“, um DDL-Anweisungen zu überwachen:

```
log_statement = ‚ddl'
```

DDL-Anweisungen werden in die Logdatei geschrieben. Ein Eintrag sieht wie folgt aus:

```
LOG:   statement: GRANT SELECT ON TABLE version TO app_user;
```

Der Eintrag belegt nicht, zu welchem Zeitpunkt und von welchem Benutzer der Befehl abgesetzt wurde. Diese Informationen sind für das Auditing allerdings essenziell.

TIPP: Setzen Sie den Parameter *log_line_prefix* mindestens auf den Wert „%u %t %d'", um zusätzliche Informationen über Benutzername, Zeitstempel und Datenbank in die Logdatei zu schreiben. Der Eintrag in die Logdatei erfolgt dann in dieser Form:

```
2018-03-23 17:17:32.304 CET [9100] app_owner 2018-03-23
17:17:32
CET hanser LOG:  statement: ALTER TABLE version ADD COLUMN
version_date DATE;
```

■

Eine Auswertung der Einträge in der Logdatei ist recht unhandlich. Deshalb sollten die Einträge herausgefiltert und in eine Tabelle geladen werden. Ein Filtern kann mit dem grep-Utility, wie in Listing 8.38 dargestellt, erfolgen.

Listing 8.38 Audit-Einträge aus der Logdatei herausfiltern

```
$ grep "statement" postgresql-2018-03-23_185007.log
2018-03-23 18:50:57.440 CET [6667] app_owner 2018-03-23 18:50:57 CET hanser LOG:
statement: GRANT SELECT ON TABLE version TO app_user;
2018-03-23 18:51:28.117 CET [6667] app_owner 2018-03-23 18:51:28 CET hanser LOG:
statement: ALTER TABLE VERSION ADD COLUMN version_date DATE;
2018-03-23 18:51:43.486 CET [6667] app_owner 2018-03-23 18:51:43 CET hanser LOG:
statement: ALTER TABLE VERSION ADD COLUMN v_date DATE;
2018-03-23 18:52:16.763 CET [6667] app_owner 2018-03-23 18:52:16 CET hanser LOG:
statement: CREATE TABLE new_version (text  VARCHAR(40));
```

In Abschnitt 5.7, „Nützliche Skripte und Hinweise", finden Sie eine Beschreibung, wie der gefilterte Inhalt in eine Tabelle geladen werden kann. In Form einer Tabelle lassen sich die Audit-Daten optimal auswerten.

Ein Auditing von Datenänderungen, also von DML-Anweisungen, kann mithilfe von Tabellen-Triggern erfolgen. Im Beispiel in Listing 8.39 werden neben den Veränderungen der Tabelleninhalte Benutzername, Zeitstempel und der verwendete Befehl aufgezeichnet. Dabei wird zuerst eine Tabelle zum Speichern der Audit-Informationen erstellt. Die Trigger-Funktion wird in PL/pgSQL geschrieben und auf der Tabelle implementiert.

Listing 8.39 DML-Auditing an einer Tabelle einrichten

```
(postgres@localhost:5432)[hanser]> CREATE TABLE audit_prod(
> username    TEXT,
> timest      TIMESTAMP,
> operation   CHAR(1),
> prod_id     INTEGER,
```

```
> category    INTEGER,
> title       VARCHAR(50),
> actor       VARCHAR(50),
> price       NUMERIC(12,2),
> special     SMALLINT,
> c_prod_id   INTEGER);
CREATE TABLE
(postgres@localhost:5432)[hanser]> CREATE OR REPLACE FUNCTION f_audit_prod()
> RETURNS TRIGGER AS $audit_prod$
> BEGIN
> IF (TG_OP = 'DELETE') THEN
> INSERT INTO audit_prod SELECT user, now(), 'D', OLD.*;
> RETURN OLD;
> ELSEIF (TG_OP = 'UPDATE') THEN
> INSERT INTO audit_prod SELECT user, now(), 'U', NEW.*;
> RETURN NEW;
> ELSEIF (TG_OP = 'INSERT') THEN
> INSERT INTO audit_prod SELECT user, now(), 'I', NEW.*;
> RETURN NEW;
> END IF;
> RETURN NULL;
> END;
> $audit_prod$ LANGUAGE plpgsql;
CREATE FUNCTION
(postgres@localhost:5432)[hanser]> CREATE TRIGGER tr_audit_prod
> AFTER INSERT OR UPDATE OR DELETE ON products
> FOR EACH ROW EXECUTE PROCEDURE f_audit_prod();
CREATE TRIGGER
```

Das Einfügen eines Satzes in die Tabelle „products" erzeugt einen Audit-Satz in der Tabelle „audit_prod".

Listing 8.40 Einen Audit-Eintrag erzeugen

```
(postgres@localhost:5432)[hanser]> INSERT INTO products
> VALUES(9999999, 1, 'new product', 'new actor', 43.22, null, 1);
INSERT 0 1
(Lutz@localhost:5432)[hanser]> SELECT * FROM audit_prod;
-[ RECORD 1 ]-------------------------
username  | Lutz
timest    | 2018-03-24 12:15:52.583147
operation | I
prod_id   | 9999999
category  | 1
title     | new product
actor     | new actor
price     | 43.22
special   |
c_prod_id | 1
```

TIPP: Beachten Sie bei der Auswahl der Informationen, die in das Auditing gehen sollen, dass es durch den Einsatz der Trigger zu einem Einfluss auf die Online-Performance kommt. Auditing sollte deshalb nur dort eingeschaltet werden, wo es wirklich notwendig ist.

8.2.2 Monitoring

Das Monitoring ist ein unverzichtbarer Baustein, um die Verfügbarkeit des Datenbankservers zu gewährleisten. Hauptziel ist es, potenzielle Probleme frühzeitig zu erkennen und deren Ursachen zu beseitigen, möglichst bevor die Probleme überhaupt auftreten. Das schließt sowohl einfache Ereignisse, wie zum Beispiel das Volllaufen eines Tablespace oder einer Disk, als auch komplexere Ereignisse im Bereich Performance-Monitoring ein. Performance-Probleme können zu einer verringerten Verfügbarkeit oder sogar zum Ausfall des Systems führen.

8.2.2.1 Monitoring mit Mitteln des PostgreSQL-Servers

Der PostgreSQL-Server hält eine Reihe von Funktionen, Tabellen, Views und Statistiken bereit, die für das Monitoring eingesetzt werden können. Wenn Ihnen kein Monitoring-Framework zur Verfügung steht, können Sie mit diesen Objekten und mit einfachen, selbst gebauten Skripten ein effektives Basis-Monitoring aufsetzen.

Die View *pg_stat_activity* gibt Auskunft über aktuell vorhandene Verbindungen (Sessions). In Listing 8.41 finden Sie ein Beispiel. Neben der eigenen psql-Session ist ein Client mit pgAdmin 4 angemeldet (RECORD 2). Die Spalten „datid" und „datname" geben Auskunft, mit welcher Datenbank die Sitzung verbunden ist.

Listing 8.41 Die View *pg_stat_activity* für das Monitoring abfragen

```
(postgres@[local]:5432)[postgres]> SELECT * FROM pg_stat_activity;
-[ RECORD 1 ]----+-------------------------------------------------------------
datid            | 13164
datname          | postgres
pid              | 4264
usesysid         | 10
usename          | postgres
application_name | psql
client_addr      |
client_hostname  |
client_port      | -1
backend_start    | 2021-03-24 13:51:38.781272+01
xact_start       | 2021-03-24 13:52:01.556055+01
query_start      | 2021-03-24 13:52:01.556055+01
state_change     | 2021-03-24 13:52:01.556076+01
wait_event_type  |
wait_event       |
state            | active
backend_xid      |
backend_xmin     | 574
query            | SELECT * FROM pg_stat_activity;
backend_type     | client backend
-[ RECORD 2 ]----+-------------------------------------------------------------
datid            | 13164
datname          | postgres
pid              | 4259
usesysid         | 10
usename          | postgres
application_name | pgAdmin 4 - DB:postgres
client_addr      | 192.168.178.35
client_hostname  |
```

```
client_port      | 58474
backend_start    | 2021-03-24 13:51:12.624718+01
xact_start       |
query_start      | 2021-03-24 13:52:01.319379+01
state_change     | 2021-03-24 13:52:01.322201+01
wait_event_type  | Client
wait_event       | ClientRead
state            | idle
backend_xid      |
backend_xmin     |
query            | SELECT
                 |    (SELECT count(*) FROM pg_stat_activity) AS "Total",
                 |    (SELECT count(*) FROM pg_stat_activity WHERE state = 'active')
                        AS "Active",
                 |    (SELECT count(*) FROM pg_stat_activity WHERE state = 'idle')
                        AS "Idle"
backend_type     | client backend
```

Die Spalte „procid“ enthält die Prozess-ID des zugehörigen Client-Prozesses auf dem Datenbankserver. Der Prozess ist im Betriebssystem sichtbar:

```
[postgres@serv2 data]$ ps -ef| grep 4259
postgres  4259  4250  0 13:51 ?        00:00:03 postgres: postgres postgres
192.168.178.35(58474) idle
```

Die View *pg_stat_database* liefert eine Sammlung von Statistiken über die einzelnen Datenbanken. Neben der Anzahl von Transaktionen („Commit“ oder „Rollback“) sieht man in der Statistik die Anzahl physikalisch gelesener Blöcke („blks_read“) und aus dem Memory gelesener Blöcke („blks_hit“). Daraus lässt sich die durchschnittliche Hit Ratio berechnen und es kann eine Aussage getroffen werden, wie effektiv der Cache arbeitet.

Listing 8.42 Statistiken einer Datenbank anzeigen

```
(postgres@localhost:5432)[hanser]> SELECT * FROM pg_stat_database
> WHERE datname = 'hanser';
-[ RECORD 1 ]--+------------------------------
datid          | 24717
datname        | hanser
numbackends    | 1
xact_commit    | 305
xact_rollback  | 3
blks_read      | 575
blks_hit       | 18748
tup_returned   | 158598
tup_fetched    | 7143
tup_inserted   | 86
tup_updated    | 3
tup_deleted    | 37
conflicts      | 0
temp_files     | 0
temp_bytes     | 0
deadlocks      | 0
blk_read_time  | 0
blk_write_time | 0
stats_reset    | 2021-03-23 22:33:59.464024+01
```

Eine Reihe weiterer Views liefern Statistiken über Zugriffe auf Tabellen und Indexe. Diese Werte sind sehr interessant für das Performance-Monitoring:

- pg_stat_user_tables
- pg_stat_user_indexes
- pg_stat_all_tables
- pg_stat_all_indexes

Listing 8.43 liefert ein Beispiel für die Zeilenstatistiken einer Tabelle. In der Spalte „seq_scan" finden Sie die Anzahl der ausgeführten Full Table Scans. Diese sind für größere Tabellen kritisch für die Performance und den Ressourcenverbrauch. Die Spalte „seq_tup_read" liefert die Anzahl der durch Full Table Scans gelesenen Sätze. Wichtig für das Monitoring sind die Spalten „last_vacuum", „last_autovacuum" und „last_analyze". Mit diesen Statistiken lässt sich der Pflegezustand der Tabellen überprüfen. Zum Monitoring gehört auch diese Art der Überwachung, um sicherzustellen, dass die Analyze- und Vacuum-Prozesse regelmäßig durchgeführt werden.

Listing 8.43 Zeilenstatistiken für eine Tabelle abfragen

```
(postgres@localhost:5432)[hanser]> SELECT * FROM pg_stat_user_tables
> WHERE relname = 'products';
-[ RECORD 1 ]-------+---------
relid               | 24748
schemaname          | public
relname             | products
seq_scan            | 44
seq_tup_read        | 2343210002
idx_scan            | 2
idx_tup_fetch       | 2
n_tup_ins           | 2
n_tup_upd           | 0
n_tup_del           | 2
n_tup_hot_upd       | 0
n_live_tup          | 1
n_dead_tup          | 1
n_mod_since_analyze | 3
last_vacuum         |
last_autovacuum     |
last_analyze        |
last_autoanalyze    |
vacuum_count        | 0
autovacuum_count    | 0
analyze_count       | 0
autoanalyze_count   | 0
```

Sperren auf Sätze und Tabellen stellen nicht nur ein Performancerisiko dar, sondern können zu erheblichen Störungen von Funktionalitäten der Applikation führen. Aus diesem Grund sollten sie unbedingt ins Monitoring aufgenommen werden. Informationen über Sperren liefert die View *pg_locks*. Interessant sind dabei Sperren vom Typ „relation". Alle anderen Sperren beziehen sich auf interne Mechanismen des PostgreSQL-Servers und lassen sich von der Applikation nicht beeinflussen.

Listing 8.44 Sperren in einer Datenbank abfragen

```
(postgres@localhost:5432)[hanser]> SELECT relation, pid, mode, granted
> FROM pg_locks WHERE locktype = 'relation';
 relation |  pid  |       mode       | granted
----------+-------+-----------------+---------
    24767 |  2856 | AccessShareLock | t
    24761 |  2856 | AccessShareLock | t
    24742 |  2856 | RowShareLock    | t
    24767 | 12624 | AccessShareLock | t
    24761 | 12624 | AccessShareLock | t
    24742 | 12624 | RowShareLock    | t
    11577 | 15532 | AccessShareLock | t
(postgres@localhost:5432)[hanser]> SELECT schemaname, relname
> FROM pg_stat_all_tables WHERE relid = '24742';
 schemaname | relname
------------+---------
 public     | orders
```

Offensichtlich blockiert im Beispiel in Listing 8.45 eine Session die andere. Die Satzsperre liegt auf derselben Spalte und wird von zwei Sessions angefordert. Die zugehörigen Sessions lassen sich mithilfe der View *pg_stat_activity* ermitteln. Um alle notwendigen Informationen zu erhalten, vereinigen wir drei Views in einer SQL-Abfrage. Zusätzlich lassen wir uns den Client und die SQL-Anweisung ausgeben.

Listing 8.45 Zusätzliche Informationen über eine Lock-Situation abfragen

```
(postgres@localhost:5432)[hanser]> SELECT l.mode, t.schemaname,
> relname, a.usename, a.client_addr, a.query
> FROM pg_locks l, pg_stat_all_tables t, pg_stat_activity a
> WHERE l.locktype = 'relation'
> AND l.relation = t.relid
> AND l.pid = a.pid;
-[ RECORD 1 ]-----------------------------------------------------
mode        | RowShareLock
schemaname  | public
relname     | orders
usename     | postgres
client_addr | 127.0.0.1
query       | SELECT * FROM orders WHERE orderid = 4 FOR UPDATE;
-[ RECORD 2 ]-----------------------------------------------------
mode        | RowShareLock
schemaname  | public
relname     | orders
usename     | postgres
client_addr | 127.0.0.1
query       | SELECT * FROM orders WHERE orderid = 4 FOR UPDATE;
```

HINWEIS: Ein Zurücksetzen der Statistiken ist mit dem SQL-Befehl `SELECT pg_stat_reset()` möglich. Dies ist bei bestimmten Analysen hilfreich, um eine zeitliche Eingrenzung vorzunehmen.

Das Werkzeug *pgAdmin 4* bietet begrenzte Unterstützung für das Monitoring. Eine Übersicht bietet das *Dashboard* (Bild 8.7). Hier sieht man neben den Sessions auch die aktuellen Sperren. Es handelt sich um dieselben Informationen, die wir aus den vorhergehenden Abfragen gewonnen haben.

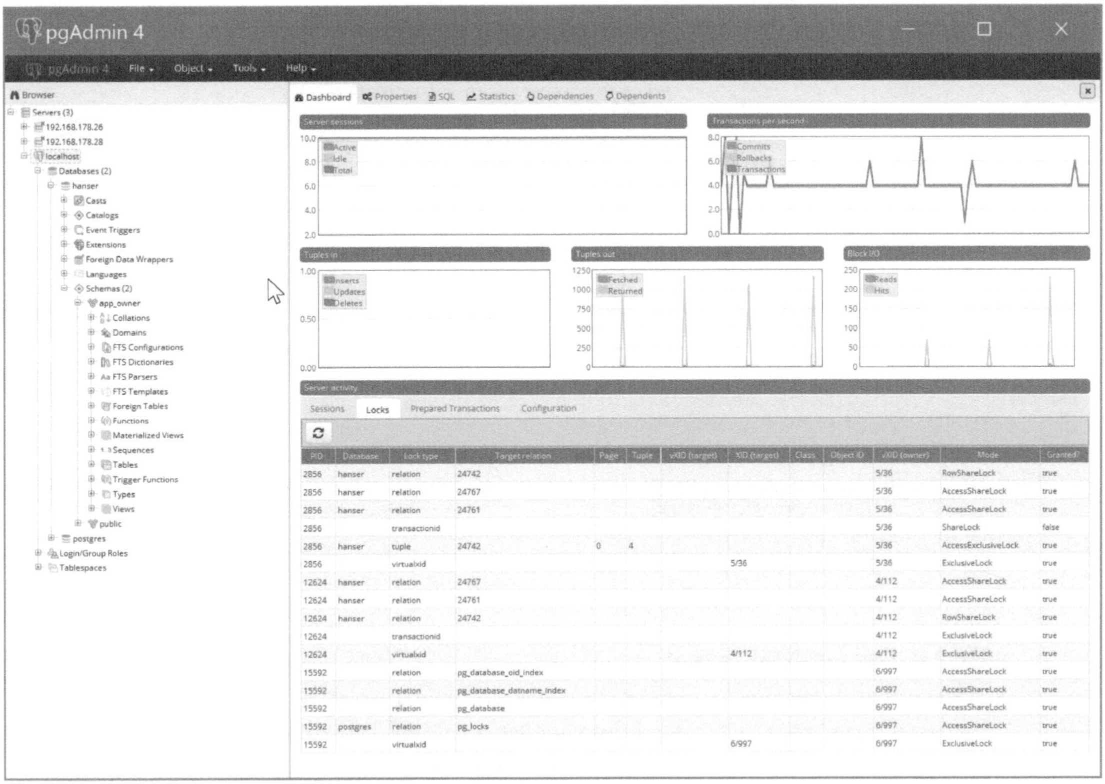

Bild 8.7 Das Dashboard in pgAdmin 4

8.2.2.2 Monitoring mit Nagios

Nagios ist ein Open-Source-Produkt zur Überwachung von Servern und Diensten. Es können Schwellwerte gesetzt werden, die bei Überschreitung einen Alarm auslösen. Das Produkt ist auf der Webseite *http://www.nagois.org* frei verfügbar.

Es bietet die Möglichkeit der Erweiterung mithilfe von Plugins. Auf der Nagios-Webseite finden Sie eine Reihe von Plugins für PostgreSQL. Die Plugins können die Anzahl von Verbindungen, den freien Platz auf der Disk, die Ausführungsdauer von SQL-Anweisungen und vieles mehr überwachen. Sie sind eine gute Basis für ein Out-of-the-box-Monitoring und können individuell angepasst und erweitert werden (siehe Bild 8.8).

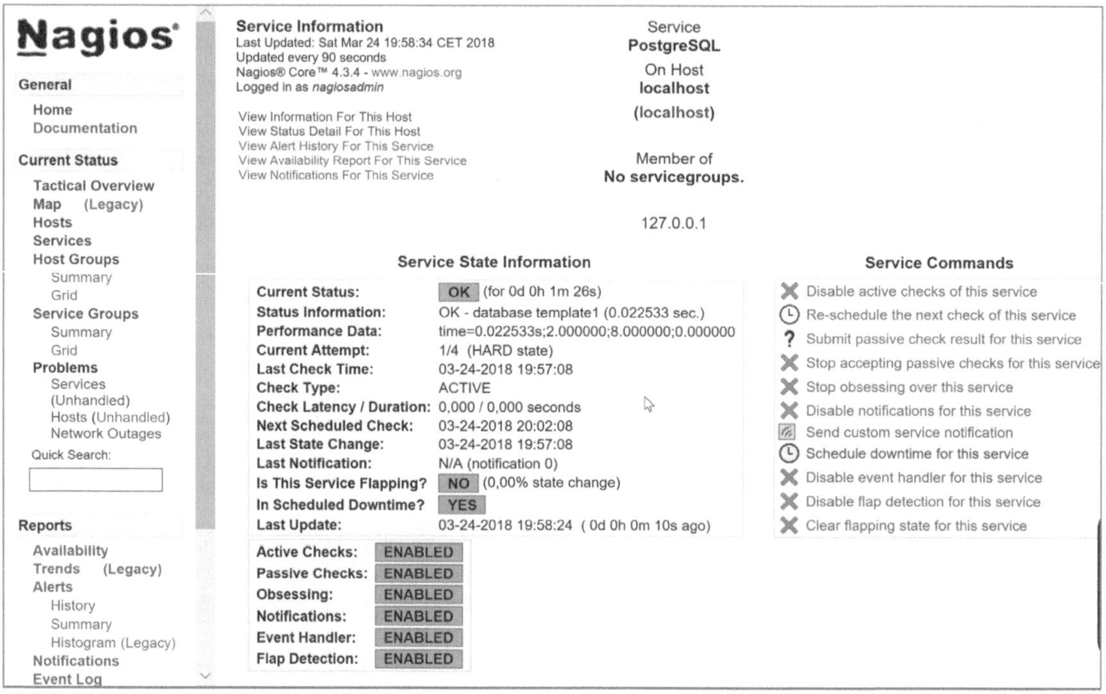

Bild 8.8 PostgreSQL-Server mit Nagios überwachen

8.2.2.3 Der pgSNMP-Agent

Die meisten Monitoring-Frameworks verfügen über eine SNMP-Schnittstelle. Agents, die auf dem Zielsystem laufen, laden Informationen als SNMP-Traps zum zentralen Monitoring Tool. Wenn Sie bereits ein Monitoring-Framework einsetzen, können Informationen über den PostgreSQL-Server über diese Schnittstelle geladen werden.

Das Projekt *pgsnmp* ist Teil des pgFoundry-Frameworks. Sie finden es auf der Seite *http://pgfoundry.org/projects/pgsnmpd*.

9 Logical Decoding

Das Feature Logical Decoding wurde mit der Version 9.4 eingeführt. Es stellt Änderungen, die in einer Datenbank mittels SQL-Anweisungen durchgeführt wurden, externen Werkzeugen und Verbrauchern zur Verfügung. Logical Decoding wird unter anderem von der logischen Replikation, die mit Version 10 eingeführt wurde, verwendet.

Alle Transaktionen eines PostgreSQL-Clusters werden in einem speziellen Format in die WAL-Segmente für Recovery-Zwecke geschrieben. Logical Decoding kann als Interface verstanden werden, das diese Transaktionen zur Verfügung stellt. Consumer können die Informationen über die folgenden Schnittstellen auslesen:

- Logical Decoding Plugin
- SQL-Funktionen
- Streaming Replication-Protokoll

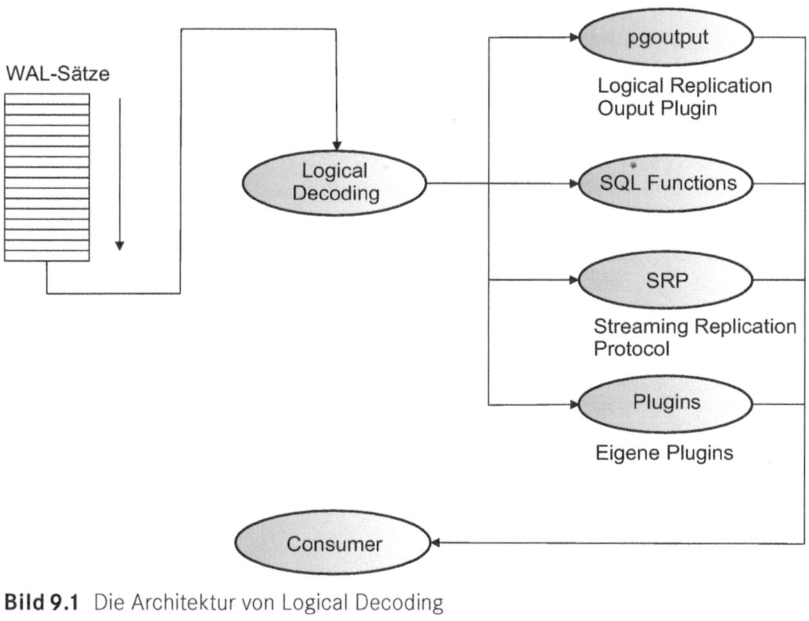

Bild 9.1 Die Architektur von Logical Decoding

Die Einsatzmöglichkeiten von Logical Decoding sind vielfältig. Hier sind einige Beispiele:

- Die logische Replikation von PostgreSQL
- Lieferung von Transaktionen zu anderen Datenbanken und Datenbanksystemen
- Streamen von Transaktionen
- Datenreplikation für verteilte Datenbanken
- Forensische Aufgaben

Der Zugriff auf die Transaktionen aus dem Write Ahead Log erfolgt über einen Logical Replication Slot. Über den Slot erfolgt die Ausgabe der Transaktionen in Form eines Streams. Für die Verarbeitung des Streams ist der Client verantwortlich. Die Übergabe der Daten erfolgt an ein „Output Plugin“, das die Transformation der internen Datenstruktur in ein lesbares Format vornimmt.

Als Vorlage für die Programmierung eines eigenen Output-Plugins wird das Modul *test_decoding* ausgeliefert, das sich im Verzeichnis „contrib“ befindet. Führen Sie, falls noch nicht getan, die folgenden Schritte aus, um das Plugin zu installieren:

Listing 9.1 Das Plugin „test_decoding“ kompilieren und bereitstellen

```
# cd postgresql-14.0
# ./configure --with-includes=/usr/local/pgsql/include/server
# cd contrib/test_decoding
# make all
# cp test_decoding.o /usr/local/pgsql/lib
```

Zum Testen von Replication Slots kann das Programm *pg_recvlogical* verwendet werden. In Listing 9.2 wird ein Slot mit dem Namen „test_slot“ erstellt und gestartet.

Listing 9.2 Einen Logical Replication Slot mit *pg_recvlogical* erstellen

```
$ pg_recvlogical -d hanser --slot=test_slot --create-slot
2021-10-11 17:29:45.057 CEST [11479] LOG:  logical decoding found consistent point at
0/51139EE8
2021-10-11 17:29:45.057 CEST [11479] DETAIL:  There are no running transactions.
2021-10-11 17:29:45.057 CEST [11479] STATEMENT:  CREATE_REPLICATION_SLOT "test_slot"
LOGICAL "test_decoding" NOEXPORT_SNAPSHOT
$ pg_recvlogical -d hanser --slot=test_slot --start -f -
2021-10-11 17:32:42.057 CEST [12284] LOG:  starting logical decoding for slot "test_
slot"
2021-10-11 17:32:42.057 CEST [12284] DETAIL:  Streaming transactions committing after
0/51139F20, reading WAL from 0/51139EE8.
2021-10-11 17:32:42.057 CEST [12284] STATEMENT:  START_REPLICATION SLOT "test_slot"
LOGICAL 0/0
2021-10-11 17:32:42.057 CEST [12284] LOG:  logical decoding found consistent point at
0/51139EE8
2021-10-11 17:32:42.057 CEST [12284] DETAIL:  There are no running transactions.
2021-10-11 17:32:42.057 CEST [12284] STATEMENT:  START_REPLICATION SLOT "test_slot"
LOGICAL 0/0
```

Eine Update-Anweisung erzeugt eine Transaktion, die im Replication Slot ausgegeben wird. Alternativ kann die Ausgabe in eine Datei umgelenkt werden. Für forensische und Testzwecke ist das eine Methode, die sofort bereitsteht.

Listing 9.3 Die Ausgabe des Replication Slot anzeigen

```
(postgres@[local]:5432)[hanser]> UPDATE test SET data = 'stream' WHERE id = 1;
UPDATE 1
. . .
BEGIN 7189
table public.test: UPDATE: id[integer]:1 num[integer]:42 data[character
varying]:'stream'
COMMIT 7189
```

Mit der Option „–drop-slot“ kann der Logical Replication Slot gelöscht werden.

```
$ pg_recvlogical -d hanser --slot=test_slot --drop-slot
```

9.1 Logical Decoding mit SQL-Funktionen

Zum Testen von Replication Slots kann das Programm *pg_recvlogical* verwendet werden. Das folgende Beispiel verwendet SQL-Funktionen, die Bestandteil der PostgreSQL-Distribution sind.

HINWEIS: Voraussetzung für die Benutzung von Logical Decoding ist, dass der Parameter „wal_level“ auf den Wert „logical“ und der Parameter „max_replication_slots“ mindestens auf den Wert „1“ gesetzt ist.

Zuerst wird ein Logcial Replication Slot erstellt. Als Output-Plugin verwenden wir „test_decoding“. Als Ergebnis wird die aktuelle Log Sequence Number zurückgeliefert. Dabei handelt es sich um die Start-LSN.

Listing 9.4 Einen Logical Replication Slot erstellen

```
(postgres@localhost:5432)[hanser]> SELECT * FROM pg_create_logical_replication_
slot('test_slot', 'test_decoding', false, true);
 slot_name |     lsn
-----------+-------------
 test_slot | 15/BCC730F0
```

Die vorhandenen Replication Slots können mit Hilfe der View *pg_replication_slots* abgefragt werden.

Listing 9.5 Vorhandene Replication Slots abfragen

```
(postgres@localhost:5432)[hanser]> SELECT slot_name, plugin, slot_type, active FROM
pg_replication_slots;
 slot_name |    plugin     | slot_type | active
-----------+---------------+-----------+--------
 test_slot | test_decoding | logical   | f
```

Nach einer Update-Anweisung fragen wir den Replication Slot ab. Für die Darstellung des Inhalts ist das Output-Plugin *test_decoding* verantwortlich.

Listing 9.6 Einen Logical Replication Slot abfragen

```
(postgres@localhost:5432)[hanser]> UPDATE test SET data = 'stream'
> WHERE id = 2;
UPDATE 1
(postgres@localhost:5432)[hanser]> SELECT * FROM pg_logical_slot_get_changes('test_
slot', NULL, NULL, 'include-timestamp', 'on');
     lsn     | xid |                          data
-------------+-----+-----------------------------------------------------------
 15/BCC734E0 | 965 | BEGIN 965
 15/BCC734E0 | 965 | table public.test: UPDATE: id[integer]:2 num[integer]:74
data[character varying]:'stream'
 15/BCC73660 | 965 | COMMIT 965 (at 2021-10-11 16:41:06.791682+02)
```

Nach Auslesen der Abfrage verschwindet die Transaktion aus dem Stream. Bei der nächsten Abfrage erscheint sie nicht mehr.

Schließlich kann der Replication Slot gelöscht werden.

Listing 9.7 Eine Logical Replication Slot löschen

```
(postgres@localhost:5432)[hanser]> SELECT pg_drop_replication_slot('test_slot');
 pg_drop_replication_slot
--------------------------
```

Die Verwendung der SQL-Funktionen für das Decoding ist für forensische Zwecke sehr einfach.

9.2 Logical Decoding mit Java als Consumer

Java ist sehr populär und bietet viele Vorteile für die Entwicklung von Anwendungen, wie zum Beispiel die einfache Übertragung zwischen verschiedenen Betriebssystemen. Mithilfe von JDBC-Treibern ist ein Anschluss an andere Datenbanksysteme gut standardisiert.

Der JDBC-Treiber von PostgreSQL liefert zusätzlich Klassen für die physikalische und logische Replikation. Diese Klassen bieten die Möglichkeit, zwischen verschiedenen Output-Plugins zu wählen. Damit ist die volle Flexibilität für die Programmierung eines eigenen Schnittstellenprogramms gegeben. Auch die Weiterverarbeitung der ausgelesenen WAL-Sätze kann durch die volle Bandbreite von Java realisiert werden. Der Zugriff auf das Output-Plugin ist sowohl über die Replication API des JDBC-Treibers als auch über die Verwendung der Funktionen und klassische JDBC-Programmierung möglich. In den folgenden Beispielen werden beide Versionen vorgestellt. Der zugrunde liegende Software-Stack ist in Bild 9.2 dargestellt. Wir verwenden wieder das Plugin „test_decoding“.

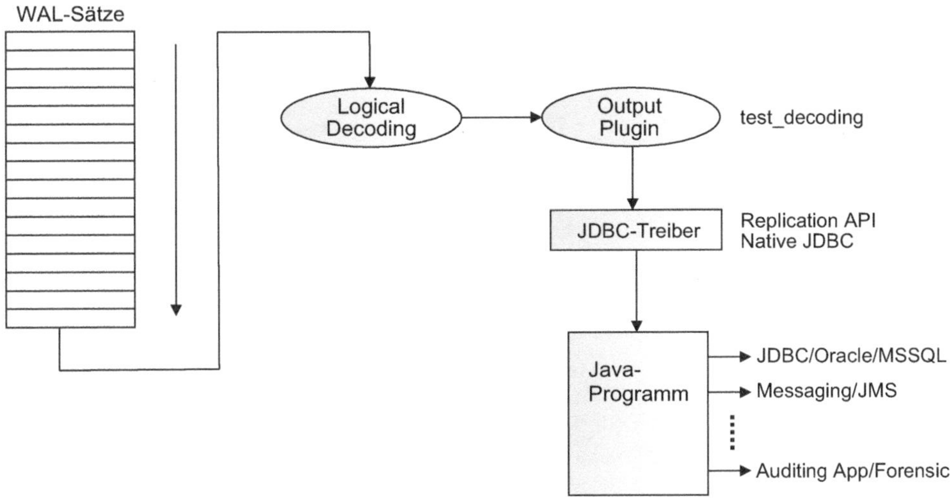

Bild 9.2 Logical Decoding mit Java-Programm

HINWEIS: Für die Verwendung der Replication API muss unbedingt der Original-JDBC-Treiber verwendet werden. Sie finden ihn unter *https://jdbc.postgresql.org.*

Zuerst wird eine ganz normale JDBC-Verbindung zum PostgreSQL-Cluster hergestellt. Dabei ist es notwendig, die folgenden Eigenschaften mitzugeben (siehe (1)Listing 9.8):

- ASSUME_MIN_SERVER_VERSION: „10.3". Hinweis an den JDBC-Treiber und die API, dass die Features der Version 10.3 zur Verfügung stehen.
- REPLICATION: „database". Instruiert den „walsender", sich zur angegebenen Datenbank zu verbinden. Damit kann die Verbindung für logische Replikation von dieser Datenbank verwendet werden.
- PREFER_QUERY_MODE: „simple". Legt den Modus für die Ausführung von SQL-Abfragen fest. Replikationsverbindungen funktionieren nur im Modus „simple".

Neben einer Standard-JDBC-Verbindung (2) muss noch eine Replikationsverbindung (3) aufgebaut werden. Im Programm wird also mit zwei Verbindungshandlern gearbeitet.

Listing 9.8 Verbindung mittels Replication API herstellen

```
package postgres;
import java.sql.Connection;
import java.sql.DriverManager;
import java.sql.SQLException;
import java.util.Properties;
import org.postgresql.PGConnection;
import org.postgresql.PGProperty;
. . .
  protected Connection dbConn;
  protected PGConnection pgConn;
  protected String url;
```

```
  protected Properties props;
. . .
  url = "jdbc:postgresql://localhost:5432/postgres";
  props = new Properties();
  props.setProperty("user", "postgres");
  props.setProperty("password", "postgres");
  PGProperty.ASSUME_MIN_SERVER_VERSION.set(props, "10.3");      < --- (1)
  PGProperty.REPLICATION.set(props, "database");
  PGProperty.PREFER_QUERY_MODE.set(props, "simple");
. . .
try {
  Class.forName("org.postgresql.Driver");
  dbConn = DriverManager.getConnection(url, props);             < --- (2)
. . .
  pgConn= dbConn.unwrap(PGConnection.class);                    < --- (3)
```

In Listing 9.9 finden Sie den Code-Teil zum Auslesen der WAL-Sätze. Zunächst wird ein Replication Slot mit dem Namen „hanser_logical_slot" geöffnet (1). Dabei wird das Plugin „test_decoding" festgelegt. Im nächsten Schritt wird ein Replication Stream initialisiert (2). In der Schleife wird laufend die Ausgabe des Streams abgefragt (4). Die Funktionen (5) bedienen die Callback-Funktionalität des Replication-Plugins.

Listing 9.9 WAL-Sätze mit der Replication API auslesen

```
protected PGConnection pgConn;
protected PGReplicationStream pgStream;
. . .
try {
  pgConn.getReplicationAPI().createReplicationSlot().logical().        < --- (1)
   withSlotName("hanser_logical_slot").withOutputPlugin("test_decoding").make();
  pgStream = pgConn.getReplicationAPI().replicationStream().logical().  < --- (2)
    withSlotName("hanser_logical_slot").withSlotOption("include-xids", true).
    withSlotOption("include-timestamp", true).
    withSlotOption("skip-empty-xacts", true).                          < --- (3)
    withStatusInterval(15, TimeUnit.SECONDS).start();
  while (true) {
    buff = pgStream.readPending();                                     < --- (4)
    if (buff == null) {
      TimeUnit.MILLISECONDS.sleep(10L);
      continue;
    }
    offset = buff.arrayOffset();
    src = buff.array();
    length = src.length - offset;
    System.out.println(new String(src, offset, length));
    pgStream.setAppliedLSN(pgStream.getLastReceiveLSN());              < --- (5)
    pgStream.setFlushedLSN(pgStream.getLastReceiveLSN());
  }
}
. . .
```

Nach Start des Programms gibt es erst mal keine Ausgabe. Das liegt unter anderem an der Option `skip_empty_xacts`, die dem Stream mitgegeben wurde (3). Mit Eingabe einer Transaktion erfolgt die Ausgabe im Java-Programm:

```
postgres@localhost:5432)[postgres]> INSERT INTO test VALUES(4,'Verkauf
Smartphone',current_date);
INSERT 0 1
. . .
BEGIN 625
table public.test: INSERT: id[integer]:4 text[character varying]:'Verkauf Smartphone'
datum[date]:'2021-09-22'
COMMIT 625 (at 2021-09-22 14:43:30.523124-04)
```

Mithilfe der Replication API ist es möglich, mit sehr wenig Programmieraufwand WAL-Sätze auszulesen und zu übersetzen. Falls Sie die API nicht verwenden wollen oder können, dann ist es möglich, mit herkömmlichen JDBC-Mitteln eine solche Schnittstelle zu programmieren. Das Java-Programm wird dann allerdings aufwendiger.

10 Replikation und Streaming

Die Möglichkeit der Replikation zwischen Datenbankservern ist eines der wichtigsten Features moderner Datenbanksysteme. Mit der Version 9 wurden für PostgreSQL die Features „Streaming Replication“ und „Hot Standby“ eingeführt. Dabei handelt es sich um eine physikalische Replikation. Die synchrone Replikation ist seit der Version 9.1 verfügbar. Mit der Version 9.6 kam das Feature „Logical Decoding“ hinzu, mit dessen Hilfe es möglich ist, WAL-Sätze in lesbaren SQL-Code zu konvertieren.

Im weiteren Schritt wurde mit der Version 10 die logische Replikation eingeführt. Es gibt weitere Zusatzmodule, die mit unterschiedlichen Technologien arbeiten. Auf Trigger basierende Lösungen werden immer seltener eingesetzt, da sie einen direkten Einfluss auf die Performance von Applikationen haben, schlecht skalieren und Nachteile im Bereich Zuverlässigkeit aufweisen. Die hier vorgestellten Lösungen sind Bestandteil des PostgreSQL-Basispakets und basieren sämtlich auf der Übertragung von WAL-Log-Sätzen.

Der Bedarf für die Replikation und deren unterschiedliche Methoden entstand aus verschiedenen Anforderungen, die von der soliden Desaster-Recovery-Lösung bis zu forensischen Untersuchungen reichen.

Die physikalische Replikation, also die Features „Streaming Replication“ und „Hot Standby“, können für folgende Zwecke eingesetzt werden:

- als Desaster-Recovery-Lösung (DR-Lösung) mit asynchroner Replikation für minimalen Datenverlust und schnelles Umschalten auf das Standby-System
- als DR-Lösung mit synchroner Replikation ohne Datenverlust („Zero Data Loss“). Alle abgeschlossenen Transaktionen befinden sich auf dem Standby-Server. Schnelles Umschalten auf das Standby-System und damit kurze Recovery-Zeiten sind ein weiterer Bestandteil.
- geplanter Rollentausch zum Patchen, für Upgrades oder Wartungsarbeiten
- zusätzliche Nutzung der Standby-Datenbank für Reporting und SQL-Abfragen zur Entlastung des Primärsystems (Hot Standby).

Die logische Replikation, die seit der Version 10 Bestandteil von PostgreSQL ist, kann für folgende Zwecke eingesetzt werden:

- Replikation von einzelnen Objekten der Datenbanken
- Übertragung von Daten zwischen verschiedenen Betriebssystemen

Das Feature „Logical Decoding“ kann als Vorstufe der logischen Replikation angesehen werden. Programme und Features des „Logical Decoding“ sind die Basis für die logische Replikation. Es gibt folgende Einsatzgebiete:

- individuelle Aufbereitung von Transaktionen auf Basis von WAL-Informationen
- Schnittstelle für andere Technologien und Datenformate, zum Beispiel XML oder JSON
- Aufbereitung von SQL-Anweisungen für andere Datenbanksysteme wie zum Beispiel Oracle oder Microsoft SQL
- Untersuchung von Daten für Audit-Zwecke und forensische Untersuchungen

10.1 Physische Replikation

In diesem Abschnitt werden wir im Rahmen eines Beispiels eine physikalische Standby-Datenbank aufsetzen. Die Replikation erfolgt zwischen zwei Linux-Servern, sie lässt sich jedoch problemlos auf andere Betriebssysteme übertragen. Alternativ können Sie auch mit zwei Clustern auf demselben physikalischen Server arbeiten.

HINWEIS: Beachten Sie, dass für die Physische Replikation die Hardware-Architektur dieselbe sein muss. Das schließt eine Replikation zwischen 32-bit- und 64-bit-Systemen oder zwischen Windows und Linux aus.

10.1.1 Vorbereitung und Planung

Primär- und Standby-Server sollten so gleichartig wie möglich aufgesetzt werden, um im Desaster-Recovery-Fall die Datenbanken mit identischer Performance und Funktionalität zur Verfügung stellen zu können. Obwohl die Hardware nicht identisch sein muss, wird die Administration umso einfacher, je weniger Unterschiede bestehen. Insbesondere müssen folgende Übereinstimmungen vorliegen:

- Die Pfade zu den Tablespaces auf dem Standby-System müssen identisch zu denen auf dem Primärsystem sein. Legt man auf der Primärseite einen neuen Tablespace an, wird dieser Befehl auf die Standby-Seite übertragen und analog ausgeführt.
- Wegen der notwendigen Übereinstimmung der Pfade für die Tablespaces ist eine Replikation zwischen Windows- und Unix-Betriebssystemen nicht möglich.
- Dateisysteme auf der Standby-Seite müssen denselben freien Speicherplatz wie auf der Primärseite aufweisen.
- Die Hardwarearchitektur muss gleichartig sein. Ein Mischen von 32-Bit- und 64-Bit-Systemen ist nicht möglich.

- Primär- und Standby-Cluster müssen dasselbe Major Release besitzen. Da es Policy der Development Group ist, zwischen Minor Releases keine Änderungen in den Disk-Formaten vorzunehmen, besteht somit keine Gefahr, dass es zu Fehlern oder Abbrüchen kommt.

Neben der Planung der Server ist es notwendig, hinreichend Netzwerkkapazität zur Verfügung zu stellen. Planen Sie dabei nicht nur die durchschnittliche Übertragungsrate, beachten Sie auch den notwendigen Durchsatz in der Spitze. Kann dieser nicht garantiert werden, kommt es zu einer Übertragungslücke und im Bedarfsfall zu Datenverlust.

10.1.2 Konfiguration und Aktivierung

Die Standby-Datenbank wendet permanent die WAL-Sätze, die sie vom Primärsystem erhält, an und befindet sich dabei im Recovery-Modus. Der Standby-Server ist in der Lage, übertragene WAL-Sätze aus dem lokalen WAL-Archiv oder direkt vom Primärserver über die TCP/IP-Verbindung zu lesen. Die letzte Methode wird *Streaming Replication* genannt. Im Fall eines Ausfalls des Primärsystems ist die Lücke bei Aktivierung des Standby-Clusters bei Einsatz von Streaming Replication minimal oder null. Demgegenüber kann es bei der Übertragung von archivierten WAL-Segmenten zu größeren Datenverlusten kommen. Weiterhin ist eine synchrone Replikation mit dieser Methode nicht möglich.

TIPP: Setzen Sie für DR-Lösungen die Methode „Streaming Replication“ ein, um im DR-Fall den Datenverlust so gering wie möglich zu halten.

Bevor wir mit dem Aufsetzen der Replikation beginnen, werfen wir einen Blick auf den Anwendungsprozess auf dem Standby-Server. Nach dem Start des Standby-Servers beginnt PostgreSQL unter Verwendung des Befehls im Parameter „restore_command“ alle WAL-Sätze aus dem Archive-Verzeichnis zurückzuspeichern. Danach startet das Cluster die Verarbeitung von Sätzen der Segmente im Verzeichnis „pg_wal“.

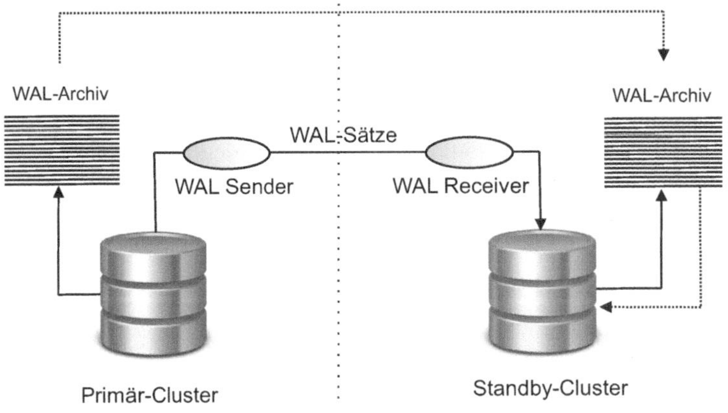

Bild 10.1 Die Architektur von Streaming-Replikation

Ist Streaming Replication konfiguriert, dann versucht der Server im nächsten Schritt, Verbindung mit dem Primärserver aufzunehmen und ist bereit für die direkte Übertragung von WAL-Sätzen über das Netzwerk. Gibt es Probleme mit der Übertragung, dann fällt der Standby-Server wieder in den Modus der Verarbeitung der gespeicherten WAL-Segmente zurück. Diese Schleife wird durchgeführt, solange der Standby-Server läuft. Es ist ein einfaches, aber wirkungsvolles Prinzip, mit dem in jeder Situation wieder aufgesetzt werden kann.

Die Schritte im folgenden Beispiel beschreiben, wie eine physikalische Standby-Datenbank aufgesetzt werden kann. Es wird der folgende Fahrplan verwendet:

1. Primär- und Standby-Server vorbereiten
2. Ein Online-Backup des Primärservers erstellen
3. Das Online-Backup einspielen
4. Die Replikation aktivieren

10.1.2.1 Primär- und Standby-Server vorbereiten

Die Replikation wird für zwei Linux-Server aufgesetzt. Die Schritte können analog für ein Windows-Betriebssystem angewandt werden. Im Beispiel werden zwei PostgreSQL-Server verwendet:

- Primärserver: serv2 192.168.178.26 Port 5432
- Standby-Server: serv1 192.168.178.28 Port 5433

Wir beginnen mit der Vorbereitung des Primärservers.

1. Setzen Sie auf dem Primärserver den Parameter *wal_level* auf den Wert „replica". Der Wert für den Parameter *wal_senders* mit einem Standard von „10" muss in der Regel nur dann erhöht werden, wenn eine Übertragung zu mehreren Standby-Servern erfolgen soll oder das Transaktionsvolumen außerordentlich hoch ist.
2. Aus Sicherheitsgründen ist es wichtig, dass die zwischen Primär- und Standby-Server übertragenen Daten nicht von anderen gelesen werden können. Obwohl die Replikation über den Superuser-Account abgewickelt werden kann, ist zu empfehlen, dass ein dedizierter Benutzer angelegt wird. Legen Sie einen Benutzer auf dem Primärserver mit den Privilegien CONNECTION und REPLICATION an.

```
postgres@[local]:5432)[postgres]> CREATE USER repadmin WITH
> LOGIN
> NOSUPERUSER
> NOCREATEDB
> NOCREATEROLE
> INHERIT
> REPLICATION
> CONNECTION LIMIT -1
> PASSWORD 'repadmin';
CREATE ROLE
```

3. Die Authentifizierung von Clients wird mithilfe der Datei *pg_hba.conf* kontrolliert. Als Datenbank muss das Schlüsselwort „replication" angegeben werden. Tragen Sie die IP-Adresse des Standby-Servers ein.

```
host   replication   repadmin   192.168.178.28/32   md5
```

4. Tragen Sie das Passwort für den Benutzer „repadmin“ in die Passwortdatei *~/.pgpass* ein. Verwenden Sie für den Datenbanknamen „replication“.

```
192.168.178.28:5433:replication:repadmin:repadmin
```

Die Anpassung der Parameter für den Standby-Server erfolgt nach Einspielen des Backups des Primärservers.

10.1.2.2 Online-Backup des Primärservers

Um ein Online-Backup erstellen zu können, muss für die Primärdatenbank die WAL-Archivierung eingeschaltet werden.

1. Erstellen Sie ein Verzeichnis, das als Speicherort für die Archivdateien dienen soll.

```
# mkdir /opt/archive/primary
# chown postgresql:postgresql /opt/archive/primary
```

2. Setzen Sie die notwendigen Parameter zur Aktivierung der Archivierung.

```
archive_mode = on
archive_command = 'cp -i %p /opt/archive/primary </dev/null'
```

3. Führen Sie einen Neustart des PostgreSQL-Servers durch.

```
$ pg_ctl restart
```

4. Erstellen Sie ein Online-Backup des Primärservers.

```
(postgres@[local]:5432)[postgres]> SELECT pg_start_backup
> ('For standby', false, false);
 pg_start_backup
-----------------
 0/3000028
tar -cvf prim_backup.tar $PGDATA
(postgres@[local]:5432)[postgres]> SELECT * FROM
> pg_stop_backup(false, false);
   lsn    |           labelfile                      | spcmapfile
----------+------------------------------------------+----------------------
0/3000168 | START WAL LOCATION: 0/3000028 (file 000000010000000000000003)+|
          | CHECKPOINT LOCATION: 0/3000098           +|
          | BACKUP METHOD: streamed                  +|
          | BACKUP FROM: master                      +|
          | START TIME: 2018-02-09 14:06:41 CET      +|
          | LABEL: For standby                       +|
```

10.1.2.3 Das Backup einspielen

1. Entpacken Sie die Sicherung im $PGDATA-Verzeichnis des Standby-Servers. Kopieren Sie zusätzlich die WAL-Segmente in das Archiv-Verzeichnis des Standby-Servers.

```
$ tar -xvf prim_backup.tar
$ scp 192.168.178.26:/opt/archive/primary /opt/archive/standby
```

2. Passen Sie die Parameter *listen_addresses* und *port* an die Umgebung an. Tragen Sie im Parameter *archive_command* das Archivverzeichnis des Standby-Servers ein.

TIPP: Wenn Sie planen, die Architektur als Desaster-Recovery-Umgebung einzusetzen, oder wenn ein Rollentausch zur Durchführung von Wartungsarbeiten erfolgen soll, dann fungiert der Primärserver auch als Standby-Server. Führen Sie deshalb die Vorbereitungsarbeiten unter diesem Blickwinkel durch. Alle Konfigurationen, die Sie auf dem Standby-Server vornehmen, sollten deshalb auch auf dem Primärserver vorbereitet werden (und umgekehrt), um einen Rollentausch erfolgreich durchführen zu können.

3. Auf dem Standby-Server muss nun die Datei *recovery.conf* im Verzeichnis $PGDATA erstellt werden. Tragen Sie die Parameter *standby-mode, restore_command* sowie *primary_conninfo* ein. Darin sind die Verbindungsinformationen zum Primärserver enthalten. Alternativ können Sie anstelle des Passworteintrags auch wieder eine Passwortdatei verwenden. Hilfreich ist in diesem Zusammenhang noch der Parameter *archive_cleanup_command*. Mit seiner Hilfe können ältere, nicht länger vom Standby-Server benötigte archivierte WAL-Dateien automatisch gelöscht werden. Der Platzhalter „%r" steht für den Dateinamen mit dem letzten gültigen Zeitpunkt für einen Neustart.

Listing 10.1 Beispiel für die Konfigurationsdatei *recovery.conf*

```
standby_mode = on
restore_command = 'cp /opt/archive/standby/%f %p'
primary_conninfo = 'host=192.168.178.26 port=5432 user=repadmin password=repadmin'
archive_cleanup_command = 'pg_archivecleanup /opt/archive/standby %r'
```

10.1.2.4 Die Replikation aktivieren

Die Replikation wird durch das Starten des Standby-Servers aktiviert. Dieser liest die Datei „recovery.conf" und beginnt den Recovery-Prozess mit den vorhandenen WAL-Dateien. Das Recovery aus den WAL-Segmenten wird so lange durchgeführt, bis keine WAL-Dateien mehr gefunden werden. Anschließend nimmt er Verbindung zum Primärserver auf und empfängt die WAL-Sätze, die direkt in die Datenbank eingearbeitet werden. Dieser Prozess lässt sich im Logfile des Standby-Servers nachvollziehen. Die Meldung „started streaming WAL from primary . . ." ist die Bestätigung dafür, dass Streaming Replication aktiviert wurde.

```
2021-02-09 16:40:20.903 CET [30557] LOG:  database system was shut down in recovery
at 2021-02-09 15:57:56 CET
2021-02-09 16:40:20.903 CET [30557] LOG:  entering standby mode
2021-02-09 16:40:20.913 CET [30557] LOG:  restored log file "00000001000000000000000B"
from archive
2021-02-09 16:40:21.174 CET [30557] LOG:  redo starts at 0/B000098
2021-02-09 16:40:21.174 CET [30557] LOG:  consistent recovery state reached at 0/
B0000D0
2021-02-09 16:40:21.174 CET [30554] LOG:  database system is ready to accept read
only connections
2021-02-09 16:40:21.184 CET [30557] LOG:  restored log file "00000001000000000000000C"
from archive
```

```
2021-02-09 16:40:21.460 CET [30557] LOG:  restored log file "00000001000000000000000D"
from archive
2021-02-09 16:40:21.709 CET [30557] LOG:  restored log file "00000001000000000000000E"
from archive
cp: cannot stat `/opt/archive/standby/00000001000000000000000F': No such file or
directory
2021-02-09 16:40:21.955 CET [30574] LOG:  started streaming WAL from primary at 0/
F000000 on timeline 1
```

Mit einem einfachen Test lässt sich feststellen, ob die Replikation funktioniert und die Transaktionen zeitnah übertragen werden. Legen Sie eine neue Datenbank an und prüfen Sie, ob diese auf dem Standby-Cluster vorhanden ist.

```
(postgres@[local]:5432)[postgres]> CREATE DATABASE hanser;
CREATE DATABASE
(postgres@[local]:5433)[postgres]> \l
                          List of databases
   Name    |  Owner   | Encoding |   Collate   |    Ctype
-----------+----------+----------+-------------+-------------
 hanser    | postgres | UTF8     | en_US.UTF-8 | en_US.UTF-8
 postgres  | postgres | UTF8     | en_US.UTF-8 | en_US.UTF-8
```

Die WAL-Sätze werden also direkt in das Standby-Cluster eingearbeitet. Es stellt sich die Frage, wie mit dem WAL-Archiv auf der Standby-Seite verfahren werden kann. Wenn Sie in unserem Beispiel einen WAL-Switch auf der Primärseite durchführen, dann wird dort das letzte WAL-Segment archiviert, allerdings nicht auf der Standby-Seite. Eine Archivierung erfolgt, wenn Sie den Parameter *archive_mode* auf *always* setzen.

10.1.3 Kaskadenförmige Replikation

Eine Standby-Datenbank, die gleichzeitig als Empfänger und Sender für die Replikation dient, wird als „Cascading Standby" bezeichnet. Die häufigsten Gründe für den Einsatz sind:

- Es gibt mehrere Standby-Server, die bedient werden müssen. Der Cascading-Standby-Server wickelt die Übertragung zu den weiteren Standby-Servern ab und entlastet die Ressourcen des Primärservers.
- Der Standby-Server ist weit entfernt und die Übertragung leidet unter einer hohen Netzwerklatenz oder geringen Kapazität. Der Standby-Server befindet sich in der näheren Umgebung des Primärservers. Er kann den Workload problemlos bewältigen. Kommt es zu Problemen mit der Replikation zum entfernten Server, dann hat dies keinen Einfluss auf den Primärserver.

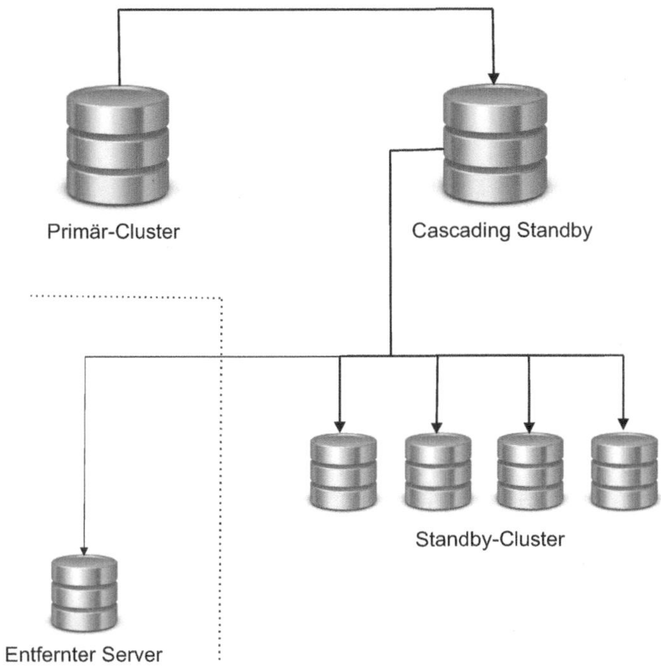

Bild 10.2 Architektur für Cascading Standby

10.1.4 Hot Standby

Ein Hot-Standby-Server steht für SQL-Abfragen zur Verfügung, während er sich im Recovery-Modus befindet. Er befindet sich aus Sicht der Clients damit im Read-Only-Status. Die Nutzungsmöglichkeiten sind vielfältig. Häufig werden die Datenbanken für das Reporting und Ad-hoc-Abfragen eingesetzt und entlasten damit den Primärserver. Transaktionen, die auf der Hot-Standby-Datenbank gestartet werden, erhalten aufgrund des Read-Only-Modus keine Transaktions-ID. Demzufolge können nur Transaktionen ausgeführt werden, die keine Veränderungen an den Datenbanken vornehmen.

HINWEIS: Bei der Übertragung zwischen Primär- und Standby-Server kann es zu Verzögerungen kommen. Aus diesem Grund können Abfragen, die auf beiden Systemen abgesetzt werden, unterschiedliche Ergebnisse liefern. Dies ist bei der Planung des Einsatzes des Standby-Clusters als Quelle für das Reporting zu berücksichtigen. Das Einschalten der synchronen Replikation und Setzen des Parameters *synchronous_commit* auf den Wert „remote_apply" verhindert diesen Effekt.

Die Hot-Standby-Funktionalität ist standardmäßig eingeschaltet. Der PostgreSQL-Server prüft, ob der Parameter *hot_standby* auf den Wert „on" gesetzt ist und eine Datei *recovery.conf* existiert. Sie können die Funktion deaktivieren, indem Sie den Wert auf „off" setzen.

Der aktuelle Status lässt sich über das SQL-Interface mit dem folgenden Query abfragen:

```
(postgres@[local]:5433)[postgres]> show transaction_read_only;
 transaction_read_only
-----------------------
 on
```

Im Zusammenhang mit SQL-Abfragen auf einer Hot-Standby-Datenbank kann es zu Konflikten kommen. Ein typisches Beispiel ist das Absetzen eines DROP TABLE-Befehls auf dem Primärserver, während eine SELECT-Anweisung auf dem Standby-Server läuft. Die Abfrage auf dem Standby-Server könnte nicht zu Ende laufen, wenn der DROP TABLE-Befehl ausgeführt würde. Da der Primärserver keine Informationen darüber hat, welche SQL-Abfragen auf den Standby-Datenbanken laufen, wird er den DROP TABLE-Befehl direkt ausführen. Andererseits würde der Standby-Server mit seinem Apply-Prozess zurückfallen, wenn er auf das Ende der SELECT-Anweisung warten würde.

Um einen Kompromiss herbeizuführen, können die Parameter *max_standby_streaming_delay* und *max_standby_archive_delay* gesetzt werden:

- *max_standby_streaming_delay:* Ist die Hot Standby eingeschaltet, legt der Parameter fest, wie lange der Standby-Server warten soll, bis die Abfrage wegen eines Konflikts (About-to-be-applied) abbricht. Dieser Parameter bezieht sich auf die Situation, wenn der Standby-Server aus einer archivierten WAL-Datei liest.
- *max_standby_streaming_delay:* Der Parameter besitzt eine analoge Funktion wie *max_standby_archive_delay,* in einer Situation, in der die Standby-Datenbank WAL-Sätze über „Streaming Replication" empfängt.

Eine Zusammenfassung der aufgetretenen Konflikte liefert die View *pg_stat_database_conflicts:*

Listing 10.2 Konflikte auf der Hot-Standby-Datenbank abfragen

```
(postgres@[local]:5433)[postgres]> SELECT * FROM pg_stat_database_conflicts;
 datid |  datname  | confl_      | confl_ | confl_   | confl_     | confl_
       |           | tablespace  | lock   | snapshot | bufferpin  | deadlock
-------+-----------+------------+--------+----------+------------+-----------
 13158 | postgres  |           0 |      0 |        0 |          0 |        0
 16386 | hanser    |           0 |      0 |        0 |          0 |        0
     1 | template1 |           0 |      0 |        0 |          0 |        0
 13157 | template0 |           0 |      0 |        0 |          0 |        0
```

10.1.5 Synchrone Replikation

Die im Beispiel aufgesetzte Replikation erfolgt im asynchronen Modus. Dies ist der Standard. Wir haben erfahren, dass die auf dem primären Cluster durchgeführten Transaktionen im Normalbetrieb sehr zeitnah zum Standby-Cluster übertragen und dort eingearbeitet werden.

Der Vorteil dieser Architektur liegt darin, dass die angeschlossenen Standby-Datenbanken nahezu keinen Einfluss auf die Performance der Primärdatenbanken haben. Schließt die Applikation eine Transaktion mit COMMIT ab, dann erfolgt die Rückmeldung, sobald die zugehörigen Sätze in das lokale WAL-Segment geschrieben wurden. Es wird nicht auf die Bestätigung vom Standby-Server gewartet.

Es besteht die Gefahr eines geringen Datenverlusts, wenn der Primärserver abstürzt und das Standby-Cluster aktiviert wird. Es gibt Applikationen, für die auch ein geringer Datenverlust kritisch ist. In diesem Fall entscheidet man sich für eine synchrone Replikation. Die Bestätigung des Abschlusses einer Transaktion wird erst an den Client gesendet, wenn sie auch erfolgreich in das WAL-Segment des Standby-Servers geschrieben wurde. Damit ist ein Datenverlust ausgeschlossen. Abgeschlossene Transaktionen sind mit der Bestätigung sowohl auf dem Primär- als auch auf dem Standby-Server eingearbeitet.

Es handelt sich also immer um einen Kompromiss zwischen Ausfallsicherheit und Performance-Impact. Ob synchrone Replikation eingesetzt werden soll oder nicht, hängt im Wesentlichen von den Anforderungen der Applikation ab.

Eingeschaltet wird die synchrone Replikation durch Setzen des Parameters *synchronous_standby_names*. Der Parameter enthält durch Komma getrennte Applikationsnamen der Standby-Server. Der Applikationsname lässt sich durch die folgende Abfrage herausfinden:

```
(postgres@[local]:5432)[postgres]> SELECT application_name
> FROM pg_stat_replication;
 application_name
------------------
 walreceiver
```

Es ist eine Wildcard in der Form `synchronous_standby_names = ‚*'` erlaubt. Wird der Server nach der Änderung des Parameters neu gestartet, erscheint die folgende Meldung im Logfile:

```
LOG:  standby "walreceiver" is now a synchronous standby with priority 1
```

Alternativ lässt sich der Modus im SQL-Interface abfragen:

```
(postgres@[local]:5432)[postgres]> SELECT
> application_name, sync_state
> FROM pg_stat_replication;
 application_name | sync_state
------------------+------------
 walreceiver      | sync
```

Der Parameter *synchronous_commit* legt fest, auf welche Aktion eine Transaktion wartet, bevor ein erfolgreicher Abschluss an den Client gemeldet wird. Der Wert „remote_write" bedeutet, dass die Transaktion als abgeschlossen gewertet wird, wenn der Standby-Server die WAL-Sätze empfangen und auf die Disk geschrieben hat. Diese Option ist ausreichend für eine hinreichende Sicherheit. Der Wert „remote_apply" bedeutet, dass gewartet wird, bis die Transaktion in die Datenbank auf dem Standby-Server eingearbeitet wurde. Damit ist sie auch sichtbar für SQL-Abfragen auf der Standby-Seite.

10.1.6 Die Replikation überwachen

Kommt es zu Störungen im Replikationsprozess, dann ist die Verfügbarkeit des Standby-Clusters nicht mehr gewährleistet und ein Failover im Fehlerfall würde Datenverlust bedeuten. Die Überwachung der Replikation ist deshalb ein wesentlicher Bestandteil des Hochverfügbarkeitskonzepts.

Beim Einsatz von Streaming Replication sollte bei einer asynchronen Übertragung nur eine minimale und bei synchroner Übertragung keine Lücke vorhanden sein. Eine Überprüfung ist durch einen Vergleich der aktuellen Logical Sequence Number (LSN), die auf der Primärseite in das WAL-Segment geschrieben wurde, mit der letzten LSN, die auf dem Standby-Cluster empfangen wurde, möglich. Die Abfrage erfolgt mithilfe der Funktion *pg_current_wal_lsn* auf der Primär- und *pg_last_wal_receive_lsn* auf der Standby-Seite. Die Abfragen in Listing 10.3 bestätigen, dass keine Lücke vorhanden ist und die Replikation synchron ist.

Listing 10.3 Vergleich der LSN zwischen Primär- und Standby-Server

```
(postgres@[local]:5432)[postgres]> SELECT * FROM pg_current_wal_lsn();
 pg_current_wal_lsn
--------------------
 0/15017B48
(postgres@[local]:5433)[postgres]> SELECT * FROM pg_last_wal_receive_lsn();
 pg_last_wal_receive_lsn
-------------------------
 0/15017B48
```

Zusätzliche Informationen liefert die View *pg_stat_replication*. Die Spalte „state“ zeigt an, dass Streaming Replication aktiviert ist, „sync_state“ bestätigt, dass die asynchrone Replikation konfiguriert ist. Die Spalten „sent_location“ und „write_location“ bestätigen ebenfalls, dass der Standby-Cluster synchron ist.

Listing 10.4 Den Status des Replikationsprozesses abfragen

```
(postgres@[local]:5432)[postgres]> SELECT application_name,
> state, sync_state, sent_lsn, write_lsn
> FROM pg_stat_replication;
 application_name |   state   | sync_state |  sent_lsn  | write_lsn
------------------+-----------+------------+------------+------------
 walreceiver      | streaming | async      | 0/15017C28 | 0/15017C28
```

Infolge von Infrastrukturproblemen, zum Beispiel im Netzwerkumfeld, kann es zu Problemen der Übertragung der WAL-Sätze kommen. Der Primärserver läuft dann normal weiter und schreibt die WAL-Sätze in das lokale WAL-Segment. Zwischenzeitlich kommt es zu WAL-Switchen. Es entsteht eine Lücke, bis der Standby-Server wieder erreichbar ist.

Ist die Verbindung zwischen Standby- und Primär-Cluster wiederhergestellt, dann können folgende Situationen entstehen:

1. Die seit Beginn der Störung auf dem Primärsystem aufgelaufenen WAL-Segmente befinden sich noch im Verzeichnis *$PGDATA/pg_wal*.
2. Nicht alle seit Beginn der Störung aufgelaufenen WAL-Segmente befinden sich noch im Verzeichnis *$PGDATA/pg_wal*.
   - Die fehlenden WAL-Segmente sind noch im Archiv des Primärservers verfügbar.
   - Die fehlenden WAL-Segmente sind nicht mehr verfügbar.

Im ersten Fall schließen Streaming-Replication-Prozesse die Lücke automatisch. Alle fehlenden WAL-Sätze werden zum Standby-Server übertragen und eingearbeitet. Es ist kein manuelles Eingreifen erforderlich.

Verantwortlich für die Anzahl der WAL-Segmente, die der Server behält, ist der Parameter *wal_keep_segments*. Je höher der Wert gesetzt ist, desto größere Lücken können automatisch geschlossen werden. Voraussetzung ist, dass der erforderliche Speicherplatz verfügbar ist. Im Standardfall behält der Primärserver nur die Segmente, die für das Recovery erforderlich sind. Wird der im Parameter angegebene Maximalwert überschritten, dann beginnt der Server Segmente zu löschen, unabhängig davon, ob diese von Standby-Servern zum Schließen von Lücken benötigt werden.

Dieser Fall führt zur zweiten Situation. Im Server-Log auf der Primärseite erscheint die folgende Meldung:

```
ERROR:  requested WAL segment 0000000100000000000000DC has already been removed
```

Auf der Standby-Seite erscheint ein fataler Fehler im Logfile:

```
FATAL:  could not receive data from WAL stream: ERROR:  requested WAL segment
0000000100000000000000DC has already been removed
```

In diesem Fall ist ein manueller Eingriff erforderlich. Sind die fehlenden WAL-Segmente noch im Archiv verfügbar, dann können sie dem Standby-Server zur Verfügung gestellt werden. Hierfür gibt es folgende Optionen:

- Kopieren der fehlenden WAL-Segmente in das Verzeichnis „$PGDATA/pg_wal" auf dem Primärserver. Die Replikation liest die Segmente, überträgt die WAL-Sätze und schließt die Lücke.
- Übertragung der fehlenden WAL-Segmente auf den Standby-Server in das Archiv-Verzeichnis. Die Datenbank befindet sich im Recovery-Modus und liest die Datei *recovery.conf* mit dem folgenden Parameter: `restore_command = ‚cp /opt/archive/standby/%f %p'`. Der Server beginnt mit dem Recovery aus den archivierten WAL-Segmenten. Es erscheinen die folgenden Meldungen im Server-Log:

```
LOG:  restored log file "0000000100000000000000DC" from archive
LOG:  restored log file "0000000100000000000000DD" from archive
LOG:  restored log file "0000000100000000000000DE" from archive
LOG:  restored log file "0000000100000000000000DF" from archive
. . .
```

Ist die Lücke bis zum aktuellen WAL-Segment geschlossen, fällt der Standby-Server wieder in den Modus „Streaming Replication" und die folgende Meldung erscheint im Logfile:

```
LOG:  started streaming WAL from primary at 1/6000000 on timeline 1
```

Durch die folgende Abfrage im Monitoring kann bestätigt werden, dass die Lücke geschlossen und der Server wieder synchron ist.

```
(postgres@[local]:5432)[hanser]> SELECT application_name,
> state, sync_state, sent_lsn, write_lsn
> FROM pg_stat_replication;
 application_name |   state   | sync_state | sent_lsn  | write_lsn
------------------+-----------+------------+-----------+-----------
 walreceiver      | streaming | async      | 1/70B29A8 | 1/70B29A8
```

Das Beispiel zeigt, wie die Replikation automatisch zwischen Recovery aus dem Archiv und Streaming Replication wechselt (Fallback und Wiederaufnahme).

Sind nicht mehr alle fehlenden WAL-Segmente verfügbar, dann muss der Standby-Server neu aufgesetzt werden. Es muss ein neues Online-Backup gezogen und auf der Standby-Seite eingespielt werden.

10.1.7 Failover und Switchover

Der Begriff *Failover* steht für die Aktivierung des Standby-Servers, wenn der Primärserver ungeplant ausfällt. *Switchover* ist ein Rollentausch, der Standby-Server wird aktiviert und der Primärserver übernimmt die Rolle des Standby-Clusters. Mit einem Switchover kann die Ausfallzeit bei Wartungsarbeiten oder Patchen minimiert werden.

PostgreSQL stellt keine Software für die Verwaltung der Replikation zur Verfügung. Das betrifft auch die beiden Prozesse. In der Regel wird das Failover als manueller Prozess gelebt, der automatisiert werden kann.

Fällt der Primärserver aus, ist die Aktivierung des Standby-Servers die schnellste Methode für die Wiederherstellung der Datenbanken. Die Clients müssen nach der Aktivierung auf den neuen Server verwiesen werden. Das kann durch Änderung des Connect Strings, des Servernamens oder der IP-Adresse erfolgen. Wird mit einem DNS-Alias gearbeitet, ist eine Änderung im DNS ausreichend und die Konfiguration der Clients muss nicht angefasst werden. Alternativ kann mit einem logischen Host gearbeitet werden.

Nach der Aktivierung des Standby-Servers muss sichergestellt werden, dass der ursprüngliche Primärserver nicht wieder gestartet wird. In diesem Fall würden zwei aktive Cluster laufen und die Clients hätten die Möglichkeit, sich zu beiden zu verbinden. Diese Situation muss verhindert werden.

10.1.7.1 Failover

Auch wenn PostgreSQL von Haus aus keine Verwaltungssoftware für die Replikation zur Verfügung stellt, kann der Failover-Prozess automatisiert werden. Er kann durch das Monitoring oder einen *Observer-Prozess* ausgelöst werden, der auf einem dritten Server laufen muss.

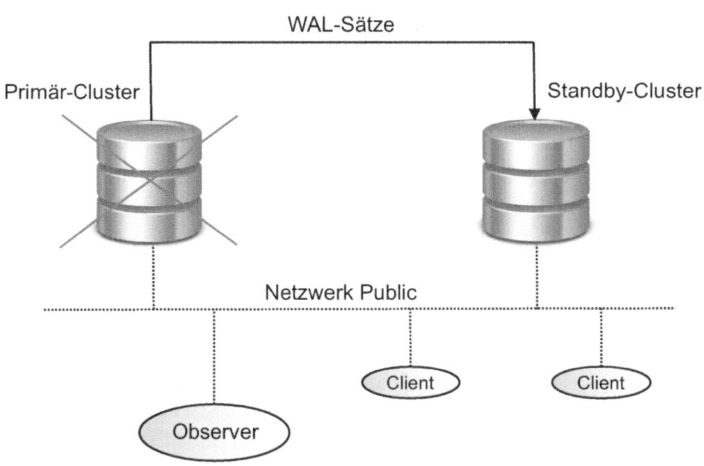

Bild 10.3 Failover mit einem Observer

Der Observer ist an das Public-Netzwerk angebunden und kann feststellen, wenn der Primärserver nicht mehr verfügbar ist. Da er dasselbe Netzwerk wie die Clients benutzt, kann er die Situation analog beurteilen. Der Observer kann die Aktivierung des Standby-Clusters anstoßen. Gleichzeitig muss er dafür sorgen, dass der ursprüngliche Primärserver nicht wieder gestartet wird.

Sinn eines automatischen Failovers ist, dass keine manuellen Aktivitäten durchgeführt werden müssen. Eine einfache, aber wirksame Lösung ist, mit einem logischen Host zu arbeiten. Die IP-Adresse des logischen Hosts wird auf das Public-Netzwerk-Interface des Servers konfiguriert, der die Rolle des Primärservers erhält. Die Connect Strings der Clients verwenden ausschließlich den logischen Hostnamen (die virtuelle IP-Adresse „192.168.178.222").

Für die Konfiguration des logischen Servers muss die IP-Adresse in den Parameter *listen_addresses* eingetragen werden, damit der PostgreSQL-Server auf diese Adresse hört. Die Einträge sehen dann so aus:

- Primärserver: listen_addresses = ‚192.168.178.222,192.168.178.26'
- Standby-Server: listen_addresses = '192.168.178.222,192.168.178.28'

Jetzt wird die virtuelle IP-Adresse auf das Netzwerk-Interface des Primärservers konfiguriert (siehe Listing 10.5).

Listing 10.5 Eine virtuelle IP-Adresse konfigurieren

```
# ifconfig eth0:0 192.168.178.222
# ifconfig
eth0      Link encap:Ethernet  HWaddr 90:1B:0E:92:C4:60
          inet addr:192.168.178.26  Bcast:192.168.178.255  Mask:255.255.255.0
. . .
eth0:0    Link encap:Ethernet  HWaddr 90:1B:0E:92:C4:60
          inet addr:192.168.178.222  Bcast:192.168.178.255  Mask:255.255.255.0
```

Führen Sie einen Neustart des Servers durch:

```
$ pg_ctl restart
```

Jetzt können sich die Clients mit der virtuellen IP-Adresse verbinden:

```
D:\PostgreSQL\bin>psql -h 192.168.178.222 -U postgres -W
Password for user postgres:
psql (10.3)
(postgres@192.168.178.222:5432)[postgres]>
```

Die folgenden Schritte beschreiben, wie ein Observer ein automatisches Failover durchführen kann.

1. Legen Sie eine Testtabelle an, um die Übertragung der Transaktionen zu überprüfen.

```
(postgres@192.168.178.222:5432)[hanser]> CREATE TABLE test
> (id    BIGINT,
> text   VARCHAR(200));
(postgres@192.168.178.222:5432)[hanser]> INSERT INTO test
> VALUES (5000001, ‚Before Crash');
```

2. Simulieren Sie einen Crash des Primärservers mit der Shutdown-Option „immediate". Es werden alle laufenden Prozesse gestoppt, ohne einen Checkpoint zu schreiben. Dies kommt einem Systemabsturz sehr nahe.

```
[postgres@serv2 ~]$ pg_ctl stop -m immediate
waiting for server to shut down.... done
server stopped
```

3. Die Verbindung des Clients mit dem Server ist abgebrochen.

```
(postgres@192.168.178.222:5432)[hanser]> SELECT * FROM test
> WHERE id = 5000001;
WARNING:  terminating connection because of crash of another server process
```

4. Entfernen Sie die virtuelle IP-Adresse vom ausgefallenen Server, falls dieser noch erreichbar ist.

```
# ifconfig eth0:0 down
```

5. Legen Sie die virtuelle IP-Adresse auf das Netzwerk-Interface des Standby Servers.

```
# ifconfig eth0:0 192.168.178.222
```

6. Aktivieren Sie den Standby-Server mit der Option „promote" und führen Sie einen Neustart durch.

```
[postgres@serv2 ~]$ pg_ctl promote
waiting for server to promote......... done
server promoted
[postgres@serv2 ~]$ pg_ctl restart
waiting for server to shut down.... done
server stopped
waiting for server to start....2021-02-11 17:26:18.679 CET [1742] LOG:  listening on
IPv4 address „192.168.178.222", port 5432
2021-02-11 17:26:18.704 CET [1742] LOG:  listening on IPv4 address "192.168.178.28",
port 5432
2021-02-11 17:26:18.730 CET [1742] LOG:  listening on Unix socket "/
tmp/.s.PGSQL.5432"
2021-02-11 17:26:18.787 CET [1742] LOG:  redirecting log output to logging collector
process
2021-02-11 17:26:18.787 CET [1742] HINT:  Future log output will appear in directory
"log".
 done
server started
```

7. Im Server-Log sind die folgenden Meldungen zu finden:

```
LOG:  received promote request
LOG:  redo done at 1/3A015D28
LOG:  last completed transaction was at log time 2021-02-11 17:11:36.391463+01
cp: cannot stat '/opt/archive/standby/00000001000000010000003 A': No such file or
directory
cp: cannot stat '/opt/archive/standby/00000002.history': No such file or directory
LOG:  selected new timeline ID: 2
cp: cannot stat '/opt/archive/standby/00000001.history': No such file or directory
LOG:  archive recovery complete
LOG:  database system is ready to accept connections
```

8. Verbinden Sie den Client mit unveränderter Konfiguration.

```
(postgres@192.168.178.222:5433)[hanser]> \c
You are now connected to database "hanser" as user "postgres".
(postgres@192.168.178.222:5433)[hanser]> SELECT * FROM test
> WHERE id = 5000001;
   id    |     text
---------+--------------
 5000001 | Before Crash
```

Der Vorteil dieser Methode mit einer virtuellen IP-Adresse besteht darin, dass die Konfiguration nicht geändert werden muss. In der Regel liegen die Zeiten für ein Failover bei wenigen Sekunden. Mit dem Entfernen der virtuellen IP-Adresse vom ausgefallenen Server wird sichergestellt, dass sich Clients nicht zufällig dahin verbinden, falls dieser wieder gestartet wird.

Dieses Verfahren kann in einem Skript hinterlegt werden, das auf dem Observer läuft. Für die Clients genügt ein einfaches Neuverbinden. Bei Verwendung eines Connection Pools erfolgt dies automatisch und der Client bemerkt unter Umständen gar nicht, dass ein Failover stattgefunden hat, wenn nicht gerade eine Transaktion läuft. Offene Transaktionen werden natürlich durch den Crash abgebrochen.

TIPP: Mit dem Befehl „pg_ctl promote" wird der Standby-Cluster aktiviert. Alternativ kann im Parameter „trigger_file" in der Datei „recovery.conf" eine Trigger-Datei definiert werden. Erkennt der Cluster diese Datei, wird der Befehl ausgeführt.

10.1.7.2 Switchover

Ein Switchover ist in der Regel eine geplante Aktion. Es werden die Rollen der Replikation getauscht. Der Standby-Server wird zum Primärserver und umgekehrt. Ziel ist es, das Standby-System zu aktivieren und die Replikation weiter aufrechtzuerhalten. Ein Switchover wird vorwiegend für folgende Szenarien eingesetzt:

- Rollendes Verfahren für Upgrades oder Patching auf unterschiedlichen Ebenen zur Minimierung der Ausfallzeit
- Wartungsarbeiten an der Hardware des Primärservers
- Einen Desaster-Recovery-Test durchführen

Das Vorgehen ähnelt dem für ein Failover. Das Primär-Cluster stürzt nicht ab, sondern wird kontrolliert gestoppt. Für das Herunterfahren kommen zwei Optionen infrage: „smart" und „fast". Wenn Sie den Cluster mit der Option „smart" stoppen, dann wartet der Shutdown-Prozess, bis alle Clients ihre Transaktionen beendet und sich abgemeldet haben. Dies ist in der Praxis häufig nicht umsetzbar. Beim Stoppen mit der Option „fast" werden alle offenen Transaktionen zurückgerollt und die Verbindungen zu den Clients getrennt. Der Server führt einen Checkpoint aus. Damit sind beide Datenbanken in einem konsistenten Zustand und synchron.

Im Unterschied zum Failover wird nach Aktivierung des Standby-Clusters das Primär-Cluster als Standby-Server gestartet. Die folgenden Schritte liefern ein Beispiel für einen erfolgreichen Switchover-Prozess.

1. Prüfen Sie, ob beide Cluster synchron sind.

```
 (postgres@192.168.178.222:5432)[postgres]> SELECT application_name,
> state, sync_state, sent_lsn, write_lsn
> FROM pg_stat_replication;
 application_name |   state   | sync_state | sent_lsn  | write_lsn
------------------+-----------+------------+-----------+-----------
 walreceiver      | streaming | async      | 0/C0000D0 | 0/C0000D0
```

2. Fahren Sie den Primär-Cluster mit der Option „fast" herunter.

```
[postgres@serv2 ~]$ pg_ctl stop -m fast
waiting for server to shut down.... done
server stopped
```

3. Im Server-Log finden Sie die folgenden Meldungen:

```
LOG:  received fast shutdown request
LOG:  aborting any active transactions
LOG:  worker process: logical replication launcher (PID 2759) exited with exit code 1
LOG:  shutting down
LOG:  database system is shut down
```

4. Führen Sie den Wechsel der virtuellen IP-Adresse so wie im vorangegangenen Abschnitt beschrieben durch.
5. Aktivieren Sie das Standby-Cluster.

```
[postgres@serv2 ~]$ pg_ctl promote
waiting for server to promote..... done
server promoted
```

6. Danach muss der ehemalige Primärserver zum Standby-Server gemacht werden. In vielen Blogs wird empfohlen, den Standby-Cluster neu mit einem Online-Backup des neuen Primär-Clusters aufzusetzen. Dies ist jedoch insbesondere bei großen Datenbanken sehr aufwendig und nicht erforderlich. Dabei gehen wir davon aus, dass beide Cluster mit dem Shutdown der Primärseite synchron waren. Außerdem ist zu beachten, dass mit der Aktivierung des alten Standby-Clusters eine neue Timeline-ID gebildet wurde. Der neue Standby-Cluster benötigt diese Information für den Neustart. Dazu muss in der Datei *recovery.conf* der zusätzliche Parameter *recovery_target_timeline* mit dem Wert „latest" eingetragen werden. Kopieren Sie die Datei *recovery.conf* in das Verzeichnis *$PGDATA* des neuen Standby-Clusters und ändern Sie die Parameterwerte, so dass sie der neuen Situation nach dem Rollentausch Rechnung tragen. In unserem Beispiel sehen diese so aus:

```
standby_mode = on
restore_command = 'cp /opt/archive/primary/%f %p'
primary_conninfo = 'host=192.168.178.28 port=5432 user=repadmin password=repadmin'
archive_cleanup_command = 'pg_archivecleanup /opt/archive/primary %r'
recovery_target_timeline = ‚latest'
```

7. Starten Sie den neuen Standby-Cluster. Im Server-Log erscheint die Meldung, dass Streaming Replication aktiviert wurde.

```
LOG:  new target timeline is 2
LOG:  restarted WAL streaming at 0/D000000 on timeline 2
LOG:  redo starts at 0/D000098
```

8. Überprüfen Sie den Status der Replikation.

```
(postgres@192.168.178.222:5433)[postgres]> SELECT application_name,
> state, sync_state, sent_lsn, write_lsn
> FROM pg_stat_replication;
 application_name |   state   | sync_state | sent_lsn  | write_lsn
------------------+-----------+------------+-----------+-----------
 walreceiver      | streaming | async      | 0/E000140 | 0/E000140
```

Damit sind der Switchover-Prozess und der damit verbundene Rollentausch abgeschlossen. Der neue Standby-Cluster ist synchron mit der Primärseite.

10.2 Logische Replikation

Logische Replikation zwischen PostgreSQL-Clustern ist ein neues Feature in der Version 10. In früheren Versionen wird bereits die physikalische Replikation, auch als „Streaming Replication" oder „Hot Standby" bekannt, unterstützt. Mit der physikalischen Replikation kann der gesamte Cluster repliziert werden. Eine Replikation einzelner Objekte ist nicht möglich. Das Einsatzgebiet liegt hauptsächlich im Bereich von Desaster-Recovery- und Backup-Lösungen.

Mit der logischen Replikation ist es möglich, einzelne Objekte sowie deren Änderungen zu replizieren. Die Verarbeitung basiert auf der Identität der einzelnen Sätze. Im Standardfall ist das der Primärschlüssel einer Tabelle. Die Übertragung und Verteilung funktionieren nach dem Publisher- und Subscriber-Prinzip. Damit sind eine sehr feinmaschige Übertragung und Kontrolle von Daten möglich.

Technisch erfolgt die Übertragung durch WAL-Sätze. Damit ist eine sehr zeitnahe Übertragung von Transaktionen durch die Publisher-Datenbank auf die Subscriber-Seite möglich. Im Subscriber-Cluster werden die Daten in der Transaktionssequenz des Publishers eingepflegt. Damit ist die Konsistenz der Transaktionen gewährleistet.

Das Logical-Decoding-Plugin *pgoutput* wandelt die WAL-Daten in logische Änderungssätze um, die mit SQL-Anweisungen vergleichbar sind. Diese Schnittstelle wird als „Logical Replication Protocol" bezeichnet. Weiterhin werden die Daten entsprechend der Spezifikation des Subscribers gefiltert.

Für die Übertragung der Daten zum Subscriber wird ein *Logical Replication Slot* erstellt. Ein Replication Slot hat einen eindeutigen Identifier für alle Datenbanken eines Clusters. Slots sind unabhängig von bestehenden Verbindungen und damit persistent gegenüber Netzwerk- und Cluster-Abstürzen. Nur ein Subscriber kann die Daten eines Replication Slots empfangen.

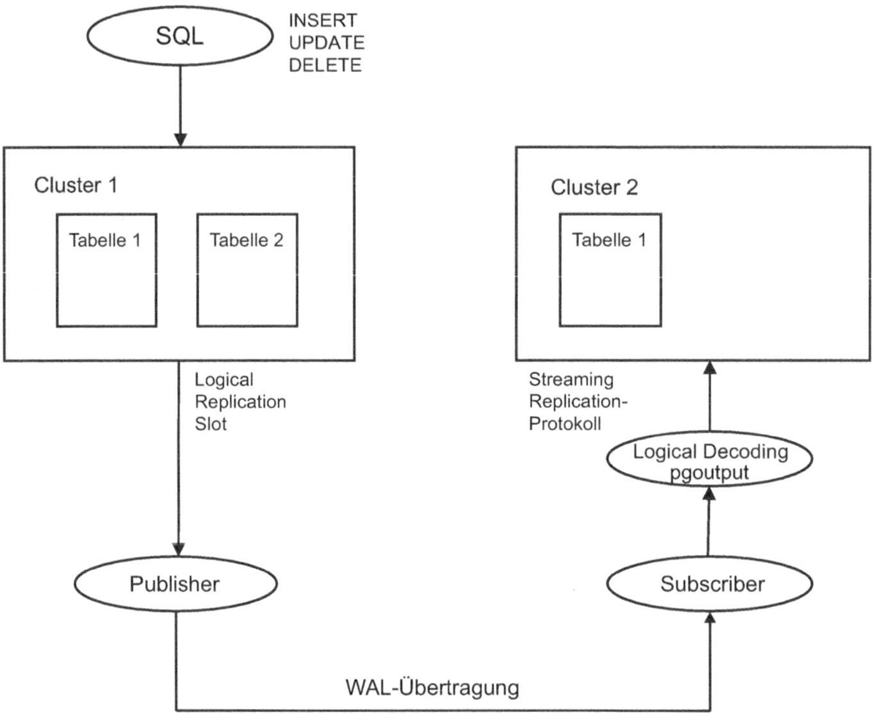

Bild 10.4 Logische Replikation

Aktuell gibt es für die Version 10.3 die folgenden Einschränkungen:

- DDL-Kommandos werden nicht übertragen.
- Sequenzdaten werden nicht repliziert. Allerdings werden die vorhandenen Spalten vom Typ „SERIAL" und „IDENTITY" übertragen. Es gibt also kein Problem, solange die empfangende Seite die Daten im Read-Only-Modus behandelt.
- TRUNCATE-Befehle werden nicht übertragen.
- Eine Übertragung von Daten in Large Objects findet nicht statt.
- Die Replikation funktioniert nur von Tabelle zu Tabelle, partitionierte Tabellen eingeschlossen. Views und Materialized Views können nicht in die Replikation eingebunden werden.

HINWEIS: Ein neues Feature in PostgreSQL 14 ist die Möglichkeit, Transaktion bereits zu streamen, während sie noch laufen. Es muss also nicht auf den Abschluss der Transaktion gewartet werden, um sie zu übertragen.

Die Replikation beginnt mit dem Kopieren eines Snapshots der Daten aus der Primärdatenbank. Dabei werden nur die Objekte übertragen, die vom Subscriber ausgewählt wurden. Für diesen Zweck wird ein temporärer Replication Slot erstellt.

Nach Übertragung des initialen Snapshots sendet der Publisher alle Änderungen an den Subscriber.

Das folgende Beispiel beschreibt, wie eine logische Replikation aufgesetzt werden kann. Es werden zwei Tabellen übertragen, die in einer Master-Detail-Beziehung stehen:

```
(postgres@[local]:5432)[hanser]> \d+ orders
                      Table "public.orders"
   Column    |          Type          | Collation | Nullable
-------------+------------------------+-----------+---------
 id          | integer                |           | not null
 customer    | integer                |           |
 description | character varying(100) |           |
Indexes:
    "orders_pkey" PRIMARY KEY, btree (id)
Referenced by:
    TABLE "order_lines" CONSTRAINT "fk_orders"
FOREIGN KEY (order_id) REFERENCES orders(id)
(postgres@[local]:5432)[hanser]> \d+ order_lines
                      Table "public.order_lines"
  Column  |     Type     | Collation | Nullable
----------+--------------+-----------+----------
 id       | integer      |           | not null
 order_id | integer      |           |
 product  | integer      |           |
 amount   | numeric(7,2) |           |
Indexes:
    "order_lines_pkey" PRIMARY KEY, btree (id)
Foreign-key constraints:
    "fk_orders" FOREIGN KEY (order_id) REFERENCES orders(id)
```

1. Setzen Sie den Parameter *wal_level* auf den Wert „logical" auf der Publisher-Seite. Der Parameter *max_wal_senders* sollte mindestens auf den Wert von *max_replication_slots* gesetzt werden. Erhöhen Sie diesen, falls zusätzlich eine physikalische Replikation eingesetzt wird. Auf der Subscriber-Seite sollte der Parameter *max_replication_slots* mindestens auf die Anzahl von Subscriptions gesetzt werden. Setzen Sie den Parameter *max_logical_replication_workers* höher als die Anzahl von Subscriptions.
2. Auch für die logische Replikation sollte aus Sicherheitsgründen ein dedizierter Benutzer auf der Master-Seite angelegt werden, der die Replikation ausführt und die Replication Slots verwaltet. Er benötigt die Privilegien CONNECTION und REPLICATION. Er benötigt auch Zugriff auf die Tabellen, die in die Replikation eingebunden werden sollen. Zusätzlich benötigt er das Privileg CREATE für die Datenbank, um eine Publication anlegen zu können.

```
(postgres@localhost:5432)[hanser]> CREATE USER repadmin WITH
> LOGIN
> NOSUPERUSER
> NOCREATEDB
> NOCREATEROLE
> INHERIT
> REPLICATION
> CONNECTION LIMIT -1
> PASSWORD 'repadmin';
CREATE ROLE
(postgres@[local]:5432)[hanser]> GRANT CREATE ON DATABASE hanser TO repadmin;
GRANT
```

```
(postgres@[local]:5432)[hanser]> GRANT SELECT ON orders TO repadmin;
GRANT
(postgres@[local]:5432)[hanser]> GRANT SELECT ON order_lines TO repadmin;
GRANT
```

3. Legen Sie die Tabellen als leere Tabellen auf der Subscriber-Seite an.
4. Legen Sie jetzt auf der Publisher-Seite eine Publication für die beiden Tabellen an.

```
(repadmin@[local]:5432)[hanser]> CREATE PUBLICATION pub1 FOR TABLE orders, order_
lines;
CREATE PUBLICATION
```

5. Auf der Subscriber-Seite kann jetzt die Subscription erstellt werden. Die Replikation beginnt sofort mit der Übertragung des initialen Snapshots. Dies kann je nach Größe der Tabellen dauern.

```
(postgres@[local]:5432)[hanser]> CREATE SUBSCRIPTION sub1
> CONNECTION 'host=192.168.178.26 dbname=hanser user=repadmin port=5432' PUBLICATION
pub1;
```

6. Im Server-Log auf der Publisher-Seite erscheint eine Meldung, die zeigt, dass die initiale Übertragung beginnt.

```
LOG:  starting logical decoding for slot "sub1"
DETAIL:  streaming transactions committing after 0/20000108, reading WAL from
0/200000D0
LOG:  logical decoding found consistent point at 0/200000D0
DETAIL:  There are no running transactions.
LOG:  logical decoding found consistent point at 0/20000108
DETAIL:  There are no running transactions.
LOG:  logical decoding found consistent point at 0/20000140
DETAIL:  There are no running transactions.
LOG:  starting logical decoding for slot "sub1_16407_sync_16396"
DETAIL:  streaming transactions committing after 0/20000140, reading WAL from
0/20000108
LOG:  logical decoding found consistent point at 0/20000108
DETAIL:  There are no running transactions.
```

7. Informationen zur Subscription finden Sie im Server-Log auf der Subscriber-Seite. Die Worker-Prozesse wurden für die Einarbeitung des initialen Snapshots sowie für den Apply-Prozess gestartet.

```
LOG:  logical replication apply worker for subscription "sub1" has started
LOG:  logical replication table synchronization worker for subscription "sub1", table
"order_lines" has started
LOG:  logical replication table synchronization worker for subscription "sub1", table
"orders" has started
LOG:  logical replication table synchronization worker for subscription "sub1", table
"order_lines" has finished
LOG:  logical replication table synchronization worker for subscription "sub1", table
"orders" has finished
```

Im Beispiel wurden 2 Millionen Sätze mit dem initialen Snapshot in einer Zeit von 15 Sekunden übertragen. Die Replikation basierend auf WAL-Übertragung ist sehr performant.

In der Weiterführung des Beispiels erstellen wir eine Subscription auf einem PostgreSQL-Cluster, das unter Windows läuft. Nach Anlegen der leeren Tabellenstrukturen muss nur eine Subscription hinzugefügt werden. Voraussetzung ist, dass der Server Zugriff auf den Linux-Cluster hat (*pg_hba.conf*).

Listing 9.6 Einen Subscriber der logischen Replikation unter Windows erstellen

```
(postgres@localhost:5432)[hanser]> CREATE SUBSCRIPTION sub2
> CONNECTION 'host=192.168.178.26 dbname=hanser user=repadmin
> port=5432' PUBLICATION pub1;
CREATE SUBSCRIPTION
```

Alle Änderungen in den Tabellen werden mit diesem Setup sowohl an den zweiten Linux- als auch an den Windows-Server übertragen.

Mit dem Befehl CREATE PUBLICATION ... FOR ALL TABLES ... können alle Tabellen einer Datenbank repliziert werden. Für Publications und Subscriptions gibt es ALTER- und DROP-Befehle, um Änderungen vorzunehmen. So können zum Beispiel Tabellen entfernt oder hinzugenommen werden.

Werden Tabellen zur Publication hinzugefügt, dann muss das folgende Kommando auf der Subscriber-Seite abgesetzt werden:

```
(postgres@[local]:5433)[hanser]> ALTER SUBSCRIPTION sub1 REFRESH PUBLICATION;
ALTER SUBSCRIPTION
```

Die Überwachung der logischen Replikation basiert auf einer Reihe von Funktionen und Views. Eine Übersicht der Subscriptions und deren Status liefert die View *pg_stat_subscription*, die auf der Subscriber-Seite abgefragt werden kann.

Listing 9.7 Status vorhandener Subscriptions abfragen

```
(postgres@[local]:5432)[hanser]> SELECT * FROM pg_stat_subscription;
-[ RECORD 1 ]---------+-----------------------------
subid                 | 16412
subname               | sub1
pid                   | 13638
relid                 |
received_lsn          | 0/20004B10
last_msg_send_time    | 2021-02-13 15:14:37.151603+01
last_msg_receipt_time | 2021-02-13 15:14:37.15164+01
latest_end_lsn        | 0/20004B10
latest_end_time       | 2021-02-13 15:14:37.151603+01
```

Mit jeder Subscription wird ein Replication Slot gestartet. Die View *pg_replication_slots* liefert die entsprechenden Informationen über den Status auf der Publisher-Seite.

Listing 9.8 Übersicht der Replication Slots

```
(postgres@[local]:5432)[hanser]> SELECT * FROM pg_replication_slots;
-[ RECORD 1 ]-------+-----------
slot_name           | sub1
plugin              | pgoutput
slot_type           | logical
datoid              | 16384
database            | hanser
temporary           | f
active              | t
active_pid          | 13639
```

```
xmin                 |
catalog_xmin         | 583
restart_lsn          | 0/20004AD8
confirmed_flush_lsn  | 0/20004B10
-[ RECORD 2 ]-------+-----------
slot_name            | sub2
plugin               | pgoutput
slot_type            | logical
datoid               | 16384
database             | hanse
temporary            | f
active               | t
active_pid           | 13533
xmin                 |
catalog_xmin         | 583
restart_lsn          | 0/20004AD8
confirmed_flush_lsn  | 0/20004B10
```

Da die logische Replikation auf WAL-Shipping basiert, können für die Überwachung zusätzlich die Funktionen der physikalischen Replikation eingesetzt werden. Das Funktionieren der unterliegenden physikalischen Replikation ist das Fundament der logischen Replikation.

Listing 9.9 Den Status der WAL-Übertragung prüfen

```
(postgres@[local]:5432)[hanser]> SELECT application_name,
> state, sync_state, sent_lsn, write_lsn
> FROM pg_stat_replication;
 application_name |   state   | sync_state |  sent_lsn  | write_lsn
-----------------+-----------+------------+------------+------------
 sub2             | streaming | async      | 0/20004B10 | 0/20004B10
 sub1             | streaming | async      | 0/20004B10 | 0/20004B10
```

Da die logische Replikation ähnlich wie DML-Anweisungen arbeitet, kann es zu Konflikten kommen, insbesondere wenn die Tabellen lokal auf der Subscriber-Seite geändert wurden. Konflikte werden im Server-Log des Subscribers aufgelistet:

```
ERROR:  duplicate key value violates unique constraint "orders_pkey"
DETAIL:  Key (id)=(1) already exists.
```

Ein Konflikt hat einen Fehler zur Folge und die Replikation wird angehalten. Der Konflikt kann durch folgende Maßnahmen aufgelöst werden:

- Änderung der Daten auf der Subscriber-Seite
- Überspringen der Transaktion mithilfe der Funktion *pg_replication_origin_advance()*

Es kann das folgende Fazit für das neue Feature „Logische Replikation“ gezogen werden:

- Die logische Replikation ist eine signifikante Bereicherung und bietet vielfältige Einsatzmöglichkeiten. Wünschenswert ist der Abbau vorhandener Restriktionen in zukünftigen Releases. Luft nach oben ist auch noch im Bereich Konfliktlösung.
- Das Publisher- und Subscriber-Prinzip ermöglicht den Einsatz in komplexen Umgebungen.
- Die Konfiguration ist einfach und mit wenigen Befehlen möglich.
- Die Übertragung ist sehr performant.

11 Indexe effektiv einsetzen

Indexe sind essenziell für die Performance eines Datenbankschemas und der angeschlossenen Applikation. Im Vergleich zu anderen Datenbanksystemen bietet PostgreSQL eine große Bandbreite von verschiedenen Indextypen. Ein Grund dafür ist, dass Indexe konsequent von der Open Source Community auf der Basis von Anwenderanfragen mit innovativen Ideen entwickelt wurden. Darüber hinaus bietet PostgreSQL durch seine offene Architektur die Möglichkeit, zusätzliche Indextypen einfach selbst zu implementieren. Wie das geht, wird in diesem Kapitel an einem Beispiel dargestellt.

PostgreSQL stellt die folgenden Indextypen zur Verfügung:

- B-Tree-Index
- Block Range-Index (BRIN)
- Hash-Index
- Generalized Inverted Index (GIN)
- Generalized Search Tree-Index (GiST)
- Expression-Index
- Partieller Index
- Individueller Index

Indexe unterscheiden sich stark in Zweck und Technologie. Sie haben jedoch gemeinsam, dass sie in ihrer Struktur den Tuple Identifier (TID) verwenden, um auf die Daten der Tabelle zuzugreifen. Zur Erinnerung, ein TID besteht aus der Datei- und Blocknummer sowie der Position des Datensatzes innerhalb des Blocks und ist die schnellste Methode, um auf einen Datensatz gezielt zuzugreifen.

Die Syntax für das Erstellen eines Index lautet:

```
CREATE INDEX <index-name> ON <tabelle> USING <index-typ> (<spalte>);
```

Mit dem Plan, einen Index zu erstellen, sollte man sich darüber im Klaren sein, dass ein Index gepflegt werden muss. Operationen wie INSERT, UPDATE oder DELETE verlangsamen sich etwas, da der Index gepflegt werden muss. Für Tabellen mit wenigen Indexen ist dies in der Regel zu vernachlässigen. Für Tabellen, die eine große Anzahl von Indexen besitzen und auf denen viele DML-Operationen stattfinden, kann sich die Performance deutlich verschlechtern. Mit der Abfrage in Listing 11.1 kann festgestellt werden, wie häufig Indexe verwendet werden. Nicht oder wenig verwendete Indexe sollten gelöscht werden.

Listing 11.1 Die Verwendung von Indexen abfragen

```
(postgres@localhost:5432)[hanser]> SELECT t.tablename,
> c.reltuples::bigint AS num_rows,
> ps.indexrelname AS index_name,
> ps.idx_scan AS num_scans,
> ps.idx_tup_read AS t_read,
> ps.idx_tup_fetch AS t_fetched
> FROM pg_tables t
> LEFT JOIN pg_class c ON t.tablename = c.relname
> LEFT JOIN pg_index i ON c.oid = i.indrelid
> LEFT JOIN pg_stat_all_indexes ps ON i.indexrelid = ps.indexrelid
> WHERE t.schemaname NOT IN ('pg_catalog', 'information_schema')
> ORDER BY 1, 2;
 tablename | num_rows |   index_name     | num_scans | t_read | t_fetched
-----------+----------+-----------------+-----------+--------+-----------
 big       | 20000000 | big_hash_index  |         1 |   3192 |      3192
 big       | 20000000 | big_btree_index |         0 |      0 |         0
```

Indexe dienen dem optimierten Zugriff auf Daten und werden deshalb in PostgreSQL auch als „Access Methods" (Zugriffsmethoden) bezeichnet. Sie finden diese in der View *pg_am* wieder.

Listing 11.2 Zugriffsmethoden in PostgreSQL

```
(postgres@localhost:5432)[hanser]> SELECT * FROM pg_am;
 oid  | amname |       amhandler      | amtype
------+--------+----------------------+--------
    2 | heap   | heap_tableam_handler | t
  403 | btree  | bthandler            | i
  405 | hash   | hashhandler          | i
  783 | gist   | gisthandler          | i
 2742 | gin    | ginhandler           | i
 4000 | spgist | spghandler           | i
 3580 | brin   | brinhandler          | i
```

Nicht alle Indextypen sind gleichermaßen für alle Vergleichsoperationen und Datentypen geeignet. Auch dies lässt sich im PostgreSQL-Katalog abfragen. Im Beispiel in Listing 11.3 werden alle Operationen, die für Arrays mit einem B-Tree-Index definiert sind, aufgelistet.

Listing 11.3 Vergleichsoperationen für einen Indextyp auflisten

```
postgres@localhost:5432)[hanser]> SELECT op.amopopr::regoperator
> FROM pg_opclass c, pg_opfamily f, pg_am am, pg_amop op
> WHERE c.opcname = 'array_ops'
> AND f.oid = c.opcfamily
> AND am.oid = f.opfmethod
> AND op.amopfamily = c.opcfamily
> AND am.amname = 'btree'
> AND op.amoplefttype = c.opcintype;
        amopopr
-----------------------
 <(anyarray,anyarray)
 <=(anyarray,anyarray)
 =(anyarray,anyarray)
 >=(anyarray,anyarray)
 >(anyarray,anyarray)
```

Mit dem Befehl REINDEX kann der Index neu aufgebaut werden.

Listing 11.4 Einen Index mit REINDEX neu aufbauen

```
(postgres@localhost:5432)[hanser]> REINDEX (VERBOSE) INDEX big_btree_index;
INFO:  index "big_btree_index" was reindexed
DETAIL:  CPU: user: 12.01 s, system: 3.39 s, elapsed: 96.21 s
REINDEX
```

Während der Index neu aufgebaut wird, werden Locks an der Tabelle aktiviert und DML-Operationen warten auf das Ende des Prozesses. Um Sperren zu verhindern, kann die Option CONCURRENTLY verwendet werden. PostgreSQL geht dann wie folgt vor:

1. Ein neuer temporärer Index wird zum Datenbankkatalog hinzugefügt (*pg_index*).
2. Der neue Index wird erstellt und der Marker *pg_index.indisready* wird auf „true" gesetzt.
3. In der zweiten Phase werden die Sätze hinzugefügt, die während der ersten Phase in der Tabelle aktualisiert wurden.
4. Alle Constraints werden auf die neue Indexdefinition verwiesen und der Marker *pg_index.indisvalid* wird auf „true" gesetzt.
5. Gleichzeitig wird für den alten Index der Wert *pg_index.indisready* auf „false" gesetzt. Danach wird der alte Index gelöscht.

Nach dem Starten des Prozesses erscheint ein neuer Indexname, der während des Indexaufbaus für andere Sessions und den Optimizer nicht sichtbar ist:

```
(postgres@localhost:5432)[hanser]> SELECT c.relname, i.indisvalid, i.indisready
FROM pg_class c, pg_index i
WHERE i.indexrelid = c.oid
AND c.relname like 'big%';
        relname        | indisvalid | indisready
-----------------------+------------+------------
 big_btree_index       | t          | t
 big_btree_index_ccnew | f          | f
```

Ist der Switch abgeschlossen, wird der neue Index unter dem alten Namen wieder sichtbar gemacht:

```
(postgres@localhost:5432)[hanser]> SELECT c.relname, i.indisvalid, i.indisready
FROM pg_class c, pg_index i
WHERE i.indexrelid = c.oid
AND c.relname like 'big%';
        relname        | indisvalid | indisready
-----------------------+------------+------------
 big_btree_index       | t          | t
```

TIPP: Beachten Sie, dass ein normales VACUUM die Größe des Index nicht beeinflusst. Ein VACCUM FULL dagegen baut den Index neu auf und reduziert gegebenenfalls auch dessen Größe. Mit dem Befehl REINDEX wird die Größe des Index ebenfalls angepasst, wogegen die Größe der Tabelle unverändert bleibt.

Die Indexe unterscheiden sich auf Grund ihrer unterschiedlichen Architektur im Locking-Verhalten. B-Tree- und GIST-Indexe führen kurze Locks auf Page-Ebene aus. Die Sperren werden aufgehoben, sobald die INSERT-/UPDATE-/DELETE-Operation abgeschlossen ist. Sie stellen das bessere Konkurrenzverhalten, verglichen mit anderen Indextypen, zur Verfügung.

Ein Hash-Index bewirkt Locks auf Ebene eines Hash-Bucket. Auch hier werden die Sperren unmittelbar nach Ende der DML-Operation aufgehoben. Es kann zu mehr Konkurrenz kommen als bei B-Tree-Indexen und Deadlock-Situationen sind möglich.

Für GIN-Indexe gilt, dass, wie beim B-Tree-Index, Sperren auf Page-Ebene verwendet und sofort nach der Operation entfernt werden. Änderungen im Index sind jedoch aufwendiger. Pro Datensatz müssen in der Regel mehrere Änderungen im Index ausgeführt werden. Dies führt dazu, dass die Sperren länger gehalten werden und die Konkurrenzsituation schlechter als beim B-Tree-Index ist.

11.1 B-Tree-Index

Der B-Tree-Index ist der Klassiker und bei allen relationalen Datenbanksystemen anzutreffen. Wie der Name sagt, basiert er auf einer Baumstruktur und hat den Vorteil, dass er auf nahezu alle Spaltentypen einschließlich NULL-Werte anwendbar ist. Er ist sowohl für Gleichheits- als auch Bereichsbedingungen ein effizientes Werkzeug. Auch für die Sortierung von Daten sind B-Tree-Indexe sehr hilfreich.

„B-Tree" ist der Standardindextyp in PostgreSQL. Wenn Sie einen Befehl CREATE INDEX ohne zusätzliche Angabe des Index-Typs verwenden, wird ein B-Tree-Index angelegt. Der Index realisiert eine Baumstruktur und ist für viele Anwendungsfälle gut geeignet. Wenn Sie nicht sicher sind bei der Wahl des Indextyps, können Sie mit einem B-Tree-Index generell nichts falsch machen und eine Performance-Verbesserung erwarten, auch wenn es möglicherweise einen besser geeigneten Indextyp gibt.

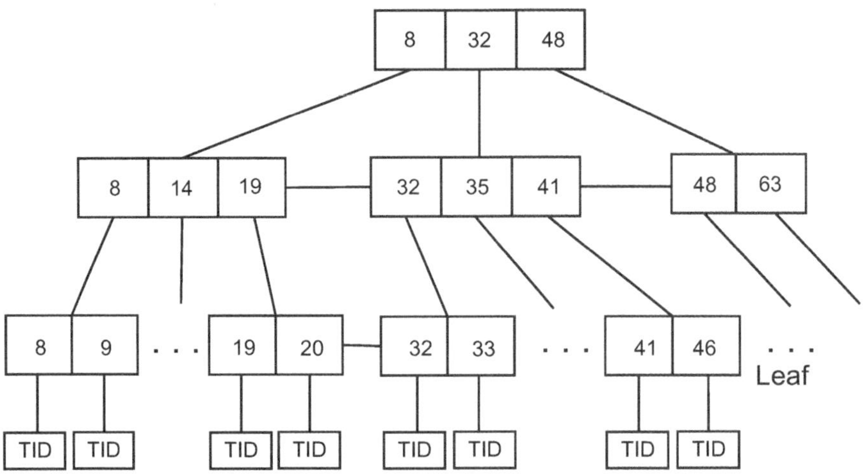

Bild 11.1 Struktur eines B-Tree-Index

Für B-Tree-Indexe gibt es eine Reihe von Annahmen, die für die PostgreSQL-Implementierung als erfüllt angesehen werden können. So sollten die Leaf-Knoten dieselbe Anzahl von internen Pages enthalten. Damit wird garantiert, dass die Suche nach einem beliebigen Wert ungefähr dieselbe Zeit in Anspruch nimmt. Die Tiefe eines Index (Anzahl der Verzweigungsebenen) sollte nicht zu groß sein. Man kann für PostgreSQL mit einer Tiefe von 4 bis 5 rechnen. Weiterhin sollten die Daten des Index sortiert und die Pages auf einer Ebene miteinander verbunden sein.

In einer Leaf Page befinden sich mehrere Indexeinträge, die über die TID auf den Datensatz verweisen.

Kann ein Eintrag nicht mehr untergebracht werden, wird eine neue Leaf Page erstellt. Eine Page wird dann geteilt und die entsprechenden Einträge auf den höheren Ebenen werden aktualisiert. Die Teilung einer Page kann auch die Root Page betreffen. In diesem Fall bekommt der Index eine zusätzliche Ebene.

B-Tree-Indexe verfügen nicht über einen eigenen Multi-Version-Control-Mechanismus. So können die verschiedenen Zeilenversionen eines Satzes jeweils eigene Indexeinträge besitzen. Nach einem COMMIT werden alte Zeilenversionen nicht mehr benötigt. Ein Prozess, der sich „Bottom-up Index Deletion" nennt, sorgt dafür, dass alte, nicht mehr benötigte Indexeinträge entfernt werden.

Doppelte oder mehrfache Indexeinträge für denselben Spaltenwert sind relativ normal und entstehen während der Datenmanipulation. Für die Zusammenfassung der Einträge ist der Deduplizierungsprozess verantwortlich. Er läuft periodisch, jedoch nicht mit hoher Priorität. Er wird auch ausgelöst, wenn ein neuer Eintrag keinen Platz in einer Leaf Page finden kann. Die Indexgröße wird damit verringert.

TIPP: Eine vollständige Defragmentierung eines B-Tree-Index ist nur mit Hilfe eines Neuaufbaus (REINDEX) möglich. Für Tabellen, die häufigen Änderungen auf den indizierten Spalten unterliegen, ist ein Neuaufbau in regelmäßigen Abständen zu empfehlen. Indexzugriffe werden schneller und die Indexgröße wird reduziert. ■

DML-Operationen ziehen Aufwände in der Änderung der Indexstruktur nach sich. Das erklärt die Verlangsamung von DML-Operationen mit angeschlossenen Indexen.

B-Tree-Indexe können als eindeutige Indexe (UNIQUE) deklariert und für Primary Keys eingesetzt werden.

Beim Zugriff auf die Datensätze über den Index sind zusätzliche Leseoperationen für den Index erforderlich. Dennoch ist der Zugriff wesentlich schneller und weniger ressourcenintensiv im Vergleich zu einem Table Scan, solange die Anzahl der zu selektierenden Sätze vergleichsweise gering ist. Im Idealfall ist es nur ein Satz.

Listing 11.5 Zugriff auf die Tabelle über einen B-Tree-Index

```
(postgres@192.168.178.39:5432)[hanser]> EXPLAIN ANALYZE
> SELECT * FROM orderlines WHERE orderid = 4711;
                                        QUERY PLAN
--------------------------------------------------------------------------------

 Index Scan using ix_orderlines_orderid on orderlines  (cost=0.29..15.38 rows=5
width=18) (actual time=0.019..0.019 rows=2 loops=1)
   Index Cond: (orderid = 4711)
```

Ist die Anzahl der Sätze sehr hoch, wird der Zugriff über den B-Tree-Index ineffizient. PostgreSQL hält dafür zwei Alternativen bereit:

- Full Table Scan
- Bitmap Scan

Ein Full Table Scan wird gewählt, wenn die überwiegende Mehrheit der Sätze einer Tabelle selektiert werden müssen. Dabei wird ein Filter in den Scan eingebunden und die nicht relevanten Sätze herausgefiltert. Im Beispiel in Listing 11.6 werden fast alle Sätze der Tabelle gelesen. Über einen zusätzlichen Filter werden die nicht relevanten Sätze herausgefiltert.

Listing 11.6 Zugriff auf die Tabelle mit Full Table Scan

```
(postgres@192.168.178.39:5432)[hanser]> EXPLAIN ANALYZE
> SELECT * FROM orderlines WHERE orderid > 10;
                                    QUERY PLAN
--------------------------------------------------------------------------------
 Seq Scan on orderlines  (cost=0.00..1139.38 rows=60303 width=18) (actual
time=0.013..5.540 rows=60286 loops=1)
   Filter: (orderid > 10)
   Rows Removed by Filter: 64
```

Im Fall, dass eine größere Anzahl von Sätzen selektiert wird, jedoch nicht der Hauptteil der Tabelle, verwendet PostgreSQL alternativ einen Bitmap Scan. Ein Bitmap Scan kombiniert den Indexscan mit einem sequenziellen Scan und versucht so, die Vorteile des Indexscans zu nutzen, ohne die Nachteile des Zugriffs auf die Tabelle über den Index in Kauf zu nehmen.

Beim herkömmlichen Zugriff über den Index muss für jeden Indexeintrag die zugehörige Heap Page der Tabelle gelesen werden, was eine hohe Anzahl an Single-Block-Lesezugriffe zur Folge hat. Der Bitmap Scan verwendet die Vorteile des Indexzugriffs, ohne die Nachteile in Kauf nehmen zu müssen. Er funktioniert folgendermaßen:

1. Zuerst wird der Index gelesen und es wird eine Bitmap erstellt. Dabei wird ein Hashwert der Page-Nummern zusammen mit dem Offset der Pages erstellt. Dieser Teil ist im Ausführungsplan als „Bitmap Index Scan" sichtbar.
2. Im zweiten Schritt wird der Bitmap durchgegangen und auf die Pages der Tabelle zugegriffen (im Ausführungsplan als „Bitmap Heap Scan" sichtbar).

Listing 11.7 Zugriff auf die Tabelle mit einem Bitmap Scan

```
(postgres@192.168.178.39:5432)[hanser]> EXPLAIN ANALYZE
> SELECT * FROM orderlines WHERE orderid > 11000;
                                    QUERY PLAN
-----------------------------------------------------------------------------------
 Bitmap Heap Scan on orderlines  (cost=93.90..539.56 rows=4853 width=18) (actual
time=0.258..0.564 rows=4951 loops=1)
   Recheck Cond: (orderid > 11000)
   Heap Blocks: exact=33
   ->  Bitmap Index Scan on ix_orderlines_orderid  (cost=0.00..92.69 rows=4853
width=0) (actual time=0.251..0.251 rows=4951 loops=1)
         Index Cond: (orderid > 11000)
```

Dieser Mechanismus ist schneller als ein Indexscan mit Zugriff auf jeden einzelnen Datensatz, da die Daten der Tabelle in ihrer Reihenfolge, so wie bei einem sequenziellen Scan, gelesen werden können. Ein Zugriff auf jeden einzelnen Datensatz über den Index bedeutet dagegen viele kleine Lesezugriffe (Random I/O), die bei größeren Datenmengen ineffektiv und langsam werden können. Eine sehr intelligente Zugriffsmethode, die andere professionelle Datenbanksysteme vermissen lassen.

In Kapitel 4 haben Sie bereits die Extension *pageinspect* kennengelernt, um interne Inhalte und Strukturen einer Tabelle anzuzeigen. Die Extension hält auch Funktionen für Indexe bereit. Erstellen Sie die Erweiterung, falls noch nicht geschehen:

```
(postgres@localhost:5432)[hanser]> CREATE EXTENSION pageinspect;
CREATE EXTENSION
```

Für einen B-Tree-Index können mit der Funktion *bt_page_stats* Informationen einer einzelnen Page eines Index angezeigt werden.

Listing 11.8 Statistische Informationen einer Index Page anzeigen

```
(postgres@localhost:5432)[hanser]> SELECT * FROM bt_page_stats('ix_cust_username', 1);
 blkno | type | live_items | dead_items | avg_item_size | page_size | free_size | …
-------+------+------------+------------+---------------+-----------+-----------+-----
     1 | l    |        264 |          0 |            23 |      8192 |       796 | …
```

Die Inhalte einer Index Page lassen sich mit der Funktion *bt_page_items* auslesen. Hier findet man neben Informationen über Größe und Status der Indexeinträge die TID und den Spaltenwert im Hex-Format.

Listing 11.9 Den Inhalt einer B-Tree-Page auslesen

```
(postgres@localhost:5432)[hanser]>  SELECT itemoffset, ctid, itemlen, nulls,
vars, data, dead, htid
> FROM bt_page_items('ix_cust_username', 11);
 itemoffset |    ctid    | itemlen | nulls | vars |         data          | dead |  htid
------------+------------+---------+-------+------+-----------------------+------+---------
          1 | (301,1)    |      24 | f     | t    | 15 …  00 00 00     |      |
          2 | (295,25)   |      24 | f     | t    | 15 …  00 00 00     | f    | (295,25)
          3 | (295,26)   |      24 | f     | t    | 15 …  00 00 00     | f    | (295,26)
          4 | (295,27)   |      24 | f     | t    | 15 …  00 00 00     | f    | (295,27)
          5 | (295,28)   |      24 | f     | t    | 15 …  00 00 00     | f    |
(295,28)
```

Mit der Abfrage in Listing 11.10 lässt sich ermitteln, welche B-Tree-Indexe einer hohen Fragmentierung unterliegen und Kandidaten für einen Neuaufbau sind.

Listing 11.10 Abfrage zur Ermittlung des Grads der Fragmentierung

```
(postgres@localhost:5432)[hanser]> SELECT i.indexrelid::regclass,
> s.leaf_fragmentation
> FROM pg_index AS i
>  JOIN pg_class AS t ON i.indexrelid = t.oid
>  JOIN pg_opclass AS opc ON i.indclass[0] = opc.oid
>  JOIN pg_am ON opc.opcmethod = pg_am.oid
>  CROSS JOIN LATERAL pgstatindex(i.indexrelid) AS s
> WHERE t.relkind = 'i'
>   AND pg_am.amname = 'btree';
                  indexrelid                   | leaf_fragmentation
-----------------------------------------------+--------------------
```

```
pg_toast.pg_toast_1255_index                  |          0
pg_proc_proname_args_nsp_index                |       9.38
pg_type_typname_nsp_index                     |         50
pg_attribute_relid_attnam_index               |          0
pg_class_relname_nsp_index                    |         25
pg_class_tblspc_relfilenode_index             |      33.33
. . .
```

11.2 Block-Range-Index (BRIN)

B-Tree-Indexe sind effizient und universell einsetzbar mit vielen möglichen Operatoren. Ein Nachteil ist jedoch, dass sie nahezu linear mit der Größe der Tabelle wachsen. Große Indexe erhöhen die Anzahl der Leseoperationen von der Disk bei SQL-Abfragen. Eine tiefe Verzweigung macht Indexscans langsamer.

Für sehr große Tabellen ist es ratsam, nach Alternativen zum B-Tree-Index Ausschau zu halten. Seit der Version 9.5 gibt es Block-Range-Indexe. Dabei werden in einem Block nicht einzelne Spaltenwerte gespeichert, sondern Datenblöcke indiziert. Für jeden Block werden ein Minimal- und ein Maximalwert in Form von Bitmaps gespeichert (siehe Bild 11.2).

Das Attribut *pages_per_range* legt fest, wie viele Datenblöcke in einer Block Range zusammengefasst werden. Die Festlegung erfolgt mit der Erstellung des Indexes. Je größer der Wert, desto kleiner wird der Index. Wird der Wert zu groß gewählt, müssen bei Abfragen möglicherweise mehr Blöcke gescannt werden. Der „Query Executer" muss schließlich noch die Datensätze entfernen, die sich zwar in der Block Range befinden, jedoch der WHERE-Bedingung der SQL-Anweisung nicht genügen. Der Wartungsaufwand steigt ebenfalls mit der Anzahl der Blöcke. Der Standardwert für *pages_per_range* ist 128. Das Attribut *autosummarize* legt fest, ob eine automatische Pflege der Summenwerte erfolgen soll.

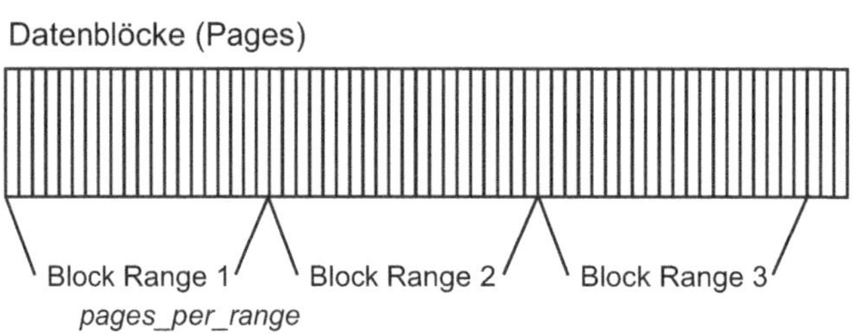

Block	Minimum	Maximum
1	2018-01-02	2018-01-06
2	2018-01-04	2018-01-12
3	2018-01-10	2018-01-22

Bild 11.2 Die Architektur eines Block-Range-Index

Ein BRIN-Index kann einen Performance-Vorteil gegenüber einem B-Tree-Index bringen. Sein entscheidender Vorteil liegt in der geringen Größe. Gerade für sehr große Tabellen ist der Unterschied signifikant. Der Aufbau des Index macht klar, wann er seine Stärken entfalten kann. Die größten Effekte werden erzielt, wenn die Werte der indizierten Spalte weitgehend in Sortierreihenfolge vorliegen und möglichst wenigen Änderungen unterliegen. Ein klassisches Beispiel ist das Eingangsdatum einer Auftragstabelle. Neue Aufträge werden in zeitlicher Reihenfolge aufgenommen und für die gespeicherten Sätze ändert sich der Wert nicht.

Für das folgende Beispiel wird in Listing 11.11 eine Tabelle mit mehr als 30 Millionen Sätzen angelegt.

Listing 11.11 Eine große Tabelle anlegen

```
(postgres@localhost:5432)[hanser]> CREATE TABLE temperature(
> location_id         INTEGER,
> t_time              TIMESTAMP,
> t_celsius           INTEGER);
CREATE TABLE
(postgres@localhost:5432)[hanser]> INSERT INTO temperature
> VALUES(1, generate_series('2020-01-01'::timestamp,'2020-12-31'::timestamp,
'1 second'), round(random()*100)::int);
INSERT 0 31536001
```

Abfragen erfolgen nach der Spalte *t_time*, in der sich Daten vom Typ TIMESTAMP befinden. Zunächst wird ein B-Tree-Index auf die Spalte gelegt (siehe Listing 11.12).

Listing 11.12 Einen B-Tree-Index erstellen

```
(postgres@localhost:5432)[hanser]> CREATE INDEX i_temp_btree
> ON temperature (t_time);
CREATE INDEX
Time: 59181,418 ms (00:59,181)
(postgres@localhost:5432)[hanser]> \d temperature
                       Table "public.temperature"
   Column    |            Type             | Collation | Nullable | Default
-------------+-----------------------------+-----------+----------+---------
 location_id | integer                     |           |          |
 t_time      | timestamp without time zone |           |          |
 t_celsius   | integer                     |           |          |
Indexes:
    "i_temp_btree" btree (t_time)
```

Der Ausführungsplan für eine Abfrage zeige einen parallelen Indexscan auf den B-Tree-Index (siehe Listing 11.13).

Listing 11.13 Paralleler Indexscan mit B-Tree-Index

```
(postgres@localhost:5432)[hanser]> EXPLAIN ANALYZE
> SELECT AVG(t_celsius) FROM temperature
> WHERE t_time > '2020-02-28' AND t_time < '2020-04-01';
                                        QUERY PLAN
----------------------------------------------------------------------------------
 Finalize Aggregate  (cost=86171.40..86171.41 rows=1 width=32) (actual
time=327.681..337.400 rows=1 loops=1)
   ->  Gather  (cost=86170.88..86171.38 rows=5 width=32) (actual
time=303.596..313.503 rows=6 loops=1)
```

```
         Workers Planned: 5
         Workers Launched: 5
         ->  Partial Aggregate  (cost=85170.88..85170.88 rows=1 width=32) (actual
time=244.592..244.593 rows=1 loops=6)
               ->  Parallel Index Scan using i_temp_btree on temperature
(cost=0.56..83743.74 rows=570853 width=4) (actual time=0.248..188.736 rows=475200
loops=6)
                     Index Cond: ((t_time > '2020-02-28 00:00:00'::timestamp without
time zone) AND (t_time < '2020-04-01 00:00:00'::timestamp without time zone))
 Planning Time: 2.819 ms
 Execution Time: 341.319 ms
(postgres@localhost:5432)[hanser]> SELECT AVG(t_celsius) FROM temperature
> WHERE t_time > '2020-02-28' AND t_time < '2020-04-01';
         avg
---------------------
 50.0099456404130333
(1 row)
Time: 748,957 ms
```

Für den weiteren Test wird ein BRIN-Index mit einer Block Range von „128" angelegt (siehe Listing 11.14).

Listing 11.14 Einen Block-Range-Index anlegen

```
(postgres@localhost:5432)[hanser]> CREATE INDEX i_temp_brin
> ON temperature USING BRIN (t_time) WITH (autosummarize);
CREATE INDEX
```

Dabei wird deutlich, dass für das Erstellen des BRIN-Indexes nur ein Bruchteil der Zeit für das Erstellen des B-Tree-Indexes benötigt wurde. Der Ausführungsplan in Listing 11.15 zeigt einen „Bitmap Index Scan", ebenfalls mit einem Parallelitätsgrad von 5. Kosten und Ausführungszeit sind, verglichen mit dem B-Tree-Index, geringer.

Listing 11.15 Ausführungsplan mit Block Range-Index

```
(postgres@localhost:5432)[hanser]> EXPLAIN ANALYZE
> SELECT AVG(t_celsius) FROM temperature
> WHERE t_time > '2020-02-28' AND t_time < '2020-04-01';
                                        QUERY PLAN
--------------------------------------------------------------------------------
 Finalize Aggregate  (cost=212662.96..212662.97 rows=1 width=32) (actual
time=202.145..233.308 rows=1 loops=1)
   ->  Gather  (cost=212662.44..212662.95 rows=5 width=32) (actual
time=201.919..233.270 rows=6 loops=1)
         Workers Planned: 5
         Workers Launched: 5
         ->  Partial Aggregate  (cost=211662.44..211662.45 rows=1 width=32) (actual
time=154.994..154.995 rows=1 loops=6)
               ->  Parallel Bitmap Heap Scan on temperature  (cost=751.14..210235.30
rows=570853 width=4) (actual time=0.367..109.874 rows=475200 loops=6)
                     Recheck Cond: ((t_time > '2020-02-28 00:00:00'::timestamp
without time zone) AND (t_time < '2020-04-01 00:00:00'::timestamp without time zone))
                     Rows Removed by Index Recheck: 3755
                     Heap Blocks: lossy=3278
                     ->  Bitmap Index Scan on i_temp_brin  (cost=0.00..37.58
rows=2872387 width=0) (actual time=0.824..0.824 rows=183040 loops=1)
                           Index Cond: ((t_time > '2020-02-28 00:00:00'::timestamp
without time zone) AND (t_time < '2020-04-01 00:00:00'::timestamp without time zone))
```

```
 Planning Time: 0.476 ms
 Execution Time: 233.442 ms
(postgres@localhost:5432)[hanser]> SELECT AVG(t_celsius) FROM temperature
> WHERE t_time > '2020-02-28' AND t_time < '2020-04-01';
        avg
---------------------
 50.0099456404130333
(1 row)
Time: 195,167 ms
```

Die Ausführungszeit der SQL-Anweisung wurde etwas mehr als halbiert. Ein besserer Wert ist in diesem Beispiel nicht zu erwarten, da die Zeit für die Aggregation einen Großteil der Gesamtausführungszeit ausmacht. Die Laufzeiten für die Indexscans unterscheiden sich deutlich:

- B-Tree-Indexscan: `Parallel Index Scan using i_temp_btree on temperature (cost=0.56..83743.74 rows=570853 width=4)` **(actual time=0.248..188.736** `rows=475200 loops=6)`
- BRIN-Scan: `Bitmap Index Scan on i_temp_brin (cost=0.00..37.58 rows=2872387 width=0)` **(actual time=0.824..0.824** `rows=183040 loops=1)`

Das Beispiel ist natürlich ein Idealfall für den BRIN-Index. Die Daten wurden frisch geladen, und zwar in Sortierreihenfolge des Timestamp. Die Verteilung ist damit fast optimal. Die Größe der beiden Indexe unterscheiden sich deutlich.

Listing 11.16 Größenvergleich B-Tree- und BRIN-Index

```
(postgres@localhost:5432)[hanser]> SELECT
>   t.schemaname,
>   t.tablename,
>   c.reltuples::bigint                              AS num_rows,
>   psai.indexrelname                                AS index_name,
>   pg_size_pretty(pg_relation_size(i.indexrelid)) AS index_size,
>   CASE WHEN i.indisunique THEN 'Y' ELSE 'N' END   AS "unique"
> FROM
>   pg_tables t
>   LEFT JOIN pg_class c ON t.tablename = c.relname
>   LEFT JOIN pg_index i ON c.oid = i.indrelid
>   LEFT JOIN pg_stat_all_indexes psai ON i.indexrelid = psai.indexrelid
> WHERE
>   t.schemaname NOT IN ('pg_catalog', 'information_schema')
> ORDER BY 1, 2;
 schemaname |     tablename      | num_rows |       index_name       | index_size |
unique
------------+--------------------+----------+------------------------+------------+-----
---
 public     | temperature        | 31536000 | i_temp_brin            | 72 kB      | N
 public     | temperature        | 31536000 | i_temp_btree           | 676 MB     | N
```

Für die Indexpflege ist Folgendes zu beachten: Wird der Index mit der Option *autosummarize=true* angelegt, erfolgt die Indexpflege automatisch und für den Prozess der Summenbildung kann der AUTOVACUUM-Prozess eingebunden werden. In Folge einer DML-Operation können die folgenden zwei Situationen auftreten:

1. Für die Pages in der Tabelle ist die Summenbildung bereits abgeschlossen. In diesem Fall werden die Summen direkt aktualisiert.

2. Es werden neue Pages erstellt, die noch nicht in die Summenbildung eingeflossen sind. Die Aufgabe wird an den AUTOVACUUM-Prozess übergeben.

TIPP: Aufgrund des höheren Aufwands für die Indexpflege, verglichen mit einem B-Tree-Index, ist er für Tabellen, die häufigen Änderungen auf der indizierten Spalte unterliegen, weniger geeignet. Sein Hauptanwendungsgebiet ist im Data-Warehouse-Umfeld mit großen Tabellen und wenig Änderungen zu sehen.

Der Index ist für viele Datentypen einsetzbar und sowohl für Gleichheitsoperationen als auch Größer- und Kleiner-Vergleiche geeignet.

Schauen wir uns in Listing 11.17 noch den Inhalt einer Page des BRIN-Index mit Hilfe von *pageinspect* an.

Listing 11.17 Inhalt eines BRIN-Index

```
(postgres@localhost:5432)[hanser]> SELECT * FROM
brin_page_items(get_raw_page('i_temp_brin', 5), 'i_temp_brin')
> ORDER BY blknum, attnum LIMIT 10;
 itemoffset | blknum | attnum | allnulls | hasnulls | placeholder |
value
-----------+--------+--------+----------+----------+-------------+-----------------
---------------------------
          1 | 111744 |      1 | f        | f        | f           | {2020-07-22
01:16:48 .. 2020-07-22 06:51:43}
          2 | 111872 |      1 | f        | f        | f           | {2020-07-22
06:51:44 .. 2020-07-22 12:26:39}
          3 | 112000 |      1 | f        | f        | f           | {2020-07-22
12:26:40 .. 2020-07-22 18:01:35}
          4 | 112128 |      1 | f        | f        | f           | {2020-07-22
18:01:36 .. 2020-07-22 23:36:31}
          5 | 112256 |      1 | f        | f        | f           | {2020-07-22
23:36:32 .. 2020-07-23 05:11:27}
. . .
```

11.3 Hash-Index

Für einen Hash-Index wird aus dem Spaltenwert mit Hilfe einer Hash-Funktion ein 32-Bit-Code erstellt. Ein Hash-Index ist universell einsetzbar und man muss sich wenig Gedanken um den Inhalt der Spalte machen. Es liegt in der Natur der Sache, dass ein Hash-Index nur für Gleichheitsoperationen geeignet ist. Der kostenbasierende Optimizer zieht eine Verwendung in Betracht, wenn die indizierte Spalte für eine Gleichheitsoperation benötigt wird.

Der Index besteht aus Buckets, die wiederum die Hash-Codes und die verbundenen TIDs enthalten. Der Zugriff auf die Buckets wird über eine Bitmap gesteuert. Der Overflow-Bereich wird verwendet, wenn zum Beispiel ein Bucket voll ist und keine neuen Hash-Codes aufnehmen kann. Der Zugriff auf die Buckets wird über eine Bitmap gesteuert. Das bedeutet für Abfragen, dass alle Overflow Pages gescannt werden müssen. Der VACCUM-Prozess sorgt dafür, dass die Anzahl der Overflow Pages möglichst klein wird. Ist eine Overflow Page leer geworden, wird sie wiederverwendet oder als normale Page eingesetzt. Aktuell gibt es keine Option, einen Hash-Index zu schrumpfen. Das ist nur über einen Neuaufbau zum Beispiel mit dem REINDEX-Befehl möglich.

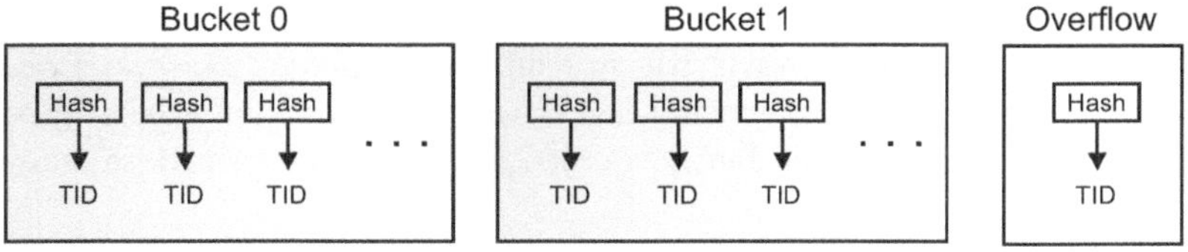

Bild 11.3 Die Architektur des Hash-Index

Ein Hash-Index ist für Tabellen mit häufigen SELECT- und UPDATE-Anweisungen sowie für große Tabellen sehr gut geeignet. Die Zugriffszeiten auf den Index sind sogar geringer als bei einem B-Tree-Index, da der Zugriff direkt auf die Bucket Page erfolgt. Das macht sich insbesondere bei großen Tabellen bemerkbar. Er benötigt weniger I/O-Operationen (logisch und physisch). Aufgrund seiner Einschränkungen steht er nicht in direkter Konkurrenz zum B-Tree-Index. Er kann jedoch für gewisse Fälle besser geeignet sein.

Für Hash-Indexe gelten die folgenden Einschränkungen:

- Eine Verwendung für Unique Constraints ist nicht möglich.
- Sie können nicht als Mehrspaltenindex genutzt werden.
- Die Optionen ASC oder DESC können nicht verwendet werden.
- An geclusterten Tabellen kann kein Hash-Index gebildet werden.

Für das folgende Beispiel ist ein Hash-Index besser geeignet als ein B-Tree-Index. Zunächst legen wir eine Tabelle mit einer Textspalte an.

Listing 11.18 Eine Tabelle mit Textspalte anlegen

```
(postgres@localhost:5432)[hanser]> CREATE TABLE text_big(
>   id      INTEGER,
>   cont    TEXT
> );
CREATE TABLE
```

Diese soll nun mit zufällig generiertem Text gefüllt werden. Zum Generieren des Textes verwenden wir eine PL/pgSQL-Funktion (siehe Listing 11.19).

Listing 11.19 Eine PL/pgSQL-Funktion zum Generieren zufälliger Texte

```
(postgres@localhost:5432)[hanser]> CREATE OR REPLACE FUNCTION str_random(len INTEGER)
> RETURNS text
> AS
> $$
> DECLARE
>   zeichen text[] := '{0,1,2,3,4,5,6,7,8,9,A,B,C,D,E,F,G,H,I,J,K,L,M,N,O,P,Q,R,S,T,
U,V,W,X,Y,Z,a,b,c,d,e,f,g,h,i,j,k,l,m,n,o,p,q,r,s,t,u,v,w,x,y,z,-,#,$,?,&,_}';

>   result text := 0;
> BEGIN
```

```
>   FOR i IN 1..len LOOP
>     result := result || zeichen[1+random()*(array_length(zeichen, 1)-1)];
>   END LOOP;
>   RETURN result;
> END;
> $$ LANGUAGE plpgsql;
CREATE FUNCTION
```

Für das Erzeugen der Testdaten können wir, wie so häufig, die Funktion *generate_series* verwenden. Für den Testfall sind 5 Millionen Sätze ausreichend, um hinreichend gute Performance-Werte zu erhalten. Auf der Tabelle werden ein B-Tree- und ein Hash-Index angelegt.

Listing 11.20 Testdaten mit *generate_series* erzeugen

```
(postgres@localhost:5432)[hanser]> INSERT INTO text_big
> SELECT n, str_random(200)
> FROM generate_series(1, 5000000) x(n);
INSERT 0 5000000
(postgres@localhost:5432)[postgres]>  CREATE INDEX i_text_btree ON text_big (cont);
CREATE INDEX
Time: 175954,122 ms (02:55,954)
(postgresql@localhost:5432)[postgres]> CREATE INDEX i_text_hash ON text_big USING
HASH (cont);
CREATE INDEX
Time: 19891,111 ms (00:19,891)
```

Während das Erstellen des B-Tree-Index fast drei Minuten gedauert hat, konnte der Hash-Index in ca. 20 Sekunden angelegt werden. Der B-Tree-Index muss für jeden Spaltenwert einen Indexwert erstellen und schreiben. Das bewirkt signifikant mehr I/O-Durchsatz bei der Indexerzeugung und schlägt sich auch in der Größe der Indexe nieder (siehe Listing 11.21).

Listing 11.21 Größenunterschied zwischen B-Tree- und Hash-Index

```
(postgres@localhost:5432)[hanser]> SELECT
>   t.schemaname,
>   t.tablename,
>   c.reltuples::bigint                              AS num_rows,
>   psai.indexrelname                                AS index_name,
>   pg_size_pretty(pg_relation_size(i.indexrelid)) AS index_size,
>   CASE WHEN i.indisunique THEN 'Y' ELSE 'N' END  AS "unique"
> FROM
>   pg_tables t
>   LEFT JOIN pg_class c ON t.tablename = c.relname
>   LEFT JOIN pg_index i ON c.oid = i.indrelid
>   LEFT JOIN pg_stat_all_indexes psai ON i.indexrelid = psai.indexrelid
> WHERE
>   t.schemaname NOT IN ('pg_catalog', 'information_schema')
> ORDER BY 1, 2;
 schemaname | tablename | num_rows |  index_name  | index_size | unique
------------+-----------+----------+--------------+------------+--------
 Public     | text_big  |  5000000 | i_text_btree | 1231 MB    | N
 Public     | text_big  |  5000000 | i_text_hash  | 128 MB     | N
```

Für welchen Index wird sich der Query Optimizer entscheiden? Erzeugen Sie den Ausführungsplan mit dem ANALYZE-Befehl.

Listing 11.22 Ausführungsplan mit Hash-Index

```
(postgres@localhost:5432)[hanser]> EXPLAIN (ANALYZE, TIMING, VERBOSE, BUFFERS)
> SELECT * FROM text_big WHERE cont = 'Ood9dXtZeZ5X-oBbiK&fb& . . . ';
                                   QUERY PLAN
-------------------------------------------------------------------------------
-
 Index Scan using i_text_hash on us_sdvz_ad.text_big  (cost=0.00..8.02 rows=1
width=209) (actual time=0.027..0.027 rows=1 loops=1)
   Output: id, cont
   Index Cond: (text_big.cont = 'Ood9dXtZeZ5X-oBbiK&fb& . . . ,::text)
```

Die Entscheidung ist klar für die geringeren Kosten und damit für den Hash-Index gefallen. Eine Abfrage mit 1000 Sätzen (Listing 11.23) ergibt eine Ausführungszeit von ca. 6 Millisekunden mit dem Hash-Index. Der B-Tree-Index benötigt ungefähr die zehnfache Zeit. Es sind mehr I/O-Operationen erforderlich und die Vergleiche eines langen Strings sind aufwendiger als die des Hash-Codes.

Listing 11.23 Ausführungszeit mit Hash- und B-Tree-Index

```
(postgres@localhost:5432)[hanser]> SELECT * FROM text_big WHERE cont IN
> (SELECT cont FROM text_big LIMIT 1000);
. . .
(1000 rows)
Time: 5,761 ms
(postgres@localhost:5432)[postgres]> DROP INDEX i_text_hash;
(postgres@localhost:5432)[postgres]> SELECT * FROM text_big WHERE cont IN
> (SELECT cont FROM text_big LIMIT 1000);
. . .

(1000 rows)
Time: 56,231 ms
```

Auch wenn das Beispiel so gewählt wurde, dass der Hash-Index seine Vorzüge ausspielen kann, macht es deutlich, dass es durchaus Anwendungsfälle für den Hash-Index gibt.

Der Inhalt eines Bucket ist relativ einfach und kann mit der Funktion *hash_page_items* angezeigt werden.

Listing 11.24 Den Inhalt eines Buckets eines Hash-Index anzeigen

```
(postgres@localhost:5432)[hanser]> SELECT * FROM hash_page_items(get_raw_page('big_
hash_index', 1)) LIMIT 10;
 itemoffset |     ctid     |   data
------------+--------------+----------
          1 | (185482,50)  | 15269888
          2 | (160014,16)  | 15269888
          3 | (78288,43)   | 15269888
          4 | (39763,51)   | 15269888
          5 | (220334,82)  | 18153472
          6 | (200499,14)  | 18153472
          7 | (122727,16)  | 18153472
          8 | (80516,60)   | 18153472
          9 | (208958,26)  | 55312384
         10 | (183200,49)  | 55312384
```

11.4 Generalized Inverted Index (GIN)

Dieser Indextyp ist besonders für Daten geeignet, die aus zusammengesetzten Werten bestehen. Er kommt häufig für die Textverarbeitung zum Einsatz. Ein Text kann als Zusammensetzung von Worten und Begriffen verstanden werden. Soll nach bestimmten Worten innerhalb der Texte gesucht werden, dann ist ein BRIN-Index sehr gut geeignet.

HINWEIS: Auch wenn ein GIN-Index in der Textverarbeitung häufig verwendet wird, soll darauf hingewiesen werden, dass sich sein Einsatzgebiet nicht darauf beschränkt. Er ist für sehr viele Datentypen geeignet, unter anderem für Zahlen, Arrays, JSON- oder auch Zeitformate oder Binärdaten. Zusätzlich ist er so offen gestaltet, dass es möglich ist, ihn für eigene Datentypen zu verwenden.

Ein GIN-Index beinhaltet jeweils eine Relation von Schlüsselbegriff und einer Liste von TIDs (Posting-Liste), in denen dieser Begriff vorkommt. Damit ist klar, dass eine TID in mehreren Posting-Listen vorkommen kann. Allerdings wird jeder Schlüsselwert im Index nur einmal gespeichert. Das macht den Index sehr kompakt und beschränkt das Wachstum.

Für das folgende Beispiel erstellen wir zunächst eine Tabelle mit zufällig generiertem Text. Die Erzeugung des Textes erfolgt aus einer Datei, die Wörter enthält. Dazu verwenden wir ein Python-Programm, das einfach zu erstellen ist. Eine Textdatei mit Wörtern kann aus dem Internet heruntergeladen werden.

Listing 11.25 Eine Testtabelle mit Textspalte erstellen

```
(postgres@localhost:5432)[hanser]> CREATE TABLE dokument(id INTEGER, inhalt text);
CREATE TABLE
```

Listing 11.26 Python-Programm zum Laden von Texten aus zufälligen Wörtern

```
import random
import psycopg2
def random_line(fname):
    lines = open(fname).read().splitlines()
    return random.choice(lines)
def line():
    str = ""
    for i in range(1, 10):
        str = str + " " + random_line('words.txt')
    return str
conn = psycopg2.connect(host="localhost", database="hanser", user="postgres",
password="postgres")
curs = conn.cursor()
for j in range(1, 1000):
    curs.execute("INSERT INTO dokument(id, inhalt) VALUES (%s,%s)", (j, line()))
conn.commit()
```

Für die Suche nach allen Sätzen, die ein bestimmtes Wort enthalten, führt PostgreSQL einen Full Scan (Sequential Scan) der Tabelle aus. Der Ausführungsplan in Listing 11.27 basiert auf 2,5 Millionen Sätzen.

Listing 11.27 Ausführungsplan ohne GIN-Index

```
(postgres@localhost:5432)[hanser]> EXPLAIN ANALYZE
> SELECT * FROM dokument
> WHERE to_tsvector('english', inhalt) @@ to_tsquery('english', 'befunden');
                                        QUERY PLAN
-------------------------------------------------------------------------------------
--
 Gather  (cost=1000.00..211416.17 rows=12799 width=98) (actual time=8.160..15723.192
rows=1 loops=1)
   Workers Planned: 4
   Workers Launched: 4
   ->  Parallel Seq Scan on dokument  (cost=0.00..209136.27 rows=3200 width=98)
(actual time=12492.955..15628.792 rows=0 loops=5)
         Filter: (to_tsvector('english'::regconfig, inhalt) @@
'''befunden'''::tsquery)
         Rows Removed by Filter: 511949
```

PostgreSQL liest also die gesamte Tabelle sequenziell und sucht die relevanten Sätze über einen Filter heraus. Es werden vier Worker-Prozesse verwendet, die parallel lesen und filtern. Das erzeugt nicht nur viele I/O-Operationen, sondern auch einen großen CPU-Verbrauch für den Filter. Die Ausführungszeit beträgt 16 Sekunden.

Listing 11.28 Textabfrage mit Sequential Scan

```
(postgres@localhost:5432)[hanser]> SELECT * FROM dokument
> WHERE to_tsvector('english', inhalt) @@ to_tsquery('english', 'befunden');
   id    |                      inhalt
---------+-----------------------------------------------------
 9999999 | Das Dokument wurde geprueft und fuer gut befunden
(1 row)
Time: 16014,359 ms (00:16,014)
```

Der CPU-Verbrauch lag über die gesamte Zeit bei 80% Auslastung. Falls solche Abfragen von mehreren Sessions gleichzeitig ausgeführt werden, geht das System schnell wegen Überlastung in die Knie. Auch ein normaler B-Tree-Index und eine Bedingung mit LIKE würden die Ausführung nicht beschleunigen und deshalb vom Query Optimizer nicht gewählt werden.

Wie bereits erwähnt, arbeitet das Indexsystem von PostgreSQL mit Operatorenklassen. Wenn man vor der Wahl steht, herauszufinden, welcher Indextyp geeignet ist, sollte man sich zuerst an Operatorenklassen orientieren. Für unser Beispiel erfolgt das mit einer Abfrage der verfügbaren Indextypen für die Klasse „@@ tsquery" (Listing 11.29).

Listing 11.29 Indextypen für Operatorenklasse abfragen

```
(postgres@localhost:5432)[hanser]> SELECT am.amname, f.opfname,
> op.amopopr::regoperator
> FROM pg_am am, pg_opfamily f,pg_amop op
> WHERE f.opfmethod = am.oid AND op.amopfamily = f.oid
> AND op.amopopr = '@@(tsvector,tsquery)'::regoperator;
 amname |   opfname     |        amopopr
--------+---------------+----------------------
 gist   | tsvector_ops  | @@(tsvector,tsquery)
 gin    | tsvector_ops  | @@(tsvector,tsquery)
```

Erstellen wir nun einen GIN-Index über die Textspalte. Mit der Funktion *to_tsvector* wird der Text in die einzelnen Worte zerlegt. Das ist ein Format, dass der GIN-Index verarbeiten kann.

Listing 11.30 Einen GIN-Index für eine Textspalte erstellen

```
(postgres@localhost:5432)[hanser]> CREATE INDEX i_dokument_gin
ON dokument USING GIN (to_tsvector('english', inhalt));
CREATE INDEX
```

Der Ausführungsplan in Listing 11.31 zeigt deutlich geringere Kosten und auf eine parallele Ausführung wird verzichtet.

Listing 11.31 Ausführungsplan mit GIN-Index

```
(postgres@localhost:5432)[hanser]> EXPLAIN ANALYZE
> SELECT * FROM dokument
> WHERE to_tsvector('english', inhalt) @@ to_tsquery('english', 'befunden');
                                        QUERY PLAN
----------------------------------------------------------------------------------
-
 Bitmap Heap Scan on dokument  (cost=135.19..30562.27 rows=12799 width=98) (actual
time=0.062..0.063 rows=1 loops=1)
   Recheck Cond: (to_tsvector('english'::regconfig, inhalt) @@
'''befunden'''::tsquery)
   Heap Blocks: exact=1
   ->  Bitmap Index Scan on i_dokument_gin  (cost=0.00..131.99 rows=12799 width=0)
(actual time=0.058..0.058 rows=1 loops=1)
         Index Cond: (to_tsvector('english'::regconfig, inhalt) @@
'''befunden'''::tsquery)
```

Die Ausführungszeit reduziert sich auf unter eine Millisekunde, da die Daten über den GIN-Index effektiv gefunden werden. Die Belastung der Systemressourcen ist minimal.

Listing 11.32 Textabfrage mit GIN-Index

```
(postgres@localhost:5432)[hanser]> SELECT * FROM dokument
> WHERE to_tsvector('english', inhalt) @@ to_tsquery('english', 'befunden');
   id    |                     inhalt
---------+------------------------------------------------
 9999999 | Das Dokument wurde geprueft und fuer gut befunden
(1 row)
Time: 0,676 ms
```

TIPP: Solche Abfragen nach Schlüsselwörtern in Texten kommen in der Praxis häufig vor. Mit einem normalen B-Tree-Index lassen sich die einzelnen Wörter nicht darstellen. Sequenzielle Scans haben einen hohen Ressourcenverbrauch und lange Ausführungszeiten. Ein GIN-Index ist auf Grund seiner Struktur auch für große Textfelder noch sehr kompakt. ■

Ein Nachteil bei der Verwendung von GIN-Indexen ist, dass Updates aufwändig sind und viele Änderungen im Index nach sich ziehen. Wenn komplette Texte ausgetauscht werden, kann man sich den hohen Änderungsaufwand gut vorstellen.

Ein GIN-Index kann mit der Option *fastupdate=true* versehen werden. Ist das Feature eingeschaltet, werden Änderungen zunächst in eine separate Liste geschrieben. Überschreitet die Liste die Größe von dem im Parameter *gin_pending_list_limit* festgelegten Wert, dann werden die aufgelaufenen Änderungen eingepflegt. Das geschieht auch während eines VACUUM-Laufs. Die Option hat den Nachteil, dass während einer Abfrage die separate Liste zusätzlich verarbeitet werden muss. Sie kann jedoch ein guter Kompromiss sein.

Für GIN-Indexe besteht die Einschränkung, dass Full Index Scans nicht unterstützt werden.

11.5 Generalized Search Tree-Index (GiST)

Ein GiST-Index ist ein sogenannter ausbalancierter Index mit Baumstruktur. Er unterscheidet sich vom B-Tree-Index durch umfangreichere Vergleichsmöglichkeiten. Ein B-Tree-Index ist im Wesentlichen auf Operationen wie „gleich“, größer“ oder „kleiner“ beschränkt. Die Anforderungen an ein modernes Datenbanksystem sind jedoch gewachsen. Denken Sie an Textdokumente, Bilder, Sprachaufzeichnungen, Geodaten oder auch selbst definierte Datentypen. Auch für solche Daten werden geeignete Indexe benötigt.

Und hier kommt der GiST-Index ins Spiel. Für ihn können Regeln für die Verteilung von Daten beliebigen Typs über eine ausbalancierte Baumstruktur festgelegt werden. Jeder Leaf-Knoten enthält einen logischen Ausdruck und zeigt auf eine Zeile in der Tabelle (TID). Die Suche in einem GiST-Index verwendet eine Konsistenzfunktion, die über das Interface definiert wird. Die Funktion wird aufgerufen und liefert ein Ergebnis, das auf Konsistenz mit dem Suchprädikat geprüft wird.

Schauen wir uns ein Beispiel für eine Tabelle mit geometrischen Datentypen an. Die Tabelle in Listing 11.33 verwendet die Datentypen BOX und POINT, die ein Rechteck und einen zweidimensionalen Punkt (x- und y-Koordinaten) interpretieren.

Listing 11.33 Eine Tabelle mit geometrischen Datentypen anlegen

```
(postgres@localhost:5432)[hanser]> CREATE TABLE geom(
> rechteck BOX,
> punkt    POINT);
CREATE TABLE
(postgres@localhost:5432)[postgres]> INSERT INTO geom
> SELECT BOX(POINT(0.05*n, 0.05*n), POINT(0.05*n, 0.05*n)),
>   POINT(0.05*n, 0.05*n)
> FROM generate_series(0,10000000) AS n;
INSERT 0 10000001
```

Eine SELECT-Anweisung soll die Sätze liefern, die das Rechteck in einem bestimmten Bereich darstellen. Dazu wird der Operator „<@“ verwendet. Ohne GiST-Index führt der Server einen Full Table Scan durch (siehe Listing 11.34). Die Ausführungszeit beträgt ungefähr eine halbe Sekunde.

Listing 11.34 Abfrage einer geometrischen Spalte ohne Index

```
(postgres@localhost:5432)[hanser]> EXPLAIN ANALYZE
> SELECT rechteck FROM geom
```

```
> WHERE rechteck <@ BOX(POINT(8,8), POINT(9,9));
                                    QUERY PLAN
---------------------------------------------------------------------------------
 Gather  (cost=1000.00..147541.34 rows=10000 width=32) (actual time=0.554..456.739
rows=21 loops=1)
   Workers Planned: 2
   Workers Launched: 2
   ->  Parallel Seq Scan on geom  (cost=0.00..145541.34 rows=4167 width=32) (actual
time=253.794..396.067 rows=7 loops=3)
         Filter: (rechteck <@ ,(9,9),(8,8)'::box)
         Rows Removed by Filter: 3333327
 Planning Time: 0.105 ms
 Execution Time: 456.760 ms
```

Legen Sie einen GiST-Index auf der Spalte „rechteck“ an (Listing 11.35). PostgreSQL kann diesen Spaltentyp im Index verwenden. Die Definition eines eigenen Operators und einer eigenen Funktion wären an dieser Stelle auch möglich. Um das Beispiel transparent zu halten, verwenden wir einen Standardoperator, den PostgreSQL bereits kennt.

Listing 11.35 Einen GiST-Index anlegen

```
(postgres@localhost:5432)[hanser]> CREATE INDEX i_gist_geom
> ON geom USING GIST (rechteck);
CREATE INDEX
```

Jetzt führt der Server einen Index Only Scan durch. Mit der B-Tree-Struktur ist es möglich, das Ergebnis schnell einzugrenzen. Die Ausführungszeit beträgt 0,3 Millisekunden.

Listing 11.36 Ausführungsplan mit GiST-Index

```
(postgres@localhost:5432)[hanser]> EXPLAIN ANALYZE
> SELECT rechteck FROM geom
> WHERE rechteck <@ BOX(POINT(8,8), POINT(9,9));
                                        QUERY PLAN
-----------------------------------------------------------------------------------
-
 Index Only Scan using i_gist_geom on geom  (cost=0.42..663.42 rows=10000 width=32)
(actual time=0.289..0.310 rows=21 loops=1)
   Index Cond: (rechteck <@ '(9,9),(8,8)'::box)
   Heap Fetches: 0
 Planning Time: 0.697 ms
 Execution Time: 0.325 ms
```

Die Größe des Index lässt sich wieder mit der SQL-Abfrage aus Listing 11.21 ermitteln. Sie liegt in etwa im Bereich eines normalen B-Tree-Index.

Listing 11.37 Die Größe des GiST-Index

```
schemaname | tablename | num_rows | index_name  | index_size | unique
------------+-----------+----------+-------------+------------+--------
 public     | geom      | 10000001 | i_gist_geom | 953 MB     | N
```

Der GiST-Index ist nicht nur bei der Verwendung einer WHERE-Klausel hilfreich, sondern auch für die Sortierung mit ORDER BY. Die Abfrage in Listing 11.38 zeigt die Operatoren, die standardmäßig durch einen GiST-Index für den Spaltentyp BOX unterstützt werden. Erweiterungen durch selbst definierte Operatoren sind möglich.

Listing 11.38 Standardoperatoren für eine BOX-Spalte eines GiST-Index

```
(postgres@localhost:5432)[hanser]> SELECT amop.amopopr::regoperator, amop.
amoppurpose, amop.amopstrategy
> FROM pg_opclass opc, pg_opfamily opf, pg_am am, pg_amop amop
> WHERE opc.opcname = 'box_ops'
> AND opf.oid = opc.opcfamily
> AND am.oid = opf.opfmethod
> AND amop.amopfamily = opc.opcfamily
> AND am.amname = 'gist'
> AND amop.amoplefttype = opc.opcintype;
    amopopr     | amoppurpose | amopstrategy
----------------+-------------+--------------
 <->(box,point) | o           |           15
 <<(box,box)    | s           |            1
 &<(box,box)    | s           |            2
 &&(box,box)    | s           |            3
 &>(box,box)    | s           |            4
 >>(box,box)    | s           |            5
 ~=(box,box)    | s           |            6
 @>(box,box)    | s           |            7
 <@(box,box)    | s           |            8
 &<|(box,box)   | s           |            9
 <<|(box,box)   | s           |           10
 |>>(box,box)   | s           |           11
 |&>(box,box)   | s           |           12
```

Auch für GiST-Indexe ist eine interne Betrachtung mit der Erweiterung *pageinspect* möglich. Listing 11.39 liefert Informationen über die im Index gespeicherten Daten.

Listing 11.39 Daten einer Page im GiST-Index auslesen

```
(postgres@localhost:5432)[hanser]> SELECT ctid, keys FROM gist_page_items(get_raw_
page('i_gist_geom',0), 'i_gist_geom');
     ctid       |                           keys
----------------+------------------------------------------------------------
 (14030,65535)  | (rechteck)=((28589.3,28589.3),(0,0))
 (14031,65535)  | (rechteck)=((57178.65,57178.65),(28589.35,28589.35))
 (21004,65535)  | (rechteck)=((85768,85768),(57178.7,57178.7))
 (27977,65535)  | (rechteck)=((114357.35,114357.35),(85768.05,85768.05))
 (34950,65535)  | (rechteck)=((142946.7,142946.7),(114357.4,114357.4))
 (41923,65535)  | (rechteck)=((171536.05,171536.05),(142946.75,142946.75))
 (48896,65535)  | (rechteck)=((200125.4,200125.4),(171536.1,171536.1))
. . .
```

Die Rohdaten zeigen den Inhalt einer Page im Hexadezimalformat (siehe Listing 11.40).

Listing 11.40 Auslesen der Rohdaten eines GiST-Index

```
(postgres@localhost:5432)[hanser]> SELECT ctid, key_data
> FROM gist_page_items_bytea(get_raw_page('i_gist_geom', 0));
     ctid       |                              key_data
----------------+--------------------------------------------------------------------
 (14030,65535)  | \x0000ce36ffff28003333333353ebdb403333333353ebdb400000000000000
 (14031,65535)  | \x0000cf36ffff2800cdcccccc54ebeb40cdcccccc54ebeb406666666656ebd
 (21004,65535)  | \x00000c52ffff2800000000000080f0f4400000000000080f0f4406666666656ebe
 (27977,65535)  | \x0000496dffff28009a99999955ebfb409a99999955ebfb40cdcccccc80f0f
 (34950,65535)  | \x00008688ffff28009a99999157301419a999999157301416666666656ebf
```

```
 (41923,65535)  | \x0000c3a3ffff28006666666680f004416666666680f00441000000016730
 (48896,65535)  | \x000000bffff280033333333eb6d084133333333eb6d0841cdcccccc80f00
...
```

11.6 Expression-Index

Ein Expression-Index besitzt die Architektur eines B-Tree-Index. Das Ergebnis des Ausdrucks oder der Funktion wird im Index gespeichert und dem entsprechenden Datensatz zugeordnet. Für SQL-Abfragen ergeben sich signifikante Performancevorteile, da der Ausdruck sonst für jeden Datensatz oder Indexeintrag berechnet werden müsste.

Diesen Vorteil erkauft man sich für einen Mehraufwand bei der Indexerstellung. Auch die Pflege des Index erhöht sich um den Aufwand der Neuberechnung des Ergebnisses. Für das Beispiel in Listing 11.41 wird eine Tabelle mit einer Spalte vom Typ „timestamp" erstellt.

Listing 11.41 Eine Tabelle für einen Expression-Index erstellen

```
(postgres@localhost:5432)[hanser]> CREATE TABLE t_time AS
> SELECT zeit, 'Some text............'::text
> FROM generate_series(timestamp '2020-01-01',
> timestamp '2021-01-01', interval '1 second') s(zeit);
SELECT 31622401
```

Eine SQL-Abfrage soll alle Zeitstempel selektieren, die den ersten Tag eines Monats enthalten. Dafür wird die Funktion EXTRACT verwendet. Ein normaler B-Tree-Index wurde für die Abfrage nicht berücksichtigt. Die Abfrage führt einen Full Table Scan durch (siehe Listing 11.42).

Listing 11.42 SQL-Abfrage mit Zeit-Funktion

```
(postgres@localhost:5432)[hanser]> EXPLAIN ANALYZE
> SELECT * FROM t_time WHERE EXTRACT(day FROM zeit) = 1;
                                       QUERY PLAN
-------------------------------------------------------------------------------------
 Gather  (cost=1000.00..344196.40 rows=158112 width=40) (actual time=0.828..2235.723
rows=1036801 loops=1)
   Workers Planned: 5
   Workers Launched: 5
   ->  Parallel Seq Scan on t_time  (cost=0.00..327385.20 rows=31622 width=40)
(actual time=128.198..2072.134 rows=172800 loops=6)
         Filter: (EXTRACT(day FROM zeit) = '1'::numeric)
         Rows Removed by Filter: 5097600
 Planning Time: 1.208 ms
 Execution Time: 2268.116 ms
```

Die Ausführungszeit beträgt mehr als zwei Sekunden. Nach Anlegen eines Expression-Index führt PostgreSQL einen Indexscan mit einem Bitmap-Heap-Scan durch. Die Ausführungszeit reduziert sich auf ungefähr 200 Millisekunden.

Listing 11.43 Ausführungsplan mit Expression-Index

```
(postgres@localhost:5432)[hanser]> CREATE INDEX i_expr_t_time
ON t_time ((EXTRACT(day FROM zeit)));
CREATE INDEX
(postgresql@localhost:5432)[hanser]> EXPLAIN ANALYZE
> SELECT * FROM t_time WHERE EXTRACT(day FROM zeit) = 1;
                                     QUERY PLAN
----------------------------------------------------------------------------------
 Bitmap Heap Scan on t_time  (cost=2965.93..225150.54 rows=158112 width=31) (actual
time=96.770..202.794 rows=1036801 loops=1)
   Recheck Cond: (EXTRACT(day FROM zeit) = '1'::numeric)
   Heap Blocks: exact=7635
   ->  Bitmap Index Scan on i_expr_t_time  (cost=0.00..2926.40 rows=158112 width=0)
(actual time=95.794..95.794 rows=1036801 loops=1)
         Index Cond: (EXTRACT(day FROM zeit) = '1'::numeric)
 Planning Time: 1.500 ms
 Execution Time: 223.338 ms
```

TIPP: Die Verwendung von Expression-Indexen hängt stark davon ab, welche SQL-Abfragen verwendet werden. Prüfen Sie regelmäßig die Verwendung der Indexe, so wie in Listing 11.1 beschrieben. Die Indexpflege ist aufwendiger als für einen normalen B-Tree-Index.

11.7 Partieller Index

Ein partieller Index wird über einen Teil der Tabelle gebildet. Die Teilmenge der Tabelle wird mit Hilfe einer Bedingung gebildet, die auch Prädikat des Index genannt wird. Der Index besteht also nur aus Einträgen, die dem Prädikat genügen.

Mit partiellen Indexen kann die Größe des Index signifikant reduziert und die Laufzeit von SQL-Abfragen verbessert werden. Auch der Aufwand für die Indexpflege in Zusammenhang mit DML-Anweisungen ist kleiner.

Der häufigste Grund für die Verwendung eines partiellen Index ist, die Indizierung von allgemeinen Inhalten, also von Inhalten, die einen großen Teil der Tabelle ausmachen, zu vermeiden. SQL-Abfragen nach allgemeinen Inhalten lösen ohnehin einen Full Table Scan aus und verwenden den Index nicht. Es macht also keinen Sinn, diese Sätze im Index zu pflegen.

Ein typischer Anwendungsfall ist, das Indizieren von Nullwerten zu vermeiden, wenn sie einen Großteil der Tabelle ausmachen. Für das Beispiel wird eine Tabelle erzeugt, in der jeder zehnte Eintrag das Löschkennzeichen „N" besitzt. Für Abfragen sind nur Sätze mit Löschkennzeichen „N" von Interesse. Dafür bietet sich ein partieller Index an. Zusammen mit der Tabelle werden ein normaler B-Tree-Index und ein partieller Index erstellt.

Listing 11.44 Tabelle für partiellen Index erstellen

```
(postgres@localhost:5432)[hanser]> CREATE TABLE text_part AS
> SELECT n AS id,
> CASE n % 10
>   WHEN 0 THEN 'N'
>   ELSE 'Y'
> END AS geloescht,
> str_random(200) AS cont
> FROM generate_series(1, 5000000) x(n);
SELECT 5000000
(postgres@localhost:5432)[hanser]> CREATE INDEX i_btree_text ON text_part(cont);
CREATE INDEX
(postgres@localhost:5432)[hanser]> CREATE INDEX i_part_text ON text_part(cont)
> WHERE geloescht = ‚N';
CREATE INDEX
```

Ein Größenvergleich mit Hilfe der Abfrage aus Listing 11.16 zeigt einen deutlichen Unterschied.

Listing 11.45 Größenvergleich mit partiellem Index

```
 schemaname | tablename  | num_rows |   index_name    | index_size | unique
------------+------------+----------+-----------------+------------+--------
 public     | text_part  |  5000028 | i_btree_text    | 1231 MB    | N
 public     | text_part  |  5000028 | i_part_text     | 123 MB     | N
```

Die Ausführungszeiten unterscheiden sich nur unwesentlich für die beiden Indextypen. Der Größenunterschied ist jedoch erheblich.

Seit der Version 11 können B-Tree-Indexe mit einer INCLUDE-Klausel gebildet werden. Die in der Klausel genannten Spalten werden zusätzlich in den Index aufgenommen, sind aber nicht Bestandteil des Schlüssels. Der Index wird damit zwar größer. Der Vorteil entsteht für SQL-Abfragen, die sich auf diese Spalten beziehen. Anstelle des üblichen Algorithmus, der das Lesen des Indexschlüssels und das anschließende Lesen des zugehörigen Satzes aus der Tabelle vorsieht, kann ein Index-only-Scan ausgeführt werden. Dieser bietet signifikante Performance-Vorteile. Das Lesen aus Index und Tabelle ist mit vielen Single-Block Read-Lesezugriffen verbunden und als Performance-Killer bekannt.

In Listing 11.46 erfolgt eine SQL-Abfrage der Tabelle *sales* mit einem B-Tree-Index. Da die Spalte „amount" nicht Bestandteil des Index ist, erfolgt zusätzlich ein Zugriff auf die Tabelle mit einem Bitmap-Heap-Scan. Die Ausführungszeit beträgt ungefähr fünf Sekunden.

Listing 11.46 SQL-Abfrage mit B-Tree-Index

```
(postgres@localhost:5432)[hanser]> EXPLAIN ANALYZE
> SELECT sum(amount) FROM sales WHERE customer_id = 99;
                                    QUERY PLAN
-----------------------------------------------------------------------------------------
 Finalize Aggregate  (cost=523427.44..523427.45 rows=1 width=32) (actual
time=5012.670..5043.815 rows=1 loops=1)
   ->  Gather  (cost=523426.79..523427.40 rows=6 width=32) (actual
time=5011.108..5043.789 rows=7 loops=1)
         Workers Planned: 6
         Workers Launched: 6
```

```
        -> Partial Aggregate  (cost=522426.79..522426.80 rows=1 width=32) (actual
time=4931.776..4931.776 rows=1 loops=7)
              -> Parallel Bitmap Heap Scan on sales  (cost=6089.23..522199.01
rows=91111 width=6) (actual time=113.528..4860.370 rows=71429 loops=7)
                    Recheck Cond: (customer_id = 99)
                    Heap Blocks: exact=45905
                    -> Bitmap Index Scan on i_cust_sales  (cost=0.00..5952.57
rows=546667 width=0) (actual time=119.542..119.543 rows=500000 loops=1)
                          Index Cond: (customer_id = 99)
 Planning Time: 1.167 ms
 Execution Time: 5043.932 ms
```

Nach Anlegen eines Index mit Aufnahme der Spalte „amount" als Nicht-Schlüssel wird die Anweisung erneut ausgeführt. PostgreSQL führt jetzt einen Index-Only-Scan aus mit einer Ausführungszeit von 144 Millisekunden.

Listing 11.47 Index mit INCLUDE-Klausel

```
(postgres@localhost:5432)[hanser]> CREATE INDEX i_cust_sales_incl ON
> sales(customer_id) INCLUDE(amount);
CREATE INDEX
(postgres@localhost:5432)[hanser]> EXPLAIN ANALYZE
> SELECT sum(amount) FROM sales WHERE customer_id = 99;
                                                QUERY PLAN
------------------------------------------------------------------------------------
 Finalize Aggregate  (cost=15229.34..15229.35 rows=1 width=32) (actual
time=117.679..144.446 rows=1 loops=1)
   -> Gather  (cost=15228.90..15229.31 rows=4 width=32) (actual
time=117.562..144.435 rows=5 loops=1)
         Workers Planned: 4
         Workers Launched: 4
         -> Partial Aggregate  (cost=14228.90..14228.91 rows=1 width=32) (actual
time=77.703..77.704 rows=1 loops=5)
               -> Parallel Index Only Scan using i_cust_sales_incl on sales
(cost=0.56..13887.23 rows=136667 width=6) (actual time=1.151..67.076 rows=100000
loops=5)
                     Index Cond: (customer_id = 99)
                     Heap Fetches: 0
 Planning Time: 0.932 ms
 Execution Time: 144.484 ms
```

11.8 Individueller Index

PostgreSQL ist als ein sehr offenes System mit vielen Erweiterungsmöglichkeiten bekannt. Das Prinzip macht auch bei den Indexen nicht halt. Unter Beachtung bestimmter Rahmenbedingungen ist es möglich, einen eigenen Indextyp zu erstellen und in den Server einzubinden. Keines der anderen populären Datenbankbetriebssysteme bietet diese Möglichkeit. Das folgende Beispiel zeigt eindrucksvoll, wie ein solcher Index entwickelt und eingesetzt werden kann. Es handelt sich um einen Index mit Verwendung eines Bloom-Filters. Dieser Indextyp ist das Zusatzmodul „bloom" und kann als Erweiterung einfach installiert werden.

TIPP: Wenn Sie planen, einen eigenen, individuellen Indextyp zu erstellen, dann ist die Erweiterung „bloom" eine gute Grundlage und zeigt sehr gut auf, wie vorzugehen ist und welche Funktionen geschrieben werden müssen.

Bloom-Filter sind im Datenbankumfeld sehr beliebt und können vielseitig eingesetzt werden. Mit ihrer Hilfe kann sehr effektiv festgestellt werden, ob sich Daten einem Wert zuordnen lassen. Bloom-Filter verbrauchen im Vergleich zu anderen Methoden sehr wenig Speicherplatz. Zu beachten ist nur, dass falsch positive Werte möglich sind. Diese können jedoch am Ende des Prozesses einfach herausgefiltert werden.

Ein Bloom-Filter besteht aus einem n-stelligen Bit-Array (Bitmap), das am Anfang mit Nullen gefüllt ist. Mit Hilfe von mehreren Hashfunktionen, die jeweils ein Ergebnis im Wertebereich von null bis „n-1" haben, wird die entsprechende Position im Bitmap auf „1" gesetzt. Soll überprüft werden, ob ein bestimmter Wert enthalten ist, wird ebenfalls das Ergebnis der Hashfunktionen ermittelt und mit dem Bitmap verglichen. Enthält eine der Positionen im Bitmap eine Null, dann kann ausgeschlossen werden, dass dieser Wert enthalten ist.

Beim Erstellen des Index können zwei Parameter angegeben werden:

- Die Länge der Signatur in Bits. Die Signatur befindet sich in jedem einzelnen Indexeintrag und stellt einen Indexeintrag dar. Der Standardwert ist 80 und der Maximalwert ist 4096.
- Anzahl von Bits für jede einzelne Indexspalte mit einem Standardwert von 2 und einem Maximum von 4095.

Die Größe der Signatur und die Anzahl von Bits pro Spalte beeinflussen die Wahrscheinlichkeit von falsch positiven Ergebnissen. Größere Werte verringern die Wahrscheinlichkeit, vergrößern aber den Index und die Zeit für Abfragen. Für besondere Fälle kann es Sinn machen, mit den Werten zu experimentieren. Es existieren auch mathematische Formeln zur Berechnung der Wahrscheinlichkeit. In vielen Fällen sind die Standardwerte ein guter Kompromiss.

Mit dem Einfügen eines neuen Satzes in die Tabelle wird eine Signatur erstellt und der Index aktualisiert. Ein Standard-Bloom-Filter unterstützt nicht das Löschen von Elementen. Das ist jedoch für den Index unerheblich. Wird ein Satz in der Tabelle gelöscht, dann wird die Signatur im Index gelöscht.

Wie beim Hash-Index liegt es in seiner Natur, dass ein Bloom-Filter-Index nur Gleichheitsoperationen unterstützt. Für SQL-Abfragen ist er sehr effektiv. Er besitzt eine flache Struktur und ist klein. Der Scan-Prozess findet fast ausschließlich im Memory statt.

Das folgende Beispiel ist gewählt, um die Vorzüge eines Bloom-Filter-Index hervorzuheben. Der Index ist nicht Bestandteil der Standarddistribution. Der erste Schritt ist, die Erweiterung zu installieren.

Listing 11.48 Die Erweiterung „Bloom-Filter-Index" installieren

```
(postgres@localhost:5432)[hanser]> CREATE EXTENSION bloom;
CREATE EXTENSION
```

Die Tabelle für den Test besteht aus mehreren Spalten vom Typ *integer*. Solche Tabellen kommen in der Praxis häufiger vor. SQL-Abfragen bestehen aus Kombinationen der Spalten in der WHERE-Bedingung. Für das Laden der Testdaten verwenden wir wieder die Funktion *generate_series*. Im Beispiel werden 50 Millionen Sätze (ca. 7 GByte) geladen. Das Beispiel lässt sich auch mit weniger Sätzen gut nachvollziehen.

Listing 11.49 Laden einer Tabelle für den Bloom-Filter-Index

```
(postgres@localhost:5432)[hanser]> CREATE TABLE tbloom AS
> SELECT
> (random() *4000000)::int as i1,
> (random() *4000000)::int as i2,
> (random() *4000000)::int as i3,
> (random() *4000000)::int as i4,
> (random() *4000000)::int as i5,
> (random() *4000000)::int as i6,
> (random() *4000000)::int as i7,
> (random() *4000000)::int as i8,
> (random() *4000000)::int as i9,
> (random() *4000000)::int as i10,
> (random() *4000000)::int as i11,
> (random() *4000000)::int as i12,
> (random() *4000000)::int as i13,
> (random() *4000000)::int as i14,
> (random() *4000000)::int as i15,
> (random() *4000000)::int as i16,
> 'Text.........................................'
> FROM
> generate_series(1,50000000);
SELECT 50000000
```

Zum Vergleich wird zuerst ein B-Tree-Index erstellt. Für ein optimales Ergebnis müsste für jede Spalte ein Index erstellt werden. Wir verzichten hier jedoch darauf und erstellen einen kombinierten Index für alle Spalten, mit dem Nachteil, dass der Index vom Optimizer nicht benutzt wird. Der Index besitzt eine beachtliche Größe von ungefähr 4 GByte, was mehr als 50 Prozent der Größe der Tabelle entspricht.

Listing 11.50 Einen B-Tree-Index auf der Bloom-Filter-Tabelle anlegen

```
(postgres@localhost:5432)[hanser]> CREATE INDEX btreeidx
> ON tbloom (i1, i2, i3, i4, i5, i6, i7, i8, i9, i10, i11, i12, i13, i14, i15, i16);
CREATE INDEX
(postgres@localhost:5432)[hanser]> SELECT pg_size_pretty(pg_relation_
size('btreeidx'));
 pg_size_pretty
----------------
 4083 MB
```

Die SQL-Abfrage in Listing 11.51 führt einen Full Table Scan durch, ohne den B-Tree-Index zu benutzen. Die Ausführungszeit beträgt ungefähr vier Sekunden.

Listing 11.51 Ausführungsplan ohne Bloom-Filter-Index

```
(postgres@localhost:5432)[hanser]> EXPLAIN ANALYZE
> SELECT * FROM tbloom WHERE i2 = 31286 AND i5 = 209009
> AND i7 = 653944 AND i9 = 256927 AND i10 = 285508 AND i12 = 93431;
                                    QUERY PLAN
------------------------------------------------------------------------------------
 Gather  (cost=1000.00..1430924.43 rows=1 width=115) (actual time=3841.300..3871.918
rows=0 loops=1)
   Workers Planned: 2
```

```
   Workers Launched: 2
   ->  Parallel Seq Scan on tbloom  (cost=0.00..1429924.33 rows=1 width=115) (actual
time=3814.317..3814.317 rows=0 loops=3)
         Filter: ((i2 = 31286) AND (i5 = 209009) AND (i7 = 653944) AND (i9 = 256927)
AND (i10 = 285508) AND (i12 = 93431))
         Rows Removed by Filter: 16666667
 Planning Time: 0.112 ms
 Execution Time: 3871.948 ms
```

Erstellen wir nun einen Bloom-Filter-Index. Es fällt auf, dass der Index wesentlich kleiner als der B-Tree-Index ist.

Listing 11.52 Einen Bloom-Filter-Index erstellen

```
(postgres@localhost:5432)[hanser]> CREATE INDEX bloomidx ON tbloom
> USING bloom (i1, i2, i3, i4, i5, i6, i7, i8, i9, i10, i11, i12, i13, i14, i15,
i16);
CREATE INDEX
(postgres@localhost:5432)[hanser]> SELECT
pg_size_pretty(pg_relation_size('bloomidx'));
 pg_size_pretty
----------------
 766 MB
```

Der Ausführungsplan in Listing 11.53 zeigt, dass der Optimizer den Bloom-Filter-Index verwendet und einen Bitmap-Heap-Scan auf der Tabelle durchführt. Dieser Prozess ist mit wesentlich geringeren Kosten und Ressourcenverbrauch verbunden. Auch die Ausführungszeit wird auf ungefähr 680 Millisekunden reduziert.

Listing 11.53 Ausführungsplan mit Bloom-Filter-Index

```
(postgres@localhost:5432)[hanser]> EXPLAIN ANALYZE
> SELECT * FROM tbloom WHERE i2 = 31286 AND i5 = 209009
> AND i7 = 653944 AND i9 = 256927 AND i10 = 285508 AND i12 = 93431;
                                    QUERY PLAN
-------------------------------------------------------------------------------------
 Bitmap Heap Scan on tbloom  (cost=1392164.00..1392168.03 rows=1 width=115) (actual
time=687.136..687.137 rows=0 loops=1)
   Recheck Cond: ((i2 = 31286) AND (i5 = 209009) AND (i7 = 653944) AND (i9 = 256927)
AND (i10 = 285508) AND (i12 = 93431))
   Rows Removed by Index Recheck: 1034
   Heap Blocks: exact=1033
   ->  Bitmap Index Scan on bloomidx  (cost=0.00..1392164.00 rows=1 width=0) (actual
time=686.458..686.458 rows=1034 loops=1)
         Index Cond: ((i2 = 31286) AND (i5 = 209009) AND (i7 = 653944) AND (i9 =
256927) AND (i10 = 285508) AND (i12 = 93431))
 Planning Time: 0.140 ms
 Execution Time: 687.185 ms
```

Für Bloom-Filter-Indexe gelten die folgenden Einschränkungen:

- Operatorenklassen sind standardmäßig nur für Datentypen *int4* und *test* implementiert.
- Es sind nur Gleichheitsoperationen möglich.
- Bloom-Filter-Indexe können nicht als UNIQUE-Indexe eingesetzt werden.
- NULL-Werte in der WHERE-Bedingung werden nicht unterstützt.

Der Bloom-Filter-Index ist ein sehr gutes Beispiel für die Offenheit von PostgreSQL und kann als Blaupause für das Erstellen eigener Indextypen verwendet werden.

11.9 Indexe und Parallelität

Das Erstellen von Indexen kann mit Verwendung von mehreren CPUs erfolgen. Allerdings wird das aktuell nur für B-Tree-Indexe unterstützt. Wichtig für die Performance der Indexerstellung ist auch der Parameter *maintenance_work_mem*. Er spezifiziert die maximale Größe des Memory, das dafür benutzt werden kann. Ist er zu klein gewählt, werden möglicherweise weniger parallele Prozesse gestartet. Jeder parallele Prozess benötigt mindestens 32 Mbyte Memory.

TIPP: Die Indexerstellung, insbesondere wenn sie mit mehreren parallelen Prozessen erfolgt, kann zu einem hohen Ressourcenverbrauch des I/O-Subsystems führen. Um dies zu vermeiden und den Einfluss auf andere Sessions zu begrenzen, kann der Parameter *max_parallel_maintenance_workers* verwendet werden. PostgreSQL startet dann nicht mehr parallele Prozesse als vorgegeben. Der Parallelitätsgrad kann auch auf Tabellenebene begrenzt werden.

Um den Performance-Unterschied zu zeigen, wird der Index aus Listing 11.50 mit Parallelitätsgrad eins und vier erstellt.

Listing 11.54 Parallele Index-Erstellung

```
(postgres@localhost:5432)[hanser]> ALTER TABLE tbloom SET (parallel_workers=1);
ALTER TABLE
(postgres@localhost:5432)[hanser]> CREATE INDEX btreeidx
> ON tbloom (i1, i2, i3, i4, i5, i6, i7, i8, i9, i10, i11, i12, i13, i14, i15, i16);
CREATE INDEX
Time: 125190,541 ms (02:05,191)
(postgres@localhost:5432)[hanser]> ALTER TABLE tbloom SET (parallel_workers=4);
ALTER TABLE
(postgres@localhost:5432)[hanser]> CREATE INDEX btreeidx
> ON tbloom (i1, i2, i3, i4, i5, i6, i7, i8, i9, i10, i11, i12, i13, i14, i15, i16);
CREATE INDEX
Time: 64468,577 ms (01:04,469)
```

Die Ausführungszeit wurde durch die Parallelisierung fast halbiert. Die Ausführungszeit skaliert nicht zu 100 Prozent mit der Anzahl der Prozesse, da immer noch I/O-Aktivitäten eingebunden sind und die parallelen Prozesse in einem seriellen Prozess zusammengeführt werden müssen.

Der Fortschritt der Indexerstellung kann über eine Abfrage der View *pg_stat_progress_index* verfolgt werden.

Listing 11.55 Fortschritt der Indexerstellung abfragen

```
(postgres@localhost:5432)[hanser]> SELECT command, phase, blocks_done, blocks_total
> FROM pg_stat_progress_create_index;
   command    |             phase              | blocks_done | blocks_total
--------------+--------------------------------+-------------+-------------
 CREATE INDEX | building index: scanning table |      267049 |       909091
```

Für Abfrage großer Indexe sind parallele Index-Scans ein wichtiges Element zur Performance-Verbesserung. Das betrifft sowohl parallele „Indexscans“ und parallele „Index-Only-Scans“. Aktuell werden parallele Indexscans nur für B-Tree-Indexe unterstützt. Ein Beispiel finden Sie in Listing 11.13.

12 Textverarbeitung

Das Thema Textverarbeitung spielt in relationalen Datenbanken eine wichtige Rolle. Unstrukturierte Daten im Textformat müssen verarbeitet und analysiert werden. So werden Daten aus anderen Datenquellen geladen, um diese mit den Mitteln der Datenbank zu verarbeiten und zu analysieren. Die Quellen solcher Daten sind zum Beispiel E-Mails, Twitter oder anderen Textdateien.

PostgreSQL bietet eine breite Unterstützung für die Textverarbeitung direkt in der Datenbank. Dies geschieht in Form von integrierten Funktionen, Datentypen, speziellen Indexen und Unterstützung für SQL-Abfragen. Applikationen können direkt auf diese Funktionalität aufsetzen, ohne aufwendige Analysen und Auswertungen auf der Client-Seite durchführen zu müssen. Eine möglichst breite Verarbeitung auf der Server-Seite ist im Sinne der Client/Server-Architektur. Damit werden die Ressourcen auf dem Client geschont, die Verarbeitungszeit beschleunigt und die übertragene Datenmenge über das Netzwerk reduziert.

Out-of-the-box bietet PostgreSQL die folgende Unterstützung für die Textverarbeitung:

- Funktionen für die Textsuche, Verarbeitung und Aufbereitung
- Spezielle Indextypen zur Unterstützung von SQL-Abfragen auf Textfeldern
- Wörterbücher für die Textverarbeitung
- Verarbeitung von Dokumenten und SQL-Abfragen

Die Philosophie von PostgreSQL als offenes System findet sich auch hier wieder. Die mitgelieferte Funktionalität ist nur eine Seite der Medaille. Sie kann ohne Weiteres durch eigene Funktionen und Programme erweitert werden.

Für die Beispiele in diesem Kapitel soll das „IMDB Movie Review Dataset" dienen. Es enthält Bewertungen von Filmen und Serien in Form einfacher Textdateien. Laden Sie die Datei *aclImdb_v1.tar.gz* aus dem Internet herunter.

Die Struktur besteht aus einfachen Textdateien mit den Kommentaren und Bewertungen, die sich jeweils in den Unterverzeichnissen „pos" und „neg" befinden, je nachdem, ob es sich um eine positive oder negative Bewertung handelt. Diese Dateien werden wir nun aufbereiten und in eine PostgreSQL-Datenbank laden.

HINWEIS: Für eine korrekte Darstellung der Zeichen und einen fehlerfreien Ladeprozess ist es wichtig, die Daten von Anfang bis Ende als Daten im UTF-8-Format zu behandeln.

Das Python-Programm in Listing 12.1 erstellt aus den einzelnen Textdateien eine CSV-Datei mit 50 000 Zeilen.

Listing 12.1 Python-Programm zum Erstellen einer CSV-Datei

```
import pandas as pd
import os
basepath = 'C:\\Data\\aclImdb'
lables = {'pos':1, 'neg':0}
df = pd.DataFrame()
for i in ('test', 'train'):
  for j in ('pos', 'neg'):
    path = os.path.join(basepath, i, j)
    for file in os.listdir(path):
      with open(os.path.join(path, file), 'r', encoding='utf-8') as single_file:
        text = single_file.read()
      df = df.append([[text, lables[j]]], ignore_index = True)
df.to_csv('imdb.csv', index=False, encoding='utf-8', sep='|')
```

Erstellen Sie, falls erforderlich, eine Datenbank. Beachten Sie dabei, dass unter Windows das Standard-Encoding einer Datenbank *WIN1252* ist. Das ist der westeuropäische ISO-Zeichensatz, der nicht kompatibel mit UTF-8- oder Unicode-Zeichenfolgen ist. Damit kann es beim Laden der Daten zum Fehler kommen. In Listing 12.2 wird eine Datenbank mit Encoding „UTF-8“ angelegt.

Listing 12.2 Eine Datenbank mit Encoding „UTF-8“ anlegen

```
C:\> createdb -E UTF8 -T template0 hanser2
(postgres@localhost:5432)[postgres]> \l
                                     List of databases
   Name    | Owner   | Encoding |       Collate         |         Ctype
-----------+---------+----------+-----------------------+----------------------
 hanser    | postgres| WIN1252  | German_Germany.1252 | German_Germany.1252
 hanser2   | postgres| UTF8     | German_Germany.1252 | German_Germany.1252
. . .
```

Die Tabelle für die Bewertungen besteht aus einer Textspalte und einer Spalte für den Typ der Bewertung: positiv oder negativ.

Listing 12.3 Tabelle für Filmbewertungen anlegen

```
(postgres@[local]:5432)[hanser2]> CREATE TABLE imdb(
> bewertung    text,
> posneg       int);
CREATE TABLE
```

Das Python-Programm in Listing 12.4 lädt die CSV-Datei in die Datenbank. Die Copy-Funktion führt ein Bulk-Insert durch. Wichtig ist, dass die CSV-Datei mit UTF-8-Encoding geladen wird.

Listing 12.4 Die Bewertungsdaten in die Tabelle laden

```
import psycopg2
import sys
from psycopg2 import Error
try:
```

```
  conn = psycopg2.connect(dbname="hanser2", user="postgres", password="postgres",
host="localhost")
  conn.set_client_encoding('UTF8')
  cursor = conn.cursor()
  file = open('C:\\Data\\aclImdb\\imdb.csv', 'r', encoding='utf-8')
  cursor.copy_from(file, 'imdb', sep='|')
  conn.commit()
except (Exception, Error) as error:
  print("Fehler: ", error)
finally:
  cursor.close()
  conn.close()
```

Der Inhalt besteht aus nichtformatiertem Text, wie man ihn aus vielen Bewertungen kennt. Die Kommentare sind in englischer Sprache geschrieben.

Listing 12.5 Inhalt der Bewertungstabelle

```
(postgres@[local]:5432)[hanser2]> SELECT substr(bewertung,1,50), posneg
FROM imdb LIMIT 6;
                       substr                       | posneg
----------------------------------------------------+--------
 I went and saw this movie last night after being c |      1
 "Actor turned director Bill Paxton follows up his  |      1
 "As a recreational golfer with some knowledge of t |      1
 I saw this film in a sneak preview, and it is deli |      1
 "Bill Paxton has taken the true story of the 1913  |      1
 "I saw this film on September 1st, 2005 in Indiana |      1
```

12.1 Funktionen, Operatoren und Konfigurationen

Die Funktionen und Operatoren sind Bestandteil der Core-Distribution. Die Funktionalität muss nicht zusätzlich installiert werden. Die Basis bilden die Funktionen *to_tsvector* und *to_tsquery*. *to_tsvector* erzeugt eine Liste von Tokens aus einem Text und gibt diese sortiert mit Positionsangabe aus.

Listing 12.6 Anwendung der Funktion *to_tsvector*

```
(postgres@local:5432)[hanser2]> SELECT to_tsvector(bewertung)
> FROM imdb LIMIT 1;
'abl':40 'admit':21 'anyon':135 'ashton':35 'ben':60 'charact':50 'coax':11
'comedi':43 'costner':58 'cri':138 'desper':131 'emot':78 'entir':85 'exact':82
'exit':112 'first':97, . . .
```

In die Funktion *to_tsquery* geht eine Liste von Wörtern als Parameter ein. Das Ergebnis kann mit einer Liste von Tokens verglichen werden, wie sie *to_tsvector* liefert. Der Vergleich erfolgt mit dem Textoperator „@@“, der auf Gleichheit mit einem Token prüft.

Listing 12.7 SQL-Abfrage mit Textvergleich

```
(postgres@[local]:5432)[hanser2]> SELECT bewertung FROM imdb
WHERE to_tsvector(bewertung) @@ to_tsquery('sixties');
In the late sixties director Sergio Corbucci made four spaghetti westerns in a row--
the classics . . .
```

Parameter der Funktionen *to_tsquery* können mehrfache Tokens enthalten. So sucht die Abfrage in Listing 12.8 nach Texten, die sowohl das Token „sixties" als auch das Token „westerns" enthalten.

Listing 12.8 Abfrage nach kombinierten Tokens

```
(postgres@[local]:5432)[hanser2]> SELECT bewertung FROM imdb
WHERE to_tsvector(bewertung) @@ to_tsquery('sixties & westerns');
In the late sixties director Sergio Corbucci made four spaghetti westerns in a row--
the classics . . .
```

PostgreSQL stellt eine Reihe von Textsuchefunktionen zur Verfügung. In Tabelle 12.1 finden Sie eine Auswahl.

HINWEIS: Die Sprache eines Textes beeinflusst die Ausgabewerte von Textsuchefunktionen. Für einige kann die Sprache (Textsuchekonfiguration „[config]") mitgegeben werden. Wird die Konfiguration weggelassen, greift der Standardwert im Parameter *default_text_search_config*. Der Standardwert in PostgreSQL ist *pg_catalog.simple*. Mit der Initialisierung des Daten-Clusters wird er jedoch abhängig von der Lokale *lc_ctype* gesetzt. In einem deutschen Betriebssystem hat er dann den Wert *pg_catalog.german*.

Tabelle 12.1 Funktionen für die Textsuche

Funktion	Beschreibung

`array_to_tsvector(text[])`	Konvertiert ein Array in die Tokens von *tsvector*
	`SELECT array_to_tsvector('{der,die,das}'::text[]) ;`
	` array_to_tsvector`
	`-------------------`
	` 'das' 'der' 'die'`

`plainto_tsquery( [config]text)`	Konvertiert Text in das Format *ts_query*. Wörter werden gemäß Konfiguration normalisiert.
`phraseto_tsquery( [config regconfig,] query text)`	Text wird in das Format *ts_query* formatiert. Punktierung wird ignoriert.
`to_tsquery( [config regconfig,]query text)`	Textkonvertierung nach *ts_query*. Die Wörter können mit Operatoren vom Typ *ts_query* kombiniert werden.
`to_tsvector( [config regconfig,] document text)`	Konvertierung nach *ts_vector*. Das Ergebnis enthält die Positionen der Wörter.

Funktion	Beschreibung
`json_to_tsvector( [config regconfig,] document json,filter jsonb)`	Konvertiert ein JSON-Dokument nach *ts_vector*.
`ts_headline( [config regconfig,]- document text,query tsquery[,options text] )`	Erzeugt das Ergebnis einer String-Suche als Suchergebnis.
`ts_rank( [weights real[],]vector tsvector,query tsquery[,normalization integer] )`	Erstellt eine Bewertung, wie gut der Vector zur Abfrage passt.

Der Begriff „Textsuchekonfiguration" ist schon mehrfach gefallen. Eine solche Konfiguration legt alle Optionen fest, um ein Dokument in das Format *tsvector* umzuwandeln. Sie bestimmt also den Parser, der einen Text in Token zerlegt, und das Wörterbuch, das ein Token in ein Lexem umwandelt.

HINWEIS: Der Begriff „Lexem" ist ein Fachausdruck aus der Linguistik. Allgemein definiert er die abstrakte Bedeutungseinheit in einer Sprache. Aus der Perspektive der Textsuche repräsentiert der Begriff eine Bedeutungseinheit, auch wortartübergreifend, wie zum Beispiel „gehe", „gehst" „gehen". Man kann es sich als Abstraktion eines Wortes vorstellen. Dagegen gehen Wörter mit gleicher Schreibweise, die eine unterschiedliche Bedeutung haben, zum Beispiel Bank (Sitzgelegenheit) und Bank (Kreditinstitut), auf unterschiedliche Lexeme zurück.

Der Parameter *default_text_search_config* bestimmt die Default-Konfiguration, die durch Parameter in den Textsuchefunktionen überschrieben werden kann. PostgreSQL liefert eine Reihe von vorgefertigten Konfigurationen direkt mit aus. Sie können jedoch auch eigene Konfigurationen anlegen. Im folgenden Beispiel in Listing 12.9 wird eine vorgefertigte Konfiguration verwendet, um sie in eine eigene zu kopieren. Sie wird für das Schema *public* angelegt.

Listing 12.9 Eine eigene Testsuchekonfiguration aus einer vorhandenen kopieren

```
(postgres@localhost:5432)[hanser2]> CREATE TEXT SEARCH CONFIGURATION public.pg (COPY
= pg_catalog.german);
CREATE TEXT SEARCH CONFIGURATION
```

Zu einer Konfiguration gehört ein Wörterbuch mit Synonymen. Für Synonyme gibt es fertige Wörterbücher, auch online. Wir legen zunächst eine Datei *my_pg_dict.syn* im Verzeichnis *share/tsearch_data* an.

Listing 12.10 Ein Wörterbuch für Synonyme anlegen

```
Deutsch, Deutsche
oben, ober, oberhalb, über
akzeptieren, annehmen, entgegennehmen
Unfall, Unglück
```

```
erreichen, erzielen
Gipfel, Höhepunkt
. . .
```

Im nächsten Schritt legen wir das Wörterbuch in der Datenbank mit Verweis auf die Datei *my_pg_dict.syn* an.

Listing 12.11 Ein Wörterbuch für Synonyme in der Datenbank anlegen

```
(postgres@localhost:5432)[hanser2]> CREATE TEXT SEARCH DICTIONARY my_pg_dict(
> TEMPLATE = synonym,
> SYNONYMS = my_pg_dict);
CREATE TEXT SEARCH DICTIONARY
```

Für die Konfiguration wird ein ispell-Wörterbuch benötigt, das wir jetzt anlegen.

Listing 12.12 Ein ispell-Wörterbuch anlegen

```
(postgres@localhost:5432)[hanser2]> CREATE TEXT SEARCH DICTIONARY german_ispell(
> TEMPLATE = ispell,
> DictFile = hunspell_sample_long,
> AffFile = hunspell_sample,
> StopWords = german);
CREATE TEXT SEARCH DICTIONARY
```

Jetzt muss noch das Mapping der Wörter in der Konfiguration definiert werden.

Listing 12.13 Das Wort-Mapping für die Konfiguration definieren

```
(postgres@localhost:5432)[hanser2]> ALTER TEXT SEARCH CONFIGURATION public.pg
> ALTER MAPPING FOR asciiword, asciihword, hword_asciipart,word, hword, hword_part
> WITH my_pg_dict, german_ispell, german_stem;
ALTER TEXT SEARCH CONFIGURATION
```

In psql kann die Textsuchekonfiguration mit dem Kürzel „\dF+“ angezeigt werden.

Listing 12.14 Eine Textsuchekonfiguration in psql anzeigen

```
(postgres@localhost:5432)[hanser2]> \dF+
        Text search configuration "public.pg"
Parser: "pg_catalog.default"
      Token       |              Dictionaries
-----------------+--------------------------------------
 asciihword      | my_pg_dict,german_ispell,german_stem
 asciiword       | my_pg_dict,german_ispell,german_stem
 email           | simple
 file            | simple
 float           | simple
 host            | simple
 hword           | my_pg_dict,german_ispell,german_stem
 hword_asciipart | my_pg_dict,german_ispell,german_stem
 hword_numpart   | simple
 hword_part      | my_pg_dict,german_ispell,german_stem
 int             | simple
 numhword        | simple
 numword         | simple
 sfloat          | simple
 uint            | simple
```

```
url              | simple
url_path         | simple
version          | simple
word             | my_pg_dict,german_ispell,german_stem
```

Standardmäßig greift die Standardkonfiguration, die im Parameter *default_text_search_config* gesetzt ist. Dieser kann auf Session-Ebene geändert werden.

Listing 12.15 Die Konfiguration für die Textsuche auf Session-Ebene setzen

```
(postgres@localhost:5432)[hanser2]> SHOW default_text_search_config;
 default_text_search_config
----------------------------
 pg_catalog.german
(1 row)
(postgres@localhost:5432)[hanser2]> SET default_text_search_config = 'public.pg';
SET
(postgres@localhost:5432)[hanser2]> SHOW default_text_search_config;
 default_text_search_config
----------------------------
 public.pg
```

HINWEIS: Der Standardwert für die Textsuchekonfiguration ist *pg_catalog.simple*. Mit der Initialisierung des Clusters (initdb) wird der Wert der Lokale *lc_ctype* berücksichtigt und die Konfiguration auf den entsprechenden Wert für die Sprache gesetzt, zum Beispiel *pg_catalog-german*.

In der Version 14 sind die folgenden Einschränkungen und Grenzwerte zu beachten:

- Die Länge eines Lexems darf nicht größer als 2 KByte sein.
- Die Anzahl von Lexemen darf nicht größer als 2^{64} sein.
- Die Länge eines *tsvector* ist auf ein Megabyte begrenzt.
- Die Positionswerte in einem *tsvector* müssen im Bereich von null bis 16383 liegen.
- Es sind maximal 256 Positionen pro Lexem zugelassen.

12.2 Praktische Textverarbeitung

Texte werden in Spalten gespeichert und können Tausende von Wörtern enthalten. Die Verarbeitung und die Analyse wollen daher gut durchdacht sein, sowohl bezüglich des Inhalts als auch in Richtung Performance. PostgreSQL hält die notwendigen Werkzeuge dafür bereit. Wie für alle Features lässt sich sagen, dass diese Werkzeuge mit eigenen Ideen und Funktionen erweitert werden können.

Die Tabelle mit den Movie-Daten enthält Texte in englischer Sprache mit durchschnittlich 1300 Zeichen und über 100 Wörtern. Für eine Tabelle mit nur einer Million Sätzen dauert eine Textsuche schon vergleichsweise lange und verbraucht beachtliche CPU-Ressourcen.

Die Abfrage in Listing 12.16 nach einem Token verbraucht 80 Prozent der CPU-Reserven auf dem Server und dauert ungefähr 70 Sekunden.

Listing 12.16 Textsuche mit Full Table Scan

```
(postgres@[local]:5432)[hanser2]> SELECT bewertung from imdb
WHERE to_tsvector('english', bewertung) @@ to_tsquery('english', 'western');
. . .
Time: 69858.582 ms (01:09.859)
```

Details über geeignete Indexe finden Sie in Kapitel 11. Für die Textsuche sind GIN- und GiST-Indexe sehr gut geeignet. Wir erstellen einen GIN-Index (siehe Listing 12.17). Damit ist es möglich, direkt nach Tokens zu suchen.

Listing 12.17 Einen GIN-Index für die Textsuche erstellen

```
(postgres@[local]:5432)[hanser2]> CREATE INDEX i_gin_imdb
> ON imdb USING GIN (to_tsvector('english', bewertung));
```

Dieselbe Textsuche mit dem GIN-Index benötigt nur noch 178 Millisekunden und wesentlich weniger CPU-Ressourcen.

Listing 12.18 Textsuche mit GIN-Index

```
(postgres@[local]:5432)[hanser2]> SELECT bewertung from imdb
> WHERE to_tsvector('english', bewertung) @@ to_tsquery('english', 'western');
. . .
Time: 174.368 ms
```

Der in Listing 12.17 erstellte Index enthält „english“ als Konfigurationselement. Für eine Suche mit einer anderen Konfiguration ist er nicht zu gebrauchen und es müsste ein zusätzlicher Index erstellt werden. Eine gern genutzte Option ist, eine zusätzliche Spalte mit den Ausgabewerten von *to_tsvector* anzulegen. Die Spalte kann als „Stored Generated Column“ angelegt werden und wird automatisch aktualisiert. Der Index kann dann unabhängig von der Konfiguration über die neu erstellte Spalte erzeugt werden. Diese Option benötigt mehr Speicherplatz und vergrößert die Tabelle, ist jedoch für flexible Auswertungen vorteilhaft.

Listing 12.19 Eine Spalte vom Typ *tsvector* hinzufügen

```
(postgres@[local]:5432)[hanser2]> ALTER TABLE imdb
> ADD COLUMN tsvector_bewertung tsvector
> GENERATED ALWAYS AS (to_tsvector('english', bewertung)) STORED;
ALTER TABLE
```

Programme und Funktionen, die Texte prüfen, werden auch Parser genannt. Parser teilen Dokumente und Texte in Tokens auf und bestimmen den Typ eines Tokens. Der Inhalt wird dabei nicht verändert. PostgreSQL stellt mit *ts_debug* einen Parser zur Verfügung.

Listing 12.20 Ein Dokument parsen

```
(postgres@[local]:5432)[hanser2]> SELECT ts_debug(bewertung) from imdb limit 2;
                          ts_debug
-----------------------------------------------------------------
 (asciiword,"Word, all ASCII",I,{english_stem},english_stem,{})
 (blank,"Space symbols"," ",{},,)
```

```
(postgres@[local]:5432)[hanser2]> SELECT alias, description, token
FROM ts_debug('http://hanser.de');
  alias   |  description   |  token
----------+----------------+----------
 protocol | Protocol head | http://
 host     | Host           | hanser.de
```

Auch die Funktion *to_tsvector* verwendet einen Parser. Sie zerlegt den Text in Tokens, macht daraus Lexeme und liefert die Liste von Lexemen mit ihrer Position im Dokument.

Die Funktion *to_tsquery* erzeugt einen Ausgabewert, den die Textoperatoren verarbeiten können. Wenn Tokens mit UND, ODER und NOT verbunden werden, liefert die Funktion den entsprechenden Wert, der in der Vergleichsoperation eingesetzt werden kann.

Listing 12.21 Das Ergebnis der Funktion *to_tsquery*

```
(postgres@[local]:5432)[hanser2]> SELECT to_tsquery('western & movie');
     to_tsquery
--------------------
 ,western' & ,movi'
```

Die Abfrage in Listing 12.22 verwendet einen UND- und einen ODER-Operator für die Verbindung von Tokens. So wird nach Texten gesucht, die beide Tokens oder mindestens ein Token enthalten.

Listing 12.22 Abfrage über mehrere Tokens

```
(postgres@[local]:5432)[hanser2]> select count(*) from imdb
> where to_tsvector(bewertung) @@ to_tsquery('western & movie');
 count
-------
 13040
 (postgres@[local]:5432)[hanser2]> select count(*) from imdb
where to_tsvector(bewertung) @@ to_tsquery('western | movie');
 count
--------
 656420
```

Die Funktion *plainto_tsquery* führt für einen unformatierten Text ein Parsing durch und verbindet die Tokens mit einem UND-Operator. Das so entstandene Format kann für weitere Operationen und Abfragen verwendet werden.

Listing 12.23 Ausgabe der Funktion *plainto_tsquery*

```
(postgres@[local]:5432)[hanser2]> SELECT plainto_tsquery(bewertung)
FROM imdb LIMIT 1;
                              plainto_tsquery
-----------------------------------------------------------------------
'went' & 'saw' & 'movi' & 'last' & 'night' & 'coax' & 'friend'
. . .
(postgres@[local]:5432)[hanser2]> SELECT count(*) FROM imdb
> WHERE to_tsvector(bewertung) @@
> (SELECT plainto_tsquery(bewertung) FROM imdb LIMIT 1);
 count
-------
     1
```

Beim Parsing werden Stopp-Wörter entfernt. Diese Wörter tauchen dann auch nicht als Token (oder Lexem) in der Ausgabe der Textfunktionen auf. Stopp-Wörter sind in der jeweiligen Textkonfiguration festgelegt. In einer Konfiguration für die deutsche Sprache würden solche Tokens nicht als Stopp-Wörter erkannt.

Listing 12.24 Eliminierung von Stopp-Wörtern

```
(postgres@[local]:5432)[hanser2]> SELECT plainto_tsquery('The cat is chasing the
dog');
     plainto_tsquery
-------------------------
 'cat' & 'chase' & 'dog'
(postgres@[local]:5432)[hanser2]> SELECT plainto_tsquery('german', 'The cat is
chasing the dog');
                  plainto_tsquery
---------------------------------------------------
 'the' & 'cat' & 'is' & 'chasing' & 'the' & 'dog'
(postgres@[local]:5432)[hanser2]> SELECT plainto_tsquery('german', 'Die Katze jagt
den Hund');
     plainto_tsquery
--------------------------
 ‚katze' & ‚jagt' & ‚hund'
```

Eine wichtige Rolle bei der Textsuche spielt das Ranking von Dokumenten. Mit Hilfe von Ranking-Funktionen kann bestimmt werden, wie relevant ein Dokument für eine spezielle Abfrage ist. Eine vorgefertigte Funktion in PostgreSQL ist *ts_rank*. Die Funktion betrachtet, wie oft die Abfragebedingung im Text vorkommt, wie dicht die Begriffe nebeneinander liegen, sowie lexikalische und strukturelle Informationen. In der Abfrage in Listing 12.25 erhält der Text das höchste Ranking, in dem der Teil „western movies" direkt vorkommt, das heißt in dem die beiden Tokens direkt nebeneinanderliegen.

Listing 12.25 Textsuche mit Ranking

```
(postgres@localhost:5432)[hanser2]> SELECT SUBSTR(bewertung, 1, 50),ts_rank(to_
tsvector(bewertung), query) AS rank
> FROM imdb, to_tsquery('western & movies') AS query
> ORDER BY 2 DESC
> LIMIT 10;
                      substr                      |    rank
--------------------------------------------------+------------
 This certainly is one of the best western movies p |  0.4152799
 The closing song by Johnny Rivers was the only gre | 0.32468778
 Lately, I've been watching a lot of westerns from  | 0.28005588
 This is one incredibly standard western, that feat | 0.26684323
 "This is a wonderful new movie currently still sho | 0.22259897
 I thought the movie (especially the plot) needs a  |  0.2096833
 For anyone that loves predictable movies with an a | 0.20570043
 If you are a fan of early Duke movies, this Lone S |  0.1884796
 Absolutely stunning, warmth for the head and the h |   0.188385
 The plot is rocky. The acting is somewhere south o |  0.1878451
```

Die Darstellung und Aufbereitung der gefundenen Texte stellen eine weitere Anforderung an die Textsuche dar. Im Resultset in Listing 12.25 haben wir die Texte mit dem höchsten Ranking gefunden. Es ist insbesondere bei längeren Texten nicht sofort sichtbar oder darstellbar, wo und wie sich die Suchbegriffe im Text widerspiegeln.

Mit Hilfe der Funktion *ts_headline* können der Teil des Textes sowie seine Beziehung zur Abfrage besser sichtbar gemacht werden. Die Darstellung lehnt sich an die Headlines an, wie man sie von Suchmaschinen kennt. Die HTML-Tags verbessern die Darstellung auf einer Webseite.

Listing 12.26 Verwendung der Funktion *ts_headline*

```
(postgres@localhost:5432)[hanser2]> SELECT ts_headline(bewertung,
> to_tsquery('western & movie')) FROM imdb
> WHERE to_tsvector(bewertung) @@ to_tsquery('western & movie');
I went and saw this <b>movie</b> last night after being coaxed
I loved this <b>movie</b> from beginning to end
I first saw this <b>movie</b> on IFC. Which is a great network
I give it a thumbs up for this 1942 <b>western</b>
I`ve seen this <b>movie</b> twice, both times on Cinemax
```

13 Performance Tuning

Für den professionellen Einsatz eines Datenbanksystems ist ein entscheidendes Kriterium, dass die Erwartungen an die Performance erfüllt werden können. Häufig wird kommerziellen Datenbanksystemen wie Oracle, DB2 oder MS SQL Server ohne Bedenken zugetraut, dass große Datenbanken mit vielen Benutzern darauf arbeiten können und dabei eine gute Performance erreicht wird. Bei Open-Source-Datenbanken gibt es in dieser Hinsicht häufiger Zweifel, wenn man noch keine Erfahrung mit diesen Systemen hat. Das Kapitel soll dazu beitragen, eine realistische Sicht auf dieses Thema zu bekommen, und unter anderem folgende Fragen beantworten:

- Wie kann ein PostgreSQL-Server optimiert werden?
- Welche regelmäßigen Wartungsaufgaben sind notwendig?
- Wo liegen die Stärken und Schwächen des Systems?
- Wie steht es um die Skalierbarkeit?
- Wie reagiert PostgreSQL auf Datenbankwachstum und eine zunehmende Anzahl von Benutzern?

13.1 Out-of-the-box-Tuning

Auch wenn sich das Kapitel vorwiegend mit Optimierungsmöglichkeiten im PostgreSQL-Server, also der Software, beschäftigt, sollte man bereits bei der Planung der Hardware die Ansprüche an die Performance berücksichtigen. Wenn das System an die Grenzen der verfügbaren Ressourcen stößt, hilft Performance-Tuning nicht mehr weiter. Umgekehrt zeigt die Erfahrung, dass schlecht optimierte Datenbanksysteme (Server und SQL) nur sehr selten durch schnellere Hardware fit gemacht werden können.

Mit der Installation eines neuen Servers werden zunächst die Standardparameter übernommen. Diese sind für viele kleine bis mittelgroße Systeme hinreichend gut, allerdings für keines optimal. Für große und sehr große Datenbanken ist eine Optimierung von Parametern ein unabdingbarer Prozess. Es stellt sich die Frage, welche Anpassungen initial beim Aufsetzen eines neuen Servers respektive einer neuen Datenbank vorgenommen werden sollten. Hierfür gibt es einige Regeln, die sich unabhängig von detaillierteren Informationen über Einsatzgebiet und Anforderungen anwenden lassen.

Der vorliegende Abschnitt „Out-of-the-box-Tuning" beschäftigt sich mit Maßnahmen, die vorgenommen werden können, ohne dass viel Zeit in Analyse und Tests investiert werden muss. Obwohl damit noch kein optimales System konfiguriert werden kann, lässt sich eine gute Basis herstellen, die für viele Systeme hinreichend ist. Man muss auch bedenken, dass der Datenbankadministrator häufig nicht die Zeit hat, sich um alle Systeme individuell in den Details zu kümmern.

13.1.1 Goldene Regeln für neue Server und Datenbanken

1. Legen Sie die Größe des Shared Memory neu fest. Der Cache ist eines der wichtigsten Instrumente für eine Steigerung der Performance. Je mehr Daten darin gehalten werden können, desto geringer ist der Aufwand für physikalische I/O-Operationen. Die Größe wird mit dem Parameter *shared_buffers* festgelegt. In der Version 14 ist der Standardwert 128 MB. Setzen Sie den Wert auf mindestens 25 % des verfügbaren Hauptspeichers, wenn es sich um einen dedizierten Datenbankserver handelt. Ein Wert von 50 % kann durchaus sinnvoll sein. Beachten Sie, dass der Memory-Verbrauch auch von der Anzahl der Client-Verbindungen und den eingestellten Parametern, wie zum Beispiel *work_mem*, abhängig ist. Setzen Sie den Parameter *shared_buffers* nur so hoch, dass der Server nicht infolge unzureichender Memory-Kapazitäten ins Paging verfällt. Verwenden Sie auf Linux-Systemen nach Möglichkeit Huge Pages. Details zur Verwendung von Huge Pages finden Sie in Kapitel 5.
2. Bestimmen Sie die maximale Anzahl von Verbindungen und geben Sie einen Puffer dazu. Tragen Sie den Wert in den Parameter *max_connections* ein. Wird dieser Wert im laufenden Betrieb erreicht, können keine zusätzlichen Verbindungen mehr hergestellt werden. Um den Wert zu erhöhen, ist dann ein Neustart des Servers erforderlich.
3. Der Parameter *effective_cache_size* ist die Schätzung für die Größe des Dateisystemcache für SQL-Anweisungen. Dieser Wert ist wichtig für den Query-Planer. Ist er zu klein, werden vorhandene Indexe möglicherweise nicht benutzt, da die Kosten für die Benutzung höher sind. Der Standardwert ist 4 GB. Ein realistischer Wert ist fünfzig Prozent des vorhandenen Hauptspeichers, abhängig vom gesetzten Wert des Parameters *shared_buffers*, da sich beide aus demselben vorhandenen physikalischen Memory bedienen. Allerdings ist der Parameter *effective_cache_size* eine reine Schätzung für den Query-Planer und wird nicht vom Datenbankserver allokiert.
4. Dividieren Sie die geplante Größe des Betriebssystemcache durch die maximale Anzahl von Verbindungen und diesen Wert durch zwei. Nehmen Sie das Ergebnis als Schätzung für den Parameter *work_mem*, der die Größe der Backend-Prozesse der Clients bestimmt. Eine adäquate Größe des Work Memory (Standardwert 4 MB) ist wichtig für die Performance von SQL-Anweisungen, allerdings geht dieses Memory auch wieder vom gesamten verfügbaren physikalischen Speicher ab. Das folgende Beispiel beschreibt eine sinnvolle Aufteilung des verfügbaren Memory:
   - Der Datenbankserver hat ein Memory von 8 GByte.
   - Der Parameter *shared_buffers* wird auf 25 %, also 2 GByte gesetzt.
   - Es werden maximal 200 gleichzeitige Verbindungen zum PostgreSQL-Server erwartet. Der Parameter *max_connections* wird auf den Wert 250 gesetzt. Bei einem Work

Memory von 4 MByte ergibt das ungefähr 1 GByte für die Background-Prozesse der Clients.

- Die Größe des verfügbaren Betriebssystemcache wird auf 4 GByte geschätzt, entsprechend wird der Parameter *effective_cache_size* gesetzt.

5. Setzen Sie den Parameter *maintenance_work_mem* auf 50 MByte pro Gigabyte des zur Verfügung stehenden Hauptspeichers. Dieser Speicher wird von Wartungsoperationen, wie zum Beispiel VACUUM oder CREATE INDEX, verwendet. Da diese Operationen in der Regel zu betriebsarmen Zeiten laufen, kann der Wert durchaus etwas großzügiger festgelegt werden. Der Standardwert in PostgreSQL 14 ist 64 GByte.
6. Vergrößern Sie den Standardwert von *max_wal_size* auf 1 GByte, wenn es sich um Datenbanken mit einem erhöhten Volumen an Datenloads oder einem erhöhten Transaktionsvolumen handelt. Sind die WAL-Segmente zu klein, kommt es zu häufigen WAL-Switchen und einer hohen Checkpoint-Rate.
7. Der Parameter *wal_buffers* legt den Shared-Memory-Bereich für WAL-Sätze, die noch nicht auf die Disk geschrieben wurden, fest. Der Standardwert „-1" bedeutet, dass er durch den PostgreSQL-Server automatisch festgelegt wird, basierend auf der Größe des Shared Buffer. Für Systeme mit hohem Transaktionsaufkommen oder langsamen I/O-Operationen ist es sinnvoll, eine feste Größe vorzugeben. Der Wert sollte dann nicht kleiner als 16 MByte sein.

Mit diesen Einstellungen haben Sie bereits die Basis für eine gute Performance des Datenbankservers geschaffen.

13.1.2 Das Utility pgTune

Im Rahmen des *pgFoundry*-Projekts seht ein Programm mit dem Name *pgtune* zur Verfügung. Sie finden das Programm auf der Seite *http://pgfoundry.org/projects/pgtune*. Es handelt sich um ein Python-Skript, das nicht installiert werden muss. Ein Beispiel für den Aufruf finden Sie in Listing 13.1. Unter den Optionen „-i" und „-o" werden Ein- und Ausgabedateiname der Konfigurationsdatei des Servers angegeben.

Listing 13.1 Das Programm *pgtune* ausführen

```
# ./pgtune -i /usr/local/pgsql/data/postgresql.conf -o /usr/local/pgsql/data/
postgresql.conf.new
```

Das Programm kommentiert die Parameter, die geändert werden, aus und fügt am Ende der Datei die geänderten Werte ein. In Listing 13.2 sehen Sie ein Beispiel.

Listing 13.2 Durch pgtune geänderte Parameter

```
#------------------------------------------------------------------------------
# CUSTOMIZED OPTIONS
#------------------------------------------------------------------------------
# Add settings for extensions here
default_statistics_target = 50 # pgtune wizard 2018-03-25
maintenance_work_mem = 1 GB # pgtune wizard 2018-03-25
checkpoint_completion_target = 0.9 # pgtune wizard 2018-03-25
effective_cache_size = 22 GB # pgtune wizard 2018-03-25
```

```
work_mem = 192 MB # pgtune wizard 2018-03-25
wal_buffers = 8 MB # pgtune wizard 2018-03-25
checkpoint_segments = 16 # pgtune wizard 2018-03-25
shared_buffers = 7680 MB # pgtune wizard 2018-03-25
max_connections = 80 # pgtune wizard 2018-03-25
```

Das Programm wurde auf einem Server mit 32 GB Memory ausgeführt. Die Empfehlungen entsprechen weitgehend den Empfehlungen aus Abschnitt 13.1.1.

TIPP: Auch wenn *pgtune* nicht immer die optimale Entscheidung trifft, ist es besser, mit den durch *pgtune* gewählten Parametern als Standardkonfiguration zu beginnen. Überprüfen Sie stets die vorgeschlagenen Parameter kritisch, bevor sie in die Konfiguration übernommen werden.

13.1.3 Optimierung von Memory-Parametern

Die Shared Buffer nehmen einen erheblichen Teil des Memory ein und spielen eine zentrale Rolle für das Performance-Tuning. Da stellt sich die Frage, wie der Buffer Cache aktuell genutzt wird und welcher Performancegewinn sich mit einer Vergrößerung erzielen lässt. Antworten darauf liefert das Werkzeug *pg_buffercache,* das Teil der PostgreSQL-Distribution ist. Es kann, wie der PostgreSQL-Server selbst, aus dem Quellcode installiert werden. Die folgenden Schritte beschreiben die Installation:

1. Kompilieren und installieren Sie die Shared Library für die Extension.

```
cd postgresql-14.1/contrib/pg_buffercache
# make
. . .
# make install
/bin/mkdir -p '/usr/local/pgsql/lib'
/bin/mkdir -p '/usr/local/pgsql/share/extension'
/bin/mkdir -p '/usr/local/pgsql/share/extension'
/usr/bin/install -c -m 755  pg_buffercache.so '/usr/local/pgsql/lib/pg_buffercache.
so'
/usr/bin/install -c -m 644 ./pg_buffercache.control '/usr/local/pgsql/share/
extension/'
/usr/bin/install -c -m 644 ./pg_buffercache--1.2.sql ./pg_buffercache--1.2--1.3.sql
./pg_buffercache--1.1--1.2.sql ./pg_buffercache--1.0--1.1.sql ./pg_buffercache--
unpackaged--1.0.sql  '/usr/local/pgsql/share/extension/'
```

2. Erstellen Sie die Extension.

```
(postgres@[local]:5432)[postgres]> CREATE EXTENSION pg_buffercache;
CREATE EXTENSION
(postgres@[local]:5432)[postgres]> \dx pg_buffercache
                    List of installed extensions
      Name      | Version | Schema |           Description
----------------+---------+--------+-------------------------------
 pg_buffercache | 1.3     | public | examine the shared buffer cache
```

Die View *pg_buffercache* enthält eine Zeile für jeden Buffer, der sich im Cache befindet. Beachten Sie, dass der Cache von allen Datenbanken des Servers gemeinsam benutzt wird. Die Abfrage in Listing 13.3 liefert die zehn Objekte mit der höchsten Belegung im Cache.

Listing 13.3 Anzeige der Belegung der Shared Buffers (Buffer Cache)

```
(postgres@[local]:5432)[postgres]> SELECT c.relname, count(*) AS buffers
> FROM pg_buffercache b
> INNER JOIN pg_class c
> ON b.relfilenode = pg_relation_filenode(c.oid) AND
> b.reldatabase IN
> (0, (SELECT oid FROM pg_database
> WHERE datname = current_database()))
> GROUP BY c.relname
> ORDER BY 2 DESC
> LIMIT 10;
    relname     | buffers
----------------+---------
 customers      |     490
 orderlines     |     387
 cust_hist      |     329
 products       |     103
 orders         |     102
 inventory      |      57
 pg_attribute   |      42
 pg_proc        |      23
 pg_toast_2618  |      19
 pg_depend      |      17
```

Um die Effekte des Buffer Cache besser verstehen zu können, unternehmen wir einen Ausflug in das Disk-Layout von PostgreSQL. Die Tabellen werden unter dem Verzeichnis *$PGDATA/base* gespeichert. Für das Beispiel wird eine neue Tabelle angelegt:

```
(postgres@[local]:5432)[postgres]> CREATE TABLE neu(
> sn    SERIAL,
> wert  INTEGER);
CREATE TABLE
```

Im Verzeichnis *$PGDATA/base* befinden sich weitere Unterverzeichnisse, die jeweils zu einer Datenbank gehören. Der Verzeichnisname ist identisch mit dem Objekt-Identifier (OID) der Datenbank. In Listing 13.4 finden Sie die OID der Datenbanken sowie die zugehörigen Verzeichnisse.

Listing 13.4 Verzeichnisse der Datenbanken

```
(postgres@[local]:5432)[postgres]> SELECT oid, datname
> FROM pg_database;
  oid  |  datname
-------+-----------
 13164 | postgres
 16384 | hanser
     1 | template1
 13163 | template0
$ pwd
/usr/local/pgsql/data/base
[postgres@serv2 base]$ ls -l
total 44
```

```
drwx------ 2 postgres postgres 12288 Mar 25 23:03 1
drwx------ 2 postgres postgres  4096 Mar 22 17:29 13163
drwx------ 2 postgres postgres 12288 Mar 25 23:08 13164
drwx------ 2 postgres postgres 12288 Mar 25 23:03 16384
drwx------ 2 postgres postgres  4096 Mar 25 23:04 pgsql_tmp
```

Analog erhält jede Tabelle einen OID, der identisch mit dem Dateinamen ist. Im Beispiel wurde eine leere Datei mit dem Namen „16557“ angelegt (siehe Listing 13.5).

Listing 13.5 Die Relation zwischen Tabelle und Dateinamen

```
(postgres@[local]:5432)[postgres]> SELECT oid, relname
> FROM pg_class WHERE relname = 'neu';
  oid  | relname
-------+---------
 16557 | neu
[postgres@serv2 13164]$ ls -l /usr/local/pgsql/data/base/13164/16557
-rw------- 1 postgres postgres 0 Mar 25 23:08 /usr/local/pgsql/data/base/13164/16557
```

Wird nun ein Datensatz in die Tabelle eingefügt, dann wird ein Block im Buffer Cache allokiert. Dieser Block wird als „dirty“ markiert, da er sich aktuell im Cache und nicht auf der Disk befindet. In Listing 13.6 ist ersichtlich, dass er nach dem Checkpoint auf der Disk gelandet und nicht mehr als „dirty“ markiert ist.

Listing 13.6 Blockstatus vor und nach einem Checkpoint

```
(postgres@[local]:5432)[postgres]> INSERT INTO neu
> VALUES (1);
INSERT 0 1
(postgres@[local]:5432)[postgres]> SELECT relblocknumber,
> isdirty, usagecount
> FROM pg_buffercache
> WHERE relfilenode = 16557;
 relblocknumber | isdirty | usagecount
----------------+---------+------------
              0 | t       |          1
(postgres@[local]:5432)[postgres]> CHECKPOINT;
CHECKPOINT
(postgres@[local]:5432)[postgres]> SELECT relblocknumber,
> isdirty, usagecount
> FROM pg_buffercache
> WHERE relfilenode = 16557;
 relblocknumber | isdirty | usagecount
----------------+---------+------------
              0 | f       |          1
[postgres@serv2 13164]$ ls -l /usr/local/pgsql/data/base/13164/16557
-rw------- 1 postgres postgres 8192 Mar 25 23:25 /usr/local/pgsql/data/
base/13164/16557
```

Von Interesse für die Beurteilung der Parameter ist der Zustand des Buffer Cache. Die SQL-Abfrage in Listing 13.7 liefert eine Übersicht des Buffer-Status. Buffer mit dem Wert null sind unbenutzte Buffer, wie sie häufig nach einem Serverstart zu sehen sind.

Listing 13.7 Verhältnis der Buffer im Cache

```
(postgres@[local]:5432)[postgres]> SELECT isdirty, count(*)
> FROM pg_buffercache
```

```
> GROUP BY isdirty;
 isdirty | count
---------+--------
         | 130333
 t       |    435
 f       |    739
```

Ein zu kleiner Buffer Cache resultiert häufig daraus, dass zu wenig freie Buffer und Buffer, die nicht den Status „dirty" besitzen, zur Verfügung stehen. Dies führt zu einem erhöhten Aufkommen an I/O-Aktivitäten, da häufiger Buffer mit Status „dirty" auf die Disk geschrieben werden müssen.

13.2 Performance-Analyse

Um Performance-Probleme beheben zu können, ist eine detaillierte Analyse der Probleme notwendig. Diese kann durchaus komplex werden. Für eine Analyse werden Zahlen und Fakten über die Auslastung und den Durchsatz des Systems benötigt. Diese Werte sind auch starke Helfer in der Argumentation über die Problemursache - schließlich handelt es sich um unwiderlegbare Fakten.

Zum Sammeln dieser Performance-Werte stehen Werkzeuge zur Verfügung. Für Statistiken des Betriebssystems können die bekannten Standardwerkzeuge wie *top*, *vmstat*, *iostat* oder *sar* verwendet werden. Für Windows-Betriebssysteme sind der Task-Manager, Perfmon sowie der Process Explorer zu empfehlen.

Für Performance-Analysen ist es wichtig, sowohl eine aktuelle Sicht auf das System zu haben, als auch in die Vergangenheit schauen zu können.

Der Statistics Collector liefert detaillierte Statistiken über verschiedene Aktivitäten des PostgreSQL-Servers, sowohl Hintergrundaktivitäten als auch Aktivitäten von SQL-Anweisungen und Objekten. Die Daten werden kumulativ gesammelt und können manuell zurückgesetzt werden. Er liefert auch viele nützliche Informationen darüber, was aktuell auf dem System passiert.

Das *pgFoundry*-Projekt *pgstatspack* ermöglicht einen Blick in die Vergangenheit und die Auswertung historischer Statistikdaten. Auch wenn das Tool etwas in die Jahre gekommen ist, liefert es sehr nützliche Zahlen über die Historie eines Servers.

13.2.1 Analyse mit dem Statistics Collector

Der Statistics Collector ist bereits in das Core-System von PostgreSQL integriert und muss nicht zusätzlich installiert werden.

Er sammelt Informationen über den Zugriff auf Tabellen und Indexe, über Vacuum und Analyze sowie über Funktionen und deren Laufzeiten. Darüber hinaus liefert er Statistiken über Hintergrundprozesse wie zum Beispiel den Background Writer oder den Archiver. Außerdem bietet er eine detaillierte Sicht auf das, was aktuell auf dem System passiert. Das umfasst die laufenden Sessions und SQL-Anweisungen sowie die logische und physikalische Replikation.

Das Sammeln der Statistiken hat natürlich Einfluss auf den Ressourcenverbrauch des Servers und kann deshalb ein- und ausgeschaltet werden. Andererseits ist eine seriöse Performance-Analyse ohne zuverlässige Daten nicht möglich. In Tabelle 13.1 finden Sie eine Übersicht der zugehörigen Parameter.

Tabelle 13.1 Parameter für das Sammeln von Statistiken

Parameter	Standard	Bedeutung
track_activities	on	Schaltet das Sammeln von Informationen über gerade ausgeführte SQL-Anweisungen auf Session-Ebene ein und aus
track_counts	on	Schaltet das Sammeln von Statistiken für den Zugriff auf Tabellen und Indexe ein und aus
track_io_timing	off	Liefert Statistiken über I/O-Block-Lese- und Schreibzeiten
track_functions	None	Ein- und Ausschalten der Überwachung von Funktionen (Aufrufe und Ausführungszeit). Werte: „pl“ für das Aufzeichnen prozeduraler Funktionen, „all“ für alle
track_activity_query_size	1024	Anzahl von reservierten Bytes zur Aufzeichnung von aktuell ausgeführten Kommandos auf Session-Ebene

Für die Auswertung der Statistikdaten stellt PostgreSQL eine Reihe von mitgelieferten Views zur Verfügung. Sie besitzen das Präfix *pg_stat_*. In Tabelle 13.2 finden Sie eine Auswahl von Views des Statistics Collector.

Tabelle 13.2 Views des Statistics Collector

View	Beschreibung
pg_stat_activity	Enthält Informationen des Client/Server-Prozesses sowie der damit verbundenen Session-Informationen im PostgreSQL-Server. Dient als Prozessübersicht mit einer Zeile pro Prozess.
pg_stat_database	Liefert Statistiken kumuliert auf Datenbankebene. Dazu gehören die Anzahl von Transaktionen sowie die von Datenblöcken, die aus dem Cache und von der Disk gelesen wurden.
pg_stat_bgwriter	Liefert die Statistiken des Background Writer. Eine Zeile pro Cluster.
pg_stat_all_tables	Listet Statistiken für jede Tabelle. Dazu gehören Informationen wie die Anzahl von Full Table Scans sowie die Anzahl von Sätzen, die mittels Table Scan oder Index Scan gelesen wurden.
pg_stat_all_indexes	Enthält Statistiken über alle Indexe, wie zum Beispiel die Anzahl der ausgeführten Index Scans oder die Anzahl der zurückgelieferten Einträge pro Index Scan.
pg_stat_database_conflicts	Statistik über die Anzahl von SQL-Anweisungen, die nicht erfolgreich ausgeführt wurden. Enthält eine Zeile pro Datenbank.
pg_stat_replication	Liefert Statistiken über Aktionen beim Betrieb von Standby-Datenbanken und über den Status der einzelnen Prozesse. Es wird ein Satz pro WAL-Sender-Prozess angezeigt.

TIPP: Mit der Funktion *pg_stat_reset()* werden die Statistiken zurückgesetzt und die Zähler starten bei null. Der Zeitpunkt wird in der Spalte stats_reset gespeichert.

In einem PostgreSQL-Cluster laufen mehrere Datenbanken. Die Abfrage in Listing 13.8 gibt Auskunft über die Lastverteilung.

Listing 13.8 Lastverteilung pro Datenbank

```
(postgres@localhost:5432)[hanser]> SELECT datname,
> blks_read, tup_returned, tup_inserted, tup_updated, tup_deleted
> FROM pg_stat_database
> WHERE datname NOT LIKE 'template%';
 datname  | blks_read | tup_returned | tup_inserted | tup_updated | tup_deleted
----------+-----------+--------------+--------------+-------------+------------
 postgres |       356 |       292664 |            3 |           5 |           0
 hanser   |    689257 |     50756048 |     10000062 |         201 |           1
(postgres@localhost:5432)[hanser]> SELECT datname,
> numbackends, xact_commit, xact_rollback
> FROM pg_stat_database
> WHERE datname NOT LIKE 'template%';
 datname  | numbackends | xact_commit | xact_rollback
----------+-------------+-------------+---------------
 postgres |           1 |       13390 |             0
 hanser   |           2 |         965 |             7
```

Die Einstellung der Größe des Buffer Cache (Parameter *shared_buffers*) wird initial nach Erfahrung und Datenbankprofil vorgenommen. Für ein Feintuning ist es erforderlich, die Hit Ratio, also die Statistik über das Verhältnis der Treffer, zu kennen. Die Abfrage in Listing 13.9 liefert die Hit Ratio pro Datenbank. Eine Rate über 90 Prozent kann als gut angesehen werden. Für niedrigere Werte sollte man eine Vergrößerung des Buffer Cache in Betracht ziehen.

Listing 13.9 Die Buffer-Cache-Hit-Ratio pro Datenbank abfragen

```
(Lutz@localhost:5432)[hanser]> SELECT datname,
> blks_hit, blks_read,
> (CAST (blks_hit AS NUMERIC) / (blks_hit + blks_read)) *100 AS ratio
> FROM pg_stat_database
> WHERE datname NOT LIKE 'template%';
 datname  | blks_hit | blks_read |          ratio
----------+----------+-----------+-------------------------
 postgres |    23363 |       356 | 98.49909355369113369000
 hanser   | 10382685 |    689257 | 93.77474159456398886500
```

Lang laufende SQL-Anweisungen stellen ein Problem für das gesamte Cluster dar. In der Regel liegt ein ineffizienter Ausführungsplan vor. Die SQL-Anweisung verbraucht wichtige Systemressourcen über einen langen Zeitraum. Dies hat Einfluss auf die Performance der anderen Session. Die Abfrage in Listing 13.10 identifiziert solche Langläufer.

Listing 13.10 Lang laufende SQL-Anweisungen identifizieren

```
(postgres@localhost:5432)[postgres]> SELECT pid, usename,
> now() - query_start, SUBSTR(query,1,30) AS running
> FROM pg_stat_activity
> WHERE pid! != pg_backend_pid()
```

```
> ORDER BY 3 DESC;
  pid  | usename |     running     |          substr
-------+---------+-----------------+-------------------------
  1808 | postgres| 00:07:48.071143 | SELECT pg_sleep(100000);
 11964 | postgres| 00:00:00        | SELECT pid, usename,\r\r+
```

Die View *pg_stat_activity* liefert weitere Details zur Session, die über die Prozess-ID eindeutig identifiziert werden kann (Listing 13.11). Der zugehörige Backend-Prozess auf dem Datenbankserver kann mit derselben Prozess-ID gefunden werden. Da es sich in diesem Fall um ein Windows-Betriebssystem handelt, ist der Prozess im Task-Manager (Bild 13.1) und im Process Explorer (Bild 13.2) sichtbar.

Listing 13.11 Details für eine Session anzeigen

```
(postgres@localhost:5432)[postgres]> SELECT * FROM pg_stat_activity
> WHERE pid = 1808;
-[ RECORD 1 ]----+------------------------------
datid            | 24717
datname          | hanser
pid              | 1808
usesysid         | 10
usename          | postgres
application_name | psql
client_addr      | 127.0.0.1
client_hostname  |
client_port      | 50046
backend_start    | 2018-03-26 19:09:53.505579+02
xact_start       | 2018-03-26 19:09:55.356887+02
query_start      | 2018-03-26 19:09:55.356887+02
state_change     | 2018-03-26 19:09:55.356896+02
wait_event_type  | Timeout
wait_event       | PgSleep
state            | active
backend_xid      |
backend_xmin     | 822
query            | SELECT pg_sleep(100000);
backend_type     | client backend
```

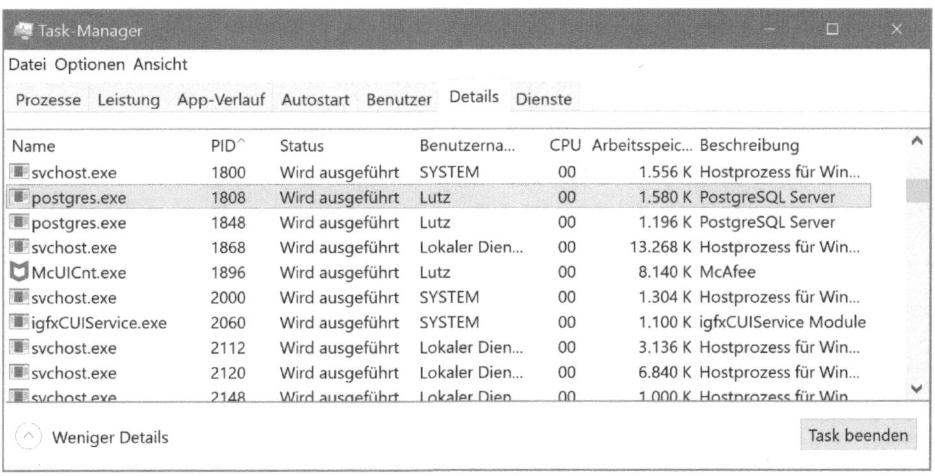

Bild 13.1 Backend-Prozess im Task-Manager

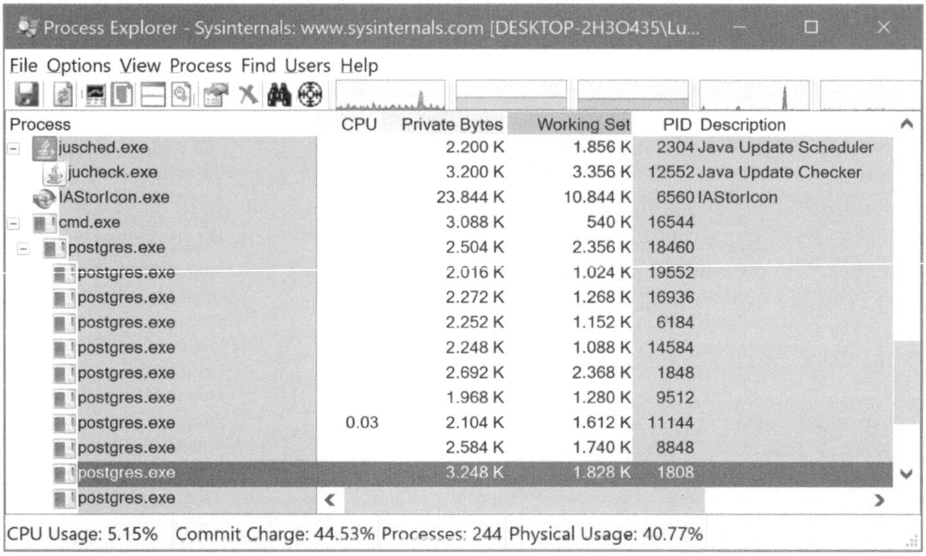

Bild 13.2 Backend-Prozess im Process Explorer

Der Statistics Collector registriert auch das Wait Event, auf das die Session wartet. Allerdings sieht man immer nur den aktuellen Zustand (Listing 13.12).

Listing 13.12 Wait Events von Sessions abfragen

```
(postgres@localhost:5432)[postgres]> SELECT pid, usename,
> application_name, wait_event
> FROM pg_stat_activity
> WHERE pid! != pg_backend_pid();
  pid  | usename |      application_name       |      wait_event
-------+---------+-----------------------------+----------------------
  1808 | postgres| psql                        | PgSleep
 11964 | postgres| psql                        |
 17304 | postgres| pgAdmin 4 - DB:postgres     | ClientRead
 16972 | postgres| pgAdmin 4 - CONN:2034200    |
```

Die Abfrage in Listing 13.13 verwendet neben dem View *pg_locks* die View *pg_stat_activity*, um die Session zu identifizieren und die zugehörige SQL-Anweisung auszugeben. Insgesamt werden zwei Sperren angezeigt, ein Access Lock und ein Row Lock.

Listing 13.13 Aktuelle Sperren abfragen

```
(postgres@localhost:5432)[postgres]> SELECT pg_stat_activity.pid, locktype,
> virtualtransaction, transactionid, nspname,
> relname, mode, granted,
> CAST(DATE_TRUNC('second', query_start) AS time) AS q_start,
> SUBSTR(query, 1, 56) AS sql
> FROM pg_locks
> LEFT OUTER JOIN pg_class ON (pg_locks.relation = pg_class.oid)
> LEFT OUTER JOIN pg_namespace ON (pg_namespace.oid = pg_class.relnamespace),
> pg_stat_activity
> WHERE pg_locks.pid != pg_backend_pid()
> AND pg_locks.pid = pg_stat_activity.pid
> AND pg_locks.locktype = 'relation';
```

```
-[ RECORD 1 ]------+-------------------------------------------------------
pid                | 1808
locktype           | relation
virtualtransaction | 3/15
transactionid      |
nspname            |
relname            | employees
mode               | AccessShareLock
granted            | t
q_start            | 22:11:21
sql                | SELECT * FROM employees WHERE employee_id=1 FOR UPDATE;
-[ RECORD 2 ]------+-------------------------------------------------------
pid                | 1808
locktype           | relation
virtualtransaction | 3/15
transactionid      |
nspname            |
relname            | employees
mode               | RowShareLock
granted            | t
q_start            | 22:11:21
sql                | SELECT * FROM employees WHERE employee_id=1 FOR UPDATE;
```

Nun sind Sperren normal und notwendig, solange sie schnell wieder freigegeben werden. Ärgerlich sind Sessions, die andere Sessions über einen längeren Zeitraum blockieren, da die blockierten Sessions warten müssen, bis die Sperren beendet werden. Die Abfrage in Listing 13.14 zeigt blockierende und blockierte Sessions und deren SQL-Anweisungen an.

Listing 13.14 Blockierte und blockierende Sessions identifizieren

```
(postgres@localhost:5432)[postgres]> SELECT blockeda.pid AS blocked_pid,
> blockeda.query as blocked_query,
> blockinga.pid AS blocking_pid, blockinga.query as blocking_query
> FROM pg_catalog.pg_locks blockedl
> JOIN pg_stat_activity blockeda ON blockedl.pid = blockeda.pid
> JOIN pg_catalog.pg_locks blockingl
> ON(blockingl.transactionid=blockedl.transactionid
>   AND blockedl.pid != blockingl.pid)
> JOIN pg_stat_activity blockinga ON blockingl.pid = blockinga.pid
> WHERE NOT blockedl.granted;
-[ RECORD 1 ]--+-------------------------------------------------------
blocked_pid    | 8124
blocked_query  | UPDATE employees SET employee_id=employee_id+1;
blocking_pid   | 1808
blocking_query | SELECT * FROM employees WHERE employee_id=1 FOR UPDATE;
```

Full Table Scans auf großen Tabellen sind in vielerlei Hinsicht problematisch. Einerseits wird das I/O-Subsystem stark belastet, andererseits werden CPU-Kosten durch das Buffer-Cache-Management verursacht. Die View *pg_stat_user_tables* liefert Informationen sowohl über die Größe der Tabelle als auch über die Anzahl von ausgeführten Full Table Scans (Listing 13.15).

Listing 13.15 Statistiken über Full Table Scans und Index Scans

```
(postgres@localhost:5432)[hanser]> SELECT schemaname,
> relname, n_live_tup, seq_scan, idx_scan
```

```
> FROM pg_stat_user_tables
> ORDER BY 3 DESC;
 schemaname |  relname    | n_live_tup | seq_scan | idx_scan
------------+------------+------------+----------+----------
 public     | employees  |   10000017 |       83 |
 public     | orderlines |      60350 |        0 |      913
 public     | products   |      10002 |        0 |       44
 app_owner  | version    |          4 |        0 |
 public     | document   |          1 |        0 |
```

Die View *pg_statio_user_tables* liefert I/O-Statistiken von Tabellen (Listing 13.16). Die Hit Ratio des Buffer Cache ist insbesondere für große Tabellen wichtig. Wenn sich die Anwendung über schlechte Antwortzeiten in Zusammenhang mit Tabellen, die eine schlechte Hit Ratio aufweisen, beklagt, kann durch eine Vergrößerung des Buffer Cache ein Performance-Gewinn erzielt werden.

Listing 13.16 Tabellenstatistiken anzeigen

```
(postgres@localhost:5432)[hanser]> SELECT relname,
> CAST(heap_blks_hit AS NUMERIC)/(heap_blks_hit + heap_blks_read) AS pct_hits,
> heap_blks_hit, heap_blks_read'
> FROM pg_statio_user_tables
> WHERE (heap_blks_hit + heap_blks_read) > 0
> ORDER BY 2 DESC;
  relname   |        pct_hits        | heap_blks_hit | heap_blks_read
------------+------------------------+---------------+----------------
 employees  | 0.92718885281628132206 |      10329913 |         811197
 orderlines | 0.00000000000000000000 |             0 |            385
 products   | 0.00000000000000000000 |             0 |            101
 document   | 0.00000000000000000000 |             0 |              1
 version    | 0.00000000000000000000 |             0 |              1
```

Die Abfrage in Listing 13.17 liefert Statistiken über die Verarbeitung von Indexen. Interessant ist vor allem die Hit Ratio der Indexblöcke im Buffer Cache. Index Scans mit Zugriff auf die Tabellen sind langsam, wenn die Blöcke von der Disk gelesen werden müssen und die Ergebnismenge groß ist.

Listing 13.17 Indexstatistiken anzeigen

```
(postgres@localhost:5432)[hanser]> SELECT indexrelname,
> CAST(idx_blks_hit AS NUMERIC)/(idx_blks_hit + idx_blks_read) AS pct_hit,
> idx_blks_hit, idx_blks_read
> FROM pg_statio_user_indexes
> WHERE (idx_blks_hit + idx_blks_read) > 0
> ORDER BY 2 DESC;
Indexrelname |        pct_hit         | idx_blks_hit | idx_blks_read
-------------+------------------------+--------------+---------------
 i_employees | 0.79997075595847346103 |        10942 |          2736
```

Eine wichtige Information ist auch das Verhältnis von INSERT-, UPDATE- und DELETE-Anweisungen für eine Tabelle. Tabellen, die häufigen UPDATE- oder DELETE-Anweisungen unterworfen sind, sind Kandidaten für regelmäßiges VACUUM sowie Neuaufbau der Indexe. Außerdem lassen sich sogenannte Append-only-Tabellen identifizieren, die besonders behandelt werden können. In Listing 13.18 finden Sie die SQL-Anweisung für die Abfrage der Statistiken.

Listing 13.18 Das Verhältnis von INSERT-, UPDATE- und DELETE-Anweisungen

```
(postgres@localhost:5432)[hanser]> SELECT relname,
> CAST(n_tup_ins AS NUMERIC) / (n_tup_ins + n_tup_upd + n_tup_del)*100
> AS pct_insert,
> CAST(n_tup_upd AS NUMERIC) / (n_tup_ins + n_tup_upd + n_tup_del)*100
> AS pct_update,
> CAST(n_tup_del AS NUMERIC) / (n_tup_ins + n_tup_upd + n_tup_del)*100
> AS pct_delete
> FROM pg_stat_user_tables
> WHERE relname = 'employees';
  relname  |      pct_insert        |  pct_update         |   pct_delete
-----------+------------------------+---------------------+-------------------
 employees | 0.00000000000000000000 | 95.2380952380952380 | 4.7619047619047619
```

13.2.2 Der Background Writer

Der Background Writer hat wesentlichen Anteil an der Gesamtperformance des Datenbankservers. Statistiken dazu liefert die View *pg_stat_bgwriter*. Sie enthält Daten über das Verhalten der Datenblöcke sowie des angebundenen Checkpoint-Prozesses. Besonders interessant sind die folgenden Informationen:

- Wie viele Daten im Durchschnitt während eines Checkpoints geschrieben werden
- Wie viel Prozent der Daten während eines Checkpoints geschrieben werden
- Das Verhältnis zwischen durch eine Aktivität und ein Zeitintervall ausgelösten Checkpoints

Die SQL-Abfrage in Listing 13.19 liefert die wichtigsten Statistiken über das Checkpoint-Verhalten.

Listing 13.19 Statistiken über Checkpoints abrufen

```
(Lutz@localhost:5432)[hanser]> SELECT (100 * checkpoints_req)/(checkpoints_timed +
checkpoints_req) AS req_pct,
> pg_size_pretty (buffers_checkpoint * block_size / (checkpoints_timed +
> checkpoints_req)) AS avg_write,
> pg_size_pretty (block_size * (buffers_checkpoint + buffers_clean + buffers_
backend))
> AS total_write,
> 100 * buffers_checkpoint / (buffers_checkpoint + buffers_clean + buffers_backend )
> AS chkpt_pct,
> 100 * buffers_backend / (buffers_checkpoint + buffers_clean + buffers_backend)
> AS write_pct
> FROM pg_stat_bgwriter,
> (SELECT CAST(current_setting('block_size') AS integer) AS block_size) as bs;
 req_pct | avg_write | total_write | chkpt_pct | write_pct
---------+-----------+-------------+-----------+-----------
      56 | 55 MB     | 4977 MB     |        17 |        62
```

13.2.3 Analyse mit pgstatspack

Für eine nachträgliche Performance-Analyse kann die Erweiterung *pgstatspack* verwendet werden. Sie ist Teil des *pgFoundry*-Projekts und kann von der Webseite *http://pgfoundry.org/projects/pgstatspack* heruntergeladen werden. Die Installation erfolgt durch Entpacken der tar-Datei unter dem Verzeichnis */usr/local/pgql/share.* Zur Installation in die Datenbanken muss das Skript *install_pgstats.sh* aufgerufen werden. Die Installation erfolgt in allen Datenbanken mit Ausnahme der Systemdatenbank *postgres.*

Listing 13.20 Das Utility *pgstatspack* installieren

```
$ ./install_pgstats.sh
Results for database hanser
Installing Statistics Package for database hanser
Results for database template1
Installing Statistics Package for database template1
```

pgstatspak benötigt das Modul *pg_stat_statements,* das Ausführungsstatistiken für SQL-Anweisungen des PostgreSQL-Servers sammelt. Es ist Teil der PostgreSQL-Contribution und im Quellcode enthalten. Führen Sie die folgenden Schritte aus, um das Paket zu installieren und in den Server einzubinden:

1. Wechseln Sie als Benutzer „root" in das Installationsverzeichnis des Quellcodes.

```
# cd /root/postgresql-10.3/contrib/pg_stat_statements
```

2. Führen Sie die Kommandos *make* für das Erstellen der Shared Library sowie *make install* für das Kopieren der Dateien in die Verzeichnisse der Distribution aus.

```
# make
# make install
```

3. Melden Sie sich jetzt als Benutzer „postgres" an und erstellen Sie die Extension.

```
(postgres@[local]:5432)[hanser]> CREATE EXTENSION pg_stat_statements;
CREATE EXTENSION
(postgres@[local]:5432)[hanser]> SELECT extname, extversion
> FROM pg_extension;
      extname       | extversion
--------------------+------------
 plpgsql            | 1.0
 pg_stat_statements | 1.5
```

4. Sie müssen das Modul *pg_stat_statements* als Preload Shared Library deklarieren, damit sie beim Start des Servers geladen wird. Dies erfolgt mit einem Eintrag im Parameter *shared_preload_libraries.* Zusätzlich müssen zwei Parameter für das Modul eingetragen werden. Führen Sie danach einen Neustart des Servers durch.

```
shared_preload_libraries = 'pg_stat_statements'
#------------------------------------------------------------------
# CUSTOMIZED OPTIONS
#------------------------------------------------------------------
# Add settings for extensions here
# custom_variable_classes = 'pg_stat_statments'
```

```
pg_stat_statements.max = 10000
pg_stat_statements.track = all
```

Damit lässt sich *pgstatspack* mit allen Features verwenden. Snapshots können manuell oder automatisch erstellt werden. Ein manueller Snapshot erfolgt mit dem Aufruf der Funktion *pgstatspack_snap* (siehe Listing 13.21).

Listing 13.21 Einen manuellen Snapshot mit *pgstatspack* erstellen

```
postgres@[local]:5432)[hanser]> SELECT pgstatspack_snap('Erstes Snapshot');
 pgstatspack_snap
------------------
                6
(postgres@[local]:5432)[hanser]> SELECT * FROM pgstatspack_snap;
 snapid |             ts             |  description
--------+----------------------------+-----------------
      6 | 2018-03-27 10:57:20.53622 | Erstes Snapshot
```

Das automatische Erstellen von Snapshots kann mit einem beliebigen Scheduler erfolgen, zum Beispiel mit crontab:

```
*/10 * * * * /usr/local/pgsql/share/pgstatspack/bin/snapshot.sh > /usr/local/pgsql/
share/logs/pgstatspack.log 2>&1
```

Die Snapshots werden nun automatisch im 10-Minuten-Takt erzeugt. Auswertungen und Berichte können im Nachhinein abgerufen werden:

```
(postgres@[local]:5432)[hanser]> SELECT * FROM pgstatspack_snap;
 snapid |             ts             |     description
--------+----------------------------+---------------------
      6 | 2018-03-27 10:57:20.53622  | Erstes Snapshot
      7 | 2018-03-27 11:08:17.190256 | Zweites Snapshot
      8 | 2018-03-27 12:00:01.269967 | cron based snapshot
      9 | 2018-03-27 12:10:01.219785 | cron based snapshot
```

Ein Bericht wird mit dem Shell-Skript *pgstatspack_report.sh* erstellt. Als Parameter können Benutzername und Datenbank direkt mitgegeben werden. Mit der Option „-f" kann der Name für die Ausgabedatei spezifiziert werden.

Listing 13.22 Einen *pgstatspack*-Bericht erstellen

```
$ ./pgstatspack_report.sh -u postgres -d hanser -f /tmp/sp_repl.txt
/usr/local/pgsql/share/pgstatspack/bin /usr/local/pgsql/share/pgstatspack/bin
 snapid |             ts             |     description
--------+----------------------------+---------------------
      9 | 2018-03-27 12:10:01.219785 | cron based snapshot
      8 | 2018-03-27 12:00:01.269967 | cron based snapshot
      7 | 2018-03-27 11:08:17.190256 | Zweites Snapshot
      6 | 2018-03-27 10:57:20.53622  | Erstes Snapshot
(4 rows)
Enter start snapshot id : 6
Enter stop snapshot id  : 7
Using file name: /tmp/sp_repl.txt
```

Welche Informationen liefert der Bericht? Am Anfang findet man eine Statistik über alle Datenbanken. Obwohl der Bericht für eine Datenbank erstellt wird, ist immer zu beachten, dass die Ressourcen für alle Datenbanken geteilt werden. Die Datenbankstatistik sagt aus, in welchem Umfang die Ressourcen von den einzelnen Datenbanken benutzt wurden. In Listing 13.23 ist zu sehen, dass im vorliegenden Zeitraum die überwiegende Last von der Datenbank „hanser" verursacht wurde. Neben der Hit Ratio des Buffer Cache findet man die Anzahl von Transaktionen pro Sekunde, die Anzahl von logischen und physikalischen I/O-Operationen pro Sekunde sowie die Rollback-Operationen. Alle Werte sind Durchschnittswerte über den gesamten Zeitraum des Snapshots.

Listing 13.23 Datenbankstatistik im *pgstatspack*-Bericht

```
Database statistics
 database   | tps   | hitrate |  lio_ps   | pio_ps   | rollbk_ps
-----------+------+---------+----------+---------+-----------
 hanser     | 0.13 |   96.00 | 36642.34 | 1233.90 |       0.00
 postgres   | 0.04 |   91.00 |     2.65 |    0.23 |       0.00
 template1  | 0.03 |   92.00 |     1.15 |    0.08 |       0.00
 template0  | 0.00 |    0.00 |     0.00 |    0.00 |       0.00
```

Es folgen Statistiken wie Tabellen mit dem stärksten Wachstum, das Verhältnis zwischen Tabellen und Indexzugriffen. Außerdem gibt es eine Übersicht für Indexe, geordnet nach den häufigsten Index-Scans. Weiter unten finden Sie eine Tabelle mit SQL-Anweisungen, absteigend geordnet nach der Laufzeit. Langläufer lassen sich damit gut identifizieren (siehe Listing 13.24).

Listing 13.24 Top SQL-Anweisungen im *pgstatspack*-Bericht

```
Top 20 SQL statements ordered by total_time
funcid |        function_name          | calls | total_time | self_time
--------+----------------------------+-------+------------+-----------
    343 | UPDATE employees SET salary|     1 |    632.000 |   632.000
  16653 | public.pgstatspack_snap    |     1 |    116.000 |   116.000
  16753 | public.pg_stat_statements  |     3 |      1.000 |     1.000
   1216 | pg_catalog.col_description |     0 |      0.000 |     0.000
```

14 Optimierung von SQL-Anweisungen

Die Möglichkeit, SQL-Anweisungen zu optimieren, ist eine wichtige Voraussetzung für den performanten Einsatz einer Datenbank. Eine einzige SQL-Anweisung mit einem schlechten Ausführungsplan wäre in der Lage, die Ressourcen der Datenbank so weit auszulasten, dass ein normaler Betrieb nicht möglich ist.

Nun gibt es einen Resource Manager, mit dem sich das verhindern lässt. Andererseits existieren SQL-Anweisungen, die unbedingt als Teil der Applikation laufen müssen und die in einem vorgegebenen Zeitfenster fertig werden müssen. Es gibt OLTP-Applikationen, die strenge Vorgaben machen und mit Timeouts arbeiten. Die Vorgaben gehen bis in den Bereich von weniger als einer Sekunde oder Millisekunden.

Der Schaden, den schlecht optimierte SQL-Anweisungen anrichten, kann unterschiedlich sein. In den meisten Fällen lässt sich sagen, dass weder eine Optimierung von Datenbankparametern noch ein Zurverfügungstellen von größeren und schnelleren Ressourcen die Probleme nachhaltig lösen können. SQL-Optimierung bleibt die einzige Alternative.

SQL-Optimierung kann sehr unterschiedliche Formen annehmen: vom Erstellen von Indexen über die Verwendung von Optimizer-Hints oder das Umschreiben von SQL-Anweisungen bis hin zu einem neuen Design von Tabellen. Nichts sollte von vornherein ausgeschlossen werden.

Die wichtigste Aufgabe, um die Mehrzahl von Anweisungen optimal auszuführen, ohne dass ein Eingreifen erforderlich wird, übernimmt der SQL-Optimizer, auch Query Optimizer genannt. Der Optimizer ist nicht perfekt und muss bei Problemfällen durch ein menschliches Gehirn unterstützt werden. Auch nicht alle Performance-Probleme können dem Optimizer zugeschrieben werden. Wenn ein wichtiger Index fehlt oder das Tabellendesign schlecht ist, dann kann er das nicht wettmachen.

Wir werden uns in diesem Kapitel intensiv mit dem Optimizer beschäftigen. Seine bestmögliche Funktion ist die Voraussetzung dafür, dass eine Applikation performant läuft. Bedenken Sie, dass eine Applikation aus vielen hundert, tausend oder zehntausend Anweisungen besteht und die manuelle SQL-Optimierung zeitaufwendig und teuer ist.

SQL-Performance-Tuning ist jedoch nicht ausschließlich die Optimierung von Antwortzeiten. Für die Batchverarbeitung oder im Data-Warehouse-Umfeld geht es auch darum, die vorhandenen Systemressourcen für einen hohen Durchsatz auszulasten. PostgreSQL hat das Thema der Parallelisierung von SQL-Anweisungen in den letzten Jahren immer weiter vorangetrieben.

14.1 Ausführungsschritte

Die Ausführung einer SQL-Anweisung kann grob in die folgenden Schritte unterteilt werden:

- Parsing
- Query Rewrite
- Optimierung
- Ausführung

Mit dem Parsing werden semantische und syntaktische Prüfungen durchgeführt. Es wird unter anderem überprüft, ob die SQL-Anweisung Syntaxfehler enthält und ob die angesprochenen Objekte im Datenbankkatalog vorhanden sind. Das Ergebnis des Parsing wird im Backend-Prozess des Clients gespeichert. Lässt der angemeldete Benutzer eine SQL-Anweisung mehrmals laufen, dann erfolgt nur beim ersten Mal ein Hard-Parsing. Die folgenden Aufrufe nutzen die Ergebnisse des Hard-Parsing und führen nur noch ein sogenanntes Soft-Parsing durch. Dieses ist wesentlich schneller, da Syntax- und Semantikprüfungen und die Query-Rewrite-Schritte übersprungen werden.

HINWEIS: Da die Ergebnisse des Parsing im Background-Prozess der speziellen Session gespeichert werden, profitieren andere Sessions nicht davon und führen ein Hard-Parsing durch, wenn sie dieselbe SQL-Anweisung erstmalig aufrufen. Es gibt in PostgreSQL keinen Shared-SQL-Pool, wie man das zum Beispiel von Oracle kennt.

Das Ergebnis von Hard-Parsing und Query Rewrite ist ein sogenannter *Rewritten Query Tree*, der im Backend-Prozess des Clients gespeichert wird. Dies wird als *Plan Caching* bezeichnet. Die Optimierung wird bei jedem Aufruf der SQL-Anweisung erneut ausgeführt, auch wenn der Query Tree bereits gespeichert ist und nur ein Soft-Parsing durchgeführt wird.

Am Beginn der Optimierung erfolgt eine Validierung und es wird geprüft, ob die Objekte zwischenzeitlich geändert wurden oder ob es Änderungen bei den Statistiken gab. Ist das der Fall, dann erfolgt eine Invalidierung und es wird ein neuer Rewritten Query Tree im Backend-Prozess gespeichert.

Der wesentliche Nachteil dieser Vorgehensweise ist, dass die Optimierung immer etwas mehr Zeit in Anspruch nimmt, egal ob Hard-Parsing oder Soft-Parsing erfolgt. Ein nicht zu unterschätzender Vorteil liegt darin, dass zum Beispiel bei der Verwendung von Bindevariablen immer die aktuellen Werte zugrunde gelegt werden und bei jedem Aufruf der dafür optimale Ausführungsplan verwendet werden kann.

Im letzten Schritt erfolgt die Ausführung der SQL-Anweisung nach dem generierten Plan. Diese Aufgabe übernimmt der Backend-Prozess des Clients. Er übernimmt die gesamte Kommunikation mit der SQL Engine. Die SQL Engine liefert das Ergebnis and den Backend-Prozess zurück. Während dieser Zeit erfolgt keine signifikante Kommunikation zwischen dem Client und dem Backend-Prozess. Der Client ist im Leerlauf und wartet auf die Ergebnisse. Es entsteht somit auch keine signifikante Netzwerkbelastung.

Sobald der Backend-Prozess die ersten Ergebnisse von der SQL Engine empfängt, sendet er diese an den Client. Für größere Ergebnismengen erfolgt dies schrittweise in sogenannten *Buckets*.

14.2 Der SQL-Optimizer

Der PostgreSQL-Optimizer ist kostenbasierend, ein sogenannter Cost Based Optimizer (CBO). In der Regel stehen mehrere Ausführungspläne zur Verfügung. Der Optimizer wählt den Plan, der die geringsten Kosten verursacht. Die Idee dahinter ist, dass ein Datenbankserver möglichst viele unterschiedliche SQL-Anfragen von mehreren Sessions mit dem geringsten Ressourcenverbrauch abwickeln kann. Der optimale Plan garantiert also nicht die schnellste Antwortzeit, sondern die geringsten Kosten.

Alternativ zum Cost Based Optimizer kann der Genetic Query Optimizer (GEQO) verwendet werden. Er erstellt die Ausführungspläne nach bestimmten Regeln ohne Berücksichtigung der Kosten. So lässt sich die Zeit für das Erstellen eines Ausführungsplans reduzieren. Insbesondere für eine große Anzahl von Joins ist die vom PostgreSQL-Optimizer gewählte Reihenfolge der Joins in der Regel nicht optimal. Das kann zu einem erhöhten Ressourcenverbrauch von Memory und CPU führen. In solchen Fällen liefert der Genetic Query Optimizer einen besseren Ausführungsplan.

Mit dem Parameter *geqo_threshold* wird ein Schwellenwert festgelegt, ab der der GEQO verwendet werden soll. Der Standardwert ist 12. Dabei handelt es sich um die Anzahl der in der FROM-Klausel verwendeten Objekte. Über den Parameter *geqo_effort* lässt sich ein weiterer Schwellenwert einstellen. Dieser legt das Verhältnis zwischen der Zeit der Erstellung eines Ausführungsplans und der Qualität des Plans fest. Der Wert kann auf einer Skala von 1 bis 10 liegen. Der Standardwert ist 5. Ein größerer Wert verlängert die Zeit für die Erstellung eines Ausführungsplans, erhöht aber auch die Wahrscheinlichkeit für einen besseren Plan.

TIPP: Der GEQO ist eine Fallbacklösung für SQL-Anweisungen mit sehr vielen Join-Operationen. Es ist jedoch zu beachten, dass er regelbasierend arbeitet, mit den bekannten Schwächen. Für viele SQL-Anweisungen liefert der kostenbasierende PostgreSQL-Optimizer sehr gute Ergebnisse. Die Anzahl von zwölf Vereinigungsoperationen (Tabellen) innerhalb eines Queries ist aus der praktischen Erfahrung ein guter Schwellwert für den Switch.

Kehren wir zurück zum Cost Based Optimizer. Wie ermittelt der Optimizer die Kosten? Die Kostenrechnung ist eine Kombination aus CPU- und I/O-Kosten. Dabei arbeitet der Optimizer mit Standardwerten, die als Serverparameter gesetzt werden können:

- *cpu_tuple_cost:* Kosten für den Zugriff auf einen Datensatz. Der Standardwert ist „0,01“.
- *cpu_index_tuple_cost:* Schätzung für den Zugriff auf einen Indexeintrag während eines Index-Scans. Der Standardwert ist „0,005“.

- *cpu_operator_cost:* Kostenschätzung für eine Operation oder Funktion einer SQL-Anweisung. Der Standardwert ist „0,0025“.
- *seq_page_cost:* I/O-Kosten für das sequenzielle Lesen eines Blocks. Der Standardwert ist „1.0“.
- *random_page_cost:* I/O-Kosten für das Lesen eines einzelnen Datenblocks, zum Beispiel beim Zugriff auf einen Datensatz über einen Index. Der Standardwert von „4“ kann mit einem Tablespace-Parameter durch den ALTER TABLESPACE-Befehl überschrieben werden. Geringe Kosten favorisieren Index-Scans gegenüber Table-Scans. Normalerweise sind die Kosten für das Lesen eines einzelnen Datenblocks mehr als viermal höher gegenüber dem sequenziellen Lesen. Mit dem Wert 4 geht man davon aus, dass sich mindestens 90 Prozent der Daten im Buffer Cache (Shared Buffers) befinden. Ist die Buffer-Cache-Hit Ratio wesentlich kleiner, sollte dieser Wert erhöht werden.
- *parallel_setup_cost:* Kostenschätzung des Optimizer für das Starten paralleler Arbeitsprozesse. Der Standardwert ist „1000“.
- *parallel_tuple_cost:* Schätzung für die Kosten der Übergabe eines Satzes durch einen Arbeitsprozess mit einem Standardwert von „0,1“.

14.3 Statistiken und Histogramme

Basis für die Kostenberechnungen des Optimizer sind Statistiken über Tabellen, Spalten und Indexe. Letztendlich können die Entscheidungen des Optimizer nur so gut sein wie die Werte, die ihm zur Verfügung stehen. Deshalb ist es wichtig, auf Vollständigkeit und Qualität von Statistiken zu achten.

Statistiken können auf folgenden Ebenen manuell oder automatisch erstellt werden:

- Datenbank: ANALYZE;
- Tabelle: ANALYZE <Name der Tabelle>;
- Spalte: ANALYZE <Name der Tabelle> (<Spalte1> [,<Spalte2>[,...]]);

Legen Sie für die Erklärung, welche Statistiken gesammelt werden und wie sie der Optimizer auswertet, eine Tabelle an und füllen Sie sie mit 20 Millionen Sätzen (siehe Listing 14.1).

Listing 14.1 Eine große Tabelle anlegen

```
(postgres@localhost:5432)[hanser]> CREATE TABLE big(
> id1    INTEGER,
> id2    INTEGER,
> cont   VARCHAR(100));
CREATE TABLE
(postgres@localhost:5432)[hanser]> INSERT INTO big
> SELECT n, MOD(n, 10), 'Some text ........................................................
....................'
> FROM generate_series(1, 20000000) x(n);
INSERT 0 20000000
```

Mit der Ausführung von AUTOVACUUM werden automatisch Statistiken gesammelt. Der automatische VACUUM-Prozess wird ausgeführt, wenn der Serverparameter *autovacuum* auf den Wert „on“ gestellt ist (Standard).

Der Parameter *autovacuum_analyze_scale_factor* ist das Kriterium dafür, wann Statistiken gesammelt werden. Es ist ein Schwellenwert, ab dem das Sammeln von Statistiken angestoßen wird. Der Standardwert ist 0.2, das heißt, sobald mehr als 20 % der Daten verändert wurden, werden die Statistiken neu ermittelt.

Ein zusätzliches Kriterium wird durch den Parameter *autovacuum_analyze_threshold* mit einem Standardwert von 50 festgelegt. Es müssen zusätzlich mindestens 50 Sätze geändert worden sein, um die Statistiksammlung anzustoßen. Damit soll ein zu häufiges Auslösen auf kleinen Tabellen verhindert werden.

Listing 14.2 Abfrage der letzten automatischen Statistiksammlung

```
(postgres@localhost:5432)[hanser]> SELECT c.relpages,
> c.reltuples, t.last_autoanalyze
> FROM pg_class c, pg_stat_user_tables t
> WHERE c.relname = t.relname
> AND c.relname = 'big';
 relpages |  reltuples   |       last_autoanalyze
----------+--------------+-------------------------------
   285715 | 2.000005e+07 | 2021-09-29 15:18:10.116804+02
```

Die Schwellenwerte für die automatische Sammlung von Statistiken können individuell pro Tabelle gesetzt werden. In Listing 14.3 werden die Werte für die Tabelle *big* geändert.

Listing 14.3 Schwellenwerte für eine Tabelle setzen

```
(postgres@localhost:5432)[hanser]> ALTER TABLE big
> SET (autovacuum_analyze_scale_factor = 0.05);
ALTER TABLE
(postgres@localhost:5432)[hanser]> ALTER TABLE big
> SET (autovacuum_analyze_threshold = 10000);
ALTER TABLE
```

HINWEIS: Statistiken von Indexen werden automatisch generiert, sobald sie erstellt oder geändert werden.

Statistiken werden in den folgenden Tabellen und Views gespeichert:

- *pg_class*: Statistiken auf Tabellenebene
- *pg_stats*: Statistiken auf Spaltenebene

In Tabelle 14.1 finden Sie eine Übersicht der Statistikwerte.

Tabelle 14.1 Gespeicherte Statistikwerte

Spalte	Art der Statistik
pg_class.reltuples	Anzahl von Sätzen
pg_class.relpages	Anzahl von Blöcken

Tabelle 14.1 Gespeicherte Statistikwerte *(Fortsetzung)*

Spalte	Art der Statistik
pg_stats.avg_width	Durchschnittliche Länge der Spaltenwerte
pg_stats.n_distinct	>0: Geschätzte Anzahl unterschiedlicher Werte <0: Negative Anzahl unterschiedlicher Werte dividiert durch die Anzahl von Sätzen
pg_stats.null_frac	Verhältnis von Null-Werten zur Gesamtanzahl von Sätzen
pg_stats.correlation	Indikator für das Verhältnis von physikalischer zu logischer Sortierung der Sätze. Der Wertebereich liegt zwischen „-1" und „+1".

Die Abfragen in Listing 14.4 liefern die Statistiken für die Tabelle *big*.

Listing 14.4 Abfrage von Tabellen- und Spaltenstatistiken

```
(postgres@localhost:5432)[hanser]> SELECT relpages, reltuples
> FROM pg_class WHERE relname = 'big';
 relpages |  reltuples
----------+--------------
   285715 | 2.000005e+07
(postgres@localhost:5432)[hanser]> SELECT attname,
> avg_width, n_distinct, null_frac, correlation
> FROM pg_stats WHERE tablename = 'big';
 attname | avg_width | n_distinct | null_frac | correlation
---------+-----------+------------+-----------+-------------
 id1     |         4 |         -1 |         0 |           1
 id2     |         4 |         10 |         0 |  0.09098594
 cont    |        80 |          1 |         0 |           1
```

Histogramme sind überaus wichtig für den Optimizer. Nur mit Kenntnis der Verteilung der Daten kann der Optimizer einen optimalen Plan erstellen. Histogramme haben Einfluss sowohl auf die Zugriffs- als auch auf die Vereinigungsmethoden.

PostgreSQL verwendet zwei Arten von Histogrammen:

- *Frequency Histogram:* Enthält die Anzahl von Erscheinungen für jeden einzelnen Spaltenwert.
- *Height-Balanced Histogram:* Fasst die Spaltenwerte in Buckets zusammen. Die Erscheinungen werden pro Bucket gespeichert.

Histogramme werden automatisch mit dem ANALYZE-Befehl oder bei der automatischen Statistiksammlung erstellt.

Der Parameter *default_statistics_target* bestimmt die Genauigkeit, mit der Histogrammstatistiken gesammelt werden. Er kontrolliert die Anzahl von Buckets. Eine Erhöhung führt zu deutlich längeren Laufzeiten für das Sammeln der Statistiken und zu größerem Ressourcenbedarf. Der Standardwert ist 100. Er kann auf Server- oder Tabellenebene gesetzt werden. Das Setzen auf Tabellenebene erfolgt mit dem Befehl ALTER TABLE SET STATISTICS (siehe Listing 14.5).

Listing 14.5 Die Genauigkeit für Histogramme erhöhen

```
(postgres@localhost:5432)[hanser]> ALTER TABLE big
> ALTER COLUMN id1 SET STATISTICS 200;
ALTER TABLE
```

In Listing 14.6 wird die Verteilung des Histogramms für die Spalte „id1" abgefragt. Die Spalte „n_distinct" hat den Wert „-1". Das bedeutet, dass es sich um eine eindeutige Verteilung handelt. Es gibt keine doppelten Werte in der Spalte. In der Spalte „histogramm_bounds" werden die Grenzwerte für das Histogramm aufgelistet. Dies gibt Aufschluss über die Aufteilung des Histogramms.

Listing 14.6 Histogrammverteilung für eine Spalte

```
(postgres@localhost:5432)[hanser]> SELECT n_distinct, histogram_bounds
> FROM pg_stats WHERE tablename='big' AND attname='id1';
n_distinct       | -1
histogram_bounds | {1101,214172,381438,531132,715632,876829,1068084,1267322,1496026,1
679947,1871953,2064103,2257713,2458973,2653401,2858800,3066301, …
```

14.4 Zugriffsmethoden

Für die Verarbeitung von Daten in den verschiedenen Schritten eines Ausführungsplans hält PostgreSQL verschiedene Zugriffsmethoden bereit. Die Wahl der Zugriffsmethoden ist entscheidend für die Effektivität und den Ressourcenverbrauch. Sie können global über Serverparameter ein- und ausgeschaltet werden. Standardmäßig sind die meisten Methoden eingeschaltet. Es gibt allerdings nur wenige Situationen, für die eine Beschränkung sinnvoll ist. Am Ende wird sich der Optimizer vorzugsweise für eine der Methoden entscheiden, die zugelassen sind. Hat der Optimizer keine andere Wahl, wird er sich für einen „Sequential Scan" entscheiden, auch wenn diese Methode deaktiviert ist. In Tabelle 14.2 finden Sie die wichtigsten Zugriffsmethoden.

Tabelle 14.2 Parameter für Zugriffsmethoden

Parameter	Zugriffsmethode
enable_seqscan	Sequenzieller Scan einer Tabelle
enable_indexscan	Scan von Indexen
enable_bitmapscan	Verwendung von Bitmap-Scans
enable_indexonlyscan	Scan eines Index ohne Zugriff auf die zugehörige Tabelle
enable_tidscan	Zugriff über die Tuple Identifier (TID)
enable_material	Verwendung von Materialisierung in einem Ausführungsplan. Eine Unterdrückung kann durch den Optimizer überschrieben werden.
enable_mergejoin	Verwendung von *Merge Join* als Vereinigungsmethode
enable_hashjoin	Verwendung von *Hash Join* als Vereinigungsmethode
enable_nestloop	Verwendung von *Nested Loop* als Vereinigungsmethode
enable_parallel_append	Paralleles Hinzufügen von Daten im Ausführungsplan
enable_parallel_hash	Hash Joins mit Parallelisierung der Vereinigung in mehreren Worker-Prozessen

Der sequenzielle Scan liest alle Datenblöcke einer Tabelle hintereinander. Nicht benötigte Datensätze werden herausgefiltert. Für die Auswahl dieser Methode kann es unterschiedliche Gründe geben. So kann zum Beispiel ein Index fehlen, die Tabelle klein sein oder die Ergebnismenge entsprechend groß.

Beim Index-Scan werden die relevanten Indexeinträge gelesen. Der Zugriff auf die Sätze der Tabelle erfolgt über den Zeilen-Identifier (CTID).

Ein Bitmap-Scan wird dann vom Optimizer gewählt, wenn die Anzahl der Sätze im Resultset zu groß für einen Index-Scan mit Tabellenzugriff und zu klein für einen Full Table Scan ist. Dabei führt PostgreSQL zunächst einen Index-Scan durch und erstellt ein Bitmap. Das Bitmap wird dann für den Zugriff auf die Tabelle verwendet. Im Ausführungsplan erscheint der Schritt „Bitmap Heap Scan on table“. Bitmap-Scans können auch an einigen Indextypen durchgeführt werden.

Listing 14.7 Bitmap Heap Scan

```
(postgres@localhost:5432)[hanser]> EXPLAIN ANALYZE SELECT * FROM big
> WHERE id1 = 5 OR id2 = 1;
                                        QUERY PLAN
------------------------------------------------------------------------------------
 Bitmap Heap Scan on big  (cost=22024.84..576659.95 rows=1933996 width=84) (actual
time=103.481..2983.606 rows=2000001 loops=1)
   Recheck Cond: ((id1 = 5) OR (id2 = 1))
   Rows Removed by Index Recheck: 14515703
   Heap Blocks: exact=55307 lossy=230408
   ->  BitmapOr  (cost=22024.84..22024.84 rows=1933996 width=0) (actual
time=93.817..93.819 rows=0 loops=1)
         ->  Bitmap Index Scan on i_big  (cost=0.00..4.45 rows=1 width=0) (actual
time=0.036..0.036 rows=1 loops=1)
               Index Cond: (id1 = 5)
         ->  Bitmap Index Scan on i2_big  (cost=0.00..21053.40 rows=1933995 width=0)
(actual time=93.538..93.539 rows=2000000 loops=1)
               Index Cond: (id2 = 1)
```

Ein Index Only Scan durchsucht nur den Index, ohne auf die Tabelle zuzugreifen. Das ist dann möglich, wenn sich alle benötigten Spalten im Index befinden.

Listing 14.8 Index Only Scan

```
(postgres@localhost:5432)[hanser]> EXPLAIN SELECT id1 FROM big
> WHERE id1 BETWEEN 1 AND 100;
                                   QUERY PLAN
---------------------------------------------------------------------------
 Index Only Scan using i_big on big  (cost=0.44..6.50 rows=103 width=4)
   Index Cond: ((id1 >= 1) AND (id1 <= 100))
```

Jeder Datensatz besitzt eine CTID-Spalte, ein eindeutiger Identifier, der aus Blocknummer und Satznummer besteht. Ein TID Scan greift über den CTID-Schlüssel direkt auf den Datensatz zu. Dabei handelt es sich um eine sehr schnelle Zugriffsmethode.

Listing 14.9 TID Scan

```
(postgres@localhost:5432)[hanser]> SELECT ctid, * FROM big LIMIT 3;
 ctid  | id1 | id2 |                              cont
-------+-----+-----+------------------------------------------------------------
```

```
  (0,1) |    1 |    1 | Some text ...................................................
  (0,2) |    2 |    2 | Some text ...................................................
  (0,3) |    3 |    3 | Some text ...................................................
(postgres@localhost:5432)[hanser]> EXPLAIN SELECT * FROM big
> WHERE ctid = '(0,2)';
                         QUERY PLAN
---------------------------------------------------
 Tid Scan on big  (cost=0.00..4.01 rows=1 width=84)
   TID Cond: (ctid = '(0,2)'::tid)
```

14.5 Join-Methoden

Die überwiegende Mehrzahl der SQL-Anweisungen geht über zwei und mehr Tabellen. Die Auswahl der optimalen Methode ist entscheidend für einen effizienten Ausführungsplan. Auch für die Join-Methoden erfolgt die Auswahl nach den geringsten Kosten auf Basis der gesammelten Optimizer-Statistiken. PostgreSQL verwendet drei Join-Methoden:

- Hash Join
- Nested Loop Join
- Sort Merge Join

Ein Hash Join wird in zwei Phasen durchgeführt, der „Build-Phase“ und der „Probe-Phase“. In der Build-Phase wird eine Hash-Tabelle gebildet. Dabei werden Hash-Werte für die Spalte der ersten Tabellen erzeugt, die für die Join-Bedingung verwendet wird. Während der Probe-Phase wird die zweite Tabelle gescannt, die Hash-Funktionen auf deren Spalte gelegt und mit der Hash-Tabelle der ersten Tabelle verglichen. Die erste Tabelle wird deswegen auch als „Build Table“ und die zweite als „Probe Table“ bezeichnet.

Die Hash-Tabelle wird in der Regel auf der kleineren Tabelle gebildet. Um die Probephase so kosteneffizient wie möglich zu gestalten, wird die Hash-Tabelle in das Shared Memory geladen. Die Probe Table wird anschließend nur einmal komplett von der Disk oder in Teilen aus dem Buffer Cache sequenziell gelesen und der zugehörige Hashwert wird in der Hash-Tabelle gesucht. Diese Suche ist dann effektiv, wenn sie komplett im Memory stattfindet. Für das Memory wird der durch den Parameter *work_mem* reservierte Bereich verwendet. Passt die Hash-Tabelle nicht komplett in diesen Bereich, werden Teile der Hash-Tabelle (Buckets) in temporären Tablespace ausgelagert und wieder eingelesen.

Im Beispiel in Listing 14.10 werden 1024 Buckets gebildet und 17 KByte Shared Memory verwendet.

Listing 14.10 Einen Hash Join bewerten

```
(postgres@localhost:5432)[hanser]> CREATE TABLE build(
> id        INTEGER,
> cont      VARCHAR(100));
CREATE TABLE
(postgres@localhost:5432)[hanser]> CREATE TABLE probe(
> id        INTEGER,
> cont      VARCHAR(100));
CREATE TABLE
```

```
(postgres@localhost:5432)[hanser]> INSERT INTO build
> SELECT n, 'Some text ..................................'
> FROM generate_series(1,100) a(n);
INSERT 0 100
(postgres@localhost:5432)[hanser]> INSERT INTO probe
> SELECT n, 'Some text ..................................'
> FROM generate_series(1,100000) a(n);
INSERT 0 100000
(postgres@localhost:5432)[hanser]> EXPLAIN ANALYZE
SELECT * FROM build b, probe p WHERE b.id = p.id;
                                  QUERY PLAN
-----------------------------------------------------------------------------------
 Hash Join  (cost=4.25..2411.25 rows=100 width=102) (actual time=0.029..10.416
rows=100 loops=1)
   Hash Cond: (p.id = b.id)
   ->  Seq Scan on probe p  (cost=0.00..2031.00 rows=100000 width=51) (actual
time=0.004..4.642 rows=100000 loops=1
)
   ->  Hash  (cost=3.00..3.00 rows=100 width=51) (actual time=0.019..0.020 rows=100
loops=1)
         Buckets: 1024  Batches: 1  Memory Usage: 17kB
         ->  Seq Scan on build b  (cost=0.00..3.00 rows=100 width=51) (actual
time=0.003..0.009 rows=100 loops=1)
 Planning Time: 0.349 ms
```

Ein Nested Loop Join besteht im Gegensatz zum Hash Join nur aus einer Phase. Dabei wird die erste Tabelle (auch Outer Table oder Driving Table genannt) genau einmal und die zweite Tabelle (Inner Table) mehrfach durchlaufen. Die Anzahl von Loops ist entscheidend für die Laufzeit eines Nested Loop Join.

In der Regel sind Indexe in die Methode eingebunden. Der Vergleich wird über eine Indexsuche gebildet und die zugehörigen Sätze werden durch einen Zugriff auf die Tabelle realisiert. Nested Loop Joins haben den Vorteil, dass sie keine Probe-Phase haben und in sehr kurzer Zeit die ersten Ergebnisse zurückliefern können. Sie sind dann von Vorteil, wenn relativ wenige Sätze selektiert werden und schnell an den Client zurückgegeben werden sollen. Je größer die Anzahl von Loops, desto ineffektiver wird die Methode verglichen mit einem Hash Join.

```
(postgres@localhost:5432)[hanser]> CREATE TABLE tab1(
> id1   INTEGER,
> id2   INTEGER,
> cont  VARCHAR(100));
CREATE TABLE
(postgres@localhost:5432)[hanser]> CREATE TABLE tab2(
id1   INTEGER,
id2   INTEGER,
cont  VARCHAR(100));
CREATE TABLE
(postgres@localhost:5432)[hanser]> CREATE TABLE tab3(
id1   INTEGER,
id2   INTEGER,
cont  VARCHAR(100));
CREATE TABLE
(postgres@localhost:5432)[hanser]> CREATE INDEX i1_tab1 ON tab1(id1);
CREATE INDEX
(postgres@localhost:5432)[hanser]> CREATE INDEX i1_tab2 ON tab2(id1);
```

```
CREATE INDEX
(postgres@[localhost:5432)[hanser]> CREATE INDEX il_tab3 ON tab3(idl);
CREATE INDEX
(postgres@localhost:5432)[hanser]> EXPLAIN ANALYZE
> SELECT * FROM tabl, tab2, tab3
> WHERE tabl.idl >= 1 AND tabl.idl < 11
> AND tabl.idl = tab2.idl AND tab2.idl = tab3.idl;
                                    QUERY PLAN
--------------------------------------------------------------------------------
 Nested Loop  (cost=1.27..89.24 rows=9 width=150) (actual time=0.031..0.061 rows=10
loops=1)
   Join Filter: (tabl.idl = tab3.idl)
   ->  Nested Loop  (cost=0.85..84.68 rows=9 width=100) (actual time=0.026..0.042
rows=10 loops=1)
         ->  Index Scan using il_tabl on tabl  (cost=0.42..8.61 rows=9 width=50)
(actual time=0.015..0.016 rows=10
loops=1)
               Index Cond: ((idl >= 1) AND (idl < 11))
         ->  Index Scan using il_tab2 on tab2  (cost=0.42..8.44 rows=1 width=50)
(actual time=0.002..0.002 rows=1 l
oops=10)
               Index Cond: (idl = tabl.idl)
   ->  Index Scan using il_tab3 on tab3  (cost=0.42..0.49 rows=1 width=50) (actual
time=0.001..0.001 rows=1 loops=1
0)
         Index Cond: (idl = tab2.idl)
 Planning Time: 0.569 ms
```

Die Ausführungszeit betrug 0,09 Millisekunden. Wie bereits diskutiert, ist die schnelle Antwortzeit einer der Vorteile von Nested Loop Joins.

Die Sort-Merge-Join-Methode kommt relativ selten zum Einsatz. Jede Tabelle wird nach den Werten in den Join-Spalten sortiert, bevor die eigentliche Join-Operation ausgeführt wird. Ähnlich wie bei der Hash Join-Methode, erfolgt die Verarbeitung in zwei Phasen und ist deshalb für schnelle Antwortzeiten nur bedingt geeignet. Allerdings muss, im Gegensatz zum Nested Loop, jede Tabelle nur einmal durchlaufen werden. Die vorherige Sortierung der Tabellen erfolgt in einem extra Sortiervorgang oder durch Verwendung eines Index.

Wenn die Sätze nicht bereits nach den Join-Attributen sortiert sind, fügt der Optimizer eine Sortierphase hinzu. Diese erhöht die Kosten eines Sort Merge Join. Der Optimizer favorisiert den Sort Merge Join gegenüber dem Hash Join, wenn die Tabellen in etwa gleich groß sind, die Ergebnismenge groß ist oder die Kosten für die Sortierphase kleingehalten werden können. Im Beispiel in Listing 14.11 fällt die Wahl auf einen Sort Merge Join, da die Sortierung bereits über die Indexe gegeben ist und ein Nested Loop aufgrund der hohen Anzahl von Loops zu teuer ist.

Listing 14.11 Sort Merge Join

```
(postgres@localhost:5432)[hanser]> EXPLAIN ANALYZE
> SELECT * FROM tabl, tab2
> WHERE tabl.idl = tab2.idl;
                                    QUERY PLAN
----------------------------------------------------------------------------------
Merge Join  (cost=1.47..87586.50 rows=1000000 width=100) (actual time=0.015..526.798
rows=1000000 loops=1)
   Merge Cond: (tabl.idl = tab2.idl)
```

```
    -> Index Scan using il_tabl on tabl  (cost=0.42..36293.43 rows=1000000 width=50)
 (actual time=0.006..155.954 ro
 ws=1000000 loops=1)
    -> Index Scan using il_tab2 on tab2  (cost=0.42..36293.43 rows=1000000 width=50)
 (actual time=0.004..155.822 ro
 ws=1000000 loops=1)
  Planning Time: 0.146 ms
  Execution Time: 548.140 ms
```

Ein Outer Join ist eine Vereinigung, bei der auch diejenigen Tupel in die Ergebnismenge aufgenommen werden, die keinen Join-Partner finden. Wenn zum Beispiel die Mitarbeitertabelle mit der Tabelle von Dienstwagen vereinigt wird, will man, dass auch die Mitarbeiter angezeigt werden, die keinen Dienstwagen besitzen.

Outer Joins gibt es für Nested Loop Joins und für Hash Joins. Man unterscheidet zwischen Left Outer Join und Right Outer Join. Für einen Nested Loop Join ist das kein Problem, es wird die äußere Tabelle als „Driving Table“ geplant. Für einen Hash Join kann der Austausch von Probe Table und Build Table zu Performance-Problemen führen. Deshalb werden in diesem Fall die Rollen getauscht und die Rolle der Eingabe wird von Prob Table übernommen.

14.6 SQL-Optimierung

SQL-Optimierung ist ein Vorgang, bei dem der Administrator oder der Programmierer eingreift, wenn der Optimizer nicht die optimale Entscheidung trifft. In der Regel wird die Optimierung für SQL-Anweisungen durchgeführt, die durch lange Laufzeiten oder hohen Ressourcenverbrauch auffallen.

Leider gibt es in PostgreSQL von Haus aus keine Möglichkeit, den Ausführungsplan durch Hinweise (sogenannte „Hints“) zu beeinflussen, so wie man das zum Beispiel von Oracle kennt.

14.6.1 Der EXPLAIN-Befehl

Der EXPLAIN-Befehl zeigt den Plan an, der bei der Ausführung der SQL-Anweisung verwendet wird (Listing 14.12). Standardmäßig werden folgende Werte angezeigt:

- Die geschätzten Startup-Kosten. Der Wert entspricht in etwa der Zeit für die Ausführung, bevor die Ausgabe beginnt.
- Die geschätzten totalen Kosten. Der Wert entspricht etwa der Zeit vom Beginn der Ausführung bis zum Ende der Lieferung des Ergebnisses (Resultset).
- Die geschätzte Anzahl von Zeilen, die zurückgeliefert wird
- Die durchschnittliche Zeilenlänge des Ergebnisses

Listing 14.12 Der EXPLAIN-Befehl

```
(postgres@localhost:5432)[hanser]> EXPLAIN SELECT * FROM orders;
                          QUERY PLAN
-------------------------------------------------------------
 Seq Scan on orders  (cost=0.00..220.00 rows=12000 width=30)
```

Während es sich bei Ausführung des EXPLAIN-Befehls um eine reine Schätzung des Optimizer handelt, wird die Anweisung mit der Option ANALYZE im Hintergrund ausgeführt und liefert genauere Daten. Die Planausgabe liefert neben den Schätzungen in der Spalte „actual" die tatsächlichen (ausgeführten) Werte (). Zusätzlich werden die Zeit für die Planung und die Ausführungszeit ausgegeben.

Listing 14.13 Planerstellung mit EXPLAIN ANALYZE

```
(postgres@localhost:5432)[hanser]> EXPLAIN ANALYZE SELECT orderid FROM orders;
                                            QUERY PLAN
----------------------------------------------------------------------------------------
 Seq Scan on orders  (cost=0.00..220.00 rows=12000 width=4) (actual time=0.023..1.097
rows=12000 loops=1)
 Planning Time: 0.150 ms
 Execution Time: 1.581 ms
```

Die Optionen für den ANALYZE-Befehl wurden mit jeder Version erweitert. In Tabelle 14.3 finden Sie alle Werte für die Version 14.

Tabelle 14.3 Optionen für den EXPLAIN-Befehl

Option	Bedeutung
ANALYZE	Führt den Befehl aus und erstellt die Statistiken.
VERBOSE	Zeigt zusätzliche Informationen, wie den Output für die einzelnen Schritte, im Plan an. Auch der neue Query-Identifier wird sichtbar gemacht.
BUFFERS	Schließt zusätzliche Informationen über die Verwendung von Buffer ein.
COSTS	Es werden die Kosten für jeden Schritt im Ausführungsplan angezeigt.
TIMING	Liefert Information über die verbrauchte Zeit für jeden Schritt im Ausführungsplan. Der mit der Messung verbundene Overhead hat einen messbaren Einfluss auf die Ausführung.
WAL	Es werden zusätzliche Informationen über die Erstellung von WAL-Sätzen angezeigt. Wird nur aktiviert, wenn ANALYZE angegeben ist.
SETTINGS	Zeigt zusätzliche Informationen über Parameter, die den Ausführungsplan beeinflussen, an.
FORMAT	Mit dieser Option kann das Ausgabeformat gewählt werden. Optionen: TEXT, XML, JSON, YAML. Der Standardwert ist TEXT.

HINWEIS: Der Query-Identifier ist ein neues Feature der Version 14. Damit ist es möglich, eine SQL-Anweisung eindeutig zu identifizieren. Der Standardwert ist „auto“. Damit wird es den Programmen überlassen, ob das Feature eingeschaltet wird. Um die Verarbeitung permanent zu aktivieren, muss der Parameter *compute_query_id* auf „on“ gesetzt werden. Die Query-ID ist sehr nützlich für die SQL-Optimierung, da sie unter anderem im Logfile und in Modulen wie *pg_stat_statements* verwendet werden kann. In Listing 14.14 wird die Query-ID im Ausführungsplan angezeigt.

Listing 14.14 Ausführungsplan mit Query-Identifier

```
(postgres@localhost:5432)[hanser]> EXPLAIN (ANALYZE, VERBOSE) SELECT * FROM orders;
                                        QUERY PLAN
-----------------------------------------------------------------------------------------
 Seq Scan on public.orders  (cost=0.00..220.00 rows=12000 width=30) (actual
time=0.015..1.121 rows=12000 loops=1)
   Output: orderid, orderdate, customerid, netamount, tax, totalamount
 Query Identifier: -8399553690776204583
 Planning Time: 0.113 ms
 Execution Time: 1.724 ms
```

TIPP: Um mehr Informationen im Ausführungsplan zu erhalten, kann der Parameter *track_io_timing* auf „on“ gesetzt werden. Damit kann die I/O-Ausführungszeit gemessen werden. Aber Vorsicht, die Messung kann einen signifikanten Einfluss auf die Ausführungszeit haben. Für Performance-Analysen ist er jedoch sehr nützlich.

Die Statistiken aus dem I/O-Timing werden mit der Option BUFFERS angezeigt. In der SQL-Abfrage in Listing 14.15 beträgt die Zeit für die I/O-Operation ca. 23 Sekunden und macht den Großteil der Ausführungszeit aus. Mit Hilfe der Anzahl der Buffer kann eine I/O-Leserate von 97 Mbyte pro Sekunde berechnet werden. Dabei ist zu beachten, dass die Daten teilweise aus dem Filesystem-Cache und dem Shared Buffer Cache von PostgreSQL kommen. Es handelt sich also um eine logische I/O-Rate.

Listing 14.15 I/O-Zeiten im Ausführungsplan anzeigen

```
(postgres@localhost:5432)[hanser]> EXPLAIN (ANALYZE, BUFFERS) SELECT * FROM big;
                                     QUERY PLAN
---------------------------------------------------------------------------------------
 Seq Scan on big  (cost=0.00..485714.04 rows=19999904 width=88) (actual
time=5.382..24136.327 rows=20000001 loops=1)
   Buffers: shared read=285715
   I/O Timings: read=23079.233
 Planning:
   Buffers: shared hit=21 read=4
   I/O Timings: read=18.338
 Planning Time: 18.517 ms
 Execution Time: 24669.701 ms
```

Eine weitere Option für den EXPLAIN-Befehl ist die Option VERBOSE. Mit ihrer Hilfe werden zusätzlich die Spalten aufgelistet, die in einem Zweig zurückkommen.

Listing 14.16 Der EXPLAIN-Befehl mit der Option VERBOSE

```
(postgres@localhost:5432)[hanser]> EXPLAIN (ANALYZE, VERBOSE)
> SELECT * FROM orders o, orderlines l
> WHERE o.orderid = l.orderid;
                                                QUERY PLAN
-----------------------------------------------------------------------------------------
 Hash Join  (cost=370.00..1516.97 rows=60350 width=48) (actual time=5.429..25.212
rows=60350 loops=1)
   Output: o.orderid, o.orderdate, o.customerid, o.netamount, o.tax, o.totalamount,
l.orderlineid, l.orderid, l.prod_id, l.quantity, l.orderdate   Inner Unique: true
   Hash Cond: (l.orderid = o.orderid)
   ->  Seq Scan on public.orderlines l  (cost=0.00..988.50 rows=60350 width=18)
(actual time=0.629..6.308 rows=60350 loops=1)
         Output: l.orderlineid, l.orderid, l.prod_id, l.quantity, l.orderdate
   ->  Hash  (cost=220.00..220.00 rows=12000 width=30) (actual time=4.709..4.711
rows=12000 loops=1)
         Output: o.orderid, o.orderdate, o.customerid, o.netamount, o.tax,
o.totalamount
         Buckets: 16384  Batches: 1  Memory Usage: 889kB
         ->  Seq Scan on public.orders o  (cost=0.00..220.00 rows=12000 width=30)
(actual time=1.025..3.283 rows=12000 loops=1)
               Output: o.orderid, o.orderdate, o.customerid, o.netamount, o.tax,
o.totalamount
 Query Identifier: 3882510779637051581
 Planning Time: 30.691 ms
 Execution Time: 26.910 ms
```

Seit der Version 9 besteht die Möglichkeit, zwischen verschiedenen Ausgabeformaten im EXPLAIN-Befehl zu wählen. Neben einem XML-Format ist es möglich, ein maschinenlesbares Format zu erstellen, das als Eingabe für Analysewerkzeuge dienen kann (siehe Listing 14.17).

Listing 14.17 EXPLAIN-Befehl mit maschinenlesbarer Ausgabe

```
(postgres@localhost:5432)[hanser]> EXPLAIN (FORMAT YAML)
> SELECT * FROM orders o, orderlines l
> WHERE o.orderid = l.orderid;
              QUERY PLAN
-----------------------------------------
 - Plan:                                 +
     Node Type: "Hash Join"              +
     Parallel Aware: false               +
     Async Capable: false                +
     Join Type: "Inner"                  +
     Startup Cost: 370.00                +
     Total Cost: 1516.97                 +
     Plan Rows: 60350                    +
     Plan Width: 48                      +
     Inner Unique: true                  +
     Hash Cond: "(l.orderid = o.orderid)"+
     Plans:                              +
       - Node Type: "Seq Scan"           +
         Parent Relationship: "Outer"    +
         Parallel Aware: false           +
```

```
          Async Capable: false            +
          Relation Name: "orderlines"     +
          Alias: "l"                      +
          Startup Cost: 0.00              +
          Total Cost: 988.50              +
          Plan Rows: 60350                +
          Plan Width: 18                  +
        - Node Type: "Hash"               +
          Parent Relationship: "Inner"    +
          Parallel Aware: false           +
          Async Capable: false            +
          Startup Cost: 220.00            +
          Total Cost: 220.00              +
          Plan Rows: 12000                +
          Plan Width: 30                  +
          Plans:                          +
            - Node Type: "Seq Scan"       +
              Parent Relationship: "Outer"+
              Parallel Aware: false       +
              Async Capable: false        +
              Relation Name: "orders"     +
              Alias: "o"                  +
              Startup Cost: 0.00          +
              Total Cost: 220.00          +
              Plan Rows: 12000            +
              Plan Width: 30
```

Mit der Option WAL erhält man in der Ausgabe die Anzahl der geschriebenen WAL-Sätze, die Anzahl der Full Page Images (fpi) sowie die Größe in Bytes, die in das Write Ahead Log geschrieben wurden.

Listing 14.18 ANALYZE mit der Option WAL

```
(postgres@localhost:5432)[hanser]> EXPLAIN (ANALYZE, WAL)
> INSERT INTO big VALUES (99999999, 99999999, 'Text');
                                            QUERY PLAN
--------------------------------------------------------------------------------------------------
 Insert on big  (cost=0.00..0.01 rows=0 width=0) (actual time=26.640..26.640 rows=0
loops=1)
   WAL: records=3 fpi=3 bytes=12264
   ->  Result  (cost=0.00..0.01 rows=1 width=76) (actual time=0.001..0.002 rows=1
loops=1)
 Planning Time: 0.069 ms
 Execution Time: 26.692 ms
```

Eine grafische Darstellung des Ausführungsplans liefert *pgAdmin 4* (Bild 14.1). Im Query Tool kann ein ANALYZE mit den möglichen Optionen aufgerufen werden.

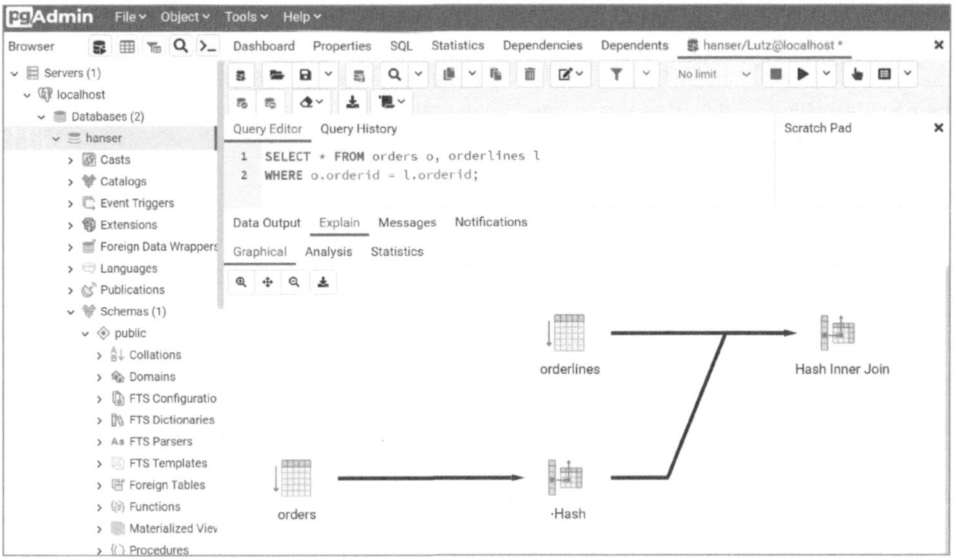

Bild 14.1 Grafische Darstellung von Ausführungsplänen in *pgAdmin 4*

14.6.2 Ausführungspläne verstehen und optimieren

Für die Arbeit mit Ausführungsplänen und SQL-Anweisungen sollte das Modul *pg_stat_statements* installiert werden. Das Modul sammelt Ausführungsstatistiken von SQL-Anweisungen. Eine Anleitung für die Installation finden Sie in Kapitel 13. In der Version 14 kann der SQL-Identifier zur eindeutigen Verfolgung von SQL-Anweisungen verwendet werden. Setzen Sie den Parameter *compute_query_id* auf den Wert „on".

Ist die Verarbeitung der Query-ID aktiviert, wird sie in *pg_stat_statements* zusammen mit den Statistiken der SQL-Anweisungen gespeichert. Die Statistiken sind hilfreich, um zum Beispiel lang laufende Abfragen, Abfragen mit hohem Ressourcenverbrauch oder SQL-Anweisungen mit stark schwankenden Ausführungszeiten zu ermitteln.

Listing 14.19 SQL-Anweisungen nach maximaler Ausführungszeit anzeigen

```
(postgres@localhost:5432)[hanser]> SELECT queryid, SUBSTR(query, 1, 16),
> total_exec_time, max_exec_time
> FROM pg_stat_statements
> ORDER BY 4 DESC;
       queryid        |     substr     |   total_exec_time   |   max_exec_time
----------------------+----------------+---------------------+--------------------
  310779485027267853 | SELECT count(*)|           1262.9407 |           698.456
 -6281500949395755531 | SELECT        +|            117.0469 |           117.0469
                      |     a.nam      |                     |
 -8402791978916317847 | SELECT        +|  29.011599999999998 | 29.011599999999998
                      |     pr.oi      |                     |
 -4745107866174589726 | SELECT        +|             30.4311 |           16.3262
                      |     attna      |                     |
 -8263300922861609450 | /*pga4dash*/  +|             24.5596 |           14.8188
                      | SEL            |                     |
. . .
```

Mit Hilfe der Query-ID kann *pg_stat_statements* mit dem View *pg_stat_activity* vereinigt werden und es können zusätzliche Informationen über die Session abgefragt werden, in der die SQL-Anweisung ausgeführt wird. Die Abfrage in Listing 14.20 liefert den Computernamen des Clients, den Benutzernamen, die aktuelle Ausführungszeit, das Wait Event sowie weitere Performance-Werte.

Listing 14.20 Abfrage von SQL- und Session-Statistiken

```
(postgres@localhost:5432)[hanser]> SELECT a.query_id, a.pid,
> a.usename, a.application_name, a.client_addr,
> now() - a.query_start AS duration, a.wait_event,
> s.total_exec_time, s.mean_exec_time,
> s.shared_blks_read, s.shared_blks_hit
> FROM pg_stat_activity a, pg_stat_statements s
> WHERE a.query_id = s.queryid
> AND state='active';
-[ RECORD 1 ]----+---------------------
query_id         | -6943050423101755534
pid              | 10194
usename          | postgres
application_name | psql
client_addr      | 192.168.178.91
duration         | 00:00:07.346317
wait_event       | DataFileRead
total_exec_time  | 79470.775727
mean_exec_time   | 39735.3878635
shared_blks_read | 1142026
shared_blks_hit  | 980
```

Der einfachste Plan ist der sequenzielle Scan einer Tabelle. Dieser wird durchgeführt, wenn kein Index auf Spalten in der WHERE-Bedingung liegt oder ein großer Teil der Tabelle in das Resultset eingeht. Im Fall einer hohen Selektivität in der WHERE-Bedingung ist ein Index-Scan wesentlich ressourcensparender und verkürzt die Antwortzeiten erheblich.

Subqueries werden relativ häufig in Applikationen verwendet und vom Optimizer letztendlich als Vereinigung dargestellt. Eine typische SQL-Abfrage mit Subquery finden Sie in Listing 14.21. Die Anweisung wird mit einem Hash Join geplant.

Listing 14.21 Ausführungsplan für ein Subquery

```
(postgres@localhost:5432)[hanser]> EXPLAIN ANALYZE
> SELECT * FROM orders
> WHERE customerid IN
> (SELECT customerid FROM customers WHERE state='NY');
                                      QUERY PLAN
------------------------------------------------------------------------------------
 Hash Join  (cost=740.58..992.09 rows=124 width=30) (actual time=15.794..18.150
rows=124 loops=1)
   Hash Cond: (orders.customerid = customers.customerid)
   ->  Seq Scan on orders  (cost=0.00..220.00 rows=12000 width=30) (actual
time=0.603..1.987 rows=12000 loops=1)
   ->  Hash  (cost=738.00..738.00 rows=206 width=4) (actual time=15.029..15.030
rows=206 loops=1)
         Buckets: 1024  Batches: 1  Memory Usage: 16kB
         ->  Seq Scan on customers  (cost=0.00..738.00 rows=206 width=4) (actual
time=1.134..14.906 rows=206 loops=1)
               Filter: ((state)::text = 'NY'::text)
```

```
                    Rows Removed by Filter: 19794
 Planning Time: 54.190 ms
 Execution Time: 18.249 ms
```

Die Entscheidung des Optimizer, einen Hash Join zu verwenden, war hier richtig, da ein relativ großes Resultset zurückgegeben wird. Doch wie sieht der Plan aus, wenn die Selektivität erhöht und nur ein Satz zurückgeliefert wird?

Listing 14.22 Ausführungsplan für ein Subquery mit hoher Selektivität

```
(postgres@localhost:5432)[hanser]> EXPLAIN ANALYZE
> SELECT * FROM orders
> WHERE customerid IN
> (SELECT customerid FROM customers WHERE lastname='Smith');
                                           QUERY PLAN
-----------------------------------------------------------------------------------
 Nested Loop  (cost=0.29..746.31 rows=1 width=30) (actual time=2.433..2.438 rows=0
loops=1)
   ->  Seq Scan on customers  (cost=0.00..738.00 rows=1 width=4) (actual
time=2.427..2.428 rows=0 loops=1)
         Filter: ((lastname)::text = 'Smith'::text)
         Rows Removed by Filter: 20000
   ->  Index Scan using ix_order_custid on orders  (cost=0.29..8.30 rows=1 width=30)
(never executed)
         Index Cond: (customerid = customers.customerid)
 Planning Time: 0.366 ms
 Execution Time: 2.505 ms
```

Bei einer hohen Selektivität ändert der Optimizer den Plan und führt statt eines Hash Join einen Nested Loop Join aus. Er hat aufgrund der vorhandenen Statistiken die Selektivität gut erkannt und den günstigeren Plan ausgewählt.

HINWEIS: Der PostgreSQL-Optimizer kann gut mit Subqueries umgehen und ändert den Plan basierend auf den gesammelten Statistiken und der Selektivität. ■

Die Funktionsweise von Nested Loop Joins haben Sie bereits kennengelernt. Der Optimizer unterscheidet zwischen „Inner Loop“ und „Outer Loop“ und entscheidet, welche Tabelle (oder Output des vorhergehenden Schritts) die treibende Tabelle (Driving Table) wird. Da Nested Loop Joins in der Regel mit Indexen arbeiten, spricht man auch von „Inner Index Scan“ und „Outer Index Scan“.

Ein solcher Plan kommt häufig vor, wenn der Optimizer in der Lage ist, die Anzahl von Sätzen in einem inneren Loop über einen Index signifikant zu reduzieren. Ein Beispiel dafür liefert Listing 14.23.

Listing 14.23 Nested Loop mit Inner Index Scan

```
(postgres@localhost:5432)[hanser]> EXPLAIN ANALYZE
> SELECT * FROM orders o, orderlines l
> WHERE o.orderid = l.orderid
> AND o.netamount = 383.46;
                                           QUERY PLAN
-----------------------------------------------------------------------------------
```

```
 Nested Loop  (cost=0.29..265.43 rows=5 width=48) (actual time=1.591..3.374 rows=9
loops=1)
   ->  Seq Scan on orders o  (cost=0.00..250.00 rows=1 width=30) (actual
time=0.019..1.790 rows=1 loops=1)
         Filter: (netamount = 383.46)
         Rows Removed by Filter: 11999
   ->  Index Scan using ix_orderlines_orderid on orderlines l  (cost=0.29..15.38
rows=5 width=18) (actual time=1.566..1.574 rows=9 loops=1)
         Index Cond: (orderid = o.orderid)
 Planning Time: 8.106 ms
 Execution Time: 3.407 ms
```

Ein Merge Join setzt voraus, dass beide Eingabeseiten vorsortiert sind. Merge Joins kommen seltener vor, werden aber dann bevorzugt, wenn die Ergebnismenge groß ist.

Listing 14.24 Beispiel für einen Merge Join

```
(postgres@localhost:5432)[hanser]> EXPLAIN ANALYZE
> SELECT c.customerid, SUM(totalamount)
> FROM customers c, orders o
> WHERE c.customerid = o.customerid
> GROUP BY c.customerid ORDER BY 1;
                                    QUERY PLAN
-----------------------------------------------------------------------------------
 GroupAggregate  (cost=0.60..1650.56 rows=12000 width=36) (actual time=0.302..18.564
rows=8996 loops=1)
   Group Key: c.customerid
   ->  Merge Join  (cost=0.60..1440.56 rows=12000 width=10) (actual
time=0.048..12.866 rows=12000 loops=1)
         Merge Cond: (c.customerid = o.customerid)
         ->  Index Only Scan using customers_pkey on customers c  (cost=0.29..528.29
rows=20000 width=4) (actual time=0.025..3.007 rows=20000 loops=1)
               Heap Fetches: 0
         ->  Index Scan using ix_order_custid on orders o  (cost=0.29..712.28
rows=12000 width=10) (actual time=0.016..6.281 rows=12000 loops=1)
 Planning Time: 1.860 ms
 Execution Time: 22.557 ms
```

Bei einem Hash Join erfolgt keine Vorsortierung der Spaltenwerte. Aus der kleineren Tabelle wird die Hash-Tabelle gebildet und in den Cache geladen. Jede Zeile der äußeren Tabelle wird mit den Hashwerten verglichen. Der Performancevorteil gegenüber einer Nested-Loop-Operation besteht vor allem darin, dass der Vergleich mit der inneren Tabelle im Memory mit dem Hashwert sehr viel effizienter ist und keine Diskoperationen verursacht (siehe Listing 14.25).

Listing 14.25 Ein Hash-Join für ein Subquery

```
(postgres@localhost:5432)[hanser]> EXPLAIN ANALYZE
> SELECT p.title, p.price
> FROM products p
> WHERE EXISTS (SELECT 'x' FROM orderlines l
> WHERE l.prod_id = p.prod_id);
                                                    QUERY PLAN
------------------------------------------------------------------------------------
-
Hash Join  (cost=1358.48..1694.07 rows=9738 width=22) (actual time=18.918..22.351
rows=9973 loops=1)
```

```
   Hash Cond: (p.prod_id = l.prod_id)
   ->  Seq Scan on products p  (cost=0.00..201.00 rows=10000 width=26) (actual
time=0.598..2.291 rows=10000 loops=1)
   ->  Hash  (cost=1236.76..1236.76 rows=9738 width=4) (actual time=18.259..18.260
rows=9973 loops=1)
         Buckets: 16384  Batches: 1  Memory Usage: 479kB
         ->  HashAggregate  (cost=1139.38..1236.76 rows=9738 width=4) (actual
time=16.421..17.233 rows=9973 loops=1)
               Group Key: l.prod_id
               Batches: 1  Memory Usage: 913kB
               ->  Seq Scan on orderlines l  (cost=0.00..988.50 rows=60350 width=4)
(actual time=0.028..7.401 rows=60350 loops=1)
 Planning Time: 11.837 ms
 Execution Time: 22.896 ms
```

Sind mehr als zwei Tabellen in die Vereinigung eingebunden, spielt die Reihenfolge eine wichtige Rolle. Einen optimalen Plan erhält man, wenn beim ersten Join bereits der größte Anteil von Sätzen eliminiert wird. Anders ausgedrückt: SQL-Anweisungen sind sehr zeitintensiv und verbrauchen viele Ressourcen, wenn zuerst viele Daten selektiert und später wieder weggeworfen werden. Auch wenn das Endergebnis nur aus einem kleinen Resultset besteht, können solche Anweisungen erhebliche Probleme verursachen.

Wie bereits am Anfang des Kapitels erwähnt, sind die Optionen, den Optimizer bei der Auswahl des Plans zu beeinflussen, begrenzt. Hints existieren im Core-System von PostgreSQL nicht. Dennoch gibt es einige Optionen und Tricks der Einflussnahme, wie zum Beispiel:

- Setzen bestimmter Serverparameter (auf Session-Ebene)
- Abschalten von Zugriffs- oder Join-Methoden (auf Session-Ebene)
- Änderung von Basiswerten des Optimizer, um die Kosten zu beeinflussen. Damit können zum Beispiel Index-Scans und Nested-Loop-Operationen billiger oder teurer gemacht werden. Die Änderungen sollten in der Regel auf der Tabelle erfolgen, nicht global.
- Effektiver Einsatz von Indexen

Normalerweise trifft der Optimizer die richtige Entscheidung und wählt die effektivste Reihenfolge für die Vereinigungen auf Basis der Kosten aus. Dies ist leider nicht immer der Fall. Wenn Sie sich über die optimale Reihenfolge im Klaren sind, können Sie den Optimizer zwingen, diese zu wählen. Dies erreichen Sie, indem Sie den Parameter *join_collapse_limit* auf den Wert „1“ setzen (Standardwert 8).

Listing 14.26 Die Reihenfolge von Joins beeinflussen

```
(postgres@localhost:5432)[hanser]> SET join_collapse_limit=1;
SET
(postgres@localhost:5432)[hanser]> EXPLAIN ANALYZE
> SELECT * FROM cust_hist h, products p, customers c
> WHERE h.prod_id = p.prod_id
> AND h.customerid = c.customerid;
                                              QUERY PLAN
------------------------------------------------------------------------------------------
 Hash Join  (cost=1811.00..4195.44 rows=60350 width=254) (actual time=11.581..72.702
rows=60350 loops=1)
   Hash Cond: (h.prod_id = p.prod_id)
   ->  Hash Join  (cost=1485.00..3710.95 rows=60350 width=205) (actual
time=8.944..51.215 rows=60350 loops=1)
```

```
        Hash Cond: (h.customerid = c.customerid)
        ->  Seq Scan on cust_hist h  (cost=0.00..930.50 rows=60350 width=12) (actual
time=0.471..5.510 rows=60350 loops=1)
        ->  Hash  (cost=688.00..688.00 rows=20000 width=193) (actual
time=8.125..8.126 rows=20000 loops=1)
              Buckets: 32768  Batches: 2  Memory Usage: 2202kB
              ->  Seq Scan on customers c  (cost=0.00..688.00 rows=20000 width=193)
(actual time=0.020..1.355 rows=20000 loops=1)
   ->  Hash  (cost=201.00..201.00 rows=10000 width=49) (actual time=2.576..2.577
rows=10000 loops=1)
        Buckets: 16384  Batches: 1  Memory Usage: 942kB
        ->  Seq Scan on products p  (cost=0.00..201.00 rows=10000 width=49) (actual
time=0.035..0.856 rows=10000 loops=1)
 Planning Time: 15.952 ms
 Execution Time: 75.003 ms
```

Der Index ist eines der wichtigsten Performance-Werkzeuge in relationalen Datenbanken. Die Anzahl der Daten, die gelesen werden müssen, um das Ergebnis zu erhalten, lässt sich damit signifikant reduzieren. Um festzustellen, wie viele Datenblöcke von der Disk oder aus dem Buffer Cache gelesen werden, bemühen wir die Statistik-Views des PostgreSQL-Servers. Die Funktion in Listing 14.27 sucht diese Werte heraus.

Listing 14.27 Eine View für Lesestatistik

```
(postgres@localhost:5432)[hanser]> CREATE OR REPLACE VIEW io_stats
> AS
> SELECT t.relname, seq_scan, seq_tup_read, idx_scan,
> heap_blks_read, heap_blks_hit, idx_blks_read, idx_blks_hit
> FROM pg_stat_user_tables t, pg_statio_user_tables i
> WHERE i.relid = t.relid;
CREATE VIEW
```

Mithilfe der Funktion lässt sich unter anderem abfragen, auf welchen großen Tabellen Full Table Scans ausgeführt werden (siehe Listing 14.28). Solche Zugriffe machen nicht nur die SQL-Anweisung selbst langsam, sondern verschwenden auch wertvolle Systemressourcen.

Listing 14.28 Objekte mit Full Table Scans herausfiltern

```
(postgres@localhost:5432)[hanser]> SELECT * FROM io_stats
> WHERE seq_tup_read > 1000000
> ORDER BY 1;
-[ RECORD 1 ]--+----------
relname        | big
seq_scan       | 21
seq_tup_read   | 340000015
idx_scan       | 6
heap_blks_read | 6011728
heap_blks_hit  | 21162312
idx_blks_read  | 0
idx_blks_hit   | 0
```

Wenn wir uns den Ausführungsplan anschauen (Listing 14.29), dann ist sofort ersichtlich, dass ein Index auf der Spalte „id1“ fehlt.

Listing 14.29 Ausführungsplan SELECT-Anweisung auf Tabelle *big*

```
(postgres@localhost:5432)[hanser]> EXPLAIN ANALYZE
> SELECT * FROM big WHERE id1 = 4711;
                                        QUERY PLAN
-----------------------------------------------------------------------------------------
 Gather  (cost=1000.00..390881.77 rows=1 width=84) (actual time=1.594..972.504 rows=1
loops=1)
   Workers Planned: 2
   Workers Launched: 2
   ->  Parallel Seq Scan on big  (cost=0.00..389881.67 rows=1 width=84) (actual
time=620.215..942.136 rows=0 loops=3)
         Filter: (id1 = 4711)
         Rows Removed by Filter: 6666667
 Planning Time: 0.126 ms
 Execution Time: 972.542 ms
```

Nach Anlegen des Index ändert sich der Ausführungsplan. Der Index wird verwendet und die Ausführungszeit sowie der Ressourcenverbrauch sind deutlich reduziert. Ein neuer Index wird durch den Optimizer sofort erkannt, ohne dass ein ANALYZE auf die Tabelle ausgeführt werden muss.

Listing 14.30 Verbesserter Ausführungsplan mit Index

```
(postgres@localhost:5432)[hanser]> CREATE INDEX i1_big ON big(id1);
CREATE INDEX
(postgres@localhost:5432)[hanser]> EXPLAIN ANALYZE
> SELECT * FROM big WHERE id1 = 4711;
                                           QUERY PLAN
-----------------------------------------------------------------------------------------
 Index Scan using i1_big on big  (cost=0.44..8.46 rows=1 width=84) (actual
time=1.376..1.385 rows=1 loops=1)
   Index Cond: (id1 = 4711)
 Planning Time: 32.547 ms
 Execution Time: 4.045 ms
```

Betrachten wir den Ausführungsplan in Listing 14.31 für eine ähnliche SQL-Anweisung. Obwohl der Index jetzt vorhanden ist, hat sich der Optimizer für einen Full Table Scan entschieden. Hat er richtig entschieden?

Listing 14.31 Verwendung eines Full Table Scan trotz Index

```
(postgres@localhost:5432)[hanser]> EXPLAIN ANALYZE SELECT * FROM big
> WHERE id1 <= 16000000;
                                          QUERY PLAN
-----------------------------------------------------------------------------------------
 Seq Scan on big  (cost=0.00..535714.40 rows=15918773 width=84) (actual
time=0.087..3506.878 rows=16000000 loops=1)
   Filter: (id1 <= 16000000)
   Rows Removed by Filter: 4000001
 Planning Time: 0.152 ms
 Execution Time: 4137.757 ms
```

Die Antwort ist ja. Die SQL-Anweisung liefert 16 Millionen Sätze zurück, also 80% der Tabelle. Der sequenzielle Scan der Tabelle ist in diesem Fall effektiver und verursacht die geringeren Kosten. Dies lässt sich nachvollziehen, indem die Verwendung des Index erzwungen wird. Obwohl PostgreSQL standardmäßig keine Hints zulässt, können wir den Optimizer dennoch beeinflussen, indem wir sequenzielle Table Scans probeweise verbieten (siehe Listing 14.32).

Listing 14.32 Einen Index-Scan erzwingen

```
(postgres@localhost:5432)[hanser]> SET enable_seqscan = off;
SET
(postgres@localhost:5432)[hanser]> EXPLAIN ANALYZE
> SELECT * FROM big WHERE id1 <= 16000000;
                                    QUERY PLAN
------------------------------------------------------------------------------------
 Index Scan using i1_big on big  (cost=0.44..680594.96 rows=15918773 width=84)
(actual time=0.106..4662.024 rows=16000000 loops=1)
   Index Cond: (id1 <= 16000000)
 Planning Time: 0.148 ms
 Execution Time: 6293.137 ms
```

Die Ausführungszeit mit Index ist signifikant länger als die ohne. In einer produktiven Datenbank sollte der „Sequential Scan" nicht ausgeschaltet werden. Zum Testen von unterschiedlichen Plänen ist das jedoch hilfreich.

Lange Verkettungen mit AND und OR stellen den Optimizer häufig vor Probleme. Wichtig dabei ist vor allem die Abschätzung der Ergebnismenge. PostgreSQL hält Bitmap-Operationen auf Indexe bereit, die es ermöglichen, Indexe miteinander zu verbinden. Betrachten Sie die Tabelle *big* mit der Datenverteilung in Listing 14.33.

Listing 14.33 Die Tabelle *big* mit zwei Indexen

```
(postgres@localhost:5432)[hanser]> \d big
                         Table "public.big"
 Column |          Type          | Collation | Nullable | Default
--------+------------------------+-----------+----------+---------
 id1    | integer                |           |          |
 id2    | integer                |           |          |
 cont   | character varying(100) |           |          |
Indexes:
id1  | id2      | cont
-----+----------+------------------------------
1    | 20000000 | Some text ....................
2    | 19999999 | Some text ....................
3    | 19999998 | Some text ....................
4    | 19999997 | Some text ....................
5    | 19999996 | Some text ....................
6    | 19999995 | Some text ....................
. . .
19999995 | 6    | Some text ....................
19999996 | 5    | Some text ....................
19999997 | 4    | Some text ....................
19999998 | 3    | Some text ....................
19999999 | 2    | Some text ....................
20000000 | 1    | Some text ....................
```

Der Ausführungsplan der SQL-Anweisung in Listing 14.34 verwendet Bitmap Index Scan für beide Indexe. Dieser Plan ist sehr effektiv in Ausführungszeit und Ressourcenverbrauch und wird häufig für ODER-Ketten eingesetzt. Die tatsächliche Ausführungszeit beträgt nur 39 Millisekunden.

Listing 14.34 Bitmap Index Scans mit zwei Indexen

```
(postgres@localhost:5432)[hanser]> EXPLAIN ANALYZE
> SELECT * FROM big WHERE id1 = 2 OR id2 = 5;
                                     QUERY PLAN
-------------------------------------------------------------------------------------
 Bitmap Heap Scan on big  (cost=8.89..16.90 rows=2 width=49) (actual
time=1.137..1.150 rows=2 loops=1)
   Recheck Cond: ((id1 = 2) OR (id2 = 5))
   Heap Blocks: exact=2
   ->  BitmapOr  (cost=8.89..8.89 rows=2 width=0) (actual time=1.093..1.094 rows=0
loops=1)
         ->  Bitmap Index Scan on i1_big  (cost=0.00..4.45 rows=1 width=0) (actual
time=0.113..0.114 rows=1 loops=1)
               Index Cond: (id1 = 2)
         ->  Bitmap Index Scan on i2_big  (cost=0.00..4.45 rows=1 width=0) (actual
time=0.686..0.686 rows=1 loops=1)
               Index Cond: (id2 = 5)
 Planning Time: 0.181 ms
 Execution Time: 39.295 ms
```

Wenn wir Bitmap-Operationen verbieten, erhöht sich die Ausführungszeit deutlich (siehe Listing 14.35). Der Optimizer geht dann zu einem Full Table Scan zurück.

Listing 14.35 Bitmap-Operationen unterbinden

```
(postgres@localhost:5432)[hanser]> SET enable_bitmapscan=off;
SET
(postgres@localhost:5432)[hanser]> EXPLAIN ANALYZE
> SELECT * FROM big WHERE id1 = 2 OR id2 = 5;
                                    QUERY PLAN
-------------------------------------------------------------------------------------
 Gather  (cost=1000.00..332184.65 rows=2 width=49) (actual time=0.560..1588.548
rows=2 loops=1)
   Workers Planned: 2
   Workers Launched: 2
   ->  Parallel Seq Scan on big  (cost=0.00..331184.45 rows=1 width=49) (actual
time=953.643..1467.356 rows=1 loops=3)
         Filter: ((id1 = 2) OR (id2 = 5))
         Rows Removed by Filter: 6666666
 Planning Time: 0.175 ms
 Execution Time: 1588.597 ms
```

Bindevariablen in Zusammenhang mit Prepared Statements werden gern verwendet, vor allem, weil sie den Overhead für die Ausführung von SQL-Anweisungen deutlich reduzieren. Der Optimizer hat damit allerdings das Problem, dass dieselbe SQL-Anweisung mit unterschiedlichen Werten ausgeführt wird. Das Datenbanksystem Oracle hat damit ein Riesenproblem, da der Ausführungsplan mit der ersten Bindevariablen erstellt wird und für alle weiteren Ausführungen konstant bleibt. Das Problem wird „Bind Peeking" genannt.

PostgreSQL geht einen anderen Weg. Seit der Version 9.2 gibt es das „Plan Caching". Alle Ausführungspläne werden im Cache in Form des „Rewritten Query Tree" gespeichert und können dort wieder abgerufen werden. Der Plan wird für jeden veränderten Wert in der Bindevariablen geprüft und gegebenenfalls geändert. Das bedeutet einen zusätzlichen Overhead, dafür läuft jedoch der Ausführungsplan nicht aus dem Ruder. In Listing 14.36 wird eine Tabelle angelegt, um „Bind Peeking" zu testen.

Listing 14.36 Tabelle für „Bind Peeking“

```
(postgres@localhost:5432)[hanser]> CREATE TABLE tab1(
> typ    CHAR(1),
> passw  VARCHAR(100));
CREATE TABLE
(postgres@localhost:5432)[hanser]> INSERT INTO tab1
> SELECT 'A', md5(random()::text) FROM generate_series(1,10000000) n;
INSERT 0 10000000
(postgres@localhost:5432)[hanser]> UPDATE tab1 SET typ = 'B' WHERE ctid = '(0,10)';
UPDATE 1
(postgres@localhost:5432)[hanser]> CREATE INDEX i1_tab1 ON tab1(typ);
CREATE INDEX
```

Den Nachweis, dass PostgreSQL den Ausführungsplan zur Laufzeit mit geänderten Werten in einer Bindevariablen ändert, liefert das Beispiel in Listing 14.37. Mit der Bindevariablen „A“ wählt der Optimizer mit dem Erstaufruf richtigerweise einen Full Table Scan aus. Nach Änderung auf den Wert „B“ wird der Plan auf einen Indexzugriff geändert. Das Beibehalten des initialen Plans wäre hier fatal, da der Wert nur einmal unter 5 Millionen auftritt und ein Full Table Scan längere Laufzeit und Verschwendung von Ressourcen zur Folge hätte.

Listing 14.37 Bind Peeking nachweisen

```
(postgres@localhost:5432)[hanser]> EXPLAIN EXECUTE stmt('A');
                            QUERY PLAN
----------------------------------------------------------------
 Seq Scan on tab1  (cost=0.00..208332.26 rows=9999861 width=35)
   Filter: (typ = 'A'::bpchar)
(postgres@localhost:5432)[hanser]> EXPLAIN EXECUTE stmt('B');
                              QUERY PLAN
---------------------------------------------------------------------
 Index Scan using i1_tab1 on tab1  (cost=0.43..4.45 rows=1 width=35)
   Index Cond: (typ = 'B'::bpchar)
```

14.6.3 Parallelisierung von SQL-Ausführungen

Die Antwortzeiten von SQL-Anweisungen, in denen viele Daten gelesen und vereinigt werden, hängt sehr stark von der CPU-Performance ab. In den letzten Jahren hat sich die durchschnittliche „Single Clock Speed“ von CPUs kaum erhöht. Die Technologie ist ausgereizt und mit Blick auf den Stromverbrauch ist kaum eine weitere Steigerung zu erwarten.

Für die Verarbeitung von größeren Datenmengen ist daher die Parallelisierung die einzige Möglichkeit, die Performance signifikant zu verbessern. Insbesondere im Data-Warehouse-Umfeld spielt die Parallelisierung eine wichtige Rolle.

PostgreSQL hat in den letzten Jahren das Thema stark vorangetrieben und mit jeder Version neue Features herausgebracht. Parallele Operationen gibt es für Tabellen- und Index-Scans aber auch für Vereinigungsprozesse und Aufsummierungen. Parallele Operationen werden von einem Master-Prozess gesteuert, der die Arbeit auf die Worker-Prozesse verteilt und die Ergebnisse wieder zusammenführt. Generell gilt die Regel, dass sich die Performance mit einer wachsenden Anzahl von parallelen Prozessen verbessert, solange der Overhead für die Parallelisierung die erzielten Effekte nicht übersteigt. Der Overhead für Parallelisierung besteht im Wesentlichen aus der Verteilung und Steuerung der Aufgaben sowie der Zusammenführung der Ergebnisse.

Die wichtigsten Parameter für die Steuerung der Parallelisierung sind:

- *max_worker_processes*: maximale Anzahl von Hintergrundprozessen, die der PostgreSQL-Server benutzen kann. Empfohlen ist, den Wert auf die Anzahl von verfügbaren CPU-Cores (Threads) zu setzen. Der Standardwert ist „8“.
- *max_parallel_workers*: maximale Anzahl von parallelen Worker-Prozessen, die für eine parallele Operation verwendet werden können. Werte größer als *max_worker_processes haben keinen Effekt.*
- *max_parallel_workers_per_gather*: maximale Anzahl von Worker-Prozessen für eine Gather-Operation im Ausführungsplan. Sie werden auf den Pool von *max_worker_processes* angerechnet.
- *max_parallel_maintenance_workers*: maximale Anzahl von Worker-Prozessen für CREATE INXDEX- oder VACUUM-Operationen (VACCUM ohne Option FULL). Auch diese Prozesse werden auf den Pool von *max_worker_processes* angerechnet.
- *work_mem*: Memory, das von einer Operation im Ausführungsplan genutzt werden kann. Wird der Wert erreicht, lagert PostgreSQL Daten in temporäre Dateien aus.

Es gibt weitere Parameter für parallele Operationen, die das Ein- und Ausschalten der entsprechenden Funktionalität steuern:

- *enable_parallel_append*: „Parallel Append“ ist ein Teil des Ausführungsplans, bei dem parallele Scans einer partitionierten Tabelle oder UNION ALL-Anweisungen aus mehreren Quellen in ein gemeinsames Resultset überführt werden. Der Standardwert ist „on“.
- *enable_parallel_hash*: steuert den Optimizer, ob Hash Joins parallel ausgeführt werden können. Der Standardwert ist „on“.
- *enable_partitionwise_join*: Wenn das Feature aktiviert ist, können die Joins parallel auf Partitionsebene durchgeführt werden. Dabei müssen die Bedingungen für die Vereinigung alle Partitionsschlüssel enthalten und vom gleichen Typ sein. Der Standardwert ist „off“.

Paralleles SQL ist insbesondere im Data-Warehouse-Umfeld von Interesse. Der TPC-H-Benchmark ist Industriestandard für Data-Warehouse-Datenbanken. Wir verwenden an dieser Stelle das TPC-H-Schema für die Beispiele zur parallelen SQL-Ausführung. Eine Anleitung zum TPC-H-Schema finden Sie auf *http://www.tpc.org.*

Es gibt eine Reihe von Einschränkungen. Prüfen Sie diese sowie die folgenden Hinweise, um festzustellen, wieso sich der Query Optimizer gegen einen parallelen Plan entscheidet:

- Parallelisierung wird nur für SELECT-Anweisungen unterstützt, die keine Sperren verwenden.
- Cursor oder Suspended Queries werden nicht parallelisiert.
- SQL-Window-Funktionen werden nicht parallel ausgeführt.
- Die Parallelisierung von Full Outer Joins wird nicht unterstützt.
- Wird eine Funktion in die SQL-Abfrage eingebunden, die nicht als PARALLEL SAFE markiert ist, dann erfolgt die Ausführung sequenziell.
- Im Isolation Level SERIALIZABLE werden parallele Ausführungen deaktiviert.

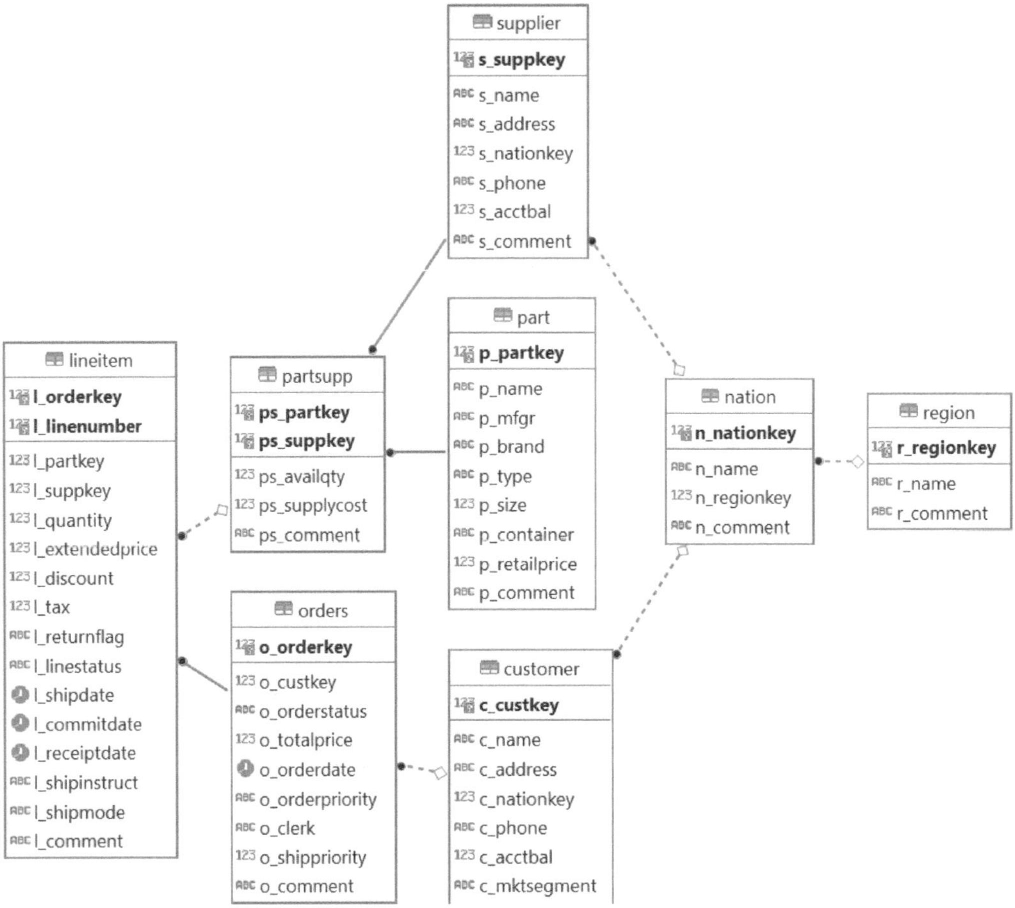

Bild 14.2 ER-Diagramm des TPC-H-Schemas

TIPP: Prüfen Sie die Parameter *parallel_setup_cost* und *parallel_tuple_cost*, wenn SQL-Anweisungen nicht wie erwartet parallel ausgeführt werden. Eine Reduzierung der Werte macht parallele Pläne für den Optimizer günstiger. Beachten Sie auch die Grenzwerte für eine parallele Ausführung in den Parametern *min_parallel_table_scan_size* und *min_parallel_index_scan_size*.

Auch wenn ein paralleler Table Scan schneller ist als ein sequenzieller, kann unter Umständen ein Index mehr bewirken und weniger Ressourcen verbrauchen. Parallelisierung beschleunigt einerseits die Ausführung, kann aber andererseits zu einem signifikant erhöhten I/O-Durchsatz bis zur Überlastung führen. Parallelisierung hilft nur wenig, wenn das I/O-Subsystem bereits stark ausgelastet ist.

Aktivieren Sie die Parallelisierung nicht, wenn die CPUs schon weitgehend ausgelastet sind. Auch der Memory-Verbrauch wird deutlich erhöht. So nimmt jeder Worker-Prozess den im Parameter *work_mem* definierten Speicher in Anspruch.

Parallelisierung ist ein Kompromiss zwischen Performance-Verbesserung und Ressourcenverbrauch. Für reine Data-Warehouse-Datenbanken ist eine hohe Ressourcenauslastung gewünscht. Häufig sind DWH- und OLTP-Funktionen in einer Datenbank gemischt. Dann muss die Parallelisierung begrenzt werden, um die Antwortzeiten der OLTP-Queries nicht zu verschlechtern.

Seit der Version 14 ist es möglich, in Zusammenhang mit Foreign Data Wrappers SQL-Anweisungen parallel auf Remote-Datenbanken auszuführen.

14.6.3.1 Parallele Scans

Die Basis für parallele Operationen bilden die parallelen Scans. PostgreSQL unterstützt die folgenden parallelen Scan-Operationen:

- *Parallel Sequential Scan*: Die Datenblöcke der Tabelle werden auf die parallelen Worker-Prozesse verteilt. Die Worker-Prozesse scannen die Blöcke eigenständig und gleichzeitig. Die Ergebnisse werden an den Master-Prozess zurückgegeben.
- *Parallel Index Scan*: Diese Operation wird aktuell nur für B-Tree-Indexe unterstützt. Die Aufteilung auf die Worker-Prozesse erfolgt auf Block-Ebene. Auch Index Only Scans können parallel ausgeführt werden.
- *Parallel Bitmap Heap Scan*: Die durch den Index-Scan erstellten Bitmaps werden unter parallelen Worker-Prozessen aufgeteilt und die Tabellenblöcke werden gelesen.

In Listing 14.38 wird ein Parallel Sequential Scan auf der Tabelle *lineitem* mit sieben Worker-Prozessen ausgeführt. Mit einem nichtparallelen sequenziellen Scan verdoppelt sich die Ausführungszeit.

Listing 14.38 Parallel Sequential Scan

```
(postgres@localhost:5432)[tpch]> EXPLAIN ANALYZE
> SELECT count(*) FROM lineitem
> WHERE l_shipdate <= DATE '1999-12-01';
                                              QUERY PLAN
--------------------------------------------------------------------------------------
 Finalize Aggregate  (cost=1003480.93..1003480.94 rows=1 width=8) (actual
time=4716.516..4720.686 rows=1 loops=1)
   ->  Gather  (cost=1003480.20..1003480.91 rows=7 width=8) (actual
time=4716.250..4720.676 rows=8 loops=1)
         Workers Planned: 7
         Workers Launched: 7
         ->  Partial Aggregate  (cost=1002480.20..1002480.21 rows=1 width=8) (actual
time=4658.937..4658.938 rows=1 loops=8)
               ->  Parallel Seq Scan on lineitem  (cost=0.00..985339.00 rows=6856480
width=0) (actual time=1.128..4456.902 rows=5998626 loops=8)
                     Filter: (l_shipdate <= '1999-12-01'::date)
 Planning Time: 7.298 ms
 Execution Time: 4720.839 ms
(postgres@localhost:5432)[tpch]> SET max_parallel_workers=0;
SET
. . .
         Workers Planned: 7
         Workers Launched: 0
. . .
Execution Time: 8804.951 ms
```

B-Tree-Indexe gestatten parallele Index-Scans. In Listing 14.39 wählt der Optimizer einen Parallel Index Only Scan mit vier Worker-Prozessen.

Listing 14.39 Paralleler Index Only Scan

```
(postgres@localhost:5432)[tpch]> EXPLAIN ANALYZE
> SELECT count(*) FROM  lineitem
> WHERE l_orderkey < 2000000;
                                          QUERY PLAN
----------------------------------------------------------------------------------
 Finalize Aggregate  (cost=35326.12..35326.13 rows=1 width=8) (actual
time=79.200..83.519 rows=1 loops=1)
   ->  Gather  (cost=35325.70..35326.11 rows=4 width=8) (actual time=78.991..83.509
rows=5 loops=1)
         Workers Planned: 4
         Workers Launched: 4
         ->  Partial Aggregate  (cost=34325.70..34325.71 rows=1 width=8) (actual
time=45.151..45.151 rows=1 loops=5)
               ->  Parallel Index Only Scan using idx_lineitem_orderkey on lineitem
(cost=0.44..33060.92 rows=505912 width=0) (actual time=0.460..30.553 rows=400099
loops=5)
                     Index Cond: (l_orderkey < 2000000)
                     Heap Fetches: 0
 Planning Time: 0.198 ms
 Execution Time: 83.583 ms
```

14.6.3.2 Parallele Aggregation

Parallele Scans liefern einen wesentlichen Beitrag zur Verkürzung der Ausführungszeit von SQL-Anweisungen auf großen Tabellen. Allerdings wird der Performance-Schub wieder ausgebremst, wenn die gelesenen Daten im nächsten Schritt an einen parallelen Prozess übergeben werden. Deshalb ist es wichtig, dass sich möglichst viele Schritte im Ausführungsplan an der Parallelisierung beteiligen.

Aggregationen sind weniger I/O-lastig, allerdings sehr CPU-intensiv. Eine Parallelisierung von Aggregationen erzeugt eine bessere Auslastung der CPU-Cores und trägt zu einer wesentlichen Verkürzung der Ausführungszeit bei.

Die parallele Verarbeitung erfolgt in zwei Stufen. Im ersten Schritt führt jeder Schritt die Aggregation für die ihm zugeordnete Datenmenge aus. Dieser Schritt wird im Ausführungsplan als „Partial Aggregate“ ausgewiesen. Der Master-Prozess führt dann die Ergebnisse aus allen Worker-Prozessen zusammen. Dieser Schritt ist im Ausführungsplan als Finalize Aggregate sichtbar.

Listing 14.40 Parallele Aggregation

```
(postgres@localhost:5432)[tpch]> EXPLAIN ANALYZE
> SELECT SUM(l_discount) FROM lineitem
> WHERE l_shipdate < date '1998-12-01';
                                          QUERY PLAN
----------------------------------------------------------------------------------
 Finalize Aggregate  (cost=1003474.15..1003474.16 rows=1 width=32) (actual
time=4857.695..4862.283 rows=1 loops=1)
   ->  Gather  (cost=1003473.40..1003474.11 rows=7 width=32) (actual
time=4857.360..4862.257 rows=8 loops=1)
         Workers Planned: 7
```

```
         Workers Launched: 7
         -> Partial Aggregate  (cost=1002473.40..1002473.41 rows=1 width=32) (actual
time=4804.577..4804.579 rows=1 loops=8)
               -> Parallel Seq Scan on lineitem  (cost=0.00..985339.00 rows=6853761
width=4) (actual time=2.390..4291.314 rows=5998603 loops=8)
                     Filter: (l_shipdate < '1998-12-01'::date)
                     Rows Removed by Filter: 23
 Planning Time: 10.234 ms
 Execution Time: 4862.388 ms
```

HINWEIS: Beachten Sie, dass der Query Optimizer nicht in jedem Fall eine Aggregation parallelisiert. Die finale Aggregation läuft im Master-Prozess seriell und kann deshalb für eine große Anzahl von Gruppen aufwendig werden. Entscheidend ist das Verhältnis von Sätzen pro Gruppe zur Gesamtanzahl der Gruppen.

14.6.3.3 Parallele Joins

Parallele Vereinigungen tragen entscheidend zur Performance-Steigerung von SQL-Anweisungen bei. Abhängig von der Methode, können die unterliegenden Operationen ebenfalls parallel ausgeführt werden. Eine parallele Ausführung steht für alle drei Methoden zur Verfügung:

- *Nested Loop Join:* Der innere Loop ist in der Regel ein Index.Scan. Er wird als nichtparalleler Prozess ausgeführt. Die äußere Tabelle wird aufgeteilt und von den Worker-Prozessen durchlaufen.
- *Hash Join:* Die Hash-Tabelle wird in einem parallelen Prozess gebildet. Es entsteht eine geteilte Hash-Tabelle, die in die Worker-Prozesse für die parallelen Join-Operationen eingeht. Im Ausführungsplan erscheint die Zeile „Parallel Hash". Das Erstellen der Hash-Tabelle kann auch sequenziell durch den Master-Prozess erfolgen. Diese wird dann auf die Worker-Prozesse aufgeteilt.
- *Merge Join:* Der innere Durchlauf ist immer ein nichtparalleler Prozess. Generell ist ein Merge Join für die parallele Ausführung weniger gut geeignet, verglichen mit den anderen Join-Methoden. In der Praxis sieht man sehr selten parallele Operationen in Zusammenhang mit Merge Joins.

Im Ausführungsplan in Listing 14.41 wird die äußere Schleife im Nested Loop Join über die Tabelle *customer* parallelisiert. Es wird ein Parallel Sequential Scan ausgeführt und die Worker-Prozesse führen die Vereinigung parallel aus. Wie erwartet, erfolgen die inneren Loops nichtparallel mit Zugriff auf den Index. Für die Zusammenführung der Ergebnisse erfolgt eine Vorsortierung nach *c_name*. Die Aggregation wird ebenfalls parallel ausgeführt. Damit zieht sich die Parallelisierung durch den gesamten Ausführungsplan.

Listing 14.41 Paralleler Nested Loop Join

```
(postgres@localhost:5432)[tpch]> EXPLAIN ANALYZE
> SELECT c.c_name, count(o.o_orderkey)
> FROM customer c, orders o
> WHERE c.c_custkey = o.o_custkey
```

```
> AND c.c_custkey < 1000
> GROUP BY c.c_name;
                                    QUERY PLAN
-------------------------------------------------------------------------------------
 Finalize GroupAggregate  (cost=50534.24..51052.83 rows=969 width=27) (actual
time=98.951..100.633 rows=666 loops=1)
   Group Key: c.c_name
   ->  Gather Merge  (cost=50534.24..51023.76 rows=3876 width=27) (actual
time=98.944..100.445 rows=666 loops=1)
         Workers Planned: 4
         Workers Launched: 4
         ->  Partial GroupAggregate  (cost=49534.18..49562.04 rows=969 width=27)
(actual time=60.251..60.536 rows=133 loops=5)
               Group Key: c.c_name
               ->  Sort  (cost=49534.18..49540.24 rows=2422 width=23) (actual
time=60.246..60.303 rows=1982 loops=5)
                     Sort Key: c.c_name
                     Sort Method: quicksort  Memory: 1159kB
                     Worker 0:  Sort Method: quicksort  Memory: 25kB
                     Worker 1:  Sort Method: quicksort  Memory: 25kB
                     Worker 2:  Sort Method: quicksort  Memory: 25kB
                     Worker 3:  Sort Method: quicksort  Memory: 25kB
                     ->  Nested Loop  (cost=0.43..49398.04 rows=2422 width=23)
(actual time=40.589..59.153 rows=1982 loops=5)
                           ->  Parallel Seq Scan on customer c  (cost=0.00..32416.00
rows=242 width=23) (actual time=40.579..54.149 rows=200 loops=5)
                                 Filter: (c_custkey < 1000)
                                 Rows Removed by Filter: 239800
                           ->  Index Scan using idx_orders_custkey on orders o
(cost=0.43..70.00 rows=17 width=8) (actual time=0.003..0.024 rows=10 loops=999)
                                 Index Cond: (o_custkey = c.c_custkey)
 Planning Time: 0.427 ms
 Execution Time: 100.968 ms
```

Die Hash Joins in Listing 14.42 werden parallel ausgeführt. Beginnend mit parallelen sequenziellen Scans setzt sich die parallele Verarbeitung über die Hash Joins fort und endet in parallelen Aggregierungen. Eine nichtparallele Ausführung benötigt die vier- bis fünffache Zeit.

Listing 14.42 Paralleler Hash Join

```
(postgres@localhost:5432)[tpch]> EXPLAIN ANALYZE
> SELECT n.n_name, sum(l.l_tax)
> FROM nation n, customer c, orders o, lineitem l
> WHERE c.c_nationkey = n.n_nationkey
> AND o.o_custkey = c.c_custkey
> AND l.l_orderkey = o.o_orderkey
> GROUP BY n.n_name
> ORDER BY 2 DESC;
                                QUERY PLAN
------------------------------------------------------------------------------------
 Sort  (cost=1358699.47..1358699.53 rows=25 width=61) (actual
time=12112.585..12251.117 rows=25 loops=1)
   Sort Key: (sum(l.l_tax)) DESC
   Sort Method: quicksort  Memory: 26kB
   ->  Finalize GroupAggregate  (cost=1358675.76..1358698.89 rows=25 width=61)
(actual time=12112.030..12250.946 rows=25 loops=1)
         Group Key: n.n_name
```

```
         ->  Gather Merge  (cost=1358675.76..1358697.26 rows=175 width=61) (actual
time=12111.966..12250.708 rows=200 loops=1)
               Workers Planned: 7
               Workers Launched: 7
               ->  Sort  (cost=1357675.64..1357675.71 rows=25 width=61) (actual
time=12044.423..12044.431 rows=25 loops=8)
                     Sort Key: n.n_name
                     Sort Method: quicksort  Memory: 28kB
                     Worker 0:  Sort Method: quicksort  Memory: 28kB
                     Worker 1:  Sort Method: quicksort  Memory: 28kB
                     Worker 2:  Sort Method: quicksort  Memory: 28kB
                     Worker 3:  Sort Method: quicksort  Memory: 28kB
                     Worker 4:  Sort Method: quicksort  Memory: 28kB
                     Worker 5:  Sort Method: quicksort  Memory: 28kB
                     Worker 6:  Sort Method: quicksort  Memory: 28kB
                     ->  Partial HashAggregate  (cost=1357674.75..1357675.06 rows=25
width=61) (actual time=12044.253..12044.271 rows=25 loops=8)
                           Group Key: n.n_name
                           Batches: 1  Memory Usage: 32kB
                           Worker 0:  Batches: 1  Memory Usage: 32kB
                           Worker 1:  Batches: 1  Memory Usage: 32kB
                           Worker 2:  Batches: 1  Memory Usage: 32kB
                           Worker 3:  Batches: 1  Memory Usage: 32kB
                           Worker 4:  Batches: 1  Memory Usage: 32kB
                           Worker 5:  Batches: 1  Memory Usage: 32kB
                           Worker 6:  Batches: 1  Memory Usage: 32kB
                           ->  Hash Join  (cost=298148.56..1323392.35 rows=6856480
width=33) (actual time=1972.958..10151.945 rows=5998626 loops=8)
                                 Hash Cond: (c.c_nationkey = n.n_nationkey)
                                 ->  Parallel Hash Join  (cost=298147.00..1302341.40
rows=6856480 width=8) (actual time=1972.003..9103.907 rows=5998626 loops=8)
                                       Hash Cond: (o.o_custkey = c.c_custkey)
                                       ->  Parallel Hash Join
(cost=262731.00..1248927.07 rows=6856480 width=8) (actual time=1748.957..6786.734
rows=5998626 loops=8)
                                             Hash Cond: (l.l_orderkey = o.o_orderkey)
                                             ->  Parallel Seq Scan on lineitem l
(cost=0.00..968197.80 rows=6856480 width=8) (actual time=2.132..2559.848 rows=5998626
loops=8)
                                             ->  Parallel Hash
(cost=232731.00..232731.00 rows=2400000 width=8) (actual time=1741.467..1741.468
rows=1500000 loops=8)
                                                   Buckets: 16777216  Batches: 1
Memory Usage: 600640kB
                                                   ->  Parallel Seq Scan on orders o
(cost=0.00..232731.00 rows=2400000 width=8) (actual time=3.065..961.804 rows=1500000
loops=8)
                                       ->  Parallel Hash  (cost=31666.00..31666.00
rows=300000 width=8) (actual time=221.841..221.842 rows=150000 loops=8)
                                             Buckets: 2097152  Batches: 1  Memory
Usage: 63488kB
                                             ->  Parallel Seq Scan on customer c
(cost=0.00..31666.00 rows=300000 width=8) (actual time=0.899..168.108 rows=150000
loops=8)
                                 ->  Hash  (cost=1.25..1.25 rows=25 width=33) (actual
time=0.869..0.870 rows=25 loops=8)
                                       Buckets: 1024  Batches: 1  Memory Usage: 10kB
                                       ->  Seq Scan on nation n  (cost=0.00..1.25
rows=25 width=33) (actual time=0.828..0.831 rows=25 loops=8)
```

```
 Planning Time: 2.177 ms
 Execution Time: 12252.418 ms
(postgres@localhost:5432)[tpch]> SET max_parallel_workers=0;
SET
. . .
               Workers Planned: 7
               Workers Launched: 0
Planning Time: 16.407 ms
Execution Time: 52289.378 ms
```

Eine der empfohlenen SQL-Anweisungen aus dem TPC-H-Test erzeugt einen Merge Join (siehe Listing 14.43). Alle unterliegenden Operationen werden parallel ausgeführt. Der Merge Join bildet die letzte Vereinigung im Gesamtprozess und wird seriell ausgeführt.

Interessant ist in diesem Zusammenhang, dass der Query Optimizer beim Merge Join nur vier Worker-Prozesse benutzt. Dem gegenüber stehen sieben (Anzahl der physikalischen Cores minus eins) bei den anderen Join-Methoden. Das bestätigt die getroffene Aussage, dass Parallelisierung für Merge Joins weniger Effekte für die Performance bringt. Die Stärke des Merge Join liegt darin, dass beide Tabellen nur einmal durchlaufen werden. Eine Parallelisierung bringt in diesem Zusammenhang wenig.

Listing 14.43 Paralleler Ausführungsplan für einen Merge Join

```
(postgres@localhost:5432)[tpch]> EXPLAIN ANALYZE
> SELECT s_acctbal, s_name, n_name, p_partkey, p_mfgr,
> s_address, s_phone, s_comment
> FROM part, supplier, partsupp, nation, region
> WHERE p_partkey = ps_partkey
> AND s_suppkey = ps_suppkey
> AND p_size = 36
> AND p_type like '%BRASS'
> AND s_nationkey = n_nationkey
> AND n_regionkey = r_regionkey
> AND r_name = 'AMERICA'
> AND ps_supplycost = (
>   SELECT min(ps_supplycost)
>   FROM partsupp, supplier, nation, region
>   WHERE p_partkey = ps_partkey
>   AND s_suppkey = ps_suppkey
>   AND s_nationkey = n_nationkey
>   AND n_regionkey = r_regionkey
>   AND r_name = 'AMERICA'
> )
> ORDER BY s_acctbal desc, n_name, s_name, p_partkey;
                                   QUERY PLAN
--------------------------------------------------------------------------------
 Sort  (cost=995238.73..995238.73 rows=1 width=195) (actual time=8454.668..8455.216
rows=3811 loops=1)
   Sort Key: supplier.s_acctbal DESC, nation.n_name, supplier.s_name, part.p_partkey
   Sort Method: quicksort  Memory: 1126kB
   -> Merge Join  (cost=290185.16..995238.72 rows=1 width=195) (actual
time=7911.113..8451.237 rows=3811 loops=1)
         Merge Cond: (part.p_partkey = partsupp.ps_partkey)
         Join Filter: (partsupp.ps_supplycost = (SubPlan 1))
         Rows Removed by Join Filter: 1297
         -> Gather Merge  (cost=1000.49..66066.92 rows=6166 width=30) (actual
time=43.713..46.043 rows=6437 loops=1)
```

```
            Workers Planned: 4
            Workers Launched: 4
            ->  Parallel Index Scan using part_pkey on part  (cost=0.43..64332.43
rows=1542 width=30) (actual time=0.944..165.133 rows=1287 loops=5)
                Filter: (((p_type)::text ~~ '%BRASS'::text) AND (p_size = 36))
                Rows Removed by Filter: 318713
      ->  Sort  (cost=289163.56..292363.56 rows=1280000 width=175) (actual
time=7867.044..8134.833 rows=1289453 loops=1)
            Sort Key: partsupp.ps_partkey
            Sort Method: quicksort  Memory: 385103kB
            ->  Nested Loop  (cost=33.66..159322.20 rows=1280000 width=175)
(actual time=0.512..7252.974 rows=1289760 loops=1)
                  ->  Nested Loop  (cost=33.23..1746.29 rows=16000 width=169)
(actual time=0.462..71.037 rows=16122 loops=1)
                        ->  Nested Loop  (cost=0.14..13.95 rows=5 width=33)
(actual time=0.061..0.095 rows=5 loops=1)
                              Join Filter: (nation.n_regionkey = region.r_
regionkey)
                              Rows Removed by Join Filter: 20
                              ->  Index Scan using nation_pkey on nation
(cost=0.14..12.51 rows=25 width=37) (actual time=0.030..0.042 rows=25 loops=1)
                              ->  Materialize  (cost=0.00..1.07 rows=1 width=4)
(actual time=0.001..0.001 rows=1 loops=25)
                                    ->  Seq Scan on region  (cost=0.00..1.06
rows=1 width=4) (actual time=0.022..0.023 rows=1 loops=1)
                                          Filter: (r_name = 'AMERICA'::bpchar)
                                          Rows Removed by Filter: 4
                        ->  Bitmap Heap Scan on supplier  (cost=33.09..314.47
rows=3200 width=144) (actual time=0.316..13.214 rows=3224 loops=5)
                              Recheck Cond: (s_nationkey = nation.n_nationkey)
                              Heap Blocks: exact=7529
                              ->  Bitmap Index Scan on idx_supplier_nation_key
(cost=0.00..32.29 rows=3200 width=0) (actual time=0.186..0.186 rows=3224 loops=5)
                                    Index Cond: (s_nationkey = nation.n_nationkey)
                  ->  Index Scan using idx_partsupp_suppkey on partsupp
(cost=0.43..9.06 rows=79 width=14) (actual time=0.013..0.436 rows=80 loops=16122)
                        Index Cond: (ps_suppkey = supplier.s_suppkey)
      SubPlan 1
        ->  Aggregate  (cost=128.42..128.43 rows=1 width=32) (actual
time=0.032..0.032 rows=1 loops=5108)
              ->  Nested Loop  (cost=0.86..128.41 rows=3 width=6) (actual
time=0.021..0.029 rows=2 loops=5108)
                    Join Filter: (nation_1.n_regionkey = region_1.r_regionkey)
                    Rows Removed by Join Filter: 2
                    ->  Seq Scan on region region_1  (cost=0.00..1.06 rows=1
width=4) (actual time=0.001..0.001 rows=1 loops=5108)
                          Filter: (r_name = 'AMERICA'::bpchar)
                          Rows Removed by Filter: 4
                    ->  Nested Loop  (cost=0.86..127.17 rows=14 width=10) (actual
time=0.015..0.028 rows=4 loops=5108)
                          ->  Nested Loop  (cost=0.72..125.02 rows=14 width=10)
(actual time=0.014..0.024 rows=4 loops=5108)
                                ->  Index Scan using idx_partsupp_partkey on
partsupp partsupp_1  (cost=0.43..8.68 rows=14 width=10) (actual time=0.011..0.012
rows=4 loops=5108)
                                      Index Cond: (ps_partkey = part.p_partkey)
                                ->  Index Scan using supplier_pkey on supplier
supplier_1  (cost=0.29..8.31 rows=1 width=8) (actual time=0.003..0.003 rows=1
loops=20432)
```

```
                                              Index Cond: (s_suppkey = partsupp_1.ps_
suppkey)
                                  ->  Index Scan using nation_pkey on nation nation_1
(cost=0.14..0.16 rows=1 width=8) (actual time=0.001..0.001 rows=1 loops=20432)
                                        Index Cond: (n_nationkey = supplier_1.s_nationkey)
 Planning Time: 37.792 ms
 Execution Time: 8475.469 ms
```

14.6.3.4 Parallel Append

Parallel Append kann überall dort angewandt werden, wo mehrere unabhängige Subqueries oder Teilschritte im Ausführungsplan ausgeführt werden. Es ist häufig bei Abfragen mit UNION ALL zu sehen. Die SQL-Anweisung in Listing 14.44 besteht aus zwei Anweisungen, die mit UNION ALL zusammengeführt werden. Der Optimizer hat sich deshalb für zwei parallele Worker-Prozesse entschieden. Mit dem Schritt „Parallel Append" werden die Ergebnisse am Ende zusammengeführt.

Im Normalfall skalieren solche SQL-Anweisungen sehr gut mit wachsender Anzahl von Subqueries. Allerdings gilt auch hier, wenn das I/O-Subsystem an die Grenzen stößt, ist die Performance-Steigerung sehr begrenzt und es ist eher sinnvoll, den Grad der Parallelität zu begrenzen.

Listing 14.44 Ausführungsplan mit „Parallel Append"

```
(postgres@localhost:5432)[postgres]> \c tpch
You are now connected to database "tpch" as user "Lutz".
(Lutz@localhost:5432)[tpch]> EXPLAIN ANALYZE
> SELECT SUM(l_quantity)
> FROM lineitem
> WHERE l_shipdate <= DATE '1998-11-01'
> UNION ALL
> SELECT SUM(l_quantity)
> FROM lineitem
> WHERE l_shipdate <= DATE '2000-11-01';
                                          QUERY PLAN
--------------------------------------------------------------------------------
 Gather  (cost=1620076.15..1620563.63 rows=2 width=32) (actual
time=13403.437..13403.512 rows=2 loops=1)
   Workers Planned: 2
   Workers Launched: 2
   ->  Parallel Append  (cost=1619076.15..1619563.43 rows=1 width=32) (actual
time=8810.831..8810.929 rows=1 loops=3)
         ->  Aggregate  (cost=1619563.40..1619563.41 rows=1 width=32) (actual
time=13029.508..13029.509 rows=1 loops=1)
               ->  Seq Scan on lineitem  (cost=0.00..1499575.00 rows=47995360
width=5) (actual time=3.428..9305.022 rows=47989007 loops=1)
                     Filter: (l_shipdate <= '2000-11-01'::date)
         ->  Aggregate  (cost=1619076.15..1619076.16 rows=1 width=32) (actual
time=13402.975..13402.975 rows=1 loops=1)
               ->  Seq Scan on lineitem lineitem_1  (cost=0.00..1499575.00
rows=47800459 width=5) (actual time=0.081..9760.995 rows=47911393 loops=1)
                     Filter: (l_shipdate <= '1998-11-01'::date)
                     Rows Removed by Filter: 77614
 Planning Time: 8.695 ms
 Execution Time: 13403.648 ms
```

14.6.3.5 Pläne für partitionierte Tabellen

Partitionierte Tabellen verfügen über eine Trennung der Daten nach dem Partitionsschlüssel. Diesen Umstand kann sich das parallele SQL sehr gut zu Nutze machen. PostgreSQL hält dafür das Feature *Partitionwise Join* bereit. Auch wenn die Tabellen in Listing 14.45 künstlich erzeugt sind, gibt es in der Praxis häufig Beispiele, für die sich die Schlüssel von Partitionen verbinden lassen.

Jede der Tabellen besteht aus drei Partitionen, die einzeln mit einem Hash Join verbunden werden. Diese Operationen laufen parallel ab und die Ergebnisse werden mit einem Parallel Append zusammengeführt. Für jede Partition führt PostgreSQL außerdem einen Parallel Sequential Scan mit zwei Worker-Prozessen durch. Es findet quasi innerhalb der Parallelisierung über die Partitionen eine weitere Parallelisierung statt. Solche Möglichkeiten sind extrem wichtig für sehr große Datenbanken und Abfragen im Data-Warehouse-Umfeld. PostgreSQL ist auf Grund dieser Möglichkeiten dafür sehr gut geeignet.

HINWEIS: Beachten Sie, dass das Feature *Partitionwise Join* eingeschaltet werden muss. Der Parameter *enable_partitiOnwise_join* steht standardmäßig auf „off".

Listing 14.45 Partitionwise Join

```
(postgres@localhost:5432)[tpch]> EXPLAIN ANALYZE
> SELECT * FROM part1, part2
> WHERE part1.a = part2.b AND part1.b = 0 AND part2.b BETWEEN 0 AND 2000000;
                                        QUERY PLAN
-----------------------------------------------------------------------------------
Gather  (cost=32697.01..96142.05 rows=3 width=164) (actual time=332.550..336.738
rows=0 loops=1)
   Workers Planned: 2
   Workers Launched: 2
   ->  Parallel Append  (cost=31697.01..95141.75 rows=3 width=164) (actual
time=291.537..291.546 rows=0 loops=3)
         ->  Parallel Hash Join  (cost=31697.01..31713.91 rows=1 width=164) (actual
time=101.599..101.603 rows=0 loops=3)
               Hash Cond: (part2_2.b = part1_2.a)
               ->  Parallel Seq Scan on part2_p2 part2_2  (cost=0.00..16.88 rows=2
width=76) (never executed)
                     Filter: ((b >= 0) AND (b <= 2000000))
               ->  Parallel Hash  (cost=31697.00..31697.00 rows=1 width=88) (actual
time=101.447..101.447 rows=0 loops=3)
                     Buckets: 1024  Batches: 1  Memory Usage: 0kB
                     ->  Parallel Seq Scan on part1_p2 part1_2  (cost=0.00..31697.00
rows=1 width=88) (actual time=101.438..101.438 rows=0 loops=3)
                           Filter: (b = 0)
                           Rows Removed by Filter: 333333
         ->  Parallel Hash Join  (cost=31697.01..31713.91 rows=1 width=164) (actual
time=141.924..141.927 rows=0 loops=2)
               Hash Cond: (part2_3.b = part1_3.a)
               ->  Parallel Seq Scan on part2_p3 part2_3  (cost=0.00..16.88 rows=2
width=76) (never executed)
                     Filter: ((b >= 0) AND (b <= 2000000))
               ->  Parallel Hash  (cost=31697.00..31697.00 rows=1 width=88) (actual
time=141.646..141.647 rows=0 loops=2)
```

```
                     Buckets: 1024  Batches: 1  Memory Usage: 0kB
                     ->  Parallel Seq Scan on part1_p3 part1_3  (cost=0.00..31697.00
rows=1 width=88) (actual time=141.638..141.638 rows=0 loops=2)
                           Filter: (b = 0)
                           Rows Removed by Filter: 500000
         ->  Parallel Hash Join  (cost=31697.01..31713.91 rows=1 width=164) (actual
time=285.870..285.872 rows=0 loops=1)
               Hash Cond: (part2_1.b = part1_1.a)
               ->  Parallel Seq Scan on part2_p1 part2_1  (cost=0.00..16.88 rows=2
width=76) (never executed)
                     Filter: ((b >= 0) AND (b <= 2000000))
               ->  Parallel Hash  (cost=31697.00..31697.00 rows=1 width=88) (actual
time=285.764..285.765 rows=0 loops=1)
                     Buckets: 1024  Batches: 1  Memory Usage: 0kB
                     ->  Parallel Seq Scan on part1_p1 part1_1  (cost=0.00..31697.00
rows=1 width=88) (actual time=285.759..285.759 rows=0 loops=1)
                           Filter: (b = 0)
                           Rows Removed by Filter: 999999
 Planning Time: 5.620 ms
 Execution Time: 336.863 ms
```

14.6.4 Logging von SQL-Anweisungen

PostgreSQL bietet die Möglichkeit, SQL-Anweisungen im Serverlog zu protokollieren. Mit Hilfe des Parameters *log_statement* kann das Logging eingeschaltet werden. Es empfiehlt sich, zusätzlich den Parameter *log_duration* auf „on" zu setzen, um die Ausführungszeit der SQL-Anweisungen mit zu protokollieren.

Am Anfang des Kapitels haben wir uns bereits die neue Query-ID angesehen. Ist sie aktiviert, wird sie ebenfalls mit protokolliert. Damit kann die SQL-Anweisung für Performance-Analysen in den Statistiken eindeutig und schnell identifiziert werden.

TIPP: Machen Sie sich die Optionen des SQL-Logging zu Nutze und setzen Sie den Parameter *log_line_prefix* auf die Bedürfnisse der SQL-Optimierung und Überwachung an. Der Wert „%Q" steht für die Query-ID.

Das folgende Beispiel liefert wertvolle Informationen im Log-Präfix:

```
log_line_prefix='%t [%p]: user=%u,database=%d,application=%a,client=%h,query_id=%Q '
```

Das so gesetzte Präfix sehen Sie in Listing 14.46. Neben der Query-ID sind Informationen über den Client enthalten.

Listing 14.46 Logging von SQL-Anweisungen mit Query-ID

```
2021-11-23 19:23:29 CET [12464]: user=Lutz,database=tpch,application=DBeaver 21.2.5
- SQLEditor <xx.sql>,client=127.0.0.1,query_id=-2108910376244566385 LOG:  duration:
764.842 ms
2021-11-23 19:23:30 CET [12464]: user=Lutz,database=tpch,application=DBeaver 21.2.5
- SQLEditor <xx.sql>,client=127.0.0.1,query_id=6195812032303827112 LOG:  duration:
0.144 ms
```

```
2021-11-23 19:23:30 CET [12464]: user=Lutz,database=tpch,application=DBeaver 21.2.5
- SQLEditor <xx.sql>,client=127.0.0.1,query_id=6195812032303827112 LOG:  duration:
0.229 ms
```

Mit Hilfe der Query-ID aus dem Server-Log lassen sich Informationen und Statistiken über ein SQL-Statement in der View *pg_stat_statements* abfragen.

Listing 14.47 Abfrage der View *pg_stat_statements* über die Query-ID

```
(postgres@localhost:5432)[tpch]> SELECT * FROM pg_stat_statements
> WHERE queryid = 4244146304324647869;
-[ RECORD 1 ]-------+--------------------------------------------------------------
userid              | 10
dbid                | 16499
toplevel            | t
queryid             | 4244146304324647869
query               | COPY customer FROM 'C:\Software\pg_tpch-master\dss\customer.
tbl' WITH (FORMAT csv, DELIMITER '|')
plans               | 0
total_plan_time     | 0
min_plan_time       | 0
max_plan_time       | 0
mean_plan_time      | 0
stddev_plan_time    | 0
calls               | 1
total_exec_time     | 5006.8814
min_exec_time       | 5006.8814
max_exec_time       | 5006.8814
mean_exec_time      | 5006.8814
stddev_exec_time    | 0
rows                | 1200000
shared_blks_hit     | 66768
shared_blks_read    | 9
shared_blks_dirtied | 28674
shared_blks_written | 55284
local_blks_hit      | 0
local_blks_read     | 0
local_blks_dirtied  | 0
local_blks_written  | 0
temp_blks_read      | 0
temp_blks_written   | 0
blk_read_time       | 0.1732
blk_write_time      | 233.485
wal_records         | 36250
wal_fpi             | 0
wal_bytes           | 206458586
```

15 Einsatz großer Datenbanken

Die durchschnittliche Größe von Datenbanken hat in den letzten Jahren deutlich zugenommen und der Trend für die Zukunft zeigt weiter nach oben. Datenbanksysteme sind der Schlüssel und die Basis aller Informationen. Es gibt kaum eine Applikation, die keine Datenbank verwendet. Die Möglichkeit der strukturierten und sicheren Ablage hat dazu geführt, dass kaum Daten außerhalb von Datenbanken gespeichert werden. Relationale Datenbanksysteme sind immer noch in der Überzahl, auch wenn sich die Art und Weise der Speicherung von Daten in der Zukunft ändern wird.

PostgreSQL ist in der Lage, große Datenbanken robust und performant zu verwalten. Für alle Systeme gilt, dass der Umgang mit sehr großen Datenbanken eigenen Gesetzen unterliegt und spezielle Features benötigt werden.

Die Planung für den Einsatz großer Datenbanken beginnt beim Design der Infrastruktur sowie der Applikationen. Häufig, aber nicht ausschließlich, begegnet man großen Datenbanken im Data Warehouse-Umfeld.

Das ständige Wachstum des Datenbestands sowie der Anzahl von konkurrierenden Benutzern stellt Hersteller, Designer und Administratoren immer wieder vor neue Herausforderungen. Dazu kommt der Umstand, dass die Hardwarekomponenten in den letzten Jahren kaum schneller geworden sind. Die Taktfrequenz von CPU-Kernen stagniert seit Jahren. Im Zuge der „Green IT“ ist man eher dazu übergegangen, die Single CPU Clockspeed zu reduzieren, um den Energieverbrauch und die Wärmeentwicklung zu senken. Bei den I/O-Subsystemen drängen immer mehr Solid State Disks auf den Markt, die einen besseren Durchsatz gegenüber Disk-Spindeln haben, aber auch einige Nachteile mit sich bringen.

Um große Datenmengen in vertretbarer Zeit verarbeiten zu können, ist man dazu übergegangen, intelligente Softwarelösungen zu entwickeln, die Systeme größer zu machen und stark zu parallelisieren.

Die Firma Oracle hat die Oracle Database Machine (ODM Exadata) auf den Markt gebracht. Diese enthält unter vielen anderen Lösungen Smart Scans und Storage-Indexe, die physikalische I/O-Operationen stark reduzieren und eine virtuelle Durchsatzrate von vielen Gigabyte pro Sekunde ermöglichen. In-Memory-Datenbanksysteme sind populär, wenngleich noch teuer, da in der Regel die gesamte Datenbank in das Memory passen muss.

Features für die Parallelisierung von Prozessen und Operationen sind eine notwendige Voraussetzung für den Einsatz großer Datenbanken. Mit dem Wachstum des Datenbestands ist die Erhöhung des Parallelitätsgrads eine gute Möglichkeit für die Verbesserung der Skalierbarkeit.

Bei PostgreSQL war man in dieser Hinsicht nicht untätig und hat eine ganze Reihe neuer Features eingeführt. Zu den wichtigsten gehören:

- Partitionierung: Einführung des Native Partitioning in PostgreSQL 10
- Paralleles SQL: ständige Erweiterung der Funktionalität für paralleles SQL seit Version 10
- Materialized Views: Möglichkeit, mit aggregierten Daten zu arbeiten
- BRIN- und andere Indexe: intelligente Lösung, um große Datenmengen effektiv zu verarbeiten

15.1 Skalierung großer Datenbanken

PostgreSQL ist in der Lage, sehr große Datenbanken zu verwalten und effektiv zu verarbeiten. Viele Datenbanken wachsen sehr stark über die Zeit, so dass die Skalierbarkeit eine wichtige Rolle spielt.

Es gibt zwei Richtungen, in die skaliert werden kann:

- *Vertikale Skalierung (scale up)*: Datenbankserver werden mit mehr Ressourcen ausgestattet und die PostgreSQL-Konfiguration wird angepasst. Für virtuelle Server kann die Skalierung software-seitig vorgenommen werden, bis das Maximum erreicht ist. Hardware-Erweiterungen sind aufwendig und mit Downtime verbunden. Irgendwann stößt man an die Grenzen des Verfügbaren.
- *Horizontale Skalierung (scale out)*: Voraussetzung ist, dass PostgreSQL in einer Cluster-Umgebung läuft. Für die Datenverteilung wird „Data Sharding" eingesetzt. Die Erweiterung erfolgt durch Hinzunahme weiterer Clusterknoten. Die Skalierung ist sehr flexibel und kann sehr weit getrieben werden. Der Aufwand für die Erweiterung ist gering und kann ohne Betriebsunterbrechung erfolgen.

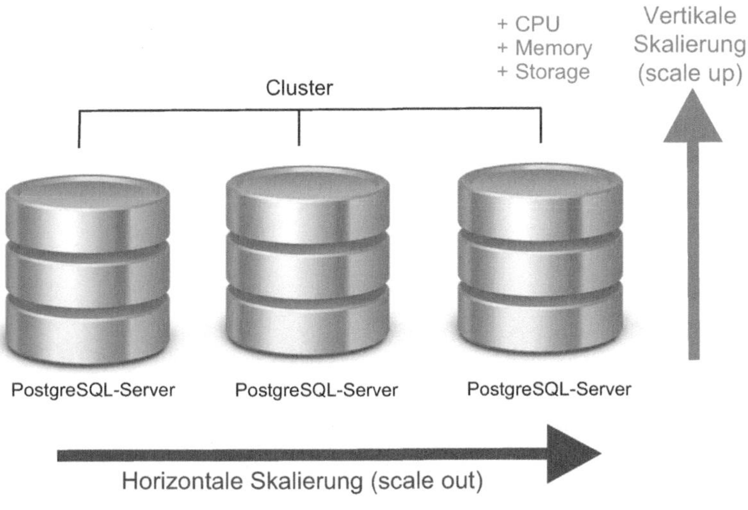

Bild 15.1 Skalierungsoptionen für große Datenbanken

Die Features für Parallelisierung in PostgreSQL dienen in erster Linie der vertikalen Skalierung. Viele Datenbanken starten mit einem PostgreSQL-Server und führen zunächst ein „Scale up" durch. Aber auch für Cluster-Lösungen, die horizontal erweitert werden, spielen die PostgreSQL-Features eine wichtige Rolle, da jeder Server in sich effektiv arbeiten muss, um im Cluster mit sehr großen Datenmenge den erforderlichen Durchsatz zu erreichen.

15.2 Partitionierung von Tabellen

Bis zur Version 10 stand als Methode zur Partitionierung von Tabellen nur die Funktionalität „Table Inheritance" zur Verfügung. Dabei wurden mehrere Tochtertabellen angelegt und die Konsistenz mithilfe von Check Constraints und Triggern gewährleistet. Diese Technologie hat einige entscheidende Nachteile. So müssen zum Beispiel INSERT-Anweisungen über Trigger an die Tochtertabellen weitergegeben werden, was klare Performance-Nachteile mit sich bringt. Mit der Version 10 wurde das „Native Table Partitioning" eingeführt.

Native Partitioning ist wesentlich performanter und verwendet eine effiziente Verteilungsmethode auf die Tochtertabellen. Es müssen keine Constraints und Trigger mehr gebildet werden. Das verbessert auch die Zuverlässigkeit und bietet zusätzliche Verwaltungsoptionen.

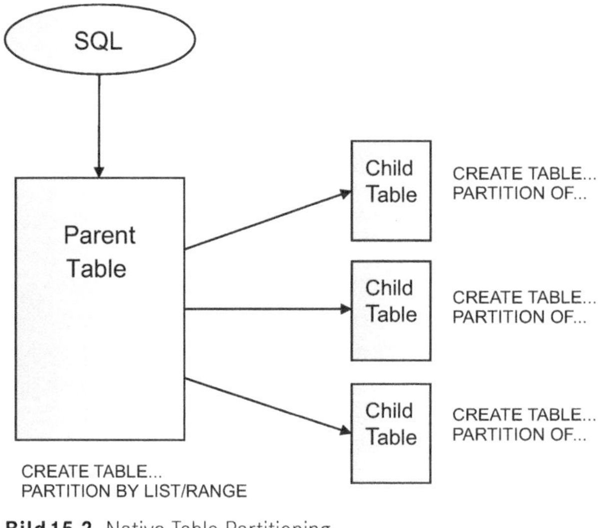

Bild 15.2 Native Table Partitioning

In der Version 14 stellt PostgreSQL die folgenden Partitionierungsmethoden zur Verfügung:

- *List Partitioning:* Die Partitionierung erfolgt durch Listen, die die Schlüssel enthalten. Dabei muss jeder Schlüssel explizit angegeben werden.
- *Range Partitioning:* Mit Hilfe einer oder mehrerer Schlüsselspalten wird die Tabelle in Bereiche unterteilt. Für die Bereiche gilt, dass die untere Grenze eingeschlossen und die obere Grenze ausgeschlossen ist.

- *Hash Partitioning:* Über den Partitionsschlüssel werden Hash-Werte gebildet. Aus dem Hash-Wert wird ein Modulo gebildet und damit entschieden, in welche Partition der Satz aufgenommen wird. Die Verteilung ist damit eher zufällig. Die Methode wird häufig verwendet, wenn sich keine geeigneten Schlüssel für List oder Range Partitioning finden lassen.

Beim List Partitioning werden den einzelnen Partitionen bestimmte Werte zugeordnet. Es gibt die Einschränkung, dass die Partitionierung nur auf Basis einer Spalte erfolgen kann. Zunächst wird die Elterntabelle mit der PARTITION BY-Klausel angelegt. Die Tabelle ist noch nicht funktionsfähig, es können keine Sätze eingefügt werden. Im nächsten Schritt werden die Tochtertabellen angelegt. Darin werden letztendlich die Daten gespeichert. Die Elterntabelle dient der Kommunikation mit der SQL-Anweisung sowie dem Routing in die einzelnen Partitionen. In Listing 15.1 finden Sie ein Beispiel für eine partitionierte Tabelle mit List Partitioning.

Listing 15.1 Eine Tabelle mit List Partitioning anlegen

```
(postgres@localhost:5432)[hanser]> CREATE TABLE employees (
> employee_id INT,
> department_id INT,
> first_name VARCHAR(30),
> last_name VARCHAR(30),
> hr_id INT,
> salary INT)
> PARTITION BY LIST(department_id);
CREATE TABLE
(postgres@localhost:5432)[hanser]> CREATE TABLE employees_p10
> PARTITION OF employees
> FOR VALUES IN (10);
CREATE TABLE
. . .
```

In psql kann die Definition der Elterntabelle einschließlich der zugehörigen Partitionen angezeigt werden (siehe Listing 15.2). Eine partitionierte Tabelle kann über die Spalte „relkind“ in der View *pg_class* identifiziert werden.

Listing 15.2 Definition einer partitionierten Tabelle anzeigen

```
(postgres@localhost:5432)[hanser]> \d+ employees
                        Partitioned table "public.employees"
    Column     |         Type          | Collation | Nullable | Default | Storage
---------------+-----------------------+-----------+----------+---------+----------
employee_id    | integer               |           |          |         | plain
department_id  | integer               |           |          |         | plain
first_name     | character varying(30) |           |          |         | extended
last_name      | character varying(30) |           |          |         | extended
hr_id          | integer               |           |          |         | plain
salary         | integer               |           |          |         | plain
Partition key: LIST (department_id)
Partitions: employees_p10 FOR VALUES IN (10),
            employees_p20 FOR VALUES IN (20),
            employees_p30 FOR VALUES IN (30)
(postgres@localhost:5432)[hanser]> SELECT relname, relpages, relkind
> FROM pg_class WHERE relname like 'employees%';
    relname    | relpages | relkind
---------------+----------+---------
```

```
 employees      |       0 | p
 employees_p10  |       0 | r
 employees_p20  |       0 | r
 employees_p30  |       0 | r
```

TIPP: In früheren Versionen war es nicht möglich, eine Default-Partition anzulegen. Der Versuch, Daten einzufügen, die nicht durch die Partitionsliste abgedeckt sind, führte zum Fehler. In PostgreSQL 14 kann eine Default-Partition angelegt werden, um Fehler bei der Ausführung zu vermeiden.

Listing 15.3 Eine Default-Partition für das List Partitioning anlegen

```
(postgres@localhost:5432)[hanser]> CREATE TABLE employees_default PARTITION OF
employees DEFAULT;
CREATE TABLE
(postgres@localhost:5432)[hanser]> INSERT INTO employees
> VALUES(1, 99, 'Rodger', 'Smith', 99999, 0);
INSERT 0 1
```

Für das Range Partitioning können Bereiche, also Minimal- und Maximalwert, für den Partitionsschlüssel angegeben werden. Im Gegensatz zum List Partitioning können mehrere Spalten als Partitionsschlüssel angegeben werden. Das Anlegen erfolgt analog zum List Partitioning. Zuerst muss die Elterntabelle und danach die partitionierten Tabellen angelegt werden (siehe Beispiel in Listing 15.4).

Listing 15.4 Eine Tabelle mit Range Partitioning anlegen

```
(postgres@localhost:5432)[hanser]> CREATE TABLE sales(
> sales_id INT,
> customer_id INT,
> product_id INT,
> sales_date DATE,
> amount NUMERIC(12,2))
> PARTITION BY RANGE (sales_date);
CREATE TABLE
(postgres@localhost:5432)[hanser]> CREATE TABLE sales_2021_01
> PARTITION OF sales
> FOR VALUES FROM ('2021-01-01') TO ('2021-02-01');
CREATE TABLE
(postgres@localhost:5432)[hanser]> CREATE TABLE sales_2021_02
> PARTITION OF sales
> FOR VALUES FROM ('2021-02-01') TO ('2021-03-01');
CREATE TABLE
. . .
(postgres@localhost:5432)[hanser]> \d+ sales
                           Partitioned table "public.sales"
   Column    |     Type      | Collation | Nullable | Default | Storage
-------------+---------------+-----------+----------+---------+---------
 sales_id    | integer       |           |          |         | plain
 customer_id | integer       |           |          |         | plain
 product_id  | integer       |           |          |         | plain
 sales_date  | date          |           |          |         | plain
 amount      | numeric(12,2) |           |          |         | main
```

```
Partition key: RANGE (sales_date)
Partitions: sales_2021_01 FOR VALUES FROM ('2021-01-01') TO ('2021-02-01'),
            sales_2021_02 FOR VALUES FROM ('2021-02-01') TO ('2021-03-01'),
            sales_2021_03 FOR VALUES FROM ('2021-03-01') TO ('2021-04-01'),
            sales_2021_04 FOR VALUES FROM ('2021-04-01') TO ('2021-05-01'),
            sales_2021_05 FOR VALUES FROM ('2021-05-01') TO ('2021-06-01'),
            sales_2021_06 FOR VALUES FROM ('2021-06-01') TO ('2021-07-01')
```

Hash Partitioning steht seit der Version 11 zur Verfügung. Die Verteilung basiert auf dem Hash-Wert, der aus dem Partitionsschlüssel ermittelt wird. Der Hash wird durch einen Integer-Wert geteilt. Das Modulo entscheidet, in welche Partition der Satz aufgenommen wird.

```
(postgres@localhost:5432)[hanser]> CREATE TABLE orderlines (
> orderlineid  int4,
> orderid      int4,
> prod_id      int4,
> quantity     int2,
> orderdate    date
> ) PARTITION BY HASH (orderid);
CREATE TABLE
(postgres@localhost:5432)[hanser]> CREATE TABLE orderlines_p1
> PARTITION OF orderlines
> FOR VALUES WITH (MODULUS 3, REMAINDER 0);
CREATE TABLE
(postgres@localhost:5432)[hanser]> CREATE TABLE orderlines_p2
> PARTITION OF orderlines
> FOR VALUES WITH (MODULUS 3, REMAINDER 1);
CREATE TABLE
(postgres@localhost:5432)[hanser]> CREATE TABLE orderlines_p3
> PARTITION OF orderlines
> FOR VALUES WITH (MODULUS 3, REMAINDER 2);
CREATE TABLE
(postgres@localhost:5432)[hanser]> \d+ orderlines
                        Partitioned table "public.orderlines"
   Column    |   Type   | Collation | Nullable | Default | Storage | Compression
-------------+----------+-----------+----------+---------+---------+-------------
 orderlineid | integer  |           |          |         | plain   |
 orderid     | integer  |           |          |         | plain   |
 prod_id     | integer  |           |          |         | plain   |
 quantity    | smallint |           |          |         | plain   |
 orderdate   | date     |           |          |         | plain   |
Partition key: HASH (orderid)
Partitions: orderlines_p1 FOR VALUES WITH (modulus 3, remainder 0),
            orderlines_p2 FOR VALUES WITH (modulus 3, remainder 1),
            orderlines_p3 FOR VALUES WITH (modulus 3, remainder 2)
```

HINWEIS: Für Tabellen mit Hash Partitioning kann keine Default-Partition angelegt werden. ■

Seit PostgreSQL Version 11 ist es möglich, einen Index auf der Master-Tabelle anzulegen. Dabei wird der Index automatisch auf allen Partitionen erstellt. Ein solcher globaler Index kann auch auf dem Partitionsschlüssel gebildet werden.

Listing 15.5 Einen globalen Index auf einer partitionierten Tabelle erstellen

```
(postgres@localhost:5432)[hanser]> CREATE INDEX ON employees(employee_id);
CREATE INDEX
(postgres@localhost:5432)[hanser]> \d+ employees
                    Partitioned table "public.employees"
    Column     |         Type          | Collation | Nullable | Default | Storage
---------------+-----------------------+-----------+----------+---------+----------
 employee_id   | integer               |           |          |         | plain
 department_id | integer               |           |          |         | plain
 first_name    | character varying(30) |           |          |         | extended
 last_name     | character varying(30) |           |          |         | extended
 hr_id         | integer               |           |          |         | plain
 salary        | integer               |           |          |         | plain
Partition key: LIST (department_id)
Indexes:
    "employees_employee_id_idx" btree (employee_id)
```

Fremdschlüssel können in partitionierten Tabellen angelegt werden. Auch Unique Constraints können gebildet werden. Diese müssen alle Spalten des Partitionsschlüssels enthalten.

Neben den Performance-Vorteilen bieten partitionierte Tabellen die Möglichkeit, Daten effektiv aus der Tabelle zu entfernen. Archivierung ist ein häufig vernachlässigtes Problem. Gerade im Data-Warehouse-Umfeld und für große Datenbanken spielt Archivierung eine wichtige Rolle. Mit der Verwendung von partitionierten Tabellen ist es möglich, Partitionen einfach und performant zu löschen oder von der Master-Tabelle zu entfernen. Eine Verarbeitung auf Satzebene ist wesentlich aufwendiger.

Eine Partitionierung nach Spalten vom Typ Datum oder Timestamp wird auch aus diesem Grund gerne vorgenommen. Am einfachsten erfolgt die Entfernung einer Partition mit dem Befehl DROP TABLE.

Listing 15.6 Eine Partition löschen

```
(postgres@localhost:5432)[hanser]> DROP TABLE sales_2021_01;
DROP TABLE
```

Eine Partition kann auch von der Tabelle entfernt und behalten werden. Diese kann dann entweder in der Datenbank verbleiben oder archiviert werden. Es besteht auch die Möglichkeit, die Partition auf günstigen Storage auszulagern.

Listing 15.7 Eine Partition herauslösen

```
(postgres@localhost:5432)[hanser]> ALTER TABLE sales
> DETACH PARTITION sales_2021_05;
ALTER TABLE
```

Partition Pruning ist eine Methode zur SQL-Optimierung für partitionierte Tabellen. PostgreSQL durchsucht nur die Partitionen, die laut WHERE-Bedingung relevant sind. Das Feature wird über den Parameter „*enable_partition_pruning*“ gesteuert. Der Default-Wert ist „on“.

Listing 15.8 Ausführungsplan mit Partition Pruning

```
(postgres@localhost:5432)[hanser]> EXPLAIN ANALYZE
> SELECT COUNT(*) FROM sales
> WHERE sales_date >= '2021-04-01';
                                      QUERY PLAN
-----------------------------------------------------------------------------------------
 Aggregate  (cost=60.80..60.80 rows=1 width=8) (actual time=0.016..0.017 rows=1
loops=1)
   ->  Append  (cost=0.00..58.53 rows=906 width=0) (actual time=0.012..0.013 rows=0
loops=1)
         ->  Seq Scan on sales_2021_04 sales_1  (cost=0.00..27.00 rows=453 width=0)
(actual time=0.007..0.007 rows=0 loops=1)
               Filter: (sales_date >= '2021-04-01'::date)
```

Der Scan in Listing 15.8 erfolgt nur in der relevanten Partition. Setzen wir den Parameter auf „off", so wie in Listing 15.9 , werden alle Partitionen der Tabelle gescannt.

Listing 15.9 Ausführungsplan mit Partition Pruning

```
(postgres@localhost:5432)[hanser]> SET enable_partition_pruning = off;
SET
(postgres@localhost:5432)[hanser]> EXPLAIN ANALYZE
> SELECT COUNT(*) FROM sales
> WHERE sales_date >= '2021-04-01';
                                        QUERY PLAN
-----------------------------------------------------------------------------------------
 Aggregate  (cost=121.59..121.60 rows=1 width=8) (actual time=0.024..0.025 rows=1
loops=1)
   ->  Append  (cost=0.00..117.06 rows=1812 width=0) (actual time=0.020..0.021 rows=0
loops=1)
         ->  Seq Scan on sales_2021_02 sales_1  (cost=0.00..27.00 rows=453 width=0)
(actual time=0.007..0.007 rows=0 loops=1)
               Filter: (sales_date >= '2021-04-01'::date)
         ->  Seq Scan on sales_2021_03 sales_2  (cost=0.00..27.00 rows=453 width=0)
(actual time=0.004..0.004 rows=0 loops=1)
               Filter: (sales_date >= '2021-04-01'::date)
         ->  Seq Scan on sales_2021_04 sales_3  (cost=0.00..27.00 rows=453 width=0)
(actual time=0.004..0.004 rows=0 loops=1)
               Filter: (sales_date >= '2021-04-01'::date)
         ->  Seq Scan on sales_2021_06 sales_4  (cost=0.00..27.00 rows=453 width=0)
(actual time=0.004..0.004 rows=0 loops=1)
               Filter: (sales_date >= '2021-04-01'::date)
```

HINWEIS: Partition Pruning funktioniert nur über den Partition Key, nicht über zusätzliche Indexe.

Zwei weitere Parameter, die SQL-Abfragen über partitionierte Tabellen beeinflussen, sind *enable_partitionwise_join* und *enable_partitionwise_aggregation*. Der Standardwert für beide Parameter ist „off". Werden die Features aktiviert, dann plant der Query Optimizer automatisch eine Ausführung mit parallelen Worker-Prozessen pro Partition.

Im Ausführungsplan in Listing 15.10 erfolgt die Aggregierung am Ende mit einem seriellen Prozess.

Listing 15.10 Serielle Aggregierung über die gesamte Tabelle

```
(postgres@localhost:5432)[hanser]> EXPLAIN ANALYZE
> SELECT sales_date, count(*)
> FROM sales
> GROUP BY sales_date;
                                          QUERY PLAN
-----------------------------------------------------------------------------------------
 HashAggregate  (cost=148.80..150.80 rows=200 width=12) (actual time=0.037..0.040
rows=0 loops=1)
   Group Key: sales.sales_date
   Batches: 1  Memory Usage: 40kB
   ->  Append  (cost=0.00..121.60 rows=5440 width=4) (actual time=0.033..0.035 rows=0
loops=1)
         ->  Seq Scan on sales_2021_02 sales_1  (cost=0.00..23.60 rows=1360 width=4)
(actual time=0.012..0.012 rows=0 loops=1)
         ->  Seq Scan on sales_2021_03 sales_2  (cost=0.00..23.60 rows=1360 width=4)
(actual time=0.004..0.004 rows=0 loops=1)
         ->  Seq Scan on sales_2021_04 sales_3  (cost=0.00..23.60 rows=1360 width=4)
(actual time=0.005..0.005 rows=0 loops=1)
         ->  Seq Scan on sales_2021_06 sales_4  (cost=0.00..23.60 rows=1360 width=4)
(actual time=0.009..0.010 rows=0 loops=1)
```

Wird das Feature aktiviert, erfolgt die Aggregierung am Ende der Scan-Prozesse pro Partition. Die Ergebnisse werden am Ende nur noch zusammengeführt.

Listing 15.11 Ausführungsplan mit partitionsweiser Aggregierung

```
(postgres@localhost:5432)[hanser]> SET enable_partitionwise_aggregate = on;
SET
(postgres@localhost:5432)[hanser]> EXPLAIN ANALYZE
> SELECT sales_date, count(*)
> FROM sales
> GROUP BY sales_date;
                                     QUERY PLAN
-----------------------------------------------------------------------------------------
 Append  (cost=30.40..133.60 rows=800 width=12) (actual time=0.029..0.032 rows=0
loops=1)
   ->  HashAggregate  (cost=30.40..32.40 rows=200 width=12) (actual time=0.016..0.016
rows=0 loops=1)
         Group Key: sales.sales_date
         Batches: 1  Memory Usage: 40kB
         ->  Seq Scan on sales_2021_02 sales  (cost=0.00..23.60 rows=1360 width=4)
(actual time=0.012..0.012 rows=0 loops=1)
   ->  HashAggregate  (cost=30.40..32.40 rows=200 width=12) (actual time=0.005..0.005
rows=0 loops=1)
         Group Key: sales_1.sales_date
         Batches: 1  Memory Usage: 40kB
         ->  Seq Scan on sales_2021_03 sales_1  (cost=0.00..23.60 rows=1360 width=4)
(actual time=0.004..0.004 rows=0 loops=1)
   ->  HashAggregate  (cost=30.40..32.40 rows=200 width=12) (actual time=0.004..0.004
rows=0 loops=1)
         Group Key: sales_2.sales_date
         Batches: 1  Memory Usage: 40kB
         ->  Seq Scan on sales_2021_04 sales_2  (cost=0.00..23.60 rows=1360 width=4)
(actual time=0.004..0.004 rows=0 loops=1)
   ->  HashAggregate  (cost=30.40..32.40 rows=200 width=12) (actual time=0.004..0.004
rows=0 loops=1)
```

```
        Group Key: sales_3.sales_date
        Batches: 1  Memory Usage: 40kB
        ->  Seq Scan on sales_2021_06 sales_3  (cost=0.00..23.60 rows=1360 width=4)
(actual time=0.004..0.004 rows=0 loops=1)
```

Für partitionierte Tabellen gelten in PostgreSQL 14 die folgenden Einschränkungen:

- Partitionen dürfen keine Spalten enthalten, die es nicht in der Master-Tabelle gibt.
- Check- und Null-Constraints der Partitionen werden von der Master-Tabelle abgeleitet.
- Unique Constraints und Primary Keys müssen alle Spalten des Partitionsschlüssels enthalten.
- INSERT-Trigger dürfen nicht die Auswahl der Partition beeinflussen.

15.3 Paralleles SQL

Die Entscheidung, ob eine SQL-Anweisung oder deren Operationsstufen parallel ausgeführt werden, trifft der Query-Planer (Optimizer).

Der EXPLAIN-Befehl gibt mit dem Ausführungsplan die Anzahl von parallelen Worker-Prozessen, die der Query-Planer bestimmt hat, zurück. Im Beispiel in Listing 15.12 hat sich der Query-Planer für zwei Worker-Prozesse entschieden, obwohl die Hardware mehr Systemressourcen zur Verfügung hat. Die Begrenzung kommt vom Parameter *max_parallel_workers_per_gather*, der standardmäßig auf dem Wert 2 steht.

Listing 15.12 Paralleles SQL auf einer großen Tabelle

```
(postgres@localhost:5432)[hanser]> EXPLAIN ANALYZE
> SELECT count(*) FROM big
> WHERE cont LIKE '%text%';
                                            QUERY PLAN
--------------------------------------------------------------------------------------
 Finalize Aggregate  (cost=267185.78..267185.79 rows=1 width=8) (actual
time=1822.405..1825.030 rows=1 loops=1)
   ->  Gather  (cost=267185.26..267185.77 rows=5 width=8) (actual
time=1822.312..1825.023 rows=3 loops=1)
         Workers Planned: 5
         Workers Launched: 2
         ->  Partial Aggregate  (cost=266185.26..266185.27 rows=1 width=8) (actual
time=1794.705..1794.705 rows=1 loops=3)
               ->  Parallel Seq Scan on big  (cost=0.00..256185.38 rows=3999950
width=0) (actual time=0.559..1585.300 rows=6666667 loops=3)
                     Filter: ((cont)::text ~~ '%text%'::text)
 Planning Time: 47.135 ms
 Execution Time: 1825.155 ms
```

Nach einer Erhöhung des Parameterwerts auf 8 wählt der Optimizer fünf parallele Worker-Prozesse (siehe Listing 15.13). Die Formulierung „Workers Planned“ im Ausführungsplan ist durchaus zutreffend. Es handelt sich um eine Einschätzung des Optimizer und eine Berücksichtigung der begrenzenden Parameter. Wenn während der Ausführung nicht genügend parallele Prozesse zur Verfügung stehen, werden entsprechend weniger gestartet.

Eine solche Begrenzung kann durch die Werte der Parameter *max_worker_processes* oder *max_parallel_workers* ausgelöst sein.

Listing 15.13 Parallelitätsgrad einer SQL-Abfrage erhöht

```
(postgres@localhost:5432)[hanser]> set max_parallel_workers=8;
SET
(postgres@localhost:5432)[hanser]> EXPLAIN ANALYZE
> SELECT count(*) FROM big
> WHERE cont LIKE '%text%';
                                      QUERY PLAN
-------------------------------------------------------------------------------------
 Finalize Aggregate  (cost=267185.78..267185.79 rows=1 width=8) (actual
time=977.517..981.550 rows=1 loops=1)
   ->  Gather  (cost=267185.26..267185.77 rows=5 width=8) (actual
time=977.283..981.540 rows=6 loops=1)
         Workers Planned: 5
         Workers Launched: 5
         ->  Partial Aggregate  (cost=266185.26..266185.27 rows=1 width=8) (actual
time=936.774..936.775 rows=1 loops=6)
               ->  Parallel Seq Scan on big  (cost=0.00..256185.38 rows=3999950
width=0) (actual time=0.722..822.148 rows=3333333 loops=6)
                     Filter: ((cont)::text ~~ '%text%'::text)
 Planning Time: 0.167 ms
 Execution Time: 981.617 ms
```

HINWEIS: Weitere Details zu parallelen Ausführungsplänen finden Sie in Kapitel 14.

Im Beispiel hat sich die Ausführungszeit halbiert. Dies liegt in der Natur der parallelen Verarbeitung. Jeder parallelisierte Prozess unterteilt sich in einen Anteil von parallelen Teilen und Teilen, die nicht parallelisiert werden können und damit sequenziell laufen (siehe Bild 15.3).

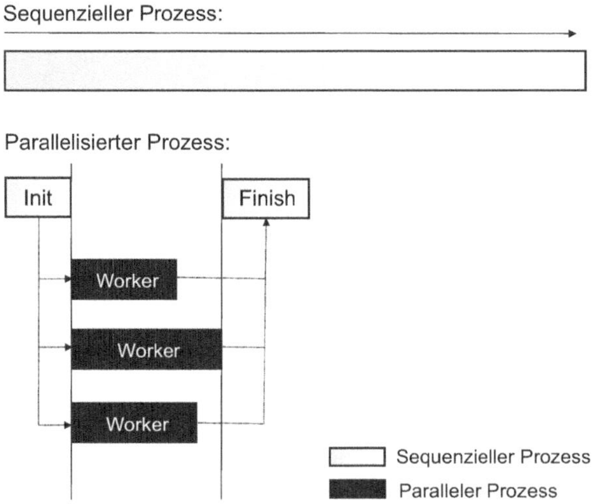

Bild 15.3
Das Prinzip parallelisierter Prozesse

HINWEIS: Tabellen müssen nicht zwangsläufig partitioniert sein. Paralleles SQL funktioniert auch mit nicht partitionierten Tabellen.

15.4 Materialized Views

Materialized Views sind eine wichtige Voraussetzung, um in großen Datenbanken die erwartete Performance erzielen zu können. Aggregierte Tabellen können nicht nur Ergebnisse in wesentlich kürzerer Zeit liefern, sondern schonen auch die Systemressourcen. In Data-Warehouse-Datenbanken sind aggregierte Tabellen häufig zu finden, aber nicht darauf beschränkt.

Auch Materialized Views verwenden das Rule System wie normale Views, allerdings werden die Ergebnisdaten in einer Tabelle gespeichert. Für eine Aufsummierung der Verkaufszahlen wird in Listing 15.14 eine Materialized View erstellt.

Listing 15.14 Eine Materialized View erstellen

```
(postgres@localhost:5432)[hanser]> CREATE MATERIALIZED VIEW sales_sum
> AS SELECT product_id, SUM(amount) FROM sales
> GROUP BY product_id;
SELECT 10
(postgres@localhost:5432)[hanser]> SELECT * FROM sales_sum ORDER BY 1;
 product_id |      sum
------------+---------------
          1 | 4998937727.53
          2 | 5000655752.32
          3 | 5000139515.57
. . .
 (10 rows)
Time: 0,996 ms
```

Leider stellt PostgreSQL keine inkrementelle Aktualisierung zur Verfügung. Um die Views aktuell zu halten, muss ein kompletter Refresh vorgenommen werden. Der Refresh-Befehl in Listing 15.15 muss manuell ausgeführt oder in einen Job eingebunden werden.

Listing 15.15 Eine Materiralized View aktualisieren

```
(postgres@localhost:5432)[hanser]> REFRESH MATERIALIZED VIEW sales_sum;
REFRESH MATERIALIZED VIEW
Time: 4876,981 ms (00:04,877)
```

Die Nachteile eines kompletten Refresh ist, dass ein erhöhter Ressourcenverbrauch stattfindet und eine lange Laufzeit auftreten kann. Ein Refresh kommt also einer Neuerstellung gleich. Während der Refresh (so wie in Listing 15.15) läuft, steht die View für Abfragen nicht zur Verfügung.

Mit der Option CONCURRENTLY können SQL-Anweisungen auf die View zugreifen, während der Refresh läuft. Der Refresh läuft länger, allerdings muss die Session mit der Abfrage nicht auf das Beenden der Refreshs warten. Voraussetzung für einen konkurrierenden Refresh ist, dass die Materialized View einen eindeutigen Index besitzt.

15.5 Indexe für große Tabellen

B-Tree-Indexe sind effizient, solange sie eine gewisse Größe nicht überschreiten. Sie wachsen nahezu linear mit der Tabelle und werden für sehr große Tabellen langsam und ineffektiv. Große B-Tree-Indexe müssen häufig von der Disk nachgeladen werden und Index-Scans laufen aufgrund der Tiefe der Verzweigungen vergleichsweise lang.

Seit der Version 9.5 gibt es Block-Range-Indexe (BRIN). In einem Block werden nicht einzelne Einträge von Spaltenwerten gespeichert, sondern es werden Datenblöcke indiziert. Für jeden Block werden ein Minimal- und ein Maximalwert in Form von Bitmaps gespeichert.

Der Vorteil eines BRIN-Index gegenüber einem B-Tree-Index liegt nicht nur in der kürzeren Laufzeit, sondern auch in der Größe des Index selbst. Sie beträgt nur einen Bruchteil. Gerade für große Tabellen erreicht die Summe der B-Tree-Indexe die Größe der Tabelle selbst. Eine detaillierte Beschreibung für BRIN-Indexe finden Sie in Kapitel 11.

TIPP: SQL-Abfragen in Data-Warehouse-Datenbanken benutzen aufgrund des großen Resultset häufig keine B-Tree-Indexe. Der Optimizer favorisiert dann Hash Joins mit Full Table Scans. Überprüfen Sie regelmäßig, ob die vorhandenen Indexe auch verwendet werden. Der Aufwand für die Pflege der großen Indexe ist enorm und kostet wertvolle Ressourcen.

16 PostGIS

PostGIS ist eine Extension von PostgreSQL. GIS steht für Geographic Information System, in Fachkreisen auch „Spatial System“ genannt. Das Wort „Spatial“ leitet sich vom lateinischen Wort „Spatium“ (Raum) ab. In den vergangenen Jahren hat die Anzahl von Anwendungen, die geografische Informationen speichern und verarbeiten, signifikant zugenommen. Die Anwendungsbreite reicht von Routenplanern, Reiseportalen oder Immobilienwebseiten bis hin zum Einsatz in wissenschaftlichen und militärischen Bereichen. Mit dem Internetboom und der weltweiten Vernetzung von Unternehmen ist der Bedarf an Speicherung und Verarbeitung geografischer Daten rasant gestiegen.

Welchem Zweck dienen Spatial-Datenbanken überhaupt? Eine Spatial-Datenbank ermöglicht es, geometrische Datentypen für geometrische Objekte zu verwenden. Darüber hinaus stellt eine Spatial-Datenbank spezielle Indexe und Funktionen zur Verfügung, mit deren Hilfe sich geometrische Daten effizient und performant verarbeiten lassen. Außerdem vereinfachen Funktionen den Umgang mit geometrischen Daten und machen die Programmierung der zugehörigen Applikation transparent.

Eine Spatial-Datenbank ist zugleich ein Werkzeug zur Speicherung und zur Analyse von geometrischen (geografischen) Daten. Auf die unterschiedliche Betrachtungsweise von geometrischen und geografischen Daten gehen wir noch detailliert ein. Eine weitere wichtige Funktion der Spatial-Datenbank ist die Präsentation. Schließlich will man den eigenen Standort, die nächste Tankstelle oder die Entfernung einer Immobilie vom Strand entsprechend auf einer Karte oder Fotografie darstellen können.

16.1 PostGIS und PostgreSQL

PostGIS wurde speziell und exklusiv für PostgreSQL entwickelt und ist ebenfalls ein Open-Source-Produkt, das von der OSGeo Foundation begründet und kontinuierlich weiterentwickelt wurde. PostgreSQL wurde von den PostGIS-Entwicklern als relationales Datenbanksystem wegen seiner einfachen Erweiterbarkeit beim Erstellen neuer Datentypen, Operatoren und Funktionen und der Möglichkeit der Kontrolle von Index-Operatoren ausgewählt (nicht umgekehrt!). Aber auch die große Anzahl verschiedener Programmier- und Skriptsprachen, die sich in den PostgreSQL-Server einbinden lassen, hat zu dieser Entscheidung beigetragen. PostGIS verfügt aktuell über mehr als 300 Operationen, Funktionen und

Datentypen. All diese Objekte sind in der PostgreSQL-Datenbank gespeichert; Web- und Frontend-Applikationen können sie direkt verwenden.

16.2 PostGIS installieren

Zwei Wege führen zu einer PostGIS-Datenbank. Wir zeigen im Folgenden sowohl die einfachere paketorientierte Methode für ein Windows-Betriebssystem als auch die Installation aus dem Quellcode unter Linux.

16.2.1 Paketorientierte Installation

Laden Sie das Paket für die Installation unter Windows von der Webseite *http://postgis.net/windows_downloads* herunter. Es handelt sich um eine Bundle-Installation für ein PostgreSQL-Cluster unter Windows 10 (64 Bit). Voraussetzung ist ein installierter PostgreSQL-Server. Dabei spielt es keine Rolle, ob die Installation aus einem Paket oder aus dem Quellcode erfolgt ist.

TIPP: Einige erweiterte Funktionen im Geo-Umfeld funktionieren nur mit UTF8-Zeichensatz. Initialisieren Sie deshalb am besten gleich das Cluster mit UTF8-Zeichensatz:

```
D:\Postgresql\bin>initdb -D D:\PostgreSql\data -E UTF-8
```

Starten Sie den PostgreSQL-Server. Nach Überprüfung der Voraussetzungen kann die Installation beginnen.

Listing 16.1 Voraussetzungen für die PostGIS-Installation prüfen

```
(postgres@localhost:5432)[postgres]> \l
                    List of databases
      Name       | Owner | Encoding |        Collate
-----------------+-------+----------+---------------------
 postgres        | Lutz  | UTF8     | German_Germany.1252
 template0       | Lutz  | UTF8     | German_Germany.1252
 template1       | Lutz  | UTF8     | German_Germany.1252
```

Die EXE-Datei kann zur Installation direkt aufgerufen werden. Nach Akzeptanz der Lizenzbedingungen erscheint die Komponentenauswahl. Markieren Sie zusätzlich die Option *Create spatial database*, um während der Installation eine neue Datenbank zu erstellen.

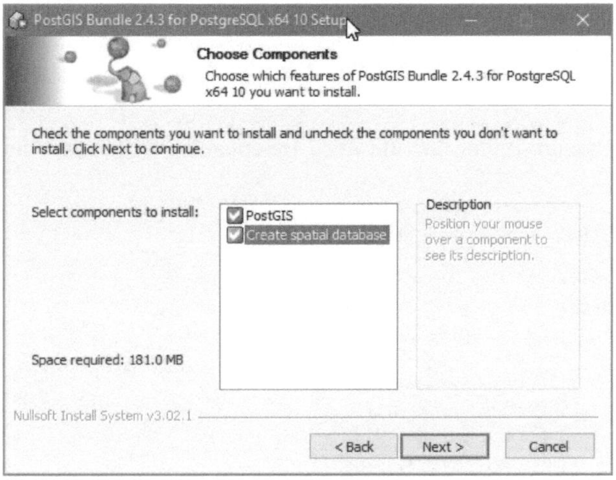

Bild 16.1 Die Optionen für PostGIS-Installation wählen

Im folgenden Schritt wird das Installationsverzeichnis abgefragt. Geben Sie das Hauptverzeichnis an, unter dem sich die Distribution des PostgreSQL-Servers befindet, zum Beispiel D:\PostgreSQL.

Der folgende Installationsschritt fragt die Verbindung zum Cluster ab. Geben Sie hier Benutzername, Passwort und Port ein. Verwenden Sie einen Benutzer, der Superadmin-Rechte besitzt, zum Beispiel „postgres".

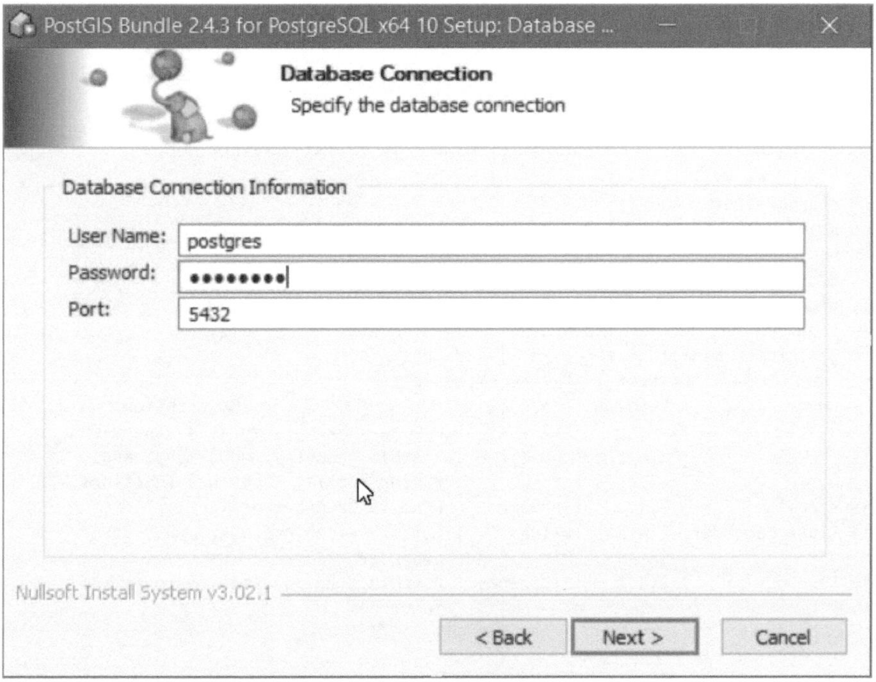

Bild 16.2 Credentials für die Serververbindung angeben

Danach wird der Name für die Spatial-Datenbank abgefragt. Verwenden Sie einen selbst gewählten Namen, wie zum Beispiel „hanser_postgis". Es erfolgen drei weitere Abfragen für zusätzliche Funktionen aus dem Bundle. Beantworten Sie diese mit „Ja". Die Installation ist damit abgeschlossen.

Wenn Sie jetzt auf den Server schauen, finden Sie die neue Datenbank und können die PostGIS-Version abfragen.

Listing 16.2 Die PostGIS-Version abfragen

```
(postgres@localhost:5432)[postgres]> \l
                    List of databases
      Name       | Owner | Encoding |       Collate
-----------------+-------+----------+---------------------
 hanser_postgis | Lutz  | UTF8     | German_Germany.1252
 postgres       | Lutz  | UTF8     | German_Germany.1252
 template0      | Lutz  | UTF8     | German_Germany.1252
 template1      | Lutz  | UTF8     | German_Germany.1252
(postgres@localhost:5432)[postgres]> \c hanser_postgis
You are now connected to database "hanser_postgis" as user "postgres".
(postgres@localhost:5432)[hanser_postgis]> SELECT postgis_full_version();
                           postgis_full_version
--------------------------------------------------------------------------------
POSTGIS="2.4.3 r16312" PGSQL="100" GEOS="3.6.2-CAPI-1.10.2 4d2925d" SFCGAL="1.3.2"
PROJ="Rel. 4.9.3, 15 August 2016" GDAL="GDAL 2.2.3, released 2017/11/20"
LIBXML="2.7.8" LIBJSON="0.12" LIBPROTOBUF="1.2.1" TOPOLOGY RASTER
```

Mit der Paketinstallation wurden nicht alle Extensions installiert. Eine Liste der verfügbaren und installierten Extensions finden Sie in Listing 16.3.

Listing 16.3 Verfügbare und installierte PostGIS-Extensions

```
(postgres@localhost:5432)[hanser_postgis]> SELECT name, default_version,installed_
version
> FROM pg_available_extensions WHERE name LIKE 'postgis%' or name LIKE 'address%';
            name             | default_version | installed_version
-----------------------------+-----------------+-------------------
 address_standardizer        | 2.4.3           | 2.4.3
 address_standardizer_data_us | 2.4.3          |
 postgis                     | 2.4.3           | 2.4.3
 postgis_sfcgal              | 2.4.3           | 2.4.3
 postgis_tiger_geocoder      | 2.4.3           | 2.4.3
 postgis_topology            | 2.4.3           | 2.4.3
(postgres@localhost:5432)[hanser_postgis]> \dx postgis*
                       List of installed extensions
         Name          | Version |  Schema  |                Description
-----------------------+---------+----------+-----------------------------------
 postgis               | 2.4.3   | public   | PostGIS geometry, geography, and
                                              raster spatial types and functions
 postgis_sfcgal        | 2.4.3   | public   | PostGIS SFCGAL functions
 postgis_tiger_geocoder| 2.4.3   | tiger    | PostGIS tiger geocoder and reverse
                                              geocoder
 postgis_topology      | 2.4.3   | topology | PostGIS topology spatial types and
                                              functions
```

16.2.2 Installation aus dem Quellcode

Die folgenden Schritte beschreiben die Installation auf einem Linux-System aus dem Quellcode. Sie ist aufwendiger wegen der Abhängigkeiten von anderen Projekten. Prüfen Sie zuerst analog zur Paketinstallation, ob Voraussetzungen bezüglich Zeichensatz und Version erfüllt sind.

Listing 16.4 Voraussetzungen für PostGIS unter Linux prüfen

```
(postgres@ [local]: 5432) [postgres] > \l
                List of databases
   Name     |  Owner   | Encoding |   Collate
-----------+----------+----------+-------------
 postgres  | postgres | UTF8     | en_US.UTF-8
 template0 | postgres | UTF8     | en_US.UTF-8
 template1 | postgres | UTF8     | en_US.UTF-8
(postgres@ [local]: 5432) [postgres] > SELECT version();
                                 version
----------------------------------------------------------------------------------
 PostgreSQL 10.3 on x86_64-pc-linux-gnu, compiled by gcc (GCC) 4.8.5 20150623 (Red
Hat 4.8.5-16), 64-bit
```

Laden Sie die Quellen von der folgenden Webseite herunter: *https://postgis.net/source.* Für das Beispiel wurde die Datei *postgis-2.4.3.tar.gz* verwendet.

Es werden zwingend die folgenden Libraries benötigt. Laden Sie diese von den folgenden Seiten herunter und installieren Sie sie, bevor Sie mit der Installation von PostGIS beginnen:

- Proj4 Reprojection Library, Version 4.9 oder höher: *http://trac.osgeo.org/proj.*
- GEOS Geometry Library, Version 3.7 oder höher: *http://trac.osgeo.org/geos.*
- Lib2XML2, Version 2.5.x oder höher: *http://xmlsoft.org/downloads.html.*
- JSON-C, Version 0.9 oder höher: *https://github.com/json-c/json-c/releases.*
- GDAL Version 1.9 oder höher: *http://trac.osgeo.org/gdal/wiki/DownloadSource.*

Stellen Sie sicher, dass sich alle abhängigen Libraries im Lib-Pfad befinden. Standardmäßig werden sie beim Linken oder der Installation im Verzeichnis */usr/local/lib* installiert. Setzen Sie bei Bedarf die Umgebungsvariable LD_LIBRARY_PATH.

Dann kann die Installation beginnen:

Entpacken Sie den Quellcode.

```
# tar -xvzf postgis-2.4.3.tar.gz
```

Führen Sie die Konfiguration und die Installation durch.

```
# cd postgis-2.4.3
# ./configure
# make
# make install
```

Erstellen Sie die PostGIS-Datenbank.

```
$ createdb hanser_postgis
```

Im nächsten Schritt können die Extensions angelegt werden.

```
(postgres@localhost:5432)[hanser_postgis]> CREATE EXTENSION postgis;
CREATE EXTENSION
(postgres@localhost:5432)[hanser_postgis]> CREATE EXTENSION
postgis_topology;
CREATE EXTENSION
(postgres@localhost:5432)[hanser_postgis]> CREATE EXTENSION postgis_sfcgal;
CREATE EXTENSION
(postgres@localhost:5432)[hanser_postgis]> CREATE EXTENSION postgis_tiger_geocoder;
```

Schließlich müssen noch die SQL-Komponenten in der Datenbank installiert werden.

```
$ psql -d hanser_postgis -f postgis.sql
$ psql -d hanser_postgis -f postgis_comments.sql
$ psql -d hanser_postgis -f spatial_ref_sys.sql
$ psql -d hanser_postgis -f topology.sql
$ psql -d hanser_postgis -f topology_comments.sql
$ psql -d hanser_postgis -f rtpostgis.sql
$ psql -d hanser_postgis -f raster_comments.sql
$ psql -d hanser_postgis -f sfcgal.sql
$ psql -d hanser_postgis -f sfcgal_comments.sql
```

Damit ist die Installation abgeschlossen.

16.3 Erste Schritte mit PostGIS

Wie bereits erwähnt, unterscheiden Spatial-Datenbanken geometrische und geografische Datentypen und Funktionen. Geometrische Daten lassen sich einfach mit geometrischen Objekten, zum Beispiel Punkten, Geraden, Rechtecken oder Polygonen, wie wir sie aus dem Schulunterricht kennen, assoziieren.

Im ersten Beispiel wollen wir einen Punkt betrachten. Die Abfrage in Listing 16.5 liefert eine Zahl, die den Punkt im kartesischen Koordinatensystem widerspiegelt.

Listing 16.5 Einen Punkt als geografisches Objekt abfragen

```
(postgres@localhost:5432)[hanser_postgis]> SELECT ST_point(2,3) AS myPoint;
                  mypoint
--------------------------------------------
 010100000000000000000000400000000000000840
```

Weder für die Applikation noch für eine weitere Verarbeitung ist es von Interesse, wie die lange Zahl in Listing 16.5 zustande kommt. Entscheidend ist nur die Tatsache, dass es sich um einen Punkt handelt.

Ohne weitere Spezifizierung eines speziellen Koordinatensystems wird immer das kartesische vorausgesetzt. Ein solches Koordinatensystem wird im Datenbankumfeld als Spatial Reference System bezeichnet.

Ein einzelner Punkt im Koordinatensystem ist noch gut vorstellbar, doch es gibt auch komplexere Objekte. Es wäre gut, diese visualisieren zu können. Eine einfache Möglichkeit ist

OpenJUMP, ebenfalls ein Open-Source-Produkt. Es ist ein geografisches Informationssystem und in Java geschrieben. Sie finden das Produkt auf *http://openjump.org*.

Die Funktion in Listing 16.6 stellt eine Linie über drei Punkte in Form eines Dachs dar.

Listing 16.6 Geometrische Linie mit drei Punkten

```
(Lutz@localhost:5432)[hanser_postgis]> SELECT ST_GeomFromText('LINESTRING(0 0, 20 20,
40 0)') AS myDach;
                                    mydach
------------------------------------------------------------------------------------
0102000000030000000000000000000000000000000000000000000000000000344000000000000000344000
00000000044400000000000000000
```

Aus dem langen Zahlenwert der geometrischen Spalte lässt sich nicht so einfach ableiten, um welche geometrische Form es sich handelt. Mithilfe von OpenJUMP ist eine visuelle Darstellung möglich.

Starten Sie OpenJUMP und wählen Sie unter dem Datei-Menü den Punkt *Datenbankabfrage ausführen* aus. Klicken Sie auf das grüne Plus, um im Verbindungsmanager die Verbindungsinformation zur Datenbank einzugeben. Geben Sie die SQL-Anweisung aus Listing 16.6 ein. Es erscheint die visuelle Darstellung der Form (siehe Bild 16.3).

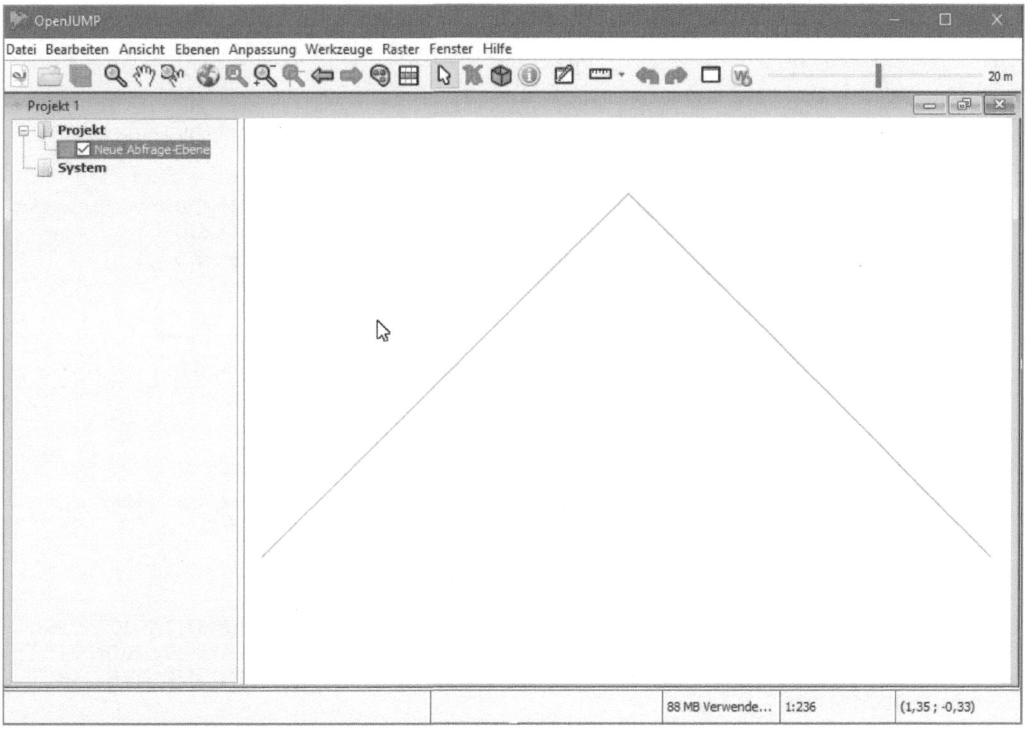

Bild 16.3 Visualisierung einer Form mit OpenJUMP

OpenJUMP bietet noch einiges mehr an Funktionalität, ist aber für uns an dieser Stelle erst mal ein hervorragendes Werkzeug, um geometrische Objekte zu visualisieren.

Sehen Sie bereits die ersten Vorteile einer Spatial-Datenbank? Geometrische Objekte mit herkömmlichen Datentypen und Funktionen zu speichern und zu verarbeiten, ist wesentlich aufwendiger.

Bisher haben wir ausschließlich mit geometrischen Daten gearbeitet, also mit Werten in einem zweidimensionalen Koordinatensystem. Bei einfacher Betrachtung erweisen sich geografische Daten als nichts anderes als geometrische Daten, die sich über Längen- und Breitengrad definieren. Lassen wir die Genauigkeit einmal außen vor, dann kann damit jeder beliebige Punkt auf der Erde dargestellt werden. Es existieren unterschiedliche Referenzsysteme (Formate).

Bis zur Version 2.2 hat PostGIS nur geografische Daten im Format WGS 84 unterstützt. Seit 2.2 können alle Datentypen, die auf Breiten- und Längengraden basieren (Lon/Lat Coordinate Systems) und in der Tabelle *spatial_ref_sys* eingetragen sind, verwendet werden.

Listing 16.7 Verfügbare geografische Datentypen

```
(postgres@localhost:5432)[hanser_postgis]> SELECT srid, substr(auth_name,1,6),
auth_srid, substr(srtext,1,40) from spatial_ref_sys ORDER BY 1;
  srid  | substr | auth_srid |                  substr
--------+--------+-----------+------------------------------------------
   2000 | EPSG   |      2000 | PROJCS["Anguilla 1957 / British West Ind
   2001 | EPSG   |      2001 | PROJCS["Antigua 1943 / British West Indi
   2002 | EPSG   |      2002 | PROJCS["Dominica 1945 / British West Ind
   2003 | EPSG   |      2003 | PROJCS["Grenada 1953 / British West Indi
   2004 | EPSG   |      2004 | PROJCS["Montserrat 1958 / British West I
   2005 | EPSG   |      2005 | PROJCS["St.Kitts 1955 / British West In
   2006 | EPSG   |      2006 | PROJCS["St.Lucia 1955 / British West In
   2007 | EPSG   |      2007 | PROJCS["St.Vincent 45 / British West In
   2008 | EPSG   |      2008 | PROJCS["NAD27(CGQ77) / SCoPQ zone 2 (dep
   2009 | EPSG   |      2009 | PROJCS["NAD27(CGQ77) / SCoPQ zone 3",GEO
   2010 | EPSG   |      2010 | PROJCS["NAD27(CGQ77) / SCoPQ zone 4",GEO
   2011 | EPSG   |      2011 | PROJCS["NAD27(CGQ77) / SCoPQ zone 5",GEO
. . .
```

Es besteht die Möglichkeit, eigene geografische Typen hinzuzufügen. Diese sind übrigens nicht auf die Erde beschränkt. Wird kein Referenzsystem angegeben, dann wird WGS 84 vorausgesetzt (SRID 4326).

Listing 16.8 Das Standard-Referenzsystem WGS 84

```
(postgres@localhost:5432)[hanser_postgis]> SELECT * FROM spatial_ref_sys WHERE
srid=4326;
srid      | 4326
auth_name | EPSG
auth_srid | 4326
srtext    | GEOGCS["WGS 84",DATUM["WGS_1984",SPHEROID["WGS 84",6378137,298.257223563,
AUTHORITY["EPSG","7030"]],AUTHORITY["EPSG","6326"]],PRIMEM["Greenwich",0, AUTHORITY
["EPSG","8901"]],UNIT["degree",0.0174532925199433,AUTHORITY["EPSG","9122"]],AUTHORITY
["EPSG","4326"]]
proj4text | +proj=longlat +datum=WGS84 +no_defs
```

Geografische Datentypen können in geometrische umgewandelt werden und umgekehrt. Ein Vorteil geometrischer Datentypen wiederum ist, dass sie sich unabhängig vom Format der Quelle und der Maßeinheit speichern und verarbeiten lassen.

Wann also sollte man geografische anstelle von geometrischen Daten verwenden? Die folgenden Punkte geben eine Entscheidungshilfe:

- Befindet sich der Datenbestand auf einem relativ kleinen Gebiet, sind geometrische Daten unter dem Blickwinkel verfügbarer Funktionen und Performance in der Regel die bessere Lösung.
- Falls mit globalen Daten oder größeren Regionen gearbeitet wird, bieten geografische Datentypen den Vorteil, dass man sich nicht um Umwandlungen und Projektionen kümmern muss. Beachten Sie jedoch, dass für geografische Datentypen weniger Funktionen zur Verfügung stehen als für geometrische.
- Geometrische Datentypen bedingen fast immer eine Projektion. Wenn Sie sich mit dem Thema „Projektionen" nicht beschäftigen oder diese nicht anwenden wollen, sind geografische Datentypen die bessere Wahl. Sie sind einfacher in der Benutzung.
- Ein Vorteil geometrischer Datentypen besteht darin, dass sie in einem beliebigen Spatial-System gespeichert werden können. Maßeinheit ist immer die Einheit des entsprechenden Systems. Eine Übernahme oder Migration in ein anderes System wird damit vereinfacht. Bei der Verwendung geografischer Datentypen ist immer auf die Kompatibilität zwischen verschiedenen Systemen zu achten, zum Beispiel zwischen PostGIS und Microsoft SQL Server oder Oracle Spatial.

Unabhängig davon, welches Referenzsystem verwendet wird, werden die Ergebnisse für die folgenden Funktionen immer in der Maßeinheit Meter zurückgeliefert:

- ST_Distance
- ST_Length
- ST_Perimeter
- ST_Area

Dies betrifft auch die Eingabewerte der Funktion ST_DWithin.

Geografische Datentypen unterstützen keine Kurven. Die folgenden Beispiele zeigen, wie geografische Daten verarbeitet werden können.

Zuerst erstellen wir eine Tabelle für Punkte. Da kein Referenzsystem angegeben ist, wird der Standard WGS 84 angenommen:

```
(postgres@localhost:5432)[hanser_postgis]> CREATE TABLE point_wgs84(
> gid   SERIAL PRIMARY KEY,
> geog  geography(POINT));
CREATE TABLE
```

Eine Tabelle mit einem Referenzsystem NAD83 würde dann so aussehen:

```
(postgres@localhost:5432)[hanser_postgis]> SELECT * from spatial_ref_sys where
srid=4269;
srid      | 4269
auth_name | EPSG
auth_srid | 4269
srtext    | GEOGCS["NAD83",DATUM["North_American_Datum_1983",. . .
(postgres@localhost:5432)[hanser_postgis]> CREATE TABLE point_nad83(
> gid    SERIAL PRIMARY KEY,
> geog   geography(POINT, 4269));
CREATE TABLE
```

Eine Tabelle mit einem Polygon als Objekt würde wie folgt aussehen:

```
(postgres@localhost:5432)[hanser_postgis]> CREATE TABLE polyg_wgs84(
> gid   SERIAL PRIMARY KEY,
> geog  geography(POLYGON));
CREATE TABLE
```

Mit der Abfrage in Listing 16.9 lässt sich feststellen, welche Tabellen mit geografischen Spalten angelegt wurden.

Listing 16.9 Geografische Spalten in der Datenbankabfrage

```
(postgres@localhost:5432)[hanser_postgis]> SELECT f_table_catalog,
> f_table_name, coord_dimension, srid, type
> FROM geography_columns;
 f_table_catalog | f_table_name | coord_dimension | srid | type
-----------------+--------------+-----------------+------+---------
 hanser_postgis  | g_point      |               2 | 4326 | Point
 hanser_postgis  | point_wgs84  |               2 | 4326 | Point
 hanser_postgis  | point_nad83  |               2 | 4269 | Point
 hanser_postgis  | polyg_wgs84  |               2 | 4326 | Polygon
```

Ein einfacher Anwendungsfall ist, die Entfernung zwischen verschiedenen Orten zu ermitteln. In der geografischen Spalte „location" vom Datentyp POINT werden die Koordinaten zweier Orte eingetragen (Listing 16.10).

Listing 16.10 Eine Tabelle für Ortskoordinaten erstellen

```
(postgres@localhost:5432)[hanser_postgis]> CREATE TABLE customer_loc(
> sid      SERIAL PRIMARY KEY,
> name     VARCHAR(200),
> location GEOGRAPHY(POINT, 4326));
CREATE TABLE
(postgres@localhost:5432)[hanser_postgis]> INSERT INTO customer_loc(name, location)
> VALUES ('Restaurant Punguin', ST_GeogFromText('SRID=4326;POINT(19.729751
-70.3852971)'));
INSERT 0 1
(postgres@localhost:5432)[hanser_postgis]> INSERT INTO customer_loc(name, location)
> VALUES ('La Casita de Papi', ST_GeogFromText('SRID=4326;POINT(19.7499118
-70.406861)'));
INSERT 0 1
```

Mit PostGIS werden zwei neue Indextypen eingeführt:

- R-Tree-Indexe
- GiST-Indexe

R-Tree-Indexe teilen Daten in Teilrechtecke. Der neue Indextyp Generalized Search Tree (GiST) ist wichtig für Suchoperationen, die sich auf einen bestimmten Radius beziehen, oder von Bereichen, die sich überlappen. Für große Tabellen sind GiST-Indexe zwingend, um eine gute Performance zu erzielen. In Listing 16.11 wird ein GiST-Index auf die Ortskoordinaten gelegt.

Listing 16.11 Einen GiST-Index anlegen

```
(postgres@localhost:5432)[hanser_postgis]> CREATE INDEX i_customer_loc
> ON customer_loc USING GIST(location);
CREATE INDEX
```

Die Entfernung zwischen zwei Lokationen kann mit der Funktion ST_Distance abgefragt werden. In Listing 16.12 finden Sie die zugehörige SQL-Anweisung. Die Maßeinheit ist standardmäßig bei allen geografischen Funktionen Meter.

Listing 16.12 Die Entfernung zwischen zwei Lokationen abfragen

```
(postgre@localhost:5432)[hanser_postgis]> SELECT ST_Distance(a.location, b.location)
> FROM customer_loc a, customer_loc b
> WHERE a.name = 'Restaurant Punguin'
> AND b.name = 'La Casita de Papi';
  st_distance
---------------
 2521.57837377
```

16.4 PostGIS in der Praxis anwenden

PostGIS kann mit verschiedenen Applikationstypen und Programmiersprachen verwendet werden. Alle Sprachen, die mit PostgreSQL arbeiten, können verwendet werden. Betrachten wir zunächst ein Beispiel, bei dem vorwiegend die SQL-Sprache zur Anwendung kommt. Eine Tabelle für ein fiktives Netzwerk von Tankstellen bildet die Basis. Sie enthält neben der Tankstellen-ID zunächst nur den Längen- und den Breitengrad.

Listing 16.13 Tabelle *Tankstellen* mit Längen- und Breitengrad

```
(postgres@localhost:5432)[hanser_postgis]> CREATE TABLE tankstellen(
> ts_id      SERIAL PRIMARY KEY,
> lat        DOUBLE PRECISION,
> lon        DOUBLE PRECISION);
CREATE TABLE
(postgres@localhost:5432)[hanser_postgis]> COPY tankstellen(lat, lon)
> FROM 'C:\Temp\ts.txt'
> WITH DELIMITER '|';
COPY 10000
(postgres@localhost:5432)[hanser_postgis]> SELECT * FROM tankstellen LIMIT 10;
 ts_id |   lat   |   lon
-------+---------+----------
     1 | 23.8092 | -79.2344
     2 | 23.8487 | -79.2094
     3 | 23.4849 | -79.4616
     4 | 23.8471 | -79.2315
     5 | 23.6849 | -79.3125
     6 | 23.7502 | -79.2329
     7 | 23.6003 | -79.3537
     8 | 23.8316 | -79.2561
     9 |  23.925 | -79.1617
    10 | 23.9466 | -79.2056
```

Da wir mit PostGIS arbeiten, wollen wir natürlich nicht mit Längen- und Breitengraden arbeiten, sondern mit geometrischen oder geografischen Datentypen. PostGIS hält die Funktion *AddGeometryColumn* bereit, um eine Spalte mit geometrischem Datentyp an eine Tabelle anzuhängen. Sie besitzt die folgende Syntax:

```
AddGeometryColumn(<schema_name>,<table_name>,<srid>,<type>,<dimension>)
```

Die Parameter haben die folgende Bedeutung:

- *schema_name:* Name des Schemas, in dem die Tabelle gespeichert ist
- *table_name:* Name der Tabelle
- *column_name:* Name der hinzuzufügenden Spalte
- *srid:* Spatial Reference Identifier für die Projektion
- *type:* Objekttyp, zum Beispiel POINT oder LINESTRING
- *dimension:* Dimension des Koordinatensystems, in der Regel „2“

Für die Projektion verwenden wir das Referenzsystem EPSG:2163 (USA-Kontinent).

Listing 16.14 Das Referenzsystem EPSG für USA-Kontinent

```
(postgres@localhost:5432)[hanser_postgis]> SELECT * FROM spatial_ref_sys
> WHERE srid=2163;
srid      | 2163
auth_name | EPSG
auth_srid | 2163
srtext    | PROJCS["US National Atlas Equal Area",GEOGCS["Unspecified datum based
upon the Clarke 1866 Authalic Sphere",DATUM["Not_specified_based_on_Clarke_1866_
Authalic_Sphere",SPHEROID["Clarke 1866 Authalic Sphere",6370997,0,AUTHORITY["EP
SG","7052"]], AUTHORITY["EPSG","6052"]],PRIMEM["Greenwich",0,AUTHORITY["EPSG",
"8901"]],UNIT["degree",0.0174532925199433, AUTHORITY["EPSG","9122"]],AUTHORITY["EP
SG","4052"]], PROJECTION["Lambert_Azimuthal_Equal_Area"],PARAMETER["latitude_of_cente
r",45],PARAMETER["longitude_of_center",-100],PARAMETER["false_easting",0],PARAMETER
["false_northing",0],UNIT["metre",1,AUTHORITY ["EPSG","9001"]],AXIS["X",EAST],AXIS
["Y",NORTH],AUTHORITY["EPSG","2163"]]
proj4text | +proj=laea +lat_0=45 +lon_0=-100 +x_0=0 +y_0=0 +a=6370997 +b=6370997
+units=m +no_defs
```

Im nächsten Schritt wird eine geometrische Spalte angehängt, in die die Werte für Längen- und Breitengrad entsprechend projiziert und eingetragen werden sollen.

Listing 16.15 Eine geometrische Spalte hinzufügen

```
(postgres@localhost:5432)[hanser_postgis]> SELECT AddGeometryColumn(
> 'public', 'tankstellen', 'geom_col', 2163, 'POINT', 2);
                    addgeometrycolumn
-----------------------------------------------------------
 public.tankstellen.geom_col SRID:2163 TYPE:POINT DIMS:2
(postgres@localhost:5432)[hanser_postgis]> \d+ tankstellen
                      Table "public.tankstellen"
  Column  |         Type          |                  Default
----------+-----------------------+---------------------------------------------
 ts_id    | integer               | nextval('tankstellen_ts_id_seq'::regclass)
 lat      | double precision      |
 lon      | double precision      |
 geom_col | geometry(Point,2163)  |
Indexes:
    "tankstellen_pkey" PRIMARY KEY, btree (ts_id)
```

Jetzt muss die Spalte noch gefüllt werden. Dies erfolgt mithilfe einer Transformationsfunktion. Sie projiziert Längen- und Breitengrad in einen geometrischen Wert.

Listing 16.16 Die geometrische Spalte füllen

```
(postgres@localhost:5432)[hanser_postgis]> UPDATE tankstellen
> SET geom_col = ST_Transform(
> ST_GeomFromText('POINT('||lon||' '||lat||')',4326),2163);
UPDATE 10000
(postgres@localhost:5432)[hanser_postgis]> SELECT * FROM tankstellen LIMIT 10;
 ts_id |   lat   |   lon    |                     geom_col
-------+---------+----------+----------------------------------------------------
     1 | 23.8092 | -79.2344 | 0101000020730800000DE509528AE374041D3F65AF35AF13FC1
     2 | 23.8487 | -79.2094 | 01010000207308000001ECBB3AC033B4041F5ADA69C50DE3FC1
     3 | 23.4849 | -79.4616 | 01010000207308000009B675AB3CB17404170D28A7ACF4740C1
     4 | 23.8471 | -79.2315 | 010100002073080000080210836C2364041377966C210E13FC1
     5 | 23.6849 | -79.3125 | 0101000020730800057BB99D7432D40412B63CED6991640C1
     6 | 23.7502 | -79.2329 | 01010000207308000000DFC1FD5493A4041965A5108130540C1
     7 | 23.6003 | -79.3537 | 01010000207308000B47F681F7D284041FD86B6DB662A40C1
     8 | 23.8316 | -79.2561 | 01010000207308000009E98B82D8F324041F3245C44ECE93FC1
     9 |  23.925 | -79.1617 | 01010000207308000005EAF8BE2524140417F110E7B95B93FC1
    10 | 23.9466 | -79.2056 | 010100002073080000B8535ABAE6374041A572F2AE94B43FC1
```

Sie erkennen bereits die Vorzüge, aber auch die Problematiken geometrischer Datentypen. Einerseits lassen sich die Daten aufgrund der Vielzahl von zur Verfügung stehenden Funktionen recht flexibel umwandeln (projizieren). Da andererseits die Daten im projizierten Format gespeichert sind, ist man an diese Projektion gebunden oder man muss erneut umwandeln.

Die geometrische Spalte enthält die Informationen über die Lage der Tankstellen im Koordinatensystem. Von der Applikation können diese Daten verwendet werden, um beispielsweise die in einem Umkreis des aktuellen Standorts am nächsten gelegenen Tankstellen zu finden.

Da die Tabelle immerhin 10000 Sätze enthält, legen wir einen GiST-Index auf der geometrischen Spalte an, um gute Antwortzeiten zu garantieren. In der Praxis sind die Tabellen häufig noch wesentlich größer.

Listing 16.17 Einen GiST-Index auf der geometrischen Spalte erstellen

```
(postgre@localhost:5432)[hanser_postgis]> CREATE INDEX i_geom_tankstellen
> ON tankstellen USING GIST(geom_col);
CREATE INDEX
```

Im nächsten Schritt wird eine geografische Spalte hinzugefügt. Das erfolgt mithilfe der Funktion GEOGRAPHY.

Listing 16.18 Eine geografische Spalte hinzufügen

```
(postgres@localhost:5432)[hanser_postgis]> ALTER TABLE tankstellen
> ADD COLUMN geog_col GEOGRAPHY(point);
ALTER TABLE
(@localhost:5432)[hanser_postgis]> CREATE INDEX i_geog_tankstellen
> ON tankstellen USING GIST(geog_col);
CREATE INDEX
(postgres@localhost:5432)[hanser_postgis]> \d tankstellen
                                Table "public.tankstellen"
  Column  |          Type          |                  Default
----------+------------------------+------------------------------------------
 ts_id    | integer                | nextval('tankstellen_ts_id_seq'::regclass)
```

```
 lat      | double precision      |
 lon      | double precision      |
 geom_col | geometry(Point,2163)  |
 geog_col | geography(Point,4326) |
Indexes:
    "tankstellen_pkey" PRIMARY KEY, btree (ts_id)
    "i_geog_tankstellen" gist (geog_col)
    "i_geom_tankstellen" gist (geom_col)
```

TIPP: Beim Hinzufügen der geografischen Spalte wurde keine SRID angegeben. Damit wird der Standardwert „4326" implizit gesetzt.

Entsprechend muss die geografische Spalte noch gefüllt werden. Hierfür werden wieder Längen- und Breitengrad herangezogen.

Listing 16.19 Die geografische Spalte füllen

```
(postgres@localhost:5432)[hanser_postgis]> UPDATE tankstellen
> SET geog_col=ST_GeogFromText('SRID=4326;POINT('||lon||' '||lat||')');
UPDATE 10000
```

Die häufigsten Abfragen werden in Zusammenhang mit dem Nearest Neighbor-Problem gestellt. Solche Abfragen werden auch als Umgebungsanalyse (Proximity Analysis) bezeichnet. Es geht also um die Entfernung von Objekten zueinander oder von einem vorgegebenen Punkt. Für das Beispiel wäre eine typische Abfrage: „Welche Tankstellen befinden sich in einem Umkreis von 10 km vom aktuellen Standort?" Um den aktuellen Standort in geometrische Daten umzuwandeln, verwenden wir eine Tabelle *strassen*. Diese enthält beschreibende Informationen über den aktuellen Standort sowie eine Spalte, mit der dieser Standort geometrisch dargestellt wird. Die Entfernung wird in Listing 16.20 mithilfe der Funktion ST_DWithin ermittelt. Die Maßeinheit ist Meter.

Listing 16.20 Tankstellen in einer Umgebung von 10 km abfragen

```
(postgres@localhost:5432)[hanser_postgis]> SELECT * FROM strassen;
           name            |                        geom
---------------------------+----------------------------------------------------
 Autobahnkreuz Heidelberg | 0101000020730800059E7A4964628464176B00DF07A2B66C1
(postgres@localhost:5432)[hanser_postgis]> SELECT td.name, td.ort, td.strasse
> FROM tankstellen AS ts
> INNER JOIN ts_desc AS td
> ON ts.ts_id = td.ts_id
> INNER JOIN strassen AS st
> ON ST_DWithin(ts.geom_col, st.geom, 10000)
> WHERE st.name = 'Autobahnkreuz Heidelberg';
name  | ort          | strasse
------+--------------+------------
ESSO  | Mannheim     | Autobahn 5
Total | Heidelberg   | Orteingang
Shell | Mannheim     | Am Tor
Time: 5,739 ms
```

TIPP: Die Abfrage wurde in einer Zeit von wenigen Millisekunden beantwortet. Das ist ein hervorragendes Ergebnis. Die kurze Antwortzeit wird durch den Spatial-Index ermöglicht. Für die Applikationen, die sich hinter solchen Abfragen verbergen, sind kurze Antwortzeiten sehr wichtig. Zusätzlich muss eingeplant werden, dass Tausende solcher Abfragen parallel gestellt werden. Mithilfe des Spatial-Index wird nicht nur die Antwortzeit reduziert, sondern auch die Systembelastung kleingehalten.

Wie hätten Sie das Problem ohne PostGIS gelöst? Das ist sicher machbar, aber wesentlich aufwendiger und man würde sich die Abfragen mit einer höheren Ressourcenbelastung und schlechteren Antwortzeiten erkaufen.

Nachdem die in der Nähe liegenden Tankstellen ermittelt wurden, soll eine grafische Darstellung erfolgen. Dafür sind einige SQL-Abfragen notwendig, um die folgenden Ergebnisse zu ermitteln:

- Darstellung des Verlaufs der Autobahn
- Markieren der Tankstellen, die sich in einer maximalen Entfernung vom 10 km von der Autobahn befinden
- Darstellung des betrachteten Radius

Die Abfrage nach dem Verlauf der Autobahn ist einfach. Die Funktion ST_AsBinary liefert die Objekte zurück.

Listing 16.21 Abfrage des Straßenverlaufs

```
(postgres@localhost:5432)[hanser_postgis]> SELECT st.gid, st.name, ST_AsBinary
(st.geom)
> AS verlauf
> FROM strassen AS st
> WHERE r.name = ''Autobahnkreuz Heidelberg ';
```

Nun gilt es, die Tankstellen abzufragen, die sich in einer maximalen Entfernung von 10 km von der Autobahn befinden.

Listing 16.22 Abfrage der Tankstellen in einer maximalen Entfernung von 10 km

```
(postgres@localhost:5432)[hanser_postgis]> SELECT
> ST_AsBinary(ts.geom_col) AS entfernung
> FROM tankstellen AS ts
> WHERE EXISTS(SELECT st.gid
> FROM strassen AS st
> WHERE ST_DWithin(ts.geom_col, st.geom, 10000)
> AND st.name = ''Autobahnkreuz Heidelberg '
> );
```

Schließlich soll zur optischen Darstellung die betrachtete Umgebung als Fläche dargestellt werden. Die zugehörige SQL-Anweisung finden Sie in Listing 16.23.

Listing 16.23 Betrachtetes Gebiet als Fläche darstellen

```
(postgres@localhost:5432)[hanser_postgis] > SELECT
> ST_AsBinary(ST_Union(ST_Buffer(st.geom,10000))) AS flaeche
> FROM strassen As st
> WHERE st.name = ''Autobahnkreuz Heidelberg ';
```

Mithilfe von OpenJUMP kann das Ergebnis grafisch dargestellt werden. Die Ergebnisse der drei Abfragen werden übereinandergelegt und ergeben die Abbildung in Bild 16.4.

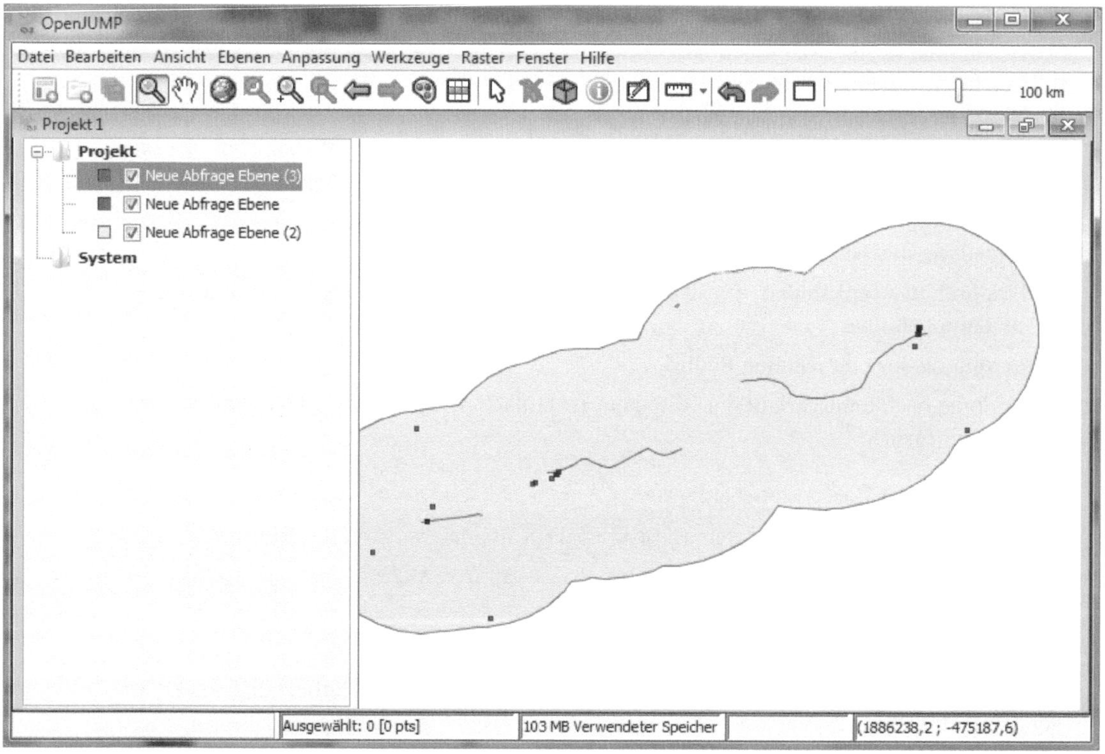

Bild 16.4 Darstellung der SQL-Abfragen in OpenJUMP

Mithilfe der Unterstützung von PostGIS war es möglich, mit relativ wenig Aufwand eine typische Aufgabenstellung für eine Map-Applikation zu implementieren und individuelle Abfragen zu bilden. Im Open-Source-Umfeld gibt es eine Reihe von Projekten und Applikationen, die eine weiterführende Unterstützung unter anderem für die Darstellung bieten. Dazu gehören eine Überlagerung der Abfrageergebnisse mit einer Karte sowie das Projekt „Open Street Map", das ein Herunterladen von Koordinaten und Kartenmaterial erlaubt. Nähere Informationen finden Sie auf *https://www.openstreetmap.org*.

17 Applikationen für PostgreSQL entwickeln

PostgreSQL bietet die Möglichkeit, mit einer breiten Palette von Programmier- und Skriptsprachen Datenbankanwendungen zu entwickeln. Applikationen bestehen häufig aus einer Kombination von Programmen, die serverseitig laufen, und von Programmen, die auf den Clients laufen. Welche Teile des Programms auf der Server- oder auf der Client-Seite programmiert werden, ist Bestandteil des Applikationsdesigns und wird in der vorbereitenden Planung festgelegt.

17.1 Applikationsdesign

Bei der Entwicklung des Designs werden häufig entscheidende Fehler begangen, die nur schwer oder teuer korrigiert werden können, wenn die Entwicklung abgeschlossen ist und die Testphase beginnt. Dabei wird der Schwerpunkt auf die Client-Programmierung gelegt. Man glaubt, mit einem Schwerpunkt der Funktionalität auf der Client-Seite flexibler zu sein. Ein weiterer Grund ist mangelndes Know-how im Bereich der Server-Programmierung.

Die Funktionalität der Applikation ist allerdings nur eine Seite der Medaille. Mit der Inbetriebnahme stellen sich Anforderungen an die Performance und an die Skalierbarkeit der Applikation. Sie muss in der Lage sein, sowohl eine wachsende Datenbank als auch eine wachsende Anzahl von Benutzern bedienen zu können. Moderne Applikationen müssen den folgenden Anforderungen genügen:

- Einsatz einer modernen und weitverbreiteten Programmiersprache für den Kern der Applikation
- Die Skalierbarkeit bei einer wachsenden Anzahl von gleichzeitigen Benutzern und wachsendem Datenvolumen muss garantiert werden.
- Kernfunktionen müssen so eingebunden sein, dass sie von unterschiedlichen Programmen und Sprachen benutzt werden können und nicht mehrfach programmiert werden.
- Datenbankanwendungen müssen transaktionssicher aufgesetzt werden.
- Funktionale Änderungen müssen schnell und sicher eingearbeitet werden können.
- Der Fehler-Stack sowie Log- und Trace-Dateien müssen auf einem Level geschrieben werden, das eine Root-Cause-Analyse sicher und schnell zum Ziel führt.

Das Thema Skalierbarkeit wird in der Entwicklungsphase häufig vernachlässigt. Es ist aber umso wichtiger, da man in diesem Stadium noch Fehler im Applikationsdesign korrigieren kann. Ein sogenannter Non-Functional Test (NFT) liefert wichtige Erkenntnisse zum Verhalten der Applikation.

Für die Skalierbarkeit von Applikationen ist es wichtig, die Aufgaben zwischen Client und Server richtig zu verteilen. Bild 17.1 zeigt ein Applikationsdesign, das eine schlechte Skalierbarkeit zur Folge hat.

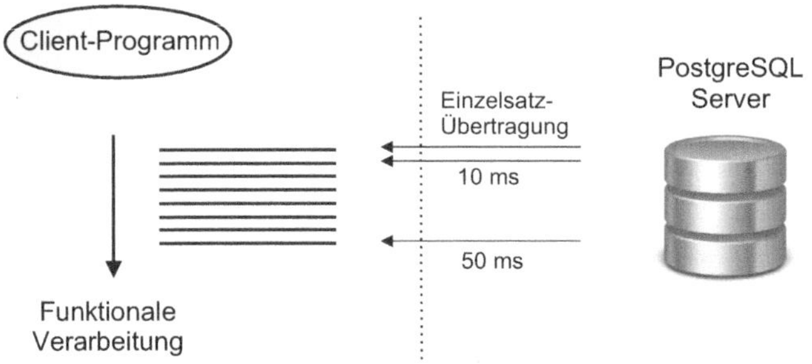

Bild 17.1 Applikationsdesign mit schlechter Skalierbarkeit

Dahinter steckt die Idee, möglichst viel Funktionalität auf dem Client abzubilden. Das Design schließt die Nachteile der Einzelsatzverarbeitung ein. Wächst der Datenbestand, dann erhöht sich die Anzahl der zu übertragenden Sätze. Die Skalierbarkeit ist nicht mehr gegeben.

Ein weiterer Nachteil ist die Abhängigkeit der Performance von der Netzwerklatenz. Steigt sie an, kommt es zu einem signifikanten Anstieg der Laufzeit. Weiterhin müssen für die Verarbeitung auf dem Client zusätzliche Ressourcen (Memory, CPU) bereitgehalten werden.

Ein nachhaltiges Design zeichnet sich dadurch aus, dass zentrale und performance-kritische Funktionen auf dem Datenbank-Backend programmiert werden (siehe Bild 17.2). Es bietet folgende Vorteile:

- Die Verarbeitung findet auf der Server-Seite statt. Eine Vereinigung von Tabellen sowie die funktionale Verarbeitung können auf dem Datenbank-Server schneller, effizienter und mit weniger Ressourcenverbrauch durchgeführt werden.
- Bessere Skalierbarkeit der Applikation auf Grund geringerer Anfälligkeit gegenüber wechselnder Netzwerk-Performance und wachsendem Datenvolumen. Die Menge der über das Netzwerk zwischen Client und Server übertragenen Daten ist geringer. Bei größerer Entfernung zwischen Client und Server (erhöhte Latenz) ist der Einfluss des Netzwerkanteils auf die Gesamtlaufzeit signifikant kleiner.
- Zentrale Stelle, an der die Business-Funktionen abgelegt sind. Diese können von verschiedenen Client-Programmen und -Sprachen verwendet werden und garantieren die einheitliche Verwendung derselben Funktionalität für die gesamte Applikation.
- PostgreSQL ist durch seine außergewöhnliche Erweiterbarkeit in der Lage, Business-Funktionalität im Backend optimal abzubilden und mit hoher Effektivität zu verarbeiten.
- Die Ressourcen der Clients werden geschont und können für die Hauptaufgaben verwendet werden. Applikations-Server können besser skalieren und auf steigende Benutzerzahlen reagieren.

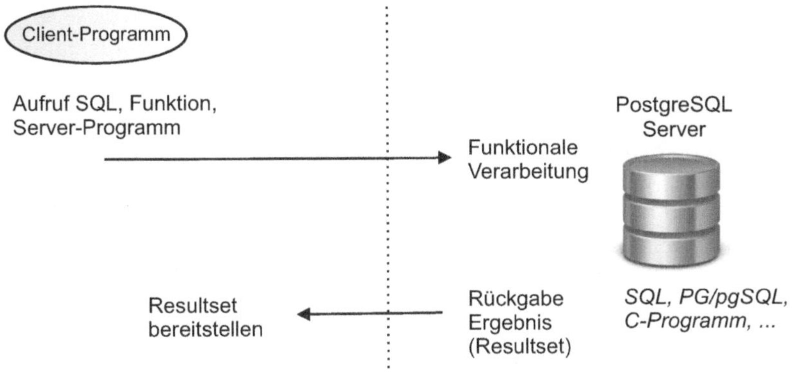

Bild 17.2 Applikationsdesign mit Verteilung der funktionalen Bearbeitung

Als Nachteile für das in Bild 17.2 dargestellte Applikationsdesign lassen sich folgende Punkte auflisten:

- Für die Programmierung werden unterschiedliche Spezialisten benötigt.
- Deployments der Applikation erfordern Änderungen auf der Client- und auf der Server-Seite.
- Die Portierbarkeit auf Datenbanksysteme anderer Hersteller ist eingeschränkt, da in der Regel eine Neuprogrammierung der Backend-Programme erforderlich ist.

TIPP: Für ein Applikationsdesign mit verteilten Programmen auf Client und Server überwiegen die Vorteile die Nachteile deutlich. Applikationen mit Schwerpunkt auf der Client-Programmierung skalieren sehr schlecht und stoßen bei wachsendem Datenvolumen und steigenden Benutzerzahlen häufig an ihre Grenzen bis zur Nichtbenutzbarkeit. Ein neues Design ist dann der einzige Ausweg und mit hohem Zeit- und Kostenaufwand verbunden.

PostgreSQL hält eine breite Palette von Sprachen und Methoden für die Programmierung auf der Client- und auf der Server-Seite bereit. Auf der Server-Seite gibt es folgende Möglichkeiten:

- Erweiterung von SQL-Funktionen und der SQL-Sprache
- Das Regelsystem für die Verarbeitung von Views
- Die Verwendung von Objekt- und Event-Triggern
- PL/pgSQL als eingebaute prozedurale Sprache mit starker Integration in das Datenbanksystem
- Integrierte Programmier- und Skriptsprachen wie:
  - C
  - PL/Perl
  - PL/Python
- Das Server Programming Interface (SPI)

In PostgreSQL sind wie bei keinem anderen der verbreiteten Datenbanksysteme diese Sprachen in das Core-System und die SQL-Engine integriert. Damit ist eine schnelle Ausführung ohne die Verwendung von zusätzlichen Schnittstellen oder Interpretern möglich. Die Beispiele werden dies beweisen.

Für den Client können unter anderem folgende Sprachen verwendet werden:

- Die PostgreSQL-Frontend-Bibliothek *libpg* für C- und C++-Programme
- Java und JDBC
- Perl DBI

Java und C sind die am häufigsten verwendeten Sprachen für die Client-Programmierung. Es gibt darüber hinaus noch die Möglichkeit, mit Embedded SQL in der C-Sprache zu arbeiten. Diese Technologie wird allerdings nur noch selten eingesetzt, ist aber aus historischen Gründen noch verfügbar.

PostgreSQL-Datenbanken können auch an PHP angebunden und mit PHP-Mitteln programmiert werden. PHP-Programmierer verwenden vorzugsweise MySQL-Datenbanken. Der Stack Apache, PHP und MySQL ist sehr verbreitet im Bereich der Web-Entwicklung. PostgreSQL kommt in der Regel dann zum Einsatz, wenn MySQL an seine Grenzen stößt.

Es ist weitreichend bekannt, dass PostgreSQL ein Open-Source-Datenbanksystem ist. Was häufig wenig Beachtung findet, ist seine Offenheit und einfache Erweiterbarkeit.

Neben dem Kernsystem gibt es eine große Anzahl von zusätzlichen Modulen. Einige werden mit ausgeliefert und befinden sich im Verzeichnis *contrib* der Quellcode-Distribution. Weitere können im Internet gefunden werden. Sie können jedoch auch eigene Erweiterungen programmieren und in die Kompilierung einbinden.

Plugins sind Programme, die an vorhandene Programme und Schnittstellen andocken. Damit lassen sich vorhandene Funktionen des Kernsystems nutzen und über definierte Schnittstellen einbinden. Ein entscheidender Vorteil von Plugins liegt darin, dass bestimmte Kernfunktionen nicht neu programmiert werden müssen. Im Fall eines Release-Wechsels des PostgreSQL-Clusters kann das Plugin einfach neu eingesteckt (kompiliert) werden.

PostgreSQL ist nicht zuletzt deshalb erweiterbar, weil es sehr viele Informationen über Datenbanken, Schemas und Objekte im Systemkatalog speichert, mehr als die Datenbanksysteme anderer Hersteller. Sie finden im Katalog nicht nur Daten über Tabellen und Views, sondern auch über Typen, Funktionen, Zugriffsmethoden usw. Aber auch die Möglichkeit, selbstgeschriebenen Programmcode in Form von Shared Libraries dynamisch nachladen zu können, machen PostgreSQL zu einem sehr offenen und programmiererfreundlichen System. Viele Programmierer sind begeistert, wenn sie erstmalig diese Optionen entdecken.

Die Erweiterbarkeit von PostgreSQL übertrifft das, was man von einem Datenbankbetriebssystem erwarten würde, um ein Vielfaches. Zu den wichtigsten erweiterbaren Modulen gehören:

- Datentypen
- Operatoren
- Funktionen (Prozedurale Sprachen, Programmiersprache C, Overloading)
- SQL-Sprache
- Index-Zugriffsmethoden
- Datenaggregationen

17.2 Entwicklungswerkzeuge

Jeder Entwickler, der Datenbankapplikationen entwickelt, benötigt ein grafisches Werkzeug, um durch die Schemas und Objekte der Datenbank gehen zu können. Solch Werkzeuge werden auch als „Schema Browser" bezeichnet. Der pgAdmin 4 ist dazu am besten geeignet. Er ist auf PostgreSQL abgestimmt und wird zeitnah an neue Versionen des PostgreSQL-Servers angepasst. Weiterhin enthält er ein „Query Tool", mit dem SQL-Anweisungen abgesetzt und SQL-Pläne grafisch angezeigt werden können.

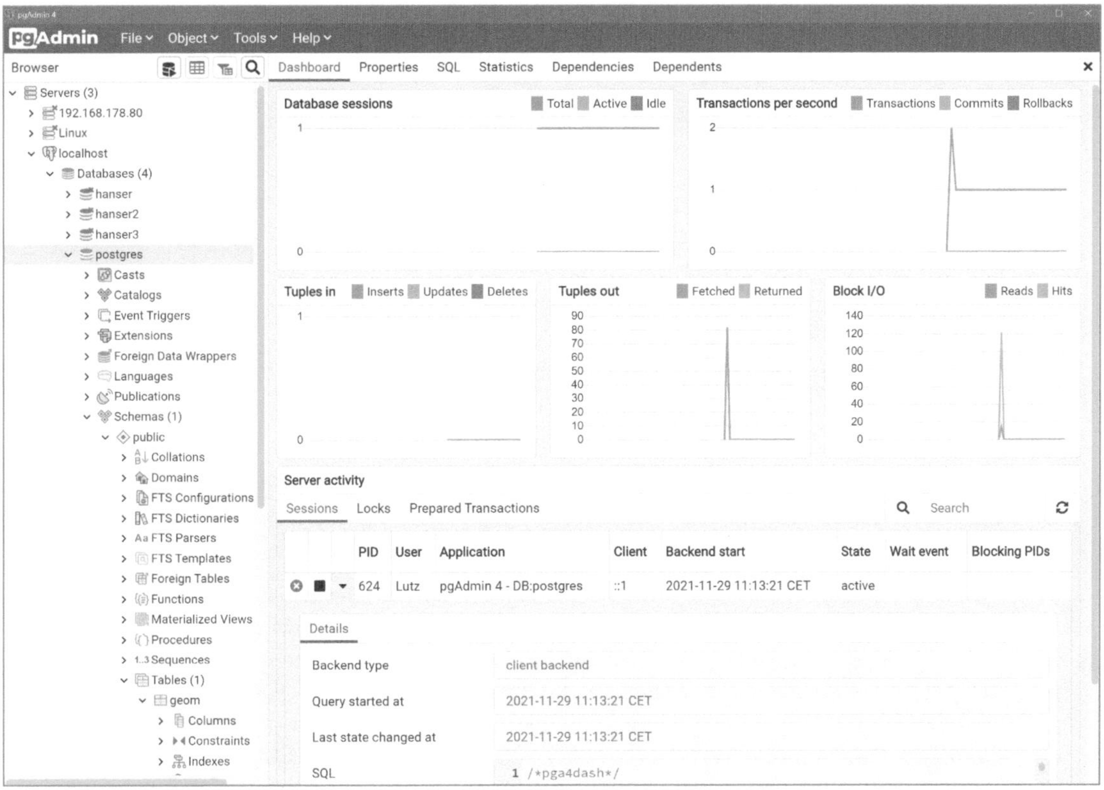

Bild 17.3 pgAdmin 4 für Entwickler

Für die jeweiligen Programmiersprachen gibt es individuelle Entwicklungsumgebungen, vom komplexen Framework bis hin zum einfachen Editor. Hier hat jeder Entwickler seine eigenen Vorlieben. Ein sehr universelles Entwicklungswerkzeug ist Netbeans. Es bietet Unterstützung für verschiedene Sprachen wie Java SE/EE, C/C++, PHP sowie HTML5/JavaScript und ist verfügbar für verschiedene Betriebssysteme wie Windows, macOS und Linux.

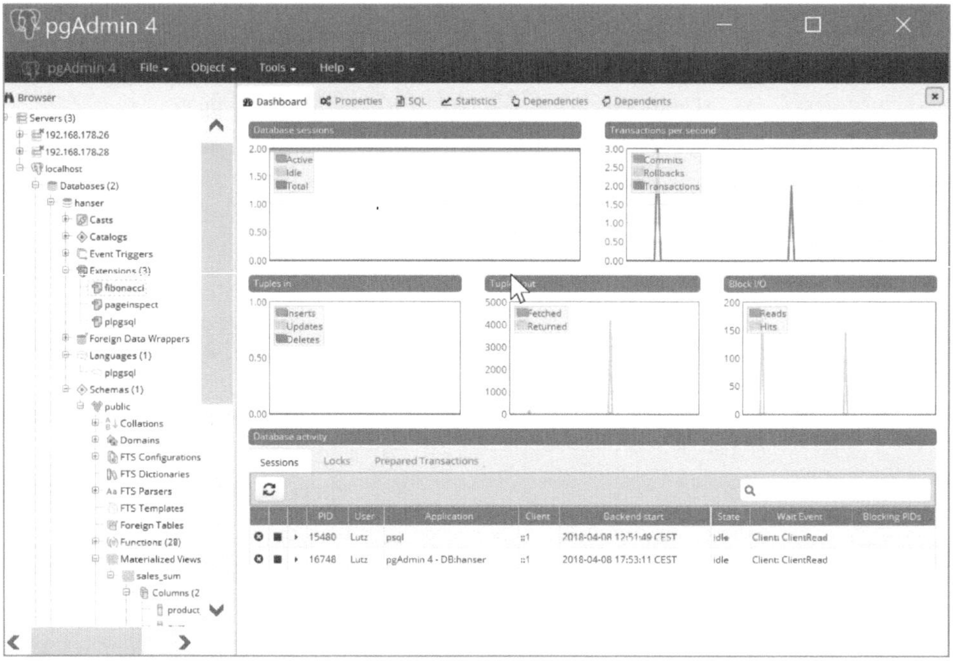

Bild 17.4 NetBeans als DIE für PostgreSQL-Applikationen

17.3 PostgreSQL Extensions

Bevor Sie über die Programmierung von Modulen oder Erweiterungen für eine Applikation nachdenken, lohnt es sich zu prüfen, ob eine entsprechende Lösung bereits existiert. Geprüfte und verbreitete Erweiterungen sind im PostgreSQL Extension Network zusammengefasst. Dort finden Sie Lösungen, die direkt in den PostgreSQL-Cluster eingebunden werden können. Umgekehrt können Sie dort auch eigene Erweiterungen hochladen und anderen Benutzern zur Verfügung stellen. Sie finden das PostgreSQL Extension Network mit der URL *http://pgxn.org*. Detailliertere Informationen zu diesem Thema finden Sie in Kapitel 18.

18 Erweiterungen und Module

Die Offenheit und Erweiterbarkeit von PostgreSQL wurden schon mehrfach in diesem Buch angesprochen. Dies gilt auch für die SQL-Engine. Während konventionelle Datenbanksysteme nur durch den Hersteller durch Änderungen in hartkodierten Funktionen und Prozeduren erweitert werden können, ist dies in PostgreSQL durch die Erweiterungsoptionen möglich und kann von jedem Programmierer vorgenommen werden, ohne das Kernsystem zu verändern. Darüber hinaus ist der PostgreSQL-Server in der Lage, durch den Anwender geschriebenen Programmcode durch dynamisches Laden zu integrieren.

Für die folgenden Module ist es unter anderem möglich, Erweiterungen vorzunehmen und eigene Funktionalität zu implementieren:

- Datentypen
- Funktionen und Sprachen
- Operatoren
- Index-Zugriffsmethoden
- Datenaggregationen

Für die Beispiele verwenden wir das Beispielschema „Dell DVD Store“. Hinweise zur Installation finden Sie in Abschnitt 5.8.

18.1 Datentypen

Die Möglichkeit, benutzerdefinierte Datentypen festlegen zu können, ist eine wichtige Voraussetzung für die Erweiterbarkeit von PostgreSQL. Sie können individuelle Typen definieren, und zwar unterhalb des SQL-Sprachniveaus.

In Listing 18.1 wird ein benutzerdefinierter Datentyp erstellt. Er repräsentiert eine Adresse und ist nach der Definition Bestandteil des Schemas.

Listing 18.1 Einen benutzerdefinierten Datentyp erstellen

```
postgres@localhost:5432)[hanser]> CREATE TYPE address AS
> ( city   VARCHAR(50),
>   zip    INT,
>   street VARCHAR(60));
```

```
CREATE TYPE
(postgreslocalhost:5432)[hanser]> \dT
       List of data types
 Schema |  Name   | Description
--------+---------+-------------
 public | address |
```

Da die Definition unterhalb des SQL-Niveaus erfolgt ist, kann der Datentyp in SQL-Anweisungen verwendet werden. In Listing 18.2 wird eine Tabelle mit der Spalte „addr“ vom Datentyp „address“ definiert.

Listing 18.2 Einen benutzerdefinierten Datentyp in SQL verwenden

```
(postgres@localhost:5432)[hanser]> CREATE TABLE cust (
> custid    INT,
> name      VARCHAR(40),
> addr      address);
(postgres@localhost:5432)[hanser]> INSERT INTO cust
> VALUES (4711, 'Best Customer', ('Cabarete', 59000, 'Ocean Street 1'));
INSERT 0 1
(postgres@localhost:5432)[hanser]> SELECT * FROM cust;
 custid |     name      |               addr
--------+---------------+----------------------------------
   4711 | Best Customer | (Cabarete,59000,"Ocean Street 1")
```

18.2 Funktionen und Sprachen

Eigene Funktionen und Prozeduren zu definieren, ist eine Option, die viele Datenbanksysteme in Form von eigenen 4GL-Sprachen anbieten. Oracle bietet zum Beispiel die Sprache PL/SQL an, PostgreSQL die Sprache PL/pgSQL. Beide Sprachen sind in ihrer Syntax sehr ähnlich und verfügen über eine große Nähe zu Datenbankoperationen.

PostgreSQL bietet darüber hinaus die Möglichkeit der Integration von Programmier- und Skriptsprachen in das Backend. So können Funktionen in der Programmiersprache C geschrieben und als Erweiterung eingebunden und in Form von dynamischen Libraries durch den PostgreSQL-Server geladen werden. C-Funktionen zeichnen sich durch eine sehr gute Performance und einen großen Sprachumfang aus. Auch die Verwendung von verbreiteten Skriptsprachen wie Perl oder Python für die Backend-Programmierung ist möglich.

18.2.1 SQL-Funktionen

SQL-Funktionen können einfach mit Mitteln der SQL-Sprache implementiert werden. Sie sollten nicht mit PL/pgSQL-Funktionen verwechselt werden. Eigene SQL-Funktionen werden der SQL-Engine bekannt gemacht und können wie andere Standardfunktionen in SQL-Befehlen verwendet werden. Sie werden in die SQL-Engine integriert und sind damit in der Ausführung sehr performant. Diese Integration ist durch das Konzept der offenen Architektur möglich.

PostgreSQL speichert, wie andere relationale Datenbanksysteme auch, Informationen über Datenbankobjekte im Datenbankkatalog, einer Sammlung von Metadaten des Clusters. Die Pflege erfolgt automatisch, d.h., wenn eine Tabelle mit dem CREATE TABLE-Befehl erstellt wird, wird sie im Katalog in der Tabelle *pg_tables* eingetragen. Im Unterschied zu anderen Datenbanksystemen speichert PostgreSQL jedoch wesentlich mehr Informationen, zum Beispiel über Datentypen, Funktionen, Operationen oder Zugriffsmethoden. Darüber hinaus können diese Tabellen zur Laufzeit verändert werden.

Die Sprache SQL wird von PostgreSQL wie jede andere Sprache behandelt. Die Sprache ist natürlich immer standardmäßig vorgeladen, so wie wir das für Perl getan haben.

Listing 18.3 SQL als Standardsprache in PostgreSQL

```
(postgres@[local]:5432)[hanser]> SELECT lanname, lanpltrusted, lanispl
> FROM pg_language;
 lanname  | lanpltrusted | lanispl
----------+--------------+---------
 internal | f            | f
 c        | f            | f
 sql      | t            | f
 plpgsql  | t            | t
```

Der Körper einer SQL-Funktion besteht aus einer durch Semikolon separierten Liste von SQL-Anweisungen. Dabei muss die letzte Anweisung eine RETURNING-Klausel enthalten und sie muss eine SELECT-, INSERT-, UPDATE- oder DELETE-Anweisung sein. Anweisungen zur Transaktionskontrolle, wie zum Beispiel COMMIT oder VACUUM, sind in SQL-Funktionen nicht zulässig.

HINWEIS: Das Semikolon hinter der letzten SQL-Anweisung in einer SQL-Funktion ist optional.

Für SQL-Anweisungen, die keine Werte zurückliefern sollen, kann der Rückgabewert „void“ definiert werden. Eine einfache Funktion finden Sie in Listing 18.4. Es ist also möglich, SQL-Funktionen ohne Verwendung einer speziellen Programmiersprache zu erstellen. SQL-Funktionen sind Bestandteil des PostgreSQL-Clusters und zeichnen sich durch einfache und transparente Bearbeitung sowie sehr gute Performance-Werte aus. Sie finden einen breiten Einsatz bei PostGIS (siehe Kapitel 16).

Listing 18.4 Eine SQL-Funktion mit Rückgabewert „void“

```
(postgres@localhost:5432)[hanser]> CREATE FUNCTION cl_prod()
> RETURNS void
> AS $$
> DELETE FROM products WHERE price < 1.0;
> $$
> LANGUAGE SQL;
CREATE FUNCTION
(postgres@localhost:5432)[hanser]> SELECT cl_prod();
 cl_prod
---------
```

So wie bei anderen Sprachen muss der Funktionskörper als String-Konstante dargestellt werden. Häufig wird das Zeichen „$$“ als Begrenzer verwendet. Es ist aber auch möglich, den String in ein einfaches Hochkomma einzuschließen. In diesem Fall müssen Hochkomma und Backslash innerhalb des Strings doppelt dargestellt werden. Im Funktionskörper können durch Platzhalter „$1“, „$2“ bis „$n“ dargestellte Argumente verwendet werden. Die folgenden Beispiele verdeutlichen, welche Möglichkeiten es für den Einsatz von SQL-Funktionen gibt.

Listing 18.5 SQL-Funktion mit Rückgabe eines einzelnen Werts

```
(postgres@localhost:5432)[hanser]> CREATE FUNCTION max_prod_price()
> RETURNS numeric
> AS
> $$
> SELECT MAX(price) FROM products;
> $$ LANGUAGE SQL;
CREATE FUNCTION
(postgres@localhost:5432)[hanser]> SELECT max_prod_price();
 max_prod_price
----------------
          29.99
```

Die SQL-Funktion in Listing 18.6 verwendet Parameter für eine UPDATE-Anweisung. Die Datentypen werden im Definitionsteil festgelegt. In den SQL-Anweisungen werden die Platzhalter „$1“ und „$2“ durch die Parameterwerte ersetzt. Zusätzlich wird noch eine SELECT-Anweisung eingefügt, die das Ergebnis zurückliefert.

Listing 18.6 SQL-Funktion mit Parametern und Ergebnisrückgabe

```
(postgres@localhost:5432)[hanser]> CREATE FUNCTION fix_products(integer, numeric)
> RETURNS numeric
> AS $$
> UPDATE products SET price = price - $2
> WHERE prod_id = $1;
> SELECT price FROM products WHERE prod_id = $1;
> $$ LANGUAGE SQL;
CREATE FUNCTION
(postgres@localhost:5432)[hanser]> SELECT fix_products(1, 5.0);
 fix_products
--------------
        20.99
```

Die gleiche Funktionalität lässt sich mit einer einzelnen UPDATE-Anweisung erzielen. Mit der Option RETURNING wird ebenfalls das Ergebnis zurückgeliefert (siehe Listing 18.7).

Listing 18.7 SQL-Funktion mit RETURNING-Klausel

```
(postgres@localhost:5432)[hanser]> CREATE FUNCTION fix_products_2(integer,numeric)
> RETURNS numeric
> AS $$
> UPDATE products SET price = price - $2
> WHERE prod_id = $1
> RETURNING price;
> $$ LANGUAGE SQL;
CREATE FUNCTION
(postgres@localhost:5432)[hanser]> SELECT fix_products_2(1, 5.0);
```

```
 fix_products_2
----------------
          15.99
```

SQL-Funktionen können anstelle von einfachen Datentypen auch Sätze übergeben. Die Funktion in Listing 18.8 liefert einen Datensatz als Rückgabewert. In der ersten Abfrage werden die einzelnen Werte zurückgeliefert, in der zweiten Abfrage ein Satz. Die Funktion kann auch für eine INSERT-Anweisung verwendet werden.

Listing 18.8 SQL-Funktion mit Datensatz als Rückgabewert

```
(postgres@localhost:5432)[hanser]> CREATE FUNCTION add_product()
> RETURNS products
> AS $$
> SELECT ROW(999999,0,'Leer','Leer',20.0,0,0)::products;
> $$ LANGUAGE SQL;
CREATE FUNCTION
(postgres@localhost:5432)[hanser]> SELECT add_product();
          add_product
--------------------------------
 (999999,0,Leer,Leer,20.00,0,0)
(1 row)
(psotgres@localhost:5432)[hanser]> SELECT * FROM add_product();
 prod_id | category | title | actor | price | special | common_prod_id
---------+----------+-------+-------+-------+---------+----------------
  999999 |        0 | Leer  | Leer  | 20.00 |       0 |              0
(1 row)
(postgres@localhost:5432)[hanser]> INSERT INTO products
> SELECT * FROM add_product();
INSERT 0 1
(postgres@localhost:5432)[hanser]> SELECT * FROM products
> WHERE prod_id = 999999;
 prod_id | category | title | actor | price | special | common_prod_id
---------+----------+-------+-------+-------+---------+----------------
  999999 |        0 | Leer  | Leer  | 20.00 |       0 |              0
```

Für Parameter von SQL-Funktionen können Standardwerte mithilfe der Option DEFAULT deklariert werden.

HINWEIS: Die Syntax lässt ausschließlich zu, dass Argumente nur am Ende der Liste weggelassen werden können. Aus diesem Grund müssen alle Parameter, die einem Parameter mit Standardwert folgen, ebenfalls mit einem Standardwert erklärt werden.

Listing 18.9 SQL-Funktion mit Standardwert für Parameter

```
(postgres@localhost:5432)[hanser]> CREATE FUNCTION fix_products_3(
> category integer DEFAULT 0)
> RETURNS numeric
> AS $$
> UPDATE products SET price = price - 1.0
> WHERE category = $1
> RETURNING price;
> $$LANGUAGE SQL;
```

```
CREATE FUNCTION
(postgres@localhost:5432)[hanser]> SELECT fix_products_3();
 fix_products_3
----------------
          19.00
```

In Listing 18.7 wurde eine SQL-Funktion in der FROM-Klausel einer SELECT-Anweisung verwendet. Diese Option gilt für alle SQL-Funktionen. Insbesondere ist die Verwendung einer SQL-Funktion in der FROM-Klausel hilfreich, wenn ein zusammengesetzter Wert oder ein Datensatz zurückgegeben wird. In diesem Fall erzeugt die SQL-Funktion eine Spalte für jedes Attribut. Ein Beispiel hierzu finden Sie in Listing 18.10.

Listing 18.10 Eine SQL-Funktion als Quelle für eine Tabellenabfrage verwenden

```
(postgres@localhost:5432)[hanser]> CREATE FUNCTION get_products(integer)
> RETURNS products
> AS $$
> SELECT * FROM products WHERE prod_id = $1;
> $$ LANGUAGE SQL;
CREATE FUNCTION
(postgres@localhost:5432)[hanser]> SELECT get_products(1);
                        get_products
-----------------------------------------------------------
 (1,14,"ACADEMY ACADEMY","PENELOPE GUINESS",10.99,0,1976)
(postgres@localhost:5432)[hanser]> SELECT get_products(1);
                        get_products
-----------------------------------------------------------
 (1,14,"ACADEMY ACADEMY","PENELOPE GUINESS",10.99,0,1976)
```

Die bislang erörterten SQL-Funktionen haben jeweils eine Zeile als Ergebnis zurückgeliefert. Das liegt an den Datentypen, die in der Option RETURNING verwendet wurden. Deklariert man als Rückgabetyp SETOF <typ>, wird jeder zurückgegebene Satz als Rückgabewert interpretiert und es werden mehrere Sätze zurückgeliefert.

Listing 18.11 Mehrere Zeilen als Ergebnis einer SQL-Funktion zurückliefern

```
(postgres@localhost:5432)[hanser]> CREATE FUNCTION get_products_2(integer)
> RETURNS SETOF products
> AS $$
> SELECT * FROM products WHERE prod_id < $1;
> $$ LANGUAGE SQL;
CREATE FUNCTION
(postgres@localhost:5432)[hanser]> SELECT prod_id, title, price
> FROM get_products_2(5);
 prod_id |       title        | price
---------+--------------------+-------
       1 | ACADEMY ACADEMY    | 10.99
       2 | ACADEMY ACE        | 20.99
       3 | ACADEMY ADAPTATION | 28.99
       4 | ACADEMY AFFAIR     | 14.99
(4 rows)
```

An dieser Stelle stellt sich die Frage: Was geschieht mit DML-Anweisungen in einer SQL-Funktion, die mehrere Sätze zurückliefern, wobei der Rückgabewert nicht mit SETOF erklärt ist? Hier tut PostgreSQL das einzig Richtige. DML-Anweisungen werden grundsätzlich komplett abgearbeitet.

Eine weitere Möglichkeit, mehrere Spalten und Zeilen in einer SQL-Funktion zurückzugeben, bietet der Rückgabetyp TABLE – gewissermaßen eine Kombination aus SETOF und der Rückgabe mehrerer Spalten. Beachten Sie jedoch:

HINWEIS: Die Syntax erlaubt nicht, Ausgabeparameter vom Typ OUT gemeinsam mit dem Rückgabetyp TABLE zu verwenden. Alle Spalten müssen nach dem Schlüsselwort TABLE aufgelistet werden (siehe das Beispiel in Listing 18.12.

Listing 18.12 SQL-Funktion mit Rückgabetyp TABLE

```
(postgres@localhost:5432)[hanser]> CREATE FUNCTION price_and_tax(prod_id integer)
> RETURNS TABLE(prod_id int, price numeric, tax numeric)
> AS $$
> SELECT prod_id, price, price*0.19
> FROM products WHERE prod_id < $1;
> $$ LANGUAGE SQL;
CREATE FUNCTION
(postgres@localhost:5432)[hanser]> SELECT * FROM price_and_tax(5);
 prod_id | price |  tax
---------+-------+--------
       1 | 10.99 | 2.0881
       2 | 20.99 | 3.9881
       3 | 28.99 | 5.5081
       4 | 14.99 | 2.8481
(4 rows)
```

18.2.2 Funktionen mit prozeduralen Programmiersprachen

PL/pgSQL ist die prozedurale Programmiersprache von PostgreSQL – eine ladbare Sprache, die für die Verarbeitung von Transaktionen im Backend entwickelt wurde und über eine große Nähe zur Datenbank und deren Funktionalität verfügt. Seit der Version 9.0 ist diese Sprache automatisch installiert.

Eine mit PL/pgSQL geschriebene Funktion besteht aus einem Block, der sich in Erklärungs- und Ausführungssektion aufteilt. Der Ausführungsblock wird, wie im Beispiel in Listing 18.13, durch BEGIN und END eingeschlossen. Blöcke können geschachtelt werden. Innerhalb eines Blocks lassen sich weitere Blöcke einbinden.

Listing 18.13 Eine PL/pgSQL-Funktion

```
(postgres@localhost:5432)[hanser]> CREATE OR REPLACE FUNCTION demo()
> RETURNS integer
> AS $$
> DECLARE
> var INTEGER := 30;
> BEGIN
>   var := 10;
>   RAISE NOTICE 'Der Wert ist %', var;
>   RETURN var;
> END;
```

```
> $$ LANGUAGE plpgsql;
CREATE FUNCTION
(postgres@localhost:5432)[hanser]> SELECT demo();
NOTICE:  Der Wert ist 10
 demo
------
   10
```

Perl ist eine weit verbreitete Skriptsprache und zeichnet sich durch einen großen Funktionsumfang und eine sehr gute Performance aus. Der ohnehin schon geringe Overhead wird durch die Integration in die Engine von PostgreSQL weiter reduziert. Damit ist einerseits ein effizienter Zugriff auf die Datenbanken möglich und andererseits können die vielen außergewöhnlichen Funktionen, die Perl bietet, wie zum Beispiel die String-Manipulation, verwendet werden. Für Datenbankmanipulationen werden Standardfunktionen bereitgestellt.

Eine weitere Möglichkeit, Perl-Programme für Applikationen zu verwenden, bietet die DBI-Schnittstelle. Damit können Programme auf dem Client erstellt werden. Informationen und Beispiele zur DBI-Programmierung finden Sie in Kapitel 21.

Die Sprache PL/Perl – so wird die im Backend integrierte Variante von Perl bezeichnet – ist nicht per Default installiert. Wenn Sie PostgreSQL aus dem Quellcode installiert haben, kann dies durch eine erneute Kompilierung der Software korrigiert werden. Mit der Option *-with.perl* wird die Sprache in die Distribution eingebunden.

Listing 18.14 Perl als Sprache in eine Distribution einbinden

```
# ./configure --with-perl
# make
# make install
```

Im nächsten Schritt muss die Sprache im Datenbankkatalog registriert und zur Datenbank hinzugefügt werden.

Das Utility *createlang* wurde in PostgreSQL 10 auf deprecated gesetzt. Es funktioniert allerdings noch, wenn es schnell gehen soll.

Listing 18.15 Die Sprache Perl zu einer Datenbank hinzufügen

```
$ createlang plperl hanser
[postgres@serv2 data]$ psql
psql (14.1)
Type "help" for help.
(postgres@[local]:5432)[postgres]> \c hanser
You are now connected to database "hanser" as user "postgres".
(postgres@[local]:5432)[hanser]> SELECT lanname, lanispl, lanpltrusted
> FROM pg_language;
 lanname  | lanispl | lanpltrusted
----------+---------+--------------
 internal | f       | f
 c        | f       | f
 sql      | f       | t
 plpgsql  | t       | t
 plperl   | t       | t
```

HINWEIS: Die empfohlene Methode zum Definieren neuer prozeduraler Sprachen ist der Befehl CREATE EXTENSION (siehe Listing 18.16). Seit Version 9.1 sollte der Befehl CREATE LANGUAGE nicht mehr verwendet werden. Das Anlegen der Sprache ist für jede Datenbank erforderlich.

Listing 18.16 Eine Sprache mit CREATE EXTENSION anlegen

```
(postgres@[local]:5432)[hanser]> CREATE EXTENSION plperl;
CREATE EXTENSION
(postgres@[local]:5432)[hanser]> SELECT lanname, lanispl, lanpltrusted
> FROM pg_language;
 lanname  | lanispl | lanpltrusted
----------+---------+--------------
 internal | f       | f
 c        | f       | f
 sql      | f       | t
 plpgsql  | t       | t
 plperl   | t       | t
```

PostgreSQL unterscheidet zwischen „untrusted“ und „trusted“ Sprachen (Spalte „lanpltrusted“). Sprachen mit dem Attribut „trusted“ dürfen unter anderem keine Dateien oder Sockets erstellen. Perl ist eine Sprache mit dem Attribut „trusted“.

Für PL/Perl können anonyme Code-Blöcke verwendet werden, ohne dass eine Funktion vorher erstellt werden muss.

Listing 18.17 Ein anonymer Code-Block mit Perl

```
(postgres@[local]:5432)[hanser]> DO $$
> # <Perl Befehle>
> . . .
> $$ LANGUAGE plperl;
```

Perl-Code kann aber auch als Funktion in der Datenbank gespeichert werden. Die Syntax ist ähnlich der von PL/pgSQL-Funktionen. Alles, was sich innerhalb der Begrenzer „$$“ befindet, unterliegt den Regeln der Sprache Perl (siehe Listing 18.18).

Listing 18.18 Eine PL/Perl-Funktion in der Datenbank anlegen

```
(postgres@[local]:5432)[hanser]> CREATE OR REPLACE FUNCTION pl_min
(INTEGER, INTEGER)
> RETURNS INTEGER
> AS $$
> my ($a, $b) = @_;
> return $a if $a < $b;
> return $b;
> $$ LANGUAGE plperl;
CREATE FUNCTION
(postgres@[local]:5432)[hanser]> SELECT pl_min(1,99);
 pl_min
--------
      1
```

Für den Zugriff auf die Datenbank stehen vorgefertigte Funktionen zur Verfügung, zum Ausführen einer SELECT-Anweisung die Funktion *spi_exec_query*:

```
spi_exec_query(<SQL-Anweisung>, [Satzlimit])
```

HINWEIS: Die Funktion *spi_exec_query* ist eine Ausprägung von PL/Perl und verwendet SPI-Funktionen aus dem Server Programming Interface von PostgreSQL.

Die Rückgabe erfolgt in einem Array. In Listing 18.19 wird eine Tabelle abgefragt und es werden die ersten fünf Sätze gelistet.

Listing 18.19 Die Funktion *spi_exec_query* in ein Perl-Programm einbinden

```
(postgres@[local]:5432)[hanser]> CREATE OR REPLACE FUNCTION perl_select()
> RETURNS SETOF categories
> AS $$
> my $rv = spi_exec_query('SELECT * FROM categories;', 5);
> my $status = $rv->{status};
> my $nrows = $rv->{processed};
> foreach my $res (0 .. $nrows-1) {
>   my $row = $rv->{rows}[$res];
>   return_next($row);
> }
> return undef;
> $$ LANGUAGE plperl;
CREATE FUNCTION
(postgres@[local]:5432)[hanser]> SELECT perl_select();
  perl_select
---------------
 (1,Action)
 (2,Animation)
 (3,Children)
 (4,Classics)
 (5,Comedy)
(5 rows)
```

18.2.3 C-Funktionen

Einer der Vorteile der Entwicklung von Funktionen in der Programmiersprache C ist, dass diese eine sehr gute Performance aufweisen. Dies gilt sowohl für Schleifen und Vergleiche als auch für die sehr gute Integration in die SQL-Engine. Die Funktionen werden in dynamisch ladbare Bibliotheken kompiliert. Auf Linux- und Unix-Systemen sind das sogenannte Dynamic Shared Libraries mit den Endungen „.so". Unter Windows gibt es analog DLL-Dateien (Dynamic Loadable Libraries) mit der Endung „.dll".

Mit dem ersten Funktionsaufruf wird die Shared Library in das Memory geladen und die Funktion kann abgearbeitet werden. Danach erfolgt der Zugriff durch den PostgreSQL-Server mit wenig Overhead über den symbolischen Link der Funktion. Dafür benötigt PostgreSQL zwei wesentliche Informationen: den Namen der Datei und den Namen der Funktion.

TIPP: Es gibt mehrere Möglichkeiten, den Pfad, in dem sich die Shared Library befindet, anzugeben. Es ist zu empfehlen, die Datei in die PostgreSQL-Library *$libdir* oder den im Parameter *dynamic_library_path* festgelegten Pfad zu legen. Standardmäßig zeigt der Parameter auf *$libdir*.

Listing 18.20 zeigt ein Beispiel, wie die aktuelle Umgebung abgefragt werden kann.

Listing 18.20 Den Standardpfad für die Shared Libraries abfragen

```
(postgres@[local]:5432)[postgres]> show dynamic_library_path;
 dynamic_library_path
----------------------
 $libdir
$ pg_config --pkglibdir
/usr/local/pgsql/lib
```

Jede Shared Library mit C-Funktion muss einen sogenannten „Magic Block" enthalten. Mit dessen Hilfe prüft der PostgreSQL-Server die Kompatibilität. Es wird zum Beispiel erkannt, wenn der Programmcode für eine andere Major Version von PostgreSQL kompiliert wurde. Dies ist ein wichtiger Hinweis, wenn Sie ein Upgrade von der Version 13 auf PostgreSQL 14 planen.

HINWEIS: C-Funktionen müssen mit einem Wechsel auf eine andere Major Version von PostgreSQL neu kompiliert werden.

Für die Einbindung des Magic Block muss die Header-Datei *fmgr.h* aus der PostgreSQL-Distribution angegeben und der folgende Code-Teil hinzugefügt werden:

```
#ifdef PG_MODULE_MAGIC
PG_MODULE_MAGIC;
#endif
```

Die Klammer mit `#ifdef` wird für PostgreSQL 14 nicht benötigt und kann wegelassen werden.

Sie können in Ihrem Programm zwei Standardfunktionen aufrufen. Die Funktion *_PG_init* wird direkt nach dem Laden und die Funktion *_PG_fini* vor dem Entladen der Shared Library aufgerufen. Die Verwendung dieser Funktionen ist optional.

Es gibt verschiedene Konventionen, Funktionen in einer Shared Library aufzurufen. Die gebräuchlichste ist die „Version 1 Calling Convention". Damit wird ein Großteil der Komplexität bei der Übergabe von Argumenten und Ergebnissen außen vor gelassen. Die Deklaration im Programmcode lautet:

```
Datum <Funktionsname> (<Argument>[,<Argument>,…]);
```

Schauen wir uns an dieser Stelle zwei Beispiele unter Linux und Windows für das Erstellen einer C-Funktion an. In beiden Fällen erfolgt die Addition von eins zu einem Wert. Der Wert wird als Parameter übergeben. Den Quellcode finden Sie in Listing 18.21.

Listing 18.21 C-Funktion als PostgreSQL-Erweiterung

```
#include "postgres.h"
#include "fmgr.h"
PG_MODULE_MAGIC;
PG_FUNCTION_INFO_V1(add_func);
Datum add_func(PG_FUNCTION_ARGS) {
  int32 arg = PG_GETARG_INT32(0);
  PG_RETURN_INT32(arg + 1);
}
```

Aus dem Quellcode kann nun die Shared Library erstellt werden. Verwenden Sie dafür die Option „-shared“. Diese muss außerdem als Position-independent Code (PIC) gebildet werden. Die Library kann somit in einen beliebigen Teil des Memory geladen werden. Die Option „-I“ ist erforderlich, um die Header-Dateien der PostgreSQL-Distribution einzubinden, die sich normalerweise nicht im Include-Pfad befinden.

Listing 18.22 Eine Shared Library unter Linux erstellen

```
# cc -fPIC -shared -I/usr/local/pgsql/include/server -o addFunc.so addFunc.c
```

Kopieren Sie anschließend die Datei *addFunc.so* in das Zielverzeichnis, vorzugsweise in das Lib-Verzeichnis der Distribution:

```
# cp addFunc.so /usr/local/pgsql/lib/
```

Damit steht die Shared Library dem PostgreSQL-Server zur Verfügung. Es muss nur noch die Funktion definiert werden, damit sie verwendet werden kann.

Listing 18.23 Eine C-Funktion erstellen

```
(postgres@[local]:5432)[postgres]> CREATE FUNCTION add_func(integer)
RETURNS integer
AS '$libdir/addFunc.so'
LANGUAGE C STRICT;
CREATE FUNCTION
(postgres@[local]:5432)[postgres]> SELECT add_func(10);
 add_func
----------
       11
```

Die Erstellung einer DLL-Datei unter Windows kann analog vorgenommen werden. Es gibt einige plattformspezifische Besonderheiten, die im folgenden Beispiel kurz herausgestellt werden. C-Programme unter Windows zu kompilieren, ist immer etwas speziell, da dies stark von der vorhandenen Umgebung abhängig ist. Sie können das Beispiel auf einem Computer mit Windows 10 und einer PostgreSQL-Distribution für Windows nachvollziehen.

Als Compiler wird Visual C++ auf einer 64-Bit-Plattform verwendet. Damit bewegen wir uns in der Microsoft-Welt und umgehen mögliche Probleme mit Entwicklungsumgebungen anderer Hersteller. Es sollte sich um eine neuere Version handeln, zum Beispiel Visual Studio 2017.

1. Erstellen Sie ein neues Projekt über die Menüpunkte *Datei/Neu/Projekt*. Wählen Sie *Leeres Projekt* aus und nennen Sie es „addFunc“.

2. Klicken Sie mit der rechten Maustaste im Projektbaum auf *Quelldateien* und selektieren Sie *Hinzufügen* und *Neues Element*. Wählen Sie *C++ Datei* aus und ändern Sie den Dateinamen auf „addFunc.c“ (nicht „addFunc.cpp“!).
3. Der Quellcode ist identisch zum Linux-Beispiel. Kopieren Sie den Quellcode in das Fenster.

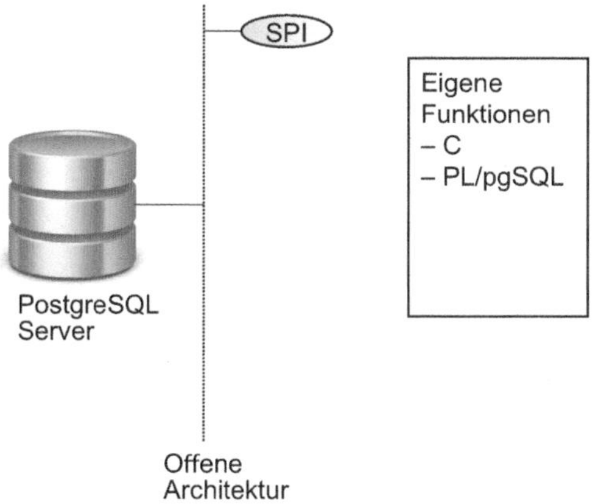

Bild 18.1
Quellcode für C-Funktionen in Visual C++

4. Die IDE beschwert sich noch über fehlende Relationen. Es müssen außerdem noch weitere Compiler-Optionen festgelegt werden, um eine vom PostgreSQL-Server ladbare DLL-Datei erstellen zu können. Führen Sie dazu einen Rechtsklick auf das Projekt *addFunc* im Projektbaum aus und wählen Sie *Eigenschaften*. In diesem Fenster können alle weiteren Einstellungen vorgenommen werden (Bild 18.2).

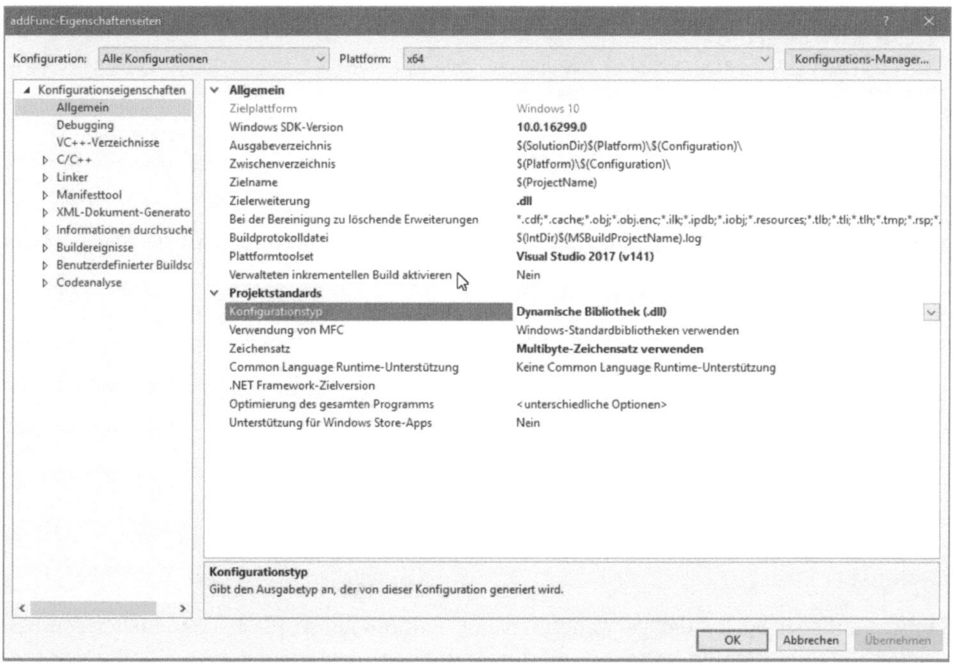

Bild 18.2 Optionen für DLL-Dateien für PostgreSQL-Funktionen einstellen

5. Wählen Sie oben *Alle Konfigurationen* sowie die Plattform aus, in unserem Fall ist das *x64*. Ändern Sie unter *Allgemein* den Konfigurationstyp auf *Dynamische Bibliothek (.dll)*.
6. Unter *C/C++* finden Sie den Punkt *Codegenerierung*. Ändern Sie *C++-Ausnahmen aktivieren* auf *Nein*.
7. Gehen Sie auf den Punkt *C/C++, Erweitert*. Wählen Sie für die Kompilierungsart *Als C-Code kompilieren* aus.
8. Wählen Sie die Menüs *Linker* und *Manifestdatei* aus. Selektieren Sie *Nein* für *Manifest generieren*.
9. Fügen Sie unter *Linker* und *Eingabe* im Feld *Zusätzliche Abhängigkeit* den Text „postgres.lib" hinzu.
10. Jetzt muss noch das Verzeichnis für die Header-Dateien hinzugefügt werden. Gehen Sie dazu auf *C++* und *Allgemein*. Tragen Sie unter *Zusätzliche Includeverzeichnisse* die Verzeichnisse der PostgreSQL-Distribution ein. In meinem Fall ist das *D:\PostgreSQL\include*. Des Weiteren müssen die Verzeichnisse... *server\port\win32* und... *\server\port\win32_msvc* eingetragen werden.
11. Zum Schluss muss noch das Lib-Verzeichnis der PostgreSQL-Distribution eingetragen werden. In meinem Fall ist das *D:\Postgresql\lib*. Die Eintragung erfolgt unter *Linker*, *Allgemein* und *Zusätzliche Bibliotheksverzeichnisse*.
12. Jetzt kann die DLL-Datei mit einem Rechtsklick auf das Projekt und dem Menüpunkt *Erstellen* kompiliert werden. Die Logdatei sollte in etwa so aussehen:

```
1>------ Erstellen gestartet: Projekt: addFunc, Konfiguration: Release x64 ------
1>addFunc.c
1>   Bibliothek
"C:\Users\Lutz\source\repos\addFunc\x64\Release\addFunc.lib" und Objekt "C:\Users\
Lutz\source\repos\addFunc\x64\Release\addFunc.exp" werden erstellt.
1>Code wird generiert.
1>All 3 functions were compiled because no usable IPDB/IOBJ from previous compilation
was found.
1>Codegenerierung ist abgeschlossen.
1>addFunc.vcxproj -> C:\Users\Lutz\source\repos\addFunc\x64\Release\addFunc.dll
========== Erstellen: 1 erfolgreich, 0 fehlerhaft, 0 aktuell, 0 übersprungen
==========
```

13. Kopieren Sie die erstellte Datei *addFunc.dll* in das Library-Verzeichnis der PostgreSQL-Distribution.
14. Im letzten Schritt wird, so wie unter Linux auch, die Funktion erstellt und getestet.

```
(postgres@localhost:5432)[hanser]> CREATE FUNCTION add_func(integer)
> RETURNS integer
> AS '$libdir/addFunc.dll'
> LANGUAGE C STRICT;
CREATE FUNCTION
(postgres@localhost:5432)[hanser]> SELECT add_func(10);
 add_func
---------
       11
```

Ein wesentlicher Vorteil der Verwendung von C-Funktionen wurde bei den bisherigen Beispielen unberücksichtigt gelassen: die Integration in die Datenbanken. Das Server Programming Interface (SPI) stellt eine Reihe von C-Funktionen zur Verfügung, die in einem Programm aufgerufen werden können. Sie ermöglichen einen einfachen Zugriff auf die SQL-Engine und zeichnen sich durch geringen Overhead und eine geringe Latenz aus.

Ein Beispiel für die Verwendung von SPI-Funktionen finden Sie in Listing 18.24. Es wird der Wert der Spalte „income" direkt an die Funktion übergeben. Dieser kann dann ausgewertet werden.

Listing 18.24 C-Funktion mit SPI-Funktionen

```
#include "postgres.h"
#include "executor/executor.h"
PG_MODULE_MAGIC;
PG_FUNCTION_INFO_V1(highincome);
Datum highincome(PG_FUNCTION_ARGS) {
  HeapTupleHeader t = PG_GETARG_HEAPTUPLEHEADER(0);
  int32 limit = PG_GETARG_INT32(1);
  bool isnull;
  Datum income;
  income = GetAttributeByName(t, "income", &isnull);
  if (isnull)
    PG_RETURN_BOOL(false);
  PG_RETURN_BOOL(DatumGetInt32(income) > limit);
}
```

Wie bereits in den vorhergehenden Beispielen gezeigt, kann nun die Shared Library kompiliert und eingebunden werden. Es ist nur noch die Funktion zu erstellen und anzuwenden (Listing 18.25).

Listing 18.25 Erstellen und Aufruf einer C-Funktion mit SPI

```
(postgres@[local]:5432)[hanser]> CREATE FUNCTION highincome(customers, integer)
> RETURNS boolean
> AS '$libdir/highincome.so', 'highincome'
> LANGUAGE C STRICT;
CREATE FUNCTION
(postgres@[local]:5432)[hanser]> SELECT lastname, city, state, phone,
highincome(customers, 50000)
FROM customers;
  lastname  |  city   | state |   phone    | highincome
------------+---------+-------+------------+------------
 ITHOMQJNYX | QSDPAGD | SD    | 4608499546 | t
 UNUKXHJVXB | YNCERXJ | AZ    | 5119315633 | f
 LYYSHTQJRE | LWVIFXJ | OH    | 6297761196 | t
 WQLQHUHLFE | HOKEXCD | MS    | 9862764981 | f
 ETBYBNEGUT | RZQTCDN | AZ    | 2841895775 | f
 BAXPEEKXVJ | OPLRCNT | IN    | 6192740010 | t
. . .
```

Die Beispiele zeigen, wie offen sich PostgreSQL für die Server-Programmierung präsentiert. Viele der besprochenen Methoden zeichnen sich durch eine hohe Performance und geringen Overhead aus.

18.3 Operatoren

Basis für einen benutzerdefinierten Operator ist die zugrunde liegende Funktion. Sie muss vor dem Operator angelegt werden. In der Regel erstellt man dafür C-Funktionen, um eine schnelle Abarbeitungszeit sicherzustellen.

Als Basis für den neuen Operator soll eine C-Funktion dienen, die die letzte Zahl der Fibonacci-Folge bis zu einem bestimmten Punkt berechnet. Den Quellcode finden Sie in Listing 18.26.

Listing 18.26 C-Funktion für Fibonacci-Folge

```
#include "postgres.h"
#include "fmgr.h"
PG_MODULE_MAGIC;
PG_FUNCTION_INFO_V1(fibo);
Datum fibo(PG_FUNCTION_ARGS) {
  int32 arg = PG_GETARG_INT32(0);
  int32 i, retval, nextval, t1, t2;
  retval = 0;
  t1 = 0;
  t2 = 1;
  for (i=1; i<=arg; i++) {
    nextval = t1 + t2;
    t1 = t2;
    t2 = nextval;
  }
  retval = nextval;
  PG_RETURN_INT32(retval);
}
```

Wie in diesem Abschnitt bereits beschrieben, muss nun aus dem Quellcode eine Shared Library erstellt und in das Library-Verzeichnis kopiert werden. Die Funktion wird dann wieder mit dem CREATE FUNCTION-Befehl erstellt (Listing 18.27).

Listing 18.27 Die C-Funktion für einen Operator erstellen

```
(postgres@[local]:5432)[postgres]> CREATE FUNCTION fibo(integer)
> RETURNS integer
> AS '$libdir/fibo.so' , 'fibo'
> LANGUAGE C STRICT;
CREATE FUNCTION
(postgres@[local]:5432)[postgres]> SELECT fibo(7);
 fibu
------
   21
```

Jetzt kann der Operator erstellt werden (Listing 18.28). Er benötigt als minimale Informationen den Funktionsnamen und den Datentyp für das Argument.

Listing 18.28 Einen benutzerdefinierten Operator erstellen

```
(postgres@[local]:5432)[postgres]> CREATE OPERATOR ## (PROCEDURE=fibo,
LEFTARG=integer);
CREATE OPERATOR
```

```
(postgres@[local]:5432)[postgres]> SELECT 7##;
 ?column?
----------
       21
```

Im Normalfall wird man für Operatoren C-Funktionen verwenden, um eine schnelle Antwortzeit zu garantieren. Schauen Sie sich dennoch das folgende Beispiel an, bei dem eine SQL-Funktion verwendet wird. Dies zeigt erneut, wie offen und flexibel die PostgreSQL-Server-Programmierung ist. Zunächst wird eine SQL-Funktion als Basis für den Operator erstellt. Sie liefert die gesamte Fibonacci-Folge bis zu einem vorgegebenen Wert zurück (siehe Listing 18.29).

Listing 18.29 Eine SQL-Funktion als Basis für einen Operator

```
(psotgres@localhost:5432)[hanser]> CREATE FUNCTION fibonacci(num INTEGER)
> RETURNS SETOF INTEGER
> AS $$
> WITH RECURSIVE cnt(n1,n2) AS
> (
> VALUES(0,1)
> UNION ALL
>   SELECT
>   GREATEST(n1,n2),n1 + n2 AS FibuNumbers
>   FROM cnt
>   WHERE n2 < num
> )
> SELECT n1 FROM cnt;
> $$ LANGUAGE SQL;
CREATE FUNCTION
```

Der Operator wird wieder mit dem Befehl CREATE OPERATOR erstellt. Da der Rückgabewert als SET OF definiert ist, wird eine Liste von Integer-Werten ausgegeben.

Listing 18.30 Ein Operator mit SQL-Funktion als Basis

```
(Lutz@localhost:5432)[hanser]> CREATE OPERATOR ## (PROCEDURE=fibonacci,
LEFTARG=integer);
CREATE OPERATOR
(Lutz@localhost:5432)[hanser]> SELECT 22##;
 ?column?
----------
        0
        1
        1
        2
        3
        5
        8
       13
       21
```

18.4 Das Extension-Netzwerk

Die Offenheit von PostgreSQL ist Philosophie und hat viele Programmierer und Anwender dazu bewegt, eigene Erweiterungen zu entwickeln und der Community zur Verfügung zu stellen. In der Vergangenheit wurden diese häufig als Contribution Module entwickelt und in den Contribution-Ordner eingebunden. Diese Möglichkeit besteht auch heute noch.

Erweiterungen bestehen aus verschiedenen Objekten wie Funktionen, Tabellen, Datentypen oder Operatoren. Mit der Version 9 wurde eine neue Funktionalität zur Verfügung gestellt, die dieser Komplexität Rechnung trägt: die Zusammenfassung von Erweiterungen in Pakete. Damit ist es möglich, typischen Anforderungen an Erweiterungen, wie zum Beispiel Versionierung, Updates, Abhängigkeiten oder auch das saubere Entfernen, besser Rechnung zu tragen.

Den Rahmen für die Verbreitung dieser Pakete bildet das PostgreSQL Extension Network, eine Internetplattform zur Unterstützung der Idee, von anderen zu profitieren und eigene Lösungen publik zu machen.

18.4.1 Extensions entwickeln

Am Anfang sollte man sich die Frage stellen, ob es Sinn macht, eine Extension zu entwickeln. Es lohnt sich immer ein Blick in das Extension Network (*http://pgxn.org*), ob es bereits eine nutzbare Lösung gibt. Einige sind auch noch unter der folgenden Adresse zu finden: *https://www.postgresql.org/download/products/6*.

Extensions, die in Paketen zusammengefasst sind, sind einfach und sicher in neue Systeme einzubinden, die Version ist nachvollziehbar und alle notwendigen Objekte sind enthalten. Dabei spielen Größe und Umfang kaum eine Rolle. Je höher die Komplexität, desto mehr profitiert man von den Vorzügen und fördert die Stabilität.

Ein Beispiel für eine komplexe Extension ist PostGIS, ein System für geografische Objekte und deren Navigation. Es wurde ausführlich in Kapitel 14 vorgestellt. Es gibt aber auch eine Reihe von kleineren Paketen. Mit der Idee von Plug and Play lässt sich der Programmieraufwand senken.

Eine Liste der verfügbaren Extensions, also von Erweiterungen, die sich in der Distribution befinden, erhält man durch Abfrage der View *pg_availabe_extensions* (siehe Listing 18.31).

Listing 18.31 Liste verfügbarer Extensions

```
(postgres@localhost:5432)[hanser]> SELECT name, default_version, comment
> FROM pg_available_extensions;
        name        | defau|                   comment
--------------------+------+---------------------------------------------------
 adminpack          | 1.0  | administrative functions for PostgreSQL
 amcheck            | 1.0  | functions for verifying relation integrity
 autoinc            | 1.0  | functions for autoincrementing fields
 bloom              | 1.0  | bloom access method - signature file based index
 btree_gin          | 1.2  | support for indexing common datatypes in GIN
 btree_gist         | 1.5  | support for indexing common datatypes in GiST
 chkpass            | 1.0  | data type for auto-encrypted passwords
```

```
citext             | 1.4  | data type for case-insensitive character strings
cube               | 1.2  | data type for multidimensional cubes
dblink             | 1.2  | connect to other PostgreSQL databases from within
dict_int           | 1.0  | text search dictionary template for integers
dict_xsyn          | 1.0  | text search dictionary template for extended syno
dummy_seclabel     | 1.0  | Test code for SECURITY LABEL feature
earthdistance      | 1.1  | calculate great-circle distances on the surface o
file_fdw           | 1.0  | foreign-data wrapper for flat file access
fuzzystrmatch      | 1.1  | determine similarities and distance between strin
hstore             | 1.4  | data type for storing sets of (key, value) pairs
hstore_plperl      | 1.0  | transform between hstore and plperl
hstore_plperlu     | 1.0  | transform between hstore and plperlu
insert_username    | 1.0  | functions for tracking who changed a table
intagg             | 1.1  | integer aggregator and enumerator (obsolete)
intarray           | 1.2  | functions, operators, and index support for 1-D a
isn                | 1.1  | data types for international product numbering st
lo                 | 1.1  | Large Object maintenance
ltree              | 1.1  | data type for hierarchical tree-like structures
moddatetime        | 1.0  | functions for tracking last modification time
pageinspect        | 1.6  | inspect the contents of database pages at a low l
pgcrypto           | 1.3  | cryptographic functions
pgrowlocks         | 1.2  | show row-level locking information
pgstattuple        | 1.5  | show tuple-level statistics
pg_buffercache     | 1.3  | examine the shared buffer cache
pg_freespacemap    | 1.2  | examine the free space map (FSM)
pg_prewarm         | 1.1  | prewarm relation data
pg_stat_statements | 1.5  | track execution statistics of all SQL statements
pg_trgm            | 1.3  | text similarity measurement and index searching b
pg_visibility      | 1.2  | examine the visibility map (VM) and page-level vi
plpgsql            | 1.0  | PL/pgSQL procedural language
postgres_fdw       | 1.0  | foreign-data wrapper for remote PostgreSQL server
refint             | 1.0  | functions for implementing referential integrity
seg                | 1.1  | data type for representing line segments or float
tablefunc          | 1.0  | functions that manipulate whole tables, including
tcn                | 1.0  | Triggered change notifications
test_ddl_deparse   | 1.0  | Test code for DDL deparse feature
test_ext1          | 1.0  | Test extension 1
test_ext2          | 1.0  | Test extension 2
test_ext3          | 1.0  | Test extension 3
test_ext4          | 1.0  | Test extension 4
test_ext5          | 1.0  | Test extension 5
test_ext6          | 1.0  | test_ext6
test_ext7          | 1.0  | Test extension 7
test_ext8          | 1.0  | Test extension 8
test_ext_cyclic1   | 1.0  | Test extension cyclic 1
test_ext_cyclic2   | 1.0  | Test extension cyclic 2
test_parser        | 1.0  | example of a custom parser for full-text search
test_pg_dump       | 1.0  | Test pg_dump with an extension
test_rls_hooks     | 1.0  | Test code for RLS hooks
test_shm_mq        | 1.0  | Test code for shared memory message queues
timetravel         | 1.0  | functions for implementing time travel
tsm_system_rows    | 1.0  | TABLESAMPLE method which accepts number of rows a
tsm_system_time    | 1.0  | TABLESAMPLE method which accepts time in millisec
unaccent           | 1.1  | text search dictionary that removes accents
worker_spi         | 1.0  | Sample background worker
```

Die installierten Extensions zeigt psql mit dem Kürzel „\dx" an (Listing 18.32).

Listing 18.32 Liste installierter Extensions

```
(postgres@localhost:5432)[hanser]> \dx
                              List of installed extensions
    Name     | Version |   Schema    |                     Description
-------------+---------+------------+------------------------------------------
 pageinspect | 1.6     | public     | inspect the contents of database pages at a
             |         |            | low level
 plpgsql     | 1.0     | pg_catalog | PL/pgSQL procedural language
```

Extensions beinhalten eine Versionierung, wobei die Versionsnummern frei vergeben werden können. Die zugehörige SQL-Datei erhält den Namen <extension_name>--<versionsnummer>.sql. Für ein Update kann dann eine Datei mit dem Namen <extension_name>--<alte version>--<neue version>.sql eingebunden werden.

Das Update kann einfach mit dem Befehl ALTER EXTENSION ausgeführt werden:

```
ALTER EXTENSION <extension name> UPDATE TO ‚<neue version>';
```

Als Teil des Pakets muss eine Kontrolldatei mit dem Namen *.control* eingebunden werden. In der Kontrolldatei werden Informationen wie die Version, der Pfad des Moduls oder Abhängigkeiten zu anderen Extensions eingegeben. Eine Beispieldatei sieht so aus:

```
# Beispiel für eine Kontrolldatei
comment = ‚Werkzeuge für Buchladen'
default_version = 1.0
module_pathname = '$libdir/hanser'
relocatable = true
requires = 'plpgsql'
```

Schauen wir uns das Erstellen eines Extension-Pakets an einem Beispiel an. Der Operator, den wir in Listing 18.30 erstellt haben, soll in eine Extension paketiert werden. Dafür werden die PL/pgSQL-Prozedur als Basis sowie der Operator selbst benötigt. Beides wird in einer Datei mit dem Namen *fibonacci-1.0.sql* gespeichert (siehe Listing 18.33). In der Realität wird ein Paket aus mehreren Funktionen, Operatoren, Typen und anderen Objekten bestehen. Die Idee ist, das Beispiel einfach und nachvollziehbar zu halten.

Listing 18.33 Eine SQL-Datei für die Extension erstellen

```
/* contrib/fibonacci/fibonacci--1.0.sql */
-- complain if script is sourced in psql, rather than via CREATE EXTENSION
\echo Use "CREATE EXTENSION fibonacci" to load this file. \quit
CREATE FUNCTION fibonacci(num INTEGER)
RETURNS SETOF INTEGER
AS $$
WITH RECURSIVE cnt(n1,n2) AS
(
VALUES(0,1)
UNION ALL
  SELECT
  GREATEST(n1,n2),n1 + n2 AS FibuNumbers
  FROM cnt
  WHERE n2 < num
)
SELECT n1 FROM cnt;
$$ LANGUAGE SQL;
CREATE OPERATOR ## (PROCEDURE=fibonacci, LEFTARG=integer);
```

Weiterhin wird noch die Kontrolldatei benötigt, die alle notwendigen Informationen für das Erstellen der Extension enthält.

Listing 18.34 Kontrolldatei für die Fibonacci-Extension

```
# fibonacci extension
comment = 'Fibonacci Operaator ##'
default_version = '1.0'
module_pathname = '$libdir/fibonacci'
relocatable = true
```

Kopieren Sie nun beide Dateien in das Verzeichnis *share/extension* Ihrer PostgreSQL-Distribution. Die Extension erscheint nun in der Liste der verfügbaren Erweiterungen (Listing 18.35).

Listing 18.35 Verfügbare Extensions anzeigen

```
(postgres@localhost:5432)[hanser]> SELECT name, default_version, comment
> FROM pg_available_extensions;
        name        | default_version |                   comment
--------------------+-----------------+--------------------------------------------
 adminpack          | 1.0             | administrative functions for PostgreSQL
. . .
 fibonacci          | 1.0             | Fibonacci Operaator ##
. . .
```

Die Installation der Extension erfolgt mit dem Befehl CREATE EXTENSION (Listing 18.36). Alle in der SQL-Datei definierten Objekte werden installiert. Die Extension ist danach einsatzbereit, erscheint in der Liste der verfügbaren Extensions und der Operator kann verwendet werden. Die Installation erfolgt für die ausgewählte Datenbank, in diesem Fall „hanser".

Listing 18.36 Die Extension „fibonacci" erstellen

```
(postgres@localhost:5432)[hanser]> CREATE EXTENSION fibonacci;
CREATE EXTENSION
(postgres@localhost:5432)[hanser]> \dx
                     List of installed extensions
    Name     | Version |   Schema   |                  Description
-------------+---------+------------+---------------------------------------------
 fibonacci   | 1.0     | public     | Fibonacci Operator ##
 pageinspect | 1.6     | public     | inspect the contents of database pages at a
 plpgsql     | 1.0     | pg_catalog | PL/pgSQL procedural language
(postgres@localhost:5432)[hanser]> SELECT 22##;
 ?column?
----------
        0
        1
        1
        2
        3
        5
        8
       13
       21
```

18.4.2 Extensions publizieren

Wenn Sie eigene Extensions im PGXN-Netzwerk publizieren möchten, dann sollten Sie die PGXN-Utilities verwenden. Eine manuelle Erstellung der Konfigurationsdateien ist sehr aufwendig. Die Utilities erstellen automatisch eine Standardkonfiguration und nehmen Ihnen einen Großteil der Arbeit ab.

Die Utilities verwenden *Ruby* und *gem*. Diese Module sollten installiert sein, bevor die PGXN-Programme installiert werden können. Installieren Sie die folgenden Pakete:

```
# yum install ruby
# yum install rubygems
# yum install ruby-devel.x86_64
```

Jetzt können die Utilities installiert werden. Den Quellcode finden Sie zum Download auf der Seite *https://github.com/guedes/pgxn-utils*. Die Installation erfolgt mit *gem* (siehe Listing 18.37).

Listing 18.37 Die PGXN-Utilities installieren

```
# gem install pgxn_utils
Building native extensions.  This could take a while …
PGXN Utils version 0.1.4 was installed!
. . .
Successfully installed json-1.6.8
Successfully installed thor-0.20.0
Successfully installed rubyzip-0.9.9
Successfully installed multipart-post-1.1.5
Successfully installed highline-1.6.21
Successfully installed mime-types-1.25.1
Successfully installed diff-lcs-1.3
Successfully installed grit-2.4.1
Successfully installed pgxn_utils-0.1.4
```

Mit der Option *skeleton* kann das Skelett des Pakets angelegt werden (Listing 18.38). Es werden alle notwendigen Dateien mit Standardwerten angelegt.

Listing 18.38 Das Skelett für eine PGXN-Erweiterung erstellen

```
$ pgxn-utils skeleton fibonacci
      create  fibonacci
      create  fibonacci/fibonacci.control
      create  fibonacci/.gitignore
      create  fibonacci/.template
      create  fibonacci/META.json
      create  fibonacci/Makefile
      create  fibonacci/README.md
      create  fibonacci/doc/fibonacci.md
      create  fibonacci/sql/fibonacci.sql
      create  fibonacci/sql/uninstall_fibonacci.sql
      create  fibonacci/test/expected/base.out
      create  fibonacci/test/sql/base.sql
```

Jetzt können Sie weitere Anpassungen in den Konfigurationsdateien, zum Beispiel in der Datei *META.json*, vornehmen(Listing 18.39).

Listing 18.39 Die Metadaten der PGXN-Konfiguration

```
{
    "name": "fibonacci",
    "abstract": "A short description",
    "description": "A long description",
    "version": "0.0.1",
    "maintainer": "The maintainer's name",
    "license": "postgresql",
    "provides": {
        "fibonacci": {
            "abstract": "A short description",
            "file": "sql/fibonacci.sql",
            "docfile": "doc/fibonacci.md",
            "version": "0.0.1"
        }
    },
    "release_status": "unstable",
    "generated_by": "The maintainer's name",
    "meta-spec": {
        "version": "1.0.0",
        "url": "http://pgxn.org/meta/spec.txt"
}
```

Vor dem Upload in das PGXN-Netzwerk muss noch eine Bundle-Datei erstellt werden. Dies erfolgt mit *pgxn-utils* und der Option *bundle*.

Listing 18.40 Ein Bundle für die PGXN-Distribution erstellen

```
$ pgxn-utils bundle fibonacci
         run  make distclean from "./fibonacci"
      create  /home/postgres/extension/fibonacci-0.0.1.zip
[postgres@serv2 extension]$ ls -l
total 12
drwxrwxr-x 5 postgres postgres 4096 Apr  8 19:09 fibonacci
-rw------- 1 postgres postgres 4558 Apr  8 19:11 fibonacci-0.0.1.zip
```

Um die Extension hochladen zu können, müssen Sie einen Account im PGXN-Netzwerk unter der URL *http://manager.pgxn.org/account/register* anfordern.

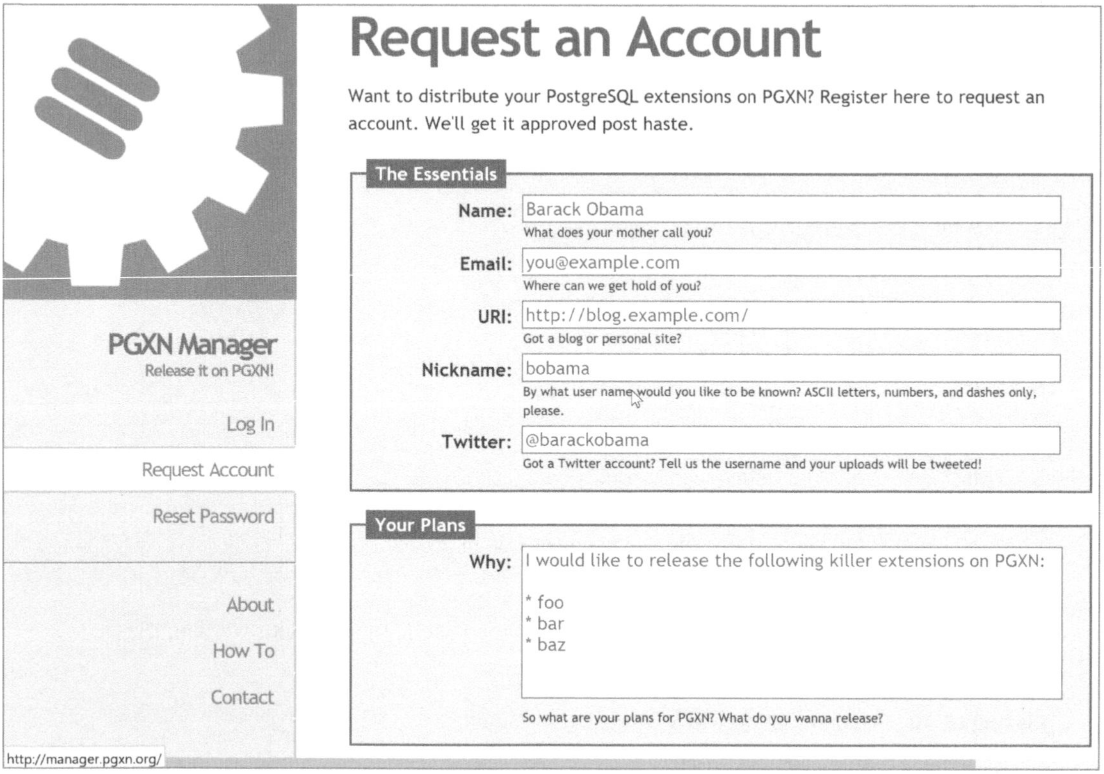

Bild 18.3 Einen PGXN-Account anfordern

Ist Ihr Account bestätigt, dann können Sie das Paket hochladen und in den Release-Status versetzen. Auch das sollte mit dem Utility *pgxn-utils* erfolgen.

Listing 18.41 Das PGXN-Paket hochladen

```
$ pgxn-utils release fibonacci
Enter your PGXN username:
Enter your PGXN password:
Trying to release fibonacci-0.0.1.zip … released successfully!
Visit: https://manager.pgxn.org/distributions/fibonacci/0.0.1
```

19 PL/pgSQL-Funktionen und Trigger

PL/pgSQL ist die prozedurale Programmiersprache des PostgreSQL-Servers. Seit der Version 9 ist sie automatisch im Backend installiert. Der Programmcode wird in der Datenbank gespeichert und damit bei jedem Backup der Datenbank mitgesichert. PL/pgSQL arbeitet nach dem Client/Server-Prinzip. Der Programmaufruf wird vom Client an den Server übertragen, der Server führt das Programm aus und das Endergebnis wird an den Client zurückgesendet. Wenn Sie sich an die Diskussion in Abschnitt 17.1 zum Applikationsdesign erinnern, dann folgt die Verwendung von PL/pgSQL der Ausführung von Business-Funktionalität auf dem Backend.

19.1 PL/pgSQL-Funktionen

Ein in PL/pgSQL geschriebenes Programm besteht aus einem Block und jeder Block besteht aus einem Deklarations- und einem Ausführungsteil. Blöcke können geschachtelt werden. Der Ausführungsteil wird, wie im Beispiel in Listing 19.1 , durch BEGIN und END eingeschlossen.

Listing 19.1 Die Struktur von PL/pgSQL

```
(postgres@localhost:5432)[hanser]> CREATE OR REPLACE FUNCTION struktur()
> RETURNS integer
> AS $$
> DECLARE
> var integer := 30;
> BEGIN
>   var := 10;
>   RAISE NOTICE 'Der Wert ist %', var;
>   RETURN var;
> END;
> $$ LANGUAGE plpgsql;
CREATE FUNCTION
(postgres@localhost:5432)[hanser]> SELECT struktur();
NOTICE:  Der Wert ist 10
 struktur
----------
       10
```

Alle im Ausführungsteil des Blocks verwendeten Variablen müssen im Deklarationsteil erklärt werden. Einzige Ausnahme bildet die Iterationsvariable in einer FOR LOOP-Anweisung. Variablen in PL/pgSQL-Programmen können alle definierten SQL-Datentypen annehmen. Es ist erlaubt, Variablen bei der Deklaration Initialwerte zuzuweisen. Konstanten werden mit dem Schlüsselwort CONSTANT gekennzeichnet. In Listing 19.2 finden Sie einige Beispiele.

Listing 19.2 Beispiel für Variablendeklarationen

```
(postgres@localhost:5432)[hanser]> CREATE FUNCTION bsp_dekl() RETURNS text AS $$
> DECLARE
> const CONSTANT INTEGER := 5;
> var1 INTEGER NOT NULL := 10;
> var2 CHAR DEFAULT 'X';
> BEGIN
> return var2;
> END;
> $$ LANGUAGE 'plpgsql';
CREATE FUNCTION
```

HINWEIS: Für die Verwendung von Anführungszeichen im PL/pgSQL-Block gelten spezielle Regeln. Diese sind in den folgenden Beispielen beschrieben.

Wenn Sie das doppelte $-Zeichen ($$) als Begrenzer für den PL/pgSQL-Block verwenden, können im Block einzelne Hochkommas als Begrenzer für Konstanten verwendet werden (siehe Listing 19.3).

Listing 19.3 Verwendung von Hochkommas für Zeichenketten

```
(postgre@localhost:5432)[hanser]> CREATE OR REPLACE FUNCTION simple()
> RETURNS char AS
> $$
> BEGIN
>   RETURN 'Erfolgreich beendet.';
> END;
> $$ LANGUAGE plpgsql;
CREATE FUNCTION
(postgres@localhost:5432)[hanser]> SELECT simple();
        simple
----------------------
 Erfolgreich beendet.
```

Bei Verwendung eines einfachen Hochkommas (,) als Begrenzer für den PL/pgSQL-Block müssen einzelne Hochkommas innerhalb eines Blocks doppelt geschrieben werden.

Listing 19.4 Doppelte Hochkommas für Zeichenketten

```
(postgres@localhost:5432)[hanser]> CREATE OR REPLACE FUNCTION simple2()
> RETURNS CHAR AS
> '
> BEGIN
>   RETURN ''Erfolgreich beendet.'';
> END;
```

```
> ' LANGUAGE plpgsql;
CREATE FUNCTION
(postgres@localhost:5432)[hanser]> SELECT simple2();
       simple2
----------------------
 Erfolgreich beendet.
```

Werden innerhalb eines Strings, der mit verdoppelten Hochkommas begrenzt ist, einfache Hochkommas benötigt, müssen diese, so wie im Beispiel in Listing 19.5, nochmal verdoppelt werden (vier einfache Hochkommas).

Listing 19.5 Hochkommas innerhalb einer Zeichenkette

```
(postgres@localhost:5432)[hanser]> CREATE OR REPLACE FUNCTION simple3()
> RETURNS CHAR AS '
> DECLARE
>   stmt CHAR(100);
> BEGIN
>   stmt := ''SELECT usesysid FROM pg_user WHERE '';
>   stmt := stmt || '' usename = ''''postgres'''';'';
> RETURN stmt;
> END;
> ' LANGUAGE plpgsql;
CREATE FUNCTION
(postgres@localhost:5432)[hanser]> SELECT simple3();
                                   simple3
--------------------------------------------------------------------------
 SELECT usesysid FROM pg_user WHERE usename = 'postgres';
```

Seit der Version 9 erlaubt PL/pgSQL anonyme Blöcke. Damit wird eine einfache Ausführung von PL/pgSQL-Programmen ermöglicht, ohne dass diese als Funktion mit einem Namen in der Datenbank gespeichert werden müssen. Insbesondere Administratoren machen gern davon Gebrauch, um Aufgaben zu erledigen. Das Beispiel in Listing 19.6 erklärt die Syntax.

Listing 19.6 Ein anonymer PL/pgSQL-Block

```
(postgres@localhost:5432)[hanser]> DO LANGUAGE plpgsql
> $$
> DECLARE
>   v_rec RECORD;
> BEGIN
>   FOR v_rec IN SELECT tablename FROM pg_tables
>     WHERE schemaname <> 'pg_catalog'
>     AND schemaname <> 'information_schema'
>   LOOP
>     EXECUTE 'GRANT UPDATE ON ' || v_rec.tablename || ' TO app_user';
>   END LOOP;
> END
> $$;
DO
```

Die wichtigsten Datentypen in PL/pgSQL sind:

- CHAR
- VARCHAR
- TEXT

- INTEGER
- DOUBLE PRECISION
- DATE
- TIMESTAMP
- BOOLEAN

Neben skalaren Datentypen können mehrdimensionale Typen definiert werden, die sich an der Datenstruktur anlehnen. Der „Row Type" repräsentiert den Datensatz einer Tabelle. Die Definition erfolgt durch:

```
<var-name> <tab-name>%ROWTYPE;
```

Record-Typen sind den Row-Types ähnlich. Sie haben allerdings keine vordefinierte Struktur:

```
<var-name> RECORD;
```

Einzelne Spalten können als „Copying Type" definiert werden. Hier muss nur der Spaltenname angegeben werden. Ändert sich der Typ der Spalte, muss das Programm in der Regel nicht angepasst werden. Die Syntax für die Deklaration lautet:

```
<var-name> [<tab-name>.]<spalten-name>%TYPE;
```

Wie andere prozedurale Sprachen verfügt auch PL/pgSQL über Anweisungen, die den Programmfluss steuern. Die erste ist die einfache Verzweigung mit IF. Der ELSE-Zweig ist optional und kann weggelassen werden:

```
IF <Bedingung> THEN
  <Anweisungen>;
ELSE
  <Anweisungen>;
END IF;
```

In der einfachen LOOP-Anweisung gibt es eine Abbruchbedingung. Die Schleife wird verlassen, wenn diese erfüllt ist:

```
LOOP
  <Anweisungen>;
  EXIT WHEN <Bedingung>;
END LOOP;
```

Beim WHILE-Loop wird die Schleife verlassen, wenn die Bedingung nicht mehr erfüllt ist:

```
WHILE <Bedingung> LOOP
  <Anweisungen>;'
END LOOP;
```

Mit der FOR-Schleife kann sowohl ein Zahlenbereich durchlaufen werden als auch ein Cursor:

```
FOR var IN 1..100000 LOOP
  <Anweisungen>;
END LOOP;
```

```
FOR rec_var IN <SELECT-Anweisung> LOOP
  <Anweisungen>;
END LOOP;
```

19.1.1 Abfragen und Resultsets

Mit der SELECT INTO-Anweisung können die Ergebnisse von Abfragen direkt PL/pgSQL-Variablen zugeordnet werden.

Listing 19.7 Der Befehl SELECT INTO

```
(postgres@localhost:5432)[hanser]> CREATE FUNCTION get_actor_name (INTEGER)
> RETURNS text AS $$
> DECLARE
>   v_prodid ALIAS FOR $1;
>   v_title TEXT;
>   v_actor TEXT;
> BEGIN
>   SELECT INTO v_title, v_actor
>     title, actor
>     FROM products WHERE prod_id = v_prodid;
>     RETURN v_title || ' - ' || v_actor;
>  END;
>  $$ LANGUAGE 'plpgsql';
CREATE FUNCTION
(postgres@localhost:5432)[hanser]> SELECT get_actor_name (321);
        get_actor_name
-------------------------------
 ACADEMY FLASH - RUBY PFEIFFER
```

Mithilfe von Attributen lässt sich die Programmierung vereinfachen. So liefert %TYPE den Typ eines Objekts, zum Beispiel einer Spalte, und %ROWTYPE steht für die Struktur, die einer Tabellenzeile entspricht. Der Vorteil bei der Verwendung von Attributen liegt nicht nur darin, dass Programme generisch gestaltet werden können. Änderungen in der Struktur bedingen in der Regel keine Anpassung des Programmcodes.

Aliase ermöglichen es, den Programmcode lesbarer zu gestalten. Im Beispiel in Listing 19.8 werden Aliase für die Eingabeparameter und das Attribut %ROWTYPE verwendet.

Listing 19.8 Verwendung von Attributen in PL/pgSQL

```
(postgres@localhost:5432)[hanser]> CREATE FUNCTION get_price (varchar, varchar)
> RETURNS NUMERIC
> AS $$
> DECLARE
>   v_title ALIAS FOR $1;
>   v_actor ALIAS FOR $2;
>   rec_prod products%ROWTYPE;
> BEGIN
>   SELECT INTO rec_prod * FROM products WHERE title = v_title
>   AND actor = v_actor;
>   RETURN rec_prod.price;
> END;
> $$ LANGUAGE plpgsql;
```

```
CREATE FUNCTION
(postgres@localhost:5432)[hanser]> SELECT get_price('ACADEMY AGENT','LISA SPACEK');
 get_price
-----------
     15.99
```

Das Kommando RETURN haben wir bereits verwendet, um den Rückgabewert einer Funktion zu liefern. Gebräuchlich sind Variablen oder Ausdrücke, die einem gültigen PL/pgSQL-Typ entsprechen. Der Rückgabewert kann auch ein Satz oder das Resultset einer SQL-Abfrage, also mehrere Sätze, sein. Für diese Fälle gibt es folgende Variationen des RETURN-Befehls:

```
RETURN QUERY <SELECT-Anweisung>;
RETURN QUERY EXECUTE . . .;
RETURN NEXT <Ausdruck>;
```

In Listing 19.9 finden Sie ein Beispiel für das Ergebnis einer SELECT-Anweisung als Rückgabewert einer Funktion.

Listing 19.9 Ein Resultset als Rückgabewert einer Funktion

```
(postgres@localhost:5432)[hanser]> CREATE FUNCTION fn_product (p_title VARCHAR)
> RETURNS SETOF products
> AS $$
> DECLARE
>   v_prod_id INT;
> BEGIN
>   SELECT INTO v_prod_id prod_id FROM products WHERE title = p_title;
>   RETURN QUERY
>     SELECT * FROM products WHERE prod_id = v_prod_id;
> END;
> $$
> LANGUAGE plpgsql;
CREATE FUNCTION
(postgres@localhost:5432)[hanser]> SELECT fn_product('ACADEMY AGENT');
                    fn_product
--------------------------------------------------
 (6,9,"ACADEMY AGENT","LISA SPACEK",15.99,0,5243)
```

Soll mehr als ein Satz zurückgegeben werden, muss der Befehl RETURN NEXT verwendet und in einen LOOP eingefügt werden (siehe Listing 19.10).

Listing 19.10 Rückgabewert von mehreren Zeilen mit RETURN NEXT

```
(postgres@localhost:5432)[hanser]> CREATE FUNCTION fn_product2 (p_actor VARCHAR)
> RETURNS SETOF products
> AS $$
> DECLARE
>   prod_row products%ROWTYPE;
> BEGIN
>   FOR prod_row IN
>     SELECT * FROM products
>       LOOP
>         IF prod_row.actor LIKE p_actor||'%' THEN
>           RETURN NEXT prod_row;
>         END IF;
>       END LOOP;
```

```
> END;
> $$
> LANGUAGE plpgsql;
CREATE FUNCTION

(postgres@localhost:5432)[hanser]> SELECT fn_product2('RICHARD');
                          fn_product2
-------------------------------------------------------------------
 (66,5,"ACADEMY BENEATH","RICHARD MOORE",11.99,0,535)
 (118,13,"ACADEMY CANYON","RICHARD DUNST",12.99,0,535)
 (135,5,"ACADEMY CHANCE","RICHARD DEGENERES",10.99,0,2773)
 (158,10,"ACADEMY CLONES","RICHARD BOLGER",24.99,0,3668)
. . .
```

19.1.2 Cursor verwenden

Cursor sind ein wichtiges und starkes Feature der Sprache. Mithilfe eines Cursors ist es möglich, das Resultset block- und satzweise abzurufen. Insbesondere für große Ergebnismengen liegt der Vorteil darin, dass die Systemressourcen, insbesondere der Memory-Verbrauch, geschont werden. Listing 19.11 liefert ein Beispiel für eine LOOP-Anweisung mit Cursor.

Listing 19.11 LOOP-Anweisung mit Cursor

```
(postgres@localhost:5432)[hanser]> CREATE OR REPLACE FUNCTION get_by_category()
> RETURNS TEXT
> AS $$
> DECLARE
>   text_output TEXT = E'\n';
>   row_prod products%ROWTYPE;
> BEGIN
>   FOR row_prod IN SELECT p.* FROM products p, categories c WHERE p.category =
c.category AND c.categoryname = 'Action' ORDER BY 1  LOOP
>     text_output := text_output || row_prod.title || ' - ' || row_prod.actor || ' :
' || row_prod.price || E'\n';
>   END LOOP;
>   RETURN text_output;
> END;
> $$ LANGUAGE plpgsql;
CREATE FUNCTION
(postgres@localhost:5432)[hanser]> SELECT get_by_category();
                   get_by_category
------------------------------------------------------
 ACADEMY ANTHEM - ZERO CHASE : 13.99
 ACADEMY BREAKING - MARILYN BERGMAN : 21.99
 ACADEMY CASUALTIES - RUSSELL STREEP : 21.99
 ACADEMY CHICKEN - CARRIE MIRANDA : 18.99
 ACADEMY CLYDE - FAY TRACY : 25.99
. . .
```

SQL-Abfragen können so komplex werden, dass bestimmte Abfragen mit einer einzelnen Anweisung nicht mehr darstellbar sind. In solchen Fällen greift man auf PL/pgSQL und die Verwendung von Cursorn zurück. Mit einem Cursor kann in einer Schleife Satz für Satz ausgewertet und weiterverarbeitet werden. Damit ergeben sich wesentlich flexiblere Darstellungs- und Verarbeitungsmöglichkeiten als in einer einzelnen SQL-Anweisung.

Im Beispiel in Listing 19.11 wurde ein Cursor in einer FOR-Schleife mit einer SELECT-Anweisung verwendet. Diese Art von Cursor wird deshalb „impliziter Cursor“ genannt. Eine weitere Art ist ein „expliziter Cursor“, der im Deklarationsteil der Funktion erklärt werden muss. Dieser muss im Verarbeitungsteil explizit geöffnet und geschlossen werden. In einer Schleife sorgt ein FETCH-Befehl dafür, dass der nächste Satz gelesen wird. Die Abbruchbedingung der Schleife wird, so wie im Beispiel in Listing 19.12, durch EXIT WHEN NOT FOUND definiert.

Listing 19.12 Verwendung eines expliziten Cursors

```
(postgres@localhost:5432)[hanser]> CREATE OR REPLACE FUNCTION f_sales()
> RETURNS TEXT AS $$
> DECLARE
>   text_output TEXT = E'\n';
>   v_orderdate orders.orderdate%TYPE;
>   v_total orders.totalamount%TYPE;
>   v_tax orders.tax%TYPE;
>   c_sales CURSOR FOR
>     SELECT orderdate, totalamount, tax FROM orders;
> BEGIN
>   OPEN c_sales;
>   LOOP
>     FETCH c_sales INTO v_orderdate, v_total, v_tax;
>     EXIT WHEN NOT FOUND;
>     IF v_total > 1000 THEN
>       text_output := text_output || v_orderdate || ' - ' || v_total || ' - ' || v_
tax || E'\n';
>      END IF;
>   END LOOP;
>   CLOSE c_sales;
>   RETURN text_output;
> END;
> $$ LANGUAGE plpgsql;
CREATE FUNCTION
(postgres@localhost:5432)[hanser]> SELECT f_sales();
            f_sales
--------------------------------
 2018-04-14 - 1176.91 - 187.91
 2018-04-14 - 1176.91 - 187.91
 2018-04-14 - 1176.91 - 187.91
```

Cursor können von einer Funktion zurückgegeben werden. Man spricht dabei von einem sogenannten Ref-Cursor. Dieser kann durch das aufrufende Programm verarbeitet werden. In Listing 19.13 wird ein Ref-Cursor von einer Transaktion in psql verwendet. Analog kann der Cursor von einer anderen PL/pgSQL-Funktion aufgerufen werden.

Listing 19.13 Einen Ref-Cursor in PL/pgSQL verwenden

```
(postgres@localhost:5432)[hanser]> CREATE FUNCTION f_ref(refcursor)
> RETURNS refcursor
>   AS $$
>   BEGIN
>     OPEN $1 FOR SELECT p.title, i.quan_in_stock FROM inventory i, products p WHERE
p.prod_id = i.prod_id;
```

```
>   RETURN $1;
>   END;
> $$ LANGUAGE plpgsql;
CREATE FUNCTION
(postgres@localhost:5432)[hanser]> BEGIN;
BEGIN
(postgres@localhost:5432)[hanser]*> SELECT f_ref('stock_cursor');
    f_ref
--------------
 stock_cursor
(1 row)
(postgres@localhost:5432)[hanser]*> FETCH ALL IN stock_cursor;
         title            | quan_in_stock
--------------------------+---------------
 ACADEMY ACADEMY          |           138
 ACADEMY ACE              |           118
 ACADEMY ADAPTATION       |           228
 ACADEMY AFFAIR           |           279
. . .
```

19.1.3 DML-Anweisungen

DML-Anweisungen können mit der gewohnten Syntax in einem PL/pgSQL-Block formuliert werden. Im Beispiel in Listing 19.14 erfolgt ein Eintrag in eine Log-Tabelle.

Listing 19.14 DML-Anweisungen in PL/pgSQL

```
(postgres@localhost:5432)[hanser]> CREATE TABLE logtable(
> logid    SERIAL,
> logtime  TIMESTAMP,
> logtext   VARCHAR(100));
CREATE TABLE
(postgres@localhost:5432)[hanser]> CREATE FUNCTION add_log_entry(p_txt TEXT)
> RETURNS void
> AS $$
> DECLARE
>   curtime timestamp := now();
> BEGIN
>   INSERT INTO logtable (logtime, logtext) VALUES (curtime, p_txt);
> END;
> $$ LANGUAGE plpgsql;
CREATE FUNCTION
(postgres@localhost:5432)[hanser]> SELECT add_log_entry('Keine Datensätze
gefunden.');
(postgres@localhost:5432)[hanser]> SELECT * FROM logtable;
 logid |          logtime           |          logtext
-------+----------------------------+----------------------------
     1 | 2018-04-20 17:20:23.743473 | Keine Datensätze gefunden.
```

Die Transaktionssteuerung muss außerhalb des Blocks erfolgen. Da keine geschachtelten Transaktionen erlaubt sind, führen Befehle wie BEGIN TRANSACTION oder COMMIT zu einem Fehler bei der Übersetzung oder bei der Ausführung:

```
ERROR:  cannot begin/end transactions in PL/pgSQL
HINT:  Use a BEGIN block with an EXCEPTION clause instead.
```

Im übergeordneten Programm kann die Funktion innerhalb einer Transaktion aufgerufen und bei Bedarf mit ROLLBACK oder COMMIT, so wie in Listing 19.15, abgeschlossen werden.

Listing 19.15 Eine äußere Transaktionsklammer

```
(postgres@localhost:5432)[hanser]> BEGIN;
BEGIN
(Lutz@localhost:5432)[hanser]*> SELECT add_log_entry('Falscher Text');
 add_log_entry
---------------
(postgres@localhost:5432)[hanser]*> ROLLBACK;
ROLLBACK
(postgres@localhost:5432)[hanser]> SELECT * FROM logtable;
 logid |          logtime            |          logtext
-------+----------------------------+----------------------------
     1 | 2018-04-20 17:20:23.743473 | Keine Datensätze gefunden.
(1 row)
```

Weitere Informationen zum Thema „Fehlerbehandlung" finden Sie in Abschnitt 19.1.5.

Soll beim Durchlauf eines Cursors eine Änderung für den gelesenen Satz vorgenommen werden, kann das mit der Option WHERE CURRENT OF geschehen (siehe Listing 19.16). Die Programmierung wird damit vereinfacht.

Listing 19.16 Die Option WHERE CURRENT OF

```
(postgres@localhost:5432)[hanser]> CREATE FUNCTION inc_price(p_price NUMERIC)
> RETURNS void
> AS $$
> DECLARE
>   cur_products CURSOR(p_price NUMERIC)
>     FOR SELECT * FROM products WHERE price <= p_price;
>   rec_prod RECORD;
> BEGIN
>   OPEN cur_products(p_price);
>   LOOP
>     FETCH cur_products INTO rec_prod;
>     EXIT WHEN NOT FOUND;
>     RAISE NOTICE '% raising price', rec_prod.title;
>     UPDATE products SET price = price + (price *0.1)
>       WHERE CURRENT OF cur_products;
>   END LOOP;
>   CLOSE cur_products;
> END;
> $$ LANGUAGE plpgsql;
CREATE FUNCTION

(postgres@localhost:5432)[hanser]> SELECT inc_price(10);
NOTICE:  ACADEMY ALADDIN raising price
NOTICE:  ACADEMY BILL raising price
NOTICE:  ACADEMY BLACKOUT raising price
NOTICE:  ACADEMY BLANKET raising price
NOTICE:  ACADEMY CADDYSHACK raising price
. . .
```

19.1.4 Dynamische SQL-Anweisungen

In PL/pgSQL-Blöcken ist es möglich, dynamische Kommandos zu verwenden. Die Anweisung wird erst zur Laufzeit komplett gebildet. Die Syntax lautet:

```
EXECUTE <Kommando> [ INTO [STRICT] <Ziel> ] [ USING <Ausdruck> ];
```

<Kommando> ist ein Text, der den auszuführenden Befehl enthält. Die Angabe für <Ziel> ist optional und kann eine Zielvariable, eine Liste von Variablen oder ein RECORD-Typ sein. In der Option USING können Werte stehen, die vom Befehl <Kommando> verwendet werden. Mit der Option STRICT wird ein Fehler generiert, wenn zum Beispiel nicht genau ein Satz zurückgegeben wird. In Listing 19.17finden Sie ein Beispiel für dynamisches SQL. Der Wert in der WHERE-Klausel wird zur Laufzeit aus einer Steuertabelle ermittelt und an die Option USING übergeben.

Listing 19.17 Ein PL/pgSQL-Block mit dynamischem SQL

```
(postgres@localhost:5432)[hanser]> CREATE OR REPLACE FUNCTION f_dyn()
> RETURNS VARCHAR
> AS $$
> DECLARE
>   txt VARCHAR := '';
>   var int;
> BEGIN
>   SELECT INTO var * FROM ctl;
>   EXECUTE 'SELECT categoryname FROM categories WHERE category = $1' INTO txt USING
var;
>   RETURN txt;
> END;
> $$ LANGUAGE plpgsql;
CREATE FUNCTION

(postgres@localhost:5432)[hanser]> SELECT f_dyn();
 f_dyn
--------
 Comedy
```

Die Syntax gestattet es, Zeichenketten durch den Operator „||“ so wie im folgenden Beispiel zu verbinden:

```
EXECUTE 'INSERT INTO log_table VALUES(''|| $1 ||'');';
```

HINWEIS: Dynamisches SQL ist anfällig für SQL Injection und kann die Ursache für eine Sicherheitslücke sein. Details zum Thema SQL Injection finden Sie in Kapitel 8.

■

19.1.5 Fehlerbehandlung

Der Befehl RAISE sendet ein Signal an die PostgreSQL-Engine und es wird eine Fehlerbehandlung ausgelöst. Die Syntax ist:

```
RAISE <Fehler-Level> ,'Nachricht'';
```

Die folgenden Fehlerlevel können ausgelöst werden:

- DEBUG: Die Nachricht wird in die PostgreSQL-Logdatei geschrieben und an den Client übertragen. Die Nachricht wird ignoriert, wenn die Datenbank im Produktionsmodus läuft.
- NOTICE: Die Nachricht wird in die PostgreSQL-Logdatei geschrieben und an den Client übertragen, unabhängig vom Operationsmodus der Datenbank.
- EXCEPTION: Die Nachricht wird in die PostgreSQL-Logdatei geschrieben und an den Client übertragen und die Transaktion wird abgebrochen.

In Listing 19.18finden Sie ein Beispiel für die Verwendung des RAISE-Befehls.

Listing 19.18 Der RAISE-Befehl

```
(postgres@localhost:5432)[hanser]> CREATE OR REPLACE FUNCTION err_test()
> RETURNS INTEGER
> AS $$
> DECLARE
>   var INTEGER = 1;
> BEGIN
>   RAISE DEBUG 'Start der Funktion ...';
>   var = var + 1;
>   RAISE NOTICE 'Variable ist: %',var;
>   RAISE EXCEPTION 'Transaction abgebrochen';
>   RETURN 0;
> END;
> $$ LANGUAGE plpgsql;
CREATE FUNCTION

(postgres@localhost:5432)[hanser]> SELECT err_test();
NOTICE:  Variable ist: 2
ERROR:  Transaction abgebrochen
```

Die Struktur von PL/pgSQL erlaubt das Abfangen von Fehlern in einem Exception-Block. Tritt ein Fehler auf oder wird ein Fehler mit dem RAISE-Befehl generiert, springt die Programmverarbeitung in den Exception-Block. Innerhalb des Blocks kann eine Fehlerbehandlung erfolgen. Mit der WHEN-Klausel können Fehlerarten abgefragt und differenziert behandelt werden. Die Syntax lautet:

```
[ DECLARE
. . .]
BEGIN
. . .
EXCEPTION
  WHEN bedingung THEN
. . .
  [ WHEN bedingung THEN
. . .]
```

```
. . .
END;
```

In Listing 19.19wird eine Exception erzeugt, indem ein Datensatz abgefragt wird, der nicht existiert.

Listing 19.19 Exception-Behandlung in PL/pgSQL

```
(postgres@localhost:5432)[hanser]> DO LANGUAGE plpgsql $$
> DECLARE
>   v_i BIGINT;
> BEGIN
>   SELECT category INTO STRICT v_i FROM categories WHERE categoryname = 'Other';
>   EXCEPTION
>     WHEN NO_DATA_FOUND THEN
>       RAISE NOTICE 'Datensatz nicht gefunden.';
> END;
> $$;
NOTICE:  Datensatz nicht gefunden.
DO
```

19.2 Trigger

Trigger können in den verfügbaren prozeduralen Sprachen PL/pgSQL, PL/Tcl, PL/Perl, PL/Python oder auch in C geschrieben werden. Damit unterscheidet sich PostgreSQL von anderen Datenbanksystemen, bei denen die Sprachauswahl stark eingeschränkt ist. Sicher ist es zu empfehlen, einen Standard-Trigger in PL/pgSQL zu schreiben. Allerdings gibt es Situationen, bei denen die Performance eine große Rolle spielt. Dann bietet die Möglichkeit, zum Beispiel mit C zu arbeiten, eine gute Lösung für das Problem.

Betrachten wir zunächst das Vorgehen zum Schreiben eines Triggers mit PL/pgSQL. Im ersten Schritt muss eine Trigger-Funktion geschrieben werden. Dies erfolgt mit dem CREATE FUNCTION-Befehl, wobei der Rückgabetyp TRIGGER angegeben werden muss. Ist die Trigger-Funktion in der Datenbank gespeichert, dann kann der Trigger mit dem CREATE TRIGGER-Befehl unter Bezugnahme auf die Funktion erstellt werden. Für eine Trigger-Funktion hält PostgreSQL eine Reihe von vordefinierten Standardvariablen bereit, die Sie in Tabelle 19.1 finden.

Eine Trigger-Funktion muss entweder den Typ RECORD, der der Satzstruktur der Tabelle entspricht, oder den Wert NULL zurückliefern. Werden Trigger mit der Option BEFORE gefeuert, dann werden Änderungen von Werten durch den Trigger berücksichtigt und es werden die geänderten Werte in die Tabelle eingetragen. Liefert der Trigger den Rückgabewert NULL, dann wird der Satz unverändert eingetragen. Ein Trigger mit der Option AFTER kann keine Änderungen des Satzes mehr vornehmen. Allerdings ist er in der Lage, die Operation durch das Hervorrufen einer Fehlerbedingung abzubrechen (RAISE-Befehl).

Tabelle 19.1 Vordefinierte Standardvariablen

Variable	Typ	Bedeutung
NEW	RECORD	Datensatz vom Typ RECORD. Er enthält die neuen Werte bei INSERT- oder UPDATE-Anweisungen. Für DELETE-Anweisungen ist der Wert NULL.
OLD	RECORD	Datensatz vom Typ RECORD. Er enthält die alten Werte bei INSERT- oder UPDATE-Anweisungen. Für DELETE-Anweisungen ist der Wert NULL.
TG_NAME	NAME	Name des gefeuerten Triggers
TG_WHEN	TEXT	Enthält BEFORE oder AFTER, je nach Verwendung des Triggers
TG_LEVEL	TEXT	Enthält entweder ROW oder STATEMENT, abhängig von der Definition des Triggers
TG_OP	TEXT	Enthält die gewählte Operation. Mögliche Werte sind INSERT, UPDATE, DELETE oder TRUNCATE.
TG_RELID	OID	Die Objekt-ID der betroffenen Tabelle
TG_TABLE_NAME	NAME	Name der betroffenen Tabelle
TG_TABLE_SCHEMA	NAME	Name des zugehörigen Schemas
TG_NARGS	INT	Anzahl der Argumente in der CREATE TRIGGER-Anweisung
TG_ARGV	Array of Text	Argumente der CREATE TRIGGER-Anweisung

Ein Einsatzgebiet für Trigger ist die Überwachung von Operationen an ausgewählten Tabellen. Der Trigger in Listing 19.20 liefert ein Beispiel. Zuerst wird die Audit-Tabelle zum Speichern der Operationen, danach die Trigger-Funktion sowie der Trigger selbst erstellt. Da keine Veränderungen an den Werten der Tabelle vorgenommen werden sollen, wird ein Trigger mit der Option AFTER erstellt.

Listing 19.20 Trigger zur Überwachung von Operationen in einer Tabelle

```
(postgres@localhost:5432)[hanser]> CREATE TABLE audit_orders(
> op       CHAR(1),
> datum    TIMESTAMP,
> userid   TEXT,
> amount   NUMERIC(8,2));
CREATE TABLE

(postgres@localhost:5432)[hanser]> CREATE FUNCTION  trig_orders() RETURNS TRIGGER
> AS $$
> BEGIN
>   IF (TG_OP = 'INSERT') THEN
>     INSERT INTO audit_orders SELECT 'I',now(),user,NEW.totalamount;
>     RETURN NEW;
>   ELSIF (TG_OP = 'UPDATE') THEN
>     INSERT INTO audit_orders SELECT 'U',now(),user,NEW.totalamount;
>   ELSIF (TG_OP = 'DELETE') THEN
>     INSERT INTO audit_orders SELECT 'U',now(),user,OLD.totalamount;
>   END IF;
> RETURN NULL;
> END;
> $$ LANGUAGE plpgsql;
CREATE FUNCTION
```

```
(postgres@localhost:5432)[hanser]> CREATE TRIGGER trig_orders
> AFTER INSERT OR UPDATE OR DELETE ON orders
> FOR EACH ROW EXECUTE PROCEDURE trig_orders();
CREATE TRIGGER

(postgres@localhost:5432)[hanser]> UPDATE orders
> SET totalamount = totalamount + totalamount *0.1
> WHERE totalamount > 500;
UPDATE 6

(postgres@localhost:5432)[hanser]> SELECT * FROM audit_orders;
 op |           datum            | userid   | amount
----+----------------------------+----------+---------
 U  | 2018-04-21 05:57:54.462274 | postgres | 1294.60
 U  | 2018-04-21 05:57:54.462274 | postgres |  580.66
 U  | 2018-04-21 05:57:54.462274 | postgres | 1294.60
 U  | 2018-04-21 05:57:54.462274 | postgres |  580.66
 U  | 2018-04-21 05:57:54.462274 | postgres | 1294.60
 U  | 2018-04-21 05:57:54.462274 | postgres |  580.66
```

Neben dem Auditing gibt es weitere Einsatzgebiete für Trigger, wie zum Beispiel die folgenden:

- Kontrolle von Eingaben: Für das Einfügen neuer Sätze oder das Ändern von Sätzen können logische und funktionale Prüfungen vorgenommen werden. Es können weiterhin Berechnungen oder Prozesse dargestellt werden, die Bestandteil der Business-Funktionalität der Applikation sind. Der entscheidende Vorteil, diese Funktionen in einem Trigger zu definieren, liegt darin, dass die Funktionen an einer zentralen Stelle ausgeführt werden, unabhängig davon, mit welchem Teil der Applikation oder mit welchem Werkzeug auf die Tabelle zugegriffen wird.
- Einsatz von Summentabellen: Für große Datenbanken und im Data-Warehouse-Umfeld sind Summentabellen ein wichtiger Performance-Faktor. Mithilfe von Triggern ist eine zuverlässige und zeitgerechte Aktualisierung der Tabellen möglich.

HINWEIS: Beachten Sie, dass Trigger-Operationen ausgeführt werden, bevor die Steuerung an den Client zurückgegeben und die Transaktion beendet wird. Ein falscher oder übermäßiger Einsatz von Triggern kann negative Auswirkungen auf die Performance haben.

20 Embedded SQL (ECPG)

Auch wenn sich in den vergangenen Jahren Standard- und Enterprise-Lösungen mit Java durchgesetzt haben, ist Embedded SQL durchaus eine Alternative, die nicht zu unterschätzende Vorteile bietet. Java-Applikationen und insbesondere Java-Enterprise-Lösungen sind attraktiv, da sie Optionen in viele Richtungen einer modernen Architektur bieten. Die Lösungen haben jedoch auch Probleme. Das sind in der Hauptsache die Robustheit und Laufzeitstabilität und die Performance.

Das Design von Embedded SQL ist schon sehr lange auf dem Markt. Es existiert für verschiedene Datenbanksysteme und Programmiersprachen. ECPG wurde entwickelt für die Einbindung von SQL-Anweisungen in die Programmiersprache C. Das Ziel hinter der Idee ist, Programme, die mit der verbreiteten und performanten Programmiersprache C geschrieben sind, auf eine einfache Art mit SQL-Anweisungen zu verbinden.

In Embedded SQL geschriebene Programme werden mithilfe eines Präprozessors in übersetzbare C-Programme verwandelt. Das Produkt kann ganz normal als C-Programm im jeweiligen Betriebssystem kompiliert und gelinkt werden. Das Ergebnis ist ein ausführbares Programm, dass die libpq-Library-Funktionen für die Kommunikation mit der SQL-Engine verwendet. Es kann also auf einem beliebigen Client oder auch auf dem Server laufen.

Es gibt unschlagbare Gründe, die für den Einsatz von Embedded SQL sprechen:

- Die Übergabe von Daten von und zum C-Programm wird in definierter Form gehandhabt.
- Der SQL-Code im Programm wird durch den Präprozessor zum Übersetzungszeitpunkt auf syntaktische Korrektheit geprüft.
- Die Syntax der SQL-Befehle im Code entspricht einem Standard für Embedded SQL, so wie er von vielen Datenbanksystemen unterstützt wird. Eine Übertragung der Programme von oder zu anderen Systemen ist mit minimalem Änderungsaufwand verbunden.
- Die SQL-Befehle sind einfach zu erlernen und standardisiert. Sie können in kurzer Zeit von Programmierern beherrscht werden, die noch unerfahren in der Programmierung von Datenbankapplikationen sind.

Das Ergebnis ist ein kompilierter C-Code, der sich durch geringen Overhead in der Kommunikation mit dem Datenbankserver (libpq-Funktionsaufrufe) und sehr gute Performance auszeichnet.

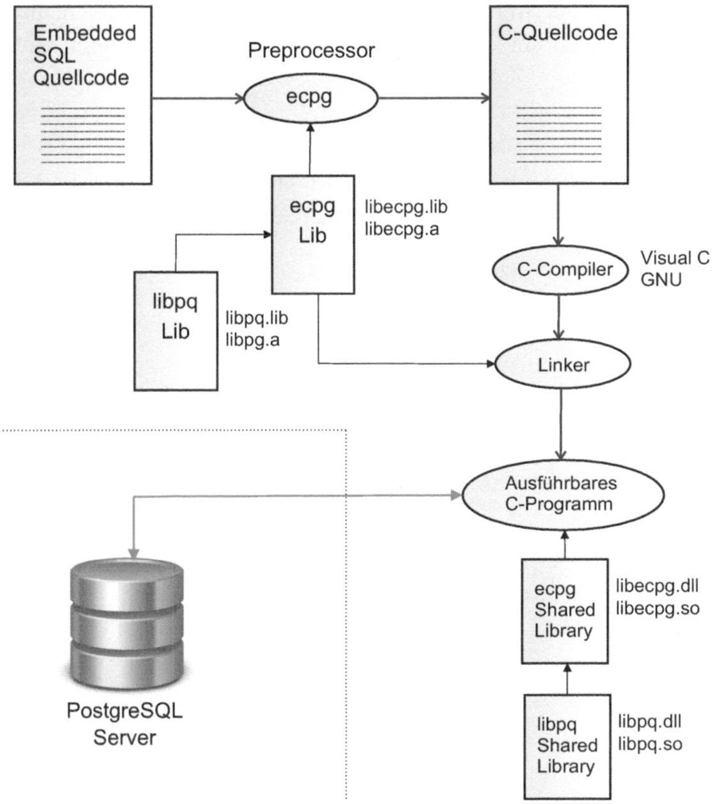

Bild 20.1 Die Architektur von Embedded SQL (EPCG)

Für den Aufbau einer Entwicklungsumgebung kann eine vorhandene Umgebung für die C-Programmierung genutzt werden. Es muss lediglich der zusätzliche Schritt, den der Präprozessor ausführt, eingeplant werden. Die goldene Quelle ist also nicht das kompilierbare C-Programm, sondern der Quellcode mit den eingeschlossenen SQL-Anweisungen. Wenn Sie über keine Entwicklungsumgebung für C verfügen und eine verwenden möchten, finden Sie Hinweise für die Einrichtung von NetBeans in Kapitel 22.

Das erste Beispiel stellt eine Verbindung zur Datenbank her und dient der Einrichtung der Entwicklungsumgebung. Wir beginnen mit Linux. Die Syntax des Befehls für einen Verbindungsaufbau lautet:

```
EXEC SQL CONNECT TO <target> [AS <conn-name>] [USER <user-name>];
```

Für die Zieldatenbank „<target>“ können folgende Angaben gemacht werden:

- `<dbname>[@<hostname>][:<port>]`
- `tcp:postgresql://<hostname>[:<port>][/<dbname>][?<options>]`
- `unix:postgresql:// <hostname>[:<port>][/<dbname>][?<options>]`

Dabei stehen „tcp“ für eine entfernte Verbindung über TCP/IP und „unix“ für eine lokale Verbindung über Sockets.

Angaben können weggelassen werden, wenn sie nicht erforderlich sind oder die entsprechenden Umgebungsvariablen gesetzt sind. Folglich kann das Kommando im einfachsten Fall so aussehen:

```
EXEC SQL CONNECT TO hanser;
```

Das Programm in Listing 20.1 stellt eine Verbindung zur Datenbank her und gibt die Version und den Datenbanknamen zurück. Der Name des Programms ist *pgconn.pgc.*

Listing 20.1 Ein Programm mit Embedded SQL

```
/* pgconn.pgc */
int main(int argc, char **argv) {
  EXEC SQL BEGIN DECLARE SECTION;
  const char *target = "tcp:postgresql://192.168.56.101:5432/hanser";
  const char *user = "postgres";
  const char *password = "postgres";
  char  dbname[100];
  char  version[200];
  EXEC SQL END DECLARE SECTION;
  EXEC SQL CONNECT TO :target USER :user USING :password;
  EXEC SQL SELECT current_database() INTO :dbname;
  printf("Verbindung zur Datenbank %s erfolgreich hergestellt.\n", dbname);
  EXEC SQL SELECT version() INTO :version;
  printf("%s\n", version);
  EXEC SQL DISCONNECT CURRENT;
  return(0);
}
```

Im ersten Schritt wird das Programm durch den Präprozessor verarbeitet:

```
$ ecpg pgconn.pgc
```

Das Ergebnis ist ein übersetzbares C-Programm mit dem Namen *pgconn.c* (siehe Listing 20.2). Alle C-Befehle wurden unverändert übernommen. Dagegen wurden alle Befehle, die mit EXEC SQL beginnen, in eine ECPG-Funktion umgewandelt. ECPG-Funktionen bedienen sich zur Laufzeit Funktionen aus der libpq-Bibliothek.

Listing 20.2 Das übersetzbare C-Programm

```
/* Processed by ecpg (14.1) */
/* These include files are added by the preprocessor */
#include <ecpglib.h>
#include <ecpgerrno.h>
#include <sqlca.h>
/* End of automatic include section */
#line 1 "pgconn.pgc"
/* pgconn.pgc */
int main(int argc, char **argv) {
  /* exec sql begin declare section */
#line 4 "pgconn.pgc"
 const char * target = "tcp:postgresql://192.168.56.101:5432/hanser" ;
#line 5 "pgconn.pgc"
 const char * user = "postgres" ;
#line 6 "pgconn.pgc"
 const char * password = "postgres" ;
#line 7 "pgconn.pgc"
```

```
 char dbname [ 100 ] ;
#line 8 "pgconn.pgc"
 char version [ 200 ] ;
/* exec sql end declare section */
#line 9 "pgconn.pgc"
  { ECPGconnect(__LINE__, 0, target , user , password , NULL, 0); }
#line 10 "pgconn.pgc"
  { ECPGdo(__LINE__, 0, 1, NULL, 0, ECPGst_normal, "select current_database ( )",
ECPGt_EOIT,
       ECPGt_char,(dbname),(long)100,(long)1,(100)*sizeof(char),
       ECPGt_NO_INDICATOR, NULL , 0L, 0L, 0L, ECPGt_EORT);}
#line 11 "pgconn.pgc"
  printf("Verbindung zur Datenbank %s erfolgreich hergestellt.\n", dbname);
  { ECPGdo(__LINE__, 0, 1, NULL, 0, ECPGst_normal, "select version ( )", ECPGt_EOIT,
       ECPGt_char,(version),(long)100,(long)1,(100)*sizeof(char),
       ECPGt_NO_INDICATOR, NULL , 0L, 0L, 0L, ECPGt_EORT);}
#line 13 "pgconn.pgc"
  printf("%s\n", version);
  { ECPGdisconnect(__LINE__, "CURRENT");}
#line 15 "pgconn.pgc"
  return(0);
}
```

Das Programm *pgconn.c* kann jetzt ganz normal mit dem C-Compiler übersetzt und gelinkt werden. Für Linux verwenden wir den GNU-Compiler:

```
$ gcc -o pgconn -I/usr/local/pgsql/include pgconn.c
   -L/usr/local/pgsql/lib -lecpg
```

Das Ergebnis ist die ausführbare Datei *pgconn*:

```
[postgres@localhost ~]$ ./pgconn
Verbindung zur Datenbank hanser erfolgreich hergestellt.
PostgreSQL 14.1 on x86_64-pc-linux-gnu, compiled by gcc (GCC) 4.8.5 20150623 (Red Hat
4.8.5-11), 64-bit
```

HINWEIS: Falls Sie während der Ausführung des Programms die folgende Fehlermeldung erhalten, liegt es daran, dass das Programm die Shared Library von ECPG zur Ausführungszeit nicht findet:

```
./pgconn: error while loading shared libraries: libecpg.so.6: cannot
open shared object file: No such file or directory
```

Nehmen Sie in diesem Fall den Pfad für das Lib-Verzeichnis der PostgreSQL-Distribution mit in die Umgebungsvariable auf:

```
export LD_LIBRARY_PA
```

Auf einem Windows-Betriebssystem sind die Prozesse identisch. Verwenden Sie hier am besten den Microsoft C/C++-Compiler aus dem Visual Studio oder dem Development SDK:

```
D:\Temp>ecpg pgconn.pgc

D:\Temp>cl /I d:\PostgreSQL\include pgconn.c d:\PostgreSQL\lib\libecpg.lib
Microsoft (R) C/C++ Optimizing Compiler Version 19.00.24215.1 for x64
Copyright (C) Microsoft Corporation.  All rights reserved.
pgconn.c
Microsoft (R) Incremental Linker Version 19.00.24215.1
Copyright (C) Microsoft Corporation.  All rights reserved.
/out:pgconn.exe
pgconn.obj
D:\PostgreSQL\lib\libecpg.lib

D:\Temp>pgconn.exe
Verbindung zur Datenbank hanser erfolgreich hergestellt.
PostgreSQL 14.1 on x86_64-pc-linux-gnu, compiled by gcc (GCC) 4.8.5 20150623 (Red Hat
4.8.5-11), 64-bit
```

Im Beispiel in Listing 20.1 haben wir in den SQL-Anweisungen Variablen verwendet, die im C-Programm erklärt wurden. Sie werden auch Hostvariablen genannt und können zur Übertragung von Parametern und Ergebnissen zwischen den SQL-Kommandos und dem C-Programm verwendet werden. In den SQL-Anweisungen werden sie durch einen Doppelpunkt identifiziert. Eine weitere Möglichkeit, Daten auszutauschen, ist die SQL Descriptor Area (SQLDA).

Das Programm in Listing 20.3 verwendet Hostvariablen, um das Ergebnis einer SELECT-Anweisung an das C-Programm zurückzugeben. Es wird ein Cursor erklärt und mit einer Schleife die Ergebnismenge abgerufen und ausgegeben.

Listing 20.3 Einen Cursor verwenden

```
/* select.pgc */
int main(int argc, char **argv) {
  EXEC SQL BEGIN DECLARE SECTION;
    const char *target = "tcp:postgresql://localhost:5432/hanser";
    const char *user = "postgres";
    const char *password = "postgres";
    int v_category;
    char v_catname[50];
  EXEC SQL END DECLARE SECTION;
  EXEC SQL CONNECT TO :target USER :user USING :password;
  EXEC SQL DECLARE cat_cursor CURSOR FOR
    SELECT category, categoryname FROM categories;
  EXEC SQL OPEN cat_cursor;
  EXEC SQL WHENEVER NOT FOUND DO break;
  while (1) {
    EXEC SQL FETCH cat_cursor INTO :v_category, :v_catname;
    printf ("%2d  |   %s\n", v_category, v_catname);
  }
  EXEC SQL CLOSE cat_cursor;
  EXEC SQL DISCONNECT CURRENT;
  return(0);
}
```

Autocommit ist standardmäßig für ECPG-Programme ausgeschaltet. Es kann mit dem folgenden Kommando eingeschaltet werden:

```
EXEC SQL SET AUTOCOMMIT ON
```

Viele Programmierer bevorzugen jedoch, nicht mit Autocommit zu arbeiten, um das Transaktionsverhalten besser steuern zu können. Transaktionen können mit den folgenden Befehlen abgeschlossen werden:

```
EXEC SQL COMMIT
EXEC SQL ROLOLBACK
```

In Listing 20.4 finden Sie ein Beispiel für eine DML-Anweisung.

Listing 20.4 DML-Anweisungen mit ECPG

```
/* insert.pgc */
int main(int argc, char **argv) {
  EXEC SQL BEGIN DECLARE SECTION;
    const char *target = "tcp:postgresql://localhost:5432/hanser";
    const char *user = "postgres";
    const char *password = "postgres";
  EXEC SQL END DECLARE SECTION;
  EXEC SQL CONNECT TO :target USER :user USING :password;
  EXEC SQL INSERT INTO categories VALUES (17, 'Other');
  EXEC SQL COMMIT;
  EXEC SQL DISCONNECT CURRENT;
  return(0);
}
```

Prepared Statements sind natürlich ein fester Bestandteil von Embedded SQL. In Listing 20.5 wird ein Cursor für das Statement erklärt. Mit der Klausel USING kann der Cursor für einen speziellen Wert geöffnet werden.

Listing 20.5 Prepared Statement in ECPG

```
/* prepare.pgc */
int main(int argc, char **argv) {
  EXEC SQL BEGIN DECLARE SECTION;
    const char *target = "tcp:postgresql://localhost:5432/hanser";
    const char *user = "postgres";
    const char *password = "postgres";
    char v_title[50];
    char v_actor[50];
  EXEC SQL END DECLARE SECTION;
  EXEC SQL CONNECT TO :target USER :user USING :password;
  EXEC SQL PREPARE stmt FROM "SELECT title,actor FROM products WHERE category = ?";
  EXEC SQL DECLARE cur_prod CURSOR FOR stmt;
  EXEC SQL WHENEVER NOT FOUND DO break;
  EXEC SQL OPEN cur_prod USING 1;
  while (1) {
    EXEC SQL FETCH cur_prod INTO :v_title, :v_actor;
    printf("%20s | %s\n", v_title, v_actor);
  }
  EXEC SQL CLOSE cur_prod;
  EXEC SQL DISCONNECT CURRENT;
  return(0);
}
```

Dynamisches SQL wird gerne verwendet, da zum Zeitpunkt der Erstellung des Programms häufig nicht alle Parameter bekannt sind. Die Vervollständigung wird auf den Ausführungszeitpunkt verlagert. Darüber hinaus ist es möglich, Programme zu erstellen, die in gewisser

Weise generisch oder allgemeingültig sind. Gehen Sie dennoch vorsichtig bei der Verwendung von dynamischem SQL vor, da es Gegenstand von SQL Injection werden und eine Sicherheitslücke entstehen kann. Listing 20.6 liefert ein Beispiel für die Verwendung von dynamischem SQL.

Listing 20.6 ECPG und dynamisches SQL

```
/* dynamic.pgc */
int main(int argc, char **argv) {
  EXEC SQL BEGIN DECLARE SECTION;
    const char *target = "tcp:postgresql://localhost:5432/hanser";
    const char *user = "postgres";
    const char *password = "postgres";
    char *sql_stmt;
  EXEC SQL END DECLARE SECTION;
  EXEC SQL CONNECT TO :target USER :user USING :password;
  sql_stmt = argv[1];
  EXEC SQL EXECUTE IMMEDIATE :sql_stmt;
  EXEC SQL COMMIT;
  EXEC SQL DISCONNECT CURRENT;
  return(0);
}
```

```
D:\Temp>pgconn.exe "CREATE TABLE test (id INT)"
```

Für die Fehlerbehandlung von ECPG-Programmen gibt es zwei Optionen, die beide eingesetzt werden können:

- Konfiguration von Callback-Ereignissen und Verwendung des Befehls WHENEVER
- Fehlermeldungen aus dem SQLCA-Bereich

Die Anwendung des Befehls WHENEVER ist eine sehr einfach umzusetzende Methode der Fehlerbehandlung. Das Format der Anweisung ist:

```
EXEC SQL WHENEVER <Bedingung> <Aktion>;
```

Werte für `<Bedingung>` können sein:

- *SQLERROR:* Die Aktion wird aufgerufen, wenn bei der Ausführung einer SQL-Anweisung ein Fehler auftritt.
- *SQLWARNING:* Ausführung der Aktion, wenn die Ausführung einer SQL-Anweisung eine Warnung auslöst.
- *NOT FOUND:* Die Aktion wird ausgelöst, wenn eine SQL-Anweisung keine Sätze zurückliefert.

Der Standardwert für die Aktion ist CONTINUE, das Programm wird dann weiter abgearbeitet. Im Fall von GOTO springt das Programm zu einer Sprungmarke und setzt die Verarbeitung dort fort. Die Aktion SQLPRINT schickt die Fehlermeldung nach „stderr". Mit STOP wird das Programm beendet. Die Aktion entspricht dem Befehl `exit(1)` in der C-Sprache.

Das Problem mit dem Programm in Listing 20.7 ohne die Fehlerbehandlung `(1)` ist, dass es endlos durch die Schleife läuft, da die Abbruchbedingung NOT FOUND nicht funktioniert. Der Programmabbruch ist die einfachste Methode, verhindert jedoch die Endlosschleife.

Listing 20.7 Fehlerbehandlung mit Programmabbruch

```
/* select2.pgc */
#include <stdio.h>
int main(int argc, char **argv) {
  EXEC SQL BEGIN DECLARE SECTION;
    const char *target = "tcp:postgresql://localhost:5432/hanser";
    const char *user = "postgres";
    const char *password = "postgres";
    int v_category;
    char v_catname[50];
  EXEC SQL END DECLARE SECTION;
  EXEC SQL WHENEVER SQLERROR STOP;                                    (1)
  EXEC SQL CONNECT TO :target USER :user USING :password;
  EXEC SQL DECLARE cat_cursor CURSOR FOR
    SELECT category, categoryname FROM categorie;
  EXEC SQL OPEN cat_cursor;
  EXEC SQL WHENEVER NOT FOUND DO break;
  while (1) {
    EXEC SQL FETCH cat_cursor INTO :v_category, :v_catname;
    printf ("%2d  |  %s\n", v_category, v_catname);
  }
  EXEC SQL CLOSE cat_cursor;
  EXEC SQL DISCONNECT CURRENT;
  return(0);
}
```

Weitere Fehlerinformationen können aus der SQL Common Area abgerufen werden (siehe Listing 20.8). Die SQLCA muss im Programmkopf mit eingebunden werden (1). Im Fall eines SQL-Fehlers wird die eigene Funktion *error_func* aufgerufen. In der Funktion wird die Fehlermeldung aus der SQLCA abgerufen und ausgegeben.

Listing 20.8 Fehlerbehandlung in einer Funktion mit SQLCA

```
/* select3.pgc */
#include <stdio.h>
void error_func(void);
EXEC SQL INCLUDE sqlca;                                                 (1)
int main(int argc, char **argv) {
  EXEC SQL BEGIN DECLARE SECTION;
    const char *target = "tcp:postgresql://localhost:5432/hanser";
    const char *user = "postgres";
    const char *password = "postgres";
    int v_category;
    char v_catname[50];
  EXEC SQL END DECLARE SECTION;
  EXEC SQL WHENEVER SQLERROR DO error_func();                            (2)
  EXEC SQL CONNECT TO :target USER :user USING :password;
  EXEC SQL DECLARE cat_cursor CURSOR FOR
    SELECT category, categoryname FROM categorie;
  EXEC SQL OPEN cat_cursor;
  EXEC SQL WHENEVER NOT FOUND DO break;
  while (1) {
    EXEC SQL FETCH cat_cursor INTO :v_category, :v_catname;
    printf ("%2d  |  %s\n", v_category, v_catname);
  }
  EXEC SQL CLOSE cat_cursor;
  EXEC SQL DISCONNECT CURRENT;
```

```
  return(0);
}
void error_func(void) {
  fprintf(stderr, "Feher bei SQL-Operation : %s\n", sqlca.sqlerrm.sqlerrmc);
  EXEC SQL DISCONNECT CURRENT;
  exit(1);
}

D:\Temp>pgconn.exe
Feher bei SQL-Operation : relation "categorie" does not exist on line 17
```

Für das Debuggen eines ECPG-Programms kann die Funktion *ECPGdebug* verwendet werden (siehe Listing 20.9). Es erfolgt eine detaillierte Ausgabe der Kommunikation der ECPG-Funktionen mit dem Server. Die Funktion kennt nur eine Stufe. Jeder Wert größer als null schaltet das Debugging ein.

Listing 20.9 Das Debugging für ECPG-Programme einschalten

```
/* select3.pgc */
#include <stdio.h>
void error_func(void);
EXEC SQL INCLUDE sqlca;
int main(int argc, char **argv) {
  EXEC SQL BEGIN DECLARE SECTION;
    const char *target = "tcp:postgresql://localhost:5432/hanser";
    const char *user = "postgres";
    const char *password = "postgres";
    int v_category;
    char v_catname[50];
  EXEC SQL END DECLARE SECTION;
  FILE *fh = fopen("ecpg.log", "w");
  ECPGdebug(1, fh);
  EXEC SQL WHENEVER SQLERROR DO error_func();
  EXEC SQL CONNECT TO :target USER :user USING :password;
  EXEC SQL DECLARE cat_cursor CURSOR FOR
    SELECT category, categoryname FROM categories;
  EXEC SQL OPEN cat_cursor;
  EXEC SQL WHENEVER NOT FOUND DO break;
  while (1) {
    EXEC SQL FETCH cat_cursor INTO :v_category, :v_catname;
    printf ("%2d  |  %s\n", v_category, v_catname);
  }
  EXEC SQL CLOSE cat_cursor;
  EXEC SQL DISCONNECT CURRENT;
  return(0);
}
void error_func(void) {
  fprintf(stderr, "Feher bei SQL-Operation : %s\n", sqlca.sqlerrm.sqlerrmc);
  EXEC SQL DISCONNECT CURRENT;
  exit(1);
}
```

Die Ausgabe beschreibt die einzelnen Funktionsaufrufe sowie die Antworten vom PostgreSQL-Server (siehe Listing 20.10). Hilfreich ist, dass die zugehörigen Zeilennummern mit ausgegeben werden. So können die Befehle parallel im Quellcode zugeordnet werden.

Listing 20.10 Debugging-Informationen in der Logdatei

```
[3207]: ECPGdebug: set to 1
[3207]: ECPGconnect: opening database hanser on localhost port 5432  for user
postgres
[3207]: ecpg_execute on line 18: query: declare cat_cursor cursor for select category
, categoryname from categories; with 0 parameter(s) on connection hanser
[3207]: ecpg_execute on line 18: using PQexec
[3207]: ecpg_process_output on line 18: OK: DECLARE CURSOR
[3207]: ecpg_execute on line 21: query: fetch cat_cursor; with 0 parameter(s) on
connection hanser
[3207]: ecpg_execute on line 21: using PQexec
[3207]: ecpg_process_output on line 21: correctly got 1 tuples with 2 fields
[3207]: ecpg_get_data on line 21: RESULT: 1 offset: 4; array: no
[3207]: ecpg_get_data on line 21: RESULT: Action offset: 50; array: no
[3207]: ecpg_execute on line 21: query: fetch cat_cursor; with 0 parameter(s) on
connection hanser
[3207]: ecpg_execute on line 21: using PQexec
[3207]: ecpg_process_output on line 21: correctly got 1 tuples with 2 fields
[3207]: ecpg_get_data on line 21: RESULT: 2 offset: 4; array: no
[3207]: ecpg_get_data on line 21: RESULT: Animation offset: 50; array: no
[3207]: ecpg_execute on line 21: query: fetch cat_cursor; with 0 parameter(s) on
connection hanser
[3207]: ecpg_execute on line 21: using PQexec
[3207]: ecpg_process_output on line 21: correctly got 1 tuples with 2 fields
[3207]: ecpg_get_data on line 21: RESULT: 3 offset: 4; array: no
[3207]: ecpg_get_data on line 21: RESULT: Children offset: 50; array: no
. . .
```

21 Java-Programmierung

Die Entwicklung von Datenbankapplikationen und -werkzeugen in der Programmiersprache Java erfreut sich steigender Beliebtheit. Gründe sind ein hohes Maß an Übertragbarkeit sowie die Möglichkeit der Verwendung von Applikationsservern und Frameworks, die sich im Java-Umfeld bewegen.

Die JDBC-Schnittstelle garantiert ein hohes Maß an Datenbankunabhängigkeit und der Einsatz verschiedener Datenbanksysteme ist problemlos möglich, solange keine Vendor-spezifischen Features verwendet werden. So bereitet zum Beispiel die Portierung einer Java-Applikation von Oracle nach PostgreSQL relativ wenig Aufwand. Für eine Applikation, die mit einem Thin-JDBC-Treiber auskommt, kann davon ausgegangen werden, dass sie weitgehend datenbankunabhängig ist, da der Treiber nur die JDBC-Standardfunktionen enthält. Viele Vendoren bieten Erweiterungen an, die spezifische Funktionalitäten unterstützen, wie zum Beispiel den Oracle-JDBC-OCI-Treiber. Diese Erweiterungen stehen auf anderen Datenbanksystemen nicht zur Verfügung. Darüber hinaus lassen sich Java-Programme auf allen populären Betriebssystemen portieren und einsetzen.

Die aktuelle Version des JDBC-Treibers für PostgreSQL können Sie von der Webseite *http://jdbc.postgresql.org* herunterladen.

21.1 Eine Entwicklungsumgebung einrichten

Im Java-Umfeld gibt es eine Vielzahl von integrierten Entwicklungsumgebungen (IDE) und es ist am sinnvollsten, die zu benutzen, die bereits in das Entwicklungsframework integriert ist. Darüber hinaus hat jeder Programmierer eigene Vorlieben. Für die Beispiele in diesem Kapitel wurde NetBeans verwendet, ein Open-Source-Produkt, das kostenlos von der Webseite *https://netbeans.org* heruntergeladen werden kann. NetBeans wird auch in anderen Kapiteln verwendet, wie zum Beispiel für C und PHP. Laden Sie die Version für Java SE herunter, wenn Sie NetBeans einsetzen wollen.

Wählen Sie die Menüpunkte *File/New Project* aus, um ein neues Projekt anzulegen. Markieren Sie *Java* und *Java Application* und vergeben Sie im nächsten Schritt einen Projektnamen. Es wird ein leeres Java-Programm angelegt, das nun bearbeitet werden kann.

Um eine Verbindung mit der Datenbank herstellen zu können, muss der JDBC-Treiber mit dem „Driver Manager“ registriert werden. Die URL enthält alle notwendigen Informationen,

Servername, Portnummer und Datenbank. Als zweiter und dritter Parameter müssen Benutzername und Passwort angegeben werden. Das Programm in Listing 21.1 registriert den Treiber und verbindet sich zur Datenbank. Alle Aufrufe von JDBC-Funktionen müssen mit der Ausnahme „SQLException“ abgefangen werden.

Listing 21.1 Verbindungstest mit dem PostgreSQL-JDBC-Treiber

```
import java.sql.*;
public class TestConn {
  public static void main(String[] argv) {
    Connection conn = null;
    try {
      Class.forName("org.postgresql.Driver");
    } catch (ClassNotFoundException ex) {
      System.out.println("Treiber konnte nicht geladen werden.");
      System.out.println(ex.toString());
    }
    try {
      conn = DriverManager.getConnection(
      "jdbc:postgresql://localhost:5432/hanser","postgres","postgres");
    } catch (SQLException cex) {
      System.out.println("Verbindung konnte nicht hergestellt werden.");
      System.out.println(cex.toString());
    }
    if ( conn != null )
      System.out.println("\nVerbindung zu PostgreSQL erfolgreich hergestellt");
  }
}
```

Das Programm kann nun fehlerfrei übersetzt werden, bei der Ausführung erhält man aber den folgenden Fehler:

```
java.lang.ClassNotFoundException: org.postgresql.Driver
```

Der PostgreSQL-JDBC-Treiber muss noch in das Projekt eingebunden werden, so dass er zur Laufzeit geladen werden kann. Klicken Sie dazu mit der rechten Maustaste auf das Projekt und wählen Sie *Properties*. Markieren Sie *Libraries* und klicken Sie auf den Button *Add JAR/ Folder*. Öffnen Sie den heruntergeladenen JDBC-Treiber *postgresql-<version>.jar*.

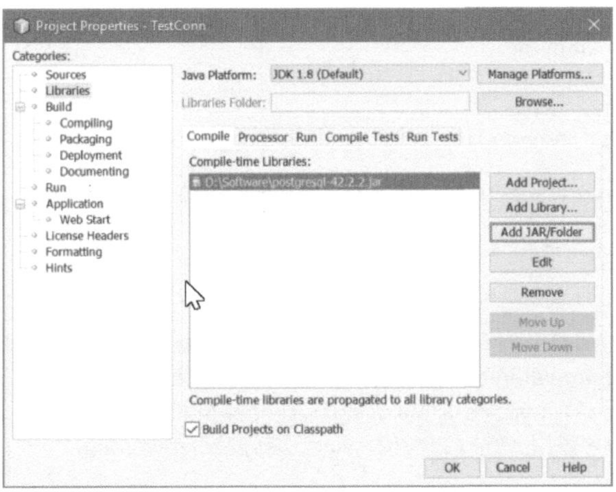

Bild 21.1
Den PostgreSQL/JDBC-Treiber aufnehmen

Das Programm kann jetzt fehlerfrei ausgeführt werden. Die Meldungen erscheinen im Ausgabefenster der IDE (siehe Bild 21.2).

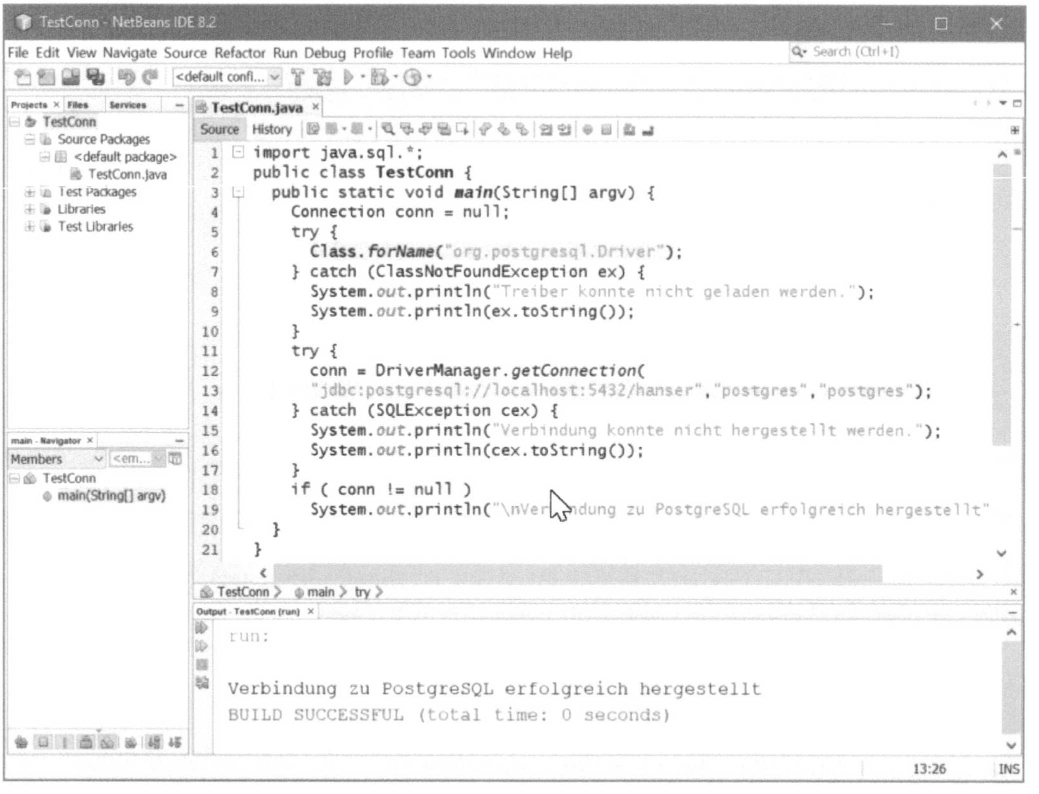

Bild 21.2 Verbindungstest mit der NetBeans-IDE

Alternativ können Sie auch mit einem Editor arbeiten und die Kompilierung auf der Kommandozeile vornehmen. Dafür benötigen Sie das Java SE Development Kit, das Sie kostenlos von der Webseite *http://www.oracle.com/technetwork/java* herunterladen können. Die Übersetzung und die Ausführung auf der Kommandozeile funktionieren gleichermaßen mit Linux/Unix- und Windows-Betriebssystemen:

```
$ javac TestConn.java
$ java -cp ./:./postgresql-42.2.2.jar TestConn
Verbindung zu PostgreSQL erfolgreich hergestellt
D:\Temp>javac TestConn.java
D:\Temp>java -classpath .;"C:\Program Files\Java\jdk1.8.0_171\lib"; D:\Software\
postgresql-42.2.2.jar TestConn
Verbindung zu PostgreSQL erfolgreich hergestellt
```

HINWEIS: Für die Ausführung des Java-Programms müssen alle Klassen und Bibliotheken im Java-Pfad enthalten sein. Dieser kann entweder bei der Ausführung mit der Option „-cp“ („-classpath“ für Windows) oder in der Umgebungsvariablen $CLASSPATH (%CLASSPATH% für Windows) gesetzt werden.

21.2 Verarbeitung von Resultsets

Die JDBC-Schnittstelle enthält Standardfunktionen für die Metadaten des PostgreSQL-Servers und der Datenbanken. Metadaten sind ein Mittel für die Navigation durch die Datenbank, insbesondere wenn herstellerunabhängig programmiert werden soll. In Listing 21.2 finden Sie ein Beispiel für die Auswertung von Metadaten.

Listing 21.2 Die JDBC-Metadaten auswerten

```
import java.sql.*;
public class getMetaData {
  public static void main(String[] argv) {
    Connection conn = null;
    DatabaseMetaData dmd = null;
    try {
      Class.forName("org.postgresql.Driver");
    } catch (ClassNotFoundException ex) {
      System.out.println("Driver could not be loaded.");
    }
    try {
      conn = DriverManager.getConnection(
       "jdbc:postgresql://192.168.56.101:5432/hanser","postgres","postgres");
      dmd = conn.getMetaData();
      System.out.println("Database Product: " + dmd.getDatabaseProductName());
      System.out.println("Product Version: " + dmd.getDatabaseProductVersion());
      System.out.println("Driver Name: " + dmd.getDriverName());
      System.out.println("Driver Version: " + dmd.getDriverVersion());
      System.out.println("Connection URL: " + dmd.getURL());
      System.out.println("Supports Transactions?: " + dmd.supportsTransactions());
      System.out.println("Isolation Level: " +
        dmd.getDefaultTransactionIsolation());
      conn.close();
    } catch (SQLException sqlex) {
      System.out.println(sqlex.toString());
    }
  }
}

D:\Temp>javac getMetaData.java
D:\Temp>java getMetaData
Database Product: PostgreSQL
Product Version: 14.1
Driver Name: PostgreSQL JDBC Driver
Driver Version: 42.2.2
Connection URL: jdbc:postgresql://192.168.56.101:5432/hanser
Supports Transactions?: true
Isolation Level: 2
```

Für die Verarbeitung des Resultsets einer SELECT-Anweisung stehen im JDBC-Treiber Java-Klassen zur Verfügung. Die Funktion *executeQuery* liefert das Ergebnis in einer Variablen vom Typ „ResultSet“. Mit der Funktion *next* kann, so wie im Beispiel in Listing 21.3, das Ergebnis satzweise gelesen werden. Auch in diesem Programm werden die Metadaten verwendet, hier um die Anzahl von Spalten der Ergebnismenge zu ermitteln.

Listing 21.3 Ein JDBC-Resultset verarbeiten

```
import java.sql.*;
public class query {
  public static void main(String[] argv) {
    Connection conn = null;
    ResultSet rs;
    ResultSetMetaData rsmd;
    Statement stmt;
    int ncols;
    String sqltext = argv[0];
    try {
      Class.forName("org.postgresql.Driver");
    } catch (ClassNotFoundException ex) {
      System.out.println("Driver could not be loaded.");
    }
    try {
      conn = DriverManager.getConnection(
        "jdbc:postgresql://localhost/hanser","postgres","postgres");
      stmt = conn.createStatement();
      rs = stmt.executeQuery(sqltext);
      rsmd = rs.getMetaData();
      ncols = rsmd.getColumnCount();
      while ( rs.next() ) {
        for ( int i=1; i <= ncols; i++ ) {
          System.out.print(rs.getString(i) + "\t");
        }
        System.out.println();
      }
      conn.close();
    } catch (SQLException sqlex) {
      System.out.println(sqlex.toString());
    }
  }
}
D:\Temp>javac query.java
D:\Temp>java query "SELECT * FROM categories"
1       Action
2       Animation
3       Children
4       Classics
. . .
```

Arrays sind ein mächtiges Feature in der PostgreSQL-Datenbank, das gern von Entwicklern genutzt wird. Die Tabelle in Listing 21.4 enthält die Spalte „cities", die aus einem Array vom Typ TEXT besteht. Die Länge des Arrays ist unterschiedlich und nicht standardisiert.

Listing 21.4 Tabelle mit Array in der Datenbank

```
(postgres@localhost:5432)[hanser]> \d countries
                              Table "public.countries"
 Column  |  Type   | Collation | Nullable |                 Default
---------+---------+-----------+----------+------------------------------------------
 c_id    | integer |           | not null | nextval('countries_c_id_seq'::regclass)
 country | text    |           |          |
 cities  | text[]  |
(postgres@localhost:5432)[hanser]> select * from countries;
 c_id |  country  |                 cities
```

```
------+-----------+----------------------------------------
    1 | USA       | {"San Francicso","New York",Houston}
    2 | Australia | {Sidney,Melbourne,Brisbane}
    3 | Germany   | {Berlin,Hamburg,Darmstadt}
    5 | France    | {Paris}
    6 | UK        | {London,Manchester,Liverpool,Bristol}
```

Der PostgreSQL-JDBC-Treiber hält Funktionen für die Behandlung von Arrays bereit. Im Beispiel in Listing 21.5 erfolgt das Auslesen mit der Funktion *getArray*. Die Funktion sowie der Datentyp „Array" sind Bestandteile des JDBC-Treibers, nicht der Java-Klassen des SDK.

Listing 21.5 Arrays im Resultset auswerten

```
import java.sql.*;
public class testArray {
  public static void main(String[] argv) {
    Connection conn = null;
    ResultSet rs;
    PreparedStatement stmt;
    String c_name;
    Array names = null;
    try {
      Class.forName("org.postgresql.Driver");
    } catch (ClassNotFoundException ex) {
      System.out.println("Driver could not be loaded.");
    }
    try {
      conn = DriverManager.getConnection(
        "jdbc:postgresql://localhost/hanser","postgres","postgres");
      stmt = conn.prepareStatement("SELECT * FROM countries");
      rs = stmt.executeQuery();
      while(rs.next()) {
        c_name = rs.getString(2);
        System.out.println("Country: " + c_name);
        System.out.print("\t");
        names = rs.getArray(3);
        String[] str_name = (String[])names.getArray();
        for (int i=0; i<str_name.length; i++) {
          System.out.print(str_name[i] + " - ");
        }
        System.out.println();
      }
      conn.close();
    } catch (SQLException sqlex) {
      System.out.println(sqlex.toString());
    }
  }
}

D:\Temp>java testArray
Country: USA
        San Francicso - New York - Houston -
Country: Australia
        Sidney - Melbourne - Brisbane -
Country: Germany
        Berlin - Hamburg - Darmstadt -
Country: France
        Paris -
Country: UK
        London - Manchester - Liverpool - Bristol -
```

21.3 DML-Anweisungen und Transaktionen

Für Datenmanipulationen stellt der Treiber die Funktion *executeUpdate* zur Verfügung. Sie kann für INSERT-, UPDATE- und DELETE-Anweisungen verwendet werden. Zunächst muss wieder ein Statement erstellt werden. Die SQL-Anweisung wird als Parameter der Funktion *executeUpdate* mitgegeben. Rückgabewert ist die Anzahl der geänderten Sätze.

Listing 21.6 DML-Anweisungen mit JDBC

```
import java.sql.*;
public class testUpdate {
  public static void main(String[] argv) {
    Connection conn = null;
    Statement stmt;
    int rcount;
    try {
      Class.forName("org.postgresql.Driver");
    } catch (ClassNotFoundException ex) {
      System.out.println("Driver could not be loaded.");
    }
    try {
      conn = DriverManager.getConnection(
        "jdbc:postgresql://localhost:5432/hanser","postgres","postgres");
      stmt = conn.createStatement();
      rcount = stmt.executeUpdate("UPDATE orders SET totalamount = totalamount +
        totalamount*0.1 WHERE orderid < 20");
      System.out.println(rcount + " rows changed.");
      conn.close();
    } catch (SQLException sqlex) {
      System.out.println(sqlex.toString());
    }
  }
}
```

```
D:\Temp>java testUpdate
19 rows changed.
```

HINWEIS: Wenn Sie ein Java-Programm ausführen, das Daten verändert, dann werden Sie feststellen, dass die Änderungen wirksam werden, ohne dass die Transaktion explizit mit COMMIT abgeschlossen wurde. Die Standardeinstellung im PostgreSQL-JDBC-Treiber ist AUTOCOMMIT=true. Damit wird jede SQL-Anweisung automatisch mit COMMIT beendet. Diese Einstellung ist für die Programmierung von Client-Programmen eher ungünstig. Schalten Sie deshalb AUTOCOMMIT am besten aus. Das Ausschalten erfolgt durch die Variable vom Typ „Connection“:

```
conn.setAutoCommit(false);
```

Die COMMIT-Anweisung kann ebenfalls mit der Funktion *executeUpdate* abgesetzt werden:

```
stmt.executeUpdate("COMMIT");
```

Java-Programme sollen häufig auch Batch-Ladeprozesse durchführen. Ein Testprogramm mit dem folgenden Code fügt 200 000 Sätze in eine Tabelle ein und benötigt dafür 3:06 Minuten:

```
for (int i = 1; i < 200001; i++) {
  rcount = stmt.executeUpdate("INSERT INTO test VALUES (" + i + ", 'Test record
loaded ........................')");
      }
```

Die Laufzeit ist überraschend hoch. Ein Grund dafür ist, dass Autocommit nicht ausgeschaltet ist und somit nach jeder einzelnen INSERT-Anweisung ein COMMIT durchgeführt wurde. Wir korrigieren das und schalten Autocommit aus:

```
conn.setAutoCommit(false);
  stmt = conn.createStatement();
  for (int i = 1; i < 200001; i++) {
    rcount = stmt.executeUpdate("INSERT INTO test VALUES (" + i + ", 'Test record
loaded ........................')");
  }
  stmt.executeUpdate("COMMIT");
```

Nun beträgt die Laufzeit 0:29 Minuten. Das ist schon wesentlich besser. Eine weitere Verbesserung lässt sich mithilfe von SQL Batches erreichen. Dabei werden alle Anweisungen in das Statement geladen und danach in einem Batch ausgeführt. Das Programm in Listing 21.7 benötigt nur noch sieben Sekunden. Das Prinzip, einzelne Statements als Batch an den Datenbankserver zu übergeben, führt insbesondere dann zu einer Laufzeitverbesserung, wenn Client und Server durch ein Netzwerk getrennt sind. Die Roundtrip-Zeiten werden erheblich minimiert.

Listing 21.7 Laden von Daten mit SQL Batches

```
import java.sql.*;
public class sqlBatch {
  public static void main(String[] argv) {
    Connection conn = null;
    Statement stmt;
    int rcount;
    try {
      Class.forName("org.postgresql.Driver");
    } catch (ClassNotFoundException ex) {
      System.out.println("Driver could not be loaded.");
    }
    try {
      conn = DriverManager.getConnection(
        "jdbc:postgresql://192.168.56.101:5432/hanser","postgres","postgres");
      conn.setAutoCommit(false);
      stmt = conn.createStatement();
      for (int i = 1; i < 200001; i++) {
        stmt.addBatch("INSERT INTO test VALUES (" + i + ", 'Test record loaded
........................')");
      }
      stmt.executeBatch();
      stmt.executeUpdate("COMMIT");
      conn.close();
    } catch (SQLException sqlex) {
      System.out.println(sqlex.toString());
```

```
    }
  }
}
```

21.4 Bindevariablen verwenden

So wie andere Programmiersprachen auch, gestattet Java die Verwendung von Bindevariablen. Die Verwendung von Bindevariablen garantiert signifikante Performance-Vorteile. Das Parsen muss nur einmal erfolgen und spart somit wertvolle Zeit bei jeder Ausführung. Es wird ein PreparedStatement an den Server übergeben, das nach dem Parsen zur Ausführung bereitsteht. Vor jeder Ausführung müssen nur noch die Bindevariablen mit den entsprechenden Werten gefüllt werden.

Listing 21.8 Bindevariablen verwenden

```
import java.sql.*;
public class batch {
  public static void main(String[] argv) {
    Connection conn = null;
    PreparedStatement pstmt;
    Statement stmt;
    int rcount;
    int i;
    try {
      Class.forName("org.postgresql.Driver");
    } catch (ClassNotFoundException ex) {
      System.out.println("Driver could not be loaded.");
    }
    try {
      conn = DriverManager.getConnection(
        "jdbc:postgresql://192.168.178.201:5432/hanser","postgres","postgres");
      conn.setAutoCommit(false);
      pstmt = conn.prepareStatement("INSERT INTO test VALUES (?, ?)");
      for ( i = 1; i < 200001; i++ ) {
        pstmt.setInt(1, i);
        pstmt.setString(2, "Insert test records ...");
        pstmt.executeUpdate();
      }
      stmt = conn.createStatement();
      stmt.executeUpdate("COMMIT");
      conn.close();
    } catch (SQLException sqlex) {
      System.out.println(sqlex.toString());
    }
  }
}
```

21.5 Java und Stored Functions

Mithilfe des PostgreSQL-JDBC-Treibers ist es möglich, in der PostgreSQL-Datenbank gespeicherte Funktionen aufzurufen. Dabei spielt es keine Rolle, in welcher Sprache die Funktion geschrieben wurde und ob es sich um eine Built-in-Funktion oder eine von der Applikation erstellte Funktion handelt. Sogar SQL-Funktionen können aufgerufen werden.

Diese Option erhöht die Flexibilität der Java-Programmierung. Sie ermöglicht die Unterbringung wichtiger Teile der Business-Funktionalität in der Datenbank. Es gibt darüber hinaus Vorteile aus Performance-Sicht. Es wird nur ein Funktionsaufruf durchgeführt, die Arbeit durch den Datenbankserver erledigt und das Ergebnis an das Java-Programm zurückgeliefert. Damit kann eine Vielzahl von Netzwerk-Roundtrips vermieden werden. Diese Architektur entspricht dem Ansatz, der in Kapitel 15 diskutiert wurde (siehe Bild 15.2). Darüber hinaus besteht die Flexibilität, dass performancekritische Funktionen in C geschrieben werden können, andere zum Beispiel in PL/pgSQL.

Für die Rückgabewerte gibt es nahezu keine Einschränkung. Die Bandbreite reicht von skalaren Datentypen bis hin zu Arrays und SETOF-Typen. Selbst Ref-Cursor können übergeben werden.

Im Beispiel in Listing 21.9 wird die Built-in-Funktion *upper* aufgerufen. Das Beispiel gilt exemplarisch für alle Built-in-Funktionen, die Sie verwenden möchten. Mit der JDBC-Funktion *prepareCall* wird der Funktionsaufruf abgesetzt und mit der Funktion *execute* ausgeführt.

Listing 21.9 Aufruf einer Built-in-Funktion

```
import java.sql.*;
public class callPGFunc {
  public static void main(String[] argv) {
    Connection conn = null;
    CallableStatement func_upper;
    ResultSet rs;
    String s_lower, s_upper;
    try {
      Class.forName("org.postgresql.Driver");
    } catch (ClassNotFoundException ex) {
      System.out.println("Driver could not be loaded.");
    }
    try {
      conn = DriverManager.getConnection(
        "jdbc:postgresql://localhost:5432/hanser","postgres","postgres");
      conn.setAutoCommit(false);
      s_lower = argv[0];
      func_upper = conn.prepareCall("{ ? = call upper (?) }");
      func_upper.registerOutParameter(1, Types.VARCHAR);
      func_upper.setString(2, s_lower);
      func_upper.execute();
      s_upper = func_upper.getString(1);
      func_upper.close();
      conn.close();
      System.out.println("Konvertierung: " + s_upper + "\n");
    } catch (SQLException sqlex) {
      System.out.println(sqlex.toString());
```

```
      }
    }
  }

D:\Temp>java callPGFunc abcdefgh
Konvertierung: ABCDEFGH
```

Im Programm in Listing 21.15 wird eine SQL-Funktion im Java-Code aufgerufen. Dieser Aufruf erfolgt mit der Funktion *executeQuery*. Die Datenrückgabe erfolgt mit dem Typ SETOF. So kann das Java-Programm wie gewohnt durch die Ergebnismenge laufen.

Listing 21.10 Eine gespeicherte SQL-Funktion im Java-Programm verwenden

```
(psotgres@localhost:5432)[hanser]> CREATE FUNCTION ret_category()
> RETURNS SETOF categories
> AS $$
> SELECT category+100,UPPER(categoryname) FROM categories;
> $$ LANGUAGE SQL;
CREATE FUNCTION
import java.sql.*;
public class callSQLProc {
  public static void main(String[] argv) {
    Connection conn = null;
    Statement stmt;
    ResultSet rs;
    try {
      Class.forName("org.postgresql.Driver");
    } catch (ClassNotFoundException ex) {
      System.out.println("Driver could not be loaded.");
    }
    try {
      conn = DriverManager.getConnection(
        "jdbc:postgresql://localhost:5432/hanser","postgres","postgres");
      conn.setAutoCommit(false);
      stmt = conn.createStatement();
      rs= stmt.executeQuery("SELECT * FROM ret_category()");
      while (rs.next()) {
        System.out.println(rs.getInt(1) + " - " + rs.getString(2));
      }
      rs.close();
      stmt.close();
      conn.close();
    } catch (SQLException sqlex) {
      System.out.println(sqlex.toString());
    }
  }
}

D:\Temp>java callSQLProc
101 - ACTION
102 - ANIMATION
103 - CHILDREN
104 - CLASSICS
. . .
```

Ref-Cursor haben wir bereits bei der PL/pgSQL-Programmierung verwendet. Der JDBC-Treiber kann Ref-Cursor als Callable Statement verarbeiten. In Listing 21.11 wird eine PL/pgSQL-Funktion *f_ref* erstellt, die einen Ref-Cursor zurückliefert. Das Java-Programm ruft die Funktion als Callable Statement auf und die Funktion wird im Backend ausgeführt. Als Ergebnis wird der Ref-Cursor an das Java-Programm übergeben. Das Java-Programm kann den Cursor wie ein Resultset behandeln. Beachten Sie, dass der Ref-Cursor gecastet werden muss:

```
rs = (ResultSet)ref_func.getObject(1);
```

Listing 21.11 Einen Ref-Cursor im Java-Programm verwenden

```
CREATE FUNCTION f_ref()
RETURNS refcursor
AS $$
DECLARE
c1 REFCURSOR;
BEGIN
  OPEN c1 FOR SELECT p.title, i.quan_in_stock FROM inventory i, products p
    WHERE  p.prod_id = i.prod_id;
  RETURN c1;
END;
$$ LANGUAGE plpgsql;
import java.sql.*;
public class callRefCursor {
  public static void main(String[] argv) {
    Connection conn = null;
    CallableStatement ref_func;
    ResultSet rs;
    try {
      Class.forName("org.postgresql.Driver");
    } catch (ClassNotFoundException ex) {
      System.out.println("Driver could not be loaded.");
    }
    try {
      conn = DriverManager.getConnection(
        "jdbc:postgresql://localhost:5432/hanser","postgres","postgres");
      conn.setAutoCommit(false);
      ref_func = conn.prepareCall("{ ? = call f_ref() }");
      ref_func.registerOutParameter(1, Types.OTHER);
      ref_func.execute();
      rs = (ResultSet)ref_func.getObject(1);
      while (rs.next()) {
        System.out.println(rs.getString(1) + "....." + rs.getInt(2));
      }
      rs.close();
      conn.close();
    } catch (SQLException sqlex) {
      System.out.println(sqlex.toString());
    }
  }
}

D:\Temp>java callRefCursor
ACADEMY ACADEMY.....138
ACADEMY ACE.....118
ACADEMY ADAPTATION.....228
ACADEMY AFFAIR.....279
ACADEMY AFRICAN.....382
. . .
```

21.6 Large Objects

Large Objects in der PostgreSQL-Datenbank können mit Java-Programmen bearbeitet werden. Sie können direkt in einer Tabelle oder in einer zentralen Large-Object-Tabelle gespeichert werden. Betrachten wir beide Optionen. Im Beispiel in Listing 21.12 werden zwei Tabellen angelegt. Für die direkte Speicherung wird die Tabelle *images* mit der Spalte „img“ und dem Datentyp „bytea“. Die Tabelle *images2* besitzt die Spalte „image_id“ mit dem Typ „oid“ für die Referenz zum zentral gespeicherten Large Object.

Listing 21.12 Tabellen für das Speichern von Large Objects anlegen

```
(postgres@localhost:5432)[hanser]> CREATE TABLE images(
> id int,
> image_name varchar(30),
> img bytea);
CREATE TABLE
(postgres@localhost:5432)[hanser]> CREATE TABLE images2(
> id int,
> image_name varchar(30),
> image_id oid);
CREATE TABLE
```

Im ersten Beispiel in Listing 21.13 wird eine Image-Datei direkt in der Tabelle *images* gespeichert. Zum Füllen der Bindevariablen verwenden wir die Funktion *setBinaryStream*. Damit wird der von der Java-Klasse *FileInputStream* gelesene Datenstrom direkt weitergeleitet. Beachten Sie, dass der zweite Parameter mit *int* gecastet werden muss, da die Funktion *length()* einen Wert vom Datentyp „Long“ zurückliefert.

Listing 21.13 Eine Image-Datei direkt in der Tabelle speichern

```
import java.sql.*;
import java.io.*;
public class pgLargeObject {
  public static void main(String[] argv) {
    Connection conn = null;
    DatabaseMetaData dmd = null;
    String FileName = null;
    FileInputStream fis = null;
    try {
      Class.forName("org.postgresql.Driver");
    } catch (ClassNotFoundException ex) {
      System.out.println("Driver could not be loaded.");
    }
    try {
      conn = DriverManager.getConnection(
        "jdbc:postgresql://localhost:5432/hanser","postgres","postgres");
      conn.setAutoCommit(false);
    } catch (SQLException sqlex) {
      System.out.println(sqlex.toString());
    }
    FileName = argv[0];
    System.out.println("Importing file " + FileName + " as Large Object to
      database ...\n");
    File file = new File(FileName);
```

```
    try {
      fis = new FileInputStream(file);
    } catch (IOException ioex) {
      System.out.println(ioex.toString());
    }
    try {
      PreparedStatement ps = conn.prepareStatement("INSERT INTO images VALUES
        (?, ?, ?)");
      ps.setInt(1, 1);
      ps.setString(2, file.getName());
      ps.setBinaryStream(3, fis, (int)file.length());
      ps.executeUpdate();
      conn.commit();
    } catch (SQLException sqlex) {
      System.out.println(sqlex.toString());
    }
    try {
      conn.close();
    } catch (SQLException sqlex) {
      System.out.println(sqlex.toString());
    }
  }
}

D:\Temp>java pgLargeObjects image.jpg
Importing file image.jpg as Large Object to database …

(postgres@localhost:5432)[hanser]> SELECT id, image_name
> FROM images;
 id | image_name
----+------------
  1 | image.jpg
```

Damit ist die Datei in einem Byte-Array direkt in der Tabelle gespeichert. Der Nachteil besteht darin, dass die Tabelle aus sehr langen Zeilen besteht, was für die weitere Verarbeitung einen negativen Einfluss auf die Performance hat. Weiterhin ist zu beachten, dass eine Spalte vom Typ „bytea“ nicht größer als ein Gigabyte werden kann.

Die bessere Methode ist, die Large-Object-Funktionalität des PostgreSQL-Servers zu benutzen. Dabei wird der Binärcode der Datei in der zentralen Tabelle *pg_largeobject* in mehreren Stücken gespeichert. Im Programm in Listing 21.14 enthält die Tabelle *images2* nach dem Laden nur die Objekt-ID als Referenz. In PostgreSQL 10 können mit dieser Methode Large Objects bis zu einer maximalen Größe von vier Terabyte gespeichert werden.

Wir verwenden für das Beispiel den Large-Object-Support des PostgreSQL-JDBC-Treibers. Dazu muss das Paket *org.postgresql.largeobject* importiert werden. Dieses enthält die Datentypen *LargeObject* und *LargeObjectManager*. Die Funktion *createLO* liefert die Object-ID, also die Referenz, zurück. Diese wird mit dem Insert-Befehl in der Tabelle *images2* gespeichert.

HINWEIS: Beachten Sie, dass mit der Verwendung der PostgreSQL-spezifischen Funktionen und Datentypen das Programm nicht mehr generisch ist und ohne Änderungen nicht auf Datenbanksysteme anderer Hersteller übertragen werden kann. Das ist allerdings typisch für Large Objects in allen populären Systemen.

Listing 21.14 Speichern der Image-Datei mit Large-Object-Support

```
import java.sql.*;
import org.postgresql.largeobject.*;
import java.io.*;
public class pgLargeObject2 {
  public static void main(String[] argv) {
    Connection conn = null;
    DatabaseMetaData dmd = null;
    String FileName = null;
    FileInputStream fis = null;
    LargeObjectManager lobj;
    LargeObject obj;
    long oid;
    int i,j;
    byte buf[] = new byte[204800];
    try {
      Class.forName("org.postgresql.Driver");
    } catch (ClassNotFoundException ex) {
      System.out.println("Driver could not be loaded.");
    }
    FileName = argv[0];
    System.out.println("Importing file " + FileName + " as Large Object to
      database …\n");
    File file = new File(FileName);
    try {
      fis = new FileInputStream(file);
    } catch (IOException ioex) {
      System.out.println(ioex.toString());
    }
    try {
      conn = DriverManager.getConnection(
        "jdbc:postgresql://localhost:5432/hanser","postgres","postgres");
      conn.setAutoCommit(false);
      lobj = ((org.postgresql.PGConnection)conn).getLargeObjectAPI();
      oid = lobj.createLO(LargeObjectManager.READ | LargeObjectManager.WRITE);
      obj = lobj.open(oid, LargeObjectManager.WRITE);
      j = 0;
      try {
        while (( i = fis.read(buf, 0, 204800)) > 0 ) {
          obj.write(buf, j, i);
          j += i;
        }
        obj.close();
      } catch (IOException ioex) {
        System.out.println(ioex.toString());
      }
      PreparedStatement ps = conn.prepareStatement(
        "INSERT INTO images2 VALUES (?, ?, ?)");
      ps.setInt(1, 1);
      ps.setString(2, file.getName());
      ps.setLong(3, oid);
      ps.executeUpdate();
      conn.commit();
      conn.close();
    } catch (SQLException sqlex) {
      System.out.println(sqlex.toString());
    }
```

```
  }
}

D:\Temp>java pgLargeObject2 image.jpg
Importing file image.jpg as Large Object to database …
```

HINWEIS: Beachten Sie, dass sowohl das Laden der Datei als auch die INSERT-Anweisung innerhalb einer Transaktionsklammer ablaufen müssen. Das Autocommit wird dafür im Programm ausgeschaltet.

Das Programm in Listing 21.15 liest ein Large Object aus der Datenbank mithilfe der Large-Object-API. Die Objekt-ID wird aus der Tabelle *images2* ermittelt.

Listing 21.15 Ein Large Object aus der Datenbank lesen

```
import java.sql.*;
import org.postgresql.largeobject.*;
import java.io.*;
public class pgReadLargeObject {
  public static void main(String[] argv) {
    Connection conn = null;
    LargeObjectManager lobj;
    LargeObject obj;
    long oid;
    int i,j;
    byte buf[] = new byte[204800];
    try {
      Class.forName("org.postgresql.Driver");
    } catch (ClassNotFoundException ex) {
      System.out.println("Driver could not be loaded.");
    }
    try {
      conn = DriverManager.getConnection(
        "jdbc:postgresql://localhost:5432/hanser","postgres","postgres");
      conn.setAutoCommit(false);
      lobj = ((org.postgresql.PGConnection)conn).getLargeObjectAPI();
      PreparedStatement ps = conn.prepareStatement("SELECT image_id
        FROM images2 WHERE image_name = ?");
      ps.setString(1, "image.jpg");
      ResultSet rs = ps.executeQuery();
      if ( rs.next() ) {
        oid = rs.getLong(1);
        obj = lobj.open(oid, LargeObjectManager.READ);
        // Verarbeitung
      } else {
        System.out.println("Image not found.");
      }
      rs.close();
      conn.close();
    } catch (SQLException sqlex) {
      System.out.println(sqlex.toString());
    }
  }
}
```

21.7 JDBC-Tracing

Tracing wird vom PostgreSQL-JDBC-Treiber unterstützt. Es sind drei Stufen vorgesehen:

- OFF: Tracing ist ausgeschaltet.
- DEBUG: granulares Tracing auf mittlerem Niveau (FINE)
- TRACE: Tracing mit Höchstanzahl an Informationen (FINEST)

Das Tracing kann beim Herstellen der Verbindung zur Datenbank direkt eingeschaltet werden. Dazu muss das Attribut *loggerLevel* mit in der URL übergeben werden. Die URL kann dann zum Beispiel so aussehen:

```
jdbc:postgresql://localhost:5432/hanser?loggerLevel=DEBUG
jdbc:postgresql://localhost:5432/hanser?loggerLevel=TRACE&loggerFile=pgJDBC.trc
```

Im Beispiel in Listing 21.16 wird das Tracing mit der URL auf dem Level TRACE eingeschaltet und in eine Datei geschrieben.

Listing 21.16 Den JDBC-Trace einschalten

```
import java.sql.*;
public class actTrace {
  public static void main(String[] argv) {
    Connection conn = null;
    Statement stmt;
    ResultSet rs;
    try {
      Class.forName("org.postgresql.Driver");
    } catch (ClassNotFoundException ex) {
      System.out.println("Driver could not be loaded.");
    }
    try {
      conn = DriverManager.getConnection(
        "jdbc:postgresql://localhost:5432/hanser?loggerLevel=
        TRACE&loggerFile=pgJDBC.trc","postgres","postgres");
      conn.setAutoCommit(false);
      stmt = conn.createStatement();
      rs = stmt.executeQuery("SELECT * FROM categories");
      while (rs.next()) {
        System.out.println(rs.getInt(1) + "\t" + rs.getString(2));
      }
      rs.close();
      conn.close();
    } catch (SQLException sqlex) {
      System.out.println(sqlex.toString());
    }
  }
}
```

Auf dem Niveau TRACE erfolgt eine sehr detaillierte Aufzeichnung der Kommunikation zwischen Client und Server. In der Trace-Datei (Listing 21.17) lässt sich erkennen, dass nahezu jeder Kommunikationsschritt der JDBC-Funktion mitgeschnitten wurde. Damit ist eine Fehlersuche mit sehr detaillierten Informationen möglich.

Listing 21.17 Auszug aus dem Tracefile

```
Apr 22, 2018 4:40:10 PM org.postgresql.Driver connect
FEIN: Connecting with URL:
jdbc:postgresql://localhost:5432/hanser?loggerLevel=TRACE&loggerFile=pgJDBC.trc
Apr 22, 2018 4:40:10 PM org.postgresql.jdbc.PgConnection <init>
FEIN: PostgreSQL JDBC Driver 42.2.2
Apr 22, 2018 4:40:10 PM org.postgresql.jdbc.PgConnection setDefaultFetchSize
FEIN:   setDefaultFetchSize = 0
Apr 22, 2018 4:40:10 PM org.postgresql.jdbc.PgConnection setPrepareThreshold
FEIN:   setPrepareThreshold = 5
Apr 22, 2018 4:40:10 PM org.postgresql.core.v3.ConnectionFactoryImpl
openConnectionImpl
FEIN: Trying to establish a protocol version 3 connection to localhost:5432
Apr 22, 2018 4:40:10 PM org.postgresql.core.Encoding <init>
AM FEINSTEN: Creating new Encoding windows-1252 with fastASCIINumbers true
Apr 22, 2018 4:40:10 PM org.postgresql.core.Encoding <init>
AM FEINSTEN: Creating new Encoding UTF-8 with fastASCIINumbers true
Apr 22, 2018 4:40:10 PM org.postgresql.core.Encoding <init>
AM FEINSTEN: Creating new Encoding UTF-8 with fastASCIINumbers true
. . .
Apr 22, 2018 4:40:10 PM org.postgresql.core.v3.QueryExecutorImpl sendParse
AM FEINSTEN:  FE=> Parse(stmt=null,query="SET extra_float_digits = 3",oids={})
Apr 22, 2018 4:40:10 PM org.postgresql.core.v3.QueryExecutorImpl sendBind
AM FEINSTEN:  FE=> Bind(stmt=null,portal=null)
Apr 22, 2018 4:40:10 PM org.postgresql.core.v3.QueryExecutorImpl sendExecute
AM FEINSTEN:  FE=> Execute(portal=null,limit=1)
Apr 22, 2018 4:40:10 PM org.postgresql.core.v3.QueryExecutorImpl sendSync
AM FEINSTEN:  FE=> Sync
Apr 22, 2018 4:40:10 PM org.postgresql.core.v3.QueryExecutorImpl processResults
AM FEINSTEN:  <=BE ParseComplete [null]
Apr 22, 2018 4:40:10 PM org.postgresql.core.v3.QueryExecutorImpl processResults
AM FEINSTEN:  <=BE BindComplete [unnamed]
Apr 22, 2018 4:40:10 PM org.postgresql.core.v3.QueryExecutorImpl receiveCommandStatus
AM FEINSTEN:  <=BE CommandStatus(SET)
. . .
```

Das JDBC-Tracing ist Teil der Logging-API mit den Klassen *java.util.logging.**. Es handelt sich um ein einigermaßen komplexes Framework. Mit der API ist es möglich, das Tracing gezielter und die Ausgabe individueller zu gestalten.

Bisher haben wir in der Fehlerbehandlung meist nur eine Fehlermeldung ausgegeben. Java-Klassen sind häufig vielfach geschachtelt. In vielen Fällen ist es schon hilfreich, den gesamten Fehler-Stack aufgelistet zu bekommen. Die Funktion *printStackTrace* kann in den catch-Teil des Programms aufgenommen werden und diese Hinweise liefern (siehe Listing 21.18). Die Funktion ist ein Feature von Java und unabhängig von JDBC.

Listing 21.18 Den Fehler-Stack ausgeben

```
import java.sql.*;
public class stackTrace {
  public static void main(String[] argv) {
    Connection conn = null;
    Statement stmt;
    ResultSet rs;
    try {
      Class.forName("org.postgresql.Driver");
```

```
    } catch (ClassNotFoundException ex) {
      System.out.println("Driver could not be loaded.");
    }
    try {
      conn = DriverManager.getConnection(
        jdbc:postgresql://localhost:5432/hanser ","postgres","postgres");
      conn.setAutoCommit(false);
      stmt = conn.createStatement();
      rs = stmt.executeQuery("SELECT * FROM categorie");
      while (rs.next()) {
        System.out.println(rs.getInt(1) + "\t" + rs.getString(2));
      }
      rs.close();
      conn.close();
    } catch (SQLException sqlex) {
      sqlex.printStackTrace();
    }
  }
}
```

Die Ausgabe des Stacks muss von unten nach oben gelesen werden. Je weiter man nach oben kommt, desto tiefer steigt man in die Verschachtelung ein. Im Anwendungsprogramm ist der Fehler in der Klasse *stackTrace.main* in Zeile 16 aufgetreten.

Listing 21.19 Der Fehler-Stack

```
org.postgresql.util.PSQLException: ERROR: relation "categorie" does not exist
  Position: 15
  Ort: Datei: parse_relation.c, Routine: parserOpenTable, Zeile: 1180.
  Server SQLState: 42P01
        at org.postgresql.core.v3.QueryExecutorImpl.receiveErrorResponse(
          QueryExecutorImpl.java:2433)
        at org.postgresql.core.v3.QueryExecutorImpl.processResults(
          QueryExecutorImpl.java:2178)
        at org.postgresql.core.v3.QueryExecutorImpl.execute(
          QueryExecutorImpl.java:306)
        at org.postgresql.jdbc.PgStatement.executeInternal(PgStatement.java:441)
        at org.postgresql.jdbc.PgStatement.execute(PgStatement.java:365)
        at org.postgresql.jdbc.PgStatement.executeWithFlags(PgStatement.java:307)
        at org.postgresql.jdbc.PgStatement.executeCachedSql(PgStatement.java:293)
        at org.postgresql.jdbc.PgStatement.executeWithFlags(PgStatement.java:270)
        at org.postgresql.jdbc.PgStatement.executeQuery(PgStatement.java:224)
        at stackTrace.main(stackTrace.java:16)
```

22 Die C-Library libpq

Die Library libpq ist das native Programmierinterface für den PostgreSQL-Server. Sie besteht aus einer Reihe von Funktionen, mit denen Datenbankoperationen durchgeführt werden können. Es handelt sich dabei um die schnellste Methode, um auf den Datenbankserver mit geringem Overhead zuzugreifen. Sie wird von vielen anderen Sprachen, wie zum Beispiel Perl-DBI, PHP oder C++, als Zugriffsmethode verwendet.

Die Bibliothek ist Bestandteil der Standarddistribution und befindet sich in jeder PostgreSQL-Umgebung. Die Datei befindet sich im Verzeichnis *lib* der Distribution und besitzt den Namen *libpq.so* (Linux) oder *libpq.dll* (Windows). Programme, die die Bibliothek direkt verwenden, müssen in C oder C++ geschrieben werden. Dabei muss die Header-Datei *libpq-fe.* (fe = Frontend) eingebunden werden.

22.1 Die Entwicklungsumgebung einrichten

Mit dem einfachen Programm in Listing 22.1, das eine Verbindung zum PostgreSQL-Server herstellt, richten wir die Entwicklungsumgebung ein, zunächst für Linux-Systeme.

Listing 22.1 Programm für Verbindungsaufbau mit libpq

```
#include <stdlib.h>
#include <libpq-fe.h>
int main(int argc, char **argv) {
  const char *conninfo;
  PGconn *conn;
  conninfo = "host=localhost port=5432 dbname=postgres user=postgres
password=postgres connect_timeout=5";
  conn = PQconnectdb(conninfo);
  if (PQstatus(conn) == CONNECTION_OK) {
    printf(„Verbindung erfolgreich hergestellt.\n");
  } else {
    printf(„Verbindung fehlgeschlagen.\n");
  }
  PQfinish(conn);
  return EXIT_SUCCESS;
}
```

Im Folgenden werden das Übersetzen und das Linken des C-Programms mit dem GCC-Compiler durchgeführt (siehe Listing 22.2). Die Option „-I“ setzt den Pfad zu den Header-Dateien und „-L“ zu den Bibliotheken. Für das Programm werden die Header-Datei *libpq-fe.h* sowie die Bibliothek *libpq.a* benötigt.

Listing 22.2 Ein Programm mit libpq übersetzen und linken

```
$ gcc -o pgconn -I/usr/local/pgsql/include pgconn.c -L/usr/local/pgsql/lib -lpq
$ ./pgconn
Verbindung erfolgreich hergestellt
```

HINWEIS: Sollten Sie beim Ausführen des Programms den folgenden Fehler erhalten, findet das Programm die Bibliothek libpq nicht.

```
./pgconn: error while loading shared libraries: libpq.so.5: cannot open
shared object file: No such file or directory
```

Nehmen Sie den Pfad in die Umgebungsvariable LD_LIBRARY_PATH auf:

```
$ export LD_LIBRARY_PATH=/usr/local/pgsql/lib:$LD_LIBRARY_PATH
```

Kann die Verbindung nicht hergestellt werden, gibt das Programm nur eine allgemeine Fehlermeldung zurück. Mithilfe der Funktion *PQerrorMessage* können weitere Informationen zum Fehler ausgegeben werden (siehe Listing 22.3).

Listing 22.3 Den Verbindungsfehler zurückgeben

```
#include <stdlib.h>
#include <libpq-fe.h>
int main(int argc, char **argv) {
  const char *conninfo;
  PGconn *conn;
  conninfo = "host=localhost port=5432 dbname=hanser user=postgres password=postgres
connect_timeout=5";
  conn = PQconnectdb(conninfo);
  if (PQstatus(conn) == CONNECTION_OK) {
    printf(„Verbindung erfolgreich hergestellt.\n");
  } else {
    printf(„Verbindung fehlgeschlagen.\n");
    PQerrorMessage(conn);
  }
  PQfinish(conn);
  return EXIT_SUCCESS;
}
[postgres@localhost ~]$ ./pgconn
2021-04-16 17:54:36.278 CEST [13917] FATAL: database "hanser" does not exist
Verbindung fehlgeschlagen.
```

C-Programme werden üblicherweise mit einer Make-Datei übersetzt und gelinkt. Darin finden sich die Parameter aus dem gcc-Befehl wieder. Der Dateiname ist „makefile“ und der Aufruf erfolgt mit dem Kommando *make*.

Listing 22.4 Eine Make-Datei für die Kompilierung verwenden

```
CC=gcc
INC=/usr/local/pgsql/include
LIB=/usr/local/pgsql/lib
CFLAGS=-I$(INC)
LDLIBS=-L$(LIB) -lpq
ALL = pgconn
all: $(ALL)
clean: @rm -f *.o *~ $(ALL)
```

Damit ist unsere einfache Entwicklungsumgebung auf einem Linux-System komplett. Diese muss sich nicht auf dem Server befinden, auf dem der PostgreSQL-Cluster läuft. Es ist auch keine komplette PostgreSQL-Distribution erforderlich, es werden nur die Header-Datei und die Bibliothek benötigt.

TIPP: Soll der Windows-Rechner nur als Datenbank-Client für libpq-Programme dienen, ist es nicht notwendig, dass die gesamte PostgreSQL-Software installiert ist. Es genügt, einen sogenannten „Thin Client" zu konfigurieren.

Die Datei *libpq.dll* kann auf den Windows-Client in das Verzeichnis *C:\Windows\System32* kopiert werden. Für Übersetzung und Linken von C-Programmen benötigen Sie das Windows SDK oder Microsoft Visual Studio.

Für das Linken wird zusätzlich die Datei *libpq.lib* benötigt. Sie wird nicht in der Laufzeitumgebung gebraucht (siehe Listing 22.5).

Listing 22.5 Ein C-Programm mit libpq unter Windows kompilieren

```
D:\Temp>cl /nologo /I D:\PostgreSQL\include pgconn.c D:\PostgreSQL\lib\libpq.lib
"pgconn.c"
pgconn.c
pgconn.c
Generating Code ...

D:\Temp>pgconn.exe
Verbindung erfolgreich hergestellt.
```

Damit sind sowohl Entwicklungs- als auch Laufzeitumgebung für ein Windows-Betriebssystem eingerichtet. Für einfache Programme, so wie in diesem Kapitel, ist es kein Problem, einen Editor zu benutzen und die Kompilierung auf der Kommandozeile durchzuführen. Für komplexere Aufgaben macht es Sinn, eine integrierte Entwicklungsumgebung einzusetzen.

Für Windows-Systeme kann das Visual Studio verwendet werden, das allerdings für Einsteiger einen Lernprozess erfordert. Eine einfachere Option ist die NetBeans-IDE, die unter Windows und Linux gleichermaßen installiert werden kann. NetBeans ist ein Open-Source-Produkt und kann kostenlos von der Webseite *https://netbeans.org/downloads* heruntergeladen werden.

Erstellen Sie ein neues Projekt über die Menüpunkte *File/New Project* und markieren Sie als Kategorie *C/C++* sowie *C/C++ Application*. Vergeben Sie im nächsten Fenster einen Projektnamen und wählen Sie C als Sprache. Es wird eine Datei *main.c* erstellt, die als Gerüst dient. Kopieren Sie den Quellcode in den Editor und vergessen Sie nicht, die Header-Datei *libpq-fe.h* einzubinden.

Klicken Sie nun mit der rechten Maustaste auf das Projekt und wählen Sie *Properties*. Wählen Sie *Build/C Compiler* aus und fügen Sie das Include-Verzeichnis der PostgreSQL-Distribution hinzu, zum Beispiel */usr/local/pgsql/include* (siehe Bild 22.1). Wählen Sie unter *Linker* noch die Datei *libpq.a* aus.

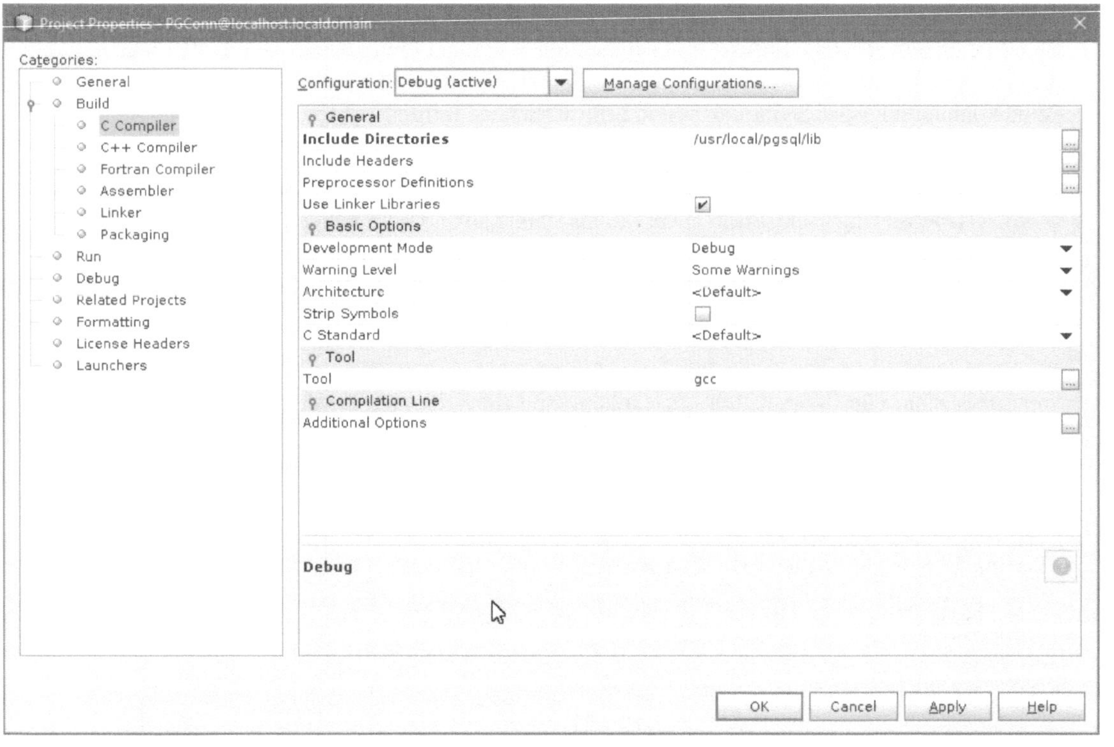

Bild 22.1 Die Projektumgebung in NetBeans konfigurieren

HINWEIS: Wählen Sie für das Linken die Library *libpq.a* aus, nicht *libpq.so*. *libpq.a* ist die Library für das Linken und *libpq.so* die Shared Library, die zur Laufzeit benötigt wird.

Die Verwendung der IDE hat auch den Vorteil, dass ein Debugger enthalten ist. Fehler können damit effizienter gefunden werden. Im Drop-down-Fenster unter der Menüzeile lässt sich auswählen, ob eine debugfähige Version oder eine Datei für das Release erzeugt werden soll (siehe

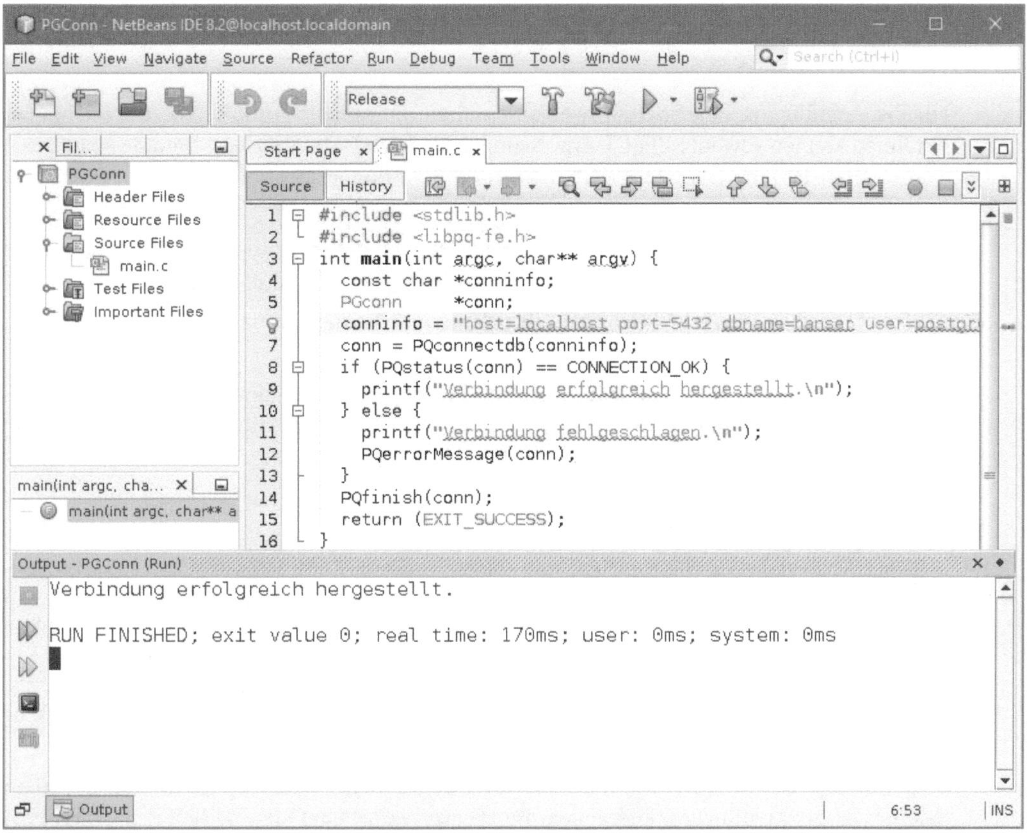

Bild 22.2 C-Programm mit libpq in der NetBeans IDE

Im Programm in Listing 22.1 wurden die Verbindungsparameter im Programm übergeben. Die Parameter können auch über Umgebungsvariablen im Betriebssystem gesetzt werden (siehe Tabelle 22.1). Die Werte, die im Programm angegeben werden, überschreiben die Werte der Systemumgebung. Sind alle notwendigen Parameter als Umgebungsvariablen definiert, kann die Funktion mit einem leeren Parameter aufgerufen werden:

```
conn = PQconnectdb("");
```

Tabelle 22.1 Verbindungsparameter für die Funktion *PQconnectdb*

Option	Umgebungsvariable	Bedeutung
dbname	$PGDATABASE	Name der Datenbank
host	$PGHOST	Hostname des Clusters
user	$PGUSER	Benutzername für PostgreSQL
password	$PGPASSWORD	Passwort
port	$PGPORT	TCP/IP Port (Standard 5432)

22.2 Programme mit libpq erstellen

Für die Ausführung einer SQL-Anweisung stehen die *execute*-Funktionen zur Verfügung. Mit ihnen können sowohl SELECT-Anweisungen als auch DML- und DDL-Befehle ausgeführt werden. Hier ist eine Übersicht der wichtigsten Funktionen für die Verarbeitung von SQL-Anweisungen:

- *PQexec:* führt eine SQL-Anweisung aus und wartet auf das Ergebnis. Der Rückgabewert ist ein Zeiger auf *PGresult*. Betrachten Sie *PGresult* als eine abstrakte Struktur.
- *PQexecParams:* führt eine SQL-Anweisung aus und wartet auf das Ergebnis. Es können zusätzliche Parameter mitgegeben werden.
- *PQprepare:* sendet eine Anforderung für ein Prepared Statement und wartet auf das Ergebnis. Die Anweisung kann später wiederholt mit der Funktion *PQexecPrepared* ausgeführt werden, ohne dass ein erneutes Parsing erfolgt.
- *PQexecPrepared:* führt ein Prepared Statement aus und wartet auf das Ergebnis.
- *PQresultStatus:* liefert den Status der Ausführung einer SQL-Anweisung zurück. PGRES_COMMAND_OK bedeutet, die SQL-Anweisung wurde erfolgreich ausgeführt und es werden keine Daten zurückgesendet. Werden Sätze als Ergebnis einer SELECT-Anweisung zurückgeliefert, ist der Status PGRES_TUPLES_OK.
- *PQresultErrorMessage:* gibt eine Fehlermeldung zurück, wenn ein Fehler aufgetreten ist.
- *PQclear:* gibt den Speicher frei, der durch Rückgabe des Ergebnisses durch die Struktur *PGresult* akquiriert wurde.

SQL-Anweisungen werden nach dem Client/Server-Prinzip erstellt. Die Anweisung wird an den Server zur Ausführung übergeben. Der Server verarbeitet sie und liefert das Ergebnis zurück. Das Ergebnis kann die Ergebnismenge einer SELECT-Anweisung oder der Status einer DML- oder DLL-Anweisung sein. Um dies zu unterscheiden, muss der Status der Ausführung abgefragt werden, der von der Funktion *PQresultStatus* geliefert wird. Tabelle 22.2 beschreibt die wichtigsten Statuswerte.

Tabelle 22.2 Rückgabewerte der Funktion *PQresultStatus*

Status	Bedeutung
PGRES_COMMAND_OK	Die SQL-Anweisung wurde erfolgreich ausgeführt, liefert jedoch keine Daten zurück (zum Beispiel bei einer DDL-Anweisung).
PGRES_TUPLES_OK	Die SQL-Anweisung wurde erfolgreich ausgeführt und liefert Daten zurück (zum Beispiel SELECT-Anweisung). Es kann sich um mehrere Zeilen oder ein leeres Ergebnis handeln.
PGRES_FATAL_ERROR	Bei der Ausführung der SQL-Anweisung ist ein fataler Fehler aufgetreten.
PGRES_BAD_RESPONSE	Die Antwort vom Server wurde nicht verstanden. Es ist ein Fehler aufgetreten, den der Client nicht verarbeiten kann.
GRES_EMPTY_QUERY	Eine leere SQL-Anweisung wurde gesendet.

Das Programm in Listing 22.6 führt eine SQL-Anweisung aus, die als Parameter von der Kommandozeile mitgegeben werden kann. Der Status der Ausführung wird ausgewertet und ausgegeben.

Listing 22.6 Ergebnis einer SQL-Anweisung auswerten

```
#include <stdlib.h>
#include <libpq-fe.h>
int main(int argc, char** argv) {
  printf("SQL-Anweisung: %s\n",argv[1]);
  PGresult *res;
  PGconn *myconn = PQconnectdb("");
  if (PQstatus(myconn) == CONNECTION_OK)
    printf("Verbindung hergestellt\n");
  else {
    printf("Verbindung fehlgeschlagen\n");
    printf("Fehler: %s\n", PQerrorMessage(myconn));
    }
  res = PQexec(myconn, argv[1]);
  switch(PQresultStatus(res)) {
  case PGRES_COMMAND_OK:
    printf("Anweisung erfolgreich ausgefuehrt\n");
    break;
  case PGRES_TUPLES_OK:
    printf("Anweisung mit Resultset\n");
    break;
  case PGRES_EMPTY_QUERY:
    printf("Leere Anweisung\n");
    break;
  case PGRES_FATAL_ERROR:
    printf("Fehler\n");
    break;
  }
  PQfinish(myconn);
  return EXIT_SUCCESS;
}

$ ./pgexec
SQL-Anweisung: (null)
Verbindung hergestellt
Fehler
$ ./pgexec ""
SQL-Anweisung:
Verbindung hergestellt
Leere Anweisung
$ ./pgexec "SELECT * FROM categories"
SQL-Anweisung: SELECT * FROM categories
Verbindung hergestellt
Anweisung mit Resultset
$ ./pgexec "CREATE TABLE hanser(id INT, text VARCHAR(20))"
SQL-Anweisung: CREATE TABLE hanser(id INT, text VARCHAR(20))
Verbindung hergestellt
Anweisung erfolgreich ausgefuehrt
```

Die Ausführung einer SELECT-Anweisung erfolgt ebenfalls mit der Funktion *PQexec*. Das Resultset enthält alle zurückgelieferten Daten. In der Regel weiß man vor der Ausführung der Anweisung nicht, wie viele Zeilen und Spalten zurückgeliefert werden. Diese Informationen werden jedoch vom Programm für die Auswertung und die Weiterverarbeitung benötigt. Sie können mithilfe von Funktionen der Bibliothek libpq abgefragt werden. In Tabelle 22.3 finden Sie eine Beschreibung.

Tabelle 22.3 libpq-Funktionen zur Auswertung des Resultset

Funktion	Beschreibung
`int PQnfields(const PGresult *result);`	Anzahl der Spalten des Resultset ermitteln
`char *PQfname(const PGresult *result, int index);`	Den Namen einer Spalte abfragen. Der Spaltenindex beginnt bei 0.
`int PQfsize(const PGresult *result, int index);`	Die Größe einer Spalte im Resultset erfragen
`int PQfnumber(const PGresult *result, const char *fieldname);`	Den Spaltenindex eines Spaltennamens im Resultset ermitteln

Das Programm in Listing 22.7 verwendet diese Funktionen und bereitet Struktur und Inhalt für die Ausgabe auf. Die Funktion *PQgetvalue* liefert die Werte der Ergebnismenge im Matrixformat.

Listing 22.7 Aufbereitung des Resultset

```
#include <stdlib.h>
#include <libpq-fe.h>
int main(int argc, char** argv) {
  PGresult *res;
  int i=0;
  int j=0;
  int rows=0;
  int cols=0;
  PGconn *myconn = PQconnectdb("");
  if (PQstatus(myconn) == CONNECTION_OK)
    printf("Verbindung hergestellt\n");
  else {
    printf("Verbindung fehlgeschlagen\n");
    printf("Fehler: %s\n", PQerrorMessage(myconn));
  }
  res = PQexec(myconn, "SELECT * FROM categories");
  switch(PQresultStatus(res)) {
    case PGRES_TUPLES_OK:
      rows = PQntuples(res);
      cols = PQnfields(res);
      printf("Anzahl Zeilen: %d\n", rows);
      printf("Anzahl Spalten: %d\n", cols);
      printf("Tabellenstruktur:\n");
      for(i = 0; i < cols; i++) {
        printf(" %s: %d\n", PQfname(res, i), PQfsize(res, i));
      }
      printf("Daten:\n");
      for (i = 0; i < rows; i++) {
        for (j = 0; j < cols; j++)
          printf(" %s,", PQgetvalue(res, i, j));
        printf("\n");
      }
      break;
    case PGRES_EMPTY_QUERY:
      printf("Leere Anweisung\n");
      break;
    case PGRES_FATAL_ERROR:
```

```
      printf("Fehler\n");
      break;
    }
    PQclear(res);
    PQfinish(myconn);
    return EXIT_SUCCESS;
}

$ ./pgselect
Verbindung hergestellt
Anzahl Zeilen: 16
Anzahl Spalten: 2
Tabellenstruktur:
 category: 4
 categoryname: -1
Daten:
 1, Action,
 2, Animation,
 3, Children,
 4, Classics,
. . .
```

HINWEIS: Beachten Sie, dass die Ergebnisse einer SQL-Ausführung selbst dann in der Struktur *PGresult* erhalten bleiben, wenn die Verbindung zur Datenbank beendet wurde. Die Struktur wird erst mit *PQclear* aufgelöst und das zugehörige Memory wieder freigegeben.

Mit diesem Beispiel wurde das gesamte Resultset komplett zum Client übertragen und in einer C-Programmstruktur gespeichert. Diese Vorgehensweise kann bei großen Ergebnismengen problematisch werden und an die Grenzen der Systemressourcen des Clients stoßen. Das Resultset wird im Memory gehalten. Ein weiteres Problem ist, dass es sehr lange dauert, bis die ersten Datensätze der Anwendung zur Verfügung gestellt werden können. Das Resultset wird erst komplett auf den Client übertragen, bevor der erste Satz abgerufen werden kann.

Das Problem lässt sich vermeiden, indem man einen Cursor bildet, so wie das aus dem PL/pgSQL-Umfeld bekannt ist. Damit ist es möglich, das Resultset in Pakete zu zerlegen und die Ergebnismenge besser zu kontrollieren. In der Regel werden ohnehin nur die ersten Zeilen abgerufen.

Das Programm in Listing 22.8 verwendet einen Cursor und lässt sich alle Sätze der Tabelle in einem großen Paket zurückliefern. Dies wird durch den Befehl FETCH ALL IN sales_cursor ausgelöst. Für den Client sind das Verhalten sowie der Ressourcenverbrauch ähnlich zum vorhergehenden Beispiel.

Listing 22.8 Verwendung eines Cursors mit libpq

```
#include <stdlib.h>
#include <libpq-fe.h>
void runSQL(PGconn *conn, char *sqlcomm) {
  PGresult *result;
  printf(„ %s \n", sqlcomm);
```

```
  result = PQexec(conn, sqlcomm);
  printf("\nStatus: %s\n", PQresStatus(PQresultStatus(result)));
  printf("Number of rows: %s\n", PQcmdTuples(result));
  printf("Result: %s\n", PQresultErrorMessage(result));
  switch(PQresultStatus(result)) {
  case PGRES_TUPLES_OK: {
    int i,j;
    int rows = PQntuples(result);
    int cols = PQnfields(result);
    for ( i = 0; i < rows; i++) {
      for ( j = 0; j < cols; j++)
        printf(" %s = %s,",PQfname(result,j),PQgetvalue(result,i,j));
      printf("\n");
      }
    }
  }
}
int main(int argc, char** argv) {
  PGresult *result;
  PGconn *conn;
  conn = PQconnectdb("");
  if(PQstatus(conn) == CONNECTION_OK) {
    printf("Connection successful\n");
    runSQL(conn, "BEGIN WORK");
    runSQL(conn, "DECLARE sales_cursor CURSOR FOR SELECT * FROM sales");
    runSQL(conn, "FETCH ALL IN sales_cursor");
    runSQL(conn, "CLOSE sales_cursor");
    runSQL(conn, "COMMIT WORK");
  } else {
    printf("Connection failed: %s\n", PQerrorMessage(conn));
  }
  return EXIT_SUCCESS;
}
```

```
$ ./pg_cursor
Connection successful
 BEGIN WORK
Status: PGRES_COMMAND_OK
Number of rows:
Result:

 DECLARE sales_cursor CURSOR FOR SELECT * FROM sales
Status: PGRES_COMMAND_OK
Number of rows:
Result:

 FETCH ALL IN sales_cursor
Status: PGRES_TUPLES_OK
Number of rows: 50000000
Result:
 sales_id = 1, prod_id = 2, cust_id = 2, order_time = 2017-10-02 07:49:28.322754,
amount = 689.244236797094000,
 sales_id = 2, prod_id = 3, cust_id = 3, order_time = 2017-03-30 12:52:19.751221,
amount = 379.827263765037000,
 sales_id = 3, prod_id = 4, cust_id = 4, order_time = 2016-01-17 17:55:06.364007,
amount = 843.896738719195000,
 sales_id = 4, prod_id = 5, cust_id = 5, order_time = 2017-03-14 00:01:29.597485,
amount = 735.657901503146000,
```

```
sales_id = 5, prod_id = 6, cust_id = 6, order_time = 2017-08-02 13:35:39.027248,
amount = 22.2116918303072000,
. . .
 CLOSE sales_cursor
Status: PGRES_COMMAND_OK
Number of rows:
Result:

 COMMIT WORK
Status: PGRES_COMMAND_OK
Number of rows:
Result:
```

Durch die Verwendung eines Cursors ist es möglich, das Resultset in Stücken (Buckets) anzufordern. Damit ändern sich auf dem Client sowohl die Ressourcenauslastung als auch die Antwortzeit. Der hohe Speicherverbrauch bei großen Tabellen wird vermieden und die ersten Ergebnisse werden sofort an den Client übertragen. Diese Art der Programmierung ist dann sinnvoll, wenn die Daten in einer Applikation angezeigt werden und der Benutzer Seite für Seite blättert. Das Programm in Listing 22.9 ruft das Resultset in Stücken von zwölf Sätzen ab.

Listing 22.9 Das Resultset stückweise abrufen

```
#include <stdlib.h>
#include <libpq-fe.h>
void printResult(PGresult *result) {
  int i,j;
  int nrow = PQntuples(result);
  int ncols = PQnfields(result);
  for ( i=0; i < nrow; i++ ) {
    for ( j=0; j < ncols; j++)
      printf(" %s - %s\n", PQfname(result, j), PQgetvalue(result, i, j));
  }
  printf("\n");
}
void runSQL(PGconn *conn, char *sqlcomm) {
  PGresult *result;
  printf(" %s \n", sqlcomm);
  result = PQexec(conn, sqlcomm);
  printf("\nStatus: %s\n", PQresStatus(PQresultStatus(result)));
  printf("Number of rows: %s\n", PQcmdTuples(result));
  printf("Result: %s\n", PQresultErrorMessage(result));
  switch(PQresultStatus(result)) {
    case PGRES_TUPLES_OK: {
      printResult(result);
      break;
    }
  }
}
int main(int argc, char** argv) {
  PGresult *result;
  PGconn *conn;
  int ntups;
  conn = PQconnectdb("");
  if(PQstatus(conn) == CONNECTION_OK) {
    printf("Connection successful\n");
    runSQL(conn, "BEGIN WORK");
```

```
    runSQL(conn, "DECLARE sales_cursor CURSOR FOR SELECT * FROM sales");
    do {
      result = PQexec(conn, "FETCH 12 IN sales_cursor");
      if ( PQresultStatus(result) == PGRES_TUPLES_OK) {
        ntups = PQntuples(result);
        printResult(result);
        PQclear(result);
        printf("Press Return to continue\n");
        getchar();
      } else ntups = 0;
    } while(ntups);
    runSQL(conn, "CLOSE sales_cursor");
    runSQL(conn, "COMMIT WORK");
  } else {
    printf("Connection failed: %s\n", PQerrorMessage(conn));
  }
  PQfinish(conn);
  return EXIT_SUCCESS;
}

$ ./pg_cursor2
Connection successful

 BEGIN WORK
Status: PGRES_COMMAND_OK
Number of rows:
Result:

 DECLARE sales_cursor CURSOR FOR SELECT * FROM sales
Status: PGRES_COMMAND_OK
Number of rows:

Result:
 sales_id - 1
 prod_id - 2
 cust_id - 2
 order_time - 2017-10-02 07:49:28.322754
 amount - 689.244236797094000
 sales_id - 2
 prod_id - 3
 cust_id - 3
 order_time - 2017-03-30 12:52:19.751221
 amount - 379.827263765037000
 sales_id - 3
 prod_id - 4
 cust_id - 4
 order_time - 2016-01-17 17:55:06.364007
 amount - 843.896738719195000
 . . .
```

Für alle bisherigen Beispiele haben wir die Funktionen der Bibliothek libpq im synchronen Modus verwendet. Dabei wartet das Programm, bis die Funktion vollständig abgearbeitet ist. Datenbankabfragen liefern jedoch nicht immer zeitnah ein Ergebnis zurück. Eine SQL-Abfrage in einem Data Warehouse kann mehrere Minuten dauern, was von den Benutzern akzeptiert wird. Das Programm muss also warten, bis die Funktion *PQexec* eine Antwort zurückgibt, und es ist in dieser Zeit blockiert.

Alternativ kann die Ausführung von SQL-Anweisungen asynchron programmiert werden. Das Programm kann weiterarbeiten, während die Anweisung ausgeführt wird. Dabei handelt es sich um ein sogenanntes Callback-Verfahren. Die Anwendung kann den Status jederzeit abfragen. Asynchrone Programme bestehen aus einer äußeren Schleife, in der die Abarbeitung gesteuert wird.

Damit das Programm nicht auf Antwort der Funktionen wartet, muss die Verbindung als „nichtblockierend" definiert werden. Dies erfolgt mithilfe der Funktion *PQsetnonblocking*. Der aktuelle Modus kann mit der Funktion *PQisnonblocking* abgefragt werden. Ein Wert ungleich null bedeutet, dass sich die Funktion nicht im blockierenden Modus befindet

Listing 22.10 Eine asynchrone SQL-Verbindung verwenden

```
include <stdlib.h>
#include <libpq-fe.h>
int main() {
  PGresult *result;
  PGconn *conn;
  const char *conninfo;
  conn = PQconnectdb("");
  if (PQstatus(conn) == CONNECTION_OK) {
    int ret = PQsetnonblocking(conn, 1);
    int ret2 = PQisnonblocking(conn);
    printf("Non-Blocking? %d\n", ret2);
    PQsendQuery(conn, "SELECT * FROM sales WHERE sales_id = 1900000");
    while ( result = PQgetResult(conn)) {
      printf(" %s\n", PQgetvalue(result, 0, 0));
    }
  }
  PQfinish(conn);
}
```

Wie Sie sicher bereits bemerkt haben, zeichnen sich C-Programme, die die libpq-Funktionen verwenden, durch eine sehr gute Performance und schnelle Antwortzeiten aus. Das liegt einerseits an der Programmiersprache C selbst, andererseits daran, dass die Funktionen sehr direkt und mit wenig Overhead mit der SQL-Engine kommunizieren. Diese Eigenschaft kann man sich zunutze machen, um bestimmte Prozesse einer Applikation zu beschleunigen.

Der Bedarf für die Speicherung von Large Objects in der Datenbank hat mit der Verbreitung von Internetapplikationen zugenommen, um Bilder, Videos oder Textbausteine in programmierbarer Form verarbeiten zu können. PostgreSQL besitzt eine Schnittstelle für Large Objects, die sich in der zentralen Systemtabelle *pg_largobject* wiederfindet. Die Bibliothek libpq enthält Funktionen für die Verarbeitung von Large Objects. Diese werden auch von anderen Sprachen, wie zum Beispiel von Perl oder Java, verwendet. In Tabelle 22.4 finden Sie eine Übersicht der Funktionen.

Tabelle 22.4 Funktionen für Large Objects

Funktion	Beschreibung
`oid lo_creat(PGconn *conn, int mode);`	Erstellt ein neues Large Object. Rückgabewert ist der Objekt-Identifier des Objekts (OID). Der Modus kann lesend oder schreibend sein (INV_READ; INV_WRITE).
`oid lo_imnport(PGconn *conn, const char *filename);`	Importiert ein Large Object in die Datenbank aus der spezifizierten Datei (filename). Rückgabewert ist ein neuer OID.
`oid lo_import_with_oid(PGconn *conn, const char *filename, oid lobjId);`	Importiert ein Large Object in einen neuen, selbst gewählten OID. Rückgabewert ist der neue OID oder InvalidOid (Null), falls der gewünschte OID bereits vergeben ist.
`int lo_export(PGconn *conn, Oid lobjId, const char *filename);`	Exportiert ein Large Object aus dem angegebenen OID in eine Datei (filename). Rückgabewert ist „1“ bei Erfolg und „-1“ im Fehlerfall.
`int lo_write(PGconn *conn, int fd, const char *buf, size_t len);`	Schreibt eine Anzahl von Bytes (len) in ein Large Object mit dem Handle „fd“. Der Handle wurde im vorhergehenden „lo_open“ zurückgegeben. Quelle ist der Speicherbereich, auf den „*buf“ verweist.
`int lo_read(PGconn *conn, int fd, char *buf, size_t len);`	Funktioniert analog zu „lo_write“, jedoch in die umgekehrte Richtung
`int lo_seek(PGconn *conn, int fd, int offset, int whence);`	Verstellt den aktuellen Positionierungszeiger auf den Wert von „offset“
`int lo_tell(PGconn *conn, int fd);`	Liefert als Rückgabewert die aktuelle Position des Zeigers
`int lo_truncate(PGconn *conn, int fd, size_t len);`	Schneidet den Inhalt des Large Object bis zur Länge „size_t“ ab

Die Speicherung der Objekte erfolgt nicht in der durch die Applikation definierten Tabelle, sondern in der Tabelle *pg_largeobject* (siehe Listing 22.11).

Listing 22.11 Die Tabelle *pg_largeobject*

```
postgres@localhost:5432)[hanser]> \d pg_largeobject
         Table „pg_catalog.pg_largeobject"
 Column | Type    | Collation | Nullable | Default
--------+---------+-----------+----------+---------
 loid   | oid     |           | not null |
 pageno | integer |           | not null |
 data   | bytea   |           | not null |
Indexes:
    "pg_largeobject_loid_pn_index" UNIQUE, btree (loid, pageno)
```

Die Applikationstabelle enthält eine Spalte, die auf das Objekt über die Objekt-ID (OID) referenziert. Im Beispiel in Listing 22.12 wird eine Datei mit der Funktion *lo_import* in die Datenbank geladen und die zugehörige OID zurückgegeben.

Listing 22.12 Ein Large Object in die Datenbank laden

```
#include <stdio.h>
#include "libpq-fe.h"
#include "libpq/libpq-fs.h"
int main(int argc, char **argv) {
  char *filename;
  PGconn *conn;
  PGresult *result;
  Oid lo_id;
  if ( argc != 2) {
    printf("Usage: %s filename.\n", argv[0]);
    exit(1);
  }
  filename = argv[1];
  conn = PQconnectdb("");
  if ( PQstatus(conn) == CONNECTION_OK ) {
    printf("Importing file %s as Large Object to database …\n", filename);
    result = PQexec(conn, "BEGIN");
    PQclear(result);
    lo_id = lo_import(conn, filename);
    printf("Object ID is: %d\n", lo_id);
    result = PQexec(conn, "END");
    PQfinish(conn);
  } else {
    printf("%s\n","Connection to database could not be established.");
    printf("%s\n", PQerrorMessage(conn));
  }
}

$ ./load_lo image.jpg
Importing file image.jpg as Large Object to database …
Object ID is: 16499
```

Das Objekt findet sich unter der zurückgegebenen OID in der Tabelle *pg_largeobject* wieder. Wie Sie in Listing 22.13 sehen, erfolgt die Speicherung in mehreren Blöcken. Dies verbessert die Performance für eine Positionierung innerhalb des Objekts.

Listing 22.13 Large Objects in der Datenbank

```
(postgres@localhost:5432)[hanser]> SELECT distinct loid,count(*)
> FROM pg_largeobject GROUP BY loid;
 loid  | count
-------+-------
 16499 |    69
. . .
```

Der Ansatz ist ein anderer als bei vergleichbaren Datenbanksystemen, bei denen Large Objects direkt in der Applikationstabelle gespeichert werden. In PostgreSQL erfolgt die Speicherung zentral und die Anwendung referenziert das Objekt über die OID (siehe das Beispiel in Listing 22.14.

Listing 22.14 Die Objektreferenz in der Applikationstabelle speichern

```
(postgres@[local]:5432) [hanser] > CREATE TABLE images(
> id          int,
> image_name varchar(30),
```

```
> image_id   oid);
CREATE TABLE
(postgres@[local]:5432) [hanser] > INSERT INTO images
VALUES(1, ,Big Tree', 16499);
INSERT 0
```

Für die Verwendung von Bindevariablen können die Funktionen *PQprepare* und *PQexecPrepared* verwendet werden. Mit dem Aufruf des Calls für das Prepared Statement wird ein Statement-Name übergeben.

Listing 22.15 Verwendung von Bindevariablen

```
#include <stdlib.h>
#include "libpq-fe.h"
int main(int argc, char **argv) {
  PGresult *stmt;
  PGresult *res;
  const char *conninfo;
  const char *stmtName = "PREPARE_STMT_1";
  const char *params[2];
  int paramLen[2];
  Oid oidTypes[2] = {23, 1043};
  int paramForm[2] = {0, 0};
  conninfo = "host=localhost port=5432 dbname=hanser user=postgres password=postgres
connect_timeout=5";
  PGconn *myconn = PQconnectdb(conninfo);
  if (PQstatus(myconn) == CONNECTION_OK) {
    printf("Verbindung hergestellt\n");
  };
  stmt = PQprepare(myconn, stmtName, "INSERT INTO categories VALUES ($1, $2)", 2,
(const Oid *) oidTypes);
  params[0] = "17";
  paramLen[0] = 4;
  params[1] = "Other";
  paramLen[1] = 50;
  res = PQexecPrepared(myconn, stmtName, 2, params, paramLen, paramForm, 0);
  PQfinish(myconn);
  return EXIT_SUCCESS;
}
```

Für eine detaillierte Fehleranalyse kann das Tracing eingeschaltet werden. Mithilfe der Funktion *PQtrace* erfolgt eine detaillierte Aufzeichnung der Client/Server-Kommunikation zwischen den libpq-Funktionen und dem PostgreSQL-Server. Die Ausgabe erfolgt in eine Datei. Das Tracing kann mit der Funktion *PQuntrace* ausgeschaltet werden.

Im Beispiel in Listing 22.16 wird der Trace optional ausgeführt. Der Schalter TRACE kann bei der Übersetzung des Quellcodes eingeschaltet werden:

```
gcc -o pgtrace -I/usr/local/pgsql/include -DTRACE pgconn.c
-L/usr/local/pgsql/lib -lp
```

Für eine Übersetzung unter Windows sieht der Befehl so aus:

```
D:\Temp>cl /nologo /I d:\PostgreSQL\include pgconn.c d:\PostgreSQL\lib\libpq.lib
-DTRACE "pgconn.c"
```

Listing 22.16 Tracing von libpq-Funktionen

```
#include <stdlib.h>
#include <stdio.h>
#include "libpq-fe.h"
#ifdef TRACE
#define TRACEFILE "trace.log"
#endif
int main(int argc, char **argv) {
#ifdef TRACE
  FILE *trc;
#endif
  PGresult *res;
  const char *conninfo;
  conninfo = "host=localhost port=5432 dbname=hanser user=postgres
password=postgres connect_timeout=5";
  printf("SQL-Anweisung: %s\n",argv[1]);
  PGconn *myconn = PQconnectdb(conninfo);
  if (PQstatus(myconn) == CONNECTION_OK) {
    printf("Verbindung hergestellt\n");
#ifdef TRACE
  trc = fopen(TRACEFILE, "w");
  PQtrace(myconn, trc);
#endif
  } else {
    printf("Verbindung fehlgeschlagen\n");
    printf("Fehler: %s\n", PQerrorMessage(myconn));
  }
  res = PQexec(myconn, argv[1]);
  switch(PQresultStatus(res)) {
  case PGRES_COMMAND_OK:
    printf("Anweisung erfolgreich ausgefuehrt\n");
    break;
  case PGRES_TUPLES_OK:
    printf("Anweisung mit Resultset\n");
    break;
  case PGRES_EMPTY_QUERY:
    printf("Leere Anweisung\n");
    break;
  case PGRES_FATAL_ERROR:
    printf("Fehler\n");
    break;
  }
  PQfinish(myconn);
#ifdef TRACE
  fclose(trc);
#endif
  return EXIT_SUCCESS;
}
```

In Listing 22.17 sehen Sie die Ausgabe der Trace-Datei. Darin ist jeder einzelne Kommunikationsschritt zwischen Client und Server dokumentiert. In Kombination mit einem Debugger der IDE lassen sich alle Probleme sehr detailliert analysieren.

Listing 22.17 Ausgabe der Trace-Datei

```
$ ./pgconn "SELECT * FROM categories"
SQL-Anweisung: SELECT * FROM categories
Verbindung hergestellt
Anweisung mit Resultset

$ cat trace.log
To backend> Msg Q
To backend> "SELECT * FROM categories"
To backend> Msg complete, length 30
From backend> T
From backend (#4)> 64
From backend (#2)> 2
From backend> "category"
From backend (#4)> 16388
From backend (#2)> 1
From backend (#4)> 23
From backend (#2)> 4
From backend (#4)> -1
From backend (#2)> 0
From backend> "categoryname"
From backend (#4)> 16388
From backend (#2)> 2
From backend (#4)> 1043
From backend (#2)> 65535
From backend (#4)> 54
From backend (#2)> 0
From backend> D
From backend (#4)> 21
From backend (#2)> 2
From backend (#4)> 1
From backend (1)> 1
From backend (#4)> 6
From backend (6)> Action
From backend> D
. . .
```

23 PHP-Applikationen

PHP (Hypertext Preprocessor) ist eine Skriptsprache, die primär für die Entwicklung von Web-Applikationen geschaffen wurde, aber auch als allgemeine Entwicklungssprache benutzt werden kann. PHP-Befehle können in HTML-Code eingebunden werden. PHP-Code wird durch einen Interpreter, der als Modul eines Webservers konfiguriert ist, ausgeführt.

Der Einsatz von PHP erfolgt häufig zusammen mit einem Webserver und MySQL-Datenbanken. Einige Entwicklungssysteme für Webseiten, wie zum Beispiel WordPress oder Joomla, nutzen PHP und MySQL (oder auch MariaDB) für die dynamische Generierung von Webseiten und die Speicherung von Inhalten. Sowohl WordPress als auch Joomla sind Content Management-Systeme (CMS) aus dem Open-Source-Umfeld.

Die schlanke Konfiguration des Dreigestirns Apache, PHP und MySQL hat zu einer weiten Verbreitung im Webserver-Bereich geführt. Wenn man an die Grenzen von MySQL stößt oder die Vorzüge von PostgreSQL nutzen möchte, ist der Einsatz von PostgreSQL-Datenbanken eine sehr gute Alternative. Auch ein Mischbetrieb ist durchaus sinnvoll. So lässt sich MySQL als Speicherort für das Content-Management-System und die PostgreSQL-Datenbank für das Speichern von Applikationsdaten verwenden.

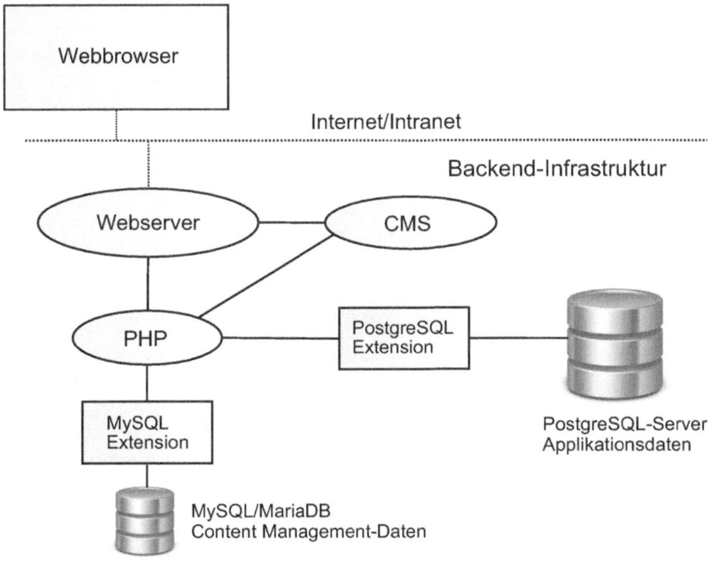

Bild 23.1 Architektur Web-Application-Backend mit PHP und PostgreSQL

23.1 Installation und Konfiguration

Für die Installation wird ein Windows-Betriebssystem verwendet. Es gibt vorgefertigte Systeme wie zum Beispiel XAMMP, die ein komplettes PHP-Entwicklungssystem beinhalten. Aber auch die Installation der einzelnen Komponenten ist nicht aufwendig. Für die Beispiele wurden folgende Komponenten installiert:

- Apache 2.4.29 für Windows 64 Bit
- PHP 7.2.3
- MySQL Server 5.7.21 für Windows 64 Bit
- PostgreSQL Server 14.1 für Windows 64 Bit

Für die Anbindung von PostgreSQL muss nur der folgende Eintrag in die Datei *httpd.conf* des Apache-Servers erfolgen:

```
LoadFile "C:/php/libpq.dll"
```

Passen Sie den Eintrag an das vorhandene PHP-Verzeichnis an und führen Sie danach einen Neustart des Webservers durch.

In der PHP-Konfigurationsdatei *php.ini* müssen die folgenden beiden Einträge auskommentiert werden, um die Erweiterungen für PostgreSQL zu aktivieren:

```
extension=pdo_pgsql
extension=pgsql
```

Die Extension *pdo_pgsql* ist eine Erweiterung des PDO-Treibers (PHP Data Objects).

Das System ist nun einsatzbereit. Mit einem einfachen Programm lässt sich überprüfen, ob die Konfiguration erfolgreich war und die Verbindung zur Datenbank hergestellt werden kann.

Listing 23.1 PHP-Programm als Verbindungstest

```
<?php
$dbconn = pg_connect("host=localhost dbname=hanser user=postgres password=postgres")
  or die('Could not connect to PostgreSQL database: ' . pg_last_error() );
$sql = 'SELECT version()';
$result = pg_query($sql) or die ('SQL failed :' . pg_lasterror());
$line = pg_fetch_row($result);
echo $line[0];
?>
```

PHP-seitig gibt es sechs Parameter, die in der Datei *php.ini* angepasst werden können. Sie beeinflussen das Verhalten des PHP-Interface:

- *psql.allow_persistent:* bestimmt, ob persistente PostgreSQL-Verbindungen zulässig sind. Der Standardwert ist „On“.
- *pgsql.max_persistent:* legt die maximale Anzahl persistenter PostgreSQL-Verbindungen fest. Der Standardwert ist „-1“ (keine Begrenzung).
- *pgsql.max_links:* legt die maximale Anzahl aller PostgreSQL-Verbindungen fest. Der Standardwert ist „-1“ (keine Begrenzung).

- *pgsql.auto_reset_persistent:* findet ungültige persistente Verbindungen, die mit der Funktion *pg_connect* geöffnet wurden. Der Standardwert ist „Off".
- *pgsql.ignore_notice:* bestimmt, ob Meldungen vom Typ „Notice" vom PostgreSQL-Server ignoriert werden sollen. Der Standardwert ist „0" (ausgeschaltet).
- *pgsql.log_notice:* bestimmt, ob Notice-Meldungen vom PostgreSQL-Server protokolliert werden sollen. Voraussetzung: *pgsql.ignore_notice* muss deaktiviert sein. Der Standardwert ist „0" (ausgeschaltet).

HINWEIS: Die PHP-Programme in diesem Kapitel können mit einem einfachen Editor erstellt und bearbeitet werden. Es gibt zahlreiche Entwicklungsumgebungen für PHP. Wenn Sie tiefer in die Entwicklung einsteigen wollen, dann sollten Sie eine IDE verwenden.

Empfehlenswert für eine PHP-Entwicklungsumgebung ist NetBeans, ebenfalls ein Open-Source-Produkt. Sie können NetBeans übrigens auch für die Entwicklung von Java- und C-Programmen einsetzen. Der Download ist verfügbar unter *http://netbeans.org*. Wählen Sie das Modul PHP als Download Bundle aus.

NetBeans führt die Interpretation der Programme mit dem von Ihnen vorgegebenen PHP-Interpreter durch. Die Ausgabe kann über einen integrierten oder externen Webserver erfolgen.

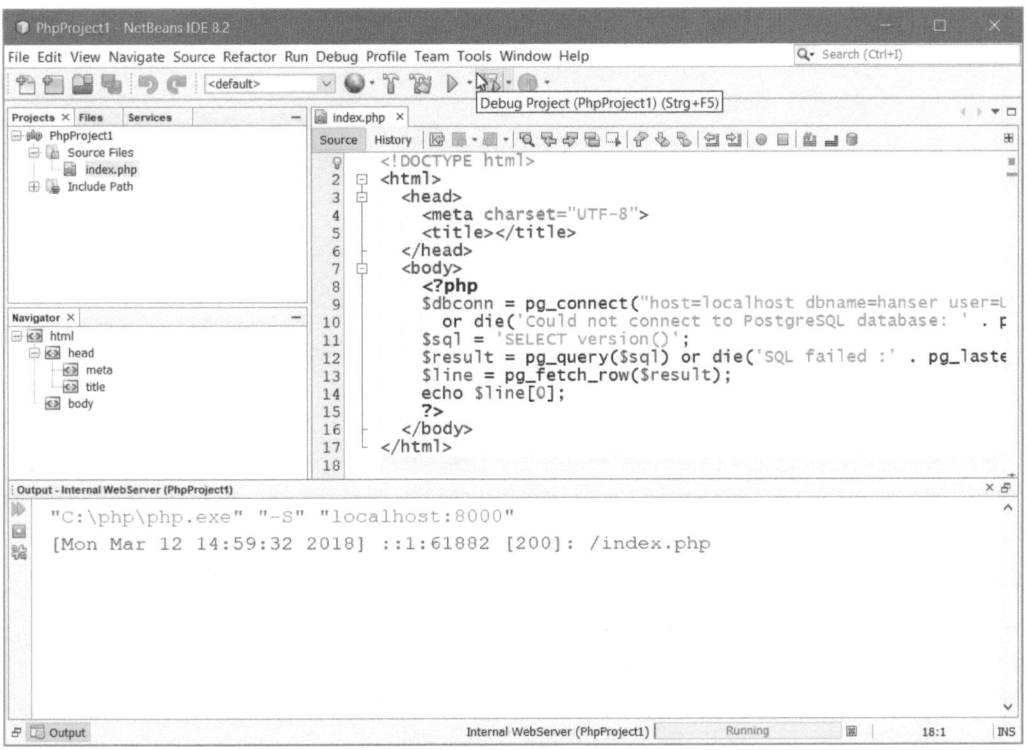

Bild 23.2 NetBeans als PHP-Entwicklungsumgebung

23.2 Applikationen mit PHP entwickeln

Ein entscheidender Vorteil von PHP liegt in der starken Integrierbarkeit des Interpreters in Webserver-Umgebungen. Man wird deshalb PHP-Anwendungen auch vorwiegend für dieses Umfeld entwickeln und einfügen (siehe Bild 23.1). Die Ausführung von PHP-Programmen erfolgt zur Laufzeit. Sie können mit aktuellen Daten aus der PostgreSQL-Datenbank gefüttert werden und die Webseiten können daraus dynamisch generiert werden. Ändern sich die Daten in der PostgreSQL-Datenbank, ändert sich auch die Darstellung auf der Webseite bei jedem neuen Aufruf.

PHP-Programmzeilen können in HTML-Code eingebunden werden. Damit lässt sich eine Kombination aus statischem und dynamischem Code erreichen.

Das Beispiel in Listing 23.2 zeigt, wie sich PHP- und HTML-Code verbinden lassen. Mit dem Indikator „<?php" beginnt und mit „?>" endet eine PHP-Sektion. Es können beliebig viele PHP-Sektionen eingebunden werden. Umgekehrt erfolgt die Ausgabe vom PHP-Teil an HTML mithilfe der Funktion *echo*.

Listing 23.2 HTML- und PHP-Code verbinden

```
<!DOCTYPE html>
<html>
  <head>
    <meta charset="UTF-8">
    <title>Informationen über PostgreSQL-Cluster</title>
  </head>
  <body>
    <h3>Informationen über PostgreSQL Cluster</h3>
    <font face="Verdana" color="green">
    <?php
    $dbconn = pg_connect("host=localhost dbname=hanser user=psotgres
password=postgres")
      or die('Could not connect to PostgreSQL database: ' . pg_last_error());
    $sql = 'SELECT schemaname, tablename, tablespace FROM pg_tables';
    $result = pg_query($sql) or die('SQL failed :' . pg_lasterror());
    echo "<table border=\"8\">\n";
    echo "\t<td>\nSCHEMANAME</td>\n\t<td>\nTABLENAME</td>\n\t<td>\nTABLESPACE</
td>\n";
    while ($row = pg_fetch_array($result, null, PGSQL_ASSOC)) {
      echo "\t<tr>\n";
      foreach ($row as $col_value) {
        echo "\t\t<td>$col_value</td>\n";
      }
      echo "\t</tr>\n";
    }
    echo "</table>\n";
    pg_close($dbconn);
    ?>
    </font>
  </body>
</html>
```

Die Ausgabe (siehe Bild 23.3) ist eine dynamisch generierte HTML-Seite, die das Ergebnis einer Abfrage aus der PostgreSQL-Datenbank darstellt.

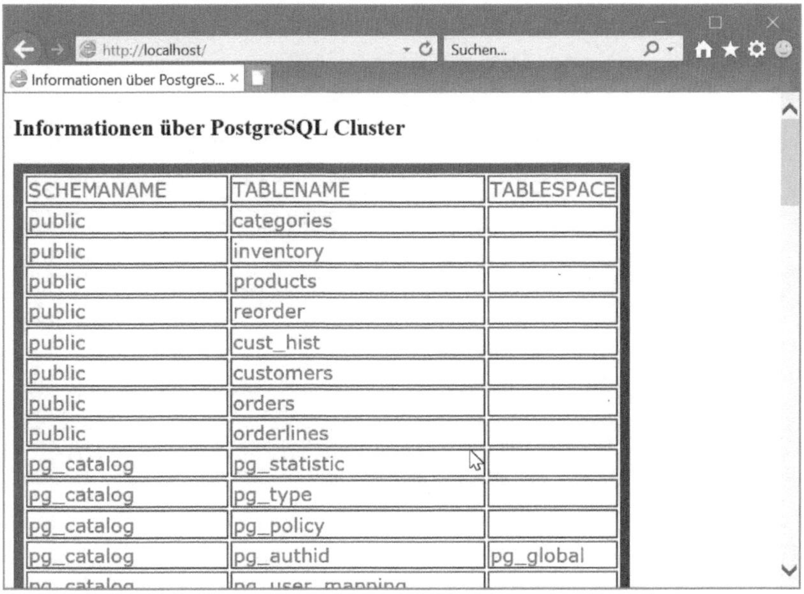

Bild 23.3 HTML-Tabelle aus Abfrageergebnis

In Tabelle 23.1 finden Sie eine Auswahl der am häufigsten benötigten Funktionen für die Verarbeitung von SQL-Abfragen.

Tabelle 23.1 Auswahl von PHP-Funktionen für PostgreSQL

Funktion	Beschreibung
pg_connect	Öffnet die Verbindung zu einer PostgreSQL-Datenbank
pg_close	Schließt die Verbindung zu einer PostgreSQL-Datenbank
pg_query	Führt eine SQL-Abfrage aus
pg_send_prepare	Erstellt ein Prepared Statement
pg_send_execute	Führt ein Prepared Statement aus
pg_insert	Fügt Sätze in eine Tabelle ein
pg_delete	Löscht Sätze aus einer Tabelle
pg_fetch_row	Liest eine Zeile eines Resultset
pg_fetch_array	Liest eine Zeile eines Resultset und gibt ein Array zurück
pg_fetch_all	Liest das gesamte Resultset und gibt es als Array zurück

Das PHP-Programm in Listing 23.3 gibt den Inhalt einer beliebigen Tabelle aus. Es ist ein gutes Beispiel für die Verbindung von PHP- und HTML-Code. Der Tabellenname wird über ein HTML-Formular abgefragt und an das PHP-Programm übergeben. Im PHP-Code erfolgen die SQL-Abfrage sowie die Rückgabe des Ergebnisses in Tabellenform an HTML. Die Funktion *pg_field_name* liefert die Spaltennamen der PostgreSQL-Tabelle für den Tabellenkopf im HTML-Format. Die Zeilen werden mit der Funktion *pg_fetch_row* abgefragt.

Listing 23.3 Mit PHP den Inhalt einer Tabelle abfragen

```
<!DOCTYPE html>
<html>
  <head>
    <meta charset="UTF-8">
    <link rel="stylesheet" type="text/css" href="hanser.css">
    <title>Informationen über PostgreSQL-Cluster</title>
  </head>
  <body>
    <h3>Informationen über eine Tabelle</h3>
    <p>Bitte geben Sie einen Tabellennamen ein: </p>
    <form method="post">
      <p>Tabellenname: <input name="tabname"></p>
      <p><input type="submit">
        <input type="reset"></p>
    </form>
    <?php
      echo "<p>Inhalt der Tabelle " . $_POST["tabname"] . ": </p>";
      $dbconn = pg_connect("host=localhost dbname=hanser user=postgres
password=postgres")
        or die('Could not connect to PostgreSQL database: ' . pg_last_error());
      $query = 'select * from ' . $_POST["tabname"];
      $result = pg_query($query);
      $i = 0;
      echo "<table class='gridtable'><tr>";
      while ($i < pg_num_fields($result)) {
        $fieldName = pg_field_name($result, $i);
       echo '<td>' . $fieldName . '</td>';
        $i = $i + 1;
      }
      while ($row = pg_fetch_row($result)) {
        echo '<tr>';
        $count = count($row);
        $j = 0;
        while ($j < $count)      {
          $c_row = current($row);
          echo ,<td>' . $c_row . '</td>';
          next($row);
          $j = $j + 1;
        }
        echo ,</tr>';
        $i = $i + 1;
      }
      echo '</tr>';
      echo '</table>';
    ?>
  </body>
</html>
```

Die Ausgabe ist in Bild 23.4 dargestellt. Für die Darstellung der Tabelle können Style Sheets (CSS-Dateien) eingebunden werden. Damit können Zeichensatz, Größe der Zeichen und Farben definiert werden.

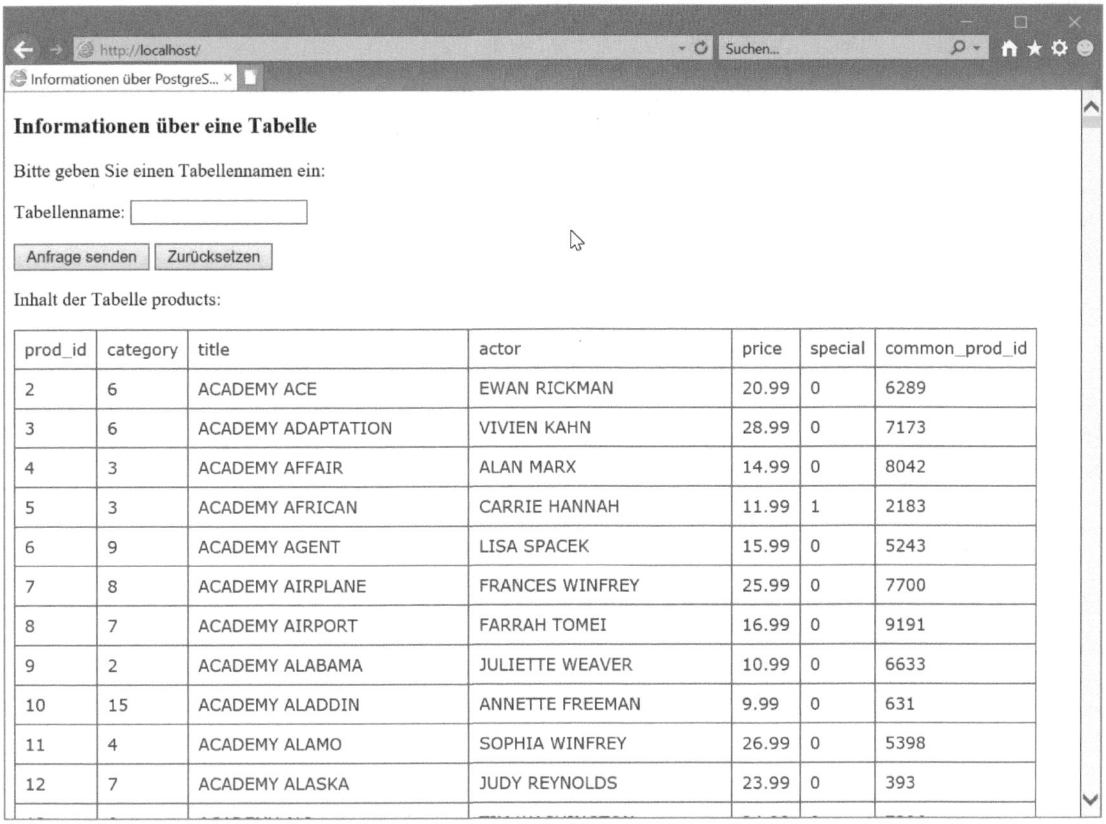

prod_id	category	title	actor	price	special	common_prod_id
2	6	ACADEMY ACE	EWAN RICKMAN	20.99	0	6289
3	6	ACADEMY ADAPTATION	VIVIEN KAHN	28.99	0	7173
4	3	ACADEMY AFFAIR	ALAN MARX	14.99	0	8042
5	3	ACADEMY AFRICAN	CARRIE HANNAH	11.99	1	2183
6	9	ACADEMY AGENT	LISA SPACEK	15.99	0	5243
7	8	ACADEMY AIRPLANE	FRANCES WINFREY	25.99	0	7700
8	7	ACADEMY AIRPORT	FARRAH TOMEI	16.99	0	9191
9	2	ACADEMY ALABAMA	JULIETTE WEAVER	10.99	0	6633
10	15	ACADEMY ALADDIN	ANNETTE FREEMAN	9.99	0	631
11	4	ACADEMY ALAMO	SOPHIA WINFREY	26.99	0	5398
12	7	ACADEMY ALASKA	JUDY REYNOLDS	23.99	0	393

Bild 23.4 Darstellung einer Tabellenabfrage in HTML

Für DML-Anweisungen müssen in der Regel Werte über die Webseite erfasst werden. Im Beispiel in Listing 23.4 erfolgt die Erfassung über ein HTML-Formular.

Listing 23.4 DML-Anweisung mit PHP

```
<!DOCTYPE html>
<head>
  <title>Insert data to PostgreSQL</title>
  <meta http-equiv="Content-Type" content="text/html; charset=utf-8"/>
</head>
<body>
  <h2>Neue Kategorie erfassen</h2>
  <ul>
  <form name="insert" action="insert.php" method="POST" >
  <p>Kategorie Ident  :<input type="text" name="catid" /></p>
  <p>Kategorie Name:<input type="text" name="catname" /></p>
  <input type="submit" />
  </form>
  </ul>
</body>
</html>
<?php
$dbconn = pg_connect("host=localhost dbname=hanser user=postgres password=postgres")
```

```
  or die('Could not connect to PostgreSQL database: ' . pg_last_error() );
$query = "INSERT INTO categories VALUES ($_POST[catid],'$_POST[catname]')";
$result = pg_query($query);
  $sql = 'SELECT * FROM categories';
  $result = pg_query($sql) or die('SQL failed :' . pg_lasterror());
  echo "<table border=\"8\">\n";
  echo "\t<td>\nID</td>\n\t<td>\nKATEGORIE</td>\n";
  while ($row = pg_fetch_array($result, null, PGSQL_ASSOC)) {
    echo "\t<tr>\n";
    foreach ($row as $col_value) {
      echo "\t\t<td>$col_value</td>\n";
    }
    echo "\t</tr>\n";
  }
  echo "</table>\n";
?>
```

Der PHP-Programmteil befindet sich separat am Ende. Die eingegebenen Werte werden von der Variablen $_POST[] abgefragt und an die SQL-Anweisung übergeben.

Bild 23.5 Eine DML-Anweisung aus HTML-Post füllen

Die Fehlerbehandlung in PHP ist einfach. Die Funktion *pg_last_error* gibt jeweils den letzten Fehler einer Verbindung zurück. Wir haben die Funktion bereits in den Beispielen verwendet. In Listing 23.5 schlägt die Verbindung zur Datenbank fehl.

Listing 23.5 Fehlerbehandlung für den Verbindungsaufbau

```
<!DOCTYPE html>
<head>
  <title>Fehlerbehandlung</title>
  <meta http-equiv="Content-Type" content="text/html; charset=utf-8"/>
</head>
<body>
<?php
$dbconn = pg_connect("host=localhost dbname=hanser user=postgres password=postgre")
  or die('Could not connect to PostgreSQL database: ' . pg_last_error($dbconn) );
?>
</body>
</html>
```

Auf der Webseite erscheint der Text aus dem Programm. Die Information aus *pg_last_error* ist allerdings leer.

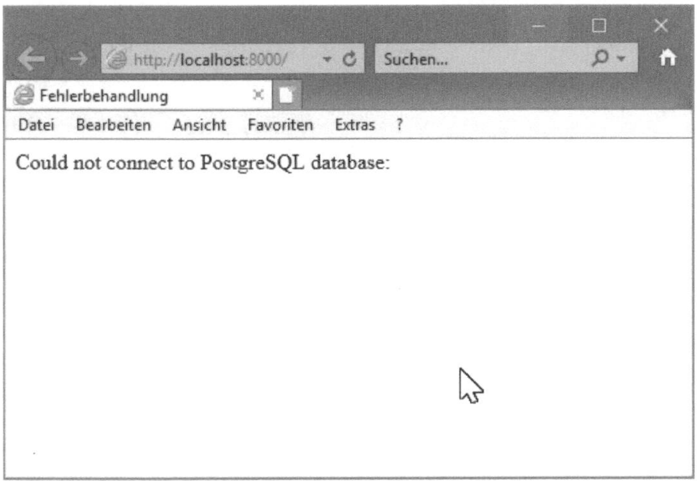

Bild 23.6 Fehlermeldung auf der Webseite

TIPP: Fehlermeldungen können durch interne libpq-Funktionsaufrufe überschrieben werden. Falls mehrere Fehler innerhalb einer internen PostgreSQL-Funktion auftreten, werden möglicherweise wichtige Informationen überschrieben. Es ist deshalb sinnvoll, im Programm eigene Fehlermeldungen zu platzieren. ■

Im Programm in Listing 23.6 wird eine hilfreiche Fehlermeldung zurückgegeben:

```
ERROR: relation "category" does not exist LINE 1: select * from category
```

Listing 23.6 Fehlerausgabe von *pg_last_error*

```
<!DOCTYPE html>
<head>
  <title>Fehlerbehandlung</title>
  <meta http-equiv="Content-Type" content="text/html; charset=utf-8"/>
</head>
<body>
<?php
$dbconn = pg_connect("host=localhost dbname=hanser user=postgres password=postgres")
  or die('Could not connect to PostgreSQL database: ' . pg_last_error($dbconn));
  $query = 'select * from category';
  $result = pg_query($query);
  echo pg_last_error($dbconn);
?>
</body>
</html>
```

Für eine detaillierte Analyse kann mit der Funktion *pg_trace* ein Tracing eingeschaltet werden. Das Abschalten erfolgt mit *pg_untrace*. Im Beispiel in Listing 23.7 wird eine SELECT-Anweisung aufgezeichnet. Die Ergebnisse werden in eine Datei geschrieben.

Listing 23.7 Den Trace einschalten

```
<!DOCTYPE html>
<head>
  <title>Fehlerbehandlung</title>
  <meta http-equiv="Content-Type" content="text/html; charset=utf-8"/>
</head>
<body>
<?php
$dbconn = pg_connect("host=localhost dbname=hanser user=postgres password=postgres")
  or die('Could not connect to PostgreSQL database: ' . pg_last_error($dbconn));
  $query = 'select * from categories';
  pg_trace('d:/temp/pgtrace.log', 'w', $dbconn);
  $result = pg_query($query);
  echo pg_last_error($dbconn);
  pg_untrace($dbconn);
?>
</body>
</html>
```

Das Tracefile ist sehr detailliert und zeichnet alle Funktionen und Daten der libpg-Operationen auf (siehe Listing 23.8).

Listing 23.8 Inhalt der Trace-Datei

```
To backend> Msg Q
To backend> "select * from categories"
To backend> Msg complete, length 30
From backend> T
From backend (#4)> 64
From backend (#2)> 2
From backend> "category"
From backend (#4)> 16388
From backend (#2)> 1
From backend (#4)> 23
From backend (#2)> 4
```

```
From backend (#4)> -1
From backend (#2)> 0
From backend> "categoryname"
From backend (#4)> 16388
From backend (#2)> 2
From backend (#4)> 1043
From backend (#2)> 65535
From backend (#4)> 54
From backend (#2)> 0
From backend> D
From backend (#4)> 21
From backend (#2)> 2
From backend (#4)> 1
From backend (1)> 1
From backend (#4)> 6
From backend (6)> Action
From backend> D
. . .
```

23.3 Die PDO-API

Die PDO-API vereinfacht und standardisiert den Datenbankzugriff. Sie ist kein exklusives Produkt für PostgreSQL-Datenbanken, sondern existiert für alle gängigen Datenbanksysteme. PDO ist vergleichbar mit JDBC hinsichtlich eines Standards für die Programmierung und ermöglicht einen gewissen Grad an Unabhängigkeit gegenüber dem eingesetzten Datenbankbetriebssystem. In Listing 23.9 finden Sie ein Beispiel für eine SQL-Abfrage mit der PDO-API.

Listing 23.9 Eine Abfrage mit der PDO-API

```
<!DOCTYPE html>
<html>
  <head>
    <meta charset="UTF-8">
    <title>PDO API Connection Test</title>
  </head>
  <body>
    <h3>Telefonverzeichnis</h3>
    <?php
    $dsn =
"pgsql:host=localhost;port=5432;dbname=hanser;user=postgres;password=postgres";
    $dbh = new \PDO($dsn);
    $stmt = $dbh->query('SELECT customerid, firstname, lastname, phone FROM
customers');
    echo "<table border=\"8\">\n";
    while ($row = $stmt->fetch(\PDO::FETCH_ASSOC)) {
      echo "\t<tr>\n";
        echo "\t\t<td>".$row['customerid']."</td>\n";
        echo "\t\t<td>".$row['firstname']."</td>\n";
        echo "\t\t<td>".$row['lastname']."</td>\n";
        echo "\t\t<td>".$row['phone']."</td>\n";
```

```
      echo "\t</tr>\n";
    }
    echo "</table>\n";
    ?>
  </body>
</html>
```

Das Ergebnis ist in Bild 23.7 zu sehen. Vom allgemeinen Vorgehen unterscheidet sich die Programmierung mit der PDO-API nur wenig gegenüber der nativen PHP-Programmierung. Es besteht eine gewisse Einsparung an Programmieraufwand. Das überzeugendste Argument für die Verwendung ist jedoch die Unabhängigkeit gegenüber verwendeten Datenbanksystemen. Eine Umstellung auf MySQL oder SQL-Server ist recht einfach.

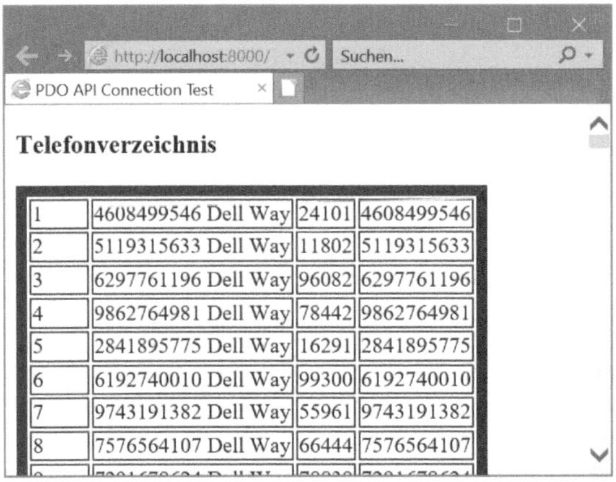

Bild 23.7 Abfrageergebnis mit PDO-API

Das folgende Beispiel zeigt, wie mithilfe der PDO-API ein Large Object (LOB) aus der PostgreSQL-Datenbank ausgelesen und im Webbrowser angezeigt werden kann. Zunächst legen wir eine Tabelle an und laden eine beliebige PDF-Datei als LOB in die Datenbank (siehe Listing 23.10).

Listing 23.10 Eine PDF-Datei als LOB in die Datenbank laden

```
(postgres@localhost:5432)[hanser]> select lo_import(‚d:\temp\test.pdf');
-[ RECORD 1 ]----
lo_import | 24807
(postgres@localhost:5432)[hanser]> CREATE TABLE document (
> id     INTEGER,
> name   TEXT,
> doc    OID);
CREATE TABLE
(postgres@localhost:5432)[hanser]> INSERT INTO document
> VALUES (1, ‚Vertrag mit Kunde', 24807);
```

Im PHP-Programm in Listing 23.11 wird die Objekt-ID aus der Tabelle *document* ermittelt. Sie wird der Funktion *pgsqlLOBOpen* zum Öffnen und Lesen der LOB-Daten übergeben.

Listing 23.11 Ein PDF-Dokument aus der Datenbank anzeigen

```
<!DOCTYPE html>
<html>
  <head>
    <meta charset="UTF-8">
    <title>Large Object mit PDO-API lesen</title>
  </head>
  <body>
  <?php
    $db = new PDO('pgsql:dbname=hanser host=localhost', 'postgres', 'postgres');
    $db->setAttribute(PDO::ATTR_ERRMODE, PDO::ERRMODE_EXCEPTION);
    $db->beginTransaction();
    $stmt = $db->prepare("SELECT doc FROM document WHERE id = ?");
    $stmt->execute(array(1));
    $stmt->bindColumn('doc', $oid, PDO::PARAM_STR);
    $stmt->fetch(PDO::FETCH_BOUND);
    $stream = $db->pgsqlLOBOpen($oid, 'r');
    header("Content-type: application/pdf");
    fpassthru($stream);
  ?>
  </body>
</html>
```

Die Funktion *fpassthru* sendet das PDF-Dokument als Stream zurück an den HTML-Code des Browsers und es wird im Browser angezeigt.

24 REST API

Mit zunehmender Verlagerung von Datenbanken in die Cloud haben REST APIs immer mehr an Bedeutung gewonnen und Verbreitung gefunden. „REST" steht für „Representational State Transfer" und ist ein Standard für die Software-Architektur von verteilten Systemen. Dahinter steckt die Idee des Webservice, die es schon länger gibt.

Für verteilte Systeme gibt es die Herausforderung, Deployments, Wartung und Verarbeitung der Systeme inhaltlich möglichst so wie auf Systemen durchführen zu können, die sich im klassischen Rechenzentrum befinden. Ein weiterer Schwerpunkt liegt auf der Automatisierung und Maschine-zu-Maschine-Kommunikation. REST definiert eine einheitliche Schnittstelle, mit der die unterschiedlichen Komponenten und Programme umgehen können. Dabei sollen sowohl administrative als auch inhaltliche Aufgaben abgedeckt werden.

Ein wichtiges Prinzip von REST-Diensten ist die Zustandslosigkeit (im Englischen: „stateless"). Eine REST-Nachricht enthält alle Informationen, die für die an der Kommunikation beteiligten Seiten notwendig sind, um die Nachricht zu verstehen. Die Zustandsinformation zwischen zwei Nachrichten soll nicht gespeichert werden. Jede Anfrage des Clients an den Server ist in sich geschlossen und enthält alle Informationen über den Anwendungszustand.

Ein entscheidender Vorteil von REST ist die Einheitlichkeit der Schnittstelle und damit seine einfache Nutzung. So muss der Client für eine Datenabfrage nicht wissen, ob diese vom Server von einer bestimmten Datenbank oder einer einfachen Datei bedient wird.

Als Anwendungsschicht für den Service werden hauptsächlich HTTP und HTTPS eingesetzt. Die Protokolle haben sich durchgesetzt, da sie ohnehin auf den meisten Systemen verfügbar sind.

REST kann für Webseiten und Webservices eingesetzt werden, die keine Authentifizierung erforderlich machen. Sicherheit muss deshalb mit anderen Mitteln gewährleistet werden. Dazu gehören die Prüfung der IP-Adresse, HTTP-/HTTPS-Authentifizierung und Verfahren, die auf Token basieren.

PostgreSQL selbst liefert keine REST API. Es gibt erprobte Software von einem Dritthersteller, die Sie auf der Webseite *https://postgrest.org* finden.

Die Installation ist einfach. Es gibt vorgefertigte Binärprogramme, die einfach zu installieren sind. Alternativ kann eine Installation aus dem Quellcode vorgenommen werden. Unter Linux erfolgt die Installation der Binär-Kompilierung durch Entpacken des Tar-Files.

Unter Windows kann die Datei *postgrest.exe* entpackt werden. Alternativ kann die Installation mit „scoop", so wie in Listing 24.1 erfolgen.

Listing 24.1 PostgREST mit „scoop“ installieren

```
PS C:\Users\Lutz> scoop install postgrest
Installing 'postgrest' (9.0.0) [64bit]
postgrest-v9.0.0-windows-x64.zip (9,5 MB) [==========================================
========================] 100%
Checking hash of postgrest-v9.0.0-windows-x64.zip … ok.
Extracting postgrest-v9.0.0-windows-x64.zip … done.
Linking ~\scoop\apps\postgrest\current => ~\scoop\apps\postgrest\9.0.0
Creating shim for 'postgrest'.
'postgrest' (9.0.0) was installed successfully!
‚postgrest' suggests installing ‚postgresql'.
```

Die Verbindungsinformationen zur Datenbank werden in einer Konfigurationsdatei eingetragen. Ein Beispiel für eine minimale Konfigurationsdatei finden Sie in Listing 24.2.

Listing 24.2 Konfigurationsdatei für PostgREST

```
db-uri       = „postgres://postgres:postgres@localhost:5432/hanser"
db-schema    = "public"
db-anon-role = "anonym"
```

Als Nächstes wird eine Rolle für anonyme Webanfragen eingerichtet. Damit können Abfragen in der Datenbank durchgeführt werden.

Listing 24.3 Rolle für anonyme Webanfragen anlegen

```
(postgres@[local]:5432)[hanser]> CREATE ROLE anonym NOLOGIN;
CREATE ROLE
(postgres@[local]:5432)[hanser]> GRANT USAGE ON SCHEMA public TO anonym;
GRANT
(postgres@[local]:5432)[hanser]> GRANT SELECT ON public.customers TO anonym;
GRANT
```

Jetzt kann der Webservice gestartet werden. Der Standardport ist „3000“. Eine andere Portnummer kann in der Konfigurationsdatei eingetragen werden.

Listing 24.4 Den Webservice für die REST API starten

```
[postgres@serv2 ~]$ ./postgrest /home/postgres/postgrest.conf
06/Jan/2022:17:27:20 +0100: Attempting to connect to the database …
06/Jan/2022:17:27:20 +0100: Connection successful
06/Jan/2022:17:27:20 +0100: Listening on port 3000
06/Jan/2022:17:27:20 +0100: Config re-loaded
06/Jan/2022:17:27:20 +0100: Listening for notifications on the pgrst channel
06/Jan/2022:17:27:20 +0100: Schema cache loaded
```

Für einen einfachen Funktionstest kann die Tabelle *customers* über die REST API selektiert werden. Der Datei wird einfach der Tabellenname an die URL angehängt. In diesem Beispiel lautet die URL: *http://<hostname>:3000/customers*.

Bild 24.1 Abfrage einer Tabelle über REST API

Alternativ kann die Abfrage mit „curl“, so wie in Listing 24.5, erfolgen. Die Ausgabe kann in eine Datei umgelenkt werden. Das Ergebnis ist dasselbe, nur das Handling der Daten ist einfacher als im Webbrowser.

Listing 24.5 Abfrage einer Tabelle mit „curl“

```
C:\Users\Lutz>curl http://192.168.178.32:3000/customers
[{"customerid":5,"firstname":"PGDTDU","lastname":"ETBYBNEGUT","address1":"2841895775
Dell Way","address2":null,"city":"RZQTCDN","state": "AZ","zip":16291, "country":"US",
"region":1,"email":"ETBYBNEGUT@dell.com","phone":"2841895775","creditcardtype":3,
"creditcard":"8377095518168063","creditcardexpiration": "2010/10","username":"user5",
"password": "password","age":21,"income":20000,"gender":"M"}]
```

Die bisherigen Anfragen wurden mit dem Benutzer „anonym“ ausgeführt. Es handelt sich um einen Zugriff ohne Authentifizierung für Abfragen (Read/Only), der für die freigegebenen Tabellen funktioniert. Für Requests, die Daten und Datenstrukturen verändern, ist eine Authentifizierung erforderlich. Dafür legen wir im folgenden Beispiel einen Benutzer an. Er erhält alle Privilegien an der Tabelle *nation*, die er ändern darf.

Listing 24.6 Einen Benutzer für die Authentifizierung anlegen

```
(postgres@localhost:5432)[hanser]> CREATE ROLE auth_user NOLOGIN;
CREATE ROLE
(postgres@localhost:5432)[hanser]> GRANT USAGE ON SCHEMA public TO auth_user;
GRANT
(postgres@localhost:5432)[hanser]> GRANT ALL ON public.nation TO auth_user;
GRANT
```

Die Authentifizierung erfolgt mit Hilfe von Token. Im Beispiel verwenden wir einen JSON Web Token. Das ist ein JSON-Objekt, das kryptografisch mit einem Passwort signiert wird.

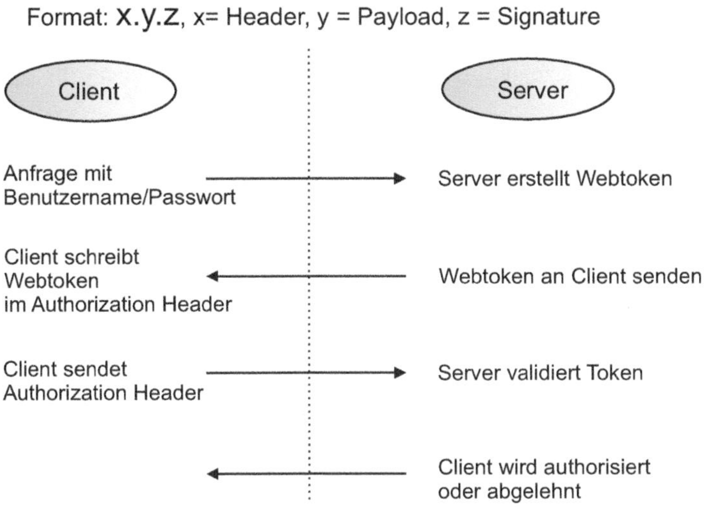

Bild 24.2 Autorisierung mit JSON Web Token

Das Passwort (JWT Secret) sollte mindestens 32 Byte groß sein und kann mit einem Passwortgenerator erzeugt werden. Tragen Sie das Passwort in die Datei *postgrest.conf* ein.

Listing 24.7 Passwort-Token für die Authentifizierung

```
jwt-secret = "iKVbmXYOCihNhoD3wDMfXSzFg039ugRu"
```

Es gibt verschiedene Möglichkeiten, das JWT-Token zu generieren. In Listing 24.8 finden Sie ein Python-Programm.

Listing 24.8 Python-Programm zum Erstellen eines JWT-Token

```
import jwt
key = „iKVbmXYOCihNhoD3wDMfXSzFg039ugRu"
payload = ‚{„role": „auth_user"}'
encoded = jwt.encode({ "role": "auth_user" }, key, algorithm="HS256")
print(encoded)
print(jwt.decode(encoded, key, algorithms="HS256"))
eyJ0eXAiOiJKV1QiLCJhbGciOiJIUzI1NiJ9.eyJyb2xlIjoiYXV0aF91c2VyIn0.jMs_JQOn_
KqqM4nAR9uWY34LHWys32nIrfaiTOUydak
{'role': 'auth_user'}
```

Führen Sie einen Neustart des REST-Dienstes durch. Mit dem Request in Listing 24.9 wird ein UPDATE auf die Spalte „n_comment“ durchgeführt.

Listing 24.9 Ein Update mit der REST API durchführen

```
$ curl http://192.168.178.32:3000/nation -X PATCH -H "Authorization: Bearer $TOKEN"
-H "Content-Type: application/json" -d '{"n_comment": "* no comment"}'
[postgres@serv2 ~]$ curl http://192.168.178.32:3000/nation
[{"n_nationkey":0,"n_name":"ALGERIA   ","n_regionkey":1,"n_comment":"* no comment"},
 {"n_nationkey":1,"n_name":"ARGENTINA","n_regionkey":1,"n_comment":"* no comment"},
 {"n_nationkey":2,"n_name":"BRAZIL    ","n_regionkey":1,"n_comment":"* no comment"},
. . .
```

Die WHERE-Klausel einer SQL-Anweisung lässt sich auch mit der REST API umsetzen. Im Beispiel in Listing 24.10 werden von der Tabelle *categories* alle Zeilen mit der Bedingung WHERE category < 7 abgefragt. Das erfolgt durch Anhängen des Strings „?category=lt.7".

Listing 24.10 Zeilen selektieren mit curl

```
$ curl "http://localhost:3000/categories?category=lt.7"
[{"category":1,"categoryname":"Action"},
 {"category":2,"categoryname":"Animation"},
 {"category":3,"categoryname":"Children"},
 {"category":4,"categoryname":"Classics"},
 {"category":5,"categoryname":"Comedy"},
 {"category":6,"categoryname":"Documentary"}]
```

Analog zur Abfrage mit curl kann der REST-Request im Webbrowser abgesetzt werden. Die Syntax für die WHERE-Bedingung ist identisch.

Bild 24.3 Zeilen mit der Browser-URL selektieren

So wie die Zeilen können auch die Spalten ausgewählt werden. Dafür müssen in der URL die Spalten angegeben werden.

Listing 24.11 Abfrage mit Auswahl der Spalten

```
$ curl "http://localhost:3000/products?select=title,actor"
[{"title":"ACADEMY WATCH","actor":"SEAN CRUZ"},
 {"title":"ACADEMY WATERFRONT","actor":"CATE JOLIE"},
 {"title":"ACADEMY WATERSHIP","actor":"RAY TAYLOR"},
 {"title":"ACADEMY WEDDING","actor":"GRACE BIRCH"},
. . .
```

25 Client-Programmierung mit Perl-DBI

Perl haben wir als Programmiersprache für das Backend bereits in Kapitel 18 „Erweiterungen und Module“ verwendet. Da war der Perl-Interpreter, auch PL/Perl genannt, im PostgreSQL-Server installiert und die Programme wurden als Funktionen für SQL-Erweiterungen entwickelt.

Für die Client-Programmierung muss Perl als Sprache nicht im PostgreSQL-Cluster installiert sein. Der Perl-Interpreter sowie die zugehörigen Bibliotheken befinden sich auf dem Client. Es wird die sogenannte DBI-Schnittstelle verwendet. DBI steht für Database Independent Interface und funktioniert generisch für die bekannten Datenbanksysteme. Neben der DBI-Schnittstelle gibt es Vendor-spezifische DBD-Module, die individuelle Funktionen für das entsprechende System beinhalten. Mithilfe der DBI-Schnittstelle ist es möglich, weitgehend unabhängig vom eingesetzten Datenbanksystem zu programmieren.

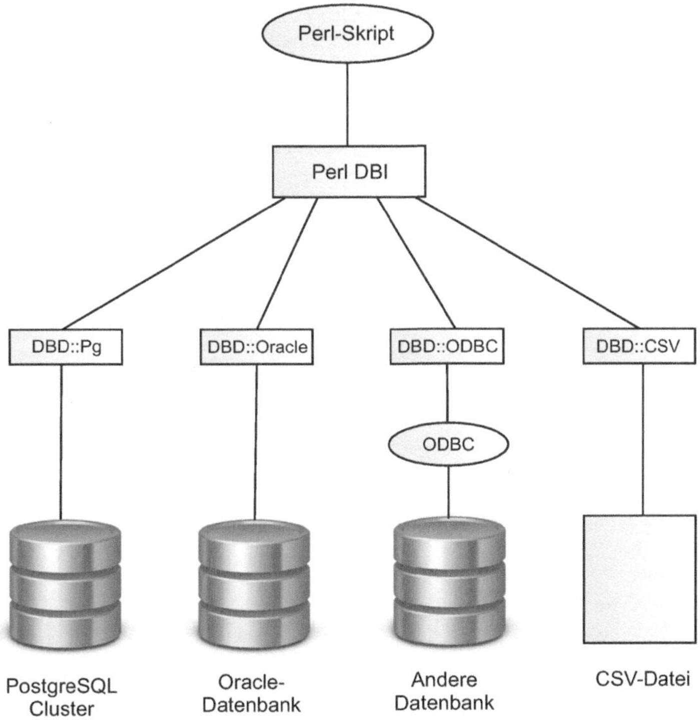

Bild 25.1 Die Perl-DBI-Architektur

Linux- und Unix-Systeme bringen einen Perl-Interpreter mit. Sofern nicht implementiert, kann das Paket nachinstalliert werden. Falls Sie die Installation vom Quellcode vornehmen möchten, ist das CPAN-Modul zu empfehlen. Für Windows-Systeme ist Active State Perl (*http://www.activestate.com*) gut geeignet. Dabei handelt es sich um bereits kompilierte und verbundene Pakete.

Den Quellcode für die Linux-Installation (CPAN) finden Sie auf der Webseite *http://www.cpan.org*. Der komprimierte Tarball enthält die Versionsnummer. Die folgenden Schritte beschreiben die Installation:

1. Entpacken Sie den Quellcode:

```
# tar -xvzf perl-5.26.1.tar.gz
```

2. Konfigurieren Sie die Installation und führen Sie den make-Befehl für die Kompilierung und die Installation aus:

```
# cd perl-5.26.1
# ./Configure -des Dprefix=$HOME/localperl
# make
# make test
# make install
```

3. Installieren Sie das DBD-Modul für PostgreSQL:

```
# cpan install DBD::Pg
```

Unter Windows rufen Sie zur Installation von Active State Perl einfach die EXE-Datei des Pakets auf. Achten Sie darauf, dass der Perl Package Manager (PPM) mit installiert wird. Er kann zur Installation des DBI- und des DBD-Moduls für PostgreSQL verwendet werden. Standardmäßig sind die Module bereits installiert.

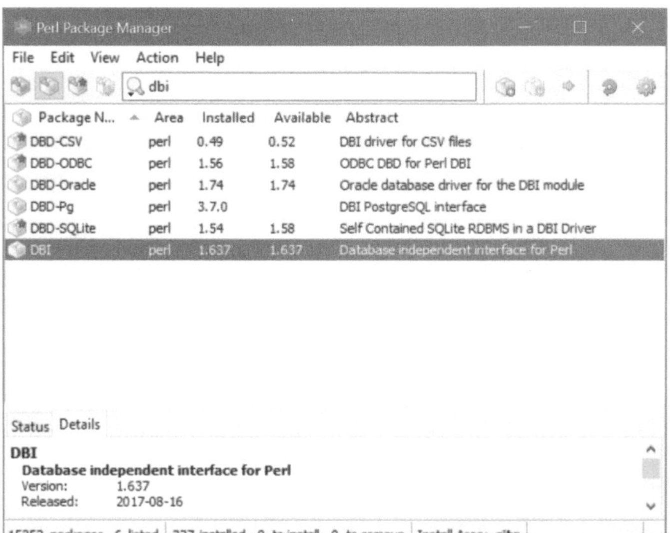

Bild 25.2 Das DBI-Modul mit dem Perl Package Manager (ppm) installieren

Zuerst soll ein Skript erstellt werden, das die Verbindung zur Datenbank testet. Dazu dient die Funktion *DBI->connect*. Parameter der Funktion sind die Verbindungs-URL, Benutzername, Passwort sowie optional zusätzliche Attribute. Eine typische Verbindung zu einem PostgreSQL-Server:

```
$dbh = DBI->connect("DBI:Pg:dbname=hanser;host=localhost;port=5432",
postgres","postgres");
```

Zusätzlich können mit dem Verbindungsaufbau Attribute gesetzt werden. Für PostgreSQL ist es zum Beispiel möglich, Autocommit ein- und auszuschalten. Zum Ausschalten muss das Attribut auf „0“, zum Einschalten auf „1“ gesetzt werden. Der Standard ist „Autocommit = on“.

Listing 25.1 Autocommit in einem Perl-Skript ausschalten

```
$dbh = DBI->connect("DBI:Pg:dbname=hanser;host=localhost;port=5432",
postgres","postgres", {Autocommit=>0});
```

Attribute können auch für bestehende Verbindungen geändert werden:

```
$dbh->{ AutoCommit } = 1;
```

Die Namen der Attribute sind case-sensitiv. Benutzen Sie für AutoCommit die entsprechenden Groß- und Kleinbuchstaben. Beachten Sie auch, dass nicht alle DBD-Treiber das dynamische Ändern von Attributen unterstützen.

Neben AutoCommit sind die folgenden Attribute von Interesse:

- *PrintError:* Fehlermeldungen werden auf *stderr* ausgegeben. Der Schalter ist in der Testphase hilfreich.
- *RaiseError:* Bei Auftreten eines Fehlers wird das Programm abgebrochen und es liefert keinen Fehlerstatus an das Skript zurück.

Das Skript in Listing 25.2 führt einen Verbindungstest durch.

Listing 25.2 Skript für einen Verbindungstest

```
#!/usr/bin/perl
use DBI;
use strict;
my $dsn = $ARGV[0];
my $user = $ARGV[1];
my $password = $ARGV[2];
my $conn = DBI->connect($dsn, $user, $password, { AutoCommit => 0} );
printf "Status: %s\n", $conn->state;
$conn->{ AutoCommit } = 1;
my $stmt = qq(SELECT version(););
my $sth = $conn->prepare($stmt);
my $rset = $sth->execute() or die $DBI::errstr;
while (my @row = $sth->fetchrow_array()) {
  print $row[0] . "\n";
}
$conn->disconnect;
```

```
$ perl conntest.pl DBI:Pg:dbname=hanser;host=localhost;port=5432 postgres
Status: 25P01
PostgreSQL 14.1, compiled by Visual C++ build 1900, 64-bit
```

Für DBI-Module können Umgebungsvariablen gesetzt werden. Die Angaben können dann beim DBI-Aufruf weggelassen werden. In Tabelle 25.1 finden Sie eine Übersicht:

Tabelle 25.1 Umgebungsvariablen für DBI-Module

Variable	Bedeutung
DBI_DRIVER	Name des DSN-Driver. Kann im DSN-String weggelassen werden, wenn hier spezifiziert.
DBI_DSN	DSN-Connect String im Format „DBI:<driver>:<optionen>“. „<driver>“ kann leer sein, wenn in der Variablen DSN_DRIVER angegeben.
DBI_USER	Benutzername im PostgreSQL-Cluster
DBI_PASS	Passwort des Benutzers
DBI_TRACE	Schaltet das Tracing ein und aus: „0“ - ausgeschaltet „1“ - DBI-Ausführungen werden geloggt. „2“ - detailliertes Logging

Die Ausführung von SQL-Anweisungen durch das DBI-Modul erfolgt in drei Phasen:

- Vorbereitungsphase (Preparation)
- Ausführungsphase (Execution)
- Rückgabephase (Fetch, falls eine Ergebnismenge zurückgeliefert wird)

Aus Backend-Sicht erfolgen in der Vorbereitungsphase das Parsing der SQL-Anweisung und in der Execution-Phase die Ausführung. Eine solche Vorgehensweise findet man auch in anderen Sprachen, insbesondere wenn Bindevariablen verwendet werden. In der Rückgabephase erfolgt das „Fetchen“ durch die Ergebnismenge, für das andere Sprachen auch den Befehl FETCH verwenden. Das *prepare*-Kommando in Perl liefert ein sogenanntes „Statement Handle“, mit dem die *execute*-Anweisung ausgeführt wird.

25.1 SELECT-Anweisungen und Resultsets

SELECT-Anweisungen werden mit dem *execute*-Befehl ausgeführt. Für das Durchlaufen des Resultset einer SELECT-Anweisung hält das DBI-Modul die folgenden Funktionen bereit, von denen wir uns einige im Detail ansehen:

- *fetchrow_array:* Die Sätze des Resultset werden einzeln als Kopie in einem lokalen Array zurückgegeben.
- *fetchrow_arrayref:* funktioniert ähnlich wie *fetchrow_array,* allerdings werden die Daten nicht kopiert. Es wird eine Referenz zur Verfügung gestellt, die auf das Ergebnis im DBI-Treiber verweist und damit insbesondere bei großen Resultsets wesentlich effektiver ist.

- *fetchrow_hashref:* funktioniert ähnlich wie *fetchrow_arrayref.* Die Daten werden jedoch nicht mithilfe einer fortlaufenden Indexnummer, sondern mithilfe des Spaltennamens als Hashwert präsentiert.
- *fetchall_arrayref:* Das Resultset wird nicht satzweise zurückgeliefert, sondern als ein großer Block. Beachten Sie für große Ergebnismengen, dass dafür der entsprechende Hauptspeicher auf dem Client benötigt wird.
- *fetchall_hashref:* funktioniert nur mit Spalten, die einen eindeutigen Schlüssel bilden. Es werden ein Hash über alle Zeilen und auf zweiter Ebene Hashes über die Spalten gebildet.

Listing 25.3 zeigt ein Beispiel für die Verwendung der Funktion *fetchrow_array.*

Listing 25.3 Verwendung der Funktion *fetchrow_array*

```
#!/usr/bin/perl
use DBI;
use strict;
my $dsn = "DBI:Pg:dbname=hanser;host=localhost;port=5432";
my $conn = DBI->connect($dsn, "postgres", "", { AutoCommit => 0} );
my $stmt = "SELECT * FROM categories";
my $sth = $conn->prepare($stmt);
my $rset = $sth->execute() or die $DBI::errstr;
while (my @row = $sth->fetchrow_array()) {
  print join(", ", @row), "\n";
}
$sth->finish;
$conn->disconnect;

$ perl query.pl
1, Action
2, Animation
3, Children
4, Classics
. . .
```

Nach Ausführung der Prepare-Anweisung können Metadaten der SQL-Anweisung abgefragt werden (siehe Tabelle 25.2). Diese können im Programm für die Aufbereitung des Resultset verwendet werden.

Tabelle 25.2 Attribute des Resultset

Attribut	Inhalt
NAME	Verweist auf ein Feld, das die Spaltennamen enthält
NUMBER_OF_FIELDS	Anzahl der Spalten
NULLABLE	Spalten dürfen NULL-Werte haben.
TYPE	Verweise auf ein Feld mit Datentypen der Spalten

Das Programm in Listing 25.4 macht sich die Metadaten der SQL-Abfrage zunutze.

Listing 25.4 Abfrage der SQL-Metadaten

```
#!/usr/bin/perl
use DBI;
use strict;
```

```
my $dsn = "DBI:Pg:dbname=hanser;host=localhost;port=5432";
my $conn = DBI->connect($dsn, "postgres", "", { AutoCommit => 0} );
my $stmt = "SELECT * FROM categories";
my $sth = $conn->prepare($stmt);
print "SQL-Anweisung:\t\t", $sth->{Statement}, "\n";
my $rset = $sth->execute() or die $DBI::errstr;
my $numcol = $sth->{NUM_OF_FIELDS};
print "Anzahl Spalten:\t\t", $numcol, "\n";
print "Anzahl Saetze:\t\t", $rset, "\n\n";
foreach my $i (0..$numcol-1) {
  print uc $sth->{NAME}[$i], "\t";
}
print "\n\n";
while (my @row = $sth->fetchrow_array()) {
  foreach my $i (0..$numcol-1) {
    print $row[$i], "\t\t";
  }
  print "\n";
}
$sth->finish;
$conn->disconnect;
```

```
$ perl query.pl
SQL-Anweisung:          SELECT * FROM categories
Anzahl Spalten:         2
Anzahl Saetze:          16

CATEGORY        CATEGORYNAME

1               Action
2               Animation
3               Children
4               Classics
. . .
```

Die Funktion *fetchrow_arrayref* liefert einen Pointer auf die gelesenen Daten im DBI-Modul (siehe Listing 25.1). Da die Daten nicht kopiert werden, ist die Verarbeitung bei großen Ergebnismengen schneller.

Listing 25.5 SQL-Abfrage mit der Funktion *fetchrow_arrayref*

```
#!/usr/bin/perl
use DBI;
use strict;
my $dsn = "DBI:Pg:dbname=hanser;host=localhost;port=5432";
my $conn = DBI->connect($dsn, "postgres", "", { AutoCommit => 0} );
my $stmt = "SELECT * FROM categories";
my $sth = $conn->prepare($stmt);
my $rset = $sth->execute() or die $DBI::errstr;
my $row;
while($row = $sth->fetchrow_arrayref) {
  print $row->[0], ", ", $row->[1], "\n";
}
$sth->finish;
$conn->disconnect;
```

```
$ perl query.pl
1, Action
```

```
2, Animation
3, Children
. . .
```

Die Funktion *fetchrow_arraryref* liefert einen Pointer auf einen Hashwert für jede einzelne Zeile. Als Hashwert fungiert der Spaltenname. Hashwerte in Perl können sehr flexibel und zeiteffektiv verarbeitet werden und werden von Perl-Programmierern gern verwendet. Wir verwenden Hashwerte im Skript zum Vergleichen von Datenbanken in Abschnitt 25.5. Auch bei dieser Funktion wird jeweils nur ein Pointer auf die Zeile im DBI-Modul zurückgegeben. Das Beispiel in Listing 25.6 zeigt, wie Hashwerte verarbeitet werden können.

Listing 25.6 Die Funktion *fetchrow_hashref* verwenden

```
#!/usr/bin/perl
use DBI;
use strict;
my $dsn = "DBI:Pg:dbname=hanser;host=localhost;port=5432";
my $conn = DBI->connect($dsn, "postgres", "", { AutoCommit => 0} );
my $stmt = "SELECT * FROM categories";
my $sth = $conn->prepare($stmt);
my $rset = $sth->execute() or die $DBI::errstr;
my $hashref;
while($hashref = $sth->fetchrow_hashref()) {
  my $colname;
  my %line = %$hashref;
  foreach $colname (sort keys %line) {
    print "$colname: $line{$colname} ";
  }
  print "\n";
}
$sth->finish;
$conn->disconnect;

$ perl query.pl
category: 1 categoryname: Action
category: 2 categoryname: Animation
category: 3 categoryname: Children
. . .
```

Bisher haben wir immer Satz für Satz in einer Schleife gelesen. Es gibt Funktionen, die das Resultset als einen Block zurückgeben. Dazu gehört *fetchall_arrayref*. Wie der Name schon sagt, handelt es sich dabei nicht um eine Kopie, sondern um einen Pointer auf das Resultset im DBI-Treiber. Der zurückgelieferte Pointer zeigt also auf ein Array, das pro Ergebniszeile wiederum einen Zeiger enthält (siehe Listing 25.7). Analog wird das Resultset mit *fetchall_hashref* gebildet, nur dass hier mit Hashwerten gearbeitet wird.

Listing 25.7 SELECT mit der Funktion *fetchall_arrayref*

```
#!/usr/bin/perl
use DBI;
use strict;
my ($i, $j);
my $dsn = "DBI:Pg:dbname=hanser;host=localhost;port=5432";
my $conn = DBI->connect($dsn, "postgres", "", { AutoCommit => 0} );
my $stmt = "SELECT * FROM categories";
my $sth = $conn->prepare($stmt);
my $rset = $sth->execute() or die $DBI::errstr;
```

```
my $block = $sth->fetchall_arrayref;
for $i (0..$#{$block}) {
  for $j (0..$#{$block->[$i]}) {
    print "$block->[$i][$j] ";
  }
  print "\n";
}
$sth->finish;
$conn->disconnect;

$ perl query.pl
1 Action
2 Animation
3 Children
. . .
```

25.2 DML-Anweisungen

DML-Anweisungen werden mit denselben Funktionen wie SELECT-Anweisungen ausgeführt, also mit *prepare* und *execute*. Allerdings sollte das Transaktionsverhalten stärker gestaltet werden. Ist Autocommit ausgeschaltet, so wie in Listing 25.8, dann sollte eine separate COMMIT- oder ROLLBACK-Anweisung eingebunden werden.

Listing 25.8 DML-Anweisungen mit Perl ausführen

```
#!/usr/bin/perl
use DBI;
use strict;
sub runDML {
my ($conn, $command) = @_;
print $command, "\n";
my $sth = $conn->prepare($command);
my $zeilen = $sth->execute;
print "SQL-Status: ", $conn->err, "\n" if $conn->err;
print "SQL-Fehler: ", $conn->errstr, "\n" if $conn->err;
print "Zeilen verarbeitet: ", $zeilen, "\n";
$sth->finish;
}
my $conn = DBI->connect("DBI:Pg:dbname=hanser;host=localhost;port=5432",
"postgres", "",{ AutoCommit => 0}) || die "Fehler $DBI::err
[$DBI::errstr]";
printf "Status: %s\n", $conn->state || "OK";
runDML($conn, "INSERT INTO categories(category, categoryname) VALUES
(17, 'Other')");
runDML($conn, "COMMIT");
$conn->disconnect;

$ perl dml.pl
Status: 25P01
INSERT INTO categories(category, categoryname) VALUES
(17, ,Other')
Zeilen verarbeitet: 1
COMMIT
Zeilen verarbeitet: 0
```

25.3 Bindevariablen verwenden

So wie in anderen Programmier- und Skriptsprachen üblich, erlaubt auch das Perl-DBI-Interface die Verwendung von Bindevariablen. Platzhalter für die Werte ist das Fragezeichen. Das Binden der Variablen erfolgt durch die DBI-Funktion *bind_param*. Im Beispiel in Listing 25.9 werden Bindevariablen in einer INSERT-Anweisung verwendet.

Listing 25.9 Perl-DBI-Skript mit Bindevariablen

```
#!/usr/bin/perl
use DBI;
use strict;
sub runDML {
my ($conn) = @_;
my $sth = $conn->prepare("INSERT INTO categories(category, categoryname)
VALUES (?,?)");
  $sth->bind_param(1, 18);
  $sth->bind_param(2, "Special");
  my $zeilen = $sth->execute;
  print "Zeilen verarbeitet: ", $zeilen, "\n";
  $sth->bind_param(1, 19);
  $sth->bind_param(2, "Secret");
  $zeilen = $sth->execute;
  print "Zeilen verarbeitet: ", $zeilen, "\n";
  $sth = $conn->prepare("COMMIT");
  $zeilen = $sth->execute;
}
my $conn = DBI->connect("DBI:Pg:dbname=hanser;host=localhost;port=5432",
"postgres", "",{ AutoCommit => 0}) || die "Fehler $DBI::err
[$DBI::errstr]";
printf "Status: %s\n", $conn->state || "OK";
runDML($conn);
$conn->disconnect;

$ perl dml.pl
Status: 25P01
Zeilen verarbeitet: 1
Zeilen verarbeitet: 1
```

Das Perl-DBI-Modul unterstützt auch das sogenannte Binding by Reference. Damit ist es möglich, Perl-Variablen als Bindevariablen zu benutzen. Die Funktion *bind_param_inout* regelt die Übergabe. Diese Variablen können sowohl für die Übergabe an als auch für die Rückgabe von SQL-Anweisungen verwendet werden.

Listing 25.10 Perl-DBI Binding by Reference

```
#!/usr/bin/perl
use DBI;
use strict;
sub runDML {
my ($conn) = @_;
my $sth = $conn->prepare("INSERT INTO categories(category, categoryname)
VALUES (?,?)");
  my $p_cat;
  my $p_catname;
  $sth->bind_param_inout(1, \$p_cat, 10);
```

```
  $sth->bind_param_inout(2, \$p_catname, 50);
  $p_cat = 20;
  $p_catname = 'Documentation';
  my $zeilen = $sth->execute;
  print "Zeilen verarbeitet: ", $zeilen, "\n";
  $sth = $conn->prepare("COMMIT");
  $zeilen = $sth->execute;
}
my $conn = DBI->connect("DBI:Pg:dbname=hanser;host=localhost;port=5432",
"postgres", "",{ AutoCommit => 0}) || die "Fehler $DBI::err
[$DBI::errstr]";
printf "Status: %s\n", $conn->state || "OK";
runDML($conn);
$conn->disconnect;

$ perl dml.pl
Status: 25P01
Zeilen verarbeitet: 1
```

Bindevariablen können auch für das Resultset von SELECT-Anweisungen verwendet werden (siehe Listing 25.11). Die DBI-Funktion *bind_col* verknüpft die Spalte der Ergebnismenge mit der Perl-Variablen.

Listing 25.11 Bindevariablen für Resultsets

```
#!/usr/bin/perl
use DBI;
use strict;
sub runQueryBind {
  my ($conn, $command) = @_;
  print $command, "\n";
  my $sth = $conn->prepare($command);
  my $zeilen = $sth->execute;
  print "SQL-Status: ", $conn->err, "\n" if $conn->err;
  print "SQL-Fehler: ", $conn->errstr, "\n" if $conn->err;
  print "Zeilen im Resultset: ", $zeilen, "\n";
  print "Anzahl von Spalten: ", $sth->{NUM_OF_FIELDS}, "\n";
  my ( $cat, $catname );
  $sth->bind_col(1, \$cat);
  $sth->bind_col(2, \$catname);
  while ($sth->fetch) {
    print "Cat-ID = ", $cat, ", Category = ", $catname, "\n";
  }
  $sth->finish;
}
my $conn = DBI->connect("DBI:Pg:dbname=hanser;host=localhost;port=5432",
"postgres", "",{ AutoCommit => 0}) || die "Fehler $DBI::err
[$DBI::errstr]";
printf "Status: %s\n", $conn->state || "OK";
runQueryBind($conn, "SELECT category, categoryname FROM categories");
$conn->disconnect;

$ perl bind.pl
Status: 25P01
SELECT category, categoryname FROM categories
Zeilen im Resultset: 20
Anzahl von Spalten: 2
Cat-ID = 1, Category = Action
```

```
Cat-ID = 2, Category = Animation
Cat-ID = 3, Category = Children
. . .
```

25.4 Fehlerbehandlung und Tracing

Eine verbreitete Methode der Fehlerbenachrichtigung in Perl-Skripten ist, den Befehl *die* an kritische Befehle anzuhängen. Es wird eine Exception erzeugt und auf stdout ausgegeben.

Listing 25.12 Verbindungsfehler mit *die* sichtbar machen

```
#!/usr/bin/perl
use DBI;
use strict;
my $conn = DBI->connect("DBI:Pg:dbname=hanse;host=localhost;port=5432",
"postgres", "",{ AutoCommit => 0}) || die "Fehler $DBI::err
[$DBI::errstr]";
printf "Status: %s\n", $conn->state || "OK";
$conn->disconnect;

$ perl connerror.pl
2018-04-13 17:55:06.582 CEST [11092] FATAL:  database "hanse" does not exist
DBI connect('dbname=hanse;host=localhost;port=5432','postgres',…) failed: FATAL:
database "hanse" does not exist at connerror.pl line 4.
Fehler 1
[FATAL:  database "hanse" does not exist] at connerror.pl line 4.
```

Der *die*-Befehl deckt natürlich kein echtes Exception-Handling ab, wie man es von den meisten Sprachen her kennt. Das DBI-Modul bringt eine Möglichkeit mit, Fehler im Stil von Exceptions zu behandeln.

Mit dem Aufbau einer Datenbankverbindung zum PostgreSQL-Server können die Attribute *PrintError* und *RaiseError* gesetzt werden. Werden sie auf den Wert „1" gesetzt, kann eine automatische Fehlerbehandlung erreicht werden. Sind beide eingeschaltet, erfolgt nacheinander der Aufruf von *warn()* und *die()*. In Listing 25.13 wird ein Fehler in einer Subroutine gehandelt und die Transaktion mit ROLLBACK abgeschlossen.

Listing 25.13 Handling für DBI-Error

```
#!/usr/bin/perl
use DBI;
use strict;
my $dbh = DBI->connect("DBI:Pg:dbname=hanser;host=localhost;port=5432",
"postgres", "",{ AutoCommit => 0, RaiseError => 1, HandleError =>
\&dbi_error_handler} ) || die "Fehler $DBI::err [$DBI::errstr]";
my $sth = $dbh->prepare(qq(INSERT INTO categories VALUES (99'Error')));
$sth->execute();
$dbh->commit();
print "Continue with application …";
$dbh->disconnect;
sub dbi_error_handler {
  $dbh->rollback;
  print "Transaction rolled back\n";
```

```
}

$ perl execerror.pl
2018-04-13 19:08:33.334 CEST [12880] ERROR:  syntax error at or near "'Error'" at
character 34
2018-04-13 19:08:33.334 CEST [12880] STATEMENT:  INSERT INTO categories VALUES
(99'Error')
Transaction rolled back
Continue witch application ...
```

Für eine Fehleranalyse kann ein detaillierter Mitschnitt der Programmausführung mithilfe des DBI-Trace eingeschaltet werden. Je nach Level werden mehr oder weniger Details ausgegeben (siehe Tabelle 25.3). Das Trace Level kann im Programmcode beliebig verändert oder ausgeschaltet werden.

Tabelle 25.3 DBI Trace Level

Trace-Level	Beschreibung
0	Ausgeschaltet
1	Oberstes Level, Ergebnis von DBI-Funktionen mit Ergebnis oder Fehler
2	Wie Level 1, zusätzliche Parameterangabe
3	Wie Level 2 plus zusätzliche interne DBI-Informationen
4	Detailliertere Informationen vom DBI-Treiber als bei Level 3. Es werden alle gelesenen Sätze mitgeschnitten.

In Listing 25.14 wird der Trace für die Anweisungen *execute* und *commit* auf Level 4 und danach auf Level 1 gestellt.

Listing 25.14 Den DBI-Trace einschalten

```
#!/usr/bin/perl
use DBI;
use strict;
my $dbh = DBI->connect("DBI:Pg:dbname=hanser;host=localhost;port=5432",
"postgres", "",{ AutoCommit => 0} ) || die "Fehler $DBI::err [$DBI::errstr]";
my $sth = $dbh->prepare(qq(INSERT INTO categories VALUES (98,'Error')));
$dbh->trace(4);
$sth->execute();
$dbh->commit();
$dbh->trace(1);
$sth->finish;
$dbh->disconnect;

$ perl trace.pl
    DBI::db=HASH(0x4d43528) trace level set to 0x0/4 (DBI @ 0x0/0) in DBI
1.636-ithread (pid 1576)
    -> commit for DBD::Pg::db (DBI::db=HASH(0x4d43630)~0x4d43528) thr#2e08e18
Begin dbd_db_commit
Begin pg_db_rollback_commit (action: commit AutoCommit: 0 BegunWork: 0)
Begin PGTransactionStatusType
dbd_db_commit txn_status is 2
Begin _result (sql: commit)
Begin _sqlstate
End _sqlstate (imp_dbh->sqlstate: 00000)
```

```
End _sqlstate (status: 1)
End _result
End pg_db_rollback_commit (result: 1)
    <- commit= ( 1 ) [1 items] at x.pl line 9
    -> trace in DBD::_::common for DBD::Pg::db (DBI::db=HASH(0x4d43630)~0x4d43528 1)
thr#2e08e18
    DBI::db=HASH(0x4d43528) trace level set to 0x0/1 (DBI @ 0x0/4) in DBI 1.636-
ithread (pid 1576)
    <- trace= ( 4 ) [1 items] at x.pl line 10
    <- disconnect= ( 1 ) [1 items] at x.pl line 12
    <- DESTROY(DBI::db=HASH(0x4d43528))= ( undef ) [1 items] at x.pl line 12
```

Die Trace-Informationen können auch direkt in eine Datei umgeleitet werden. Der Aufruf der Trace-Funktion hat das folgende Format:

```
$dbh->trace(4, ‚trace_DBI.log');
```

HINWEIS: Es ist auch möglich, die durch den DBI-Treiber aufgerufenen libpg-Funktionen mitzuschneiden. Der Aufruf der Trace-Funktion lautet:

```
$dbh->trace($dbh->parse_trace_flags(‚SQL|pglibpq'));
```

■

25.5 Nützliche Skripte und Beispiele

Perl ist sehr gut für Administratoren geeignet, um Skripte für die täglichen Administrationsaufgaben zu erstellen und einzusetzen. Dafür spricht nicht nur die flexible Architektur des DBI-Moduls, sondern auch die hohe Performance der Programme. Perl bietet darüber hinaus als Sprache sehr gute Möglichkeiten, Datenstrukturen performant auszuwerten und weiterzuverarbeiten. Dieser Abschnitt hält einige Beispiele und Anregungen bereit.

25.5.1 Mehrere Server abfragen

Administratoren und Entwickler müssen immer wieder Informationen aus mehreren Clustern und Datenbanken beziehen und vergleichen. Das Skript in Listing 25.15 führt Verbindungen zu einer Liste von PostgreSQL-Servern durch, die in der Datei *Bulk_DBs.txt* gespeichert sind.

Listing 25.15 Mehrere Server abfragen

```
#!/usr/bin/perl
use strict;
use DBI;
my $num_args = $#ARGV + 1;
if ($num_args gt 0) {
```

```
  print "\n usage: DBBulk\n";
  exit;
}
my $filename = 'Bulk_DBs.txt';
my $sqlfile = 'Bulk_SQL.txt';
my ($var1, $var2, $var3, $var4, $var5);
open (my $fh2, '<', $sqlfile)
  or die "Could not open file '$sqlfile' $!";
my $sqltext = do {local $/; <$fh2>};
close $fh2;
print $sqltext,"\n","---------------------------------------------------", "\n";
open (my $fh, '<', $filename)
  or die "Could not open file '$filename' $!";
while (my $line = <$fh>) {
  chomp $line;
  ($var1, $var2, $var3, $var4, $var5) = split /\s+/, $line;
  printf ("%-12s: ", "$var1");
  &oneDB($var1, $var2, $var3, $var4, $var5, $sqltext);
}
close $fh;
# ---------------------------------- Subs ---------------------------------
sub oneDB {
  my $server = shift;
  my $port = shift;
  my $database = shift;
  my $username = shift;
  my $password = shift;
  my $sqltext = shift;
  my $db = &dbconnect($server, $port, $database, $username, $password);
  &runSQL($db, $sqltext);
}
sub runSQL {
  my $dbh = shift;
  my $sqltext = shift;
  my %result;
  my $row;
  my $sth = $dbh->prepare($sqltext) or print STDOUT "Query failed\n";
  $sth->execute;
  while ($row = $sth->fetchrow_arrayref) {
    print join (",", @{$row}), "|";
  }
  $sth->finish;
  print "\n";
}
sub dbconnect {
  my $server = shift;
  my $port = shift;
  my $database = shift;
  my $user = shift;
  my $password = shift;
  my $dbh=DBI->connect("dbi:Pg:database=$database;host=$server;port=$port" , $user ,
$password) or die $DBI::errstr;
  return $dbh;
}
```

Die Datei *Bulk_DBs.txt* hat den folgenden Aufbau:

```
<servername> <port> <datenbank> <user> <passwort>
```

Eine Abfrage nach vorhandenen Datenbanken im Cluster liefert die folgende Ausgabe:

```
SELECT datname FROM pg_database ORDER BY 1
------------------------------------------------------------
localhost       : hanser|postgres|template0|template1|
192.168.178.26 : hanser|beispiel|postgres|template0|template1|
. . .
```

25.5.2 Parallele Verbindungen

Perl-DBI-Programme können zur Laufzeit mit mehreren Datenbanksystemen gleichzeitig verbunden sein. Das ist zum Beispiel nützlich für Datenbankmigrationen oder Datenübertragungen zwischen PostgreSQL und Oracle oder anderen Datenbanksystemen. Auch wenn Sie einen Mischbetrieb fahren und Informationen aus verschiedenen Systemen verarbeiten oder abgleichen müssen, sind solche Programme sehr nützlich.

Listing 25.16 Migration einer Tabelle mit parallelen Datenbankverbindungen

```
#!/usr/bin/perl
use DBI;
use strict;
my $conn = DBI->connect("DBI:Pg:dbname=postgres;host=localhost;port=5432",
"postgres", "",{ AutoCommit => 0}) || die "Fehler $DBI::err [$DBI::errstr]";
printf "Status PostgreSQL Connection: %s\n", $conn->state || "OK";
my $oraconn = DBI->connect("DBI:Oracle:ORCL","hr","hr");
printf "Status Oracle Connection: %s\n", $oraconn->state || "OK";
$oraconn->{LongReadLen} = 512 *1024;
my $retval = "";
my $sqlcommand="";
my $sth = $oraconn->prepare(q{
BEGIN
DBMS_METADATA.SET_TRANSFORM_PARAM(DBMS_METADATA.SESSION_TRANSFORM,'STORAGE',false);
DBMS_METADATA.SET_TRANSFORM_PARAM(TRANSFORM_HANDLE=>DBMS_METADATA.SESSION_
TRANSFORM,name=>'SEGMENT_ATTRIBUTES', value=>false);
END;});
$sth->execute;
$sth = $oraconn->prepare("SELECT
dbms_metadata.get_ddl('TABLE','EMPLOYEES','HR') FROM dual");
$sth->execute;
$sth->bind_col(1, \$retval);
while ($sth->fetch) {
print $retval, "\n";
$sqlcommand = $sqlcommand + $retval;
}
print $sqlcommand;
# . . . Umwandlung DDL . . .
my $sthpost = $conn->prepare($sqlcommand);
$sthpost->execute;
$conn->disconnect;
$oraconn->disconnect;
```

Für die Abfrage der DDL-Informationen wird auf der Oracle-Seite das Paket DBMS_METADATA verwendet. Nach einer Umwandlung ins PostgreSQL-Format kann die Tabelle direkt in der PostgreSQL-Datenbank erstellt werden.

Listing 25.17 Das Migrationsskript ausführen

```
$ perl migrate.pl
Status PostgreSQL Connection: 25P01
Status Oracle Connection: OK
  CREATE TABLE "HR"."EMPLOYEES"
   (    "EMPLOYEE_ID" NUMBER(6,0),
        "FIRST_NAME" VARCHAR2(20),
        "LAST_NAME" VARCHAR2(25) CONSTRAINT "EMP_LAST_NAME_NN" NOT NULL ENABLE,
        "EMAIL" VARCHAR2(25) CONSTRAINT "EMP_EMAIL_NN" NOT NULL ENABLE,
        "PHONE_NUMBER" VARCHAR2(20),
        "HIRE_DATE" DATE CONSTRAINT "EMP_HIRE_DATE_NN" NOT NULL ENABLE,
        "JOB_ID" VARCHAR2(10) CONSTRAINT "EMP_JOB_NN" NOT NULL ENABLE,
        "SALARY" NUMBER(8,2),
        "COMMISSION_PCT" NUMBER(2,2),
        "MANAGER_ID" NUMBER(6,0),
        "DEPARTMENT_ID" NUMBER(4,0),
         CONSTRAINT "EMP_SALARY_MIN" CHECK (salary > 0) ENABLE,
         CONSTRAINT "EMP_EMAIL_UK" UNIQUE ("EMAIL") ENABLE,
         CONSTRAINT "EMP_EMP_ID_PK" PRIMARY KEY ("EMPLOYEE_ID") ENABLE,
         CONSTRAINT "EMP_DEPT_FK" FOREIGN KEY ("DEPARTMENT_ID")
          REFERENCES "HR"."DEPARTMENTS" ("DEPARTMENT_ID") ENABLE
   )
0
```

Das Prinzip mehrerer paralleler Verbindungen kann man sich zunutze machen, um mit dem DBI-CSV-Modul CSV-Dateien zu laden und zu entladen. Das Programm funktioniert ähnlich wie der COPY-Befehl und kann überall eingesetzt werden, wo der COPY-Befehl an Grenzen stößt. Die Daten der Excel-Tabelle können in ein CSV-Format gespeichert werden.

	A	B	C	D	E	F	G
1	12.04.2018	4711	512,55	97,3845	609,9345		
2	12.04.2018	3453	43,44	8,2536	51,6936		
3	13.04.2018	545	111,1	21,109	132,209		
4	14.04.2018	3[illegible]	989	187,91	1176,91		
5	15.04.2018	13435	33,45	6,3555	39,8055		
6	16.04.2018	435	133,55	25,3745	158,9245		
7	16.04.2018	4323	443,59	84,2821	527,8721		
8							
9							
10							
11							

Bild 25.3 Sales-Daten in einer Excel-Tabelle

Mit dem CSV-Modul kann eine CSV-Datei wie eine externe Tabelle behandelt werden (siehe Listing 25.18). Der Separator wird über das Attribut *csv_sep_char* festgelegt.

Listing 25.18 Eine CSV-Datei mit DBI-CSV lesen

```
#!/usr/bin/perl
use DBI;
use strict;
my $dbh = DBI->connect("DBI:Pg:dbname=hanser;host=localhost;port=5432",
"postgres", "",{ AutoCommit => 0}) || die "Fehler $DBI::err [$DBI::errstr]";
my $dbh2 = DBI->connect("DBI:CSV:csv_sep_char=\\;");
my $sql_insert = "INSERT INTO orders
(orderdate,customerid,netamount,tax,totalamount) VALUES (?,?,?,?,?)";
```

```
my $sth = $dbh->prepare($sql_insert);
$dbh2->{'csv_tables'}->{'extern'} = {'file'=>'22_01.csv'};
my $sth2 = $dbh2->prepare("SELECT * FROM extern");
$sth2->execute();
my @row;
my $ret;
while (@row = $sth2->fetchrow_array) {
  $sth->bind_param(1, $row[0]);
  $sth->bind_param(2, $row[1]);
  $sth->bind_param(3, $row[2]);
  $sth->bind_param(4, $row[3]);
  $sth->bind_param(5, $row[4]);
  $ret = $sth->execute();
}
$dbh->commit;
$sth->finish;
$dbh->disconnect;
$sth2->finish;
$dbh2->disconnect;
```

25.5.3 Large Objects verarbeiten

Das Perl-DBI- und das PostgreSQL-DBD-Modul unterstützen die Verarbeitung von Large Objects. Es stehen dieselben Funktionen zur Verfügung, die uns bereits in anderen Sprachen begegnet sind. Damit ist die Programmierung vergleichsweise einfach. In Listing 25.19 wird zunächst eine Tabelle mit einer Spalte für Large Objects angelegt.

Listing 25.19 Eine Tabelle mit Large-Object-IDs anlegen

```
(postgres@localhost:5432)[hanser]> CREATE TABLE document (
> id      INTEGER,
> name    TEXT,
> doc     OID);
CREATE TABLE
```

Im Beispiel in Listing 25.20 wird eine Datei im PDF-Format gelesen und in die Tabelle geschrieben. Anschließend wird das Large Object wieder in das Betriebssystem exportiert.

Listing 25.20 Eine PDF-Datei als Large Object verarbeiten

```
#!/usr/bin/perl
use DBI;
use strict;
my $dbh = DBI->connect("DBI:Pg:dbname=hanser;host=localhost;port=5432",
"Lutz", "",{ AutoCommit => 0}) || die "Fehler $DBI::err [$DBI::errstr]";
my $sql = "INSERT INTO document (id , name, doc) VALUES (1, 'Rechnung',
lo_import(,D:\\Temp\\Rechnung  vom 07.07.2017.PDF'))";
my $sth = $dbh->prepare($sql);
$sth->execute();
$dbh->commit;
$sql = "SELECT doc FROM document WHERE name = 'Rechnung'";
$sth = $dbh->prepare($sql);
$sth->execute();
my @row = $sth->fetchrow_array();
my $oid = $row[0];
$sql = "SELECT lo_export($oid, 'D:\\Temp\\Kopie_Rechnung.pdf') FROM document";
```

```
$sth = $dbh->prepare($sql);
$sth->execute();
$sth->finish;
$dbh->disconnect;
```

25.5.4 Asynchrone Abfragen

SQL-Abfragen können mit Perl-DBI asynchron behandelt werden. Insbesondere im Fall von lang laufenden Queries kann die Zeit genutzt werden, um andere Aktionen durchzuführen. Das Skript kann nachfragen, ob die Ausführung beendet ist, und im positiven Fall das Ergebnis liefern. Zunächst legen wir eine Funktion für eine lang laufende Abfrage an (siehe Listing 25.21).

Listing 25.21 Funktion für eine lang laufende SQL-Abfrage

```
(postgres@localhost:5432)[hanser]> CREATE FUNCTION long_running_query()
> RETURNS BIGINT
> AS $$
> SELECT count(*) FROM sales;
> $$ LANGUAGE SQL;
CREATE FUNCTION
```

Im Perl-Skript (Listing 25.22) müssen die asynchronen Funktionen des PostgreSQL-DBD-Moduls eingebunden werden. Die asynchrone Funktionalität gibt es nicht in allen Datenbanksystemen. Beachten Sie, dass mit der Einbindung des DBD-Moduls das Programm nicht mehr datenbanksystemunabhängig ist. Die Schleife wird so lange durchlaufen, bis die Ausführung abgeschlossen ist und das Ergebnis vorliegt.

Listing 25.22 Asynchrones SQL mit Perl-DBI

```
#!/usr/bin/perl
use DBI;
use DBD::Pg ':async';
my $dbh = DBI->connect("DBI:Pg:dbname=hanser;host=localhost;port=5432",
"postgres", "",{ AutoCommit => 0}) || die "Fehler $DBI::err [$DBI::errstr]";
print "Beispiel asynchrones SQL:\n";
my $sth = $dbh->prepare("SELECT long_running_query()", {pg_async=>PG_ASYNC});
$sth->execute();
while (!$dbh->pg_ready) {
# do_something_else();
  print "SQLis still running …\n";
  sleep 1;
}
print "SQL statement has finished\n";
my $res = $sth->pg_result();
print "Result: $res \n";
my $row = $sth->fetchrow_array();
print "SQL output: " . $row . "\n";
$sth->finish;
$dbh->disconnect;

$ perl async.pl
Beispiel asynchrones SQL:
SQLis still running …
```

```
SQLis still running ...
SQLis still running ...
SQL statement has finished
Result: 1
SQL output: 50000000
```

25.5.5 Datenbanken vergleichen

Häufig wird mit mehreren Datenbankumgebungen gearbeitet: Entwicklung, Test und Produktion. Mit der Zeit laufen die Umgebungen auseinander und es ist wichtig, die Unterschiede herauszufiltern. Perl-DBI ist dafür bestens geeignet. Man kann vom Client auf alle Datenbankserver im Netzwerk zugreifen und parallele Verbindungen verwenden. Darüber hinaus bietet Perl sehr gute Möglichkeiten, die Ergebnisse performant auszuwerten. Das Beispiel in Listing 25.23 ist ein Auszug aus einem Vergleichsskript, das die vorhandenen Tabellen zweier Datenbanken überprüft.

Listing 25.23 Datenbanken mit Perl-Skript vergleichen

```
#!/usr/bin/perl
# Compare PostgreSQL databases - Light version
# perl PGSchemaComp.pl localhost hanser public localhost hanser2 public
use strict;
use DBI;
my $num_args = $#ARGV + 1;
if ($num_args lt 6) {
  print "\n usage: PGSchemaComp.pl hostname1 database1 schema1 hostname2 database2
schema2 \n";
  exit;
}
my $hostname1 = $ARGV[0];
my $database1 = $ARGV[1];
my $schema1 = $ARGV[2];
my $hostname2 = $ARGV[3];
my $database2 = $ARGV[4];
my $schema2 = $ARGV[5];
my %Unique_DB1;
my %Unique_DB2;
my $db1 = &dbconnect("$hostname1", "$schema1", "$database1");
my $db2 = &dbconnect("$hostname2", "$schema2", "$database2");
my $dt= &get_date_time($db1, $schema1, $database1);
print STDOUT "\n\nComparing : $database1.$schema1 - $database2.$schema2 $dt\n\n";
print "\nComparing Tables";
print "\n-----------------";
&compare_tables;
# ----------------------------------- Subs ---------------------------------
sub compare_tables {
  my %Tables1 = &get_tables($db1, $schema1, $database1);
  my %Tables2 = &get_tables($db2, $schema2, $database2);
  my $key;
  my %TableDiff;
  foreach $key (keys %Tables1) {
    if ($Tables2{$key}) {
      } else {
        $TableDiff{Database_1}{$key} = 1;
      }
```

```
        }
    foreach $key (keys %Tables2) {
            unless ($Tables1{$key}) {
                $TableDiff{Database_2}{$key} = 1;
            }
        }
    print "\nTables not found in schema $database1.$schema1:\n";
    for $key (keys %{$TableDiff{Database_2}}) {
         print "$key\n";
    }
    print "\nTables not found in schema $database2.$schema2:\n";
    for $key (keys %{$TableDiff{Database_1}}) {
         print "$key\n";
    }
}
sub get_tables {
  my $dbh = shift;
  my $sch = shift;
  my $dbase = shift;
  my %tables;
  my $row;
  my $sqlstr = "SELECT relname, nspname AS full_rel_name FROM pg_class,
pg_namespace WHERE relnamespace = pg_namespace.oid AND nspname = 'public' AND
relkind = 'r'";
  my $sth = $dbh->prepare($sqlstr) or print STDOUT "get_tables:Query failed\n";
  $sth->execute;
  my $data = $sth->fetchall_arrayref;
  $sth->finish;
  print "\nNumber of tables in schema $dbase.$sch is ", 0 + @{$data}, "\n";
  foreach $row (@{$data}) {
       $tables{$row->[0]}{TableName} = $row->[0];
       $tables{$row->[1]}{Schema} = $row->[1];
  }
  return %tables;
}
sub get_date_time {
  my $dbh = shift;
  my $schema_name = shift;
  my $database_name = shift;
  my $sth = $dbh->prepare("SELECT now()");
  $sth->execute;
  my $dt = $sth->fetchrow_array;
  $sth->finish;
  return $dt;
}
sub dbconnect {
  my $hostname = shift;
  my $schema = shift;
  my $database = shift;
  my $dbh = DBI->connect("DBI:Pg:dbname=$database;host=$hostname;port=5432",
"postgres", "") or die $DBI::errstr;;
  return $dbh;
}

$ perl PGSchemaComp.pl localhost hanser public localhost hanser2 public
Comparing : hanser.public – hanser2.public 2018-04-14 20:29:22.958353+02
Comparing Tables
------------------
```

```
Number of tables in schema hanser.public is 5
Number of tables in schema hanser2.public is 3
Tables not found in schema hanser.public:
cust_hist
Tables not found in schema hanser2.public:
reorder
orders
orderlines
```

26 Programmierung mit Python

Python ist eine sehr populäre Sprache. Nicht zuletzt die Entwicklungen in den Bereichen Data Science und maschinelles Lernen haben zu einer starken Verbreitung geführt. Für Python stehen umfangreiche Pakete zur Verfügung. Das macht die Programmierung relativ einfach. Man kann mit wenig Programmcode schnell die gewünschte Funktionalität erreichen.

Das Programm wird in einen Binärcode kompiliert, der wiederum als Binär-Stream ausgeführt wird. Die Ausführung ist geringfügig langsamer gegenüber einer ausführbaren Datei. Python hat Schwächen im Bereich Parallelisierung. Hier gibt es Einschränkungen, wenn es um maximale Performance-Auslastung geht. Dennoch ist Python sowohl für die Anwendungsentwicklung als auch die Systemadministration sehr empfehlenswert. Insbesondere die Möglichkeit, die Sprache unter dem Namen „PL/Python" in die Datenbank zu integrieren und damit PostgreSQL-Funktionen zu erstellen, eröffnet ein breites Einsatzgebiet. Für PL/Python stehen spezielle Funktionen zur Verfügung, die einen direkten Zugriff auf Datenbankobjekte mit geringer Latenz ermöglichen.

Die aktuelle Version finden Sie auf der Webseite *https://www.python.org/downloads*. Am einfachsten ist die Paketinstallation. Pakete sind für die wichtigsten Betriebssysteme verfügbar. Für Ubuntu wird Python standardmäßig mit dem Betriebssystem installiert und mit dem Software-Update aktualisiert. Für die Server-Programmierung muss Python auf dem System installiert werden, auf dem der PostgreSQL-Server läuft.

26.1 Client-Programmierung mit Python

Für die Client-Programmierung wird das Modul *psycopg2* benötigt. Die Installation erfolgt auf dem Client-Computer. Das Modul ist sehr mächtig und bietet viele wertvolle Features und Funktionen. Installieren Sie das Modul *psycopg2* mit dem Package Manager.

Listing 26.1 Das Modul *psycopg2*

```
C:\>pip3 install psycopg2
Collecting psycopg2
  Downloading psycopg2-2.9.1-cp39-cp39-win_amd64.whl (1.2 MB)
     |================================| 1.2 MB 1.3 MB/s
Installing collected packages: psycopg2
Successfully installed psycopg2-2.9.1
```

HINWEIS: Aktuell befindet sich das Modul *psycopg3* im Beta-Status. Es handelt sich dabei um eine Überarbeitung von *psycopg2*. Das Modul kann analog eingesetzt werden.

Mit einem einfachen Programm (siehe Listing 26.2) lässt sich testen, ob die Verbindung zur Datenbank hergestellt werden kann.

Listing 26.2 Datenbankverbindung mit *psycopg2* herstellen

```
import psycopg2
from psycopg2 import Error
try:
  conn = psycopg2.connect(dbname="hanser", user="postgres", password="postgres",
host="localhost")
  cursor = conn.cursor()
  print(conn.get_dsn_parameters(), "\n")
  cursor.execute("SELECT version()")
  record = cursor.fetchone()
  print("You are connected to - ", record, "\n")
except (Exception, Error) as error:
  print(„Verbindung zu PostgreSQL konnte nicht hergestellt werden: „, error)
finally:
  cursor.close()
  conn.close()
C:\>python 26_02.py
{'user': 'postgres', 'channel_binding': 'prefer', 'dbname': 'hanser', 'host':
'localhost', 'port': '5432', 'tty': '', 'options': '', 'sslmode': 'prefer',
'sslcompression': '0', 'ssl_min_protocol_version': 'TLSv1.2', 'gssencmode':'disable',
'krbsrvname': 'postgres', 'target_session_attrs': 'any'}
You are connected to -  ('PostgreSQL 14, compiled by Visual C++ build 1928, 64-bit',)
```

In der Programmierung von Datenbankapplikationen ist es häufig erforderlich, Parameter an SQL-Anweisungen zu übergeben. Dies wird mit Hilfe von Platzhaltern in der SQL-Anweisung gelöst (siehe Listing 26.3).

Listing 26.3 Übergabe von Werten an die SQL-Anweisung

```
cursor = conn.cursor()
sql = "INSERT INTO categories (category, categoryname) VALUES (%s, %s)"
cursor.execute(sql, (17, "Lovestory"));
conn.commit()
```

SELECT-Anweisungen liefern ein Resultset. Im Python-Programm können die Sätze einzeln, in Gruppen oder komplett abgerufen werden. Im Beispiel in Listing 26.4 erfolgt eine satzweise Abfrage des Resultset mit der Funktion *fetchone*.

Listing 26.4 SELECT-Anweisung mit Einzelsatzabfrage

```
import psycopg2
from psycopg2 import Error
try:
  conn = psycopg2.connect(dbname="hanser", user="postgres", password="postgres",
host="localhost")
  cursor = conn.cursor()
  cursor.execute("SELECT * FROM categories")
```

```
  print("Anzahl Saetze: ", cursor.rowcount)
  row = cursor.fetchone()
  while row is not None:
    print(row)
    row = cursor.fetchone()
except (Exception, Error) as error:
  print("Fehler: ", error)
finally:
  cursor.close()
  conn.close()
```

Die satzweise Verarbeitung mit der Funktion *fetchone* kann ineffektiv werden, insbesondere wenn eine Netzwerklatenz zwischen Client und Server besteht. Um nicht alle Sätze zu holen, kann die Funktion *fetchmany* verwendet werden. Die Anzahl der Sätze, die mit einem Funktionsaufruf geholt werden, wird durch den Parameter *arraysize* bestimmt.

Listing 26.5 SQL-Abfrage mit *fetchmany*

```
import psycopg2
from psycopg2 import Error
try:
  conn = psycopg2.connect(dbname="hanser", user="postgres", password="postgres",
host="192.168.178.32")
  cursor = conn.cursor()
  cursor.execute("SELECT * FROM text_big")
  print("Anzahl Saetze: ", cursor.rowcount)
  cursor.arraysize = 1000
  while True:
    rows = cursor.fetchmany()
    if not rows:
      break
    for row in rows:
      # Durch den Batch laufen
      pass
except (Exception, Error) as error:
  print("Fehler: ", error)
finally:
  conn.close()
```

Eine SQL-Abfrage erfolgt nach dem Client/Server-Prinzip. Das Resultset wird komplett an den Client geschickt und dort verarbeitet (siehe Listing 26.6).

Listing 26.6 Sätze in einen Cursor lesen

```
import psycopg2
from psycopg2 import Error
try:
  conn = psycopg2.connect(dbname="hanser", user="postgres", password="postgres",
host="localhost")
  cursor = conn.cursor()
  cursor.execute("SELECT * FROM text_big")
  print("Anzahl Saetze: ", cursor.rowcount)
  rows = cursor.fetchall()
  for row in rows:
    # Durch den Cursor fetchen
    pass
except (Exception, Error) as error:
```

```
  print("Fehler: ", error)
finally:
  conn.close()
```

Das Resultset wird mit dieser Methode komplett in das Memory des Clients geladen. Dies kann für größere Tabellen schnell zur Überlastung der Ressourcen führen. Das Problem kann mit Hilfe eines Cursors gelöst werden, der auf dem Datenbankserver läuft. Ein solcher Cursor wird „Refcursor" genannt. Auf den Client wird nur noch eine kontrollierbare Menge von Daten übertragen.

Listing 26.7 Einen Refcursor mit *psycopg2* verwenden

```
import psycopg2
from psycopg2 import Error
try:
  conn = psycopg2.connect(dbname="hanser", user="postgres", password="postgres",
host="localhost")
  cursor = conn.cursor()
  cursor.callproc(‚reffunc', [‚mycursor'])
  rcurs = conn.cursor('mycursor')
  for record in rcurs:
    # Durch den Cursor fetchen
    pass
except (Exception, Error) as error:
  print("Fehler: ", error)
finally:
  conn.close()
```

Datentypen in Python und PostgreSQL unterscheiden sich. In Tabelle 26.1 finden Sie eine Auswahl vergleichbarer Typen.

Tabelle 26.1 Vergleichbare Datentypen in Python und PostgreSQL

Python	PostgreSQL
int	smallint
long	integer, bigint
float	real, double
str	varchar
unicode	text
buffer	bytea
datetime	timestamp
None	NULL

Standardmäßig ist Autocommit ausgeschaltet. Transaktionen können mit den Funktionen *commit* oder *rollback* abgeschlossen werden. Eine Verbindung kann im Modus Autocommit hergestellt werden. Für die Programmierung ist dies meistens nicht erwünscht.

Das Modul wurde speziell für PostgreSQL entwickelt und bietet umfangreiche Unterstützung für populäre Funktionen. Dazu gehört auch die COPY-Funktion. Im Beispiel in Listing 26.8 wird eine Tabelle in eine CSV-Datei exportiert.

Listing 26.8 Eine csv-Datei mit COPY erstellen

```
import psycopg2
import sys
from psycopg2 import Error
try:
  conn = psycopg2.connect(dbname="hanser", user="postgres", password="postgres",
host="localhost")
  cursor = conn.cursor()
  file = open('C:\\Temp\\orderlines.csv', 'w')
  cursor.copy_to(file, 'orderlines', sep='|')
except (Exception, Error) as error:
  print("Fehler: ", error)
finally:
  cursor.close()
  conn.close()
```

Die Behandlung von Strings verdient in dieser Umgebung etwas Aufmerksamkeit. Python im Basismodul kennt die Objekte „str" und „bytes". Die Übertragung eines Zeichens zwischen Client und Datenbank, das im Encoding nicht unterstützt wird, führt zu einem Fehler.

Wichtig ist auch das Encoding der PostgreSQL-Datenbank. Während der Standardzeichensatz auf einem Linux-System UTF-8 ist, wird eine Datenbank unter Windows standardmäßig mit der Codepage 1252, einem 8-Bit-Zeichensatz für westeuropäische Zeichen erstellt.

Listing 26.9 Standardzeichensätze unter Linux und Windows

```
(postgres@[local]:5432)[postgres]> SELECT datname, encoding,
> datcollate, datctype FROM pg_database;
  datname  | encoding |  datcollate  |  datctype
-----------+----------+-------------+-------------
 postgres  |        6 | en_US.UTF-8 | en_US.UTF-8
 hanser    |        6 | en_US.UTF-8 | en_US.UTF-8
(postgres@localhost:5432)[hanser]> SELECT datname, encoding,
> datcollate, datctype FROM pg_database;
  datname  | encoding |      datcollate      |       datctype
-----------+----------+---------------------+--------------------
 postgres  |       24 | German_Germany.1252 | German_Germany.1252
 hanser    |       24 | German_Germany.1252 | German_Germany.1252
```

Für das Anlegen einer UTF-8-Datenbank unter Windows muss das Encoding explizit angegeben werden. Beachten Sie, dass sich die Größe der Datenbank mit einem Multibyte-Zeichensatz entsprechend vergrößert.

Listing 26.10 Eine UTF-8-Datenbank unter Windows anlegen

```
C:\>createdb --template=template0 --locale=en_US.UTF-8 --encoding=UTF8 hanser2
(postgres@localhost:5432)[postgres]> SELECT datname, encoding, datcollate, datctype
FROM pg_database;
  datname  | encoding |      datcollate      |       datctype
-----------+----------+---------------------+--------------------
 hanser    |       24 | German_Germany.1252 | German_Germany.1252
 hanser2   |        6 | en_US.UTF-8         | en_US.UTF-8
```

> **TIPP:** Wenn Sie Python 2 verwenden, muss zusätzlich eine Konvertierung von „String“ nach „Unicode“ im Client-Programm vorgenommen werden. In Python 3 werden alle Strings als Unicode gespeichert.

Bei Problemen mit Zeichensätzen ist, so wie in Listing 26.11, eine Darstellung im Hexadezimalformat hilfreich.

Listing 26.11 Ausgabe von Strings im Hexadezimalformat

```
import psycopg2
from psycopg2 import Error
def hexdump(chars, sep, width):
  linenr = 0;
  while chars:
    line = chars[:width]
    chars = chars[width:]
    line = line.ljust(width, '\000')
    print ("%06X%s%s%s%s" % (linenr,": ",sep.join("%02X" % ord(c) for c in line),
sep, quotechars(line)))
    linenr = linenr + width
def quotechars(chars):
  return ''.join(['.', c][c.isprintable()] for c in chars)
try:
  conn = psycopg2.connect(dbname="hanser", user="postgres", password="postgres",
host="localhost")
  conn.set_client_encoding('UTF-8')
  cursor = conn.cursor()
  cursor.execute("SELECT cont FROM big WHERE id1=1")
  rows = cursor.fetchone()
  print(conn.encoding)
  print(rows[0], type(rows[0]))
  hexdump(rows[0], ' ', 16)
except (Exception, Error) as error:
  print("Fehler: ", error)
finally:
  conn.close()
C:\Temp>python sel.py
UTF8
ÄÖÜßäöüABCDEFGHIJKLMNOPQRSTUVWXYZ1234567890› <class ‹str'>
000000: C4 D6 DC DF E4 F6 FC 41 42 43 44 45 46 47 48 49 ÄÖÜßäöüABCDEFGHI
000010: 4 A 4B 4C 4D 4E 4F 50 51 52 53 54 55 56 57 58 59 JKLMNOPQRSTUVWXY
000020: 5 A 31 32 33 34 35 36 37 38 39 30 27 00 00 00 00 Z1234567890'....
```

Das Modul stellt zwei Arten von Connection Pools zur Verfügung: einen Simple Connection Pool und einen Threaded Connection Pool. Dies macht die Anwendung für Applikationen sehr interessant. Der Threaded Pool implementiert die Verbindungen über mehrere Threads und hilft, die Performance zu steigern. Er ist insbesondere für eine größere Anzahl von Verbindungen zu empfehlen. Für weniger als 100 Verbindungen ist der einfache Pool häufig ausreichend.

Schauen wir uns dazu das Beispiel in Listing 26.12 an. Der Pool wird mit der Funktion *SimpleConnectionPool* erstellt (1). Neben den Verbindungsparametern wird die Anzahl der minimalen und maximalen Verbindungen übergeben. Mit der Funktion *getconn* wird eine Verbindung aus dem Pool zur Benutzung abgerufen (2). Die Funktion *putconn* gibt die Verbindung wieder frei (3). Um alle Verbindungen zu schließen, kann die Funktion *closeall* verwendet werden (4).

Listing 26.12 Einen einfachen Connection Pool verwenden

```
import psycopg2
from psycopg2 import pool
try:
  simple_pool = psycopg2.pool.SimpleConnectionPool(5, 20, user="postgres",
password="postgres", host="localhost", port="5432", database="hanser")
  if (simple_pool):                                                    (1)
    print("Simple Connection Pool erfolgreich erstellt")
    conn = simple_pool.getconn()                                       (2)
    if (conn):
      print(„Verbindung vom Connection Pool erhalten")
      cursor = conn.cursor()
      cursor.execute("SELECT * FROM products LIMIT 1")
      rows = cursor.fetchall()
      print(„Anzeige der gelesenen Sätze:")
      for row in rows:
        print(row)
      cursor.close()
      simple_pool.putconn(conn)                                        (3)
      print(„Verbindung freigegeben")
except (Exception, psycopg2.DatabaseError) as error:
  print(„Verbindungsfehler zu PostgreSQL: „, error)
finally:
  if simple_pool:
    simple_pool.closeall                                               (4)
    print("Simple Connection Pool geschlossen")
C:\python simple_pool.py
Simple Connection Pool erfolgreich erstellt
Verbindung vom Connection Pool erhalten
Anzeige der gelesenen Sätze:
(1, 14, 'ACADEMY ACADEMY', 'PENELOPE GUINESS', Decimal('25.99'), 0, 1976)
Verbindung freigegeben
Simple Connection Pool geschlossen
```

Die Unterschiede machen sich sehr schnell bemerkbar und haben einen entscheidenden Einfluss auf die Performance der Applikation. Packen Sie, so wie in Listing 26.13, den Code-Teil in eine Schleife und vergleichen Sie die Ausführungszeit mit und ohne Connection Pool. Im Test lag die Ausführungszeit für 1000 Verbindungen ohne Pool bei 17 Sekunden und mit Pool bei einer Sekunde.

Listing 26.13 Performance-Test Connection Pool in einer Schleife

```
. . .
for i in range(1000):
  conn = simple_pool.getconn()
  if (conn):
  cursor = conn.cursor()
  cursor.execute(„SELECT version()")
  rows = cursor.fetchall()
  for row in rows:
    print(row)
  cursor.close()
  simple_pool.putconn(conn)
. . .
```

HINWEIS: Die Verwendung eines Connection Pool ist insbesondere für OLTP-Applikationen sinnvoll. Es werden viele kurze SQL-Abfragen mit geringen Antwortzeiten an den Datenbankserver gesendet. Auch für Cloud-Datenbanken, und immer dann, wenn Client und Server entfernt stehen und eine Netzwerklatenz entsteht, bringt ein Pool Performance-Vorteile. Bei der Authentifizierung werden Netzwerkpakete zwischen Client und Server mehrfach ausgetauscht. Befinden sich Client und Server im gleichen Netzwerksegment, ist dennoch der Performance-Gewinn überraschend hoch. Das liegt an der Tatsache, dass die Durchführung von Verschlüsselungen und das Bilden von Hash-Werten mit SCRAM-SHA-256 mehr Zeit in Anspruch nimmt. Dabei werden standardmäßig 4096 Iterationen durchgeführt. Dies ist bewusst gewählt, um die Sicherheit gegenüber Brute-Force-Attacken zu erhöhen. Man erkauft sich höhere Sicherheit mit längeren Zeiten für den Authentifizierungsprozess. Für eine einzelne Verbindung ist das kaum spürbar. ■

Ein Threaded Connection Pool sollte eingesetzt werden, wenn der Client in einer Multithread-Umgebung läuft. Die zugehörige Funktion lautet: *ThreadedConnectionPool.*

26.2 Server-Programmierung mit PL/Python

Mit PL/Python können Stored Procedures, Funktionen und Trigger in Python geschrieben werden. Sie kann, wie andere Server-Sprachen, für die Server-Programmierung eingesetzt werden. Die folgenden Schritte beschreiben die Installation von PL/Python im PostgreSQL-Server:

1. Installieren Sie Python auf dem Computer, auf dem der PostgreSQL-Server läuft.
2. Führen Sie die Installation der PostgreSQL-Software aus dem Quellcode durch. Details dazu finden Sie in Kapitel 2. Setzen Sie die Umgebungsvariable PYTHON auf den Programmnamen des Python-Binary. Die Konfiguration muss mit der Option `–with-python` erfolgen.

```
# export PYTHON=python3
# ./configure --with-python
# make
. . .
```

3. Installieren Sie PL/Python als Sprache im PostgreSQL-Server. Die Installation von Sprachen in PostgreSQL erfolgt mit dem Befehl CREATE EXTENSION.

```
(postgres@[local]:5432)[hanser]> CREATE EXTENSION plpython3u;
CREATE EXTENSION
(postgres@[local]:5432)[hanser]> SELECT lanname, lanpltrusted, lanispl
> FROM pg_language;
  lanname   | lanpltrusted | lanispl
------------+--------------+---------
 internal   | f            | f
```

```
c          | f          | f
sql        | t          | f
plpgsql    | t          | t
plpython3u | f          | t
```

HINWEIS: Wenn Sie eine Paketinstallation verwenden, muss die Distribution die Option Python enthalten. Setzen Sie sich mit dem Paket-Provider in Verbindung, ob dies der Fall ist.

Unter Windows erfolgt die Installation aus dem Quellcode analog. Die Optionen für die Kompilierung befinden sich in der Datei *config_default.pl*. Hier muss die Option *python* auf den Pfad verweisen, in dem sich der Interpreter (python.exe) befindet, so wie im folgenden Beispiel:

```
python    => 'C:\Users\Lutz\AppData\Local\Programs\Python\Python39',
```

Nach der Installation der Sprache können Stored Procedures in Python erstellt und ausgeführt werden (siehe Beispiel in Listing 26.14).

Listing 26.14 Eine Stored Procedure in Python ausführen

```
(postgres@[local]:5432)[hanser]> CREATE FUNCTION pymin (a integer, b integer)
>   RETURNS integer
> AS $$
>   if b > a:
>     return a
>   return b
> $$ LANGUAGE plpython3u;
CREATE FUNCTION
(postgres@[local]:5432)[hanser]> SELECT pymin(11,23);
 pymin
-------
    11
(1 row)
```

Python verfügt über eine sehr große Anzahl von nutzbaren Paketen, mit denen unter anderem auf die Betriebssystemumgebung zugegriffen werden kann. So können Aufgaben der Administration oder auch Applikationsaufgaben mit Hilfe von Stored Functions, die in Python geschrieben sind, ausgeführt werden. Dabei ist zu beachten, dass die ausgeführten Befehle abhängig vom Betriebssystem sind. Die Unterschiede können im Programm, so wie im Beispiel in Listing 26.15, berücksichtigt werden. Damit ist die Funktion wieder weitgehend unabhängig einsetzbar.

Listing 26.15 Mit PL/Python auf das Betriebssystem zugreifen

```
(postgres@localhost:5432)[hanser]> CREATE OR REPLACE FUNCTION public.pyos()
> RETURNS character
> LANGUAGE plpython3u
> AS $function$
> import os
> import platform
> if platform.system() == 'Windows':
>   stream = os.popen('dir')
> if platform.system() == 'Linux':
```

```
>   stream = os.popen('ls -l')
> output = stream.read()
> return output
> $function$;
CREATE FUNCTION
(postgres@localhost:5432)[hanser]> SELECT pyos();
                                    pyos
---------------------------------------------------------------
  Volume in Laufwerk C: hat keine Bezeichnung.               +
  Volumeseriennummer: B636-24F8                              +
  Verzeichnis von c:\postgresql\data                         +
 04.01.2022  09:55    <DIR>          .                       +
 12.12.2021  14:30    <DIR>          ..                      +
 29.12.2021  15:56    <DIR>          base                    +
 04.01.2022  09:56    <DIR>          global                  +
 06.12.2021  12:27                62 output.csv              +
 09.11.2021  00:13    <DIR>          pg_commit_ts            +
 09.11.2021  00:13    <DIR>          pg_dynshmem             +
 09.11.2021  00:13             4.887 pg_hba.conf             +
. . .
(postgres@[local]:5432)[hanser]> SELECT pyos();
                                 pyos
----------------------------------------------------------------------------
 total 76                                                                  +
 drwx------ 10 postgres postgres   112 Nov 20 14:03 base                   +
 drwx------  2 postgres postgres  4096 Jan  4 10:23 global                 +
 drwx------  2 postgres postgres     6 Sep 10 15:02 pg_commit_ts           +
 drwx------  2 postgres postgres     6 Sep 10 15:02 pg_dynshmem            +
 -rw-------  1 postgres postgres  5239 Nov  7 17:56 pg_hba.conf            +
. . .
```

Im Beispiel in Listing 26.16 wird der Dateiname für eine Relation (Tabelle) ermittelt und im Betriebssystem angezeigt. Immer da, wo eine Verbindung zwischen Betriebssystem und Datenbank hergestellt werden muss, lässt sich PL/Python sehr gut einsetzen.

Listing 26.16 Den zu einer Tabelle gehörigen Dateinamen listen

```
(postgres@localhost:5432)[hanser]> CREATE OR REPLACE FUNCTION public.pyos()
> RETURNS character
> LANGUAGE plpython3u
> AS $function$
> import os
> import platform
> rv = plpy.execute("SELECT pg_relation_filepath('big')", 1)
> file = rv[0]["pg_relation_filepath"]
> if platform.system() == 'Windows':
>   fname = os.path.join('%PGDATA%', str(file))
>   stream = os.popen('ls -l ' + fname)
> if platform.system() == 'Linux':
>   fname = os.path.join('$PGDATA', str(file))
>   stream = os.popen('ls -l ' + fname)
> output = stream.read()
> return output
> $function$;
CREATE FUNCTION
(postgres@[local]:5432)[hanser]> select pyos();
                                          pyos
---------------------------------------------------------------------------------
 -rw------- 1 postgres postgres 1073741824 Oct 29 15:17 /data/base/16384/793562+
```

Mit der Verwendung von PL/Python wird automatisch das Modul *plpy* importiert. Darin sind Funktionen für den Datenbankzugriff enthalten. Die Zugriffe erfolgen direkt auf den Datenbankserver und gehen nicht wie bei *psycopg2* über das Netzwerk. Eine Übersicht der Funktionen finden Sie in Tabelle 26.2.

Tabelle 26.2 Datenbankzugriffsfunktionen von plpy

Funktion	Beschreibung
execute	Ausführung einer SQL-Abfrage. Das Resultset wird als Objekt zurückgegeben.
prepare	Führt das Parsing für eine SQL-Anweisung aus und erstellt den Ausführungsplan. Verhält sich analog zur Prepare-Anweisung in anderen Programmiersprachen. Wird gefolgt von einer execute-Anweisung zur Ausführung.
cursor	Verhält sich ähnlich wie die Funktion *execute*. Es wird ein Objekt vom Typ „Cursor“ zurückgeliefert. Mit der Funktion ist es möglich, ein größeres Resultset in Teilmengen zu verarbeiten.

Die Funktion *execute* akzeptiert zwei Parameter, den SQL-Text und optional die maximale Anzahl von Sätzen, die zurückgegeben werden soll. Das Resultset unterstützt die folgenden Funktionen:

- *status():* Status der Abfrage, entspricht dem Wert von *SPI_excute()*
- *nrows()*: Anzahl der Sätze, die in der SQL-Anweisung verarbeitet wurden
- *colnames()*: Liste von Spaltennamen
- *coltypes()*: Liste der Spaltentypen
- *commit()*: Transaktion mit *Commit* beenden
- *rollback()*: Transaktion zurückrollen

In Listing 26.17 wird eine SELECT-Anweisung mit *plpy.execute* ausgeführt. Das Ergebnis ist eine Liste, die Ergebniswerte wie den Status, die Spaltennamen und die Daten enthält.

Listing 26.17 Eine SELECT-Anweisung mit *plpy.execute* ausführen

```
(postgres@localhost:5432)[hanser]> CREATE OR REPLACE FUNCTION public.pysel()
> RETURNS CHARACTER VARYING
> LANGUAGE plpython3u
> AS $function$
> rval = plpy.execute("SELECT * FROM employees", 1)
> return rval
> $function$;
CREATE FUNCTION
CREATE FUNCTION
(postgres@localhost:5432)[hanser]> SELECT pysel();
                                  pysel
--------------------------------------------------------------------------------
 <PLyResult status=5 nrows=1 rows=[{'employee_id': 1, 'department_id': 99, 'first_
name': 'Rodger', 'last_name': 'Smith', 'hr_id': 99999, 'salary': 0}]>
```

TIPP: Die Funktion *execute* führt eine Zwischenspeicherung des gesamten Resultset im Memory durch. Sie sollte deshalb nur für kleinere Ergebnismengen verwendet werden. Für große Mengen sollte die Funktion *plpy.cursor* so wie in Listing 26.18 verwendet werden.

Die Funktionen *cursor.fetch* holt eine vorgegebene Anzahl von Sätzen aus dem Resultset. Die Batchsize kann als Parameter angegeben werden.

Listing 26.18 Eine SELECT-Anweisung mit der Funktion *cursor*

```
(postgres@localhost:5432)[hanser]> CREATE OR REPLACE FUNCTION public.pysel()
> RETURNS int4
> LANGUAGE plpython3u
> AS $function$
> cursor = plpy.cursor("SELECT * FROM big")
> cnt = 0
> while True:
>   row = cursor.fetch(10)
>   if not row:
>     break
>   cnt += 10
> return cnt
> $function$;
CREATE FUNCTION
(postgres@localhost:5432)[hanser]> SELECT pysel();
  pysel
----------
 20000000
```

Das Modul plpy kann auch mit *Prepare* und *Execute* arbeiten. Es können also Bindevariablen verwendet und damit die Ausführung optimiert werden.

Listing 26.19 plpy mit PREPARE und EXECUTE

```
(postgres@localhost:5432)[hanser]> CREATE OR REPLACE FUNCTION public.pysel()
> RETURNS CHARACTER VARYING
> LANGUAGE plpython3u
> AS $function$
> prep = plpy.prepare("SELECT cont FROM big WHERE id1 = $1", ["int"])
> rval = plpy.execute(prep, [100])
> return rval
> $function$;
CREATE FUNCTION
(postgres@localhost:5432)[hanser]> SELECT pysel();
                                     pysel
-------------------------------------------------------------------------------------
 <PLyResult status=5 nrows=1 rows=[{'cont': 'Some text ........................'}]>
```

Das Ausgabeformat aus den Funktionen *select* und *cursor.fetch* ist ein Objekt vom Typ *PLyResult*, so, wie in Listing 26.20 zu sehen. Da stellt sich natürlich die Frage, wie das Format in Python weiterverarbeitet werden kann.

Listing 26.20 Format des Resultset

```
(poostgres@localhost:5432)[hanser]> CREATE OR REPLACE FUNCTION public.pysel()
> RETURNS character varying
> LANGUAGE plpython3u
> AS $function$
> cursor = plpy.cursor("SELECT * FROM employees")
> row = cursor.fetch(1)
> return row
> $function$;
CREATE FUNCTION
```

```
(postgres@localhost:5432)[hanser]> SELECT pysel();
                                          pysel
-----------------------------------------------------------------------------------
 <PLyResult status=3 nrows=1 rows=[{'employee_id': 1, 'department_id': 99, 'first_
name': 'Rodger', 'last_name': 'Smith', 'hr_id': 99999, 'salary': 0}]>
```

Es handelt sich um ein JSON-Format, das in Python als Dictionary und als Liste verarbeitet werden kann. Im Programm in Listing 26.21 wird eine Zeile der Tabelle in Spaltennamen und Werte getrennt. Diese können im Python-Programm verarbeitet werden.

Listing 26.21 Resultset von plpy verarbeiten

```
(postgres@localhost:5432)[hanser]> CREATE OR REPLACE FUNCTION public.pysel()
> RETURNS character varying
> LANGUAGE plpython3u
> AS $function$
> cursor = plpy.cursor("SELECT * FROM employees")
> row = cursor.fetch(1)
> spalten = []
> werte = []
> for k in row[0].keys():
>   spalten.append(k)
> for v in row[0].values():
>   werte.append(v)
> return werte
> $function$;
CREATE FUNCTION
(postgres@localhost:5432)[hanser]> SELECT pysel();
                pysel
-----------------------------------
 [1, 99, ,Rodger', ,Smith', 99999, 0]
```

Das Programm in Listing 26.22 zeigt, wie die Daten im Python-Programm weiterverarbeitet werden können. Der Cursor wird gelesen und aus dem Ergebnis wird eine CSV-Datei aufgebaut und geschrieben. Der Typ der Variable *row*, in die der Cursor gelesen wird, ist Python-freundlich und kann direkt verarbeitet werden. Mit einem Programm kann das CSV-Format sehr individuell gestaltet werden, was mit Standardprogrammen wie COPY eher eingeschränkt ist. Darüber hinaus besteht die Möglichkeit, andere Ausgabeformate zu programmieren, wie zum Beispiel das Senden über ein Netzwerk.

Listing 26.22 Eine CSV-Datei mit plpy erstellen

```
(postgres@localhost:5432)[hanser]> CREATE OR REPLACE FUNCTION public.pycsv(tablename
character varying)
> RETURNS character varying
> LANGUAGE plpython3u
> AS $function$
> import csv
> cursor = plpy.cursor("SELECT * FROM " + tablename)
> csv_filename = 'c:\\temp\\output.csv'
> row = cursor.fetch(1)
> fieldnames = row[0].keys()
> with open(csv_filename, mode='w', newline='') as csv_file:
>       writer = csv.DictWriter(csv_file, fieldnames)
>       writer.writeheader()
>       while True:
>               writer.writerow(row[0])
```

```
>               row = cursor.fetch(1)
>               if not row:
>                       break
> return 'done'
> $function$;
CREATE FUNCTION
(postgres@localhost:5432)[hanser]> SELECT pycsv('orders');
 Pycsv2
-------
 Done
orderid,orderdate,customerid,netamount,tax,totalamount
1,2004-01-27,7888,313.24,25.84,339.08
2,2004-01-01,4858,54.90,4.53,59.43
3,2004-01-17,15399,160.10,13.21,173.31
4,2004-01-28,17019,106.67,8.80,115.47
. . .
```

Applikationen verbinden sich häufig mit einem Benutzer zur Datenbank, der im PostgreSQL-Server verwaltet wird. Die Verwaltung der User, die sich an der Applikation anmelden, erfolgt dabei über eine externe Lösung. Wird keine Actice-Directory-Lösung oder mit Single Sign On gearbeitet, müssen die Benutzer und die Passörter in der Datenbank verwaltet werden. Dabei will man diese Art Benutzer nicht als Datenbankbenutzer anlegen. Die Lösung ist eine Benutzertabelle mit gespeicherten Passwörtern, die verschlüsselt hinterlegt werden. Mit Python-Funktionen kann die Verschlüsselung einfach vorgenommen werden. In Listing 26.23 wird eine Tabelle für das Speichern der Passwörter angelegt.

Listing 26.23 Passworttabelle für Applikationsuser

```
(postgres@localhost:5432)[hanser]> CREATE TABLE app_user(
>   userid      VARCHAR(30),
>   key         VARCHAR(50),
>   password    VARCHAR(128)
> );
CREATE TABLE
```

Die Verschlüsselung erfolgt mit einem einfachen Python-Programm. Der zugehörige Schlüssel wird generiert und ebenfalls in der Tabelle gespeichert. Er wird für die Entschlüsselung wieder benötigt.

Listing 26.24 Verschlüsselung mit PL/Python

```
(postgres@localhost:5432)[hanser]> CREATE OR REPLACE FUNCTION public.new_
user(username character, password character)
>  RETURNS character
>  LANGUAGE plpython3u
> AS $function$
> from cryptography.fernet import Fernet
> ckey = Fernet.generate_key()
> cipher_suite = Fernet(ckey)
> bpassword = bytes(password, 'UTF-8')
> ciphered_text = cipher_suite.encrypt(bpassword)
> try:
>   plan = plpy.prepare("INSERT INTO app_user(userid, key, password) VALUES ($1, $2,
$3)", ["varchar", "varchar", "varchar"])
>   plpy.execute(plan, [username, ckey.decode('utf-8'), ciphered_text.
decode('utf-8')])
> except plpy.SPIError as e:
```

```
>   return "error, SQLSTATE %s" % e.sqlstate
> else:
>   return "OK"
> $function$;
CREATE FUNCTION
(postgres@localhost:5432)[hanser]> select new_user('hanser', 'geheim');
 new_user
----------
 OK
(postgre@localhost:5432)[hanser]> SELECT * FROM app_user;
-[ RECORD 1 ]--------------------------------------------------------------------
userid   | hanser
key      | WRU8vHfXWa5tijBuYV6OD4fpr_aacmHreTR7pSwEvLk=
password | gAAAAABh1XCW817QOSS6n3TSIzyJ4z1oNPbC0i9nKFldjqOke2Ku5kudEvjHBMEQApus3gYNU
To3aA9UvoeFJPSY8XZy13E7tw==
```

Bei dieser Methode handelt es sich um eine Verschlüsselung, nicht um einen Passwort-Hash. Das Passwort kann mit Hilfe des Keys wieder entschlüsselt werden. Die Funktion in Listing 26.25 prüft das eingegebene Passwort.

Listing 26.25 Das Passwort prüfen

```
(postgres@localhost:5432)[hanser]> CREATE OR REPLACE FUNCTION public.check_
pw(username character, password character)
> RETURNS character varying
> LANGUAGE plpython3u
> AS $function$
> from cryptography.fernet import Fernet
> prep = plpy.prepare("SELECT * FROM app_user WHERE userid = $1", ["varchar"])
> rval = plpy.execute(prep, [username])
> ckey = rval[0]["key"]
> cipher_suite = Fernet(ckey)
> unciphered_text = (cipher_suite.decrypt(rval[0]["password"].encode()))
> if unciphered_text == password.encode():
>   return "OK"
> else:
>   return "Wrong password"
> $function$;
CREATE FUNCTION
(postgres@localhost:5432)[hanser]> SELECT check_pw('hanser', 'geheim');
 check_pw
----------
 OK
(postgres@localhost:5432)[hanser]> SELECT check_pw('hanser', 'unbekannt');
    check_pw
----------------
 Wrong password
```

In der Sprache Python lässt sich mit einem einfachen Programm ein HTTP-Server starten. Dies können wir uns zu Nutze machen und mit Hilfe eines solchen Servers auf den PostgreSQL-Server zugreifen. Das ist eine gute Alternative, wenn eine Anmeldung auf dem Server mit SSH nicht möglich ist.

HINWEIS: Beachten Sie, dass die Sicherheit mit einem HTTP-Server kompromittiert werden kann. Eine solche Lösung sollte in produktiven Umgebungen nicht eingesetzt werden.

Listing 26.26 Ein HTTP-Server in einer Stored Function

```
(postgres@localhost:5432)[hanser]> CREATE OR REPLACE FUNCTION public.http_server()
> RETURNS integer
> LANGUAGE plpython3u
> AS $function$
> import http.server
> import socketserver
> PORT = 8000
> Handler = http.server.SimpleHTTPRequestHandler
> with socketserver.TCPServer(("", PORT), Handler) as httpd:
>   print("serving at port", PORT)
>   httpd.serve_forever()
> return 0
> $function$;
CREATE FUNCTION
(postgres@localhost:5432)[hanser]> select http_server();
```

Ist der http-Server gestartet, kann das Verzeichnis in einem Webbrowser angezeigt werden. Wie erwartet befinden wir uns im Verzeichnis *$PGDATA*.

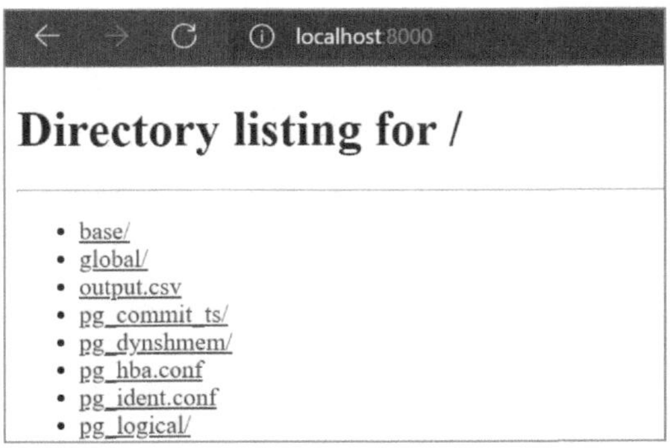

Bild 26.1 Verzeichnisanzeige über einen einfachen HTTP-Server

So lässt sich die Konfigurationsdatei des PostgreSQL-Servers oder die Datei *pg_hba.conf* anzeigen oder herunterladen.

Das Problem mit diesem einfachen HTTP-Server ist, dass er kaum Sicherheitsprüfungen durchführt und damit ein Einfallstor für Hackerangriffe ist. Das einfache Beispiel soll die Idee vermitteln. Dennoch lässt sich das Paket gut nutzen, um bestimmte Funktionen über eine HTTP-Schnittstelle zu nutzen. Mit mehr implementierter Sicherheit, die mit einer Anmeldemaske beginnen kann, bieten sich damit interessante Optionen bis hin zur Entwicklung einer REST-API-Schnittstelle. Das geht bis zur sicheren Übertragung mit HTTPS.

Das Beispiel in Listing 26.27 liefert einen REST-API-Service und gibt den Inhalt der Tabelle *categories* im JSON-Format zurück.

Listing 26.27 Ein REST-API-Service mit PL/Python

```
(postgres@localhost:5432)[hanser]> CREATE OR REPLACE FUNCTION public.sel_json()
> RETURNS character varying
> LANGUAGE plpython3u
> AS $function$
> from flask import Flask, json
```

```
> rv = plpy.execute('SELECT * FROM categories')
> d  = rv.nrows()
> categories = rv[0:d]
> api = Flask(__name__)
> @api.route('/categories', methods=['GET'])
> def get_categories():
>   return json.dumps(categories)
> if __name__ == '__main__':
>   api.run()
> return rv[0]
> $function$;
CREATE FUNCTION
(postgres@localhost:5432)[hanser]> SELECT sel_json();
```

Nachdem der Service gestartet ist, kann die Abfrage mit einem Browser erfolgen. Der Standardport ist 5000.

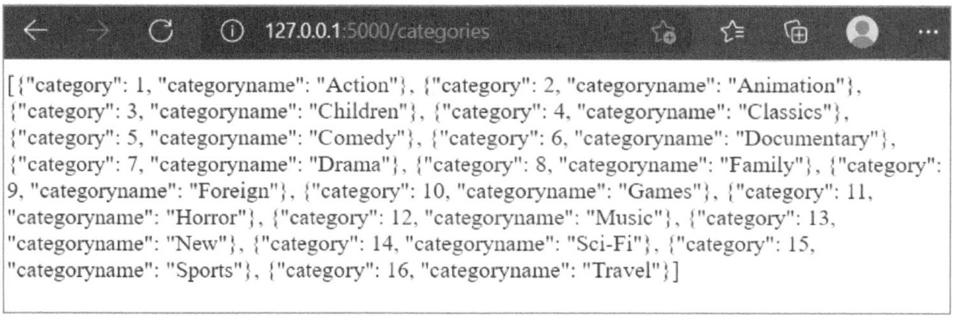

Bild 26.2 JSON-Format über REST-API abfragen

Die Funktionen von plpy verwenden das SPI-Interface. Entsprechend ist die Fehlerbehandlung aufgebaut. Im Fehlerfall kann der Wert von SPIError ausgewertet werden.

Listing 26.28 Fehlerbehandlung in plpy

```
(postgres@localhost:5432)[hanser]> CREATE OR REPLACE FUNCTION public.pyerror()
>       RETURNS character varying
>       LANGUAGE plpython3u
> AS $function$
> from plpy import spiexceptions
> try:
>       plpy.execute("INSERT INTO big(text) VALUES ('Text insert with error.')")
> except plpy.SPIError as e:
>       return "SQL error from function pyerror: SQLSTATE %s" % e.sqlstate
> $function$;
CREATE FUNCTION
(postgres@localhost:5432)[hanser]> SELECT pyerror();
                    pyerror
--------------------------------------------------
 SQL error from function pyerror: SQLSTATE 42703
```

Neben den Funktionen für die Ausführung von SQL-Anweisungen werden noch weitere Funktionen für die Fehlerbehandlung zur Verfügung gestellt. Die folgenden bewirken die Ausgabe in das Server-Logfile, je nach Einstellung:

- *log, info, notice*: Nachrichtenausgabe im Logfile als Information
- *warning*: Es erfolgt eine Ausgabe auf dem Niveau WARNING.
- *error, fatal:* Ausgabe in der Kategorie ERROR, verbunden mit weiteren Aktionen

HINWEIS: Die Funktionen *error* und *fatal* bewirken zusätzlich, dass eine Python-Exception generiert wird. Wird diese nicht behandelt, kommt es zum Abbruch der laufenden Transaktion.

Das Programm in Listing 26.29 nimmt eine Ausgabe auf der Stufe WARNING im Server-Logfile vor. Die Stufe ist standardmäßig aktiviert, sodass die Nachricht ohne Anpassung der Server-Parameter sichtbar ist.

Listing 26.29 Programm mit Ausgabe einer Warnung im Server-Logfile

```
(postgres@localhost:5432)[hanser]> CREATE OR REPLACE FUNCTION public.pyinfo()
> RETURNS int4
> LANGUAGE plpython3u
> AS $function$
> cursor = plpy.cursor("SELECT count(*) FROM big")
> row = cursor.fetch(1)
> plpy.warning(detail="Anzahl Tuples von Tabelle ", table_name="big", hint=row[0])

> return 0
> $function$;
CREATE FUNCTION
```

Listing 26.30 zeigt den Text, der im Server-Log ausgegeben wird. Das Format kann individuell abweichen, je nach Einstellung der Parameter in der PostgreSQL-Konfigurationsdatei.

Listing 26.30 Text im Server-Logfile

```
2021-12-07 11:49:17 CET [14224]: user=Lutz,database=hanser,application=DBeaver 21.3.0
- SQLEditor <Console>,client=127.0.0.1,query_id=-5753503174015790844 WARNING:  ()
2021-12-07 11:49:17 CET [14224]: user=Lutz,database=hanser,application=DBeaver 21.3.0
- SQLEditor <Console>,client=127.0.0.1,query_id=-5753503174015790844 DETAIL:  Anzahl
Tuples von Tabelle
2021-12-07 11:49:17 CET [14224]: user=Lutz,database=hanser,application=DBeaver 21.3.0
- SQLEditor <Console>,client=127.0.0.1,query_id=-5753503174015790844 HINT:  {'count':
20000000}
```

Die Beispiele zeigen die breiten Einsatzgebiete von Python, sowohl als Sprache für den Client als auch für PL/Python als Serversprache. Mit relativ kleinen Programmen kann den Anwendern eine zusätzliche Funktionalität zur Verfügung gestellt werden. Die Integration von PL/Python als Sprache für Stored Functions verfügt mit den plpy-Funktionen über eine große Datenbanknähe und kann gleichzeitig Prozesse auf dem Server ausführen. Dabei gilt es, Sicherheitsvorkehrungen mit einzuprogrammieren, da die Funktionen mit den Rechten des Benutzers *postgres* ausgeführt werden. Auch im folgenden Kapitel spielt Python eine zentrale Rolle.

27 Data Science und Machine Learning

Das Thema der Analyse von Daten hat in den letzten Jahren unter dem Begriff „Data Science“ eine eigene Dynamik entwickelt und rückt immer mehr in den Fokus von Datenbanksystemen. Dabei geht es nicht mehr ausschließlich um die Auswertung von Daten aus relationalen Datenbanksystemen, sondern auch um die Analyse von unstrukturierten Daten und eine Verbindung zwischen den Datenspeichern.

Auch Maschinelles Lernen gewinnt (ML) immer mehr an Bedeutung. Es ist eine wichtige Komponente in vielen Applikationen geworden.

Generell werden Data Science und maschinelles Lernen mit datenbankunabhängigen Sprachen wie Python oder R betrieben. Spezielle Pakete unterstützen die mathematischen Modelle. Die Sprachen arbeiten mit internen Datenstrukturen, die Arrays sehr ähnlich sind. Die mathematischen Modelle erzeugen häufig sehr rechenintensive Prozesse. Für größere Datenmengen sind Client-Systeme dabei oft überfordert.

Datenbankhersteller wie Microsoft, IBM oder Oracle haben begonnen, eigene Produkte in die Datenbank zu integrieren. Damit soll die Anwendung von Data Science und ML erleichtert und eine Bindung an das Datenbanksystem erreicht werden.

PostgreSQL konzentriert sich im Rahmen der Möglichkeiten auf das Kernsystem, die Datenbank, und stellt keine speziellen Produkte für Data Science und ML zur Verfügung. Bedenken Sie auch, dass moderne Datenanalysen häufig auf Daten aus unterschiedlichen Systemen angewiesen sind und diese miteinander verknüpfen sollen. Hier kann PostgreSQL eine Brückenfunktion übernehmen und die Daten aus anderen Systemen zusammenfügen.

PostgreSQL ist auf Grund seiner performanten Ausrichtung und seiner Offenheit sehr gut für Data Science und ML geeignet. Insbesondere die folgenden Punkte sprechen für den Einsatz von PostgreSQL:

- PostgreSQL verfügt über weitgehende Möglichkeiten im SQL-Bereich, einschließlich Windows-Funktionen, und bietet umfangreiche Erweiterungsmöglichkeiten.
- NoSQL-Datenstrukturen wie JSON, JSON-B, XML oder HStore werden unterstützt.
- Möglichkeit von parallelen SQL-Abfragen und Partitionierung
- Erweiterbarkeit der SQL-Sprache
- Verwendung von Stored Procedures in PL/Python

27.1 Werkzeuge

Python und R haben sich als führende Sprachen für Data Science und ML, nicht zuletzt aufgrund ihrer Universalität und Erweiterbarkeit durchgesetzt. Es stehen eine Reihe von fertigen Paketen und Bibliotheken zur Verfügung, die Data-Science-Aktivitäten unterstützen.

Der Zugriff mit Python auf die PostgreSQL-Datenbank kann mit folgenden Methoden erfolgen:

- Verwendung von PL/Python als interne Sprache im PostgreSQL-Server. Damit können Stored Procedures erstellt und ausgeführt werden.
- Einsatz des Python-Moduls *psycopg2* als Zugriffsmethode auf die PostgreSQL-Datenbank aus einem Python-Programm heraus, das auf einem Client läuft.

HINWEIS: Detaillierte Informationen zur Datenbankprogrammierung mit Python finden Sie in Kapitel 26.

Im Bereich Data Science kommt häufig das Jupyter Notebook zum Einsatz. Es handelt sich dabei um eine Web-basierte interaktive Umgebung, mit der Ein- und Ausgaben gespeichert werden können. Das Ganze wird in einem JSON-Format gespeichert. Sie finden die Software auf der Webseite *https://jupyter.org*. Installieren und starten Sie das Jupyter Lab so wie in Listing 27.1.

Listing 27.1 Jupyter Lab installieren und starten

```
C:\>pip3 install jupyterlab
C:\Users\Lutz\Documents>jupyter-lab
```

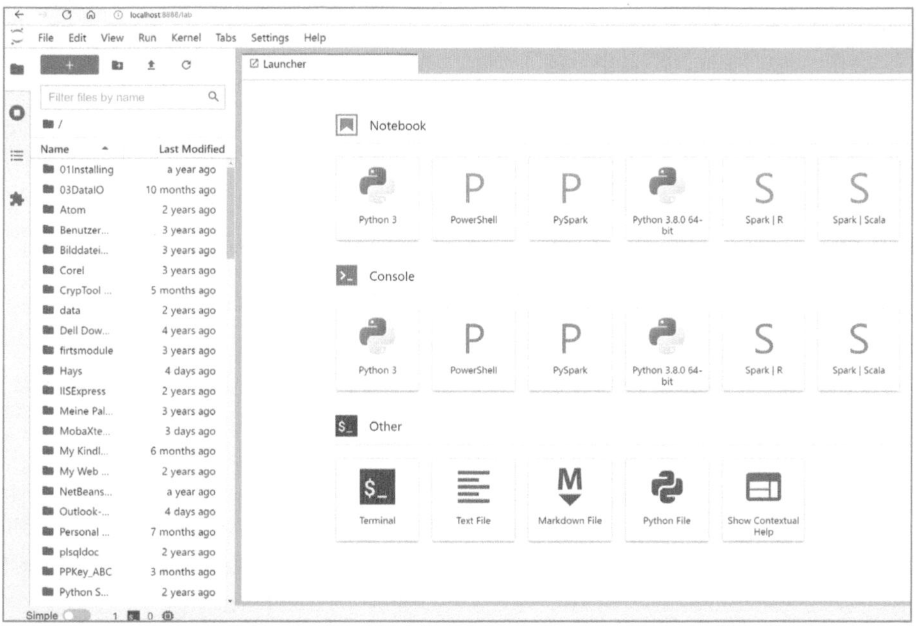

Bild 27.1 Das Jupyter Notebook

Für die Programmiersprache R sind neben kommerziellen IDE-Umgebungen das R-Studio und der klassische R-Client zu empfehlen. R-Studio finden Sie auf der Webseite *https://www.rstudio.com*. Der Zugriff auf die PostgreSQL-Datenbank kann über eine Bibliothek oder ODBC-Treiber erfolgen.

Um die Desktop-Version von R-Studio benutzen zu können, muss zunächst das Basissystem für R installiert werden. Die Installationsprogramme finden Sie auf der Webseite *https://cran.rstudio.com*.

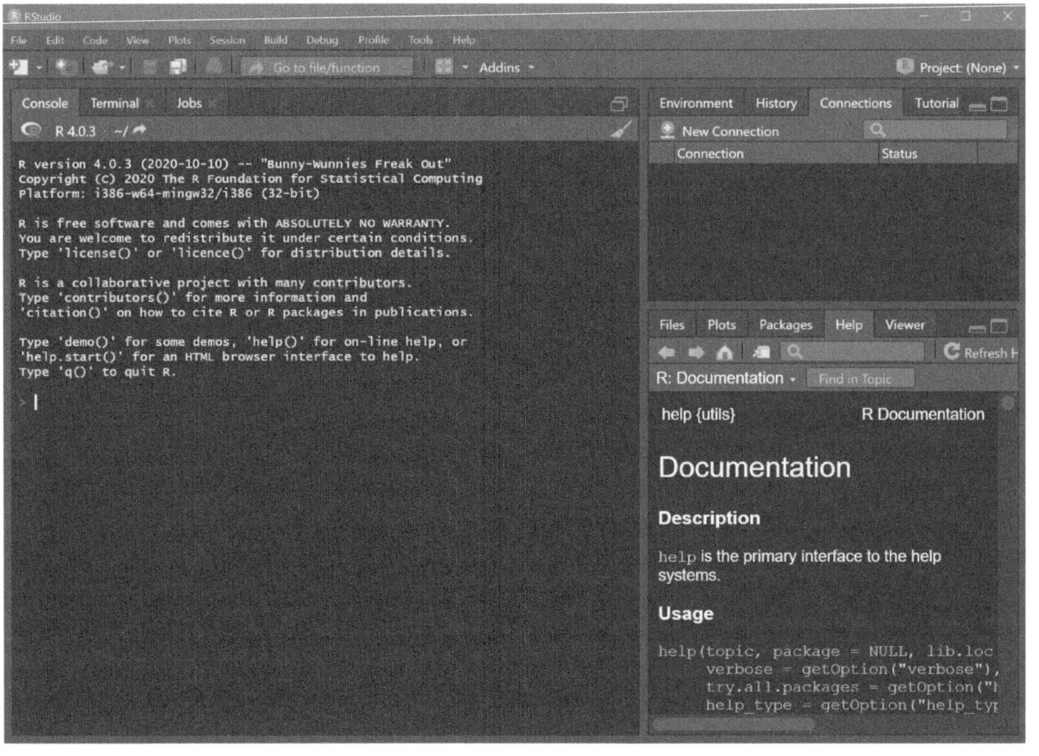

Bild 27.2 Das R-Studio als IDE für R-Programme

Für den Zugriff auf PostgreSQL-Datenbanken muss das Paket *RPostgreSQL* installiert werden.

Listing 27.2 PostgreSQL-Schnittstelle für R installieren

```
> install.packages('RPostgreSQL')
. . .
package 'DBI' successfully unpacked and MD5 sums checked
package 'RPostgreSQL' successfully unpacked and MD5 sums checked
The downloaded binary packages are in
C:\Users\Lutz\AppData\Local\Temp\RtmpIvUab6\downloaded_packages
```

Mit Hilfe des Treibers kann eine Verbindung zur Datenbank hergestellt werden. Das Paket *RPostgreSQL* verfügt über eigene Funktionen zum Umgang mit der Datenbank.

Listing 27.3 Eine Verbindung zur PostgreSQL-Datenbank herstellen

```
> library(DBI)
> library(RPostgreSQL)
> con <- dbConnect(PostgreSQL(), user= "postgres", password="postgres",
dbname="hanser", host="serv2")
> dbListTables(con)
 [1] "categories"        "inventory"        "products"
 [4] "reorder"           "customers"        "cust_hist"
 [7] "orders"            "orderlines"       "big"
[10] "big2"              "tabl"             "employees_p10"
[13] "employees"         "employees_p20"    "employees_p30"
[16] "employees_default" "sales"            "sales_2021_05"
[19] "jsonb_demo"
```

Ein sehr interessantes Produkt ist Apache MADlib. Es handelt sich um eine Open Source Library für analytische Auswertungen mit SQL. MADlib besteht aus Programmen für Mathematik, Statistik und maschinelles Lernen. Allerdings steht MADLib nur für Linux, nicht für Windows zur Verfügung. Details finden auf der Webseite *https://madlib.apache.org*.

Ein weiteres, sehr komfortables, aber kostenpflichtiges Produkt ist MATLAB. Darin findet man eine breite Auswahl fertiger Module mit einer intuitiven Benutzeroberfläche. MATLAB enthält Module zum Import von Daten aus verschiedenen Formaten und Datenbanken sowie eine starke Präsentation und Möglichkeiten des Deployments in verschiedene Sprachen und das Web. Das Produkt kann in den Bereichen Data Science, Machine Learning und Deep Learning eingesetzt werden. Einzelheiten dazu finden Sie auf der Webseite *https://de.mathworks.com*.

Vergessen Sie an dieser Stelle nicht die Erweiterbarkeit der SQL-Sprache, die PostgreSQL bereitstellt. Hier besteht die Möglichkeit, Funktionalität für Data Science direkt in die SQL-Sprache zu integrieren. Diese Funktionen werden direkt in der SQL-Engine ausgeführt und liefern ausgezeichnete Performance-Werte.

27.2 Einführung in Data Science

Die Entwicklungen und Möglichkeiten im Bereich der Datenbanksysteme der letzten Jahre haben dazu geführt, dass sehr viele Daten gespeichert werden. In vielen Unternehmen mangelt es nicht an Daten zur Unterstützung der Unternehmensziele, sondern an deren Bereitstellung und Aufbereitung. Eine zielgerichtete Auswertung der Daten ist Voraussetzung für Analysen des Unternehmenserfolgs sowie die Ausrichtung für die Zukunft auf einem durch immer härteren Wettbewerb getriebenen Markt. Data Science ermöglicht die Bereitstellung dieser Informationen. Doch was genau ist Data Science?

Data Science im klassischen Sinn ist ein interdisziplinäres Wissenschaftsfeld, das wissenschaftlich fundierte Methoden, Prozesse, Algorithmen und Systeme zur Gewinnung von Erkenntnissen, Mustern und Schlüsseln aus strukturierten und unstrukturierten Daten ermöglicht. Dabei werden Theorien und Techniken aus den Bereichen Mathematik, Statistik und Informationstechnologie verwendet. Immer mehr Bedeutung gewinnen auch Wahrscheinlichkeitsmodelle des maschinellen Lernens für die Meisterung der Aufgaben der künstlichen Intelligenz. Es geht aber auch zum Beispiel konkret darum, Vorhersagen über Käuferverhalten und Marktentwicklungen treffen zu können. Die Einsatzgebiete sind sehr vielfältig.

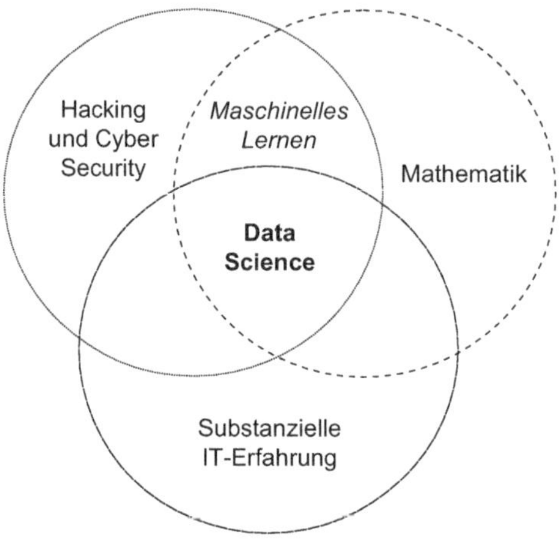

Bild 27.3
Disziplinen für Data Science

Ein Data Scientist ist eine Person, die idealerweise Erfahrungen und Skills aus diesen Disziplinen mitbringt:

- Umfangreiche Erfahrungen im Bereich Unternehmensdaten, deren Speicherung und Verarbeitung sowie Kenntnisse von IT-Infrastrukturen
- Mathematisches Wissen, insbesondere in den Bereichen Lineare Algebra und statistische Methoden
- Erfahrungen im Bereich Cyber-Sicherheit und Intrusion Detection sowie allgemeine Hacker-Kenntnisse

27.3 Ein Beispiel

Beginnen wir mit einer einfachen Datenanalyse mit Python. Dabei ist es egal, ob Sie einen Text-Editor, das Jupyter Notebook oder eine eigene Python-IDE verwenden. In einer Tabelle sind Statistiken zum Verhältnis zwischen dem verwendeten Anzeigen-Budget und dem tatsächlichen Verkauf gespeichert. Die Tabelle besteht aus zwei Spalten.

Listing 27.4 Tabelle anlegen und CSV-Datei laden

```
(postgres@localhost:5432)[hanser]> SELECT * FROM anzeigen
> LIMIT 6;
 budget | verkauf
--------+---------
  228.1 |    22.1
   42.5 |    10.4
   17.2 |     9.3
  151.5 |    18.5
  180.8 |    12.9
    8.7 |     7.2
```

Es ist möglich, die Tabelle direkt zu verarbeiten oder in andere Datenformate wie zum Beispiel ein Python-Array umzuwandeln. Sätze, die aus der Datenbank gelesen werden, liegen als Tupel vor. In diesem Beispiel wird eine CSV-Datei erstellt, die dann im Python-Programm als Datenquelle herangezogen wird. Führen wir also zunächst die Umwandlung durch. Das Programm in Listing 27.5 erstellt eine Datei mit dem Namen *anzeigenmarketing.csv*.

Listing 27.5 Eine csv-Datei zur Verarbeitung erstellen

```
import psycopg2
import csv
import os
from psycopg2 import Error
try:
  outfile = open("anzeigenmarketing.csv", "w")
  output = csv.writer(outfile, delimiter=',', lineterminator='\n')
  conn = psycopg2.connect(dbname="hanser", user="postgres", password="postgres",
host="localhost")
  cursor = conn.cursor()
  cursor.execute("SELECT * FROM anzeigen")
  row = cursor.fetchone()
  while row is not None:
    output.writerow(row)
    row = cursor.fetchone()
except (Exception, Error) as error:
  print(„Verbindung zu PostgreSQL konnte nicht hergestellt werden: „, error)
finally:
  conn.close()
```

Schauen wir uns die Daten sowie deren Verteilung an. Dazu wird eine Grafik erstellt. Jeder Punkt im Diagramm repräsentiert ein Wertepaar. Dafür wird wiederum ein Python-Programm verwendet.

Listing 27.6 Die Marketing-Daten verarbeiten

```
import pandas as pd
import seaborn as sns
import matplotlib.pyplot as plt
advertising = pd.read_csv("c:\\temp\\anzeigenmarketing.csv")
print(advertising.head())
print(advertising.info())
print(advertising.describe())
sns.pairplot(advertising, x_vars=['budget'], y_vars=['verkauf'], height=7,
aspect=0.7, kind='scatter')
plt.show()
```

Die Pakete für Data Science und maschinelles Lernen bereiten die Daten auf und liefern die Statistiken.

Listing 27.7 Ausgabe des Python-Programms

```
0  228.1    22.1
1   42.5    10.4
2   17.2     9.3
3  151.5    18.5
4  180.8    12.9
<class 'pandas.core.frame.DataFrame'>
```

```
RangeIndex: 200 entries, 0 to 199
Data columns (total 2 columns):
 #   Column   Non-Null Count  Dtype
---  ------   --------------  -----
 0   budget   200 non-null    float64
 1   verkauf  200 non-null    float64
dtypes: float64(2)
memory usage: 3.2 KB
None
           budget     verkauf
count  200.000000  200.000000
mean   147.022500   14.022500
std     85.856749    5.217457
min      0.700000    1.600000
25%     74.375000   10.375000
50%    149.750000   12.900000
75%    218.825000   17.400000
max    296.400000   27.000000
```

Das Kommando *plt.show()* erzeugt eine Grafik zur Verteilung der Werte. Die Darstellung zeigt eine gewisse Streuung, aber auch eine klare Tendenz.

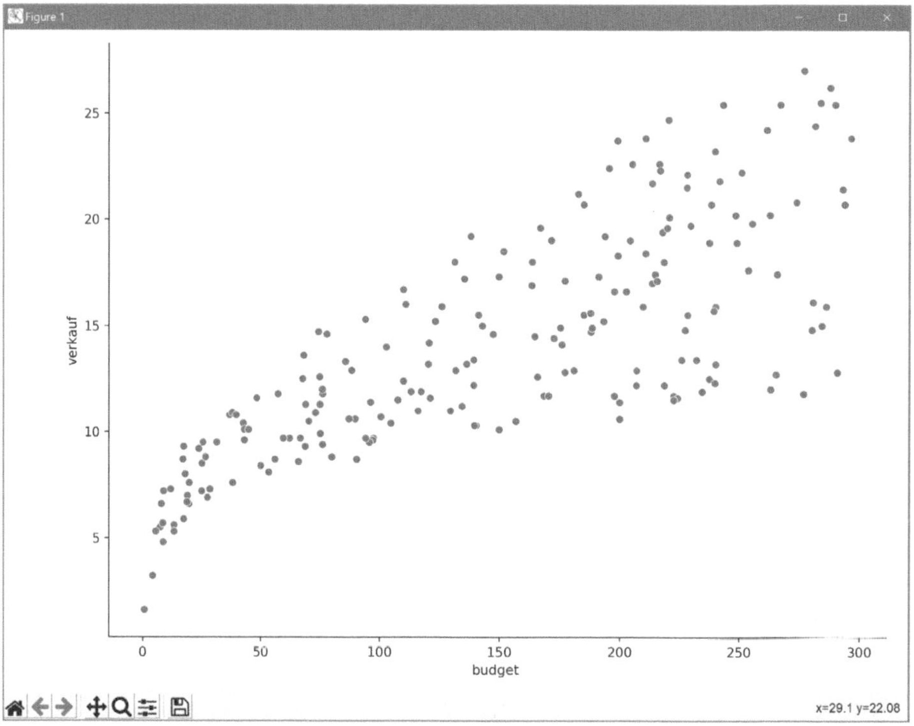

Bild 27.4 Grafische Darstellung der Marketing-Daten

Mithilfe eines linearen Regressionsmodells lassen sich Vorhersagen treffen. Für solche Analysen stehen fertige Analysen bereit.

Wir setzen das Modul *sklearn* ein und treffen eine Vorhersage für das Verhältnis von Marketing-Budget und Verkauf.

Listing 27.8 Eine Vorhersage mit linearer Regression treffen

```
import numpy as np
from sklearn.linear_model import LinearRegression
import matplotlib.pyplot as plt
data = np.genfromtxt('anzeigenmarketing.csv', delimiter=',')
x = data[:, 0]
y = data[:, 1]
model = LinearRegression(fit_intercept=True)
model.fit(x[:, np.newaxis], y)
xfit = np.linspace(0, 300, 1000)
yfit = model.predict(xfit[:, np.newaxis])
plt.scatter(x, y)
plt.plot(xfit, yfit)
plt.show()
```

In Bild 27.5 ist die Vorhersage in grafischer Darstellung abgebildet.

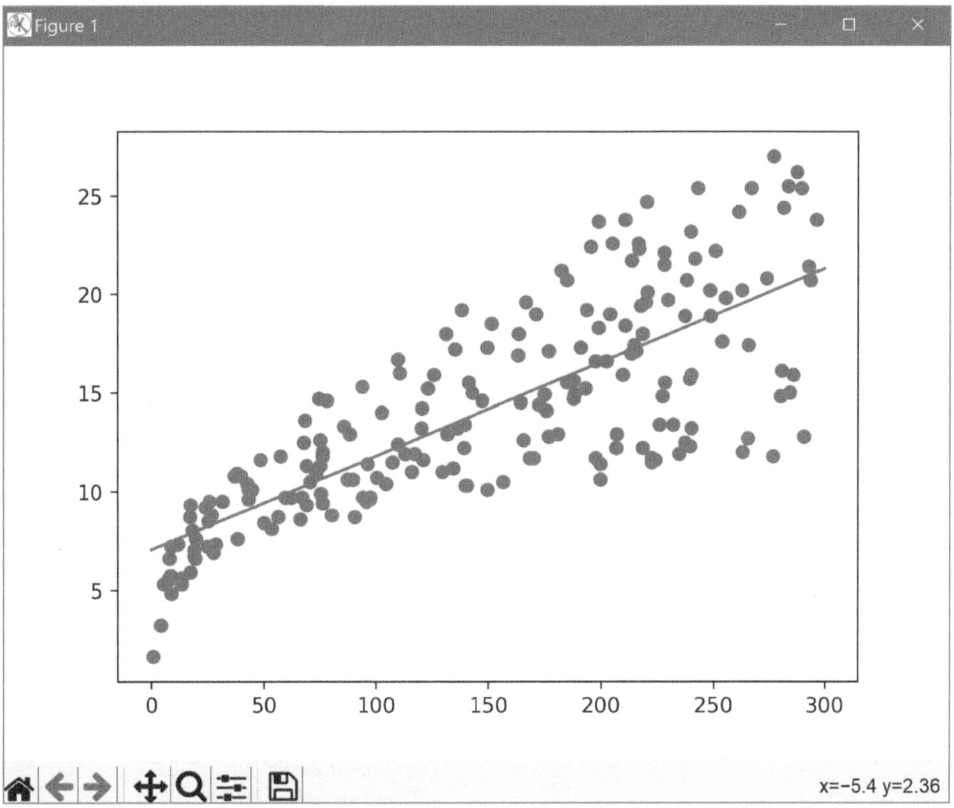

Bild 27.5 Grafische Darstellung der Vorhersage

27.4 Daten verwalten

Daten für die Verarbeitung in Data-Science- und ML-Projekten liegen in unterschiedlichen Formaten vor. In Unternehmen werden die Daten bevorzugt in relationalen Datenbanken oder Data Lakes gespeichert. Daten, die veröffentlicht werden, findet man häufig in CSV-Formaten oder auch als Excel-Dateien.

Die Python-Pakete für Data Science und maschinelles Lernen machen es einfach, CSV-Dateien oder Daten im Excel-Format einzulesen und in Data Frames umzuwandeln. Die Übernahme der Daten in eine relationale Datenbank wie PostgreSQL hat eine Reihe von Vorteilen:

- Die Daten müssen gesäubert und aufbereitet werden, bevor sie durch die Modelle verarbeitet werden können. Dieser Prozess lässt sich in der Datenbank strukturiert und sicher durchführen. Spalten- und andere Constraints spielen dabei eine wichtige Rolle. Eine der häufigsten Ursachen für unsaubere Daten sind strukturelle Fehler.
- Es ist einfacher, die Daten mit UPDATE- oder INSERT-Anweisungen zu aktualisieren und mit einem automatischen Prozess zu hinterlegen. Die Aktualisierungen können gut automatisiert werden. Für CSV-Dateien ist es schwieriger, Updates vorzunehmen. Deshalb werden da häufig komplette Datenbestände immer wieder geladen.
- Trainingsdaten und Teilmengen können einfach gebildet werden. Es können Auszüge aus Tabellen gebildet oder Views verwendet werden.
- PostgreSQL bietet eine umfangreiche Funktionalität im Bereich Textverarbeitung. Diese Funktionen können direkt für die Analysen verwendet werden. Eine performante Verarbeitung kann auch für große Datenmengen garantiert werden.
- Die Verarbeitung von Daten lässt sich in der PostgreSQL sehr gut skalieren und findet auf dem Server statt. Die Verarbeitung von großen Datenmengen in Python stößt häufig auf Performance-Probleme. Eine Parallelisierung von Prozessen in Python ist architekturbedingt begrenzt.

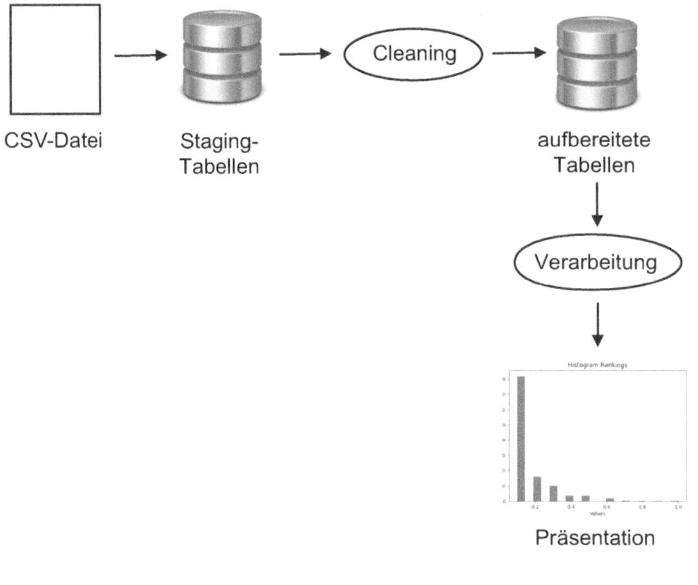

Bild 27.6 Verarbeitungsschritte der Daten

Das Laden einer CSV-Datei in eine Tabelle lässt sich mit konventionellen Mitteln wie dem COPY-Befehl umsetzen. Eines der häufig verwendeten Data Sets ist *California Housing*, eine Statistik über Häuser in Kalifornien. Listing 27.9 zeigt das Format der CSV-Datei.

Listing 27.9 CSV-Daten für *California Housing*

```
longitude,latitude,housing_median_age,total_rooms,total_bedrooms,population,household
s,median_income,median_house_value,ocean_proximity
-122.23,37.88,41.0,880.0,129.0,322.0,126.0,8.3252,452600.0,NEAR BAY
-122.22,37.86,21.0,7099.0,1106.0,2401.0,1138.0,8.3014,358500.0,NEAR BAY
-122.24,37.85,52.0,1467.0,190.0,496.0,177.0,7.2574,352100.0,NEAR BAY
. . .
```

Die Tabelle muss vorher angelegt werden. Für die Staging-Tabelle werden keine Constraints vorgegeben, um den Ladeprozess möglichst problemlos zu gestalten.

Listing 27.10 Tabelle für *California Housing* erstellen

```
(postgres@localhost:5432)[hanser]> CREATE TABLE public.cal_housing (
>  longtitude numeric(12, 2) NULL,
>  latiude numeric(12, 2) NULL,
>  housing_median_age numeric(12, 2) NULL,
>  total_rooms numeric(12, 2) NULL,
>  total_bedrooms numeric(12, 2) NULL,
>  population numeric(12, 2) NULL,
>  households numeric(12, 2) NULL,
>  median_income numeric(12, 2) NULL,
>  median_house_value numeric(12, 2) NULL,
>  ocean_proximity varchar(20) NULL
> );
CREATE TABLE
```

Das Laden der Tabelle erfolgt mit dem COPY-Befehl. Dahinter steckt ein Bulk-Load-Verfahren, mit dem auch große Datenmengen in kurzer Zeit verarbeitet werden können.

Listing 27.11 CSV-Datei mit COPY laden

```
(postgres@localhost:5432)[hanser]> COPY cal_housing FROM 'C:\Temp\california_housing.
csv' DELIMITER ',' CSV HEADER;
COPY 20640
```

Für Excel-Formate von externen Datenquellen besteht die Möglichkeit, diese direkt in eine Tabelle zu laden, ohne sie vorher in CSV-Formate zu konvertieren. Obwohl dies nicht die schnellste Methode ist, ist sie komfortabel. Dabei machen wir uns die Vorteile von PL/Python zu Nutze. Mit einem Paket wird die Excel-Datei gelesen und mit einer plpy-Funktion werden die Daten in die Tabelle geschrieben.

Listing 27.12 PL/Python-Funktion zum Laden einer Excel-Datei in eine Tabelle

```
(postgres@localhost:5432)[hanser]> CREATE OR REPLACE FUNCTION public.load_
excel(tablename character varying, filename character varying)
>  RETURNS integer
>  LANGUAGE plpython3u
> AS $function$
> import openpyxl
> path = filename
> wb_obj = openpyxl.load_workbook(path)
```

```
> sheet_obj = wb_obj.active
> max_col = sheet_obj.max_column
> max_row = sheet_obj.max_row
> count_rows = 0
> for i in range(2, max_row + 1):
>   sql_text = "INSERT INTO " + tablename + " (longtitude,latiude,housing_median_
age,total_rooms,total_bedrooms,population,households,median_income,median_house_
value,ocean_proximity) VALUES ("
>   for j in range(1, max_col + 1):
>     cell_obj = sheet_obj.cell(row = i, column = j)
>     if j == max_col:
>       sql_text = sql_text + "'" + str(cell_obj.value) + "'"
>     else:
>       sql_text = sql_text + str(cell_obj.value) + ","
>   sql_text = sql_text + ")"
>   plpy.execute(sql_text)
>   count_rows = count_rows + 1
> return count_rows
> $function$;
CREATE FUNCTION
(postgres@localhost:5432)[hanser]> select load_excel('cal_housing','c:\\temp\\
california_housing.xlsx');
 load_excel
------------
      20640
```

Im nächsten Beispiel wird eine CSV-Datei direkt aus dem Internet gelesen und in eine Tabelle geschrieben. Es handelt sich um das Dataset für *Boston Housing*. Zunächst wird die Tabelle angelegt (siehe Listing 27.13).

Listing 27.13 Anlegen der Tabelle für *Boston Housing*

```
(postgres@localhost:5432)[hanser]> CREATE TABLE public.housing(
>  crim double precision NOT NULL,
>  zn double precision NOT NULL,
>  indus double precision NOT NULL,
>  chas double precision NOT NULL,
>  nox double precision NOT NULL,
>  rm double precision NOT NULL,
>  age double precision NOT NULL,
>  dis double precision NOT NULL,
>  rad double precision NOT NULL,
>  tax double precision NOT NULL,
>  ptratio double precision NOT NULL,
>  b double precision NOT NULL,
>  lstat double precision NOT NULL,
>  medv double precision NOT NULL);
CREATE TABLE
```

Die Funktion in Listing 27.14 liest CSV-Daten über eine Internetverbindung und fügt sie satzweise in die Tabelle ein. Der Prozess kann automatisiert werden und benötigt keinen Zwischenschritt.

Listing 27.14 Python-Funktion zum Laden von CSV-Daten aus dem Internet

```
(postgres@localhost:5432)[hanser]> CREATE OR REPLACE FUNCTION public.load_
url(tablename character varying, url character varying)
```

```
> RETURNS integer
> LANGUAGE plpython3u
> AS $function$
> import requests
> data = requests.get(url)
> lines = data.text.splitlines()
> count_rows = 0
> max_cols = len(lines[1].split(','))
> for row in lines[2:]:
>   sql_text = "INSERT INTO " + tablename + " (crim,zn,indus,chas,nox,rm,age,dis,rad,
tax,ptratio,b,lstat,medv) VALUES ("
>   cur_row = row.split(',')
>   for j in range(0, max_cols):
>     if j == max_cols-1:
>       sql_text = sql_text + str(cur_row[j])
>     else:
>       sql_text = sql_text + str(cur_row[j]) + ","
>   sql_text = sql_text + ")"
>   plpy.execute(sql_text)
>   count_rows = count_rows + 1
> return count_rows
> $function$;
CREATE FUNCTION
(postgres@localhost:5432)[hanser]> SELECT load_url('housing', 'https://raw.
githubusercontent.com/scikit-learn/scikit-learn/main/sklearn/datasets/data/boston_
house_prices.csv');
 load_url
----------
      506
```

Ein interessantes Dataset, das sehr gut für Beispiele und Tutorials im Bereich Data Science geeignet ist, sind die Storm Events-Daten, die von der US-Regierung veröffentlicht werden (*https://www.ncdc.noaa.gov/stormevents*). Inhaltlich bietet es eine Basis für Auswertung und Vorhersage von extremen Wetterphänomenen. Solche Analysen werden für eine drohende Klimakatastrophe immer wertvoller. Aber auch für Versicherungsgesellschaften sind solche Daten sehr wichtig für die Berechnung ihrer Modelle und Tarife.

Die Daten liegen im CSV-Format vor. Wir wollen diese natürlich in eine PostgreSQL-Datenbank laden und dort verarbeiten und auswerten. Vor dem Laden von CSV-Dateien in eine Tabelle steht die Herausforderung, die zugehörige Tabelle zu erstellen. Häufig liegt nur eine Beschreibung der Daten, jedoch keine CREATE TABLE-Anweisung vor. Die Python-Funktion in Listing 27.22 generiert eine entsprechende DDL-Anweisung und lädt nach dem Anlegen der Tabelle die Daten aus der CSV-Datei. Das Erraten der Spaltentypen aus den Daten ist relativ einfach gehalten und hat nur Beispielcharakter. Es ist ausbaufähig und kann weiter professionalisiert werden.

Listing 27.15 PL/Python-Funktion zum Generieren einer Tabelle und Laden der CSV-Datei

```
(postgres@localhost:5432)[hanser]> CREATE OR REPLACE FUNCTION public.create_
load(tablename character varying, csvfile character varying)
> RETURNS character varying
> LANGUAGE plpython3u
> AS $$
> import csv
> import datetime
> import locale
```

```
> def isfloat(str):
>   if str.isdigit and str.find(".")!=-1:
>     return True
>   else:
>     return False
> def isdatetime(str):
>   try:
>     datetime.datetime.strptime(str, '%d-%b-%y %H:%M:%S')
>     return True
>   except ValueError:
>     return False
> def get_coltype(str):
>   if isfloat(str):
>     return "NUMERIC(10,4)"
>   else:
>     if str.isdigit():
>       return "INTEGER"
>     else:
>       if isdatetime(str):
>         return "TIMESTAMP"
>       else:
>         return "VARCHAR(200)"
>   return "N/A"
> def create_table(header, first_line):
>   create_stmt = "CREATE TABLE " + tablename + "("
>   i = 0
>   for col_name in header:
>     create_stmt += col_name + " " + get_coltype(first_line[i])
>     if i < len(first_line)-1:
>       create_stmt = create_stmt + ","
>     create_stmt = create_stmt + "\n"
>     i = i + 1
>     create_stmt = create_stmt + ")"
>   return create_stmt
> def create_copy(tablename, csvfile):
>   cstmt = "COPY " + tablename + " FROM '" + csvfile + "' csv delimiter ',' null ''
header"
>       return cstmt
> locale.setlocale(locale.LC_ALL, 'en_US.UTF-8')
> with open(csvfile) as file:
>   reader = csv.reader(file)
>   header = next(reader)
>   first_line = next(reader)
> sql_stmt = create_table(header, first_line)
> rv = plpy.execute(sql_stmt)
> copy_stmt = create_copy(tablename, csvfile)
> rv = plpy.execute(copy_stmt)
> return "Table successfully created and loaded."
> $$;
CREATE FUNCTION
(postgres@localhost:5432)[hanser]> SELECT create_load('stormdata', 'C:\\DataSets\\
stormevents\\StormEvents_details-ftp_v1.0_d1950_c20210803.csv');
              create_load
----------------------------------------
 Table successfully created and loaded.
```

27.5 Data Cleaning

Die Bereinigung der Daten, bevor sie in die Aufbereitung und die Analysen gehen, ist ein wichtiger Prozess, dem man bei der Planung von Data-Science-Projekten den entsprechenden Stellenwert einräumen muss. Man muss sich darüber im Klaren sein, dass dieser Prozess Kosten verursacht. Andererseits verursacht das Ignorieren oder Vernachlässigen des Vorgangs im weiteren Verlauf wesentlich höhere Kosten. Im schlimmsten Fall kommt es zu falschen Analysen oder Vorhersagen.

Daten, die für Data Science und maschinelles Lernen herangezogen werden, stammen nicht ausschließlich aus Datenbanken mit Constraints. Dazu gehören auch hastig getippte Posts im Internet oder Daten, die aus Twitter kommen. Das betrifft insbesondere Daten, die für Stimmungslagen herangezogen werden. CSV-Dateien können Duplikate enthalten oder es können Werte fehlen. Aber auch bei Datum- und Timestamp-Daten kommt es häufig zu Fehlern durch unterschiedliche Formate und Sprachbesonderheiten. Aber auch das Weiterreichen und die Konvertierung in unterschiedliche Formate und Zeichensätze verursachen Probleme mit der Datenqualität.

Es gibt Werkzeuge, die mit rein technischen Prozessen die Daten nach Qualitätsproblemen untersuchen. Am Ende steht jedoch immer noch der Mensch mit seiner Kreativität. Hier ist der Data Scientist gefragt, die Daten zu untersuchen und zu bewerten. In diesem Abschnitt schauen wir uns einige Beispiele an. Die Tatsache, dass sich die Daten in einer relationalen Datenbank befinden, ist ein sehr großer Vorteil und vereinfacht an vielen Stellen die Bereinigung.

Das Vorgehen ist immer ähnlich, zu den notwendigen Bereinigungen gehören:

- *Duplikate oder nichtrelevante Daten entfernen:* Insbesondere, wenn die Daten nicht aus einer relationalen Datenbank stammen, ist die Wahrscheinlichkeit für Duplikate sehr groß. Auch das doppelte Laden von Daten oder das Überlappen von CSV-Daten ist nicht selten. Nicht relevante Daten zu finden, ist die Aufgabe des Data Scientist. Hier ist die Kenntnis des Inhalts der Daten erforderlich.
- *Strukturelle Fehler:* Dazu gehört eine Bereinigung von Textfeldern wie zum Beispiel Groß- und Kleinschreibung, Rechtschreibfehler oder Sprachmixe. Auch Inhalte wie „N/A" oder „Not Applicable" sind kritisch, wenn sie in Spalten vorkommen, die zur Kategorisierung herangezogen werden.
- *Fehlende Daten:* Fehlen Werte in Feldern, die für Analysen oder Wertebildung herangezogen werden, gilt es zu entscheiden, wie man damit umgeht. Häufig ist es besser, diese Sätze komplett zu löschen, da sie die Analyseergebnisse verfälschen können. Aber auch eine Korrektur der fehlenden Daten ist denkbar.
- *Identifizieren von Ausreißern:* Daten, die offensichtlich keinen Sinn ergeben oder in der Praxis nicht vorkommen können, werden herausgefiltert und korrigiert oder gelöscht.
- *Komplette Daten:* Für statistische Auswertungen ist es wichtig, dass die Daten komplett sind. Fehlen zum Beispiel in Daten, die Werte über die Zeit darstellen, größere Zeiträume, sind die Daten nicht geeignet. In solchen Fällen kann nach den fehlenden Daten gesucht werden.

- *Konsistenz der Formate und Grundlagen:* Werden Daten aus verschiedenen Regionen der Welt gesammelt, kann es zu unterschiedlichen Formaten und Maßeinheiten kommen. Hier ist sicherzustellen, dass zum Beispiel das Datumsformat einheitlich ist oder alles auf eine einheitliche Maßeinheit gebracht wird (Euro - Dollar, Zentimeter - Zoll, Kilometer pro Stunde - Miles per Galon).

Wenn Daten aus nichtstrukturierten Quellen geladen werden, ist die Wahrscheinlichkeit sehr groß, dass sich Duplikate im Datenbestand finden. Auch Fehler im Ladeprozess können ein doppeltes Laden auslösen.

Listing 27.16 Doppelte Datensätze finden

```
(postgres@localhost:5432)[imdb]> SELECT tconst, count(*)
> FROM title_basics
> GROUP BY tconst
> HAVING count(*) > 1;
  tconst    | count
-----------+-------
 tt0000005 |     2
```

Schauen wir uns die geladenen Daten des Data Sets „Storm Events“. Es handelt sich um Statistiken, die seit 1950 bis heute gesammelt wurden. Um festzustellen, ob Daten fehlen, erstellen wir ein Histogramm über die Anzahl der Sätze pro Jahr über die Spalte *begin_date_time* (siehe Bild 27.7).

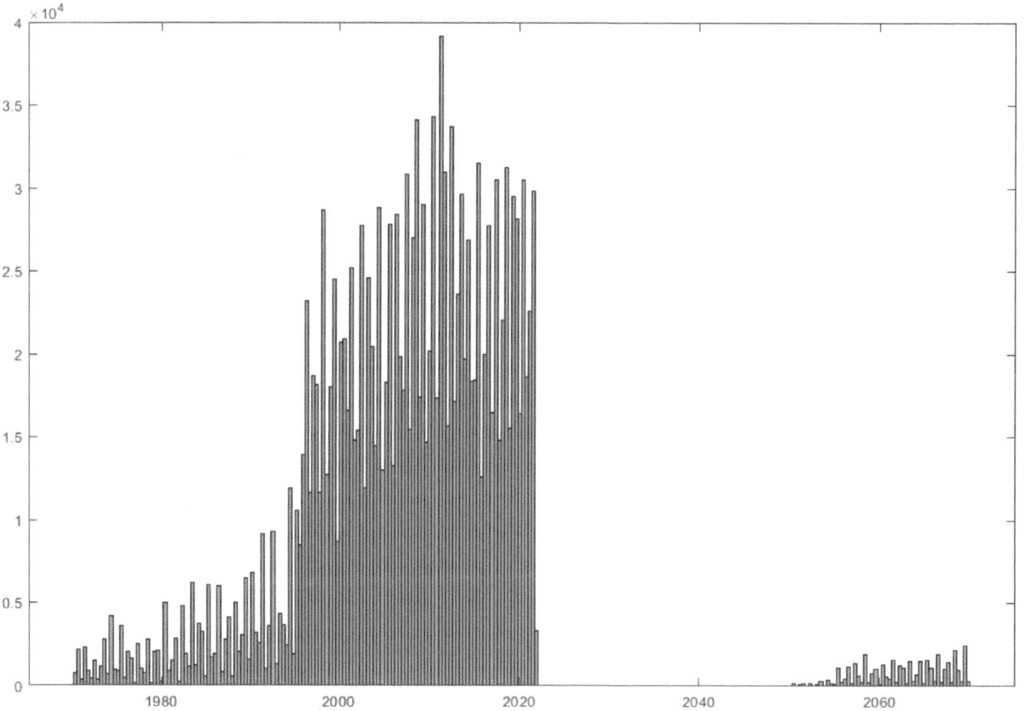

Bild 27.7 Histogramm über die Datenhäufigkeit pro Jahr

Auffällig ist, dass es Mitte der 1990er- Jahre zu einem Anstieg der gesammelten Werte gekommen ist. Eine Untersuchung hat ergeben, dass seit diesem Zeitraum einfach mehr Werte gesammelt wurden.

Ungewöhnlich ist jedoch, dass Daten in der Zukunft ab dem Jahr 2050 auftauchen. Die Vermutung liegt nahe, dass es sich um ein Problem mit dem Datumsformat handelt.

Listing 27.17 Vergleich fehlerhafter Daten

```
(postgres@localhost:5432)[hanser]> SELECT begin_yearmonth::varchar, begin_date_time
> FROM stormdata
> WHERE EXTRACT(YEAR FROM begin_date_time) > 2022
> LIMIT 5;
 begin_yearmonth |    begin_date_time
-----------------+---------------------
 195004          | 2050-04-28 14:45:00
 195004          | 2050-04-29 15:30:00
 195007          | 2050-07-05 18:00:00
 195007          | 2050-07-05 18:30:00
 195007          | 2050-07-24 14:40:00
```

Die Daten zeigen, dass in der Spalte vom Typ „timestamp“ das Jahr 2050 statt des Jahres 1950 steht. Ein Blick in die CSV-Datei (siehe Listing 27.22) lässt erkennen, dass es sich um das klassische Y2K-Problem handelt, bei dem die Jahreszahl nur zweistellig dargestellt ist.

Listing 27.18 Zweistellige Jahreszahl in der CSV-Datei

```
195004,. . . , „28-APR-50 14:45:00"
```

Das Problem kann entweder im Ladeprozess oder nachträglich im Staging-Bereich der Datenbank gefixt werden. Eine Lösung in der Datenbank ist für viele Probleme ein sicherer Weg.

Listing 27.19 Data Cleaning für das Datumsproblem

```
(postgres@localhost:5432)[hanser]> UPDATE stormdata
> SET begin_date_time = begin_date_time - interval '100 year'
> WHERE EXTRACT(YEAR FROM begin_date_time) > 2022;
UPDATE 36236
(postgres@localhost:5432)[hanser]> UPDATE stormdata
> SET end_date_time = end_date_time - interval '100 year'
> WHERE EXTRACT(YEAR FROM end_date_time) > 2022;
UPDATE 36236
```

Nach der Bereinigung der Daten ist das Histogramm schlüssig (siehe Bild 27.8). Das Problem ist damit gelöst. Im Betriebsablauf erfolgt die Bereinigung im Staging-Bereich. Da es sich um Statistikwerte aus der Vergangenheit handelt, muss die Bereinigung für die Übernahme weiterer Daten nicht erfolgen.

Ein weiteres Problem ist die Darstellung der Schadenskosten in der Spalte *damage_property*. Hier tauchen Inhalte wie „.64B“ oder „2.4M“ auf. Mit solch einer Darstellung von Zahlen lässt sich natürlich nicht gut rechnen. Deshalb ist auch hier eine Bereinigung notwendig.

Listing 27.20 Bereinigung für ein einheitliches Zahlenformat

```
(postgres@localhost:5432)[hanser]> UPDATE stormdata
> SET damage_property = CAST((SUBSTR(damage_property,1,length(damage_property)-
1)::DECIMAL *1000000)::INTEGER AS VARCHAR)
> WHERE POSITION('M' IN damage_property) > 0;
UPDATE 20055
```

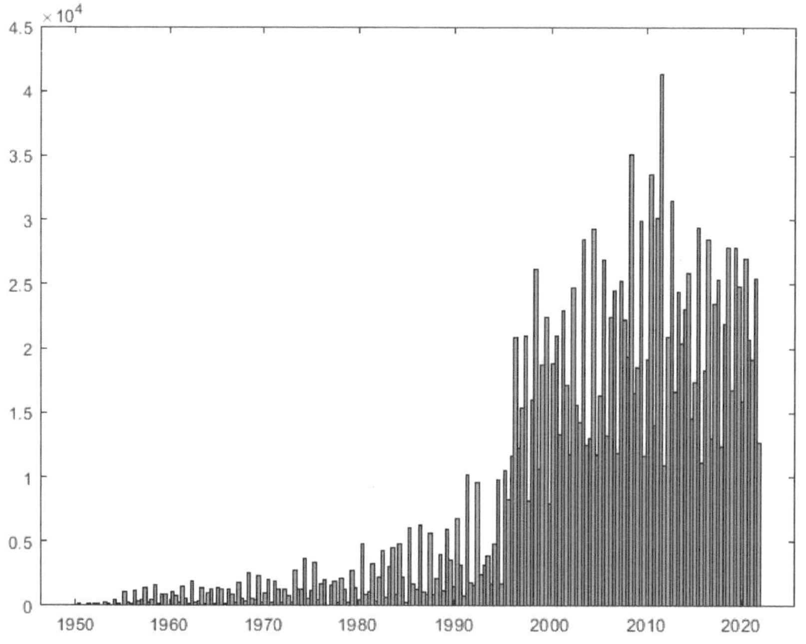

Bild 27.8 Histogramm nach der Datenbereinigung

27.6 Daten analysieren

Für die Analyse von Daten stehen umfangreiche Pakete in verschiedenen Sprachen, insbesondere für Python zur Verfügung. Python hat sich neben R und MATLAB zu einer der führenden Sprachen für Data Science und maschinelles Lernen entwickelt. Die Vorteile liegen neben der Flexibilität vor allem in der Möglichkeit, Methoden und Algorithmen direkt einzusetzen.

Mit Python stößt man jedoch bei größeren Datenmengen häufig and die Grenzen der verfügbaren Hardware-Ressourcen. Mit dem Einsatz von PostgreSQL bietet sich die Möglichkeit, auch größere Datenmengen performant zu verarbeiten, ohne den Client stark zu belasten. Darüber hinaus verfügt PostgreSQL über Funktionen und Features, die für diese Bereiche sehr gut genutzt werden können. Für die Präsentation und grafische Darstellungen bietet wiederum Python viele Vorzüge.

Dieser Abschnitt zeigt auf, wie sich die Vorteile aus beiden Welten nutzen lassen und der Austausch von Daten und Informationen funktioniert.

27.6.1 SQL-Funktionen

PostgreSQL verfügt über eine Reihe von mathematischen Funktionen, die für die Analyse von Daten verwendet werden können. Aber auch eigene Funktionen, die in den Sprachen C/C++ oder Python geschrieben werden, können eingebunden werden. Die Offenheit von PostgreSQL ermöglicht es, solche Funktionen in SQL-Anweisungen einzubinden und damit Auswertungen vorzunehmen.

Die SQL-Anweisung in Listing 27.22 zeigt häufig abgefragte Werte für statistische Daten und verwendet vorgefertigte SQL-Funktionen. Dazu gehören Werte wie Durchschnitt, Minimum, Maximum oder die statistische Varianz über alle Immobilienwerte.

Listing 27.21 Statistiken für den Wert eines Hauses

```
(postgres@localhost:5432)[hanser]> SELECT COUNT(median_house_value) AS anzahl,
> SUM(median_house_value) AS summe,
> AVG(median_house_value) AS durchschnitt,
> MIN(median_house_value) AS minimum,
> MAX(median_house_value) AS maximum,
> VARIANCE(median_house_value) AS varianz,
> STDDEV(median_house_value) AS abweichung
> FROM cal_housing;
-[ RECORD 1 ]+---------------------
anzahl       | 20640
summe        | 4269504061.00
durchschnitt | 206855.816908914729
minimum      | 14999.00
maximum      | 500001.00
varianz      | 13316148163.03527781
abweichung   | 115395.61587441
```

Für Auswertungen und die Darstellung der Charakteristik von Daten werden häufig Histogramme eingesetzt. Diese können gut visualisiert werden. Das Grundprinzip sieht vor, die Werte in Bereiche (Buckets) aufzuteilen. Die Aufteilung der Bereiche kann mit der Funktion *width_bucket* vorgenommen werden. Im Beispiel in Listing 27.22 erfolgt die Teilung in 20 Bereiche.

Listing 27.22 SQL-Anweisung zur Bildung eines Histogramms

```
(postgres@localhost:5432)[hanser]> WITH cal_stats AS (
>   SELECT min(housing_median_age) as min,
>     max(housing_median_age) as max
>     FROM cal_housing
>   ),
>   histogram AS (
>     SELECT width_bucket(housing_median_age, min, max, 19) as bucket,
>     int4range(min(housing_median_age::INTEGER), max(housing_median_age::INTEGER),
'[]') as range,
>     count(*) AS freq
>     FROM cal_housing, cal_stats
>     GROUP BY bucket
```

```
>    ORDER BY bucket
>  )
>  SELECT bucket, range, freq,
>    repeat('=',
>    (freq::float / max(freq) over() *30)::INTEGER) AS bar
>    FROM histogram;
 bucket |  range   | freq |              bar
--------+---------+------+-------------------------------
      1 | [1,4)   |  124 | ==
      2 | [4,7)   |  595 | =========
      3 | [7,10)  |  586 | =========
      4 | [10,12) |  518 | ========
      5 | [12,15) |  952 | ==============
      6 | [15,18) | 1981 | ==============================
      7 | [18,20) | 1072 | ================
      8 | [20,23) | 1310 | ====================
      9 | [23,26) | 1492 | =======================
     10 | [26,28) | 1107 | =================
     11 | [28,31) | 1408 | =====================
     12 | [31,34) | 1638 | =========================
     13 | [34,36) | 1513 | =======================
     14 | [36,39) | 1793 | ===========================
     15 | [39,42) |  969 | ===============
     16 | [42,44) |  721 | ===========
     17 | [44,47) |  895 | ==============
     18 | [47,50) |  509 | ========
     19 | [50,52) |  184 | ===
     20 | [52,53) | 1273 | ===================
```

Eine weitere häufig verwendete Darstellung ist die Heatmap, eine zweidimensionale Matrix der Häufigkeit oder eines bestimmten Summenwerts. Client-Programme stellen Heatmaps farbig dar, um eine optisch gut zu lesende Darstellung zu erreichen. Eine Heatmap mit Zahlen ist auch sehr übersichtlich und liefert darüber hinaus noch die konkreten Zahlen.

Die SQL-Funktion in Listing 27.23 liefert eine Heatmap wichtiger Sturmereignisse in den Bundesstaaten. Dazu wird eine Summentabelle angelegt. Eine direkte Abfrage aus der Originaltabelle ist auch möglich. Es ist deutlich zu sehen, dass in Florida die Schäden aufgrund von Wirbelstürmen und in Colorado die Schäden durch Hagel sehr hoch sind.

Listing 27.23 Eine Heatmap mit einer SQL-Funktion erstellen

```
(postgres@localhost:5432)[hanser]> CREATE TABLE heatmap
> AS
> SElECT state, event_type, SUM(damage_property::NUMERIC) AS damage
> FROM stormdata
> GROUP BY state, event_type;
SELECT 1763
(postgres@localhost:5432)[hanser]> CREATE FUNCTION get_heatmap()
> RETURNS TABLE(state varchar, hail numeric, flod numeric, tornado numeric,hurricane
numeric, tstorm numeric, typhoon numeric)
> AS $$
> SELECT state,
>   SUM(ROUND(damage/1000000,0)) FILTER (WHERE event_type = 'Hail') as "HAIL",
>   SUM(ROUND(damage/1000000,0)) FILTER (WHERE event_type = 'Flood') as "FLOOD",
>   SUM(ROUND(damage/1000000,0)) FILTER (WHERE event_type = 'Tornado') AS "TORNADO",
>   SUM(ROUND(damage/1000000,0)) FILTER (WHERE event_type = 'Hurricane') AS
"HURRICANE",
>   SUM(ROUND(damage/1000000,0)) FILTER (WHERE event_type = 'Tropical Storm') AS
"TROPICAL STORM",
```

```
>   SUM(ROUND(damage/1000000,0)) FILTER (WHERE event_type = 'Hurricane (Typhoon)') AS
"TYPHOON"
> FROM heatmap
> GROUP BY state
> ORDER BY 1;
> $$ LANGUAGE SQL;
CREATE FUNCTION
(postgres@localhost:5432)[hanser]> SELECT * FROM get_heatmap();
        state         | hail  | flod | tornado | hurricane | tstorm | typhoon
----------------------+-------+------+---------+-----------+--------+---------
 ALABAMA              |    22 |  252 |    6338 |       313 |     57 |    3856
 ALASKA               |     0 |  252 |       0 |           |        |
 AMERICAN SAMOA       |       |    0 |         |           |     55 |      60
 ARIZONA              |  2834 |   40 |      49 |           |      0 |
 ARKANSAS             |   231 |  379 |    3206 |           |     35 |       1
 ATLANTIC NORTH       |       |      |         |           |        |
 ATLANTIC SOUTH       |       |      |         |           |        |
 CALIFORNIA           |    26 | 2082 |     135 |           |      0 |
 COLORADO             |  4877 |  769 |     290 |           |        |
 CONNECTICUT          |     0 |   27 |     602 |           |    114 |
 DELAWARE             |     0 |    1 |      13 |           |     18 |       0
 DISTRICT OF COLUMBIA |     0 |   10 |       0 |           |    128 |
 E PACIFIC            |       |      |         |           |        |
 FLORIDA              |    33 | 1793 |    1756 |      5397 |   4754 |   28463
. . .
```

Datenanalysen mit SQL-Funktionen haben den Vorteil, dass sie auch für große Datenmengen sehr performant durchgeführt werden können. Mit der Speicherung in der Datenbank kann eine hohe Datenqualität garantiert werden.

Das was in Listing 27.23 ausgeführt wurde, wird auch als Pivoting bezeichnet. Pivoting ist eine wichtige Funktionalität im Bereich Data Science und beschreibt den Vorgang, bei dem die Werte einer Spalte zu Spaltennamen werden. Die Sichtbarkeit wird sozusagen um neunzig Grad gedreht.

In PostgreSQL gibt es einige Möglichkeiten, Pivoting auf Tabellen vorzunehmen. Dabei unterscheidet man zwischen statischem und dynamischem Pivoting. Die SQL-Anweisung in Listing 27.23 ist ein typisches Beispiel für statisches Pivoting, in dem die neuen Spaltennamen direkt in der SQL-Anweisung benannt werden.

Mit der Funktion *crosstab* gibt es eine weitere Möglichkeit, ein statisches Pivoting zu erreichen. Sie ist Teil des Zusatzmoduls *tablefunc.*

TIPP: Installieren Sie das Zusatzmodul *tablefunc*, um die Funktion *crosstab* nutzen zu können:

```
(postgres@localhost:5432)[hanser]> CREATE EXTENSION tablefunc;
CREATE EXTENSION
```

Die Funktion *crosstab* benötigt als erstes Argument eine SQL-Anweisung, die die Werte an das Pivot zurückliefert. Die SQL-Anweisung, die als zweites Argument übergeben wird, liefert die Spaltennamen für das Ergebnis der Pivoting.

Schauen wir uns das am Beispiel an. Mit einer SQL-Anweisung bestimmen wir die Schadenskosten pro Bundesstaat und pro Jahr.

Listing 27.24 Schadenskosten pro Bundesstaat und Jahr

```
(postgres@localhost:5432)[hanser]> SELECT state, EXTRACT(YEAR FROM begin_date_time)
AS jahr,
> SUM(damage_property::NUMERIC)
> FROM stormdata
> GROUP BY state, jahr
> ORDER BY 1,2;
        state         | jahr |           sum
----------------------+------+-------------------------
 ALABAMA              | 1950 |                  27500.0
 ALABAMA              | 1951 |                  35000.0
 ALABAMA              | 1952 |                5452500.0
 ALABAMA              | 1953 |                3070000.0
 ALABAMA              | 1954 |                607530.00
. . .
```

In einer Übersicht sollen die Schadenskosten für die Jahre 1950 bis 2020 für jedes zehnte Jahr dargestellt werden. Die Funktion *crosstab* in Listing 27.25 stellt die Spaltenbezeichnungen bereit und transformiert die Spalten in Zeilen.

Listing 27.25 Schadenskosten im Pivot-Format

```
(postgres@localhost:5432)[hanser]> SELECT * FROM crosstab(
> 'SELECT state, EXTRACT(YEAR FROM begin_date_time) AS jahr,
> SUM(damage_property::NUMERIC)
> FROM stormdata
> WHERE EXTRACT(YEAR FROM begin_date_time) IN (1950,1960,1970,1980,1990,2000,2010,2020)
> GROUP BY state, jahr
> ORDER BY 1,2',
> 'SELECT DISTINCT EXTRACT(YEAR FROM begin_date_time) FROM stormdata WHERE EXTRACT
(YEAR FROM begin_date_time) IN (1950,1960,1970,1980,1990,2000,2010,2020) ORDER BY 1')
> AS ("State" text, "1950" numeric, "1960" numeric, "1970" numeric, "1980" numeric, "1990"
numeric, "2000" numeric, "2010" numeric, "2020" numeric);
   State    |    1950    |     1960     |     1970     |     1980      |     1990 . . .
------------+------------+--------------+--------------+---------------+-------------
 ALABAMA    |    27500.0 |     557500.0 |   1175500.00 |    4635250.00 |     17800000 . . .
 ARIZONA    |            |        25000 |        25000 |             0 |       2500.0 . . .
 ARKANSAS   |  860030.00 |   8885250.00 |    6735000.0 |      20125000 |    775250.00 . . .
 CALIFORNIA |            |            0 |        25000 |     3080000.0 |     252500.0 . . .
 COLORADO   |      50000 |    308060.00 |      27500.0 |     286000.00 |   26160000.0 . . .
 CONNECTICUT|   252500.0 |            0 |        25000 |             0 |       2500.0 . . .
. . .
```

Obwohl uns die Funktion *crosstab* eine Menge Arbeit abnimmt, fällt beim Blick auf die SQL-Anweisung auf, was die Nachteile des statischen Pivoting sind. Die Spaltennamen und Typen müssen explizit angegeben werden. Diese Spezifikation ist notwendig, da die Funktion den anonymen Typ SETOF RECORD zurückliefert.

Für das dynamische Erstellen der Pivot-Tabelle bietet sich eine PL/pgSQL-Funktion an. Um die Rückgabe der Tabelle dynamisch zu halten, ohne dass Spaltennamen und typen vorgegeben werden müssen, verwenden wir einen Ref-Cursor (siehe Listing 27.26).

Listing 27.26 PL/pgSQL-Funktion zum dynamischen Erstellen einer Pivot-Tabelle

```
(postgres@localhost:5432)[hanser]> CREATE OR REPLACE FUNCTION pivot_cursor(refcursor,
data_sql text, header_sql text)
> RETURNS refcursor
> LANGUAGE plpgsql
> AS $function$
> DECLARE
>   row RECORD;
>   curs REFCURSOR;
>   i INTEGER;
>   y_axis TEXT;
>       x_axis TEXT;
>   value TEXT;
>   h_value TEXT;
>   header_cond TEXT;
>   final_sql TEXT;
>   js JSON;
> BEGIN
>   i := 1;
>   EXECUTE 'SELECT row_to_json(_r.*) FROM (' ||  data_sql || ') AS _r' INTO js;
>   FOR row IN SELECT * FROM json_each_text(js)                                    (1)
>   LOOP
>     IF (i=1) THEN y_axis := row.key;
>       ELSEIF (i=2) THEN x_axis := row.key;
>       ELSEIF (i=3) THEN value := row.key;
>     END IF;
>     i := i+1;
>   END LOOP;
>   FOR h_value IN EXECUTE header_sql                                              (2)
>   LOOP
>     header_cond := concat(header_cond,
>      format(chr(10)||',min(case when %I=%L then %I::text end) as %I',x_axis,h_
value,value,h_value));
>   END LOOP;
>   final_sql := format('SELECT %I %s FROM (select *,row_number() over() as rn from
(%s) AS _c) as _d GROUP BY %I order by min(rn)', y_axis, header_cond,data_sql,y_
axis);     (3)
>   OPEN $1 FOR EXECUTE final_sql;                                                 (4)
>   RETURN $1;
> END
> $function$;
CREATE FUNCTION
```

Zuerst werden die Spaltennamen der SQL-Anweisung ermittelt (1). Dafür wird die Funktion *row_to_json* verwendet. Aus dem Text im JSON-Format kann der Spaltenname verlässlich herausgefiltert werden. Im nächsten Schritt wird die SQL-Anweisung zur Pivot-Bildung zusammengesetzt (2). Die SQL-Anweisung verwendet die Window-Funktion OVER (3). Für die SQL-Anweisung wird ein Cursor geöffnet (4). Der Cursor wird als Ref-Cursor an den Client zurückgegeben. Der Client übernimmt das Fetchen durch den Cursor.

Listing 27.27 Die Pivot-Funktion aufrufen

```
(postgres@localhost:5432)[hanser]> BEGIN;
BEGIN
(postgres@localhost:5432)[hanser]*> SELECT pivot_cursor('SELECT state, age,
SUM(income) FROM customers WHERE state IS NOT NULL GROUP BY state,age','SELECT
DISTINCT age FROM customers') AS curs
```

```
*> \gset
(postgres@localhost:5432)[hanser]*> FETCH ALL IN :"curs";
state |  87   |  74   |  54   |  29   |  71   |  68   |  34   |
. . .
```

27.6.2 Analysen durchführen

Viele Produkte und Pakete für Data Science laden Datasets häufig in das Memory, um Analysen performant durchführen zu können. Das Memory ist begrenzt und für größere Datenmengen nicht ausreichend. Mit den Daten in einer PostgreSQL-Datenbank besteht die Möglichkeit, Materialized Views oder Summentabellen für häufig verwendete Datenaggregationen zu bilden. Damit wird der Großteil der kalkulatorischen Operationen auf den Datenbankserver verlagert und der Client kann mit einer kleinen Datenmenge arbeiten.

Im folgenden Beispiel verfolgen wir ein kleines Projekt, bei dem es gilt, die jeweiligen Vorteile der einzelnen Komponenten zu nutzen. Das Ziel ist, aus einer beliebigen SQL-Anweisung eine optisch ansprechende Heatmap zu erstellen.

Dafür wird die Bereitstellung der Pivot-Tabelle benötigt. Das ist eine Aufgabe für den Datenbankserver, der auch größere Datenmengen performant aufbereiten kann. Für das dynamische Erstellen der Pivot-Tabelle wird die PL/pgSQL-Prozedur aus Listing 27.27 verwendet.

Das Ganze wird durch ein Python-Programm gesteuert. Für das Erstellen der Grafik kann das Modul *matplotlib* verwendet werden. Damit wird eine optisch ansprechende Darstellung erreicht.

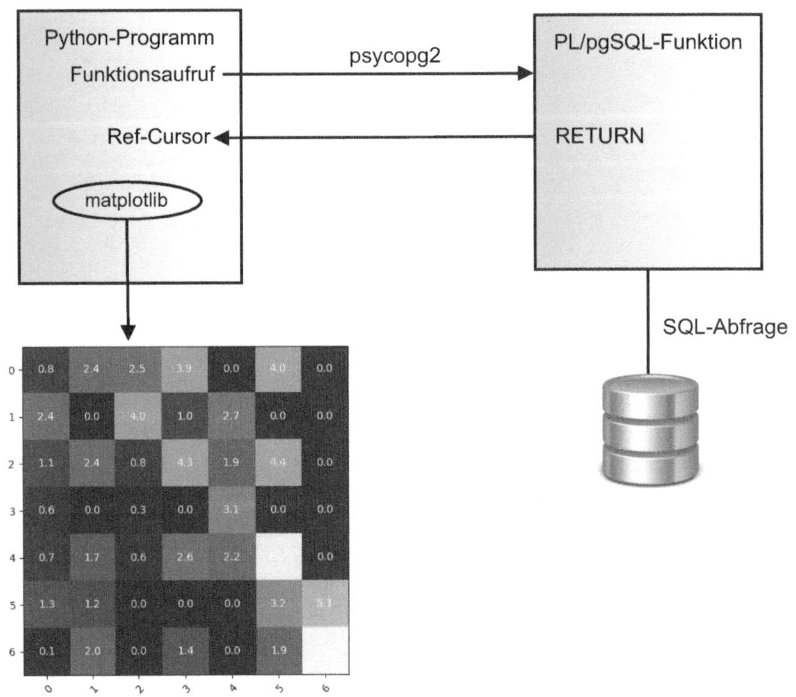

Bild 27.9 Einbindung mehrerer Komponenten für Data Science

Das Python-Programm in Listing 27.28 verwendet das Modul *psycopg2* für den Zugriff auf die PostgreSQL-Datenbank. Für die Ausführung müssen zwei SQL-Anweisungen als Parameter angegeben werden:

- Die Kern-SQL-Anweisung zum Erstellen der Summendaten für die Heatmap
- Die SQL-Anweisung für die Spaltenbezeichnungen

Für die Verwendung eines Ref-Cursors muss Autocommit ausgeschaltet werden (1). Die zweite SQL-Anweisung wird ausgeführt, um die Spaltenbezeichnungen in ein Array zu laden (2). Danach wird das Kern-SQL an die PL/pgSQL-Funktion übergeben und die Pivot-Tabelle in Form eines Ref-Cursors zurückgeliefert (4). Aus dem Resultset wird ein Numpy-Array aufgebaut als Basis für das Erstellen der Heatmap (4). Danach wird das Modul *matplotlib* verwendet, um die Grafik zu erstellen.

Listing 27.28 Python-Programm zum Erstellen einer Heatmap

```
import psycopg2
from psycopg2 import Error
import numpy as np
import pandas as pd
import matplotlib.pyplot as plt
import math
try:
  sqlstmt1 = input(„Bitte Kern-SQL eingeben : „)
  print(sqlstmt1)
  sqlstmt2 = input(„Bitte SQL für Spaltendefinition eingeben : „)
  print(sqlstmt2)
  conn = psycopg2.connect(dbname="hanser", user="postgres", password="postgres",
host="localhost")
  conn.set_session(autocommit=False)                                        (1)
  cursor = conn.cursor()
  cursor.execute(sqlstmt2)                                                  (2)
  row = cursor.fetchone()
  x_ax_desc = []
  y_ax_desc = []
  while row is not None:
    x_ax_desc.append(row[0])
    row = cursor.fetchone()
  cursor.callproc('pivot_cursor',['curname',sqlstmt1,sqlstmt2])
  rcurs = conn.cursor('curname')                                            (3)
  plist = []
  for record in rcurs:
    plist.append(record[1:])
    y_ax_desc.append(record[0])
  npArray = np.asarray(plist,dtype='float')                                 (4)
  npArray = np.nan_to_num(npArray, copy=False, nan=0.0)
  fig, ax = plt.subplots()
  plt.imshow(npArray, cmap='tab20_r', interpolation='nearest')
  ax.set_xticks(np.arange(len(x_ax_desc)), labels=x_ax_desc)
  ax.set_yticks(np.arange(len(y_ax_desc)), labels=y_ax_desc)
  plt.setp(ax.get_xticklabels(), rotation= 90, ha="right", rotation_mode="anchor")
  plt.show()
except (Exception, Error) as error:
  print("Fehler: ", error)
finally:
  cursor.close()
  conn.close()
```

Damit haben wir alle Komponenten zusammen, die wir laut Bild 27.9 benötigen, und können Heatmaps durch die Eingabe von SQL-Anweisungen erstellen. Im ersten Beispiel wird aus dem Dataset der Sturmereignisse eine Übersicht der einzelnen Events pro Bundesstaat erstellt werden. Wir benötigen das Kern-SQL, das die Werte nach Bundesstaat und Event gruppiert.

Listing 27.29 Die Kern-SQL-Anweisung ausführen

```
(postgres@localhost:5432)[hanser]> SELECT state, event_type, COUNT(*)
> FROM stormdata
> GROUP BY state, event_type
> ORDER BY 1,2;
        state         |           event_type            | count
----------------------+--------------------------------+-------
 ALABAMA              | Coastal Flood                  |    28
 ALABAMA              | Cold/Wind Chill                |   273
 ALABAMA              | Debris Flow                    |     6
 ALABAMA              | Dense Fog                      |     7
 ALABAMA              | Drought                        |  2106
. . .
```

Die Spaltenbezeichnungen können mit einem einfachen SELECT DISTINCT ermittelt werden. Den Rest erledigt der Programm-Stack.

Listing 27.30 Das Heatmap-Programm ausführen

```
C:\Temp>python heatmap_cl.py
Bitte Kern-SQL eingeben : SELECT state, event_type, COUNT(*) FROM stormdata GROUP BY
state, event_type ORDER BY 1,2
SELECT state, event_type, COUNT(*) FROM stormdata GROUP BY state, event_type ORDER BY
1,2
Bitte SQL für Spaltendefinition eingeben : SELECT DISTINCT event_type FROM stormdata
ORDER BY 1
SELECT DISTINCT event_type FROM stormdata ORDER BY 1
```

Bild 27.10 zeigt das Ergebnis. Für den Anwender entfällt der Aufwand, sich um die Details kümmern zu müssen. Der PostgreSQL-Server übernimmt die performante Erstellung der Summendaten und die Umwandlung in eine Pivot-Tabelle.

Für eine neue Anfrage müssen nur die SQL-Anweisungen angepasst werden. Im folgenden Beispiel soll für ausgewählte Bundesstaaten die Anzahl der Ereignisse für die letzten 16 Jahre dargestellt werden. Die SQL-Anweisungen lauten:

```
SELECT state, EXTRACT(YEAR FROM begin_date_time) AS jahr,COUNT(*) FROM stormdata
WHERE state IN ('ALABAMA','TEXAS','FLORIDA','GEORGIA','LOUISIANA', 'OKLAHOMA',
'CALIFORNIA','COLORADO','KANSAS','NEBRASKA', 'OHIO','IOWA','ARKANSAS','SOUTH
CAROLINA','WISCONSIN','HAWAII') AND EXTRACT(YEAR FROM begin_date_time) > 2005 GROUP
BY state, jahr ORDER BY 1,2;
SELECT DISTINCT EXTRACT(YEAR FROM begin_date_time) FROM stormdata WHERE EXTRACT(YEAR
FROM begin_date_time) > 2005 ORDER BY 1;
```

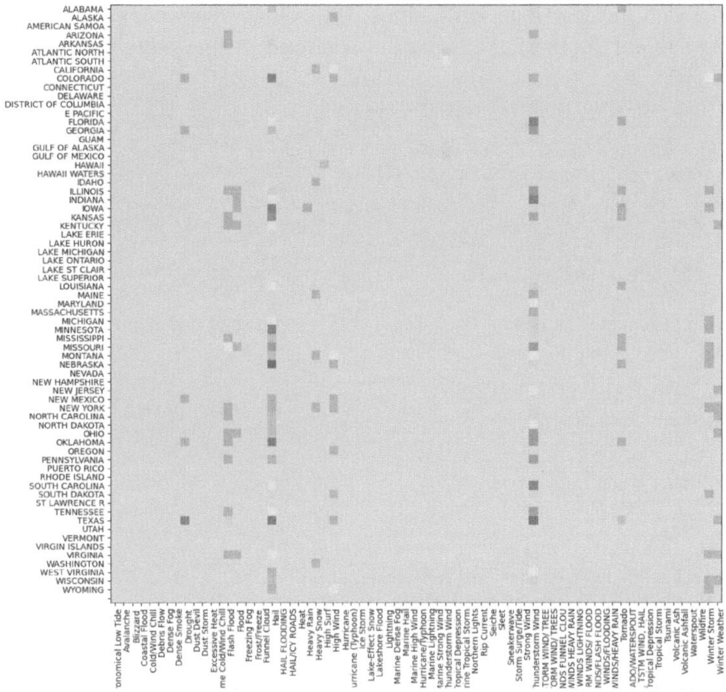

Bild 27.10 Heatmap für Sturmereignisse pro Bundesstaat

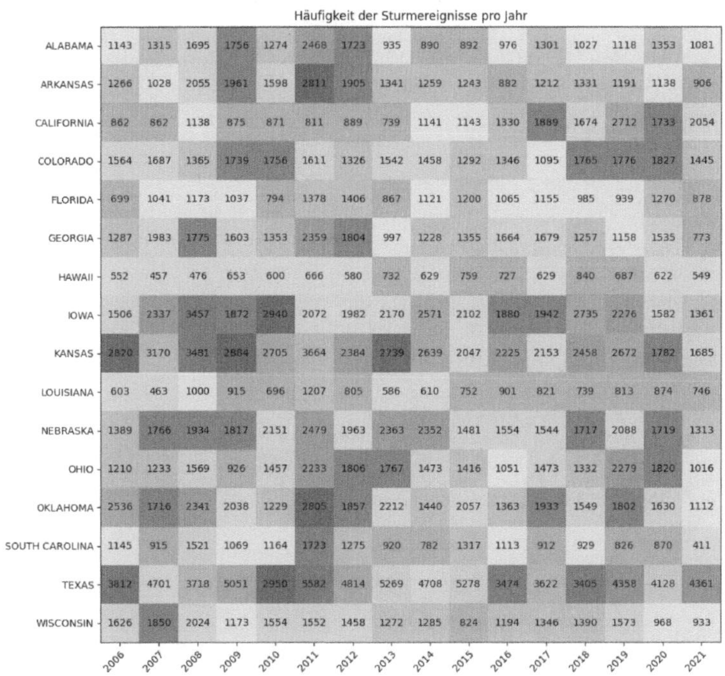

Bild 27.11 Sturmereignisse pro Bundesstaat und Jahr

Dasselbe Verfahren lässt sich für das Generieren einer Word Cloud verwenden. Die Word Cloud ist eine moderne Sicht auf die Häufigkeit oder die Wichtung ausgewählter Objekte.

Listing 27.31 Python-Programm zum Erstellen einer Word Cloud

```
import psycopg2
from psycopg2 import Error
import matplotlib.pyplot as plt
from wordcloud import WordCloud
try:
  sqlstmt1 = input(„Bitte SQL eingeben : „)
  print(sqlstmt1)
  conn = psycopg2.connect(dbname="hanser", user="postgres", password="postgres",
host="localhost")
  cursor = conn.cursor()
  cursor.execute(sqlstmt1)
  row = cursor.fetchone()
  wc_list = ""
  while row is not None:
    wc_list = wc_list + row[0] + " "
    row = cursor.fetchone()
  print(wc_list)
  wordcloud = WordCloud(background_color="white").generate(wc_list)
  plt.imshow(wordcloud, interpolation="bilinear")
  plt.axis("off")
  plt.show()
except (Exception, Error) as error:
  print("Fehler: ", error)
finally:
  cursor.close()
  conn.close()
```

Mit Hilfe des Programms wird eine Word Cloud zur Häufigkeit der Sturmereignisse erstellt. Sie repräsentiert die Häufigkeit, nicht die Schadensbilanz. Aus der SQL-Anweisung wird ein String gebildet, aus dem die Grafik erstellt wird.

Listing 27.32 Das Programm für die Word Cloud aufrufen

```
C:\Temp>python wc.py
Bitte SQL eingeben : SELECT event_type FROM stormdata
SELECT event_type FROM stormdata
```

Die häufigsten Ereignisse sind „Thunderstorm“ und „Wind“. Auch wenn eine Word Cloud keine Zahlen enthält, liefert sie einen sehr guten optischen Eindruck.

Bild 27.12
Word Cloud für Sturmereignisse

Mit Hilfe von PL/Python ist es auch möglich, Funktionen zu erstellen, die direkt aus psql aufgerufen werden können.

Listing 27.33 PL/Python-Funktion zum Erstellen einer Word Cloud

```
(postgres@localhost:5432)[hanser]> CREATE OR REPLACE FUNCTION db_wordcloud(sqltext
VARCHAR)
> RETURNS integer
> LANGUAGE plpython3u
> AS $function$
> import matplotlib.pyplot as plt
> from wordcloud import WordCloud
> wc_list = ""
> rv = plpy.execute(sqltext)
> for row in rv:
>   wc_list = wc_list + list(row.values())[0] + " "
> wordcloud = WordCloud(background_color="white").generate(wc_list)
> plt.imshow(wordcloud, interpolation="bilinear")
> plt.axis("off")
> plt.show()
> return 0
> $function$;
CREATE FUNCTION
(postgres@localhost:5432)[hanser]> SELECT db_wordcloud('SELECT state FROM stormdata
WHERE state IS NOT NULL');
```

Bild 27.13 zeigt die Grafik der Word Cloud. Die PostgreSQL-Funktion funktioniert ohne Weiteres, wenn die PostgreSQL-Datenbank auf dem Client läuft. Sie kann aber auch auf einem entfernten Server verwendet werden.

TIPP: Für die Darstellung der Python-Grafiken, wenn sich die Datenbank auf einem entfernten Server befindet, sind zusätzlich die folgenden Befehle erforderlich:

```
import matplotlib
matplotlib.use('tkagg')
import matplotlib.pyplot as plt
```

Bild 27.13 Word Cloud aus PL/Python-Funktion

Das Zusammenspiel zwischen dem Client, auf dem die Python-Programme für die Datenanalysen eingesetzt werden, und der PostgreSQL-Datenbank ist sehr wichtig. Die Python-Pakete wurden entwickelt, um vorwiegend mit CSV-Dateien zu arbeiten. Wie bereits erwähnt, bietet die Datenhaltung in einer PostgreSQL-Datenbank eine Reihe von Vorteilen. Die folgenden Programme zeigen, wie das Zusammenspiel zwischen Datenbank und einer Data-Science-Workstation auf dem Client einfach eingerichtet werden kann. Das erste Programm liefert den Inhalt einer Tabelle als Numpy-Array.

Listing 27.34 PL/Python-Funktion zur Darstellung einer Tabelle als Numpy-Array

```
(postgres@localhost:5432)[hanser]> CREATE OR REPLACE FUNCTION table_to_narray()
> RETURNS numeric[]
> AS $$
>   import numpy as np
>   nplist = []
>   rv = plpy.execute("SELECT longtitude, latiude, median_income FROM cal_housing")
>     for row in rv:
>       nplist.append(list(row.values()))
>   return np.asarray(nplist,dtype='float').tolist()
> $$ LANGUAGE 'plpython3u';
CREATE FUNCTION
```

Das zweite Beispiel verwendet einen Pandas Data Frame und speichert ausgewählte Spalten in einer Tabelle für Geodaten. Pandas ist eine Python-Bibliothek für Datenanalysen und numerische Verarbeitung.

Listing 27.35 Einen Data Frame in einer Tabelle speichern

```
import psycopg2
import psycopg2.extras as extras
import pandas as pd
def insert_values(conn, df, table):
  tuples = [tuple(x) for x in df.to_numpy()]
  cols = ','.join(list(df.columns))
  query = "INSERT INTO %s(%s) VALUES %%s" % (table, cols)
  cursor = conn.cursor()
  try:
    extras.execute_values(cursor, query, tuples)
    conn.commit()
  except (Exception, psycopg2.DatabaseError) as error:
    print("Error: %s" % error)
    conn.rollback()
    cursor.close()
    return 1
  cursor.close()
conn = psycopg2.connect(database="hanser",user='postgres',password='postgres',host='l
ocalhost', port='5432')
sql = '''CREATE TABLE geo_daten(longitude numeric ,latitude numeric, housing_median_
age int);'''
cursor = conn.cursor()
cursor.execute(sql)
data = pd.read_csv("c:\\temp\\california_housing.csv")
data = data[["longitude","latitude","housing_median_age"]]
print(data)
insert_values(conn, data, 'geo_daten')
```

Die optische Darstellung der Analyseergebnisse ist ein wichtiger Bestandteil von Data Science geworden. Es reicht heute nicht mehr aus, Zahlen im Tabellenformat zu präsentieren. Eine wichtige Darstellungsform ist das Geoploting, also die Darstellung von Positionen und Werten auf geografischen Karten.

Geoploting ist immer möglich, wenn geografische Daten Bestandteil des Datasets sind. Dafür sind geografische Länge und Breite ausreichend, so wie das im Dataset „California Housing“ der Fall ist.

HINWEIS: PostGIS ist die Spatial-Datenbank von PostgreSQL und bietet weitreichende Möglichkeiten für die Verarbeitung von geometrischen und geografischen Daten. Details dazu finden Sie in Kapitel 16.

Es gibt verschiedene Python-Pakete, die Geoplots unterstützen. Auch das Modul *matplotlib*, das wir schon verwendet haben, enthält geeignete Funktionen. Wie üblich, lesen wir die Daten aus der PostgreSQL-Datenbank. Für die Darstellung verwenden wir Scatterplots.

Eine einfache Variante ist ein Scatterplot, bei dem jeder Satz der Tabelle in der Grafik einen Punkt repräsentiert. Aufgrund der Fülle der Punkte lässt sich die Geografie des Staates Kalifornien erahnen.

Listing 27.36 Ein Scatterplot für California Housing erstellen

```
import psycopg2
from psycopg2 import Error
import matplotlib.pyplot as plt
import pandas as pd
try:
  sqlstmt = "SELECT * FROM cal_housing"
  conn = psycopg2.connect(dbname="hanser", user="postgres", password="postgres",
host="localhost")
  data = pd.read_sql_query(sqlstmt, conn)
  data.plot(kind="scatter", x="longitude", y="latiude", alpha=0.4)
  plt.show()
except (Exception, Error) as error:
  print("Fehler: ", error)
finally:
  conn.close()
```

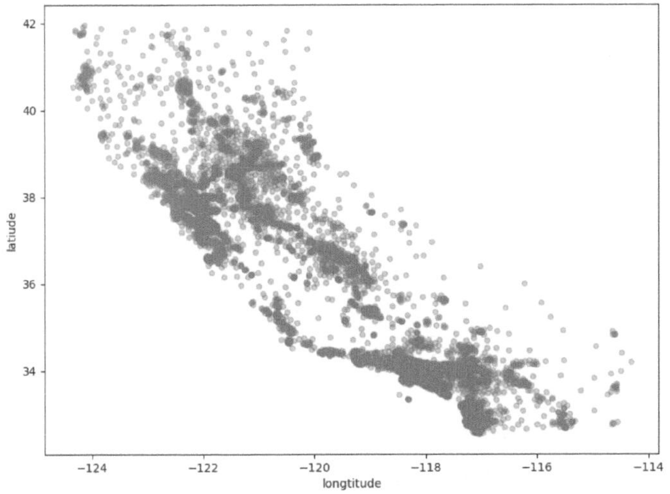

Bild 27.14 Scatterplot mit Breiten- und Längengrad

Die Grafik zeigt, wie sich die Daten geografisch verteilen, ohne eine Aussage über deren Inhalt zu machen. Im nächsten Beispiel werden die Werte für die Bevölkerungsdichte und den mittleren Wert des Hauses eingebunden.

Listing 27.37 Scatterplot mit Größen und Farben

```
import psycopg2
from psycopg2 import Error
import matplotlib.pyplot as plt
import pandas as pd
try:
  sqlstmt = "SELECT * FROM cal_housing"
  conn = psycopg2.connect(dbname="hanser", user="postgres", password="postgres",
host="localhost")
  data = pd.read_sql_query(sqlstmt, conn)
  data.plot(kind="scatter", x="longtitude", y="latiude",
    s=data['population']/100, label="population",
    c="median_house_value", cmap=plt.get_cmap("jet"),
    colorbar=True, alpha=0.4, figsize=(10,7),
    )
  plt.legend()
  plt.show()
except (Exception, Error) as error:
  print("Fehler: ", error)
finally:
  conn.close()
```

Die Größe der Punkte repräsentiert die Bevölkerungsdichte und die Hauswerte werden farblich dargestellt. Man sieht sehr schön die höheren Hauswerte in den Ballungsräumen Los Angeles und der Bay Area.

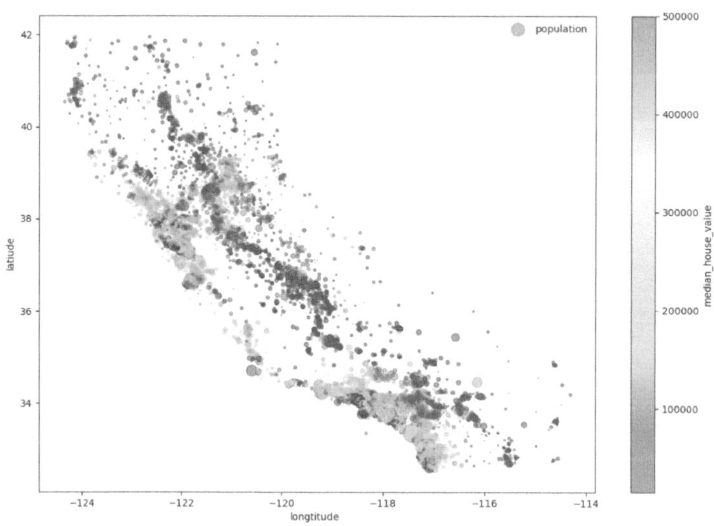

Bild 27.15 Scatterplot mit Bevölkerungsdichte und Hauswert

Für eine verbesserte Darstellung legen wir noch eine Landkarte unter die Geobubbles (siehe Listing 27.38). Es ist notwendig, die Karte zu kalibrieren, sodass Daten und Karte optisch zusammenpassen.

Listing 27.38 Geodaten auf einer Karte anzeigen

```
import psycopg2
from psycopg2 import Error
import matplotlib.pyplot as plt
import matplotlib.image as mpimg
import pandas as pd
import numpy as np
try:
  sqlstmt = "SELECT * FROM cal_housing"
  conn = psycopg2.connect(dbname="hanser", user="postgres", password="postgres",
host="localhost")
  data = pd.read_sql_query(sqlstmt, conn)
  california_img=mpimg.imread('california.png')
  ax = data.plot(kind="scatter", x="longitude", y="latiude", figsize=(10,7),
                     s=data['population']/100, label="Population",
                     c="median_house_value", cmap=plt.get_cmap("jet"),
                     colorbar=False, alpha=0.4,
                    )
  plt.imshow(california_img, extent=[-124.55, -113.80, 32.45, 42.05], alpha=0.5)
  plt.ylabel("Latitude", fontsize=14)
  plt.xlabel("Longitude", fontsize=14)
  prices = data["median_house_value"]
  tick_values = np.linspace(prices.min(), prices.max(), 11)
  cbar = plt.colorbar()
  cbar.ax.set_yticklabels(["$%dk"%(round(v/1000)) for v in tick_values], fontsize=14)
  cbar.set_label('Median House Value', fontsize=16)
  plt.legend(fontsize=16)
  plt.show()
except (Exception, Error) as error:
  print("Fehler: ", error)
finally:
  conn.close()
```

Das Ergebnis in Bild 27.16 sieht schon sehr professionell aus. Es zeigt den gesamten Staat Kalifornien mit seinen Grenzen.

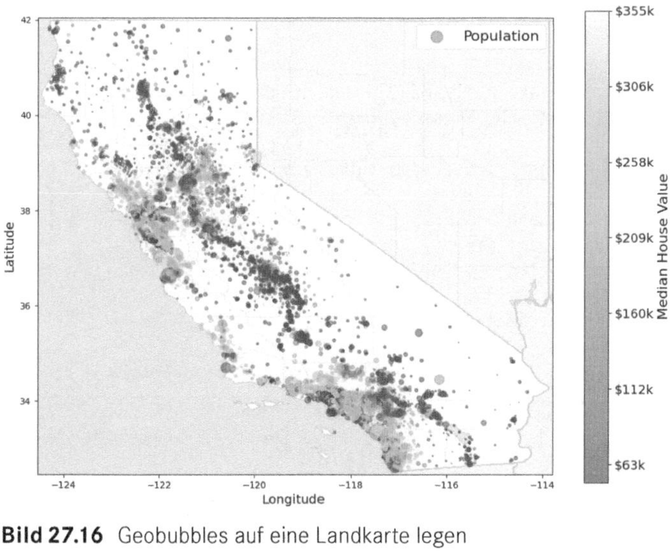

Bild 27.16 Geobubbles auf eine Landkarte legen

In der Grafik können Ausschnitte vergrößert werden. Bild 27.17 zeigt einen Ausschnitt der Bay Area und des Silicon Valley.

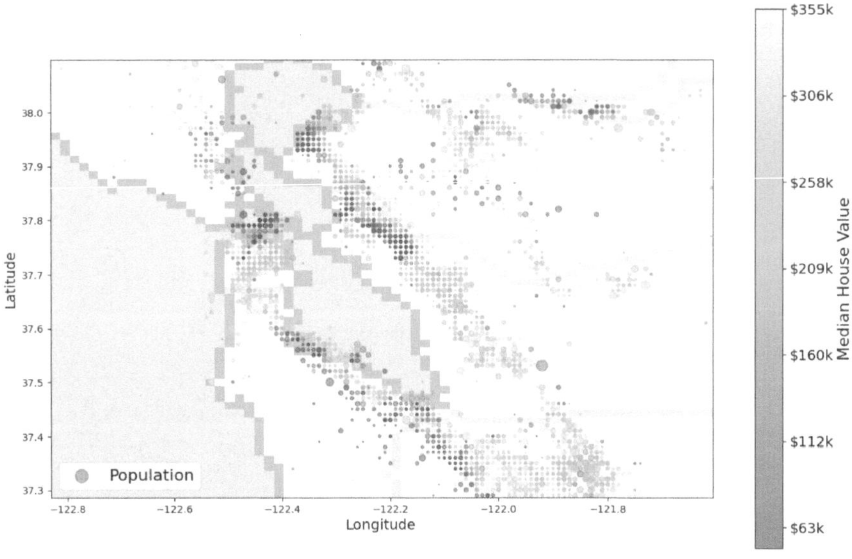

Bild 27.17 Vergrößerung eines Abschnitts

Für das Data Set „Sturmereignisse" sind solche geografischen Darstellungen ebenfalls sehr interessant. Mit Hilfe der SQL-Anweisung lässt sich das sogenannte „Slice and Dice" einfach durchführen und die Optionen sind einfach auszutauschen.

Listing 27.39 Scatterplot für Sturmereignisse in Florida

```
import psycopg2
from psycopg2 import Error
import matplotlib.pyplot as plt
import pandas as pd
import numpy as np
try:
  sqlstmt = "SELECT begin_lon,begin_lat,CAST(damage_property AS DECIMAL),event_type
FROM stormdata WHERE state = 'FLORIDA' AND event_type IN ('Flash
Flood','Flood','Tornado')"
  conn = psycopg2.connect(dbname="hanser", user="postgres", password="postgres",
host="localhost")
  data = pd.read_sql_query(sqlstmt, conn)
  colors = {'Flash Flood':'red','Flood':'green','Tornado':'blue'}
  data.plot(kind="scatter", x="begin_lon", y="begin_lat",
    s=data['damage_property']/100000,
    c=data['event_type'].map(colors), cmap=plt.get_cmap("jet"),
    alpha=0.4, figsize=(10,7)
    )
  plt.legend()
  plt.show()
except (Exception, Error) as error:
  print("Fehler: ", error)
finally:
  conn.close()
```

Das Ergebnis in Bild 27.18 zeigt ausgewählte Sturmereignisse, die farblich unterschieden werden. Die Größe der Bubbles repräsentiert die Schadenshöhe der einzelnen Ereignisse.

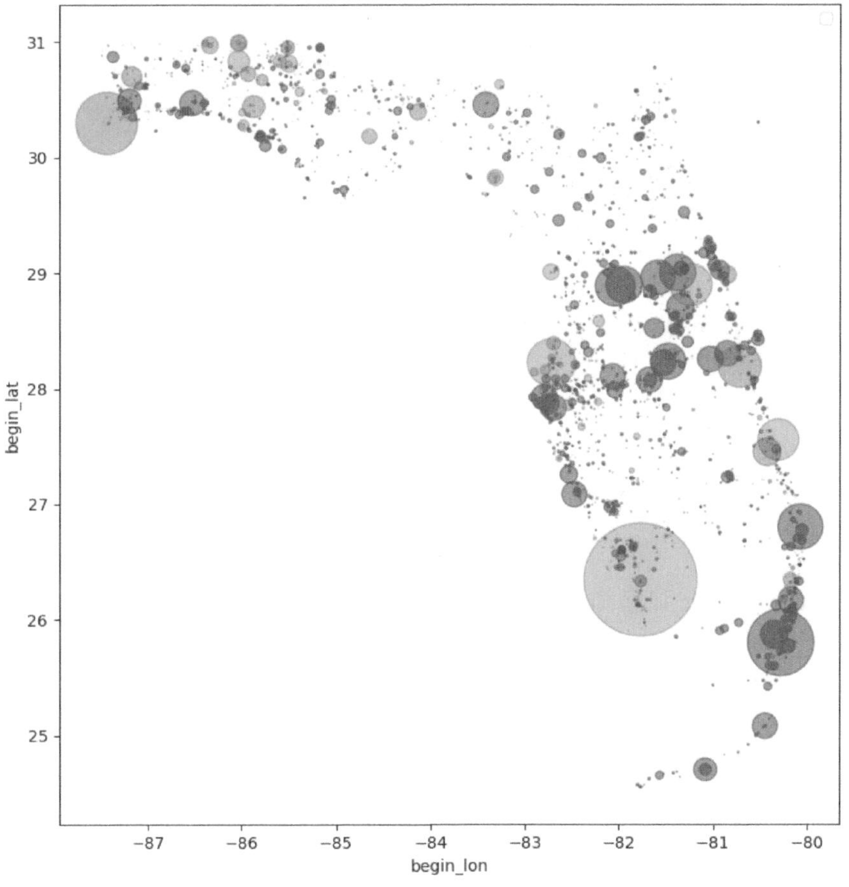

Bild 27.18 Schadensgrößen nach Sturmereignissen für Florida

27.7 Stimmungslagenanalysen

In Kapitel 12 haben Sie einiges über den Umgang mit Textdaten und die Möglichkeiten der Textverarbeitung in PostgreSQL gelernt. Die Bearbeitung von Texten ist ein wichtiger Bestandteil von Data-Science-Projekten. Es geht dabei um die Suche bestimmter Begriffe und um die Häufigkeit von Tokens. Die Texte sind häufig unstrukturiert und stammen aus Datenquellen wie Twitter oder E-Mails.

Für die Analyse solcher Daten, die häufig auch als Stimmungslagenanalyse (Sentiment Analysis) bezeichnet wird, gibt es ebenfalls eine Reihe von fertigen Python-Modulen. Allerdings ist die Verarbeitung in Python sehr rechenaufwendig und für große Datenmengen schwierig und führt häufig zu Performance-Problemen.

Auf der anderen Seite hält PostgreSQL eine Reihe von intelligenten und nützlichen Indexen bereit, die die Verarbeitung großer Datenmengen unterstützen. Auch das Thema „Data Cleaning“ spielt gerade bei solchen Daten eine wichtige Rolle und kann in einer Datenbank wesentlich besser durchgeführt werden.

Textanalysen fallen in den Bereich des maschinellen Lernens und können mit den zugehörigen Modellen bearbeitet werden. Dazu gehören die folgenden Algorithmen:

- Klassifizierung von Dokumenten
- Stimmungslagenanalysen
- Vorhersagen für zukünftige Ereignisse (Timeseries Forecasting)

Die CSV-Datei mit den Imdb-Daten, so wie wir sie in Kapitel 12 verwendet haben, hat 50000 Zeilen und soll als Basis für die folgenden Beispiele dienen.

Für eine performante Verarbeitung wird auf der Textspalte ein GIN-Index angelegt. GIN-Indexe sind sehr effektiv für die Textverarbeitung und reduzieren die Ausführungszeiten um ein Vielfaches.

HINWEIS: Details zur Indizierung und zur Textverarbeitung mit PostgreSQL finden Sie in den Kapiteln 11 und 12.

Listing 27.40 Einen BRIN-Index für Bereinigung und Analysen anlegen

```
(postgres@localhost:5432)[movdb]> CREATE INDEX gin_imdb
> ON imdb USING GIN (to_tsvector('english', bewertung));
CREATE INDEX
```

Data Cleaning ist der erste Schritt, um die für die Analysen notwendige Datenqualität bereitzustellen. Die Texte stammen aus unterschiedlichen Datenquellen. Es ist zu sehen, dass viele Sonderzeichen enthalten sind. Kritisch sind unter anderem HTML-Tags, so wie in Listing 27.41 zu sehen ist.

Listing 27.41

```
(postgres@[local]:5432)[movdb]>  SELECT SUBSTR(bewertung, POSITION('/>' IN
bewertung),10)
> FROM imdb
> WHERE bewertung LIKE '%<br%'
> OR bewertung LIKE '%/>%';
   substr
------------
 /><br />Th
 /><br />Wh
 /><br />Th
 /><br />Th
 /><br />Th
 /><br />**
. . .
```

Mit Hilfe der PostgreSQL-Funktion *regexp_replace* werden HTML-Tags aus den Texten entfernt. Diese stammen aus der Übernahme von Bewertungen in HTML-Dokumenten und kommen bei dieser Art von Data Sets häufig vor.

Listing 27.42 HTML-Tags entfernen

```
(postgres@localhost:5432)[movdb]> UPDATE imdb
> SET bewertung = regexp_replace(regexp_replace(bewertung, E'(?x)<[^>]*?(\s alt \s* =
\s* ([\'"]) ([^>]*?) \2) [^>]*? >', E'\3'),E'(?x)(< [^>]*? >)', ,', ,g');
UPDATE 49986
```

Mit einer weiteren Update-Anweisung entfernen wir doppelte Anführungsstriche. Sonderzeichen sind generell für die Auswertung von Texten hinderlich und können die Ergebnisse verfälschen.

Listing 27.43 Entfernung von Sonderzeichen aus Texten

```
(postgres@localhost:5432)[movdb]> UPDATE imdb
> SET bewertung = regexp_replace(bewertung, '"', '\1', 'g');
UPDATE 49986
```

Nach der Datenbereinigung erfolgt das sogenannte Preprocessing. Dabei werden die Texte so aufbereitet, dass sie in die Analyseprozesse gehen können. Die wichtigsten Aufgaben sind:

- *Bildung von Tokens:* Konvertierung der Texte und Sätze in Wörter
- *Entfernung von Stopp-Wörtern:* Wörter, die keinen Beitrag für die Analysen liefern. Das sind satzbildende Wörter wie „ist", „der", „die". Die Liste der Stopp-Wörter ist abhängig von der Sprache.
- *Normalisierung von Wörtern:* Wörter haben unterschiedliche Ausprägungen und Ausdrucksformen, spiegeln jedoch denselben Sachverhalt wider, wie zum Beispiel Wörter in Singular und Plural.
- *Vektorisierung:* ein Feature des maschinellen Lernens. Umwandlung von Texten in eine numerische Repräsentation.

Für das Preprocessing können Python-Pakete verwendet werden. Diese sind erprobt und können direkt angewandt werden. Die Textverarbeitung mit Python hat den Nachteil, dass sie für größere Datenmengen auf Performance-Probleme stoßen. PostgreSQL bietet selbst eine leistungsfähige Textverarbeitung und wir wollen so weit wie möglich diese Funktionen und Features verwenden.

Mit Hilfe des Python-Moduls *sklearn* kann ein Dictionary angelegt werden, das die Wörter mit deren Häufigkeit über alle Bewertungen abbildet. Es wird für weitere Auswertungen in einer Tabelle gespeichert (siehe Listing 27.44).

Listing 27.44 Python-Programm zum Erstellen eines Dictionary

```
import psycopg2
from psycopg2 import Error
import pandas as pd
from sklearn.feature_extraction.text import CountVectorizer
try:
  cv = CountVectorizer(stop_words='english')
  sqlstmt = "SELECT bewertung FROM imdb"
  conn = psycopg2.connect(dbname="movdb", user="postgres", password="postgres",
host="localhost")
  cursor = conn.cursor()
  cursor.execute(sqlstmt)
```

```
    rows = cursor.fetchall()
    df = pd.DataFrame(rows)
    npa = df.to_numpy()
    npaf = npa.flatten()
    bag = cv.fit_transform(npaf)
    voc = cv.vocabulary_
    for key, value in voc.items():
      cursor.execute("INSERT INTO word_dict VALUES (%s, %s)", (key, value))
    conn.commit()
  except (Exception, Error) as error:
    print("Fehler: ", error)
  finally:
    cursor.close()
    conn.close()
```

Das Speichern des Dictionary in einer PostgreSQL-Tabelle ermöglicht es, auch sehr große Data Sets zu verarbeiten. Die Python-Module speichern die Tabellen im Memory und stoßen häufig an die Grenzen der Computer-Hardware.

Listing 27.45 Dictionary der Wörter in Tabellenform

```
(postgres@localhost:5432)[movdb]> SELECT * FROM word_dict;
    wort     | anz
------------+------
 alfred      |   77
 hitchcock   |  864
 adaptation  |   48
 patricia    | 1292
 highsmith   |  858
 strangers   | 1722
 train       | 1843
. . .
```

Die Textsuche in PostgreSQL ist ein umfangreiches Feature. Textverarbeitung ist stark abhängig von der Sprache, in der die Texte vorliegen. Wichtige Features der Stimmungslagenanalysen sind bereits in Form von Funktionen vorhanden.

Es ist notwendig, eine Konfiguration zu erstellen. Für das IMDB-Dataset wird eine Konfiguration basierend auf der englischen Sprache benötigt.

Listing 27.46 Eine Konfiguration für die Textsuche erstellen

```
(postgres@localhost:5432)[movdb]> CREATE TEXT SEARCH CONFIGURATION public.imdb ( COPY
= pg_catalog.english );
CREATE TEXT SEARCH CONFIGURATION
(postgres@localhost:5432)[movdb]> CREATE TEXT SEARCH DICTIONARY pg_dict (
>   TEMPLATE = synonym,
>   SYNONYMS = pg_dict
> );
(postgres@localhost:5432)[movdb]> CREATE TEXT SEARCH DICTIONARY english_ispell (
>   TEMPLATE = ispell,
>   DictFile = english,
>   AffFile = english,
>   StopWords = english
> );
CREATE TEXT SEARCH DICTIONARY
(postfres@localhost:5432)[movdb]> ALTER TEXT SEARCH CONFIGURATION imdb
```

```
> ALTER MAPPING FOR asciiword, asciihword, hword_asciipart, word, hword, hword_part
> WITH pg_dict, english_ispell, english_stem;
ALTER TEXT SEARCH CONFIGURATION
```

Die Funktion *to_tsvector* (siehe Listing 27.46) ist sehr mächtig. Gemäß der erstellten Konfiguration führt die Funktion die folgenden Aktionen durch:

- Bilden der Token
- Entfernung von Stopp-Wörtern
- Listing der Lexeme mit ihrer Position im Text

Listing 27.47 Die Funktion *to_tsvector* anwenden

```
(postgres@localhost:5432)[movdb]> SELECT to_tsvector('imdb', 'the movie is one of the
good movies');
        to_tsvector
------------------------------
 'good':7 'movi':2,8 'one':4
```

Wie Sie sehen können, wurden nicht nur die Stopp-Wörter entfernt, sondern auch Lexeme gebildet. Die Wörter „movies“ und „movie“ wurden in „movi“ umgewandelt.

Ein mächtiges Instrument für Sentimentanalysen sind die Ranking-Funktionen in PostgreSQL. Dabei geht es darum festzustellen, wie relevant ein Dokument für eine bestimmte Abfrage ist, um die am höchsten bewerteten zuerst anzuzeigen. Das Vorgehen ist vergleichbar mit einer Google-Suche.

Listing 27.48 Textsuche mit Ranking-Funktion

```
(postgres@localhost:5432)[movdb]> SELECT substring(bewertung,1,20),posneg,ts_rank_
cd(to_tsvector(bewertung), query) AS rank
> FROM imdb, to_tsquery('christmas') query
> WHERE query @@ to_tsvector(bewertung)
> ORDER BY rank desc limit 10;
      substring       | posneg |    rank
----------------------+--------+-----------
 Everyone is surely f |      1 |         1
 How the Grinch Stole |      0 |       0.9
 In our household, we |      1 |       0.8
 I saw this film nume |      0 |       0.7
 I watched this film  |      0 |       0.7
 (possible spoilers)S |      0 |       0.6
 DR. SEUSS' HOW THE G |      0 |       0.6
. . .
```

Für die Betrachtung des Ergebnisses ist ein Histogramm der Rankings eine wichtige Komponente. Wir verwenden ein Python-Programm, das aus dem Ergebnis der Abfrage ein Histogramm erstellt.

Listing 27.49 Ein Histogramm der Rankings erstellen

```
import psycopg2
from psycopg2 import Error
import matplotlib.pyplot as plt
try:
    sqlstmt = "select ts_rank_cd(to_tsvector(bewertung), query) AS rank FROM imdb,
```

```
to_tsquery('christmas') query WHERE query @@ to_tsvector(bewertung) ORDER BY rank
desc"
    conn = psycopg2.connect(dbname="movdb", user="postgres", password="postgres",
host="localhost")
    cursor = conn.cursor()
    cursor.execute(sqlstmt)
    rlist = []
    rows = cursor.fetchall()
    for row in rows:
       rlist.append(row[0])
    n, bins, patches=plt.hist(rlist,bins=20)
    plt.xlabel("Values")
    plt.ylabel("Frequency")
    plt.title("Histogram Rankings")
    plt.show()
except (Exception, Error) as error:
  print("Fehler: ", error)
finally:
  cursor.close()
  conn.close()
```

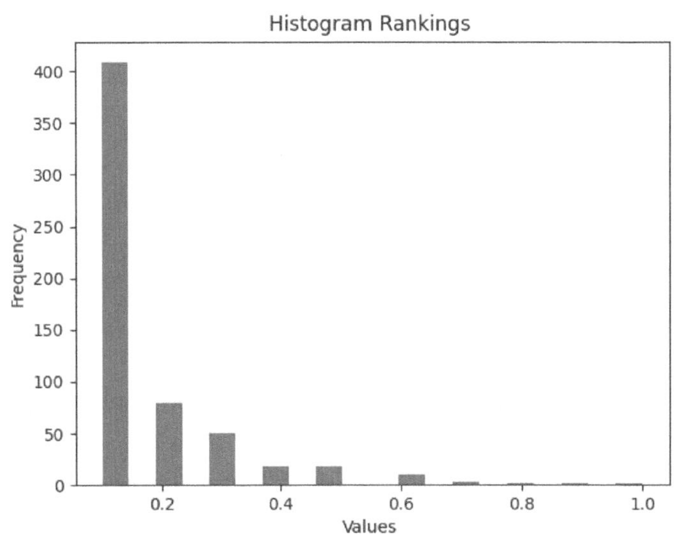

Bild 27.19 Histogramm für Rankings

Einen Eindruck über den Inhalt der gesuchten Bewertungen liefert eine Word Cloud. Wir verwenden die Textsuchefunktionen von PostgreSQL für eine performante Verarbeitung der Daten und ein Python-Programm für die grafische Darstellung.

Listing 27.50 Eine Word Cloud für Bewertungen erstellen

```
import psycopg2
from psycopg2 import Error
import matplotlib.pyplot as plt
from wordcloud import WordCloud
try:
  sqlstmt1 = "SELECT bewertung FROM imdb WHERE 'christmas' @@ to_tsvector(bewertung)"
```

```
  conn = psycopg2.connect(dbname="movdb", user="postgres", password="postgres",
host="localhost")
  cursor = conn.cursor()
  cursor.execute(sqlstmt1)
  row = cursor.fetchone()
  wc_list = ""
  while row is not None:
    wc_list = wc_list + row[0] + " "
    row = cursor.fetchone()
  print(wc_list)
  wordcloud = WordCloud(background_color="white").generate(wc_list)
  plt.imshow(wordcloud, interpolation="bilinear")
  plt.axis("off")
  plt.show()
except (Exception, Error) as error:
  print("Fehler: ", error)
finally:
  cursor.close()
  conn.close()
```

Bild 27.20 Word Cloud der Textsuche

Maschinelles Lernen für Texte und Sentimentanalyse hat das Problem, dass die Algorithmen auf Zahlen und nicht auf Texte oder Wörter angelegt sind. Es ist also notwendig, Text in Zahlen umzuwandeln. Dieser Prozess wird auch Vectorization (Vektorisierung) genannt. Verbreitet sind die folgenden Modelle:

- Bag-of-words-Modell
- Tf-idf-Maß

Mit diesen Methoden erstellte Zahlen (Arrays) können Algorithmen für das maschinelle Lernen, wie zum Beispiel „Naive Bayes" oder „Support Vectors", füttern. Damit repräsentiert ein Wort-Vektor ein Dokument als eine Liste von Zahlen, die den Inhalt repräsentiert. Es wird jedes Wort eines Dokuments durch eine Zahl ersetzt, die aussagt, wie relevant es für das Dokument ist.

Das Python-Modul *sklearn* und andere Module enthalten fertige Algorithmen für die Vektorisierung. Allerdings gibt es für größere Data Sets häufig Probleme mit den verfügbaren Hardware-Ressourcen. Die Arrays werden im Memory gebildet. Deshalb ist das verfügbare Memory häufig der begrenzende Faktor. Für unser Beispiel mit einem Data Set von 50 000 Dokumenten erhält man den folgenden Fehler bei der Erstellung des Tf-idf-Maßes:

```
numpy.core._exceptions._ArrayMemoryError: Unable to allocate 37.9 GiB for an array
with shape (49985, 101858) and data type float64
```

Mit den Mitteln von PostgreSQL ist es möglich, die Vektorisierung für größere Data Sets durchzuführen, indem die Verarbeitung überwiegend auf dem Datenbankserver durchgeführt wird. Die Ergebnisse werden in Tabellen gespeichert.

Schauen wir uns zunächst an einem kleinen Beispiel an, wie das Bag-of-words-Modell funktioniert. Im ersten Schritt wird für die Wörter aller drei Dokumente ein Dictionary erstellt, das jedem Wort eine eindeutige Position zuordnet. Auf dieser Grundlage werden die Bow-Vektoren gebildet, indem für jedes Wort die Anzahl des Vorkommens im jeweiligen Dokument gespeichert wird. Das Ergebnis ist ein numpy-Array.

Listing 27.51 Ein „Bag of words" mit Python erstellen

```
import numpy as np
from sklearn.feature_extraction.text import CountVectorizer
from sklearn.feature_extraction.text import TfidfTransformer
count = CountVectorizer()
docs = np.array([
    'This movie is very boring and long',
    'This movie is not boring and is slow',
    'This movie is interesting and good'])
print(docs)
bag = count.fit_transform(docs)
print("Dictionary:")
dictionary_items = count.vocabulary_.items()
sorted_items = sorted(dictionary_items)
print(sorted_items)
print("Bag of words:")
print(bag.toarray())

['This movie is very boring and long'
 'This movie is not boring and is slow'
 'This movie is interesting and good']
Dictionary:
[('and', 0), ('boring', 1), ('good', 2), ('interesting', 3), ('is', 4), ('long', 5),
('movie', 6), ('not', 7), ('slow', 8), ('this', 9), ('very', 10)]
Bag of words:
[[1 1 0 0 1 1 1 0 0 1 1]
 [1 1 0 0 2 0 1 1 1 1 0]
 [1 0 1 1 1 0 1 0 0 1 0]]
```

Für die Verarbeitung im Bow-Modell wird zuerst jedem Dokument (Datensatz) in der Tabelle *imdb* ein eindeutiger Identifier zugeordnet. Mit seiner Hilfe kann eine Zuordnung des Dokuments zu den Modelldaten hergestellt werden. Wir fügen eine neue Spalte zur Tabelle hinzu.

Listing 27.52 Eine Identity-Spalte hinzufügen

```
(postgres@localhost:5432)[movdb]> ALTER TABLE imdb
> ADD COLUMN doc_id SERIAL;
ALTER TABLE
```

Für das Erstellen des Bow-Dictionary verwenden wir die Funktion *ts_stat*. Sie liefert die Anzahl, wie oft ein Wort in allen Dokumenten vorkommt.

Listing 27.53 Eine Tabelle für das Bow-Dictionary erstellen

```
(postgres@localhost:5432)[movdb]> CREATE TABLE bow_dict(
>   dict_id SERIAL,
>   word    TEXT,
>   cnt     INTEGER
> );
CREATE TABLE
(postgres@localhost:5432)[movdb]> INSERT INTO bow_dict(word, cnt)
> SELECT word, nentry FROM
> ts_stat('SELECT to_tsvector(bewertung) FROM imdb');
INSERT 0 176768
(postgres@localhost:5432)[movdb]> SELECT * FROM bow_dict
 dict_id |          word           | cnt
---------|-------------------------+-------
      23 | accumulat               |    11
      24 | accumulated             |    15
      25 |accumulating             |     5
      26 |accumulation             |     7
      27 |accumulator              |     1
      28 |accuraci                 |     5
      29 |accuracy                 |   153
. . .
```

28 PostgreSQL in die IT-Landschaft einbinden

In den vorhergehenden Kapiteln haben wir die einzelnen Features von PostgreSQL auch immer unter dem Blickwinkel der Betriebstauglichkeit durchleuchtet. Was nützt ein noch so gutes Datenbankbetriebssystem, wenn es nicht den Anforderungen für einen professionellen Betrieb genügt? Obwohl im Fall von PostgreSQL 14 viele dieser Fragen bereits positiv beantwortet werden konnten, soll die Datenbank in diesem Kapitel noch einmal gezielt auf dieses eine Kriterium untersucht werden. Somit können Sie sich ein Bild davon machen, ob PostgreSQL für den betrieblichen Einsatz in Ihrem Umfeld geeignet ist oder nicht. In diesem Sinn: Setzen Sie nun bitte Ihre „Betriebsbrille" auf!

Welche Voraussetzungen müssen erfüllt sein, um ein Datenbankbetriebssystem erfolgreich in den Betrieb zu integrieren? Obwohl sich Betriebsumgebungen im Detail unterscheiden, lassen sich dennoch allgemeingültige Kriterien für einen erfolgreichen Betrieb in den folgenden Kategorien festlegen:

- Datensicherheit und Wiederherstellung
- Desaster Recovery
- Überwachung
- Administrierbarkeit
- Verfügbarkeit
- Datensicherheit und Auditing
- Performance und Skalierbarkeit
- Schnittstellen und Kommunikation
- Support

28.1 Features und Funktionen

Der Umfang der Features und Funktionen von PostgreSQL 14 ist wirklich beeindruckend und im Open-Source-Umfeld führend. Der Funktionsumfang ist durchaus vergleichbar mit den großen kommerziellen Datenbanksystemen wie Oracle, MS SQL Server, DB2, Sybase oder Informix. Dabei ist es den Entwicklern dennoch gelungen, sich auf das Kernprodukt, die Datenbank-Engine, zu beschränken.

In puncto Erweiterbarkeit und Offenheit für die Programmierung übertrifft PostgreSQL das eine oder andere kommerzielle Produkt. Die Möglichkeit, SQL-Erweiterungen vorzunehmen sowie eigene Typen und Funktionen direkt in die Datenbank zu integrieren, bietet in dieser Form kein anderes Datenbanksystem. Die Möglichkeit der Einbindung verschiedener Sprachen in das Backend vergrößert nicht nur die Bandbreite der Server-Programmierung, sondern gestattet es auch, Funktionen mit sehr hoher Performance und geringem Overhead einzubinden.

Die neuen Features der Version 14 setzen den positiven Trend fort. Mit Native Partitioning und neuen Parallel-Query-Features wird die Unterstützung für große und Data-Warehouse-Datenbanken weiter verbessert. Mit der logischen Replikation ist es möglich, einzelne Objekte und Schemas zwischen verschiedenen Clustern zu replizieren, bis hin zur Multi-Master-Replikation. Damit wird PostgreSQL interessant für Architekturen, die mit verteilten Datenbeständen arbeiten.

Mit PostGIS bietet PostgreSQL Unterstützung für GIS-Applikationen. PostGIS verfügt über eine starke Integration in die PostgreSQL-Engine. Es handelt sich um ein modernes Produkt, das aktuell weiterentwickelt wird und mit Konkurrenzprodukten wie „Oracle Spatial" und „SQL Server Spatial" mehr als mithalten kann.

Als Fazit lässt sich festhalten, dass PostgreSQL eine moderne Datenbank ist, deren Features und Funktionen den Anforderungen von Applikationen und Projekten aus den verschiedensten Branchen gerecht werden.

28.2 Datensicherheit und Wiederherstellung

Zu den wichtigsten Anforderungen gehört die Möglichkeit, eine Sicherung im laufenden Betrieb durchzuführen sowie die Wiederherstellung zu einem beliebigen Zeitpunkt zu garantieren (Point-in-time Recovery).

Mit Aktivierung der WAL-Archivierung sind sowohl eine Online-Sicherung als auch die Wiederherstellung der Datenbank zu einem beliebigen Zeitpunkt möglich. Die Sicherung der archivierten WAL Records auf ein externes Medium garantiert die Wiederherstellung auch bei einem Totalverlust des Datenbankservers bis zum letzten gesicherten Satz.

Damit genügt PostgreSQL den Mindestanforderungen für produktive Systeme. Eine zusätzliche Sicherung mit SQL Dump kann eine sinnvolle Ergänzung der Backup-Strategie sein. SQL Dump erstellt eine Textdatei mit SQL-Befehlen, mit deren Hilfe die Datenbank ganz oder teilweise wiederhergestellt werden kann. Die Wiederherstellung ist allerdings nur für den Zeitpunkt der Sicherung möglich. Mit der Option *schema_only* können die Objekte der Datenbank ohne Dateninhalt ausgegeben werden. Ein solcher Dump ist schnell erstellt, verbraucht wenig Platz und kann bei Verlust einzelner Objekte sehr hilfreich sein.

Mit diesen Backup-Optionen unterscheidet sich PostgreSQL nicht von anderen Datenbanksystemen. Auch hier besteht das Problem, dass eine Datenbanksicherung nicht den Verlust einzelner Objekte abdeckt. Es gibt die Option, das Backup auf eine getrennte Hardware zurückzuspeichern und daraus das gelöschte Objekt zu exportieren. Bei größeren Datenbanken wird häufig darauf verzichtet, den Speicherplatz für eine zusätzliche Umgebung vorzuhalten.

Häufig werden im Umfeld von produktiven Datenbanken User-Acceptance-Datenbanken (UAT) eingesetzt - Kopien von Produktionsdatenbanken oder produktionsnahe Kopien. Auf UAT-Datenbanken kann ein neues Release der Applikation getestet werden, bevor es in die Produktion geht, oder es können Infrastruktur-Patches ausprobiert werden. Da es nur eine Frage der Zeit ist, bis die UAT-Datenbank von der Produktionsdatenbank abweicht, besteht die Notwendigkeit eines regelmäßigen Abgleichs. Die regelmäßige Wiederherstellung der UAT-Datenbank aus einem produktiven Backup besitzt den Charme, dass einerseits das produktive System für das Erstellen der Kopie nicht belastet oder gestoppt werden muss und andererseits der Nachweis erbracht wird, dass die Sicherung der Produktionsdatenbanken im Bedarfsfall auch funktioniert. Man spart sich also regelmäßige Restore-Tests. Aus Sicherheitsgründen sollten die Daten nach der Wiederherstellung anonymisiert werden.

Alles in allem erfüllt PostgreSQL damit die Anforderungen an Backup und Recovery im produktiven Umfeld. Wünschenswert für zukünftige Versionen wäre die Möglichkeit einer inkrementellen Sicherung. Realistisch gesehen ist dies allerdings nicht einfach umsetzbar.

28.3 Desaster Recovery

Desaster Recovery (DR) ist erforderlich, wenn es zum Totalausfall des Primärsystems oder auch der gesamten Infrastruktur in der Umgebung des Primärsystems kommt. Die Ausfallsszenarien reichen vom Verlust des Datenbankservers bis zum Verlust des gesamten Data Center. Auch beim einfacheren Szenario, dem Verlust des Datenbankservers, stellt sich die Forderung nach möglichst geringen Recovery-Zeiten, um den Datenbankserver möglichst schnell wieder zur Verfügung stellen zu können.

Konzepte für DR-Lösungen sehen daher häufig den Einsatz von Standby-Datenbanken vor. Diese können sich im gleichen Data Center oder in einer entfernten Location befinden. Sie stellen eine kostengünstige und sichere Lösung dar und funktionieren auch über größere Entfernungen.

PostgreSQL hat seit der Version 9 diese Funktionalität mit den Features „Streaming Replication“ und „Hot Standby“ noch einmal gestärkt. „Streaming Replication“ garantiert eine zeitnahe Übertragung von WAL Records bis hin zur synchronen Replikation. Damit ist der Datenverlust im DR-Fall minimal oder nicht vorhanden.

Das Feature „Hot Standby“ ermöglicht eine Nutzung der Standby-Datenbank im Normalbetrieb. Die Verlagerung von Reports und Ad-hoc-Abfragen auf den Standby-Server ermöglicht eine sinnvolle Nutzung der Standby-Datenbanken im Normalbetrieb und entlastet gleichzeitig das Primärsystem.

Damit erfüllt PostgreSQL die wesentlichen Anforderungen an die DR-Fähigkeit der Datenbanken.

28.4 Überwachung

Monitoring ist ein wichtiger Baustein, um die Verfügbarkeit des Datenbankservers zu gewährleisten. Dabei ist die Möglichkeit der Einbindung in eine vorhandene betriebliche Überwachungsstruktur ein entscheidendes Kriterium für den Einsatz.

PostgreSQL bietet eine Reihe von Statistik-Views, deren Daten direkt in das Monitoring einfließen können. Diese reichen von Informationen über verbundene Benutzer, über Sperren auf Objekten bis hin zu Performance-Daten.

Auch wenn der PostgreSQL-Server kein eigenes Framework für das Monitoring mitbringt, lässt er sich recht einfach in eine vorhandene Infrastruktur einbinden. Da wir uns im Open-Source-Bereich bewegen, ist die Überwachung mit „Nagios" zu empfehlen. Dafür stehen vorgefertigte Module zur Verfügung.

Viele Monitoring-Frameworks verfügen über eine SNMP-Schnittstelle. Mithilfe von Agents, die auf den Zielsystemen laufen, können Informationen als SNMP-Traps in das zentrale Monitoring geladen werden. Das Projekt „pgsnmp" als Teil des Extension-Networks liefert ein gutes Beispiel dafür, wie man eine solche Infrastruktur realisiert.

28.5 Administrierbarkeit

Im Bereich Administrierbarkeit ist PostgreSQL mit kommerziellen Datenbanksystemen durchaus vergleichbar. Neben den üblichen Kommandozeilenwerkzeugen, die für einen Batch-Betrieb unabdingbar sind, steht mit „pgAdmin 4" ein grafisches Tool zur Verfügung, das die Administration wesentlich erleichtert. Neben einem Objektbrowser enthält es eine SQL- und eine PL/pgSQL-Konsole sowie viele weitere nützliche Features.

Aufgrund seiner architektonischen Nähe zu Oracle sowie des hohen Kompatibilitätsgrads zwischen PL/SQL und PL/pgSQL sind erfahrene Oracle-DBAs in der Lage, in sehr kurzer Zeit die grundlegenden Aufgaben zu lernen und die Administration zu übernehmen.

Allgemein ist festzustellen, dass PostgreSQL ein sehr administratorfreundliches System ist. Dies liegt sicher auch an den vielen kleinen Features wie das Recycling von Log- und Trace-Dateien, die die tägliche Administration vereinfachen.

In diesem Zusammenhang lässt sich auch festhalten, dass PostgreSQL ein wartungsarmes Datenbanksystem ist. Die wichtigsten Wartungsarbeiten, wie VACUUM oder ANALYZE, können weitgehend automatisiert werden. PostgreSQL verfügt über eine sehr gute Out-of-the-box-Funktionalität, d. h., es sind nur wenige Anpassungen vorzunehmen, um einen Datenbankserver in den Betrieb zu integrieren. Dies betrifft Anpassungen, die sowohl aus rein technischer Sicht als auch aus Sicherheitsgründen notwendig sind.

Mit dem grafischen Tool „pgAdmin 4" ist eine zentrale Verwaltung aller eingesetzten PostgreSQL-Server möglich. Die Funktionalität ist vergleichbar mit den Basisfunktionen des Enterprise Manager von MS SQL oder Oracle. Inzwischen gibt es Erweiterungen von Drittanbietern, mit denen die Funktionalität mit den erwähnten Produkten vergleichbar ist. Dazu werden Agenten auf den Zielsystemen installiert, die eine umfangreiche Enterprise-Funktionalität gewährleisten.

28.6 Verfügbarkeit

Im Bereich Verfügbarkeit wurden im Laufe der vergangenen Jahre immer höhere Anforderungen an Datenbanken gestellt. Für viele Datenbanken stellt ein 24x7-Betrieb inzwischen den Normalfall dar und es ist für die Administratoren schwierig, eine Downtime für Wartungsaufgaben zu erhalten. Man erwartet von einem Datenbankserver, dass der überwiegende Anteil der notwendigen Wartung im laufenden Betrieb erfolgt.

Mit der Möglichkeit des Online-Backups erfüllt PostgreSQL schon mal eine wesentliche Anforderung. Mit einer Downtime zum Zweck der Datensicherung lässt sich heutzutage nicht mehr argumentieren. Auch die Möglichkeit, Serverparameter im laufenden Betrieb zu ändern, trägt wesentlich zur Erhöhung der Verfügbarkeit bei. Hier hat PostgreSQL einen guten Status, natürlich können nicht alle Parameter online geändert werden.

Mit der Einführung von Streaming Replication ist es einfacher geworden, zwischen Primär- und Standby-Datenbank hin- und herzuschalten. Diesen Umstand kann man sich für Patching und Upgrades zunutze machen und damit die geplante Downtime für Wartungsarbeiten reduzieren.

Die Tatsache, dass PostgreSQL ein wartungsarmes Datenbanksystem ist, hat positiven Einfluss auf die Verfügbarkeit. Die meisten Wartungsarbeiten wie VACUUM oder ANALYZE erfolgen im laufenden Betrieb. Datenbanksicherungen können ebenfalls im laufenden Betrieb vorgenommen werden.

Auch wenn PostgreSQL ohne eigene Software für Hochverfügbarkeit ist, lässt sich der Server problemlos in vorhandene Cluster-Lösungen einbinden. Auf Linux-Ebene bietet sich ein Linux-Cluster mit DRBD-Replikation an. Die Anbindung an ein Windows-Cluster (Aktiv/Passiv) funktioniert problemlos und kann ohne Zusatzsoftware vorgenommen werden. Ein Vergleich mit Oracle Real Application Cluster ist an dieser Stelle nicht sinnvoll, da Oracle die einzige Shared-Everything-Lösung überhaupt anbietet. Andere Datenbanken wie MS SQL oder DB2 verwenden eine Shared-Nothing-Architektur. Hier sind die Features und Failover-Zeiten mit einem Aktiv/Passiv-Cluster vergleichbar. Nicht vergessen werden sollte an dieser Stelle die Standby-Datenbank mit Streaming Replication und der Möglichkeit der synchronen Replikation.

Die Möglichkeiten einer hohen Verfügbarkeit sind also gegeben. Damit ist der PostgreSQL-Server in keinem Fall ein Außenseiter in der Betriebsstruktur.

28.7 Datensicherheit und Auditing

PostgreSQL bietet ein geschlossenes Benutzer- und Rollenkonzept im Server und in den einzelnen Datenbanken. Die wenigen erweiterten Privilegien können auf Administratoren begrenzt werden. Mithilfe des Systems lässt sich eine Rollentrennung zwischen Administration und Applikation vornehmen. Die Rechteverwaltung ist granular und kann bis auf einzelne Objekte beschnitten werden.

Passwörter sind stark verschlüsselt und bei der Authentifizierung erfolgt die Übertragung über das Netzwerk ausschließlich in verschlüsselter Form. Mithilfe des Moduls *passwordcheck* ist es möglich, schwache Passwörter nicht zuzulassen und die Passwortregeln der Unternehmenspolicy anzupassen.

Eine flexible Zugangskontrolle (Datei *pg_hab.conf*) ermöglicht eine Einschränkung des Zugangs nach den Anforderungen in der betrieblichen Umgebung, unabhängig von Rechtevergabe über Privilegien und Rollen. Für sicherheitsrelevante Datenbanken kann eine Datenübertragung über SSL-Verschlüsselung eingerichtet werden.

Das Privilegien- und Rollenkonzept ermöglicht eine strikte Trennung zwischen Eigentümer der Datenbankobjekte und Benutzer der Applikationsschemata. Benutzer sind damit nicht in der Lage, Veränderungen im Datenbankschema vorzunehmen. Die Umsetzung von Änderungen über ein Change-Request-Verfahren wird auf diese Weise technisch sichergestellt.

Ein integriertes Auditing bietet die Möglichkeit, Sicherheitsverletzungen a posteriori nachzuweisen sowie Attacken zeitnah zu erkennen. Mithilfe des Features „Logical Decoding", das seit Version 9.6 verfügbar ist, können forensische Untersuchungen effizient vorgenommen werden.

Als Fazit lässt sich festhalten, dass PostgreSQL in Sachen Sicherheit die Anforderungen für den Einsatz in einem betrieblichen Umfeld erfüllt.

28.8 Performance und Skalierbarkeit

Benchmarks haben ergeben, dass PostgreSQL in vielen Bereichen mit traditionellen Datenbanksystemen mithalten kann oder sie sogar übertrifft. PostgreSQL besticht durch eine schlanke Architektur. Features wie zum Beispiel die Partitionierung von Tabellen ermöglichen seinen Einsatz auch für größere Datenbanken. Eine von Beginn an konsequent gestaltete Transaction Engine garantiert sowohl Transaktionssicherheit als auch Lesekonsistenz.

Durch den VACUUM-Mechanismus erfolgt permanent eine Defragmentierung von Tabellen und Indexen. Das ist nicht für alle Datenbanksysteme selbstverständlich. Dadurch ist die Skalierbarkeit auch bei Vergrößerungen der Datenbank weitgehend gewährleistet.

Performance-Probleme aufgrund nichtoptimierter SQL-Anweisungen können wie in allen Datenbanksystemen zum Problem werden. Hierfür bietet PostgreSQL sehr gute Unterstützung für Problemanalyse und -lösung.

Auch die Skalierbarkeit im Multiuser-Bereich ist sehr gut. Benchmarks haben gezeigt, dass das System mit wachsender Anzahl von konkurrierenden Benutzern sehr gut skaliert und die Antwortzeiten nur langsam steigen.

Der PostgreSQL-Server bietet darüber hinaus eine breite Auswahl an Optimierungsmöglichkeiten, um die Datenbanken den Anforderungen der Applikation anzupassen. Diese reichen von der Vergrößerung des Shared Buffer Pool bis zur Anpassung der Checkpoints und des Transaktionslog-Verhaltens.

28.9 Schnittstellen und Kommunikation

Für den Bereich Schnittstellen lässt sich festhalten, dass PostgreSQL ein sehr offenes System ist und den Anforderungen an ein modernes Datenbankbetriebssystem genügt. Die Möglichkeiten der Anbindung an andere Datenbanksysteme lernen Sie in Kapitel 27 kennen. Über die ODBC-Schnittstelle ist es möglich, mit Datenbank-Links zu arbeiten sowie asynchrone Replikationsmechanismen anderer Systeme anzubinden. Dies betrifft insbesondere die Datenübertragung nach PostgreSQL. Für die Replikation nach außen ist die Unterstützung seitens PostgreSQL noch etwas dünn und man ist auf Werkzeuge von Drittherstellern angewiesen.

Das Export-Utility ist eine weitgehend offene Schnittstelle, da es mit einem Textformat arbeitet. Die Exportdateien sind somit „human readable" und können gleichzeitig als Basis für eine Übertragung in andere Datenbanksysteme genutzt werden. Aber auch die Übertragung von PostgreSQL nach PostgreSQL für unterschiedliche Betriebssysteme ist damit denkbar einfach.

Darüber hinaus stehen Standardschnittstellen wie ODBC und JDBC zur Verfügung. Der PostgreSQL-Server selbst bietet Module für die Verwendung von verbreiteten Programmier- und Skriptsprachen wie C/C++, Java, Perl, Python, Tcl an. Wohl einzigartig unter Datenbanksystemen sind die Erweiterungsmöglichkeiten der SQL-Sprache. Die Anbindungsmöglichkeit von Skriptsprachen ist natürlich aus betrieblicher Sicht sehr wichtig.

Für eine sichere Kommunikation zwischen Datenbankserver und Client sowie zwischen Datenbankservern bietet PostgreSQL den Anschluss von OpenSSL an. Wie in vielen anderen Bereichen orientiert sich PostgreSQL richtigerweise an Open-Source-Produkten. Der PostgreSQL-Server ist auf die SSL-Anbindung vorbereitet und die Konfiguration ist einfach vorzunehmen.

Im Bereich Schnittstellen und Kommunikation erfüllt PostgreSQL die Anforderungen an ein modernes Datenbankbetriebssystem. Einer Eingliederung in den Betrieb steht insofern nichts im Wege.

28.10 Support

Das Thema des Vendor-Supports ist ein wichtiger Punkt für die Entscheidung, ob ein Produkt seinen Weg auf die Roadmap eines Unternehmens findet oder nicht. Es wird bei Open-Source-Produkten stets etwas kritisch gesehen - ohne nachvollziehbaren Grund. Viele Unternehmen setzen zum Beispiel Linux erfolgreich ein.

Auch für PostgreSQL gibt es professionellen Support. Die bekannteste Firma ist EnterpriseDB. Weitere Informationen finden Sie auf der Webseite enterprisedb.com. Positiv zu verzeichnen ist die Nachricht, dass die Support-Kosten weit unter denen kommerzieller Datenbank-Vendoren liegen. Dieser Kostenfaktor ist einer der häufigsten Gründe, weshalb Unternehmen PostgreSQL einsetzen oder auf PostgreSQL umsteigen.

28.11 Fazit

PostgreSQL erfüllt als Datenbankbetriebssystem alle wichtigen Anforderungen für die Einbindung in den Betrieb. Es ist als Open-Source-Produkt transparent und ermöglicht erhebliche Einsparungen bei den Lizenz- und Support-Kosten.

PostgreSQL ist ein stabiles und modernes Datenbanksystem, das nur wenige Wünsche offen lässt. Seine schlanke Architektur und der Fokus auf die Kernfunktionalität machen das System zum Konkurrenten alteingesessener kommerzieller Datenbanksysteme. Ein Einsatz im produktiven Betriebsumfeld kann bedenkenlos empfohlen werden.

29 Migration von MySQL-Datenbanken

In den letzten Jahren war ein vermehrter Anstieg der Migrationen von MySQL nach PostgreSQL zu verzeichnen. Der Grund dafür liegt hauptsächlich in den erweiterten technischen Möglichkeiten und Features von PostgreSQL. Dazu gehören die stabile Transaction Engine, partitionierte Tabellen, Stored Functions, aber auch die Features für den betrieblichen Einsatz. Die Fusion von Sun und Oracle führte dazu, dass über einen längeren Zeitraum Unklarheit herrschte, wie sich die Weiterentwicklung von MySQL gestalten würde.

Trotz einiger Unterschiede zwischen beiden Datenbanksystemen ist die Migration nicht problematisch. Es gibt eine Reihe von Toolkits und Skripten zur Migrationsunterstützung. Im folgenden Abschnitt stellen wir Ihnen die wichtigsten Unterschiede zwischen MySQL und PostgreSQL vor.

29.1 Unterschiede zwischen MySQL und PostgreSQL

Am wichtigsten für eine Migration sind die Unterschiede bei den Datentypen. In Tabelle 29.1 finden Sie eine Richtlinie zur Konvertierung.

Tabelle 29.1 Datentypen in MySQL und PostgreSQL

MySQL	PostgreSQL
TINYINT	SMALLINT
SMALLINT	SMALLINT
MEDIUMINT	INTEGER
BIGINT	BIGINT
FLOAT	REAL
FLOAT UNSIGNED	REAL
DOUBLE	DOUBLE PRECISION
BOOLEAN	BOOLEAN
TINYTEXT	TEXT
TEXT	TEXT
MEDIUMTEXT	TEXT
LONGTEXT	TEXT

MySQL	PostgreSQL
BINARY BLOB MEDIUMLOB LONGLOB	BYTEA BYTEA BYTEA BYTEA
DATE TIME DATETIME TIMESTAMP	DATE TIME TIMESTAMP TIMESTAMP

Tabelle 29.2 zeigt die wichtigsten Unterschiede bei Syntax und Operatoren.

Tabelle 29.2 Syntaxunterschiede zwischen MySQL und PostgreSQL

Syntax	MySQL	PostgreSQL
Kommentar	#	–
Begrenzer für Zeichenketten	‚ oder “	Ausschließlich ‚
Case-Sensitivität	Nein	Ja
Operatoren	|| bedeutet „ODER“	|| String-Verbindung

In MySQL werden NULL-Werte standardmäßig am Anfang, in PostgreSQL am Ende angezeigt. Mit der Klausel „NULLS FIRST“ ist die Reihenfolge wieder identisch mit MySQL.

Listing 29.1 Die Sortierreihenfolge für NULL-Werte

```
(postgres@localhost:5432)[hanser]> SELECT * FROM kb3
> ORDER BY text;
id  | text
----+------
1   | A
2   | B
3   |
(postgres@localhost:5432)[hanser]> SELECT * FROM kb3
> ORDER BY text NULLS FIRST;
id  | text
----+------
3   |
1   | A
2   | B
```

Für eine MySQL-Datenbank bestimmt das Betriebssystem, ob Identifier (Tabellennamen, Spaltennamen) groß- oder kleingeschrieben werden. Während unter Windows die Schreibweise keine Rolle spielt, muss sie unter Unix/Linux exakt erfolgen. Der Zusammenhang ergibt sich dadurch, dass Tabellen als Unterverzeichnisse abgelegt werden.

In einer PostgreSQL-Datenbank erfolgt die Speicherung unabhängig vom Betriebssystem. Dabei werden Identifier generell in Kleinbuchstaben hinterlegt. Möchte man die Groß- und Kleinschreibung behalten, können Identifier in doppelte Hochkommas eingeschlossen werden.

Listing 29.2 Speicherung der Bezeichner in MySQL

```
(postgres@localhost:5432)[hanser]> CREATE TABLE c_test(
> ID INT,
> "Text" varchar(100));
CREATE TABLE

(postgres@localhost:5432)[hanser]> \d c_test
Table "public.c_test"
Column  | Type                   | Modifiers
--------+------------------------+-----------
id      | integer                |
Text    | character varying(100) |
```

In MySQL wird häufig der Datentyp SMALLINT(1) für „true" oder „false" verwendet. Das Problem ist, dass nicht nur die Werte „0" oder „1" angenommen werden können, sondern alle einstelligen Zahlen.

29.2 Eine Migration durchführen

Die einfachste Methode ist die Verwendung eines MySQL Dump. Der Dump ist eine Textdatei. Diese Datei lässt sich mithilfe eines Skripts in eine SQL-Datei umwandeln, die PostgreSQL als Importdatei akzeptiert. Es gibt fertige Skripte (vorwiegend in Perl oder Python geschrieben), die eine Umwandlung des Dump auf Basis regulärer Ausdrücke vornehmen. Das Skript übernimmt somit die Überarbeitung der wichtigsten bekannten Unterschiede, so dass am Ende nur noch wenige manuelle Nacharbeiten erforderlich sind. Eine komplette automatische Umstellung ist nur selten möglich, da erfahrungsgemäß immer gewisse Besonderheiten berücksichtigt werden müssen. Auch beim Austausch der Datentypen funktionieren die Skripte nach einem einfachen Mechanismus. Daher ist eine manuelle Nachkontrolle der Datentypen zu empfehlen.

Die Firma EnterpriseDB bietet einen Migration Wizard im Rahmen des Migration Studios an. Voraussetzung ist allerdings, dass ein PostgreSQL-Server in der Ausprägung „EnterpriseDB Advanced Server" eingesetzt wird. Der Migration Wizard bietet drei Funktionen an: Migration einer gesamten Datenbank, eines einzelnen Schemas oder ausschließlich die Übernahme von Daten.

Listing 29.3 Einen Dump für eine MySQL-Datenbank erstellen

```
C:\Program Files\MySQL\MySQL Server 5\bin> mysqldump -u root -p
classicmodels > migration.sql
Enter password: ********
```

Den Kopf der Dump-Datei finden Sie in Listing 29.5. Darin befinden sich die SQL-Anweisungen zum Neuaufbau der Datenbank im MySQL-Format. Enthalten sind sowohl DDL-Anweisungen zum Anlegen der Tabellen als auch INSERT-Anweisungen zum Laden der Daten. Für kleinere Schemas ist es sinnvoll, die Daten direkt mit zu übernehmen.

Listing 29.4 Kopf der Dump-Datei

```
-- MySQL dump 10.13 Distrib 5.5.22, for Win64 (x86)
--
-- Host: localhost Database: classicmodels
-- ------------------------------------------------------
-- Server version 5.5.22
--
-- Table structure for table `customers`
--
DROP TABLE IF EXISTS `customers`;
/*!40101 SET @saved_cs_client = @@character_set_client */;
/*!40101 SET character_set_client = utf8 */;
CREATE TABLE `customers` (
`customerNumber` int(11) NOT NULL,
`customerName` varchar(50) NOT NULL,
`contactLastName` varchar(50) NOT NULL,
`contactFirstName` varchar(50) NOT NULL,
`phone` varchar(50) NOT NULL,
`addressLine1` varchar(50) NOT NULL,
`addressLine2` varchar(50) DEFAULT NULL,
`city` varchar(50) NOT NULL,
`state` varchar(50) DEFAULT NULL,
`postalCode` varchar(15) DEFAULT NULL,
`country` varchar(50) NOT NULL,
`salesRepEmployeeNumber` int(11) DEFAULT NULL,
`creditLimit` double DEFAULT NULL,
PRIMARY KEY (`customerNumber`)
) ENGINE=MyISAM DEFAULT CHARSET=latin1;
/*!40101 SET character_set_client = @saved_cs_client */;
--
-- Dumping data for table `customers`
--
LOCK TABLES `customers` WRITE;
/*!40000 ALTER TABLE `customers` DISABLE KEYS */;
INSERT INTO `customers` VALUES (103,'Atelier graphique','Schmitt','Carine
','40.32.2555','54, rue Royale',NULL,'Nantes',NULL,'44000','France',
1370,21000),
. . .
/*!40000 ALTER TABLE `customers` ENABLE KEYS */;
UNLOCK TABLES;
. . .
```

Nach Anwendung des Perl-Programms auf die Dump-Datei erfolgt die Konvertierung in ein SQL-Format, das von PostgreSQL verstanden wird. Den Kopf der konvertierten Datei finden Sie in Listing 29.5. Die Hochkommas für die Identifier (Tabellen- und Spaltennamen) wurden durch ein doppeltes Hochkomma ersetzt. In PostgreSQL bedeutet dies, dass die Groß- und Kleinschreibung berücksichtigt wird. Im vorliegenden Beispiel werden die Identifier in Kleinbuchstaben gespeichert. Dies kommt der Applikation entgegen und unterstützt den PostgreSQL-Standard. In den INSERT-Anweisungen wurde bei den Strings ein Escape-Zeichen „E" vorangestellt. Damit können Strings mit Escape-Zeichen „\" ohne Fehler geladen werden. Wie Sie außerdem erkennen können, wurden die Datentypen wie in Listing 29.5 beschrieben angepasst. Aus „int(11)" wurde „int", aus „double" wurde „double precision".

Listing 29.5 Der MySQL-Dump nach der Konvertierung

```
DROP TABLE "customers" CASCADE\g
CREATE TABLE "customers" (
  "customernumber" int NOT NULL,
  "customername" varchar(50) NOT NULL,
  "contactlastname" varchar(50) NOT NULL,
  "contactfirstname" varchar(50) NOT NULL,
  "phone" varchar(50) NOT NULL,
  "addressline1" varchar(50) NOT NULL,
  "addressline2" varchar(50) DEFAULT NULL,
  "city" varchar(50) NOT NULL,
  "state" varchar(50) DEFAULT NULL,
  "postalcode" varchar(15) DEFAULT NULL,
  "country" varchar(50) NOT NULL,
  "salesrepemployeenumber" int DEFAULT NULL,
  "creditlimit" double precision DEFAULT NULL,
primary key ("customernumber")
) ;
INSERT INTO "customers" VALUES (103,E'Atelier graphique',E'Schmitt',
E'Carine',E'40.32.2555',E'54, rue Royale',NULL,E'Nantes',NULL,E'44000',
E'France',1370,21000);
. . .
```

Für das vorliegende Beispiel konnte die Dump-Datei ohne Probleme geladen werden.

Listing 29.6 Laden des konvertierten MySQL-Dump in PostgreSQL

```
(postgres@localhost:5432)[hanser]> DROP TABLE "customers" CASCADE\g
ERROR: table "customers" does not exist
(postgres@localhost:5432)[hanser]> CREATE TABLE "customers" (
> "customernumber" int NOT NULL,
> "customername" varchar(50) NOT NULL,
> "contactlastname" varchar(50) NOT NULL,
> "contactfirstname" varchar(50) NOT NULL,
> "phone" varchar(50) NOT NULL,
> "addressline1" varchar(50) NOT NULL,
> "addressline2" varchar(50) DEFAULT NULL,
> "city" varchar(50) NOT NULL,
> "state" varchar(50) DEFAULT NULL,
> "postalcode" varchar(15) DEFAULT NULL,
> "country" varchar(50) NOT NULL,
> "salesrepemployeenumber" int DEFAULT NULL,
> "creditlimit" double precision DEFAULT NULL,
> primary key ("customernumber")
> ) ;
NOTICE: CREATE TABLE / PRIMARY KEY will create implicit index
"customers_pkey" for table "customers"
CREATE TABLE
(postgres@localhost:5432)[hanser]> INSERT INTO "customers" VALUES
(103,E'Atelier graphique',E'Schmitt',E'Carine ',E'40.32.2555',E'54, rue Royal
e',NULL,E'Nantes',NULL,E'44000',E'France',1370,21000);
INSERT 0 1
. . .
```

Auch wenn möglicherweise nicht alle Dumps nach der Konvertierung ohne Fehler geladen werden können, halten sich die auftretenden Fehler in Grenzen. Das Skript ist wiederholbar.

Fehler können nachgebessert werden, bis die Ausführung des Skripts keine Fehler mehr liefert.

Für größere Schemata empfiehlt es sich aus Performance-Gründen, die Daten separat im CSV-Format zu laden. Verwenden Sie die Option „–no-data" im Programm *mysqldump*. Damit werden die INSERT-Anweisungen ausgelassen.

Listing 29.7 Erstellen eines MySQL-Dump ohne Daten

```
C:\Program Files\MySQL\MySQL Server 5.5\bin>mysqldump -u root -p --no-data
classicmodels > migration.sql
Enter password: ********
```

Nachdem die Dump-Datei konvertiert und in PostgreSQL geladen wurde, kann die Datenübernahme durchgeführt werden. Die CSV-Datei lässt sich in MySQL mithilfe einer einfachen SELECT-Anweisung erstellen.

Listing 29.8 Eine CSV-Datei in MySQL erstellen

```
mysql> SELECT * INTO OUTFILE 'employees.csv'
-> FIELDS TERMINATED BY '|'
-> OPTIONALLY ENCLOSED BY ''''
-> ESCAPED BY '\\'
-> LINES TERMINATED BY '\n'
-> FROM employees;
Query OK, 23 rows affected (0.01 sec)
```

Die so entstandene Datei hat das folgende Format:

```
1002|'Murphy'|'Diane'|'x5800'|'dmurphy@classicmodelcars.
com'|'1'|\N|'President'
1056|'Patterson'|'Mary'|'x4611'|'mpatterso@classicmodelcars.com'|'1'|1002|'VP Sales'
1076|'Firrelli'|'Jeff'|'x9273'|'jfirrelli@classicmodelcars.com'|'1'|1002|'VP
Marketing'
. . .
```

Als Spaltenbegrenzer wurde das Zeichen ‚|' gewählt. Strings sind wie vorgegeben in Hochkommata eingeschlossen. Nullwerte werden durch „\N" repräsentiert.

Listing 29.9 Laden der CSV-Datei mit dem Copy-Befehl

```
(postgres@localhost:5432)[hanser]> COPY employees
> FROM '/home/postgres/employees.csv'
> WITH DELIMITER '|';
COPY 23

(postgres@localhost:5432)[hanser]> SELECT * FROM employees;
employee-| last-     | first-|extension| email       | office- | reports- | job-
number   | name      | name  |         |             | code    | to       | title
---------+-----------+-------+---------+-------------+---------+----------+---------
1002     | Murphy    | Diane | x5800   |dmurphy@     |   '1'   |          | President
         |           |       |         |classicmodel |         |          |
         |           |       |         |cars.com     |         |          |
1056     | Patterson| Mary   | x4611   |mpatterson@  |   '1'   | 1002     | VP Sales
         |           |       |         |classicmodel |         |          |
         |           |       |         |cars.com     |         |          |
. . .
```

TIPP: Obwohl das Laden mit dem COPY-Befehl bereits einen sehr guten Durchsatz aufweist, gibt es Möglichkeiten, ihn weiter zu steigern. In Kapitel 26 finden Sie Hinweise zum Laden großer Tabellen. Das Utility *Ora2Pg* unterstützt auch Migrationen von MySQL nach PostgreSQL. Es zeichnet sich durch eine hohe Erfolgsquote für die automatische Migration aus und erfordert nur einen geringen Anteil an manuellen Nachbesserungen. Details zu *Ora2Pg* finden Sie in Kapitel 30.

30 Von Oracle nach PostgreSQL migrieren

Wenn Sie sich bereits ein wenig mit PostgreSQL beschäftigt haben, dürfte Ihnen die Nähe zum Oracle RDBMS nicht entgangen sein. Das betrifft nicht nur die Features und das Verhalten des Datenbankbetriebssystems, sondern auch die prozedurale Programmiersprache PL/pgSQL mit einem hohen Kompatibilitätsgrad zu Oracles PL/SQL.

Aus diesem Blickwinkel ist PostgreSQL ein guter Kandidat für einen Umstieg. Wenn man einen Wechsel in Erwägung zieht, spielen jedoch weitere Faktoren eine Rolle und es stellt sich die Frage, wie es um die Einbindung in eine bestehende betriebliche IT-Infrastruktur steht. Auf diesen Punkt sind wir in Kapitel 24 detailliert eingegangen. Manch einen mag es überraschen: PostgreSQL erfüllt viele Kriterien für einen stabilen und performanten Datenbankbetrieb.

Dazu haben nicht zuletzt die neuen Features der Version 14 beigetragen. Wenn Sie keinen kompletten Umstieg für alle Datenbanken planen, stellt sogar ein Mischbetrieb kein Problem dar. Kapitel 27 erläutert die Möglichkeiten des Datenaustauschs zwischen PostgreSQL und Oracle. Für alle Fälle: Auch für das Open-Source-Produkt PostgreSQL können Sie professionellen Support zu einem attraktiven Preis einkaufen.

Andererseits sind Sie mit einem geplanten Umstieg nicht allein. In dem Bereich gibt es viel Erfahrung, die Sie einkaufen und nutzen können. Wenn Sie sich selbst Fähigkeiten in diesem Umfeld aneignen wollen, hilft Ihnen dieses Kapitel mit wertvollen Hinweisen und Erfahrungen.

30.1 Die Migration planen

Zur Planung des Umstiegs gehört neben der technischen Durchführung die Bereitstellung der notwendigen Hard- und Software. Überlegen Sie, über welchen Zeitraum ein Parallelbetrieb sinnvoll und realisierbar ist. Ein umfangreicher Test der Applikationen ist unbedingt erforderlich. Im Ergebnis des Tests sollte sowohl die fachliche Richtigkeit als auch eine akzeptable Performance nachgewiesen werden. Planen Sie auch das Zeitfenster für die Downtime der Applikationen während der produktiven Umstellung.

Die Migration sollte mehrmals testweise durchgeführt werden, bevor die eigentliche Umstellung der produktiven Datenbank erfolgt. Idealerweise können Sie mit einer Testdatenbank vorher die Umstellung üben. Häufig verfügen Testdatenbanken nicht über denselben Datenbestand wie produktive Datenbanken. Eine Aussage zur Performance lässt sich in diesen Fällen nicht treffen. Planen Sie die folgenden Schritte für eine Umstellung:

1. Bereitstellung der Hard- und Softwarekomponenten für die PostgreSQL-Datenbanken
2. Entwicklung der Programme und Skripte sowie Konfiguration der Tools für den technischen Migrationsvorgang
3. Durchführung von Testmigrationen mithilfe der Testdatenbanken
4. Anpassung der Client-Applikationen
5. Test der Applikationen auf den Testdatenbanken in der neuen Zielumgebung
6. Durchführung mindestens einer Testmigration mit den produktiven Datenbanken
7. Fachliche Abnahme der Applikationen auf der neuen Zielumgebung
8. Last- und Performance-Test auf der neuen produktiven Zielumgebung
9. Durchführung der produktiven Migration und Go Live

Die Schritte erscheinen recht aufwendig, sind jedoch erforderlich, um eine sichere Migration zu garantieren sowie eine fachlich korrekte und performante Zielumgebung bereitstellen zu können.

TIPP: Eine Beschneidung der oben genannten Maßnahmen kann zwar zu einer Verkürzung der Migrationszeit und Senkung der Kosten führen, erhöht jedoch das Risiko für einen stabilen Betrieb in der neuen Umgebung. Bedenken Sie auch, dass es häufig schwierig ist, auf die alte Plattform zurückzukehren, sobald produktive Daten in die neue Umgebung geflossen sind.

Um eine Abschätzung des Umstellungsaufwands zu liefern, muss man sich die Objekte in der Oracle-Datenbank ansehen. Bei einem hohen Anteil von PL/SQL-Code ist von einem erhöhten Aufwand auszugehen, da hier mehr manuelle Aspekte einfließen. Die Umstellung von Tabellen und Indexen ist in der Regel weniger aufwendig, wobei auch hier zu prüfen ist, inwieweit selbst definierte Datentypen vorhanden sind. Beachten Sie auch den folgenden Hinweis.

TIPP: Oracle-Datenbankapplikationen, die spezielle Oracle-Produkte und Features wie zum Beispiel „Oracle Text“, „Oracle Multimedia“ usw. verwenden, sind für eine Umstellung auf PostgreSQL nicht geeignet, da analoge Produkte dort nicht vorhanden sind.

30.2 Unterschiede zwischen Oracle und PostgreSQL

Oracle-Spaltentypen findet man in PostgreSQL wieder, allerdings teilweise unter anderen Namen. Somit ist eine Anpassung der CREATE TABLE-Anweisung nötig. Auch die Syntax für das Anlegen anderer Objekte oder Constraints unterscheidet sich, so dass eine Anpassung der extrahierten DDL-Anweisungen erforderlich ist.

30.1.1 Unterschiede der Datentypen

Für die Migration von Tabellen ist eine Anpassung der Datentypen erforderlich. In Tabelle 30.1 finden Sie einen Vergleich der wichtigsten Datentypen von Oracle und PostgreSQL.

Tabelle 30.1 Unterschiede von Datentypen

Oracle	PostgreSQL	Bemerkung
NUMBER	NUMERIC	Konvertierung nach FLOAT8 kann erforderlich sein.
CHAR	CHAR	Oracle: Limit 2000 Bytes PostgreSQL: Limit 10485760 Bytes
NCHAR	CHAR	PostgreSQL besitzt keinen National Characterset.
VARCHAR, VARCHAR2, NVARCHAR, NVARCHAR2		VARCHAR ist ein Relikt aus Oracle 7 und 8, abgelöst durch VARCHAR2. Beide haben eine maximale Länge von 4000 Byte. VARCHAR in PostgreSQL kann bis zu 10485760 Bytes lang sein.
DATE	TIMESTAMP	Oracle „DATE“ speichert Datum und Uhrzeit bis auf die Sekunde.
TIMESTAMP	TIMESTAMP	Format und Ländereinstellungen beachten
TIMESTAMP WITH TIMEZONE	TIMESTAMP WITH TIMEZONE	Format und Ländereinstellungen beachten
LONG	TEXT	LONG kann bis zu 2 GB groß werden.
CLOB, NCLOB	TEXT	CLOB ist LOB von Zeichenketten. Die maximale Größe ist 4 GByte. Zusätzliche Portierung ist erforderlich.
BLOB	BYTEA oder Large Object	BLOB kann bis zu 4 GByte groß werden, BYTEA maximal 1 GByte. Large Object kann maximal 4 TByte groß werden. Für den Zugriff ist eine spezielle Funktion nötig.
BFILE	VARCHAR(255)	BFILE ist ein Pointer auf eine Binärdatei mit maximal 4 GByte Größe.
XMLTYPE	XML	Spezielle Unterstützung mit PL/SQL-Paketen

30.1.2 Syntaktische und logische Unterschiede

Ein immer wiederkehrendes Problem bei der Konvertierung ist die Groß- und Kleinschreibung. Während in Oracle ein Bezeichner standardmäßig in Großbuchstaben gespeichert wird (das liegt an der weit zurückliegenden Historie des Systems), speichert PostgreSQL diese in Kleinbuchstaben. Dieses Problem wird uns auch in Kapitel 27 beim Thema „Datenbanklinks" beschäftigen. In Listing 30.1 finden Sie ein Beispiel, das die Unterschiede verdeutlicht. Betroffen sind sowohl Tabellenname als auch Spaltenname.

Listing 30.1 Unterschiede in Groß- und Kleinschreibung für Bezeichner

```
(postgres@localhost:5432)[hanser]> CREATE TABLE test(id INT);
CREATE TABLE
(postgres@localhost:5432)[hanser]> \d test
                Table "public.test"
 Column |  Type   | Collation | Nullable | Default
--------+---------+-----------+----------+---------
 id     | integer |           |          |
(postgres@localhost:5432)[hanser]> \d "test"
                Table "public.test"
 Column |  Type   | Collation | Nullable | Default
--------+---------+-----------+----------+---------
 id     | integer |           |          |
(postgres@localhost:5432)[hanser]> \d "TEST"
Did not find any relation named ""TEST"".
HANSERORA@ORA122> CREATE TABLE test(id NUMBER);
Table created.
HANSERORA@ORA122> DESC test
 Name                    Null?    Type
 ----------------------- -------- ----------------------------
 ID                                                     NUMBER
HANSERORA@ORA122> DESC "TEST"
 Name                    Null?    Type
 ----------------------- -------- ----------------------------
 ID                                                     NUMBER
HANSERORA@ORA122> DESC "test"
ERROR:
ORA-04043: object "test" does not exist
```

TIPP: Eine praktikable Methode bei der Migration, um die Unterschiede bezüglich Groß- und Kleinschreibung in den Griff zu bekommen, besteht darin, erst einmal anzunehmen, dass auf der Oracle-Seite alle Identifier in Großbuchstaben gespeichert sind. Die meisten Entwickler verwenden keine Hochkommas, so dass eine automatische Konvertierung in Großbuchstaben erfolgt. Bei der Übernahme legt PostgreSQL die Identifier in Kleinbuchstaben an, wenn keine Anführungszeichen verwendet werden. Das Anlegen der Tabelle in PostgreSQL sollte dann in der Schreibweise CREATE TABLE TEST ... und nicht in der Schreibweise CREATE TABLE „TEST" ... erfolgen. ■

Zu beachten ist auch das unterschiedliche Verhalten eines leeren Strings. Betrachten wir eine Tabelle mit einem VARCHAR/VARCHAR2-Feld und fügen einen leeren String ein. Während PostgreSQL diesen bei anschließender Abfrage weiterhin als leeren String behandelt, ist unter Oracle daraus ein Null-Wert entstanden. Ein Beispiel finden Sie in Listing 30.2. Dieser Umstand wird häufig übersehen, da er bei der Migration selbst erst einmal nicht auffällt. Die Fehler entstehen jedoch beim Testen der Applikation und führen zu einer verfälschten Businessfunktionalität.

Listing 30.2 Unterschiedliche Behandlung von leeren Strings

```
(postgres@localhost:5432)[hanser]> INSERT INTO test VALUES (1,'');
INSERT 0 1
(postgres@localhost:5432)[hanser]> SELECT * FROM test WHERE txt='';
 id | txt
----+-----
  1 |
(1 row)
(postgres@localhost:5432)[hanser]> SELECT * FROM test WHERE txt IS NULL;
 id | txt
----+-----
(0 rows)
HANSERORA@ORA122> INSERT INTO test VALUES(1,'');
1 row created.
HANSERORA@ORA122> SELECT * FROM test WHERE txt='';
no rows selected
HANSERORA@ORA122> SELECT * FROM test WHERE txt IS NULL;
        ID TXT
---------- ----------
         1
```

Das Systemdatum „sysdate“ unter Oracle ist zu ersetzen durch „current_timestamp“ in PostgreSQL.

Die Funktion DECODE ist bei Entwicklern sehr beliebt und wird in Oracle-Applikationen häufig verwendet. Da es unter PostgreSQL keine adäquate Funktion gibt, muss sie durch eine CASE WHEN-Anweisung ersetzt werden:

```
CASE WHEN <ausdruck> THEN . . . ELSE <default> END
```

Auch bei Sequenzen gibt es Unterschiede in der Syntax. Hier empfiehlt sich ein Austausch im Programmcode. Ersetzen Sie

```
HANSERORA@ORA122> SELECT seq.nextval FROM dual;
   NEXTVAL
----------
         1
```

durch

```
(postgres@localhost:5432)[hanser]> SELECT nextval('seq');
 nextval
---------
       1
```

Die Oracle-Datenbank hat über viele Jahre an einer eigenen SQL-Syntax festgehalten und erst mit der Version 9i die ANSI-Syntax eingeführt. Die systemeigene Syntax ist aus Kompatibilitätsgründen immer noch gültig und taucht häufig in Applikationen auf. Einige dieser

SQL-Befehle funktionieren nicht in PostgreSQL. Ein Beispiel hierfür ist der Outer Join, der unter Oracle mit einem „(+)“-Symbol auf der rechten Seite gekennzeichnet wird. Da PostgreSQL diese Syntax nicht kennt, empfiehlt sich eine Umwandlung in die ANSI-Syntax. Ersetzen Sie in solchen Fällen

```
SELECT * FROM tabl, tab2 WHERE tabl.x = tab2.y (+);
```

durch

```
SELECT * FROM tabl LEFT JOIN tab2 ON x = y;
```

Oracle gestattet die Arithmetik mit Datumsfeldern. So kann, wie im folgenden Beispiel, auf einer Variablen vom Typ DATE direkt addiert oder subtrahiert werden:

```
HANSERORA@ORA122> SELECT sysdate + 1 FROM dual;
SYSDATE+1
----------
28.04.2018
```

Dies ist unter PostgreSQL nicht möglich. Eine solche Arithmetik führt zum Fehler und muss deshalb ersetzt werden:

```
(postgres@localhost:5432)[hanser]> SELECT current_timestamp + 1;
ERROR:  operator does not exist: timestamp with time zone + integer
LINE 1: SELECT current_timestamp + 1;
                                 ^
HINT:  No operator matches the given name and argument type(s). You might need to add
explicit type casts.
```

PostgreSQL stellt umfangreiche Formatierungsmöglichkeiten für Datum und Uhrzeit zur Verfügung. Eine mögliche Lösung ist die folgende Transformation:

```
(postgres@localhost:5432)[hanser]> SELECT DATE(current_timestamp)
 + INTEGER ,1' AS morgen;
   morgen
------------
 2018-04-28
```

Einige Oracle-Applikationen arbeiten mit der Option ROWNUM, um ein Stopp-Limit zu definieren. Diese muss unter PostgreSQL durch die Option LIMIT ersetzt werden. Ersetzen Sie

```
SELECT * FROM test WHERE ROWNUM <= 100;
```

durch

```
SELECT * FROM test LIMIT 100;
```

In früheren Jahren wurde von Datenbankprogrammierern die unsichtbare Spalte „ROWID“ in der Applikation verwendet. Das Argument war, dass der Zugriff über die „ROWID“ sehr schnell ist. Oracle empfiehlt seit Längerem, diesen Programmierstil nicht mehr zu verwenden, da einerseits die Alternativen adäquat schnell sind und es andererseits bei Migrationen oder Upgrades immer wieder zu Problemen kommt.

Theoretisch gibt es die Möglichkeit, unter PostgreSQL mit der „ctid“ zu arbeiten, die eine ähnliche Funktion wie die „ROWID“ unter Oracle übernimmt. Allerdings gibt es architekturbedingte Unterschiede und es kann nicht hundertprozentig garantiert werden, dass die Funktionalität nicht gestört wird.

TIPP: Die Verwendung der internen Spalte ROWID bereitet Probleme bei der Migration. Es wird empfohlen, die entsprechenden SQL-Anweisungen vor der Migration auf der Quelle umzuschreiben und zu ersetzen.

Weitere Anpassungen sind vorzunehmen, wenn die Applikation Abfragen auf das Oracle Dictionary, also den Datenbankkatalog verwendet. Der PostgreSQL-Katalog unterscheidet sich vom Oracle-Katalog.

Damit haben wir bereits die wichtigsten Unterschiede zwischen Oracle und PostgreSQL identifiziert. Informationen zur Kompatibilität und zur Umwandlung von PL/SQL- und PL/pgSQL-Code finden Sie in Abschnitt 30.4.

Haben Sie mehr oder weniger Unterschiede erwartet? Die Unterschiede sind doch überschaubar und man kann behaupten, dass es wohl kein Datenbanksystem gibt, das in der Kompatibilität so nahe an Oracle dran ist. Wie groß der Migrationsaufwand sein wird, ist stark von der Applikation abhängig und wie weit spezielle Oracle-Features benutzt wurden oder wie streng man versucht hat, sich an Standard-SQL zu halten.

Ein weiterer, sehr interessanter Ansatzpunkt besteht darin, die Kompatibilität der PostgreSQL-Datenbank generell zu erhöhen, um damit den Migrationsaufwand zu senken.

30.1.3 Steigerung der Kompatibilität von PostgreSQL

Die Überlegung besteht darin, die Kompatibilität von PostgreSQL-Datenbanken an sich zu erhöhen, indem Objekte und Funktionen, so wie sie standardmäßig in einer Oracle-Datenbank funktionieren, definiert werden. Damit wird der Migrationsaufwand von vornherein und ohne Kenntnis des zu migrierenden Schemas verringert. Als berühmtes Beispiel dient die Tabelle DUAL, die gerne von Oracle-Entwicklern verwendet wird und in PostgreSQL nicht existiert.

Listing 30.3 Ein View als Ersatz für die Tabelle DUAL anlegen

```
(postgres@localhost:5432)[hanser]> CREATE VIEW public.dual
> AS SELECT 'X'::varchar AS dummy;
CREATE VIEW
(psotgres@localhost:5432)[hanser]> GRANT SELECT, REFERENCES
> ON public.dual TO PUBLIC;
GRANT
```

Für denselben Zweck kann eine Funktion *sysdate* angelegt werden, die das aktuelle Datum und die aktuelle Uhrzeit liefert (siehe Listing 30.4).

Listing 30.4 Eine Funktion *sysdate* in PostgreSQL anlegen

```
(postgres@localhost:5432)[hanser]> CREATE FUNCTION sysdate()
> RETURNS DATE
> AS $$
```

```
> BEGIN
>   RETURN DATE(current_timestamp);
> END;
> $$ LANGUAGE plpgsql;
CREATE FUNCTION
```

Jetzt funktioniert nicht nur die verbreitete Oracle-Anweisung „SELECT sysdate FROM dual", sondern auch die Datumsarithmetik, die im vorhergehenden Abschnitt noch als Migrationsproblem beschrieben wurde.

Listing 30.5 Datumsarithmetik mit der Funktion SYSDATE

```
(postgres@localhost:5432)[hanser]> SELECT sysdate() + 1 FROM dual;
  ?column?
------------
 2018-04-28
```

Wie Sie sehen, spart eine solche Erhöhung der Kompatibilität eine Menge von Problemen für den Migrationsaufwand. Die Firma EnterpriseDB geht diesen Weg und bietet eine PostgreSQL-Datenbank an, die ein ganzes Stück Oracle-kompatibler ist. Das geht bis zum Anlegen eines Oracle-kompatiblen Datenbankkatalogs, so dass zum Beispiel Abfragen auf die View ALL_TABLES funktionieren und solche SQL-Anweisungen bei der Migration nicht berücksichtigt werden müssen. Weitere Details finden Sie auf der Webseite *http://www.enterprisedb.com*.

Einen ähnlichen Ansatz verfolgt das Modul *orafce*. Auch mit diesem wird der PostgreSQL-Server kompatibler in Richtung Oracle gemacht, um den Migrationsaufwand zu senken.

30.3 Portierung von Oracle PL/SQL

Die Syntax von Oracle PL/SQL und PostgreSQL PL/pgSQL ist auf den ersten Blick sehr ähnlich, allerdings gibt es auch hier einige Besonderheiten. PostgreSQL kennt nur Funktionen, keine Prozeduren oder Pakete. Eine Prozedur in Oracle entspricht einer Funktion in PostgreSQL mit dem Rückgabewert „void". Auch die Syntax zum Anlegen von Funktionen unterscheidet sich:

- Oracle: CREATE FUNCTION . . . RETURN <ret_type>
- PostgreSQL: CREATE FUNCTION . . . RETURNS <ret_type>

In PostgreSQL sollte der Funktionsrumpf in doppelte Dollarzeichen „$$" eingefasst werden. Auch benötigt PostgreSQL explizit eine DECLARE-Anweisung im Rumpf. Oracle PL/SQL kann zwischen Namen und Variablen unterscheiden, PL/pgSQL kann das nicht und interpretiert alle Token als Variablen.

Da PL/pgSQL keine Pakete kennt, müssen Schemas verwendet werden, um Funktionen zu gruppieren. In PostgreSQL können Sie keine globalen Variablen verwenden.

Variablen in FOR-Schleifen kann man in Oracle implizit verwenden, wohingegen sie in PostgreSQL definiert werden müssen:

- FOR <var> IN . . . LOOP . . .: Die Variable *var* muss definiert werden.

In PL/SQL können ROWTYP-Variablen am Cursor definiert werden. In PostgreSQL ist das nicht möglich, es muss eine Variable vom Typ RECORD erklärt werden:

- Oracle:

```
CURSOR c1 IS SELECT … FROM … ;
  var c1%ROWTYPE;
BEGIN
FOR var IN c1 LOOP …
```

- PostgreSQL:

```
DECLARE
  CURSOR c1 IS SELECT … FROM … ;
  var RECORD;
BEGIN
  FOR var IN c1 LOOP …
```

Aufrufe von Prozeduren erfolgen in PostgreSQL mit dem PERFORM-Kommando:

```
PERFORM hr.fill_employees(1000);
```

In PostgreSQL wird die Transaktion im Falle einer Exception automatisch zurückgerollt. Beachten Sie auch, dass sich die Fehlercodes unterscheiden. Betrachten Sie die einfache PL/SQL-Funktion in Listing 30.6. Um diese nach PostgreSQL zu portieren, sind wenige Anpassungen erforderlich. Die PL/pgSQL-Funktion finden Sie in Listing 30.7.

Listing 30.6 PL/SQL-Funktion in Oracle

```
HANSERORA@ORA122> CREATE OR REPLACE FUNCTION get_nv(v_str1 VARCHAR2, v_str2 VARCHAR2)
  2  RETURN VARCHAR2 IS
  3  BEGIN
  4    IF v_str2 IS NULL THEN
  5      RETURN v_str1;
  6    END IF;
  7    RETURN v_str1 || ':' || v_str2;
  8  END;
  9  /
Function created.
```

Listing 30.7 Die nach PL/pgSQL konvertierte Funktion aus Listing 30.6

```
(postgres@localhost:5432)[hanser]> CREATE OR REPLACE FUNCTION get_nv(v_str1 VARCHAR,
v_str2 VARCHAR)
> RETURNS VARCHAR AS $$
> BEGIN
>   IF v_str2 IS NULL THEN
>     RETURN v_str1;
>   END IF;
>   RETURN v_str1 || ':' || v_str2;
> END;
> $$ LANGUAGE plpgsql;
CREATE FUNCTION
```

Cursor-Variablen können in der Oracle-Syntax nicht verwendet werden. Wandeln Sie deshalb den Code in der folgenden Ausprägung

```
CURSOR c1 IS SELECT . . .;
  rec table%ROWTYPE;
BEGIN
  FOR rec IN c1 LOOP
. . .
```

in den nachfolgenden Code für PostgreSQL um:

```
DECLARE
  CURSOR c1 IS SELECT . . .;
  rec RECORD;
BEGIN
  FOR rec IN c1 LOOP
. . .
```

Während in Oracle PL/SQL eine Prozedur direkt aufgerufen werden kann, muss ein Funktionsaufruf innerhalb eines PL/pgSQL-Blocks mit PERFORM erfolgen.

Die Variable SQLERRM steht für die Fehlerbehandlung in PL/pgSQL nicht zur Verfügung.

Um eine Exception zu erzeugen, benötigt man eine andere Syntax. Eine Umwandlung von

```
RAISE <exception_name>;
```

in

```
RAISE EXCEPTION '<exception_name>';
```

ist erforderlich.

Beachten Sie außerdem, dass die Exception NO_DATA_FOUND unter PostgreSQL nur für SELECT-Anweisungen funktioniert. Verwenden Sie IF NOT FOUND für INSERT, UPDATE und DELETE.

Fängt man in PL/pgSQL eine Ausnahme in einer Exception-Klausel ein, werden alle Änderungen im Block mit einer BEGIN-Anweisung am Anfang automatisch zurückgerollt. Dies entspricht nicht dem Verhalten eines baugleichen PL/SQL-Blocks. In PL/SQL müsste der Block wie folgt aussehen:

```
BEGIN
  SAVEPOINT p1;
. . .
EXCEPTION
  WHEN <exception> THEN
    ROLLBACK TO p1;
. . .
END;
```

HINWEIS: Beachten Sie, dass Pakete in PL/pgSQL nicht unterstützt werden. Paketdefinitionen und Paketaufrufe müssen deshalb in reguläre Funktionsaufrufe umgeändert werden.

■

30.4 Tools zur Unterstützung der Migration

Wenn Sie im Internet nach Werkzeugen für eine automatische Migration suchen, werden Sie feststellen, dass es eine Reihe von Angeboten gibt. Sie können die Migration selbst durchführen oder in professionelle Hände geben. Beides hat Vor- und Nachteile.

Planen Sie, die Migration selbst durchzuführen, dann ist es sinnvoll, ein Werkzeug zu benutzen. Mit Vorsicht zu genießen sind Werkzeuge, die universelle Migrationen von allen möglichen Datenbanksystemen auf viele Zielplattformen anbieten. Diese Tools sind in der Regel sehr oberflächlich aufgesetzt und berücksichtigen nicht die Besonderheiten, die im Detail stecken. Für einfache Migrationen, bei denen im Quellsystem keine herstellerspezifischen Besonderheiten genutzt wurden und für die die Datenmenge überschaubar ist, können sie durchaus eine Alternative sein.

Darüber hinaus spielt die Größe der zu migrierenden Datenbank eine wichtige Rolle. Die Übernahme der Daten für große Datenbanken muss entsprechend geplant werden, um den notwendigen Durchsatz zu erreichen.

Das zuverlässigste Werkzeug ist *Ora2Pg*. Es ist ein Open-Source-Produkt und besteht im Kern aus einem Perl-Skript. Es ist schon lange auf dem Markt und wurde in den vergangenen Jahren immer wieder aktualisiert. Das Tool ist auch für Oracle 12.2 und PostgreSQL 10 sehr gut geeignet.

Wenn Sie planen, PostgreSQL fest in Ihre Infrastruktur zu integrieren, häufiger Datenbanken zu migrieren und einen Mischbetrieb mit Oracle und PostgreSQL zu fahren, ist die Steigerung der Kompatibilität von PostgreSQL gegenüber Oracle ein richtiger Lösungsansatz. Damit ist es möglich, den Migrationsaufwand deutlich zu reduzieren und die Stabilität der Migrationsprozesse zu erhöhen.

Der „SQL Developer“ ist ein frei verfügbarer Schema-Browser mit einigen Extras. Er kann sich parallel zu einer Oracle-Datenbank und einem PostgreSQL-Cluster verbinden. In jedem Fall kann er ein sinnvoller Begleiter für den Migrationsprozess sein. Sie können den SQL Developer von der Webseite *http://www.oracle.com/technetwork/indexes/downloads/index.html#tools* herunterladen.

Um eine Verbindung zu einem PostgreSQL-Server herstellen zu können, wird der PostgreSQL-JDBC-Treiber benötigt. Gehen Sie für die Installation über die Menüpunkte *Extras* und *Voreinstellungen*. Wählen Sie unter *Datenbank* den Punkt *Datenbank/JDBC-Treiber eines anderen Herstellers* und importieren Sie den Treiber.

Wenn Sie jetzt eine neue Verbindung erstellen, erscheint in der Maske das Register *PostgreSQL* und Sie können die Verbindungsdaten eingeben.

Bild 30.1 Die Verbindungsdaten im SQL Developer eingeben

Auch wenn Sie ein Werkzeug für die Migration einsetzen, ist der SQL Developer hilfreich, um auf beiden Seiten durch die Schemas zu navigieren und Strukturen und Daten zu vergleichen. Für eine Oracle-Verbindung ist er auch in der Lage, die DDL eines Schemas sowie Daten zu exportieren. Für kleinere Migrationen ist der SQL Developer also durchaus eine Option.

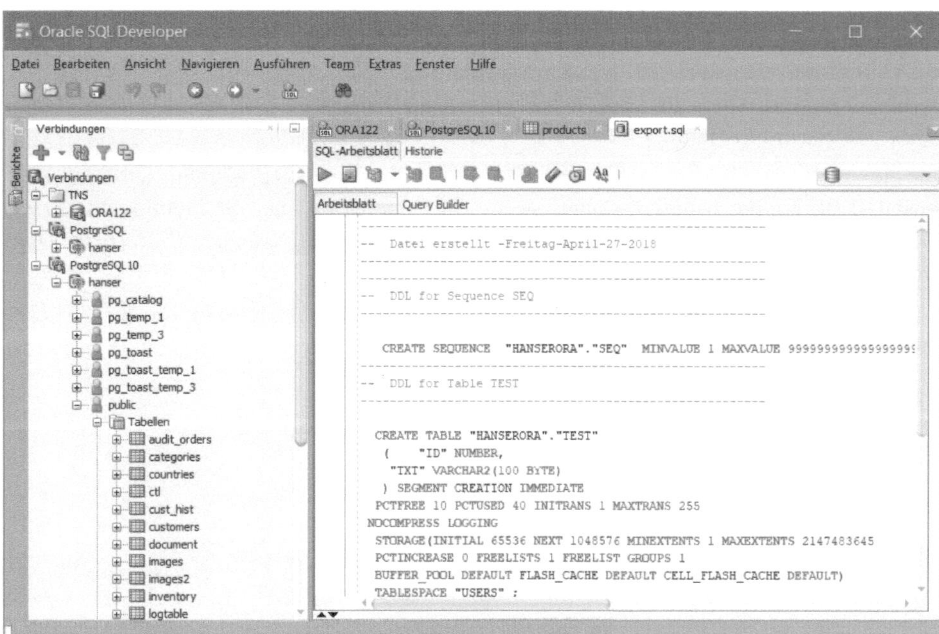

Bild 30.2 Der SQL Developer als Hilfe für die Migration

30.5 Technisches Vorgehen

Für das technische Vorgehen haben sich zwei Schritte als sinnvoll erwiesen. Der erste besteht in der Übernahme und Anpassung der Schema-Objekte, angefangen von Tabellen und Indexen über Privilegien bis hin zum Programmcode in PL/SQL. Im zweiten Schritt übernimmt man die Daten. Beide Schritte unterscheiden sich insofern, als der erste den größten Vorbereitungs- und manuellen Anpassungsaufwand erfordert und in der Ausführung recht schnell über die Bühne geht. Die Datenübernahme erfordert - vorausgesetzt, technische Hilfsmittel und Tools sind vorhanden - wenig manuellen Vorbereitungsaufwand, sie verschlingt jedoch den Großteil der Laufzeit in der Migration. Insbesondere bei großen Datenbanken gilt es, die zur Verfügung stehenden technischen Möglichkeiten auszureizen, damit die Migration in das vorgesehene Zeitfenster passt.

Im ersten Schritt ist eine Bestandsaufnahme des oder der zu migrierenden Schemas in der Oracle-Datenbank sinnvoll. Dazu gehört es, die Anzahl von Objekten zu ermitteln sowie die verwendeten Datentypen aufzulisten.

Es folgt das Extrahieren des DDL-Codes aus dem Oracle-Schema. Dafür kann man das Paket DBMS_METADATA verwenden, aber auch viele Entwicklertools, wie zum Beispiel der kostenlose „SQL Developer" von Oracle, weisen diese Funktionalität auf.

Der Code muss nun an PostgreSQL angepasst werden, um dort die Objekte anlegen zu können. Für kleine Schemas mit wenigen Objekten kann die Anpassung manuell erfolgen. Wenn Sie größere Schemas migrieren, sollten Sie entsprechende Werkzeuge mit einer automatischen Anpassung verwenden.

Im nächsten Schritt erfolgt die Übernahme der Daten. Die Vorgehensweise hängt von der Größe des Schemas ab. Für kleinere Schemas sollte man sich wenig Gedanken machen. Man kann sich zum Beispiel von Tools INSERT-Anweisungen generieren lassen, was immer mit wenig Aufwand zum Ziel führt. Es gibt auch Tools, die eine Übernahme über JDBC- oder ODBC-Schnittstelle anbieten.

Für größere Datenmengen muss auf Performance sowohl beim Entladen als auch beim Laden geachtet werden. Hier empfiehlt sich die Verwendung von CSV-Dateien. Es besteht auch die Möglichkeit, mit einem Programm zu arbeiten, das parallel eine Verbindung zur Quelle und eine zum Ziel hält. Das spart Speicherplatz auf der Disk, allerding ist häufig die Performance nicht überragend. Man sollte in diesem Fall unbedingt von einer Einzelsatzverarbeitung Abstand nehmen und mit „Bulk Loads" arbeiten. Einige Programmiersprachen und Treiber bieten diese Möglichkeiten.

30.6 Ein Migrationsbeispiel

Für das Beispiel benutzen wir ein einfaches Beispielschema der Oracle-Datenbank. Laden Sie dazu den Quellcode von der folgenden Webseite herunter:

https://github.com/oracle/db-sample-schemas/releases/tag/v12.2.0.1

Wechseln Sie in das Verzeichnis *human_resources* und führen Sie das Programm *hr_main.sql* in SQL*Plus aus. Das Skript legt mehrere Objekte im Schema „HR“ an (siehe Listing 30.8).

Listing 30.8 Objekte im Schema „HR“

```
SYS@ORA122> SELECT object_type, count(*)
  2  FROM dba_objects WHERE owner = 'HR' GROUP BY object_type;
OBJECT_TYPE      COUNT(*)
-------------- ----------
SEQUENCE                3
PROCEDURE               2
TRIGGER                 2
TABLE                   7
INDEX                  19
VIEW                    1
6 rows selected.
```

30.1.4 Manuelle Migration

Im Beispiel soll aufgezeigt werden, wie es möglich ist, ein einfaches Schema von Oracle nach PostgreSQL zu migrieren. Bedenken Sie: Auch wenn Sie ein Werkzeug einsetzen, wird es hier und da zu Problemen kommen und es muss manuell nachgebessert werden. Dann ist es gut, Mittel und Wege zu kennen, um dem Problem auf den Grund zu gehen.

Auch wenn die Migration des Beispielschemas nicht typisch für alle Datenbanken und Migrationen ist, werden Sie feststellen, dass der Umstieg einfacher ist, als man im Vorfeld vermuten würde. Aus praktischer Erfahrung lässt sich sagen, dass doch sehr viele Applikationen nur die Standardfunktionalität der Oracle-Datenbank verwenden und damit für einen Umstieg sehr gut geeignet sind.

30.6.1.1 Ein Schema migrieren

In Listing 30.9 finden Sie eine Funktion, mit deren Hilfe die DDL-Befehle für das Erstellen von Tabellen aus dem Schema „HR“ extrahiert werden können.

Listing 30.9 Funktion zum Extrahieren von DDL-Skripten aus Oracle

```
SYS@ORA122> CREATE OR REPLACE FUNCTION get_table_md(p_table VARCHAR2) RETURN CLOB IS
  2    h NUMBER;
  3    th NUMBER;
  4    doc CLOB;
  5  BEGIN
  6  DBMS_METADATA.SET_TRANSFORM_PARAM(
       DBMS_METADATA.SESSION_TRANSFORM,'STORAGE',FALSE);
  7    h := DBMS_METADATA.OPEN('TABLE');
  8    DBMS_METADATA.SET_FILTER(h,'SCHEMA','HR');
  9    DBMS_METADATA.SET_FILTER(h,'NAME',p_table);
 10    th := DBMS_METADATA.ADD_TRANSFORM(h,'DDL');
 11    DBMS_METADATA.SET_TRANSFORM_PARAM(th,'SEGMENT_ATTRIBUTES',false);
 12    DBMS_METADATA.SET_TRANSFORM_PARAM(th,'SQLTERMINATOR',true);
 13    doc := DBMS_METADATA.FETCH_CLOB(h);
 14    DBMS_METADATA.CLOSE(h);
 15    RETURN doc;
```

```
END;
/
```

HINWEIS: Beachten Sie bei der Verwendung des Pakets DBMS_METADATA, dass die DDL-Anweisungen sehr groß werden können und die maximale Zeichenzahl einer VARCHAR2-Variablen die Größe von 4000 Byte nicht übersteigen kann. Deshalb wurde bewusst der Datentyp „CLOB" für die Rückgabe gewählt. ■

Wir verwenden nun die Funktion *get_table_md*, um den kompletten DDL-Code aller Tabellen im Schema „HR" auszugeben. Im ersten Schritt werden die Befehle zum Aufruf der Funktion für jede einzelne Tabelle generiert (siehe Listing 30.10).

Listing 30.10 Befehle zum Aufruf der Funktion *get_table_md* generieren

```
SYS@ORA122> SELECT 'SELECT get_table_md('''||table_name||''') FROM DUAL;' AS "DDL"
  2  FROM dba_tables WHERE owner = 'HR';
DDL
----------------------------------------------------------------------
SELECT get_table_md('REGIONS') FROM DUAL;
SELECT get_table_md('COUNTRIES') FROM DUAL;
SELECT get_table_md('LOCATIONS') FROM DUAL;
SELECT get_table_md('DEPARTMENTS') FROM DUAL;
SELECT get_table_md('JOBS') FROM DUAL;
SELECT get_table_md('EMPLOYEES') FROM DUAL;
SELECT get_table_md('JOB_HISTORY') FROM DUAL;
7 rows selected.
```

Die so gewonnenen Befehle werden nun zur Ausgabe der DDL-Befehle verwendet. Setzen Sie dazu in der Session den Parameter LONG auf einen hohen Wert, damit der DDL-Text komplett aufgelistet wird (siehe Listing 30.11).

Listing 30.11 Die DDL-Anweisungen für die Tabelle EMPLOYEES extrahieren

```
SYS@ORA122> SET LONG 10000
SYS@ORA122> SELECT get_table_md('EMPLOYEES') FROM DUAL;
GET_TABLE_MD('EMPLOYEES')
--------------------------------------------------------------------------------
CREATE TABLE "HR"."EMPLOYEES"
("EMPLOYEE_ID" NUMBER(6,0),
 "FIRST_NAME" VARCHAR2(20),
 "LAST_NAME" VARCHAR2(25) CONSTRAINT "EMP_LAST_NAME_NN" NOT NULL ENABLE,
 "EMAIL" VARCHAR2(25) CONSTRAINT "EMP_EMAIL_NN" NOT NULL ENABLE,
 "PHONE_NUMBER" VARCHAR2(20),
 "HIRE_DATE" DATE CONSTRAINT "EMP_HIRE_DATE_NN" NOT NULL ENABLE,
 "JOB_ID" VARCHAR2(10) CONSTRAINT "EMP_JOB_NN" NOT NULL ENABLE,
 "SALARY" NUMBER(8,2),
 "COMMISSION_PCT" NUMBER(2,2),
 "MANAGER_ID" NUMBER(6,0),
 "DEPARTMENT_ID" NUMBER(4,0),
    CONSTRAINT "EMP_SALARY_MIN" CHECK (salary > 0) ENABLE,
    CONSTRAINT "EMP_EMAIL_UK" UNIQUE ("EMAIL") USING INDEX  ENABLE,
    CONSTRAINT "EMP_EMP_ID_PK" PRIMARY KEY ("EMPLOYEE_ID")
      USING INDEX  ENABLE,
    CONSTRAINT "EMP_DEPT_FK" FOREIGN KEY ("DEPARTMENT_ID")
```

```
    REFERENCES "HR"."DEPARTMENTS" ("DEPARTMENT_ID") ENABLE,
  CONSTRAINT "EMP_JOB_FK" FOREIGN KEY ("JOB_ID")
    REFERENCES "HR"."JOBS" ("JOB_ID") ENABLE,
  CONSTRAINT "EMP_MANAGER_FK" FOREIGN KEY ("MANAGER_ID")
    REFERENCES "HR"."EMPLOYEES" ("EMPLOYEE_ID") ENABLE
);
```

Das Paket DBMS_METDATA liefert die Identifier in Großbuchstaben und in doppelten Hochkommas eingeschlossen. Wie bereits erwähnt, wird PostgreSQL die Identifier in Großbuchstaben anlegen. Dies ist für das Handling und die Applikation eher ungünstig. Wir entfernen die Hochkommas mit einem einfachen sed-Skript:

```
sed ,s/"//g' cr_tables.sql > cr_tables2.sql
```

Schließlich müssen Sie noch die Datentypen anpassen. Dies kann man ebenfalls weitgehend automatisieren. Beachten Sie, dass entweder die Tabellen in der richtigen Reihenfolge oder die Foreign Key Constraints komplett im Anschluss erstellt werden. Schließlich erhält man eine DDL-Anweisung, die PostgreSQL versteht und mit deren Hilfe die Tabelle angelegt werden kann (siehe Listing 30.12).

Listing 30.12 Die Tabelle *employees* in PostgreSQL anlegen

```
(postgres@localhost:5432)[hanser]> CREATE TABLE EMPLOYEES (
> EMPLOYEE_ID INT,
> FIRST_NAME VARCHAR(20),
> LAST_NAME VARCHAR(25) CONSTRAINT EMP_LAST_NAME_NN NOT NULL ,
> EMAIL VARCHAR(25) CONSTRAINT EMP_EMAIL_NN NOT NULL ,
> PHONE_NUMBER VARCHAR(20),
> HIRE_DATE DATE CONSTRAINT EMP_HIRE_DATE_NN NOT NULL ,
> JOB_ID VARCHAR(10) CONSTRAINT EMP_JOB_NN NOT NULL ,
> SALARY NUMERIC(8,2),
> COMMISSION_PCT NUMERIC(2,2),
> MANAGER_ID NUMERIC(6,0),
> DEPARTMENT_ID NUMERIC(4,0),
> CONSTRAINT EMP_SALARY_MIN CHECK (salary > 0) ,
> CONSTRAINT EMP_EMAIL_UK UNIQUE (EMAIL) ,
> CONSTRAINT EMP_EMP_ID_PK PRIMARY KEY (EMPLOYEE_ID)
> );
CREATE TABLE
(postgres@localhost:5432)[hanser]> \d employees
                      Table "public.employees"
     Column     |         Type          | Collation | Nullable | Default
----------------+-----------------------+-----------+----------+---------
 employee_id    | integer               |           | not null |
 first_name     | character varying(20) |           |          |
 last_name      | character varying(25) |           | not null |
 email          | character varying(25) |           | not null |
 phone_number   | character varying(20) |           |          |
 hire_date      | date                  |           | not null |
 job_id         | character varying(10) |           | not null |
 salary         | numeric(8,2)          |           |          |
 commission_pct | numeric(2,2)          |           |          |
 manager_id     | numeric(6,0)          |           |          |
 department_id  | numeric(4,0)          |           |          |
Indexes:
    "emp_emp_id_pk" PRIMARY KEY, btree (employee_id)
```

```
    "emp_email_uk" UNIQUE CONSTRAINT, btree (email)
Check constraints:
    "emp_salary_min" CHECK (salary > 0::numeric)
```

Auf dieselbe Art und Weise können die anderen Schema-Objekte migriert werden, wie zum Beispiel Sequenzen.

Listing 30.13 DDL-Anweisungen für Sequenzen extrahieren

```
HR@ORA122> SELECT DBMS_METADATA.GET_DDL('SEQUENCE','EMPLOYEES_SEQ') FROM dual;
DBMS_METADATA.GET_DDL('SEQUENCE','EMPLOYEES_SEQ')
--------------------------------------------------------------------------------
CREATE SEQUENCE  "HR"."EMPLOYEES_SEQ"  MINVALUE 1 MAXVALUE
9999999999999999999999999999 INCREMENT BY 1 START WITH 207 NOCACHE  NOORDER
NOCYCLE  NOKEEP  NOSCALE  GLOBAL
```

Einige Optionen für das Anlegen der Sequenz müssen entfernt werden, da PostgreSQL diese nicht kennt. Damit entsteht das Statement in Listing 30.14.

Listing 30.14 Die Sequenz in PostgreSQL anlegen

```
(postgres@localhost:5432)[hanser]> CREATE SEQUENCE EMPLOYEES_SEQ MINVALUE 1 INCREMENT
BY 1 START WITH 207;
CREATE SEQUENCE
```

HINWEIS: Für Sequenzen ist es wichtig, dass die Option START WITH mit den aktuellen Daten übernommen wird, um Lücken oder Primary Key-Verletzungen zu vermeiden.

Wenn alle sonstigen Objekte angelegt sind, können wir uns den PL/SQL-Programmen widmen. Betrachten Sie die Prozedur *add_job_history* in Listing 30.15.

Listing 30.15 Prozedur *add_job_history* in Oracle

```
CREATE OR REPLACE PROCEDURE add_job_history
(p_emp_id          job_history.employee_id%type,
 p_start_date      job_history.start_date%type,
 p_end_date        job_history.end_date%type,
 p_job_id          job_history.job_id%type,
 p_department_id   job_history.department_id%type
)
IS
BEGIN
  INSERT INTO job_history (employee_id, start_date, end_date,
    job_id, department_id)
  VALUES(p_emp_id, p_start_date, p_end_date, p_job_id, p_department_id);
END add_job_history;
```

Die Anpassung an PL/pgSQL beschränkt sich im Wesentlichen auf die Syntax. Eine Prozedur in Oracle entspricht einer Funktion in PostgreSQL mit dem Rückgabewert VOID. Der Inhalt muss aufgrund des hohen Kompatibilitätsgrads nicht angepasst werden. Die PL/pgSQL-Funktion nach der Anpassung finden Sie in Listing 30.16.

Listing 30.16 Die PL/pgSQL-Funktion *add_job_history* nach der Anpassung

```
(postgres@localhost:5432)[hanser]> CREATE OR REPLACE FUNCTION add_job_history
> (p_emp_id          job_history.employee_id%type,
>  p_start_date      job_history.start_date%type,
>  p_end_date        job_history.end_date%type,
>  p_job_id          job_history.job_id%type,
>  p_department_id   job_history.department_id%type
> )
> RETURNS VOID
> AS $$
> BEGIN
>   INSERT INTO job_history (employee_id, start_date, end_date, job_id,
>     department_id)
>   VALUES(p_emp_id, p_start_date, p_end_date, p_job_id, p_department_id);
> END;
> $$ LANGUAGE plpgsql;
NOTICE:  type reference job_history.employee_id%TYPE converted to numeric
NOTICE:  type reference job_history.start_date%TYPE converted to date
NOTICE:  type reference job_history.end_date%TYPE converted to date
NOTICE:  type reference job_history.job_id%TYPE converted to character varying
NOTICE:  type reference job_history.department_id%TYPE converted to numeric
CREATE FUNCTION
```

30.6.1.2 Übernahme der Daten

Während Oracle viele Tools zum Laden von Daten anbietet, werden relativ wenig für das Entladen zur Verfügung gestellt. Für kleine Datenmengen können Sie Datenbankbrowser, die sich über die JDBC- oder die ODBC-Schnittstelle verbinden, einsetzen.

Bei großen Tabellen ist es darüber hinaus wichtig, eine gute Performance beim Entladen zu erreichen. Eine Möglichkeit wäre, eine PL/SQL-Prozedur zu verwenden. PL/SQL hat allerdings den Nachteil, dass Schleifen relativ langsam sind. Es gibt eine Möglichkeit, ohne viel Aufwand eine Tabelle mit SQL*Plus zu entladen, das wesentlich schneller ist (siehe Listing 30.17).

Listing 30.17 Eine Tabelle im CSV-Format mit SQL*Plus entladen

```
HR@ORA122> SET colsep '|'
HR@ORA122> SET echo off
HR@ORA122> SET feedback off
HR@ORA122> SET linesize 1000
HR@ORA122> SET pagesize 0
HR@ORA122> SET trimspool on
HR@ORA122> SET headsep off
HR@ORA122> SET sqlprompt ''
SPOOL employees.csv
SELECT * FROM employees;
 198|Donald   |OConnell |DOCONNEL|650.507.9833 |21.06.07|SH_CLERK | 2600|   | 124|  50
 199|Douglas  |Grant    |DGRANT  |650.507.9844 |13.01.08|SH_CLERK | 2600|   | 124|  50
 200|Jennifer|Whalen   |JWHALEN |515.123.4444 |17.09.03|AD_ASST  | 4400|   | 101|  10
. . .
```

Der Import in PostgreSQL kann mit dem COPY-Befehl erledigt werden. Das ist auch für größere Datenmengen eine performante Option.

Listing 30.18 CSV-Datei in PostgreSQL importieren

```
(postgres@localhost:5432)[hanser]> COPY employees
> FROM 'd:\Temp\employees.csv'
> DELIMITER '|';
COPY 107
(postgres@localhost:5432)[hanser]> SELECT * FROM employees;
emp|first_na|last_nam|email   |phone_number|hire_date |job_id  |salary |comm|man|de
---+--------+--------+--------+------------+----------+--------+-------+----+---+--
198|Donald  |OConnell|DOCONNEL|650.507.9833|2007-06-21|SH_CLERK|2600.00|0.00|124|50
199|Douglas |Grant   |DGRANT  |650.507.9844|2008-01-13|SH_CLERK|2600.00|0.00|124|50
200|Jennifer|Whalen  |JWHALEN |515.123.4444|2003-09-17|AD_ASST |4400.00|0.00|101|10
. . .
```

Alternativ kann die CSV-Datei mit dem SQL Developer erstellt werden. Führen Sie dazu einen rechten Mausklick auf die Tabelle EMPLOYEES aus und wählen Sie *Exportieren*. Markieren Sie im Export-Assistenten *Daten exportieren* und wählen Sie das Format *delimited*. Die so entstandene Datei entspricht dem Format, das wir mit SQL*Plus exportiert haben.

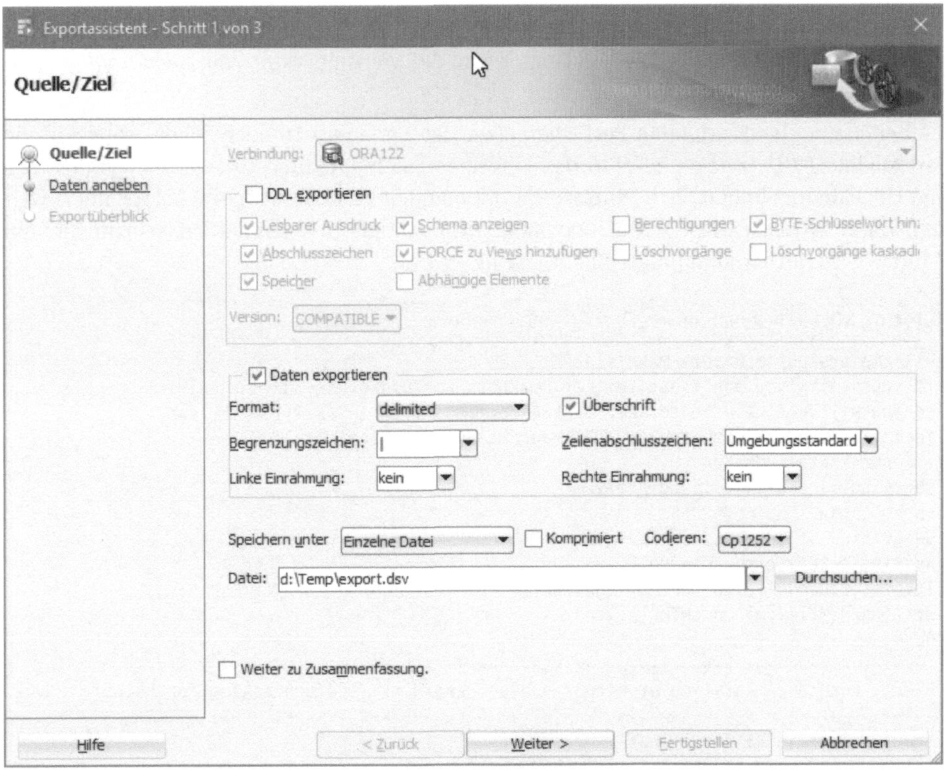

Bild 30.3 Die Parameter für den Export im SQL Developer festlegen

HINWEIS: Für das Laden großer Tabellen ist das Utility *pg_bulkload* zu empfehlen. Damit ist noch eine Performance-Steigerung zum COPY-Befehl möglich. Hinweise zur Verwendung finden Sie in Abschnitt 30.6.3.

30.1.5 Migration unter Verwendung von Ora2Pg

Ora2Pg ist eines der zuverlässigsten Werkzeuge für die Migration von Oracle-Datenbanken nach PostgreSQL, das auch für größere und komplexere Datenbanken geeignet ist. Zu den wichtigsten Features gehören:

- Export eines kompletten Datenbankschemas (Tabellen, Views, Indexe, Sequenzen, Primär- und Fremdschlüssel)
- Entladen von Privilegien für Benutzer und Rollen
- Export von Partitionen vom Typ Range- und List-Partitioning
- Komplette oder teilweise (WHERE-Klausel) Datenausgabe
- Entladen von Oracle-BLOB-Spalten nach PostgreSQL-Typ „BYTEA"
- Grundlegende Konvertierung von PL/SQL-Code nach PL/pgSQL
- Detaillierter Bericht des Inhalts der Oracle-Datenbank
- Führt ein Assessment über Aufwand und Schwierigkeitsgrad der Migration durch

Das Utility basiert auf Perl-Programmen, funktioniert auf allen verbreiteten Plattformen und ist kostenfrei verfügbar. Sie können *Ora2Pg* von der Webseite *http://ora2pg.darold.net* herunterladen.

Sie benötigen einen aktuellen Perl-Übersetzer der Version 5.10 oder höher, weiterhin die Perl-Module *DBD::Oracle* und *DBD::Pg*. Hinweise zur Installation von Perl sowie der DBI- und DBD-Module finden Sie in Kapitel 25. Optional können Datenexporte komprimiert werden. Dafür wird das Perl-Modul *Compress:Zlib* benötigt. Die Installationsschritte für ein Windows-Betriebssystem finden Sie in Listing 30.19.

Listing 30.19 Installation von *Ora2Pg* unter Windows

```
D:\Temp\ora2pg-18.2>perl Makefile.PL
It looks like you don't have either nmake.exe or dmake.exe on your PATH,
so you will not be able to execute the commands from a Makefile. You can
install dmake.exe with the Perl Package Manager by running:
    ppm install dmake
Checking if your kit is complete …
Looks good
Generating a dmake-style Makefile
Writing Makefile for Ora2Pg
Invalid LICENSE value 'GPLv3' ignored
Writing MYMETA.yml and MYMETA.json
Done …
------------------------------------------------------------------------------
Please read documentation at http://ora2pg.darold.net/ before asking for help
------------------------------------------------------------------------------
Now type: dmake && dmake install
D:\Temp\ora2pg-18.2\ora2pg-18.2>dmake
. . .
D:\Temp\ora2pg-18.2\ora2pg-18.2>dmake install
Installing D:\Perl64\html\site\lib\Ora2Pg.html
Installing D:\Perl64\html\site\lib\Ora2Pg\MySQL.html
Installing D:\Perl64\html\site\lib\Ora2Pg\PLSQL.html
Installing D:\Perl64\site\lib\Ora2Pg.pm
Installing D:\Perl64\site\lib\Ora2Pg\GEOM.pm
Installing D:\Perl64\site\lib\Ora2Pg\MySQL.pm
```

```
Installing D:\Perl64\site\lib\Ora2Pg\PLSQL.pm
Installing D:\Perl64\site\bin\ora2pg
Installing D:\Perl64\site\bin\ora2pg.bat
Installing D:\Perl64\site\bin\ora2pg_scanner
Installing D:\Perl64\site\bin\ora2pg_scanner.bat
"Installing default configuration file (ora2pg_dist.conf) to C:\ora2pg"
```

Analog erfolgt die Installation unter einem Linux-Betriebssystem (siehe Listing 30.20).

Listing 30.20 Installation von *Ora2Pg* unter Linux

```
# cd ora2pg-18.2
# perl Makefile.PL
# make
# make install
```

Stellen Sie sicher, dass sowohl das Perl-Modul für Oracle-DBD als auch das für PostgreSQL-DBD installiert sind (siehe Bild 30.4). Verwenden Sie am besten den Perl Package Manager (PPM) für die Installation.

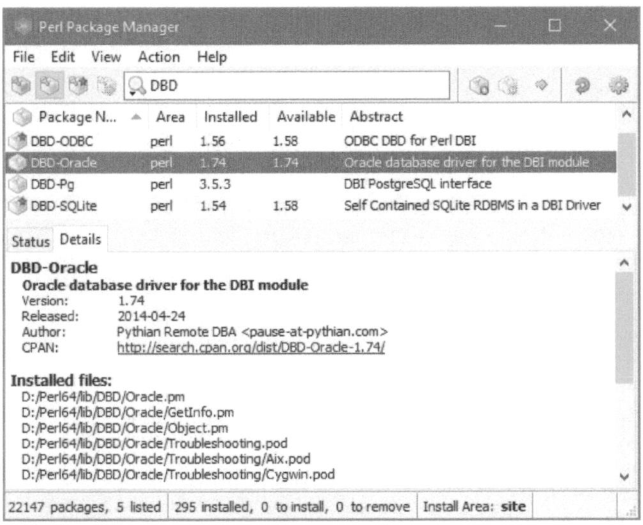

Bild 30.4 Oracle- und PostgreSQL-Module im Perl Package Manager

Führen Sie den folgenden Befehl unter Linux aus, um das Oracle-DBD-Modul zu installieren:

```
# export LD_LIBRARY_PATH=$ORACLE_HOME/lib:$ LD_LIBRARY_PATH
# perl -MCPAN -e ‚install DBD::Oracle'
```

Damit ist das Utility einsatzbereit. Im Folgenden migrieren wir das Schema HR aus der Oracle-Datenbank. *Ora2Pg* arbeitet mit einer Steuerdatei *ora2pg.conf*, die im vorliegenden Beispiel so aussieht:

```
ORACLE_DSN      dbi:Oracle:host=LAP15;sid=ORA122
ORACLE_USER     system
ORACLE_PWD      manager
```

```
SCHEMA          HR
TYPE            TABLE,COPY,PROCEDURE,VIEW,SEQUENCE,TRIGGER
OUTPUT          HR_output.sql Verbindungstest zu oracle
```

Der Parameter ORACLE_DSN beschreibt die Verbindung zur Oracle-Datenbank. Mithilfe der Optionen in der Zeile TYPE wird festgelegt, welche Objekte entladen werden sollen. Dabei bedeutet COPY, dass die Daten aus den Tabellen mit entladen werden sollen. Mit der Option SHOW_VERSION kann zunächst ein Verbindungstest zur Datenbank gemacht werden:

```
$ ora2pg -t SHOW_VERSION -c ora2pg.conf
Oracle Database 12c Enterprise Edition Release 12.2.0.1.0
```

Jetzt kann der Entladevorgang durchgeführt werden. Alle notwendigen Parameter befinden sich in der Kontrolldatei. Das Utility schreibt das Ergebnis in die Ausgabedatei und zeigt den Fortschritt an (siehe Listing 30.21).

Listing 30.21 Den Export mit *Ora2Pg* ausführen

```
$ ora2pg -c ora2pg.conf
[==============>] 7/7 tables (100.0%) end of scanning.
[>              ] 0/7 tables (0.0%) end of scanning.
[==============>] 7/7 tables (100.0%) end of table export.
[==============>] 25/25 rows (100.0%) Table COUNTRIES (25 recs/sec)
[==>            ]  25/215 total rows (11.6%) - (0 sec., avg: 25 recs/sec).
[==============>] 27/27 rows (100.0%) Table DEPARTMENTS (27 recs/sec)
[=====>         ]  52/215 total rows (24.2%) - (1 sec., avg: 52 recs/sec).
[==============>] 107/107 rows (100.0%) Table EMPLOYEES (107 recs/sec)
[===========>   ] 159/215 total rows (74.0%) - (2 sec., avg: 79 recs/sec).
[==============>] 19/19 rows (100.0%) Table JOBS (19 recs/sec)
[===========>   ] 178/215 total rows (82.8%) - (2 sec., avg: 89 recs/sec).
[==============>] 10/10 rows (100.0%) Table JOB_HISTORY (10 recs/sec)
[============>  ] 188/215 total rows (87.4%) - (3 sec., avg: 62 recs/sec).
[==============>] 23/23 rows (100.0%) Table LOCATIONS (23 recs/sec)
[=============> ] 211/215 total rows (98.1%) - (3 sec., avg: 70 recs/sec).
[==============>] 4/4 rows (100.0%) Table REGIONS (4 recs/sec)
[==============>] 215/215 total rows (100.0%) - (4 sec., avg: 53 recs/sec).
[==============>] 215/215 rows (100.0%) on total data (4 sec., avg: 53 recs/sec)
[==============>] 2/2 procedures (100.0%) end of procedures export.
[==============>] 1/1 views (100.0%) end of output.
[==============>] 3/3 sequences (100.0%) end of output.
[==============>] 1/1 triggers (100.0%) end of output.
```

Schauen Sie sich die Ausgabedatei an (Listing 30.22). Es handelt sich bereits um eine vollständig konvertierte SQL-Datei, die in die PostgreSQL-Datenbank geladen werden kann. Die Datentypen wurden geändert und die Daten befinden sich in Form eines COPY-Befehls in der Datei. Optional können die Daten auch im Nachgang separat übernommen werden. Die PL/SQL-Funktionen wurden in ein PL/pgSQL-Format gebracht.

Listing 30.22 Ausgabedatei von *Ora2Pg*

```
-- Generated by Ora2Pg, the Oracle database Schema converter, version 9.2
-- Copyright 2000-2017 Gilles DAROLD. All rights reserved.
-- DATASOURCE: dbi:Oracle:host=LAP15;sid=ORA122
SET client_encoding TO 'UTF8';
\set ON_ERROR_STOP ON
```

```
SET check_function_bodies = false;
CREATE TABLE jobs (
  job_id varchar(10) NOT NULL,
  job_title varchar(35) NOT NULL,
  min_salary integer,
  max_salary integer
) ;
. . .
SET client_encoding TO 'UTF8';
\set ON_ERROR_STOP ON
SET check_function_bodies = false;
CREATE OR REPLACE FUNCTION secure_dml () RETURNS VOID AS $body$
BEGIN
  IF TO_CHAR(clock_timestamp(), 'HH24:MI') NOT BETWEEN '08:00' AND '18:00'
    OR TO_CHAR(clock_timestamp(), 'DY') IN ('SAT', 'SUN') THEN
       RAISE EXCEPTION '%', 'You may only make changes during normal office hours'
USING ERRCODE = '45205';
  END IF;
END;
$body$
LANGUAGE PLPGSQL
;
-- REVOKE ALL ON FUNCTION secure_dml () FROM PUBLIC;
CREATE OR REPLACE FUNCTION add_job_history ( p_emp_id job_history.employee_id%type ,
p_start_date job_history.start_date%type , p_end_date job_history.end_date%type ,
p_job_id job_history.job_id%type , p_department_id job_history.department_id%type )
RETURNS VOID AS $body$
BEGIN
  INSERT INTO job_history(employee_id, start_date, end_date,
    job_id, department_id)
    VALUES (p_emp_id, p_start_date, p_end_date, p_job_id, p_department_id);
END;
$body$
LANGUAGE PLPGSQL
;
. . .
```

HINWEIS: Beachten Sie vor dem Laden, dass die Tabellen mit Foreign-Key-Constraints in der richtigen Reihenfolge geladen werden. Alternativ können Sie die DDL-Anweisungen für die Constraints auskommentieren und nach dem Laden anlegen. ■

Jetzt kann das entladene SQL-Skript mit psql ausgeführt werden (Listing 30.23).

Listing 30.23 Laden der Ausgabedatei in PostgreSQL

```
$ psql -d hr -f HR_output.sql
SET
SET
CREATE TABLE
COMMENT
COMMENT
COMMENT
CREATE INDEX
```

```
CREATE INDEX
CREATE INDEX
ALTER TABLE
. . .
```

Das relativ einfache und überschaubare Schema HR konnte mit *Ora2Pg* ohne Fehler und manuelles Eingreifen migriert werden. Bei größeren und komplexeren Anwendungen kann es durchaus zu dem einen oder anderen Problem kommen und ein Eingreifen erforderlich werden. Dennoch ist die Quote für eine erfolgreiche automatische Konvertierung durch das Utility sehr hoch. Nachbesserungen sind in der Regel im PL/pgSQL-Code erforderlich.

In jedem Fall sollten nach der Migration die Schemas und die Anzahl der Sätze verglichen werden. Überprüfen Sie auch, ob alle landespezifischen Zeichen wie Umlaute richtig übertragen wurden. Es gibt kein Problem, wenn auf beiden Seiten mit demselben Zeichensatz gearbeitet wird. Am universellsten funktioniert die Migration mit UTF8.

Nach der Migration sollte ein Regressionstest durchgeführt werden. Auch wenn die Migration technisch fehlerfrei gelaufen ist, kann es dennoch zu Unterschieden in der Applikation kommen.

30.1.6 Große Tabellen laden

Für die Migration der Daten großer Tabellen ist es wichtig, einen guten Durchsatz zu erreichen. Die besten Werte erzielt man mit der Übernahme einer CSV-Datei. Mit dem COPY-Befehl lassen sich sehr gute Performance-Werte erreichen. Im folgenden Beispiel (Listing 30.24) wurde eine Tabelle mit 20 Millionen Sätzen aus einer CSV-Datei geladen. Die Ausführungszeit betrug 1:31 Minuten.

Listing 30.24 Eine CSV-Datei mit dem COPY-Befehl laden

```
(postgres@[local]:5432)[hanser]> COPY sales
FROM '/home/postgres/sales.csv'
WITH DELIMITER '|';
COPY 20000000
Time: 91057.701 ms (01:31.058)
```

Mit dem Utility *pg_bulkload* ist eine weitere Verbesserung des Durchsatzes möglich. *pg_bulkload* ist nicht Bestandteil des Core-Systems, sondern ein Contribution-Modul. Nach dem Herunterladen und Kompilieren kann es mit dem CREATE EXTENSION-Befehl in der Datenbank installiert werden:

```
(postgres@[local]:5432)[postgres]> CREATE EXTENSION pg_bulkload;
CREATE EXTENSION
```

Den hohen Durchsatz erreicht *pg_bulkload*, weil es Shared Buffer und das WAL-Logging nicht verwendet. Es verwendet getrennte Prozesse für das Lesen der CSV-Datei und das Schreiben in die Tabelle, wenn die Option PARALLEL verwendet wird.

Die Steuerung erfolgt über eine Parameterdatei. Für das Beispiel hat sie folgenden Inhalt:

```
OUTPUT =  public.sales            # [<schema_name>.]table_name
INPUT = /home/postgres/sales.csv  # Input data location(path)
```

```
TYPE = CSV                          # Input file type
QUOTE = "\""                        # Quoting character
ESCAPE = \                          # Escape character for Quoting
DELIMITER = "|"
WRITER = DIRECT
```

Das Laden der 20 Millionen Sätze mit dieser Methode auf einem Linux-System hat 51,7 Sekunden gedauert, was also nochmals eine deutliche Performance-Verbesserung gegenüber dem COPY-Befehl darstellt (siehe Listing 30.25).

Listing 30.25 Laden einer großen Tabelle mit *pg_bulkload*

```
[postgres@localhost ~]$ pg_bulkload -d hanser '/home/postgres/sales.ctl'
NOTICE: BULK LOAD START
NOTICE: BULK LOAD END
        0 Rows skipped.
        20000000 Rows successfully loaded.
        0 Rows not loaded due to parse errors.
        0 Rows not loaded due to duplicate errors.
        0 Rows replaced with new rows.
```

31 Replikation zwischen Oracle und PostgreSQL

Wenn Sie den Einsatz von PostgreSQL planen, stellt sich die Frage nach der Anbindung anderer Datenbanksysteme, die bereits in Betrieb sind. Ein solcher Mischbetrieb kann begrenzt für den Zeitraum der Migration erforderlich sein oder auch permanent geplant werden. Wie Sie bereits feststellen konnten, weist PostgreSQL einen hohen Kompatibilitätsgrad zu Oracle auf. Ein direkter Austausch von Daten zwischen Datenbanken ist ein wichtiges Element für eine stabile Betriebsumgebung sowie einen flexiblen Datenfluss, ohne den kein Unternehmen mehr auskommt.

Für einen Datenaustausch mit anderen Datenbanksystemen bietet Oracle das Heterogeneous Gateway an. Für einige Datenbanksysteme, wie zum Beispiel SQL Server oder Sybase, werden vorgefertigte Treiber mitgeliefert. Für alle anderen besteht die Möglichkeit, dieses Feature über eine ODBC-Schnittstelle zu nutzen. ODBC-Treiber für PostgreSQL stehen sowohl für Windows- als auch für Unix- und Linux-Betriebssysteme zur Verfügung.

In diesem Kapitel erläutern wir, wie man das Heterogeneous Gateway nutzt, um einen Datenbanklink zwischen Oracle und PostgreSQL zu erstellen sowie eine Replikation auf Basis der Übertragung von Transaktionslogdaten einzurichten. Dabei verwenden wir Oracle XStream für die Anbindung an PostgreSQL. XStream ist Teil der Oracle-Golden-Gate-Lizenz.

31.1 Datenbanklink zwischen Oracle und PostgreSQL

Ein Datenbanklink bietet die Möglichkeit des Datenaustauschs in beide Richtungen. Dabei können die Objekte der entfernten Datenbank behandelt werden, als wären sie Bestandteil der lokalen Datenbank. Das Ergebnis ist eine verteilte Transaktion, bei der die Performance durch die Kapazität des Datenbanklinks, also des darunterliegenden Netzwerks, begrenzt wird.

Um einen Datenbanklink zwischen Oracle und PostgreSQL erstellen zu können, muss im ersten Schritt das Gateway, also die Heterogeneous Services, eingerichtet werden. Für eine Reihe von Datenbanken gibt es vorgefertigte Module, allerdings nicht für PostgreSQL. Hier erfolgt die Verbindung über einen ODBC-Treiber. Wir verwenden die Versionen 12.2.0.1 für Oracle und 14.1 für PostgreSQL in einer Windows-Umgebung sowie den ODBC-Treiber.

In Bild 31.1 ist die Architektur des Transparent Gateway abgebildet. Das Produkt wird auch als „Heterogeneous Service" (HS) bezeichnet. Der ODBC Driver stellt die Verbindung zum PostgreSQL-Server her.

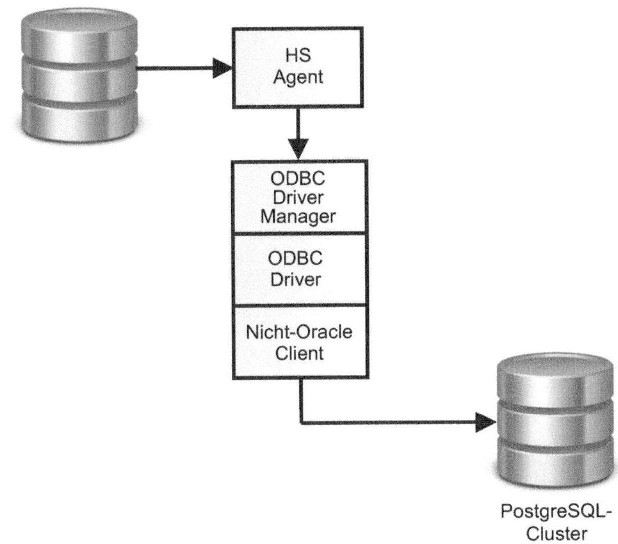

Bild 31.1 Die Architektur von Oracle Transparent Gateway

Die folgenden Schritte beschreiben den Aufbau des Gateway. Führen Sie diese auf dem Server aus, auf dem die Oracle-Datenbank läuft.

1. Laden Sie den ODBC-Treiber für PostgreSQL von der Webseite *https://odbc.postgresql.org* herunter und installieren Sie ihn. Unter Windows wird die Installation mit der „.msi"-Datei empfohlen. Unter Linux funktioniert am besten die Installation aus dem Quellcode.
2. Starten Sie den ODBC-Manager und wählen Sie das Register *„System DSN"* aus. Klicken Sie auf *„Hinzufügen"*. Wählen Sie *„PostgreSQL"* aus und konfigurieren Sie den Treiber.

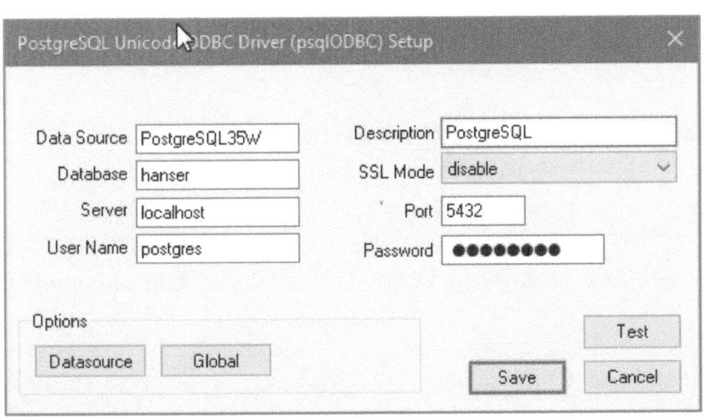

Bild 31.2 Die ODBC-Datenquelle für PostgreSQL konfigurieren

3. Damit ist die neue Datenquelle konfiguriert und als System-DSN sichtbar (siehe Bild 31.3).

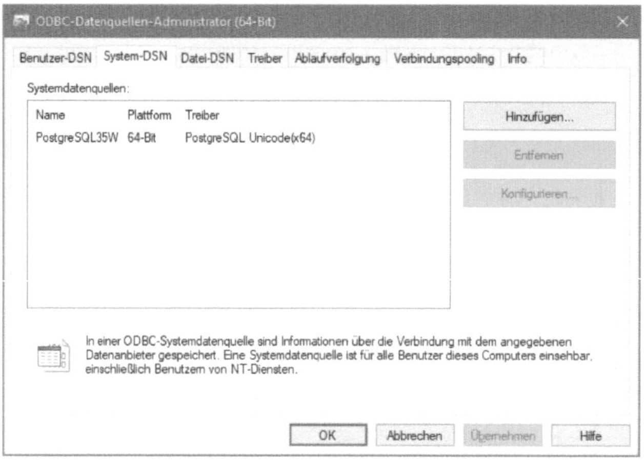

Bild 31.3 PostgreSQL als neue ODBC-Datenquelle

4. Im nächsten Schritt erfolgt die Konfiguration des HS-Service in der Oracle-Datenbank. Zuerst muss die Datei *„initdg4odbc.ora“* im Verzeichnis *„%ORACLE_HOME%\hs\admin“* angepasst werden. Tragen Sie die Datenquelle im Parameter HS_FDS_CONNECT_INFO ein. Weiterhin gibt es die Möglichkeit, Umgebungsvariablen für den PostgreSQL-Server mitzugeben. Die Datei hat im Beispiel den folgenden Inhalt:

```
# HS init parameters
HS_FDS_CONNECT_INFO = PostgreSQL35W
HS_FDS_TRACE_LEVEL = ON
# Environment variables required for the non-Oracle system
set PGUSER=postgres
set PGDATABASE=hanser
```

5. Weiterhin sind noch Änderungen in den Dateien *„tnsnames.ora“* und *„listener.ora“* im Verzeichnis *„%ORACLE_HOME%\network\admin“* vorzunehmen. Ergänzen Sie den folgenden Eintrag in der Datei *„listener.ora“* unter *„SID_LIST“*:

```
SID_LIST_LISTENER =
  (SID_LIST =
. . .
    (SID_DESC =
      (SID_NAME = dg4odbc)
      (ORACLE_HOME = D:\app\oracle\product\12.2.0\dbhome_2)
      (PROGRAM = dg4odbc)
    )
)
```

6. Fügen Sie einen Eintrag für die HS-Verbindung zum ODBC-Treiber in die Datei *„tnsnames.ora“* ein:

```
dg4odbc =
  (DESCRIPTION=
    (ADDRESS=(PROTOCOL=tcp)(HOST=Lap15)(PORT=1521))
    (CONNECT_DATA=(SID=dg4odbc))
    (HS=OK)
  )
```

Damit ist die Konfiguration des Gateway abgeschlossen. Führen Sie einen Neustart des Oracle Listener durch. Nun kann ein Datenbanklink von der Oracle-Datenbank zum PostgreSQL-Cluster angelegt werden (siehe Listing 31.1).

Listing 31.1 Einen Datenbanklink von Oracle nach PostgreSQL anlegen

```
SYS@ORA122> CREATE PUBLIC DATABASE LINK "POSTGRES.WORLD"
  2  CONNECT TO "postgres" IDENTIFIED BY postgres
  3  USING ,dg4odbc';
Datenbanklink wurde angelegt.
```

Eine erste SQL-Abfrage der Tabelle *„pg_database"* ist erfolgreich. Beachten Sie, dass Sie sich nun mit „sqlplus" in der Oracle-Welt befinden. Die Daten werden zwar über den Datenbanklink gelesen, sie werden allerdings von der Oracle-SQL-Engine verarbeitet.

Listing 31.2 Abfrage der Datenbanken in PostgreSQL über Datenbanklink

```
SYS@ORA122> SELECT "datname","datdba","datlastsysoid"
  2  FROM "pg_database"@postgres.world;
datname          datdba datlastsysoid
------------ ---------- -------------
postgres             10         12291
template1            10         12291
template0            10         12291
hanser2              10         12291
hanser               10         12291
```

Alle Befehle müssen deshalb nach der Oracle-Syntax abgesetzt werden. In Listing 31.3 wird ein DESCRIBE-Befehl über den Datenbanklink ausgeführt. Auffällig ist, dass die Datentypen bereits im Oracle-Format angezeigt werden. Es erfolgt also eine automatische Umwandlung der Datentypen.

Listing 31.3 Der DESCRIBE-Befehl

```
SYS@ORA122> DESC "pg_database"@postgres.world
 Name                                      Null?    Typ
 ----------------------------------------- -------- ----------------------------
 datname                                   NOT NULL VARCHAR2(189)
 datdba                                    NOT NULL NUMBER(10)
 encoding                                  NOT NULL NUMBER(10)
 datcollate                                NOT NULL VARCHAR2(189)
 datctype                                  NOT NULL VARCHAR2(189)
 datistemplate                             NOT NULL VARCHAR2(15)
 datallowconn                              NOT NULL VARCHAR2(15)
 datconnlimit                              NOT NULL NUMBER(10)
 datlastsysoid                             NOT NULL NUMBER(10)
 datfrozenxid                              NOT NULL NUMBER(10)
 datminmxid                                NOT NULL NUMBER(10)
 dattablespace                             NOT NULL NUMBER(10)
 datacl                                             VARCHAR2(765)
```

Bei allen Aktionen, die Sie über das Gateway durchführen, müssen Sie stets beachten, dass Sie mit einer PostgreSQL-Datenbank kommunizieren und es an der einen oder anderen Stelle Unterschiede zu Oracle gibt. Es können nicht alle denkbaren Operationen durchgeführt werden, vieles funktioniert jedoch sehr gut, insbesondere wenn es um die direkte Abfrage oder den Austausch von Daten geht. Darüber hinaus sind natürlich Spracheinstellungen sowie Zeichensätze zu beachten.

Richtig benutzt, läuft das Gateway stabil. Die Performance ist dabei immer noch gut, obwohl die Kommunikation über den HS-Agent und eine ODBC-Schnittstelle läuft. Dabei bietet die Option, eine PostgreSQL-Datenbank direkt anzuschließen und diese wie eine Oracle-Datenbank zu behandeln, viele Vorteile.

Die Performance über die Schnittstelle ist nicht schlecht und in erster Linie abhängig von Durchsatz und Latenz des Netzwerks. Im Beispiel in Listing 31.4 werden 20 Millionen Sätze über den Datenbanklink in 2:28 Minuten kopiert.

Listing 31.4 Tabellen über das Gateway kopieren

```
HR@ORA122> CREATE TABLE sales
  2  AS SELECT * FROM "sales"@postgres.world;
Tabelle wurde erstellt.
Abgelaufen: 00:02:28.60
HR@ORA122> SELECT count(*) FROM sales;
  COUNT(*)
----------
  20000000

HR@ORA122> DESC sales
 Name                                      Null?    Typ
 ----------------------------------------- -------- ----------------------------
 sales_id                                           NUMBER(20)
 prod_id                                            NUMBER(20)
 cust_id                                            NUMBER(20)
 order_time                                         DATE
 amount                                             NUMBER(28,6)
```

Das Kopieren in die andere Richtung funktioniert nicht, da Oracle DDL-Operationen über den Datenbanklink nicht gestattet. Auch der Befehl INSERT INTO ... SELECT ... FROM funktioniert nicht und führt zum Fehler:

```
ORA-02025: Alle Tabellen in der SQL-Anweisung müssen in der Fern-Datenbank sein
```

Eine Option, Daten von der Oracle-Datenbank zum PostgreSQL-Server zu kopieren, zeigt die PL/SQL-Prozedur in Listing 31.5. Es wird ein lokaler Cursor über die Quelltabelle geöffnet und in der Schleife werden einzelne INSERT-Befehle über den Datenbanklink abgesetzt. Diese Option der Einzelsatzverarbeitung ist nicht sehr performant, allerdings für kleinere Datenmengen sehr komfortabel.

Listing 31.5 Daten von Oracle nach PostgreSQL kopieren

```
DECLARE
  v1 sales."sales_id"%TYPE;
  v2 sales."prod_id"%TYPE;
  v3 sales."cust_id"%TYPE;
  v4 sales."order_time"%TYPE;
  v5 sales."amount"%TYPE;
  CURSOR c1 IS SELECT * FROM sales;
BEGIN
  OPEN c1;
  LOOP
    FETCH c1 INTO v1, v2, v3, v4, v5;
    EXIT WHEN c1%NOTFOUND;
    INSERT INTO "public"."sales2"@postgres.world VALUES (v1,v2,v3,v4,v5);
```

```
  END LOOP;
  CLOSE c1;
END;
/
```

Das Wertvolle an einem Datenbanklink ist die Möglichkeit, mit verteilten Transaktionen zu arbeiten. Die Abfrage in Listing 31.6 vereinigt die Tabelle *customers* in der Oracle-Datenbank mit der Tabelle *orders* in der PostgreSQL-Datenbank – ein weiteres Argument, PostgreSQL im Mischbetrieb einzusetzen.

Listing 31.6 Tabellen aus Oracle und PostgreSQL in einer SELECT-Anweisung

```
HR@ORA122> SELECT c."firstname",c."lastname",c."zip",o."orderid",o."totalamount"
  2  FROM customers c, "orders"@postgres.world o
  3  WHERE c."customerid" = o."customerid"
  4  AND "country" = 'US';
firstname  lastname            zip    orderid totalamount
---------- ------------ ---------- ---------- -----------
IUKTYY     MOICFLYHZW        58893         20       415,1
OVPMOP     LIZZSSPEUH        72044         21      374,37
BASLBZ     TOJQBQQKVN        87637         24       143,5
YFZWDP     FMRDZHLJVN        95681         25      285,24
MNEIRI     PUSKIGEOWR        15364         26      388,65
. . .
5929 Zeilen ausgewählt.
```

HINWEIS: Das vorliegende Setup ist nicht auf Windows-Betriebssysteme beschränkt. Eine identische Konfiguration lässt sich auch unter Linux/Unix mithilfe von plattformspezifischen ODBC-Treibern herstellen. Auch ein Mischbetrieb zwischen Windows und Linux/Unix ist möglich.

Wie Sie feststellen mussten, ist eine Ausführung von DDL-Befehlen über den Datenbanklink nicht möglich. Dabei handelt es sich um eine Beschränkung durch die ODBC-Schnittstelle. Das Heterogeneous Gateway hält ein Feature bereit, um SQL-Befehle durchzuleiten. Dies erfolgt mit dem Paket DBMS_HS_PASSTHROUGH. Durch Auswertung des Return-Codes kann man feststellen, ob die Ausführung erfolgreich war. In Listing 31.7 finden Sie ein Beispiel für das Anlegen einer Tabelle.

Listing 31.7 Durchreichen von SQL-Anweisungen

```
HR@ORA122> DECLARE
  2    ret NUMBER;
  3  BEGIN
  4    ret := DBMS_HS_PASSTHROUGH.EXECUTE_IMMEDIATE@postgres.world('create table
regions(region_id integer,region_name VARCHAR(50))');
  5  END;
  6  /
PL/SQL-Prozedur erfolgreich abgeschlossen.
```

31.2 Replikation mit Oracle XStream

Moderne Architekturen orientieren sich für die Replikation zwischen Datenbanken an der Aufnahme von Informationen aus dem Transaktionslog. Der Vorteil besteht unter anderem darin, dass keine zusätzliche Belastung der Datenbank stattfindet.

Oracle XStream ist Teil des Produkts Oracle Golden Gate und steht seit der Version 11.2 zur Verfügung. Golden Gate ist das strategische Produkt für Replikationen. XStream ist eine API für Clients, um Änderungen von Oracle-Datenbanken zu empfangen und an Oracle-Datenbanken zu senden.

HINWEIS: Der Einsatz von Oracle XStream erfordert den Erwerb einer Golden-Gate-Lizenz. Die Kosten lassen sich jedoch minimieren, wenn Sie mit einer zentralen Gateway-Datenbank, wie in Bild 31.4 dargestellt, arbeiten. Damit erfolgt der Datenaustausch über diese eine Datenbank und nur für diese ist eine Lizenzierung erforderlich.

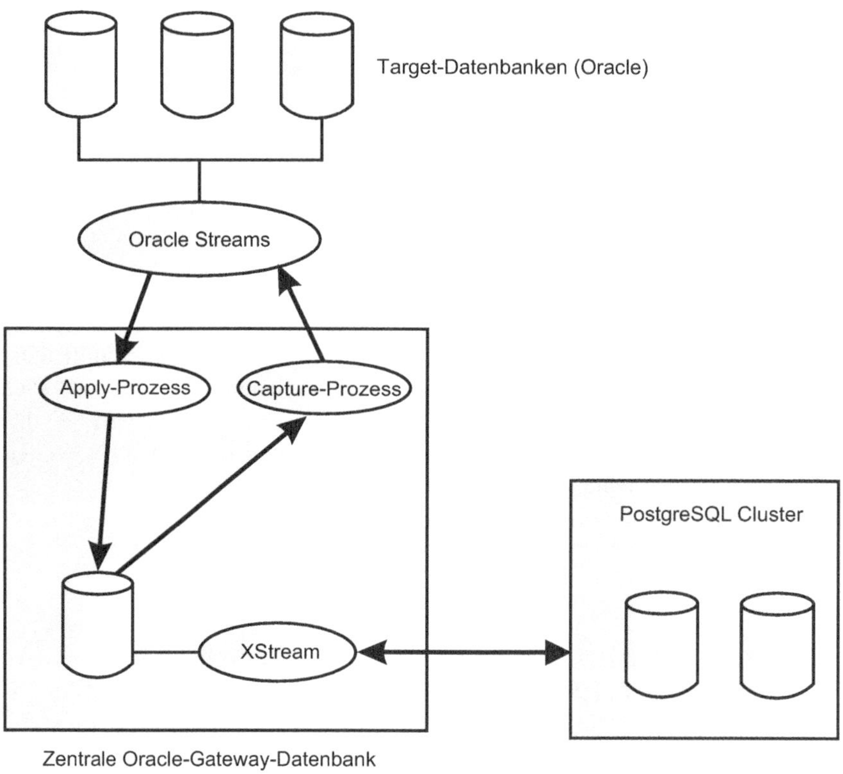

Bild 31.4 XStream-Architektur mit zentraler Gateway-Datenbank

Die Technologie von XStream basiert auf Logical Change Records (LCR), wie sie von Oracle Streams bekannt sind. Ein Filtern ist auf Datenbank-, Schema-, Tabellen- und sogar auf

Spalten- und Zeilenebene möglich. Ebenso können alle von Oracle Streams unterstützten Datentypen, einschließlich CLOB, BLOB, LONG, LONG RAW und XMLType, auch von XStream verarbeitet werden.

XStream besteht aus den beiden Komponenten XStream Out und XStream In. XStream Out liest Änderungen aus den Redo-Log-Dateien der Datenbank und stellt sie in eine Warteschlange. Der XStream Outbound Server liest diese aus und stellt sie der Client-Applikation zur Verfügung. XStream In ermöglicht es Client-Applikationen, Informationen aus einem anderen System an die Oracle-Datenbank zu senden. Der Inbound Server ist ein zusätzlicher Hintergrundprozess der Oracle-Datenbank, der Logical Change Records empfängt und in die Oracle-Datenbank einarbeitet.

Die XStream-API besteht aus einem OCI- und einem Java-Interface, die optional genutzt werden können. Über das Interface werden XStream Out und XStream In direkt angesprochen.

Im folgenden Abschnitt finden Sie ein komplettes Beispiel für eine Konfiguration mit Replikation von Änderungen in einer Oracle-Datenbank zu einem PostgreSQL-Server. Diese Konfiguration kann für eine Gateway-Datenbank, so wie in Bild 31.4 dargestellt, benutzt werden.

Zunächst ist es erforderlich, die Oracle-Datenbank für die Verwendung von XStream vorzubereiten. Führen Sie dazu die folgenden Schritte aus:

1. Legen Sie einen Tablespace für die Objekte des XStream-Administrators an.

```
SYS@ORA122> CREATE TABLESPACE xstream
2 DATAFILE '/opt/oracle/oradata/HANSER/stream01.dbf'
3 SIZE 25M AUTOEXTEND ON MAXSIZE UNLIMITED;
Tablespace created.
```

2. Erstellen Sie einen Datenbankbenutzer, der die Rolle des XStream-Administrators übernehmen wird, und geben Sie ihm die notwendigen Privilegien.

```
SYS@ORA122> CREATE USER xstrmadmin IDENTIFIED BY xstrmadmin
2 DEFAULT TABLESPACE xstream
3 QUOTA UNLIMITED ON xstream;
User created.
SYS@ORA122> GRANT DBA TO xstrmadmin;
Grant succeeded.
SYS@ORA122> BEGIN
2 DBMS_XSTREAM_AUTH.GRANT_ADMIN_PRIVILEGE(
3 grantee => 'xstrmadmin',
4 do_grants => TRUE);
5 END;
6 /
PL/SQL procedure successfully completed.
```

3. Im nächsten Schritt wird ein Skript generiert. Dafür muss ein Verzeichnis angelegt werden.

```
SYS@ORA122> CREATE DIRECTORY xstrm_dir AS '/home/oracle';
Directory created.
SYS@ORA122> BEGIN
2   DBMS_XSTREAM_AUTH.GRANT_ADMIN_PRIVILEGE(
3     grantee => 'xstrmadmin',
```

```
4     do_grants => FALSE,
5     file_name => 'grant_xstrm_privs.sql',
6     directory_name => 'xstrm_dir');
7 END;
8 /
PL/SQL procedure successfully completed.
```

4. Führen Sie das soeben generierte Skript aus, um dem XStream-Administrator weitere Privilegien zuzuweisen:

```
$ cd /home/oracle
$ sqlplus / as sysdba
SYS@ORA122> @grant_xstrm_privs.sql
. . .
```

Im folgenden Beispiel soll die Tabelle *hr.employees* repliziert werden. Analog können mehrere Tabellen oder mehrere Schemas konfiguriert werden. Mithilfe der entsprechenden Prozeduren des Pakets DBMS_XSTREAM_ADM können weitere Tabellen und Schemas hinzugenommen oder entfernt werden. Führen Sie die folgende Prozedur als Benutzer *xstrmadmin* aus:

```
SYS@ORA122> DECLARE
2 tables DBMS_UTILITY.UNCL_ARRAY;
3 schemas DBMS_UTILITY.UNCL_ARRAY;
4 BEGIN
5   tables(1) := 'hr.employees';
6   schemas(1) := '';
7   DBMS_XSTREAM_ADM.CREATE_OUTBOUND(
8     server_name => 'xout',
9     table_names => tables,
10    schema_names => schemas);
11 END;
12 /
PL/SQL procedure successfully completed.
```

Überprüfen Sie, ob der Apply-Prozess gestartet wurde:

```
SYS@ORA122> SELECT apply_name,status FROM dba_apply;
APPLY_NAME STATUS
------------------------------ --------
XOUT ENABLED
```

Damit ist die XStream-Konfiguration abgeschlossen und wir können mithilfe der API auf den Outbound-Prozess zugreifen. Alternativ kann die Schnittstelle über Oracle OCI (also in der Sprache C) oder mit Java bedient werden. Im ersten Schritt betrachten wir ein Java-Programm, das sich als XStream-Client mit dem Stream „XOUT" verbindet und die Logical Change Records ausliest. In Listing 31.8 finden Sie den Aufbau der Hauptprozedur.

Listing 31.8 Aufbau der Hauptprozedur

```
public static void main(String args[]) {
  out_url = "jdbc:oracle:oci:@"+"localhost"+":"+"1521"+":"+"OHANSER";   (1)
  System.out.println(out_url);
  out_conn = createConnection(out_url, "xstrmadmin", "xstrmadmin");     (2)
  xsOut = attachOutbound(out_conn);                                     (3)
```

```
  get_lcrs(xsOut);                                                    (4)
  detachOutbound(xsOut);
}
```

In Zeile (1) ist die URL für die JDBC-Verbindung zur Datenbank festgelegt. Die Verbindung selbst wird in Zeile (2) hergestellt. Das Java-Programm verbindet sich in Zeile (3) als XStream-Client zum Outbound-Prozess XOUT. Die Hauptschleife für das Auslesen der Logical Change Records besorgt die Prozedur *get_lcrs*, die wir uns noch etwas genauer anschauen (4). Zum Schluss meldet sich der Client vom Stream ab.

Listing 31.9 Schleife zum Auslesen eines LCR

```
public static void get_lcrs(XStreamOut xsOut) {
  byte[] ping_pos = null;
  byte[] fetchlwm = null;
  String src_db = null;
  if (null == xsOut) {
    System.out.println("xstreamOut ist nicht aktiv.");
    System.exit(0);
  }
  try {
    while(true) {
      LCR alcr = xsOut.receiveLCR(XStreamOut.DEFAULT_MODE);          (1)
      System.out.println(alcr);                                      (2)
      fetchlwm = xsOut.getFetchLowWatermark();                       (3)
      if (null != alcr)
        src_db = alcr.getSourceDatabaseName();
      if (xsOut.getBatchStatus() == XStreamOut.EXECUTING) {          (4)
        assert alcr != null;
        if (alcr instanceof RowLCR) {
          if (((RowLCR)alcr).hasChunkData()) {                       (5)
            ChunkColumnValue chunk = null;
            do {
              chunk = xsOut.receiveChunk(XStreamOut.DEFAULT_MODE);
            } while (!chunk.isEndOfRow());
          }
        }
        processedLowPosition = alcr.getPosition();                   (6)
        ping_pos = processedLowPosition;
      } else  {
        assert alcr == null;
        if (null != processedLowPosition)
          xsOut.setProcessedLowWatermark(processedLowPosition,
          XStreamOut.DEFAULT_MODE);
        }
      }
    }
  } catch(Exception e) {
    System.out.println("exception when processing LCRs");
    System.out.println(e.getMessage());
    e.printStackTrace();
  }
}
```

In Listing 31.9 finden Sie die Schleife zum Auslesen des LCR. In Zeile (1) wird der LCR vom Outbound-Server empfangen und in Zeile (2) auf dem Bildschirm ausgegeben. Zeile (3) merkt sich den Low Watermark. Falls eine Batchverarbeitung aktiv ist (4), werden in Zeile (5) die Daten gelesen. Anschließend wird die neue Position ermittelt (6).

Beim Auslesen durch den Client wird der LCR aus der Queue entfernt. In Listing 31.10 finden Sie die Ausgabe des Programms nach Absetzen einer INSERT- und einer COMMIT-Anweisung.

Listing 31.10 LCR-Inhalt für eine INSERT- und eine COMMIT-Anweisung

```
DefaultRowLCR:
Header:
source database name: OHANSER.WORLD
command type: INSERT
object owner: HR
object name: EMPLOYEES
tag: []
position: [0 0 0f ffffffc4 8 0 0 0 1 0 0 0 1 0 0 0f ffffffc3 ffffffff 0 0 0 1 0 0 0 1 1]
transaction id: 5.6.662
source time: 2012-07-10 00:59:17
scn: null
commit scn: null
lcr flags:
Statement LCR: false
IDKeyColumnsOnly LCR: false
Sequence LCR: false
Attribute[2]
(0): ROW_ID : AAAEXrAAEAAAACEAAD
(1): MESSAGE_TRACKING_LABEL : CAP$_XOUT_4:AUTOTRACK
Old column values (0):
New column values (2):
(0): DefaultColumnValue(csid:0, tde:false, type:0, name:EMPLOYEE_ID, data:3.0)
(1): DefaultColumnValue(csid:0, tde:false, type:0, name:NAME, data:test4)

DefaultRowLCR:
Header:
source database name: OHANSER.WORLD
command type: COMMIT
object owner:
object name:
tag: []
position: [0 0 0f ffffffc4 8 0 0 0 1 0 0 0 1 0 0 0f ffffffc4 8 0 0 0 1 0 0 0 1 1]
transaction id: 5.6.662
source time: 2012-07-10 00:59:21
scn: null
commit scn: null
lcr flags:
Statement LCR: false
IDKeyColumnsOnly LCR: false
Sequence LCR: false
Attribute[0]
Old column values (0):
New column values (0):
```

Das komplette Programm zum Auslesen des XStream Outbound Servers XOUT finden Sie in Listing 31.11. Für die Übersetzung und Ausführung müssen folgende Bibliotheken in den Classpath eingebunden werden:

```
$ORACLE_HOME/jdbc/lib/ojdbc6j.jar
$ORACLE_HOME/rdbms/jlib/xstreams.jar
```

Listing 31.11 Java-Programm zum Auslesen eines XStream-Outbound-Servers

```
import oracle.streams.*;
import oracle.jdbc.internal.OracleConnection;
import oracle.jdbc.*;
import oracle.sql.*;
import java.sql.*;
import java.util.*;
public class xstream_pg {
  public static String out_url = null;
  public static Connection out_conn = null;
  public static XStreamOut xsOut = null;
  public static String xsoutName = "xout";
  public static byte[] lastPosition = null;
  public static byte[] processedLowPosition = null;
  public static Connection createConnection(String url, String username,
String passwd) {
    try {
      DriverManager.registerDriver(new oracle.jdbc.OracleDriver());
      return DriverManager.getConnection(url, username, passwd);
    } catch(Exception e) {
      System.out.println("Datenbankverbindung konnte nicht hergestellt
werden: " +url);
      e.printStackTrace();
      return null;
    }
  }
  public static void printHex(byte[] b) {
    for (int i = 0; i < b.length; ++i) {
      System.out.print(Integer.toHexString((b[i]&0xFF) |
0x100).substring(1,3));
    }
    System.out.println("");
  }

  public static XStreamOut attachOutbound(Connection out_conn) {
    XStreamOut xsOut = null;
    try {
      xsOut = XStreamOut.attach((OracleConnection)out_conn, xsoutName,
lastPosition, XStreamOut.DEFAULT_MODE);
      System.out.println("Mit Outbound Server verbunden: "+xsoutName);
      System.out.print("Letzte Position ist: ");
      if (lastPosition != null) {
        printHex(lastPosition);
      }
      else {
        System.out.println("NULL");
      }
      return xsOut;
    } catch(Exception e) {
      System.out.println("Verbindung zu Outbound Server nicht möglich: "+xsoutName);
      System.out.println(e.getMessage());
      e.printStackTrace();
      return null;
    }
  }
  private static boolean samePos(byte[] pos1, byte[] pos2) {
    int cmp_len;
```

```
    boolean result;
    if (pos1.length != pos2.length) {
      return false;
    }
    for (int i = 0; i<pos1.length; i++) {
      if (pos1[i] != pos2[i])
        return false;
    }
    return true;
  }
  public static void get_lcrs(XStreamOut xsOut) {
    byte[] ping_pos = null;
    byte[] fetchlwm = null;
    String src_db = null;
    if (null == xsOut) {
      System.out.println("xstreamOut is null");
      System.exit(0);
    }
    try {
      while(true) {
        LCR alcr = xsOut.receiveLCR(XStreamOut.DEFAULT_MODE);
        System.out.println(alcr);
        fetchlwm = xsOut.getFetchLowWatermark();
        if (null != alcr)
          src_db = alcr.getSourceDatabaseName();
        if (xsOut.getBatchStatus() == XStreamOut.EXECUTING) {
          assert alcr != null;
          if (alcr instanceof RowLCR) {
            if (((RowLCR)alcr).hasChunkData()) {
              ChunkColumnValue chunk = null;
              do {
                chunk = xsOut.receiveChunk(XStreamOut.DEFAULT_MODE);
                System.out.println(chunk.toString());
              } while (!chunk.isEndOfRow());
            }
          }
          processedLowPosition = alcr.getPosition();
          ping_pos = processedLowPosition;
        } else  {
          assert alcr == null;
          if (null != processedLowPosition)
            xsOut.setProcessedLowWatermark(processedLowPosition, XStreamOut.DEFAULT_
MODE);
        }
      }
    } catch(Exception e) {
      System.out.println("Ausnahmebedingung bei LCR-Verarbeitung");
      System.out.println(e.getMessage());
      e.printStackTrace();
    }
  }
  public static void detachOutbound(XStreamOut xsOut) {
    try {
      xsOut.detach(XStreamOut.DEFAULT_MODE);
    } catch(Exception e) {
      System.out.println("Abmeldung vom Outbound Server ist nicht möglich: "+xsoutName);
      System.out.println(e.getMessage());
      e.printStackTrace();
```

```
    }
  }
  public static void main(String args[]) {
    out_url = "jdbc:oracle:oci:@"+"localhost"+":"+"1521"+":"+"OEM";
    System.out.println(out_url);
    out_conn = createConnection(out_url, "sys as sysdba", "manager");
    xsOut = attachOutbound(out_conn);
    get_lcrs(xsOut);
    detachOutbound(xsOut);
  }
}
```

HINWEIS: Eine detaillierte Beschreibung des XStream-Outbond-Servers finden Sie in der Dokumentation der Oracle-Datenbank. Die Beispielprogramme sollten aufzeigen, wie man mit relativ geringem Programmieraufwand eine Schnittstelle zum Auslesen von Transaktionen aus der Oracle-Datenbank erstellen kann

Über die Definition des XStream-Outbound-Servers können Sie festlegen, welche Objekte aus dem Transaktionslog der Datenbank in die Outbound Queue übertragen werden. Die Outbound Queue besteht aus Logical Change Records (LCR). Mit dem Java-Programm sind wir in der Lage, den LCR auszulesen. Durch eine Modifikation des Programms in Listing 31.12 kann aus dem LCR die zugehörige SQL-Anweisung ausgelesen werden. Dazu wird die Funktion *getStatement* aus der Java-API verwendet. Das Auslesen sollte nach der if- Anweisung erfolgen, in der abgeprüft wird, ob der LCR vom Typ *RowLCR* ist, also ob es sich um eine DML-Anweisung handelt.

Listing 31.12 Auslesen der SQL-Anweisung aus dem LCR

```
. . .
if (alcr instanceof RowLCR) {
System.out.println(" "+((DefaultRowLCR) alcr).getStatement(false));
. . .
```

Führen Sie nun wie im Beispiel von Listing 31.13 Änderungen in der Oracle-Datenbank durch.

Listing 31.13 Die Tabelle *employees* ändern

```
SYS@ORA122> INSERT INTO hr.employees
2 VALUES(555,'Meier','IT Strasse 1');
1 Zeile wurde erstellt.
SYS@ORA122> COMMIT;
Transaktion mit COMMIT abgeschlossen.
SYS@ORA122> UPDATE hr.employees
2 SET name = 'Maier' WHERE employee_id=555;
1 Zeile wurde aktualisiert.
SYS@ORA122> COMMIT;
Transaktion mit COMMIT abgeschlossen.
SYS@ORA122> DELETE FROM hr.employees
2 WHERE employee_id=555;
1 Zeile wurde gelöscht.
SYS@ORA122> COMMIT;
Transaktion mit COMMIT abgeschlossen.
```

Das modifizierte Java-Programm verbindet sich zum XStream-Out-Interface der Oracle-Datenbank, liest den LCR aus und gibt die zugehörige SQL-Anweisung aus, wenn es sich um eine DML-Anweisung handelt.

HINWEIS: Vielleicht haben Sie sich gewundert, dass die SQL-Anweisungen im Fall von UPDATE und DELETE nicht in der Form ausgegeben wurden, wie sie in SQLPlus erfasst wurden. Bedenken Sie dabei, dass XStream, so wie alle Streams-Produkte von Oracle, die Informationen aus dem Redo-Log-Stream ausliest. Sie sehen die SQL-Anweisungen genau in der Form, wie sie in das Redo Log der Oracle-Datenbank geschrieben werden (daher die zusätzlichen Bedingungen in der WHERE-Klausel). Wie die WHERE-Klausel letztendlich aussieht, bestimmt die Einstellung für das *Supplemental Logging*. Details zum Thema *Supplemental Logging* finden Sie in der Oracle-Dokumentation.

Da wir nun in der Lage sind, lesbare SQL-Anweisungen aus der XStream-Schnittstelle zu erzeugen, können wir uns diesen Umstand zunutze machen und die Anweisungen an eine PostgreSQL-Datenbank weiterleiten. Aus Java-Sicht ist das am einfachsten über eine JDBC-Schnittstelle möglich. Und schon verfügen wir über ein einfaches Replikationsprogramm von Oracle nach PostgreSQL. Die Übertragung verläuft asynchron und die Auswahl der übertragenen Objekte erfolgt bereits im XStream-Interface der Oracle-Datenbank, so dass nur Änderungen für die ausgewählten Objekte im LCR erscheinen.

Listing 31.14 JDBC-Schnittstelle zum Ausführen der Transaktionen

```
public static void pgTransaction(String sqlstmt, Connection pgconn) {
  Statement stmt;
  int rcount;
  System.out.println(sqlstmt);
  try {
    stmt = pgconn.createStatement();
    rcount = stmt.executeUpdate(sqlstmt);
    System.out.println(rcount + "Sätze wurden gäendert.");
  } catch (SQLException sqlex) {
    System.out.println(sqlex.toString());
  }
}
. . .
if (alcr instanceof RowLCR) {
  sqlstmt = ((DefaultRowLCR) alcr).getStatement(false);
  pgTransaction(sqlstmt, pgconn);
. . .
```

Das Programm ist in dieser Ausbaustufe noch nicht für den produktiven Einsatz geeignet, da natürlich noch einiges mehr zu berücksichtigen ist, wie zum Beispiel Bindevariablen, DDL-Anweisungen oder Konfliktbehandlung. Es zeigt jedoch sehr gut auf, wie man die XStream-Schnittstelle verwendet und mit wenig Aufwand eine Replikation von Oracle nach PostgreSQL erstellen kann. In Listing 31.15 finden Sie das gesamte Programm mit Anwendung der Transaktionen in eine PostgreSQL-Datenbank.

Listing 31.15 Beispielprogramm zur Replikation von PostgreSQL nach Oracle mit XStream

```
import oracle.streams.*;
import oracle.jdbc.internal.OracleConnection;
import oracle.jdbc.*;
import oracle.sql.*;
import java.sql.*;
import java.util.*;
public class xstream_pg2 {
  public static String out_url = null;
  public static Connection out_conn = null;
  public static Connection pgconn = null;
  public static XStreamOut xsOut = null;
  public static String xsoutName = "xout";
  public static byte[] lastPosition = null;
  public static byte[] processedLowPosition = null;
  public static Connection createConnection(String url, String username, String
passwd) {
    try {
      DriverManager.registerDriver(new oracle.jdbc.OracleDriver());
      return DriverManager.getConnection(url, username, passwd);
    } catch(Exception e) {
      System.out.println("Datenbankverbindung konnte nicht hergestellt werden: " +url);
      e.printStackTrace();
      return null;
    }
  }
  public static Connection createPGConnection(String url, String username, String
passwd) {
    Connection conn = null;
    try {
      Class.forName("org.postgresql.Driver");
    } catch (ClassNotFoundException ex) {
      System.out.println("Treiber konnte nicht geladen werden.");
      System.out.println(ex.toString());
    }
    try {
      conn = DriverManager.getConnection(url, username, passwd);
    } catch (SQLException cex) {
      System.out.println("Verbindung zur PostgreSQL-Datenbank konnte nicht
hergestellt werden.");
      System.out.println(cex.toString());
    }
    if ( conn != null ) {
      System.out.println("\nVerbindung zur PostgreSQL-Datenbank erfolgreich
hergestellt");
      System.out.println("\n" + url + "\n");
      return conn;
    }
    return null;
  }
  public static void pgTransaction(String sqlstmt, Connection pgconn) {
    Statement stmt;
    int rcount;
    System.out.println(sqlstmt);
    try {
      stmt = pgconn.createStatement();
      rcount = stmt.executeUpdate(sqlstmt);
```

```
        System.out.println(rcount + "Sätze wurden geändert.");
      } catch (SQLException sqlex) {
        System.out.println(sqlex.toString());
      }
    }
    public static void printHex(byte[] b) {
      for (int i = 0; i < b.length; ++i) {
        System.out.print(Integer.toHexString((b[i]&0xFF) | 0x100).substring(1,3));
      }
      System.out.println("");
    }
    public static XStreamOut attachOutbound(Connection out_conn) {
      XStreamOut xsOut = null;
      try {
        xsOut = XStreamOut.attach((OracleConnection)out_conn, xsoutName, lastPosition,
  XStreamOut.DEFAULT_MODE);
        System.out.println("Mit Outbound Server verbunden: "+xsoutName);
        System.out.print("Letzte Position ist: ");
        if (lastPosition != null) {
          printHex(lastPosition);
        }
        else {
          System.out.println("NULL");
        }
        return xsOut;
      } catch(Exception e) {
        System.out.println("Verbindung zu Outbound Server nicht möglich: "+xsoutName);
        System.out.println(e.getMessage());
        e.printStackTrace();
        return null;
      }
    }
    private static boolean samePos(byte[] pos1, byte[] pos2) {
      int cmp_len;
      boolean result;
      if (pos1.length != pos2.length) {
        return false;
      }
      for (int i = 0; i<pos1.length; i++) {
        if (pos1[i] != pos2[i])
          return false;
      }
      return true;
    }
    public static void get_lcrs(XStreamOut xsOut, Connection pgconn) {
      byte[] ping_pos = null;
      byte[] fetchlwm = null;
      boolean v_bind = false;
      String src_db = null;
      String sqlstmt = null;
      if (null == xsOut) {
        System.out.println("xstreamOut is null");
        System.exit(0);
      }
      try {
        while(true) {
        LCR alcr = xsOut.receiveLCR(XStreamOut.DEFAULT_MODE);
        fetchlwm = xsOut.getFetchLowWatermark();
```

```
      if (null != alcr)
        src_db = alcr.getSourceDatabaseName();
      if (xsOut.getBatchStatus() == XStreamOut.EXECUTING) {
        assert alcr != null;
        if (alcr instanceof RowLCR) {
          sqlstmt = ((DefaultRowLCR) alcr).getStatement(false);
          pgTransaction(sqlstmt, pgconn);
          if (((RowLCR)alcr).hasChunkData()) {
            ChunkColumnValue chunk = null;
            do {
              chunk = xsOut.receiveChunk(XStreamOut.DEFAULT_MODE);
              System.out.println(chunk.toString());
            } while (!chunk.isEndOfRow());
          }
        }
        processedLowPosition = alcr.getPosition();
        ping_pos = processedLowPosition; }
      else  {
        assert alcr == null;
          if (null != processedLowPosition)
            xsOut.setProcessedLowWatermark(processedLowPosition,XStreamOut.DEFAULT_
MODE);
        }
      }
    }
    catch(Exception e) {
      System.out.println("Ausnahmebedingung bei LCR-Verarbeitung");
      System.out.println(e.getMessage());
      e.printStackTrace();
    }
  }
  public static void detachOutbound(XStreamOut xsOut) {
  try {
    xsOut.detach(XStreamOut.DEFAULT_MODE);
  } catch(Exception e) {
    System.out.println("Abmeldung vom Outbound Server ist nicht möglich: "+xsoutName);
    System.out.println(e.getMessage());
    e.printStackTrace();
    }
  }
  public static void main(String args[]) {
    out_url = „jdbc:oracle:oci:@"+"localhost"+":"+"1521"+":"+"OEM";
    System.out.println(out_url);
    out_conn = createConnection(out_url, "sys as sysdba", "manager");
    pgconn = createPGConnection("jdbc:postgresql://localhost:5432/postgres","postgres
","post1234");
    if ( pgconn != null ) {
      xsOut = attachOutbound(out_conn);
      get_lcrs(xsOut, pgconn);
      detachOutbound(xsOut);
    }
  }
}
```

32 PostgreSQL in der Cloud

Die Angebote für Cloud-Datenbanklösungen haben sich in den vergangenen Jahren vervielfacht und sind wesentlich professioneller geworden. Für PostgreSQL als Open-Source-Produkt sind besonders viele Provider zu verzeichnen.

Als Benutzer von Datenbanken gibt man natürlich in einigen Bereichen die Kontrolle ab und vertraut dem Provider. Im Bereich Sicherheit ist das Thema Isolation eine grundlegende Forderung. Häufig werden große Cloud-Farmen mit hohen Kapazitäten gebildet, deren Ressourcen von verschiedenen Applikationen oder sogar unterschiedlichen Firmen geteilt werden. Die Isolation ist auch ein wichtiger Punkt im Bereich Performance. Geteilte Ressourcen führen zu einem unterschiedlichen Auslastungsgrad, den man mit der eigenen Applikation alleine nicht mehr steuern kann.

Hersteller von Datenbanksystemen haben traditionell den Grad an Konfigurierbarkeit bis heute hochgehalten. So haben sich viele Anwender daran gewöhnt, eine individuelle, auf ihre Anforderungen und Applikationen zugeschnittene Datenbankkonfiguration zur Verfügung gestellt zu bekommen. In der Datenbank-Cloud werden in der Regel abgestufte Standardkonfigurationen angeboten.

Es ist auch zulässig, zu hinterfragen, ob alle Datenbanken für die Cloud geeignet sind. Systeme, die einen besonderen Anspruch an Performance oder individueller Konfiguration haben, müssen nicht zwangsläufig von der Planung für eine Übergabe in die Cloud ausgeschlossen werden, benötigen aber einen anderen Service-Level.

Der am häufigsten angebotene Service-Level für PostgreSQL ist Platform as a Service (PaaS). Der Benutzer erhält ein komplettes PostgreSQL-Cluster zu seiner Verfügung. Aber auch die Service-Level Database as a Service (DaaS) oder Infrastructure as a Service (IaaS) können durchaus sinnvoll sein. In der Cloud kommen häufig virtuelle Server zum Einsatz. Für diese ist es einfacher, Ressourcen wie CPU oder Memory zu verändern.

Während der Planung stellt sich weiterhin die Frage, ob die Datenbanken eher für die Public Cloud oder die Private Cloud geeignet sind. In der Private Cloud gibt der Anwender weniger Kontrolle ab und kann höhere Sicherheitsrichtlinien umsetzen. Teilweise gibt es auch gesetzliche Forderungen nach dem physikalischen Standort der Daten, der von Public-Cloud-Lösungen nur selten garantiert werden kann. Auch beim Thema Konfigurierbarkeit hat die Private Cloud häufig mehr anzubieten.

In der Regel bietet eine Mischung aus Private und Public Cloud sowie dem traditionellen Betrieb besonderer und unternehmenskritischer Datenbanken die besten Voraussetzungen für einen erfolgreichen Einstieg in das Thema. So kann zum Beispiel eine Entwicklungsdatenbank häufig problemlos in der Public Cloud angelegt, Produktionsdatenbanken eher in der Private Cloud gehostet werden.

32.1 Private Cloud

Die private Cloud ist häufig der erste Schritt, mit dem Unternehmen das Thema angehen. Der Provider ist eine interne Organisation und man hat noch vieles unter Kontrolle. Dennoch sollte auch das Konzept für die Private Cloud allgemein erarbeitet werden und nicht mit dem Hintergedanken, bestimmte Systeme zu hosten, erstellt werden.

Die Vorzüge des Cloud-Gedankens können in der Private Cloud genauso zum Tragen kommen. Der Anwender von Datenbanken oder der Entwickler von Datenbanklösungen möchte in der Regel keine Server verwalten, sich mit Betriebssystemproblemen herumärgern oder einen Datenbankadministrator beschäftigen, der sich um alles kümmert. Auch beim Thema Provisioning sind Cloud-Lösungen einfach schneller und besser, da es sich um standardisierte, vorgefertigte Systeme handelt.

Bei einem Vergleich mit der Public Cloud bietet die Private Cloud folgende Vorteile:

- Das Unternehmen kann die Service-Level und Standards selbst bestimmen.
- Die Daten befinden sich im hauseigenen Data Center und der Speicherort kann bestimmt und kontrolliert werden.
- Die Sicherheitsvorgaben können nach den Vorgaben und Policen des Unternehmens umgesetzt werden.

Die Nachteile der Private Cloud sind, dass im Unternehmen möglicherweise selbst die Hardware beschafft werden muss und Planung, Umsetzung und Betrieb durch eigene Teams realisiert werden müssen. Nicht zu unterschätzen ist auch der Aufwand für die interne Kostenverrechnung.

Für PostgreSQL ist PaaS der am meisten verwendete Service-Level. Dem Anwender wird ein komplettes PostgreSQL-Cluster zur Verfügung gestellt. Innerhalb des Clusters können beliebig Datenbanken angelegt werden. Dieser Service-Level bietet eine Reihe von Vorteilen in den Bereichen Sicherheit und Performance:

- Die Datenbestände können physikalisch sicher von anderen Clustern in eigenen Tablespaces und Dateisystemen getrennt werden.
- Auf die Shared Buffer des Clusters kann nur durch die eine Applikation oder den einen Benutzer zugegriffen werden.
- Eine zusätzliche Isolation einzelner Datenbanken und Schemas und das zugehörige Sicherheitskonzept sind nicht erforderlich.
- Die Ressourcen des Clusters stehen der einen Applikation oder dem einen Benutzer zur Verfügung. Ein Einfluss durch fremde Applikationen (möglicherweise I/O) kann ausgeschlossen werden.

Kommen virtuelle Server zum Einsatz, kann pro Server ein PostgreSQL-Cluster konfiguriert werden. Damit wird die Isolation in den Bereichen Sicherheit und Performance noch gesteigert. Die Einfachheit der Konfiguration und der geringe Aufwand für das Provisioning sind der Hauptgrund, weshalb dieser Service-Level am häufigsten angeboten wird.

Beachten Sie, dass der Cloud Service Provider nicht zwangsläufig der Hoster der Hardware sein muss. Er kann Hard- und Software-Dienstleistung zukaufen.

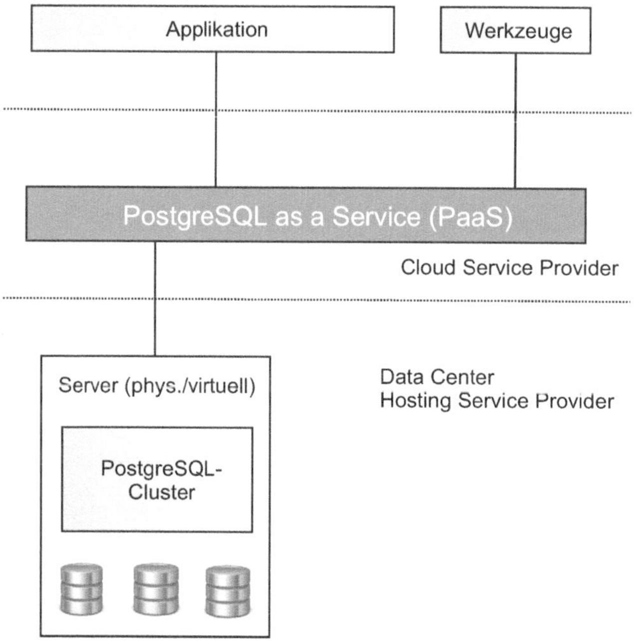

Bild 32.1 Die Cloud-Service-Architektur

Allerdings ist PaaS mit einem vergleichsweise höheren Betriebsaufwand für den Anbieter verbunden. Für jedes Cluster muss ein virtueller Server betrieben werden. Für Cluster und Server fallen laufende Kosten für Wartung, Sicherung oder Upgrades an.

Mit dem Service-Level „Database as a Service" wird dem Cloud-Benutzer eine Datenbank zur Verfügung gestellt. Die Isolation ist schlechter gegenüber Datenbanken anderer Applikationen, die auf demselben Cluster laufen. Sie teilen sich Tablespace, Shared Buffer, CPU und weitere Ressourcen. Zusätzliche Maßnahmen für Sicherheit und Performance sind erforderlich. Die Betriebskosten sind jedoch niedriger gegenüber PaaS und das Provisioning ist sehr schnell. Für Development- und Testdatenbanken ist das Konzept durchaus Überlegungen wert.

Mit dem Service-Level Infrastructure as a Service (IaaS) gibt man dem Benutzer zusätzlich das Betriebssystem in die Hand. Das hat den Vorteil für den Anwender, dass er bis zu einem gewissen Grad Parameter im Betriebssystem anpassen kann. Für den Anbieter des Cloud-Dienstes ist dies eher ein Nachteil und bedeutet erhöhten Betriebsaufwand. Systeme können so verändert werden, dass sie nicht mehr dem SLA genügen oder unbrauchbar werden. IaaS wird deshalb seltener angeboten und mit höheren Kosten versehen.

Automatisches Provisioning ist inzwischen Standard für Cloud-Systeme. Es bietet eine Reihe von Vorteilen sowohl für den Benutzer als auch für den Anbieter. Der Benutzer bekommt den Service schnell und jederzeit zur Verfügung gestellt, er muss also nicht auf die Arbeitszeiten von Administratoren Rücksicht nehmen. Der Provider hat keinen zusätzlichen manuellen Installationsaufwand.

Wird mit virtuellen Maschinen gearbeitet, dann erfolgt das Erstellen eines Service am effektivsten über das Klonen eines Template-Servers, der bereits ein PostgreSQL-Cluster enthält. Aber auch das Klonen oder automatische Erstellen eines neuen PostgreSQL-Clusters ist relativ einfach mit Skripten möglich. Die folgenden Schritte sind Bestandteil des Skripts:

1. Konfiguration, Kompilation und Linken der PostgreSQL-Software. Hier können Anpassungen vorgenommen werden, die möglicherweise Bestandteil des Service-Levels sind. Das sind zum Beispiel Parameter wie *-with-openssl* oder *-with-perl*. Alternativ kann eine Paketinstallation erfolgen.
2. Distribution der Software in ein separates Verzeichnis. Es muss ein neues Verzeichnis bereitgestellt werden mit einer fortlaufenden oder Auftragsnummer.
3. Bereitstellen des Dateisystems oder Verzeichnisses für die Tablespaces $PGDATA.
4. Kopieren und Anpassen der Konfigurationsdateien *postgresql.conf* und *pg_hba.conf*. Hier müssen die Basiswerte entsprechend dem Serviceangebot gesetzt werden. Es muss ein freier TCP/IP-Port gefunden werden.
5. Initialisierung des Clusters mit *initdb*
6. Starten des Datenbankservers
7. Optional: Anlegen zusätzlicher Datenbanken
8. Rückgabe der Verbindungsparameter an den Anforderer

Jetzt benötigen Sie nur noch ein Web-Interface und das automatische Provisioning kann starten. Wichtig ist immer noch die Möglichkeit der einfachen Migration einer vorhandenen Datenbank in die Cloud. Unsicherheiten in diesem Zusammenhang halten unerfahrene Nutzer häufig davon ab, den Cloud Service in Anspruch zu nehmen.

Cloud-Anbieter haben inzwischen auch den Trend erkannt, dass es viele Kunden vorziehen, aus rechtlichen oder Sicherheitsgründen, insbesondere die produktiven Daten, in der privaten Cloud zu hosten. Sie bieten die Software für den Cloud-Betrieb an, ohne selbst die Cloud zu betreiben. Das Hosting kann im eigenen Data Center oder bei einem Service-Provider vorgenommen werden.

32.2 Public Cloud

Viele Anbieter von Cloud-Dienstleistungen haben PostgreSQL im Programm. Auf der PostgreSQL-Webseite *https://www.postgresql.org/support/professional_hosting* finden Sie eine Liste der registrierten Anbieter. An der Kurzbeschreibung können Sie sich orientieren, welche Provider den Erwartungen und Anforderungen entspricht.

PostgreSQL-Datenbanken sind natürlich nur ein Teil der betrieblichen Infrastruktur. Man geht mit Applikationen und anderen Datenbanksystemen in die Cloud. Das Ziel ist, mit möglichst wenigen Cloud-Anbietern zu arbeiten und die Systeme weitestgehend bei einem großen Anbieter unterzubringen. Zu den bekanntesten Anbietern gehören:

- Amazon Web Services (AWS)
- Microsoft Azure
- Google Cloud
- EnterpriseDB
- ElephantSQL

Amazon Web Services bietet ein „mit sinnvollen Parametern und Einstellungen" vorkonfiguriertes PostgreSQL-Cluster an. Parameter können nach Inbetriebnahme verändert werden. Es wird eine Management-Konsole zur Verfügung gestellt, mit deren Hilfe Performance-Metriken wie Speicherauslastung oder I/O-Aktivitäten überwacht werden können.

Die neuesten Patches werden automatisch angewandt. Über Steuerbarkeit und Downtime gibt es keine Aussage. Pro Cluster können bis zu 6 TByte Speicher bereitgestellt werden. Speicher und garantierte I/O-Operationen können ohne Downtime von 1 000 bis 30 000 IOPS skaliert werden.

Sicherungen werden automatisch durchgeführt. Der Cluster läuft im Archivmodus. Damit wird ein Point-in-time-Recovery zu einem beliebigen Zeitpunkt garantiert. Die Backup-Retention ist konfigurierbar.

Datenbanken können vollständig verschlüsselt und über ein virtuelles Netzwerk isoliert werden.

Die folgenden Zusatzmodule werden angeboten:

- PostGIS
- Datentypen HStore und JSON
- Wörterbücher für die Volltextsuche
- Die Extension *pg_stat_statements*
- Foreign Data Wrappers
- Spracherweiterungen im Backend: Perl, PL/pgSQL, Tcl und JavaScript

Für die Migration der Datenbanken in die Cloud wird das folgende Verfahren empfohlen:

- Erstellen des PostgreSQL-Servers in der Cloud über das Portal
- Einen Datenbankexport mit *pg_dump* vornehmen
- Die Datenbank(en) in der Cloud erstellen
- Den Export in die Datenbank laden

„Azure Database for PostgreSQL" ist ein Cloud-Dienst für PostgreSQL in der Microsoft Azure Cloud. Es werden die Versionen 10 bis 14 zur Verfügung gestellt. Es wird die Philosophie verfolgt, den Dienst so bereitzustellen, dass möglichst wenig Administrationsaufwand erforderlich ist. Die Konfigurierbarkeit wird damit eher begrenzt.

Das Produkt ist gut geeignet für Kunden, die die Kernfunktionalität von PostgreSQL benötigen, mit möglichst wenigen individuellen Anpassungen. Die Bedienung durch das Portal ist einfach gehalten und kann auch von Administratoren mit wenig technischem Know-how vorgenommen werden.

Die Azure Cloud ist international aufgestellt und in allen Regionen der Welt verfügbar. Sie bietet Vorteile für international agierende Unternehmen, die sich in der Microsoft-Welt bewegen und andere Microsoft-Produkte in der Cloud verwenden.

Der Service „Google Cloud SQL für PostgreSQL" stellt vollständig verwaltete Datenbanken in der Cloud zur Verfügung. Die Angebote reichen bis zu 624 GB RAM und 96 CPUs. Für den Datenspeicher können maximal 64 TB angefordert werden. Standorte sind weltweit verfügbar. Die Datenbankversionen reichen von 9.6 bis 14.0.

Folgende Erweiterungen werden unterstützt:

- PostGIS
- Verschiedene Datentypenerweiterungen
- Als Spracherweiterung wird PL/pgSQL angeboten.

Darüber hinaus werden die folgenden Features als Standard angeboten:

- Kundendaten werden in internen Netzwerken sowie den Sicherungen automatisch verschlüsselt.
- Sichere Verbindung von außen mit Cloud SQL Auth-Proxy oder mit SSL/TLS-Protokoll
- Datenreplikation zwischen mehreren Zeitzonen mit automatischem Failover
- Import und Export von Datenbanken (SQL Dump)
- Klonen von Instanzen
- Logische Replikation

Folgende Features werden in der Google Cloud nicht unterstützt:

- Aktionen, die die Berechtigung SUPERUSER erfordern
- CREATE EXTENSION nur für unterstützte Erweiterungen
- Benutzerdefinierte Hintergrund-Worker-Prozesse
- Just-in-time-Kompilierung

Auffällig ist, das Google eher auf einen festen Standard setzt und wenig Parametrisierung und Anpassungen zulässt. Für Kunden, die viele Anpassungen und Erweiterungen vornehmen möchten, ist der Dienst weniger geeignet.

Die Vorteile der Google Cloud liegen in der globalen Aufstellung und der hohen Ressourcenverfügbarkeit. Die Replikation zwischen Zeitzonen ist einfach zu implementieren. Die Cloud ist deshalb für Kunden, die wenig Abweichungen vom PostgreSQL-Kern benötigen, aber dafür international mit größeren Datenbanken aufgestellt sind, sehr zu empfehlen.

Die Firma EnterpriseDB gehört zu den ältesten Anbietern von professionellem Support für PostgreSQL. Der Schritt in Richtung Cloud-Provider wurde erwartet und war nur eine Frage der Zeit. Allerdings verbirgt sich dahinter das Produkt „Managed Cloud Postgres On Azure" (Big Animal). Es handelt sich also nicht um einen eigenen Cloud-Dienst. Der Vorteil ist, dass vorhandene Lizenzen und Support-Verträge mit EDB einfach übertragen werden können. Wenn Sie bisher den Support von EDB nutzen, ist der Dienst durchaus zu empfehlen.

EnterpriseDB ist ein PostgreSQL-Spezialist mit umfangreichem technischen Know-how und Support-Angebot. Wenn Sie also nach technischer Unterstützung und Varianz suchen, ist der Anbieter sehr gut geeignet. Sowohl Support als auch Hosting kommen aus einer Hand. Das Angebot richtet sich dediziert auf PostgreSQL. Wenn Sie mit weiteren Datenbanksystemen und anderer Infrastruktur in die Cloud migrieren wollen, sind die globalen Anbieter eher zu empfehlen.

Das Produkt von ElephantSQL nennt sich „PostgreSQL as a Service". Es werden Pakete in mehreren Stufen angeboten, die witzigerweise mit Tiernamen betitelt sind. In der höchsten Ausbaustufe gibt es zwei dedizierte Server mit zwei Terabyte Datenvolumen. Interessant ist aber auch „Tiny Turtle", der kostenlose Starter-Account auf einem Shared Server mit 20 MByte Datenvolumen. Auch hier werden Sicherungen automatisch erstellt. Die Produkte überzeugen durch ihre Einfachheit, so dass man schnell geneigt ist, sie auszuprobieren.

Das Produkt „Google Cloud SQL für PostgreSQL" befindet sich noch im Beta-Status. In der Beta-Version sind noch nicht enthalten:

- Point-in-time-Recovery
- Import/Export im CSV-Format

Das Angebot ermöglicht in der maximalen Ausbaustufe bis zu 416 GByte Memory, 32 CPUs und 10 TByte Disk. Das verwundert nicht, da Google bereits heute weltweit einer der größten Cloud-Service-Anbieter für Storage und Server ist. Extensions werden zugelassen, allerdings sind diese auf eine vorgegebene Auswahl begrenzt. PostGIS und einige weitere populäre Erweiterungen sind enthalten.

Positiv zu bewerten ist auch, dass weltweit Regionen für die Serverstandorte angeboten werden (USA, EU, Asien). Zum Angebot gehört auch eine Replikation zwischen Zeitzonen mit automatischem Failover. Das ist sehr interessant für global operierende Unternehmen.

32.3 Hybrid Cloud

Es gibt wohl kein Unternehmen, das in der Lage ist, die kompletten IT-Dienstleistungen in die Public Cloud zu verlagern. Häufig gibt es eine Mischung von bereits migrierten zurückgestellten Systemen sowie experimentellen Projekten. Für einige Umgebungen besteht die feste Absicht, in eine Private Cloud zu wechseln.

Ein sehr interessantes Konzept, das rapide auf dem Vormarsch ist, ist die Hybrid Cloud. Sie kombiniert das eigene Data Center mit der Public Cloud unter dem Dach einer gemeinsamen Cloud-Umgebung. Sie ermöglicht es, den Workload zwischen der Public Cloud und den on-premises-Systemen (d.h. der Private Cloud) hin und her zu transportieren. Mit anderen Worten, in der Hybrid Cloud kann der optimale Standort für einen Workload nach Bedarf gewählt werden.

Nach dem Flexera State of the Cloud Report 2022[1] benutzen 80 Prozent der Unternehmen die Hybrid Cloud.

[1] Quelle: Flexera Cloud Report *https://www.flexera.de*

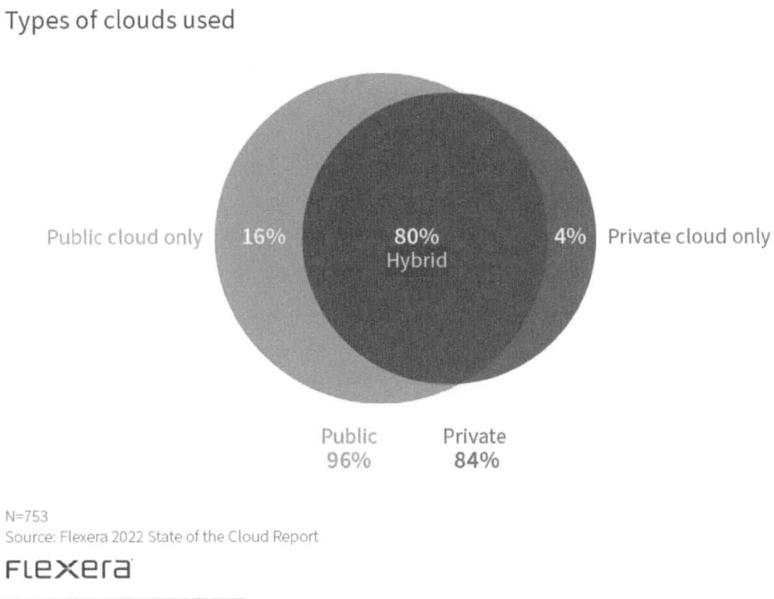

Bild 32.2 Verwendete Cloud-Arten nach Flexera 2022 State of the Cloud Report

Eine Cloud-Lösung, die stark auf die Hybrid Cloud setzt, ist Microsoft Azure. Mit dem Produkt „Azure Arc" werden Features der Public Cloud nach außen, also auf On-premises-Data Center und die Private Cloud erweitert. Das Ziel ist, die Verwaltung für komplexe verteilte Umgebungen zu vereinfachen.

Dies wird erreicht durch das folgende Konzept:

- Private Server und Kubernetes Cluster zu Azure hinzunehmen
- Die Ressourcen über Azure-Management-Gruppen organisieren
- Zugriff und Sicherheit über Azure Subscriptions
- Patch Management unter einem Dach
- Umgebungen und Automatisierung über Azure-Erweiterungen

Hybrid-Dienste werden unter anderem auch für Cloud-Datenbanken angeboten. Doch schauen wir uns zunächst an, was Azure als PostgreSQL-Service zu bieten hat.

Bild 32.3 Die Azure Database für PostgreSQL in der Cloud

Die offizielle Bezeichnung des Dienstes ist „Azure Database for PostgreSQL". Er ist Bestandteil der Microsoft Azure Cloud und bietet die folgenden drei Bereitstellungsmodelle an:

- Einzelner Server
- Flexibler Server
- Hyperscale Server

Im Dienst sind die folgenden Features eingeschlossen:

- Integrierte Hochverfügbarkeit
- Automatische Sicherungen und Wiederherstellung nach „Point-in-time"
- Automatisierte Wartung von Betriebssystem und Datenbank-Engine
- Elastische Skalierung
- Überwachung und Automatisierung

Der Single Server ist ein vollständig verwalteter Datenbankdienst mit minimalen Anforderungen für die Anpassung der Datenbank. Es stehen drei Tarifgruppen zur Verfügung:

- Basic
- Allgemein
- Arbeitsspeicheroptimiert

Die zugehörigen Tarife kommen mit unterschiedlichen Ressourcen, die jeweils mit CPU, Memory und I/O-Performance gebündelt sind. Es ist nicht möglich, die Ressourcen einzeln anzupassen. Eine Leistungssteigerung ist immer mit dem Sprung in die nächste Gruppe verbunden.

Der flexible Server ist ebenfalls ein komplett verwalteter Datenbankdienst, lässt allerdings mehr Steuerung der Verwaltungsfunktionen und Konfigurationseinstellungen, verglichen mit dem einzelnen Server, zu. Die Hochverfügbarkeit kann innerhalb einer oder auch zwischen mehreren territorialen Zonen vorgegeben werden.

Der Hyperscale Server bietet ein hohes Maß an Skalierbarkeit durch „Sharding". Es erfolgt also eine horizontale Skalierung über mehrere Server. Diese Form der Skalierung bietet einen hohen Skalierungsfaktor. Damit ist es möglich, für sehr große und schnell wachsende Datenbanken eine gute Performance auf lange Sicht sicherzustellen. Der Hyperscale Server erlaubt das Erstellen einer Datenbankplattform als Hybrid Cloud.

HINWEIS: Microsoft stellt für Testzwecke die Option *Azure kostenlos testen* zur Verfügung. Der Hyperscale Server ist in diesem Angebot enthalten. Es entstehen keine Kosten, solange man sich in dem vorgegebenen Rahmen bewegt.

Bild 32.4 Der PostgreSQL-Hyperscale-Server mit Azure Arc

Für den on-premises-Server kann ein Linux- oder ein Windows-Betriebssystem verwendet werden. Für das Beispiel wird ein Windows-PC eingesetzt.

Bevor wir mit dem Setup beginnen, müssen folgende Werkzeuge installiert werden:

- Azure Command Line Interface (az-CLI)
- Arcdata-Erweiterung
- Docker für Kubernetes Cluster
- Azure Data Studio (optional)

Nach der Installation des Azure-CLI können Sie die Anmeldung an die Cloud testen.

Listing 32.1 Anmeldung an der Cloud mit dem az-CLI

```
C:\Users\Lutz>az login
[
  {
    "cloudName": "AzureCloud",
    "homeTenantId": "xxxxxxxx-xxxx-xxxx-xxxx-xxxxxxx6603a",
    "id": "xxxxxxxx-xxxx-xxxx-xxxx-xxxxxxxxb076",
    "isDefault": true,
    "managedByTenants": [],
    "name": "Kostenlose Testversion",
    "state": "Enabled",
    "tenantId": "xxxxxxxx-xxxx-xxxx-xxxx-xxxxxxxx6603a",
    "user": {
      "name": "max.mustermann@email.com",
      "type": "user"
    }
  }
]
```

Danach kann die Erweiterung *arcdata* installiert werden:

```
az extension add --name arcdata
```

Folgen Sie für die Docker-Installation der Anleitung. Aktivieren Sie die Option *Enable Kubernetes*, um ein Cluster mit einem Knoten automatisch zu starten.

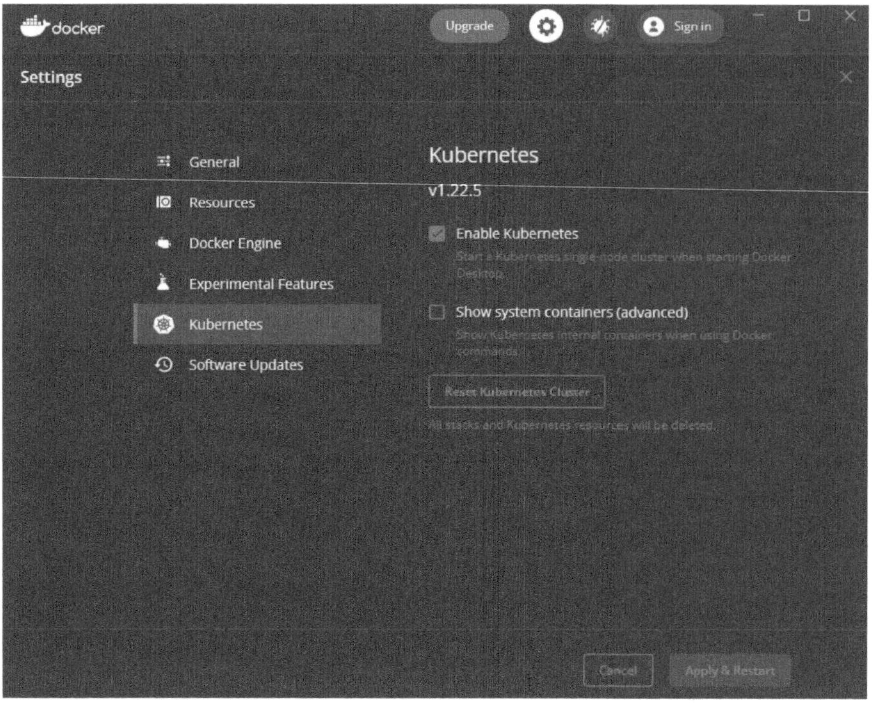

Bild 32.5 Ein Kubernetes-Cluster in Docker aktivieren

Die Objekte und Dienste in der Azure Cloud werden Ressourcengruppen zugeordnet. Erstellen Sie, falls noch nicht geschehen, eine Gruppe für den Test.

Bild 32.6 Eine Ressourcengruppe erstellen

Im nächsten Schritt wird in der Cloud eine Arc-Ressource zum Verbinden unseres lokalen Kubernetes-Clusters mit Azure erstellt. Das kann mit den folgenden Schritten auf der Kommandozeile erfolgen:

Listing 32.2 Eine Azure Arc-Ressource erstellen für lokales Kubernetes-Cluster

```
# Bei Azure anmelden
az login
# Azure-Abonnement festlegen
az account set --subscription xxxxxxxx-xxxx-xxxx-xxxx-xxxxxxxxb076
# Verbundenen Cluster erstellen
az connectedk8s connect --name hanser --resource-group hanser-fb --location
westeurope --tags Datacenter='Rueg' City='PB'
```

Im Cloud-Portal finden Sie die gerade angelegte Ressource. Die Ressourcen sind im Cloud-Home oder auf dem Dashboard zu sehen.

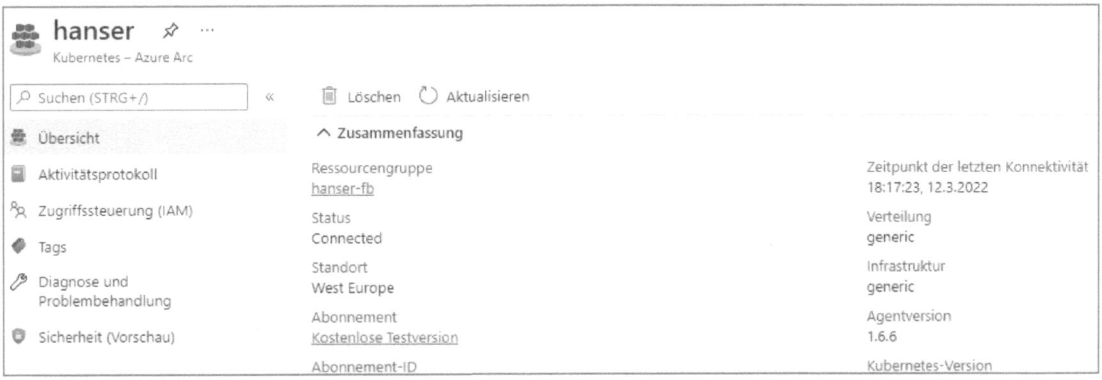

Bild 32.7 Arc-Ressource für Kubernetes-Cluster

Der Cluster lässt sich über die CLI abfragen:

```
C:\Users\Lutz>az connectedk8s list --resource-group hanser-fb --output table
Name    Location    ResourceGroup
------  ----------  ---------------
hanser  westeurope  hanser-fb
```

Verbinden Sie nun den Kubernetes-Cluster mit der in Azure gebildeten Arc-Ressource für Kubernetes.

Listing 32.3 Den Kubernetes-Cluster mit Azure verbinden

```
C:\Users\Lutz>az connectedk8s connect --name hanser --resource-group hanser-fb
This operation might take a while …
{
  "agentPublicKeyCertificate": "xxxxxxxxxxxxx . . . xxxxxxxxxxxxx",
  "agentVersion": "1.6.6",
  "connectivityStatus": "Connected",
  "distribution": "generic",
  "id": "/subscriptions/xxxxxxxx-xxxxx-xxxx-xxxx-xxxxxxc7b076/resourceGroups/hanser-
fb/providers/Microsoft.Kubernetes/connectedClusters/hanser",
  "identity": {
    "principalId": "xxxxxxxx-xxxx-xxxx-xxxx-xxxxxx0ca87b",
```

```
    "tenantId": "xxxxxxxx-xxxx-xxxx-xxxx-xxxxxxf6603a",
    "type": "SystemAssigned"
  },
  "infrastructure": "generic",
  "kubernetesVersion": "1.22.5",
  "lastConnectivityTime": "2022-03-13T13:03:21.322000+00:00",
  "location": "westeurope",
  "managedIdentityCertificateExpirationTime": "2022-06-08T16:13:00+00:00",
  "name": "hanser",
  "offering": null,
  "provisioningState": "Succeeded",
  "resourceGroup": "hanser-fb",
  "systemData": {
    "createdAt": "2022-03-10T16:18:18.480819+00:00",
    "createdBy": "lutz.froehlich@xxxxxx.com",
    "createdByType": "User",
    "lastModifiedAt": "2022-03-13T13:05:17.253584+00:00",
    "lastModifiedBy": "lutz.froehlich@xxxxx.com",
    "lastModifiedByType": "User"
  },
  "tags": {},
  "totalCoreCount": 16,
  "totalNodeCount": 1,
  „type": „microsoft.kubernetes/connectedclusters"
}
```


Weiterhin müssen noch die Features für die Verbindung zum Cluster sowie für einen benutzerdefinierten Standort zur Verfügung gestellt werden:

```
C:\Users\Lutz\.kube>az connectedk8s enable-features -n hanser -g hanser-fb --features
cluster-connect custom-locations
This operation might take a while …
"Successsfully enabled features: ['cluster-connect', 'custom-locations'] for the
Connected Cluster hanser"
```

Überprüfen Sie, ob alle Azure-Arc-Kontrolleinheiten als Container im Kubernetes-Cluster ausgerollt sind:

```
C:\Users\Lutz>kubectl get pods -n azure-arc
NAME                                        READY   STATUS    RESTARTS          AGE
cluster-metadata-operator-67c5d44d98-sfx56  2/2     Running   14 (4m45s ago)    2d18h
clusterconnect-agent-588848cc4d-thnvx       3/3     Running   29 (4m45s ago)    2d18h
clusteridentityoperator-78dbf79bf7-6pcf4    2/2     Running   17 (4m45s ago)    2d18h
config-agent-5d4646ff9-672fz                2/2     Running   15 (4m45s ago)    2d18h
controller-manager-7b9bd7cc48-gzd5n         2/2     Running   17 (4m45s ago)    2d18h
extension-manager-7dd7876887-g87vz          2/2     Running   17 (4m8s ago)     2d18h
flux-logs-agent-85448cf57c-w52np            1/1     Running   7 (4m45s ago)     2d18h
kube-aad-proxy-8dc4cbf88-5kxwk              2/2     Running   26 (4m5s ago)     2d18h
metrics-agent-6699c79c9d-kkmwk              2/2     Running   14 (4m45s ago)    2d18h
resource-sync-agent-cc7fcfc5-5q6sl          2/2     Running   14 (4m45s ago)    2d18h
```

Für den hybriden Betrieb muss ein benutzerdefinierter Standort eingerichtet werden. Dieser verweist auf das on-premises-Data Center und in diesem Beispiel auf den lokalen Computer. Wählen Sie den Dienst *Benutzerdefinierte Standorte* aus und klicken Sie auf *Hinzufügen*. Wählen Sie die Ressourcengruppe aus und geben Sie den Standortnamen vor.

Bild 32.8 Einen benutzerdefinierten Standort erstellen

Der Standort kann auf der Kommandozeile verifiziert werden:

```
C:\Users\Lutz>az customlocation list -o table
Name    Location    ResourceGroup    Namespace    ProvisioningState
------  ----------  ---------------  -----------  -------------------
rueg    westeurope  hanser-fb        rueg         Succeeded
```

Jetzt kann der Azure Arc Data Controller erstellt werden. Wechseln Sie in das Portal und suchen Sie den Dienst *Azure Arc Datencontroller*. Klicken Sie auf *Erstellen* und wählen Sie die Option *Kubernetes-Cluster mit Azure Arc-Unterstützung (direkter Konnektivitätsmodus)*.

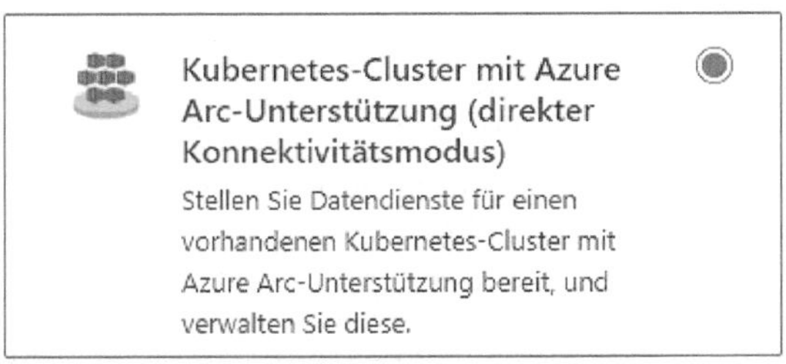

Bild 32.9 Typ für den Datencontroller auswählen

Wählen Sie die Ressourcengruppe aus und geben Sie den Namen für den Datencontroller vor. Verwenden Sie den benutzerdefinierten Standort, der vorher angelegt wurde. Für die Kubernetes-Konfigurationsvorlage verwenden wir „Benutzerdefinierte Vorlage". Mit der Auswahl erscheint eine weitere Maske. Treffen Sie die Auswahl für die Infrastruktur mit „onpremises". Tragen Sie in die Felder „Speicherklasse für Daten" und „Protokollspeicherklasse" den Wert „standard" ein und klicken Sie auf „Anwenden".

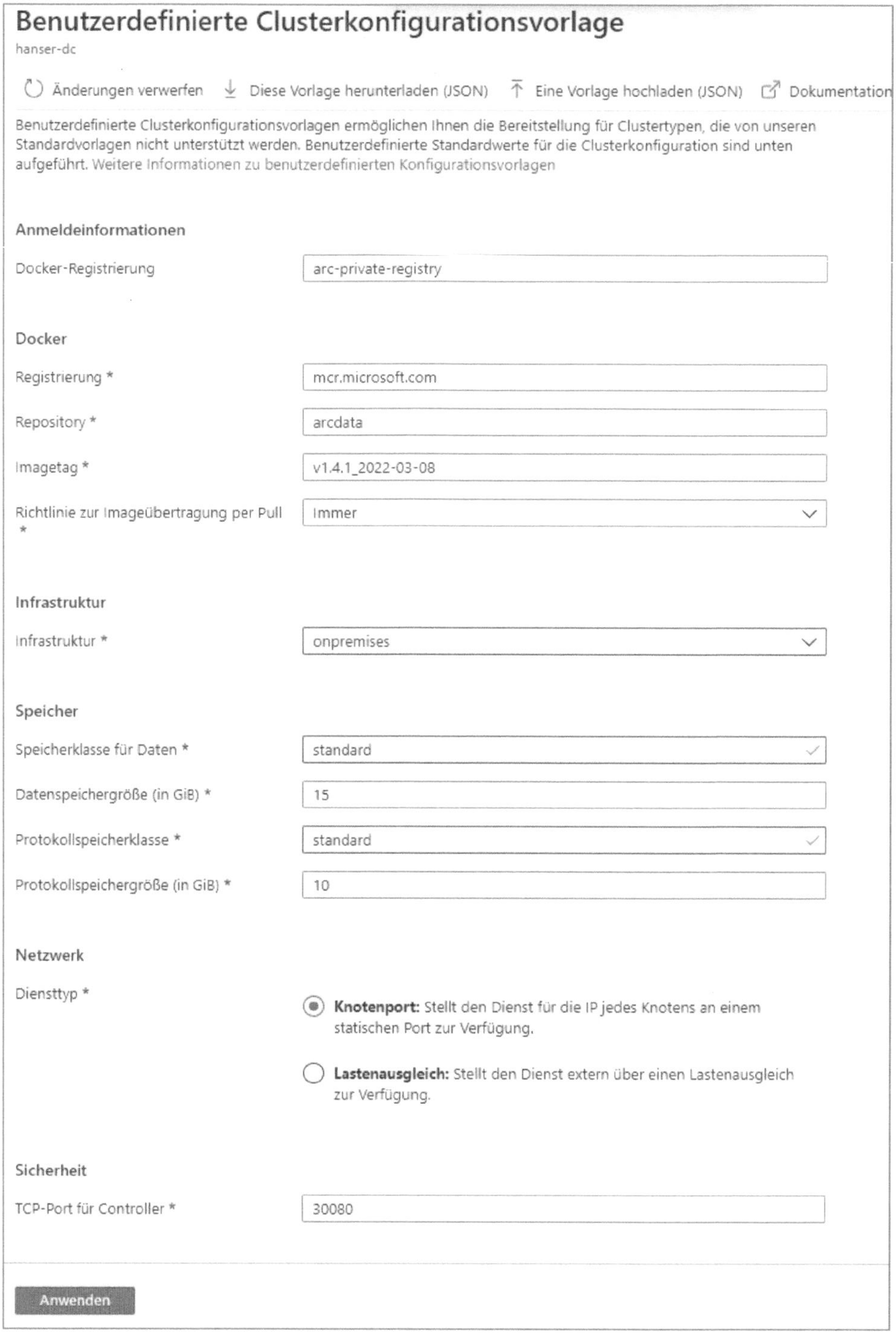

Bild 32.10 Eine benutzerdefinierte Clusterkonfigurationsvorlage erstellen

In der Maske „Azure Arc-Datencontroller erstellen“ fehlen nun noch Benutzername und Kennwort für die Metriken und Protokolle. Klicken Sie dann auf *Weiter: Zusätzliche Einstellungen*.

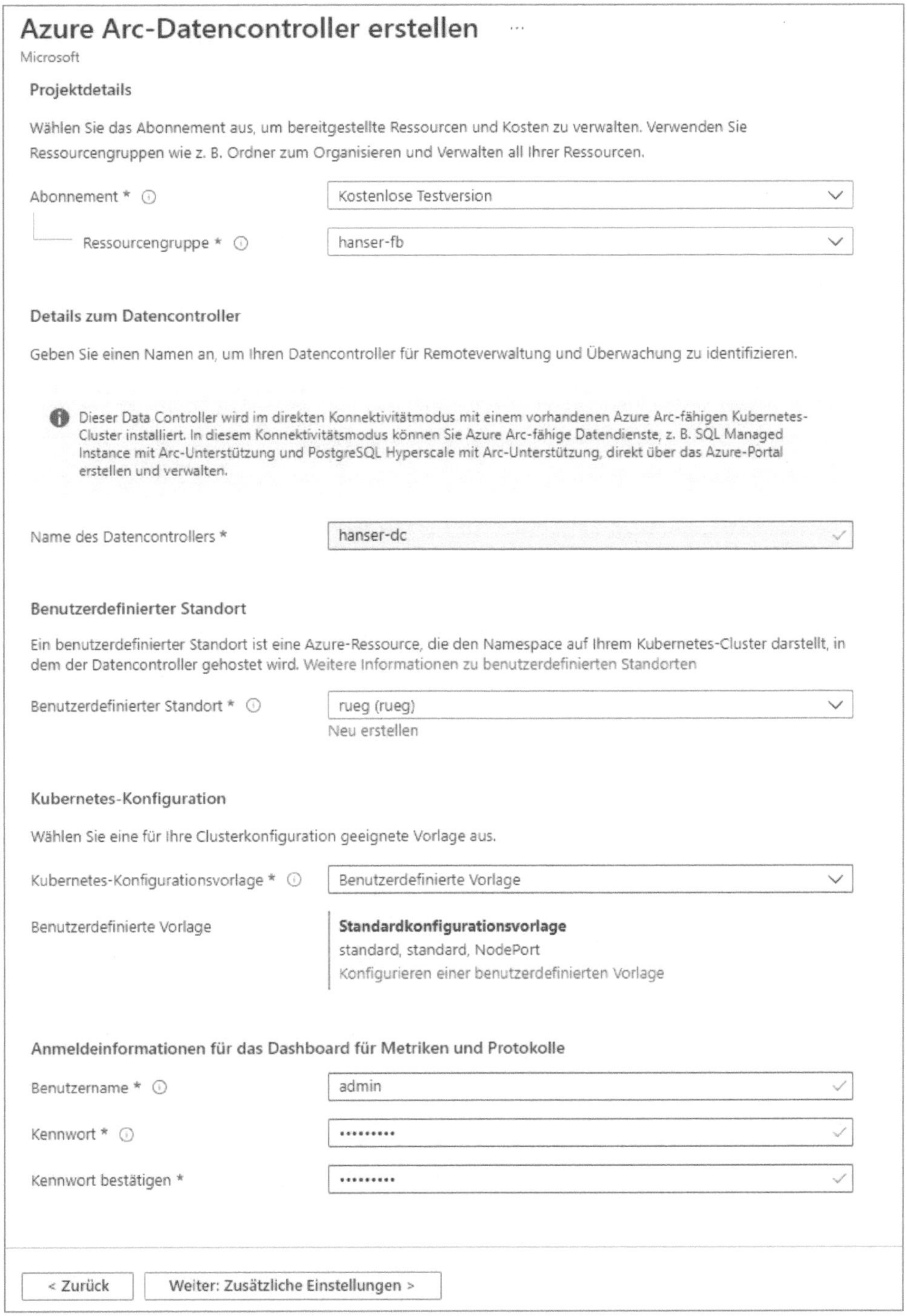

Bild 32.11 Parameter für den Datencontroller erfassen

Gehen Sie durch die weiteren Abfragen und klicken Sie auf *Erstellen*, um Bereitstellungsschritte einzuleiten. Am Ende steht die Erfolgsmeldung und der Datencontroller ist einsatzbereit.

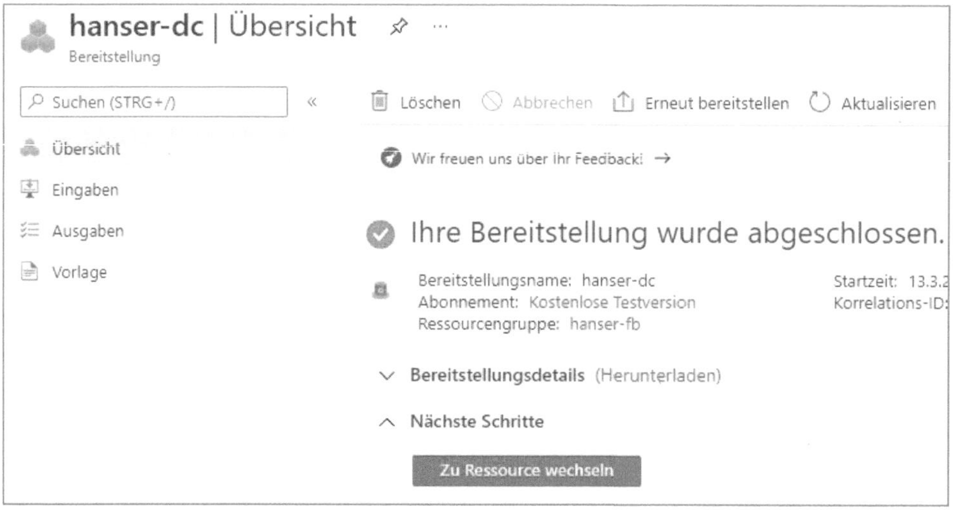

Bild 32.12 Abschluss der Bereitstellung des Azure-Arc-Datencontroller

TIPP: Klicken Sie auf den Link „Bereitstellungsdetails (Herunterladen)". Sie erhalten die Parameter der Bereitstellung im JSON-Format und können dort Details nachschlagen.

Der Datencontroller ist nach erfolgreicher Bereitstellung im Kubernetes-Cluster sichtbar:

```
C:\Users\Lutz>kubectl get datacontrollers -A
NAMESPACE   NAME        STATE
rueg        hanser-dc   running
```

Eine weitere Voraussetzung für die Installation des Hyperscale PostgreSQL-Servers ist eine „Azure-Arc-fähige Hyperscale Server-Gruppe". Finden Sie im Portal den Dienst *Servergruppen für PostgreSQL Hyperscale mit Azure Arc-Unterstützung* und klicken Sie auf *Erstellen*.

Das Beispiel zeigt die Möglichkeiten, die sich für die Hybrid Cloud bieten. Obwohl noch einiges in den Kinderschuhen steckt, ist dieser Trend nicht mehr aufzuhalten. Die Entwicklungen der letzten Jahre im Bereich Cloud-Dienste für Datenbanken kann man als rasant bezeichnen. Viele Kinderkrankheiten sind ausgemerzt und insbesondere die großen Anbieter stellen Optionen für fast jeden Bedarf zur Verfügung. Für die Cloud spricht nicht zuletzt die erhöhte Betriebssicherheit. Auch wenn nicht alle Datenbanken für Cloud geeignet sind, ist sie eine Option für die große Masse von Standarddatenbanken, der man sich immer weniger verschließen kann. Die Migration in die Cloud ist nicht immer einfach und erfordert grundlegende Umstellungen im gesamten IT-Betrieb, bis hin zu neuen Profilen für die Mitarbeiter. Dennoch, wer sich heute dem Trend verschließt, wird in der Zukunft mit zunehmenden Betriebsproblemen und steigenden Kosten zu kämpfen haben.

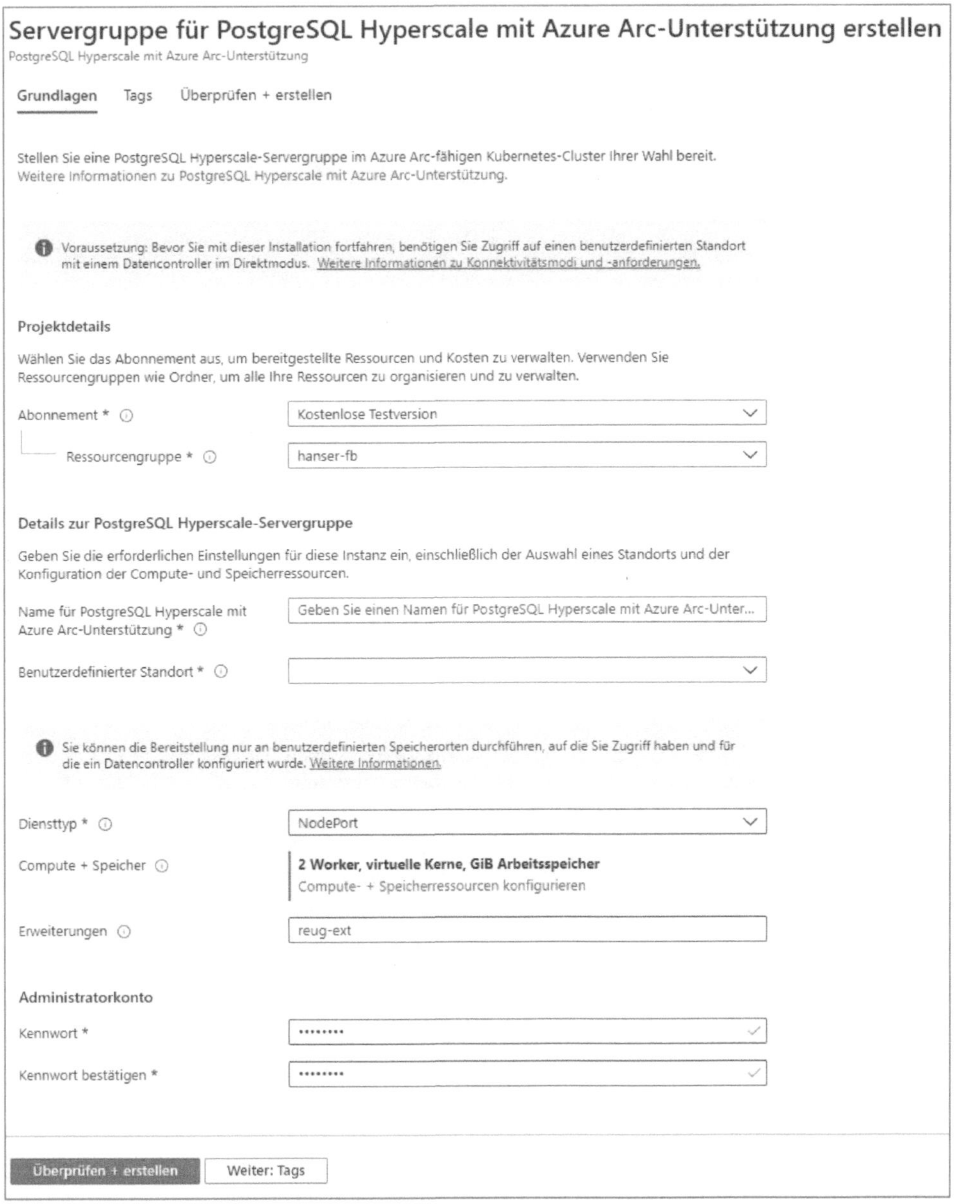

Bild 32.13 Eine Servergruppe für PostgreSQL Hyperscale erstellen

Index

Symbole

A

B

F

G

H

I

N

O

P

Q

R

T

HANSER

Die Zukunft prognostizierbar machen

Hirschle

Machine Learning für Zeitreihen

Einstieg in Regressions-, ARIMA- und Deep Learning-Verfahren mit Python

277 Seiten. Inklusive E-Book

€ 39,99. ISBN 978-3-446-46726-2

Auch einzeln als E-Book erhältlich

- Konzepte Schritt für Schritt erklärt
- Die Eigenarten von Zeitreihendaten verstehen: Zeitfenster zum Anlernen einsetzen; mit latenten, saisonalen und Trend-Komponenten arbeiten
- Anleitungen zur Umsetzung in Python mit ausführlichen Code-Kommentaren
- Mit TensorFlow2 Deep-Learning-Verfahren zur Prognose aufbauen, anlernen und produktiv einsetzen
- Auch ohne Vorkenntnisse in Machine-Learning-Verfahren verständlich

Mehr Informationen finden Sie unter **www.hanser-fachbuch.de**